基本制度＋实务操作＋发票管理＋案例讲解

数字化电子发票
操作指南与案例

翟继光 倪伟杰 ◎ 编著

立信会计出版社
LIXIN ACCOUNTING PUBLISHING HOUSE

图书在版编目（CIP）数据

数字化电子发票操作指南与案例 / 翟继光，倪伟杰编著 . -- 上海：立信会计出版社，2023.9
ISBN 978-7-5429-7437-2

Ⅰ . ①数… Ⅱ . ①翟… ②倪… Ⅲ . ①发票—财务管理—中国—指南 Ⅳ . ① F231.3-62

中国版本图书馆 CIP 数据核字（2023）第 176054 号

责任编辑　毕芸芸

数字化电子发票操作指南与案例
SHUZIHUA DIANZI FAPIAO CAOZUO ZHINAN YU ANLI

出版发行	立信会计出版社
地　　址	上海市中山西路 2230 号　　邮政编码　200235
电　　话	（021）64411389　　传　真　（021）64411325
网　　址	www.lixinaph.com　　电子邮箱　lixinaph2019@126.com
网上书店	http://lixin.jd.com　　http://lxkjcbs.tmall.com
经　　销	各地新华书店
印　　刷	三河市中晟雅豪印务有限公司
开　　本	787 毫米 ×1092 毫米　1/16
印　　张	34.5
字　　数	735 千字
版　　次	2023 年 9 月第 1 版
印　　次	2023 年 9 月第 1 次
书　　号	ISBN 978-7-5429-7437-2 /F
定　　价	118.00 元

如有印订差错，请与本社联系调换

前 言

为落实中共中央办公厅、国务院办公厅印发的《关于进一步深化税收征管改革的意见》的要求，全面推进税收征管数字化升级和智能化改造，降低征纳成本，国家税务总局建设了全国统一的电子发票服务平台，24 小时在线免费为纳税人提供全面数字化的电子发票（以下简称全电发票）开具、交付、查验等服务，实现发票全领域、全环节、全要素电子化。为帮助广大纳税人掌握各地正在开展的全面数字化电子发票试点政策，我们编写了《数字化电子发票操作指南与案例》一书。

本书分为九章，第一章介绍全国性发票管理制度，包括数字化电子发票相关文件、发票管理通用制度、企业自建和第三方电子发票服务平台建设标准规范、电子发票电子化试点工作、会计档案管理办法以及电子会计凭证报销入账归档。第二章介绍华东地区全电发票试点制度，包括山东省、江苏省、浙江省、上海市、宁波市、青岛市、福建省以及厦门市全电发票试点制度。第三章介绍华南地区全电发票试点制度，包括广东省、深圳市、广西壮族自治区以及海南省全电发票试点制度。第四章介绍华北地区全电发票试点制度，包括北京市、天津市、河北省、山西省以及内蒙古自治区全电发票试点制度。第五章介绍华中地区全电发票试点制度，包括河南省、湖北省以及湖南省全电发票试点制度。第六章介绍西南地区全电发票试点制度，包括云南省、贵州省、四川省、重庆市以及西藏自治区全电发票试点制度。第七章介绍西北地区全电发票试点制度，包括陕西省、甘肃省、宁夏回族自治区、新疆维吾尔自治区以及青海省全电发票试点制度。第八章介绍东北地区全电发票试点制度，包括辽宁省、吉林省、黑龙江省以及大连市全电发票试点制度。第九章介绍发票管理典型案例，包括补开电子发票与纸质发票效力相同案、电子发票开具涉税举报案、合同约定替开发票条款无效案、申请公开发票开具信息案、虚开发票未构成犯罪被行政处罚案、未开具发票事实不清被撤销案、虚开法律责任主体认定案、领购二手车销售统一发票案以及资金占用费开具发票案。

本书具有以下三个特征：第一，全面系统，本书全面介绍了目前全国各地正在实施的全面数字化电子发票试点制度；第二，通俗易懂，本书通过政策解读、问题解答、计算举例、漫画图解等多种方式简单明了地阐述了各地正在实施的全面数字化电子发票试点制度；第三，合法准确，本书严格以现行有效的法律、法规和官方权威文件为依据来解读各地正在实施的全面数字化电子发票试点制度。

本书适宜作为广大企业财务工作者了解和掌握全面数字化电子发票试点相关操作和政策的教科书，也适宜作为各地税务机关推广全面数字化电子发票试点工作的辅导书。本书介绍的相关法律法规和制度，以 2023 年 6 月 10 日仍然有效的版本为依据。

作者

2023 年 6 月 17 日

目 录

第一章
全国性发票管理制度

第一节　数字化电子发票相关文件 / 001

第二节　发票管理通用制度 / 004

第三节　企业自建和第三方电子发票服务平台建设标准规范 / 011

第四节　电子发票电子化试点工作 / 033

第五节　会计档案管理办法 / 043

第六节　电子会计凭证报销入账归档 / 049

第二章
华东地区全电发票试点制度

第一节　山东省全电发票试点制度 / 050

第二节　江苏省全电发票试点制度 / 073

第三节　浙江省全电发票试点制度 / 090

第四节　上海市全电发票试点制度 / 096

第五节　宁波市全电发票试点制度 / 123

第六节　青岛市全电发票试点制度 / 137

第七节　福建省全电发票试点制度 / 147

第八节　厦门市全电发票试点制度 / 161

第三章
华南地区全电发票试点制度

第一节　广东省全电发票试点制度 / 174

第二节　深圳市全电发票试点制度 / 192

第三节　广西壮族自治区全电发票试点制度 / 205

第四节　海南省全电发票试点制度 / 218

第四章
华北地区全电发票试点制度

第一节　北京市全电发票试点制度 / 249

第二节　天津市全电发票试点制度 / 276

第三节　河北省全电发票试点制度 / 290

第四节　山西省全电发票试点制度 / 295

第五节　内蒙古自治区全电发票试点制度 / 308

第五章
华中地区全电发票试点制度

第一节　河南省全电发票试点制度 / 325

第二节　湖北省全电发票试点制度 / 339
第三节　湖南省全电发票试点制度 / 345

第六章
西南地区全电发票试点制度

第一节　云南省全电发票试点制度 / 349
第二节　贵州省全电发票试点制度 / 363
第三节　四川省全电发票试点制度 / 369
第四节　重庆市全电发票试点制度 / 382
第五节　西藏自治区全电发票试点制度 / 396

第七章
西北地区全电发票试点制度

第一节　陕西省全电发票试点制度 / 402
第二节　甘肃省全电发票试点制度 / 418
第三节　宁夏回族自治区全电发票试点制度 / 427
第四节　新疆维吾尔自治区全电发票试点制度 / 437
第五节　青海省全电发票试点制度 / 442

第八章
东北地区全电发票试点制度

第一节　辽宁省全电发票试点制度 / 446
第二节　吉林省全电发票试点制度 / 452
第三节　黑龙江省全电发票试点制度 / 465

第四节　大连市全电发票试点制度 / 471

第九章
发票管理典型案例

第一节　补开电子发票与纸质发票效力相同案 / 511

第二节　电子发票开具涉税举报案 / 514

第三节　合同约定替开发票条款无效案 / 519

第四节　申请公开发票开具信息案 / 523

第五节　虚开发票未构成犯罪被行政处罚案 / 526

第六节　未开具发票事实不清被撤销案 / 535

第七节　虚开法律责任主体认定案 / 537

第八节　领购二手车销售统一发票案 / 538

第九节　资金占用费开具发票案 / 541

第一章

全国性发票管理制度

第一节

数字化电子发票相关文件

一、党中央、国务院关于数字化电子发票的文件

（一）关于进一步深化税收征管改革的意见

2021年3月24日，中共中央办公厅、国务院办公厅印发《关于进一步深化税收征管改革的意见》提出：稳步实施发票电子化改革。2021年建成全国统一的电子发票服务平台，24小时在线免费为纳税人提供电子发票申领、开具、交付、查验等服务。制定出台电子发票国家标准，有序推进铁路、民航等领域发票电子化，2025年基本实现发票全领域、全环节、全要素电子化，着力降低制度性交易成本。

（二）关于数字经济发展情况的报告

2022年10月28日，在第十三届全国人民代表大会常务委员会第三十七次会议上，国家发展和改革委员会主任何立峰作的《关于数字经济发展情况的报告》中提出：公共服务数字化深入推进。

加快推进数字政府建设，不断提升数字化公共服务水平。一是"互联网＋政务服务"取得显著成效。全国一体化政务服务平台基本建成，"一网通办""异地可办""跨省通办"广泛实践。全国96.68%的办税缴费事项实现"非接触式"办理，全面数字

化电子发票试点稳步推进，电子发票服务平台用户数量突破千万级。联合国电子政务调查报告显示，我国电子政务在线服务指数排名从 2012 年全球第 78 位提高到目前的第 9 位，企业、群众办事更加便捷高效。

二是数字惠民水平不断提升。全国中小学（含教学点）互联网接入率达 100%，住房公积金小程序服务 1.64 亿缴存人，社会保障卡持卡人数达 13.63 亿人，电子社保卡领用人数达 6.19 亿人，全国已审批设置 1 700 多家互联网医院。在抗击新冠疫情期间，线上教学、互联网诊疗、线上健身等线上服务和无接触配送有力保障了居民需求。

三是数字城乡建设纵深推进。新型智慧城市建设取得积极进展，城市信息模型平台和运行管理服务平台建设稳步推进，全国国土空间规划数字化监管平台基本建成，数字孪生流域、水网、水利工程加快建设，智慧交通、应急、广电等建设成效显著。数字乡村建设加快推进，促进乡村宜居宜业、农民富裕富足。全国现有行政村全面实现"村村通宽带"，农村通信难问题得到历史性解决。乡村治理数字化助力强村善治，党务、村务、财务"三务"在线公开率超过 70%。乡村信息服务体系逐步健全，累计建设运营益农信息设施 46.7 万个，提供各类服务 9.8 亿人次。"互联网＋"农产品出村进城带动农民增收，2021 年全国农产品网络零售额达 4 221 亿元。

二、国家税务总局关于数字化电子发票的文件

（一）国家税务总局关于深入学习贯彻落实《关于进一步深化税收征管改革的意见》的通知

2021 年 3 月 26 日，《国家税务总局关于深入学习贯彻落实〈关于进一步深化税收征管改革的意见〉的通知》（税总发〔2021〕21 号）提出数据赋能更有效。运用现代信息技术建设智慧税务，实现从信息化到数字化再到智慧化是税收征管发展趋势。要深刻领会《意见》聚焦发挥数据生产要素的创新引擎作用，把"以数治税"理念贯穿税收征管全过程的部署安排，稳步实施发票电子化改革，深化税收大数据共享应用，着力建设具有高集成功能、高安全性能、高应用效能的智慧税务，全面推进税收征管数字化升级和智能化改造。

（二）国家税务总局关于开展 2022 年"我为纳税人缴费人办实事暨便民办税春风行动"的意见

2022 年 1 月 11 日，《国家税务总局关于开展 2022 年"我为纳税人缴费人办实事暨便民办税春风行动"的意见》（税总纳服发〔2022〕5 号）提出便利发票使用的措施：

配合司法部做好发票管理办法修订相关工作。制定铁路、民航等领域发票电子化方案并组织实施，提高社会满意度。深化全面数字化电子发票试点的"首票服务"，为纳税人提供线上多渠道精准服务，同步提升线下网格化服务效能，显著优化纳税人

体验。完善电子发票服务保障体系，税务机关通过电子发票服务平台向纳税人免费提供电子发票申领、开具、交付、查验等服务。

（三）国家税务总局关于推出2022年"我为纳税人缴费人办实事暨便民办税春风行动2.0版"的通知

2022年3月31日，《国家税务总局关于推出2022年"我为纳税人缴费人办实事暨便民办税春风行动2.0版"的通知》（税总纳服函〔2022〕32号）提出便利发票使用的措施：

配合司法部做好发票管理办法修订相关工作；制定铁路、民航等领域发票电子化方案并组织实施，提高社会满意度；深化全面数字化电子发票试点的"首票服务"，为纳税人提供线上多渠道精准服务，同步提升线下网格化服务效能，显著优化纳税人体验；完善电子发票服务保障体系，税务机关通过电子发票服务平台向纳税人免费提供电子发票申领、开具、交付、查验等服务；协调财政部、国家档案局等部门，进一步推进电子发票电子化报销、入账、归档。

（四）国家税务总局关于开展2023年"便民办税春风行动"的意见

2023年1月1日，《国家税务总局关于开展2023年"便民办税春风行动"的意见》（税总纳服发〔2023〕1号）提出精细服务提档的措施：

发挥税收大数据作用，持续运用"全国纳税人供应链查询"功能，积极为企业牵线搭桥，助力企业复工复产。探索为自然人优先提供智能应答服务，不断提高智能咨询服务水平。结合数字化电子发票推广，开展技术与应用可视答疑试点，为纳税人提供更加直观、准确、高效的咨询服务。

（五）国家税务总局关于接续推出2023年"便民办税春风行动"第二批措施的通知

2023年2月20日，《国家税务总局关于接续推出2023年"便民办税春风行动"第二批措施的通知》（税总纳服函〔2023〕13号）提出精细服务提档的措施：

推动相关区域进一步规范涵盖申报、发票、登记、账证、征收、检查等类别的税务行政处罚裁量基准，加强区域执法协同，推进税收征管和服务一体化，更好地服务国家区域协调发展战略。抓好首批在全国复制推广的营商环境创新试点涉税改革举措落地，激发市场主体活力，服务高质量发展。结合数字化电子发票推广和新电子税务局建设，上线推广征纳互动服务，进一步提升服务质效。按照国务院有关部门部署，组织开展助力中小企业发展主题服务月活动，更好地服务小微市场主体。深化税务与银保监部门"银税互动"数据直连试点，更加安全高效地助力小微企业缓解融资难融资贵问题。

第二节
发票管理通用制度

一、发票管理办法

（一）基本制度

根据《中华人民共和国发票管理办法》（1993年12月12日国务院批准，1993年12月23日财政部令第6号发布，根据2010年12月20日《国务院关于修改〈中华人民共和国发票管理办法〉的决定》第一次修订，根据2019年3月2日《国务院关于修改部分行政法规的决定》第二次修订）的规定，在中华人民共和国境内印制、领购、开具、取得、保管、缴销发票的单位和个人（以下称印制、使用发票的单位和个人），必须遵守本办法。

发票，是指在购销商品、提供或者接受服务以及从事其他经营活动中，开具、收取的收付款凭证。

国务院税务主管部门统一负责全国的发票管理工作。省、自治区、直辖市税务机关依据职责做好本行政区域内的发票管理工作。财政、审计、市场监督管理、公安等有关部门在各自的职责范围内，配合税务机关做好发票管理工作。

发票的种类、联次、内容以及使用范围由国务院税务主管部门规定。

对违反发票管理法规的行为，任何单位和个人可以举报。税务机关应当为检举人保密，并酌情给予奖励。

（二）发票的印制

增值税专用发票由国务院税务主管部门确定的企业印制；其他发票，按照国务院税务主管部门的规定，由省、自治区、直辖市税务机关确定的企业印制。禁止私自印制、伪造、变造发票。

印制发票的企业应当具备下列条件：

（1）取得印刷经营许可证和营业执照。

（2）设备、技术水平能够满足印制发票的需要。

（3）有健全的财务制度和严格的质量监督、安全管理、保密制度。

税务机关应当以招标方式确定印制发票的企业，并发给发票准印证。

印制发票应当使用国务院税务主管部门确定的全国统一的发票防伪专用品。禁止非法制造发票防伪专用品。

发票应当套印全国统一发票监制章。全国统一发票监制章的式样和发票版面印刷的要求，由国务院税务主管部门规定。发票监制章由省、自治区、直辖市税务机关制作。禁止伪造发票监制章。发票实行不定期换版制度。

印制发票的企业按照税务机关的统一规定，建立发票印制管理制度和保管措施。发票监制章和发票防伪专用品的使用和管理实行专人负责制度。

印制发票的企业必须按照税务机关批准的式样和数量印制发票。

发票应当使用中文印制。民族自治地方的发票，可以加印当地一种通用的民族文字。有实际需要的，也可以同时使用中外两种文字印制。

各省、自治区、直辖市内的单位和个人使用的发票，除增值税专用发票外，应当在本省、自治区、直辖市内印制；确有必要到外省、自治区、直辖市印制的，应当由省、自治区、直辖市税务机关商印制地省、自治区、直辖市税务机关同意，由印制地省、自治区、直辖市税务机关确定的企业印制。禁止在境外印制发票。

（三）发票的领购

需要领购发票的单位和个人，应当持税务登记证件、经办人身份证明、按照国务院税务主管部门规定式样制作的发票专用章的印模，向主管税务机关办理发票领购手续。主管税务机关根据领购单位和个人的经营范围和规模，确认领购发票的种类、数量以及领购方式，在5个工作日内发给发票领购簿。单位和个人领购发票时，应当按照税务机关的规定报告发票使用情况，税务机关应当按照规定进行查验。

需要临时使用发票的单位和个人，可以凭购销商品、提供或者接受服务以及从事其他经营活动的书面证明、经办人身份证明，直接向经营地税务机关申请代开发票。依照税收法律、行政法规规定应当缴纳税款的，税务机关应当先征收税款，再开具发票。税务机关根据发票管理的需要，可以按照国务院税务主管部门的规定委托其他单位代开发票。禁止非法代开发票。

临时到本省、自治区、直辖市以外从事经营活动的单位或者个人，应当凭所在地税务机关的证明，向经营地税务机关领购经营地的发票。临时在本省、自治区、直辖市以内跨市、县从事经营活动领购发票的办法，由省、自治区、直辖市税务机关规定。

税务机关对外省、自治区、直辖市来本辖区从事临时经营活动的单位和个人领购发票的，可以要求其提供保证人或者根据所领购发票的票面限额以及数量交纳不超过

1万元的保证金,并限期缴销发票。按期缴销发票的,解除保证人的担保义务或者退还保证金;未按期缴销发票的,由保证人或者以保证金承担法律责任。税务机关收取保证金应当开具资金往来结算票据。

(四)发票的开具和保管

销售商品、提供服务以及从事其他经营活动的单位和个人,对外发生经营业务收取款项,收款方应当向付款方开具发票;特殊情况下,由付款方向收款方开具发票。

所有单位和从事生产、经营活动的个人在购买商品、接受服务以及从事其他经营活动支付款项,应当向收款方取得发票。取得发票时,不得要求变更品名和金额。不符合规定的发票,不得作为财务报销凭证,任何单位和个人有权拒收。

开具发票应当按照规定的时限、顺序、栏目,全部联次一次性如实开具,并加盖发票专用章。任何单位和个人不得有下列虚开发票行为:

(1)为他人、为自己开具与实际经营业务情况不符的发票。

(2)让他人为自己开具与实际经营业务情况不符的发票。

(3)介绍他人开具与实际经营业务情况不符的发票。

安装税控装置的单位和个人,应当按照规定使用税控装置开具发票,并按期向主管税务机关报送开具发票的数据。使用非税控电子器具开具发票的,应当将非税控电子器具使用的软件程序说明资料报主管税务机关备案,并按照规定保存、报送开具发票的数据。国家推广使用网络发票管理系统开具发票,具体管理办法由国务院税务主管部门制定。

任何单位和个人应当按照发票管理规定使用发票,不得有下列行为:

(1)转借、转让、介绍他人转让发票、发票监制章和发票防伪专用品。

(2)知道或者应当知道是私自印制、伪造、变造、非法取得或者废止的发票而受让、开具、存放、携带、邮寄、运输。

(3)拆本使用发票。

(4)扩大发票使用范围。

(5)以其他凭证代替发票使用。

税务机关应当提供查询发票真伪的便捷渠道。

除国务院税务主管部门规定的特殊情形外,发票限于领购单位和个人在本省、自治区、直辖市内开具。省、自治区、直辖市税务机关可以规定跨市、县开具发票的办法。

除国务院税务主管部门规定的特殊情形外,任何单位和个人不得跨规定的使用区域携带、邮寄、运输空白发票。禁止携带、邮寄或者运输空白发票出入境。

开具发票的单位和个人应当建立发票使用登记制度,设置发票登记簿,并定期向主管税务机关报告发票使用情况。

开具发票的单位和个人应当在办理变更或者注销税务登记的同时,办理发票和发票领购簿的变更、缴销手续。

开具发票的单位和个人应当按照税务机关的规定存放和保管发票，不得擅自损毁。已经开具的发票存根联和发票登记簿，应当保存5年。保存期满，报经税务机关查验后销毁。

（五）发票的检查

税务机关在发票管理中有权进行下列检查：

（1）检查印制、领购、开具、取得、保管和缴销发票的情况。
（2）调出发票查验。
（3）查阅、复制与发票有关的凭证、资料。
（4）向当事各方询问与发票有关的问题和情况。
（5）在查处发票案件时，对与案件有关的情况和资料，可以记录、录音、录像、照相和复制。

印制、使用发票的单位和个人，必须接受税务机关依法检查，如实反映情况，提供有关资料，不得拒绝、隐瞒。税务人员进行检查时，应当出示税务检查证。

税务机关需要将已开具的发票调出查验时，应当向被查验的单位和个人开具发票换票证。发票换票证与所调出查验的发票有同等的效力。被调出查验发票的单位和个人不得拒绝接受。税务机关需要将空白发票调出查验时，应当开具收据；经查无问题的，应当及时返还。

单位和个人从中国境外取得的与纳税有关的发票或者凭证，税务机关在纳税审查时有疑义的，可以要求其提供境外公证机构或者注册会计师的确认证明，经税务机关审核认可后，方可作为记账核算的凭证。

税务机关在发票检查中需要核对发票存根联与发票联填写情况时，可以向持有发票或者发票存根联的单位发出发票填写情况核对卡，有关单位应当如实填写，按期报回。

（六）罚则

违反该办法的规定，有下列情形之一的，由税务机关责令改正，可以处1万元以下的罚款；有违法所得的予以没收：

（1）应当开具而未开具发票，或者未按照规定的时限、顺序、栏目，全部联次一次性开具发票，或者未加盖发票专用章的。
（2）使用税控装置开具发票，未按期向主管税务机关报送开具发票的数据的。
（3）使用非税控电子器具开具发票，未将非税控电子器具使用的软件程序说明资料报主管税务机关备案，或者未按照规定保存、报送开具发票的数据的。
（4）拆本使用发票的。
（5）扩大发票使用范围的。

（6）以其他凭证代替发票使用的。

（7）跨规定区域开具发票的。

（8）未按照规定缴销发票的。

（9）未按照规定存放和保管发票的。

跨规定的使用区域携带、邮寄、运输空白发票，以及携带、邮寄或者运输空白发票出入境的，由税务机关责令改正，可以处1万元以下的罚款；情节严重的，处1万元以上3万元以下的罚款；有违法所得的予以没收。丢失发票或者擅自损毁发票的，依照前款规定处罚。

违反该办法的规定虚开发票的，由税务机关没收违法所得；虚开金额在1万元以下的，可以并处5万元以下的罚款；虚开金额超过1万元的，并处5万元以上50万元以下的罚款；构成犯罪的，依法追究刑事责任。非法代开发票的，依照上述规定处罚。

私自印制、伪造、变造发票，非法制造发票防伪专用品，伪造发票监制章的，由税务机关没收违法所得，没收、销毁作案工具和非法物品，并处1万元以上5万元以下的罚款；情节严重的，并处5万元以上50万元以下的罚款；对印制发票的企业，可以并处吊销发票准印证；构成犯罪的，依法追究刑事责任。上述规定的处罚，《中华人民共和国税收征收管理法》有规定的，依照其规定执行。

有下列情形之一的，由税务机关处1万元以上5万元以下的罚款；情节严重的，处5万元以上50万元以下的罚款；有违法所得的予以没收：

（1）转借、转让、介绍他人转让发票、发票监制章和发票防伪专用品的。

（2）知道或者应当知道是私自印制、伪造、变造、非法取得或者废止的发票而受让、开具、存放、携带、邮寄、运输的。

对违反发票管理规定2次以上或者情节严重的单位和个人，税务机关可以向社会公告。

违反发票管理法规，导致其他单位或者个人未缴、少缴或者骗取税款的，由税务机关没收违法所得，可以并处未缴、少缴或者骗取的税款1倍以下的罚款。

当事人对税务机关的处罚决定不服的，可以依法申请行政复议或者向人民法院提起行政诉讼。

税务人员利用职权之便，故意刁难印制、使用发票的单位和个人，或者有违反发票管理法规行为的，依照国家有关规定给予处分；构成犯罪的，依法追究刑事责任。

二、网络发票管理办法

根据《网络发票管理办法》（国家税务总局令第30号发布，根据2018年6月15日《国家税务总局关于修改部分税务部门规章的决定》予以修正）的规定，在中华人民共和国境内使用网络发票管理系统开具发票的单位和个人办理网络发票管理系统的开户登记、网上领取发票手续、在线开具、传输、查验和缴销等事项，适用该办法。

该办法所称网络发票是指符合国家税务总局统一标准并通过国家税务总局及省、自治区、直辖市税务局公布的网络发票管理系统开具的发票。国家积极推广使用网络发票管理系统开具发票。

税务机关应加强网络发票的管理,确保网络发票的安全、唯一、便利,并提供便捷的网络发票信息查询渠道;应通过应用网络发票数据分析,提高信息管税水平。

税务机关应根据开具发票的单位和个人的经营情况,核定其在线开具网络发票的种类、行业类别、开票限额等内容。开具发票的单位和个人需要变更网络发票核定内容的,可向税务机关提出书面申请,经税务机关确认,予以变更。

开具发票的单位和个人开具网络发票应登录网络发票管理系统,如实完整填写发票的相关内容及数据,确认保存后打印发票。开具发票的单位和个人在线开具的网络发票,经系统自动保存数据后即完成开票信息的确认、查验。

单位和个人取得网络发票时,应及时查询验证网络发票信息的真实性、完整性,对不符合规定的发票,不得作为财务报销凭证,任何单位和个人有权拒收。

开具发票的单位和个人需要开具红字发票的,必须收回原网络发票全部联次或取得受票方出具的有效证明,通过网络发票管理系统开具金额为负数的红字网络发票。

开具发票的单位和个人作废开具的网络发票,应收回原网络发票全部联次,注明"作废",并在网络发票管理系统中进行发票作废处理。

开具发票的单位和个人应当在办理变更或者注销税务登记的同时,办理网络发票管理系统的用户变更、注销手续并缴销空白发票。

税务机关根据发票管理的需要,可以按照国家税务总局的规定委托其他单位通过网络发票管理系统代开网络发票。税务机关应当与受托代开发票的单位签订协议,明确代开网络发票的种类、对象、内容和相关责任等内容。

开具发票的单位和个人必须如实在线开具网络发票,不得利用网络发票进行转借、转让、虚开发票及其他违法活动。

开具发票的单位和个人在网络出现故障,无法在线开具发票时,可离线开具发票。开具发票后,不得改动开票信息,并于48小时内上传开票信息。

开具发票的单位和个人违反本办法规定的,按照《中华人民共和国发票管理办法》有关规定处理。

省以上税务机关在确保网络发票电子信息正确生成、可靠存储、查询验证、安全唯一等条件的情况下,可以试行电子发票。

三、虚开增值税专用发票定罪量刑标准

《最高人民法院关于虚开增值税专用发票定罪量刑标准有关问题的通知》(法〔2018〕226号)规定,自2018年8月22日起,人民法院在审判工作中不再参照执行《最高人民法院关于适用〈全国人民代表大会常务委员会关于惩治虚开、伪造

和非法出售增值税专用发票犯罪的决定〉的若干问题的解释》（法发〔1996〕30号）第一条规定的虚开增值税专用发票罪的定罪量刑标准。

在新的司法解释颁行前，对虚开增值税专用发票刑事案件定罪量刑的数额标准，可以参照《最高人民法院关于审理骗取出口退税刑事案件具体应用法律若干问题的解释》（法释〔2002〕30号）第三条的规定执行，即虚开的税款数额在5万元以上的，以虚开增值税专用发票罪处3年以下有期徒刑或者拘役，并处2万元以上20万元以下罚金；虚开的税款数额在50万元以上的，认定为刑法第二百零五条规定的"数额较大"；虚开的税款数额在250万元以上的，认定为刑法第二百零五条规定的"数额巨大"。

第三节
企业自建和第三方电子发票服务平台建设标准规范

2019年7月22日,为深入贯彻落实党中央、国务院深化"放管服"改革决策部署,进一步优化税务执法方式,健全税务监管体系,改善税收营商环境,打造形成开放包容、良性竞争的增值税发票服务生态体系,国家税务总局根据"不忘初心、牢记使命"主题教育边学边查边改的部署要求,制定了《企业自建和第三方电子发票服务平台建设标准规范》(税总发〔2019〕84号发布),明确了电子发票服务平台的业务功能及服务、技术、安全、运维等保测评等要求,规定了54个电子发票服务平台数据交换信息项说明,以指导公共服务、企业自建、第三方、电商、中介等机构电子发票服务平台的整体规划、设计、开发。

《企业自建和第三方电子发票服务平台建设标准规范》的规定如下。

本规范规定了电子发票服务平台的服务内容和基本建设要求,旨在明确电子发票服务平台的服务对象、业务要求以及各项基本建设要求,各项基本建设要求包括服务要求、技术要求、安全要求、运维要求和等保测评要求等。

本规范适用于电子发票服务平台的整体规划、设计、开发、运行。

本规范为第一次制定。

本规范由国家税务总局提出。

1. 范围

本规范旨在明确电子发票服务平台的服务对象、业务要求、技术要求、服务要求、安全要求等内容。

本规范适用于电子发票服务平台整体规划、设计、开发、运行。

2. 规范性引用文件

无

3. 术语和定义

下列术语和定义适用于本规范。

3.1 电子发票

电子发票是指单位和个人在购销商品、提供或者接受服务，以及从事其他经营活动中，按照税务机关要求的格式，使用税务机关确定的开票软件开具的电子收付款凭证。

3.2 电子发票服务平台

电子发票服务平台是指向单位或个人提供电子发票开具、打印、查询、交付及其他相关服务的信息系统。平台包括第三方运营机构建设的电子发票服务平台、企业自建的电子发票服务平台。

3.3 开票方

开票方是指在交易时，开具电子发票的单位或个人。

3.4 受票方

受票方是指在电子发票开具完成后，接收电子发票的单位或个人。

3.5 开票接口服务

开票接口服务是指开票设备为电子发票服务平台提供的接口服务，主要完成电子发票领用、退回、开具、查询等功能。

3.6 开票设备

开票设备是指国家税务总局认可的，实现发票开具、发票管理、发票存储等业务功能的税务密码设备。

4. 电子发票服务平台服务对象

电子发票服务平台可为开票方和受票方两方提供服务。服务内容包括电子发票开具、打印、查询和交付等服务。

5. 电子发票服务平台业务要求

电子发票服务平台应遵循国家税务总局电子发票相关业务要求，可在开票设备及开票接口服务的配合下实现电子发票开具、打印、查询和交付等基础服务。

5.1 电子发票开具

电子发票服务平台通过开票设备及开票接口服务进行纳税人电子发票的领用、退回等操作，并提供相关查询功能。

电子发票服务平台按照税务部门对发票填开的相关要求，通过开票设备及开票接口服务进行电子发票开具。发票开具完成后，由开票设备自动将发票信息上传至税务机关信息系统。

电子发票服务平台应支持对电子发票数据封装生成版式文件，电子发票版式文件应该遵循税务总局管理要求，格式支持 PDF 格式、OFD 格式、税务自定义格式等。

5.2 电子发票打印

电子发票服务平台应提供电子发票版式文件在线打印功能。

5.3 电子发票查询

电子发票服务平台应支持开票方按照发票代码、发票号码、受票方名称、受票方统一社会信用代码、开具日期等维度查询已开具的电子发票。开票方对于查询到的电子发票可以进行批量下载，对查询到的电子发票开具明细信息可以导出数据文件。

5.4 电子发票交付

电子发票服务平台需支持电子发票版式文件交付功能。开票方和受票方可通过电子发票服务平台自行下载电子发票版式文件或者由平台方通过邮件、短信等方式将电子发票版式文件或相关信息交付给受票方。

电子发票服务平台需对发票下载操作进行校验，防止恶意下载发票数据或版式文件。

6. 电子发票服务平台服务要求

电子发票服务平台的运营须满足规范、高效、安全、便捷等服务要求，电子发票服务平台服务基本要求如下：

（1）建立并公布平台服务内容、流程和运营管理制度。

（2）建立完善的客户服务体系。接受用户及相关方的咨询、投诉、建议，服务方式包括客服电话、邮箱、在线服务等。

（3）电子发票服务平台运营商应提供 7×24 小时电话服务，主要内容应包括：咨询、问题解答、升级维护、技术支持等。

（4）当业务发生变化时，电子发票服务平台开发商应按税务机关要求，及时、准确地完成系统开发和升级工作。

（5）各平台间数据迁移要求。用户在电子发票服务平台上的数据资产属于用户本身，电子发票服务平台方在未得到用户授权的情况下不得使用、更改或删除用户数据。用户和电子发票服务平台之间的服务合同解除时，电子发票服务平台方应提供数据迁移服务，以便用户数据可以从原电子发票服务平台转移给新电子发票服务平台或转移给用户的存储设备。数据迁移服务方式包括但不限于：离线数据库文件、离线 XML 文件或在线数据接口等，数据信息项说明见《附录 A 电子发票服务平台数据交换信息项说明》。

7. 电子发票服务平台技术要求

（1）电子发票服务平台应按照先进性、易用性、安全性、稳定性、高响应速度、灵活性和可维护性、可扩展性、标准化、合法性、数据完整性等软件设计开发原则进行系统建设。

（2）电子发票服务平台在操作系统、数据库、网络环境的选择上要求安全、稳定、可靠。

（3）电子发票服务平台的数据管理必须准确、可信、可用、完整、规范及安全可靠，数据之间无歧义。

8. 电子发票服务平台安全要求

电子发票服务平台安全要求主要包括：电子发票生成安全、数据存储安全、数据传输安全、数据管理安全、应用安全等。

8.1 电子发票生成安全

电子发票生成是指将发票全票面数据生成电子发票版式文件的过程。

电子发票服务平台需要通过开票设备及开票接口服务对发票数据进行数字签名，确保数据的安全、防篡改和防抵赖。

8.2 数据存储安全

电子发票服务平台应按税务机关对发票管理的相关要求，对发票数据、纳税人信息等敏感数据进行加密存储，加密过程使用的密码技术应符合国家密码管理局相关密码技术要求，确保数据的安全性及完整性。

电子发票服务平台应及时对数据进行备份，并同时在异地进行数据灾备，防止重要数据被破坏或丢失。

8.3 数据传输安全

8.3.1 数据加密

电子发票服务平台对发票数据、纳税人信息等敏感数据进行互联网传输时，根据数据的敏感性，采用加密技术，确保数据在传输过程中不被泄漏和篡改，选择和应用加密技术时，应符合以下要求：

（1）加密过程使用的密码技术应符合国家密码管理局相关密码技术要求。

（2）数据在传输时需要加密，加密算法的复杂度充分考虑数据传输的效率。

8.3.2 数据签名

根据安全需要，数据在传输过程中可使用数字签名确保真实性、完整性、不可抵赖性，使用数字签名时应符合以下要求：

（1）充分保护私钥的机密性，防止窃取者伪造密钥持有人的签名。

（2）根据数据的敏感程度，确定签名算法的类型、属性以及所用的密钥长度。

（3）用于数字签名的密钥应不同于用于加密的密钥。

（4）签名算法应充分考虑数据传输的效率。

8.4 数据管理安全

对于数据的管理，应制定健全、可操作的安全管理制度，明确安全目标、明确责权。对电子发票的各项操作要具备完整的日志记录，日志记录不少于6个月。对操作人员进行权限管理，采用多角色分权管理方式，使各人员都在一个可控的范围内完成相关职责，对于重要操作应采用多操作员共同授权、同时操作的方法提高安全性。重点防范对电子发票的非法使用、恶意破坏、信息泄露等安全风险。

8.5 应用安全

8.5.1 身份认证

电子发票服务平台应提供双因子认证机制，用户应通过双因子身份认证才能访问电子发票服务平台。双因子认证机制中，其中至少有一种认证方式安全级别高于或等于协同签名。

8.5.2 权限管理

电子发票服务平台应提供完整统一的安全访问机制，对用户的访问权限进行安全管理。

8.5.3 审计跟踪

电子发票服务平台应对系统中重要行为进行记录，可通过审计识别和跟踪未被授权的行为。识别和跟踪的对象包括管理员、用户以及系统自身的行为。由于审计跟踪会产生大量的信息，在具体实施中管理员可以限定一些必须审计的行为，这些审计包括但不限于以下行为：电子发票版式文件的浏览、下载、另存、打印等。审计日志保存期限不少于6个月。

9. 电子发票服务平台运维要求

电子发票服务平台应针对自身情况建立相应的安全运维流程，包括但不限于以下环节：

（1）建立资产识别表：为平台资产的标识、分级、保护和软件配置建立基础资料档案，包括设备和系统的种类、型号、功能、物理位置、端口对应情况、部署情况等资产详细信息。

（2）采集安全信息：对电子发票服务平台的安全配置、流量等安全信息进行定期记录。

（3）日常维护与监控：对开票设备进行日常维护与监控，并记录硬件故障。开票设备的日常维护记录，包括状态检查、更新、升级、故障检测及排除、对开票设备出现的硬件故障进行统计的记录。

（4）收集、分析日志：定期收集网络设备、安全设备、服务器、数据库、中间件、应用系统的日志，进行安全事件审计。

（5）日常巡检：定期对网络设备、安全设备、服务器、数据库、中间件、应用系统进行业务操作巡检、状态巡检、安全策略配置巡检等。

（6）日常安全运维：定期对网络设备、安全设备、服务器、数据库、中间件、应用系统进行安全事件监控、病毒检测、病毒查杀、网络病毒维护、漏洞扫描、安全加固、补丁安装。

（7）健康检查：定期完成网络设备、安全设备、服务器、数据库、中间件、应用系统的健康检查。

（8）安全运维报告：按季度向税务机关提交安全运维报告，报告应对一段时间内的安全运维情况进行统计和分析。

（9）应急预案及恢复策略：电子发票服务平台建设方应建立应急处置方案及恢复策略，及时对应急事件进行响应。

10. 电子发票服务平台等保测评要求

为确保电子发票服务平台在安全方面符合要求，电子发票服务平台应按信息安全等级保护三级要求建设，每年进行一次等保测评，测评结果及相应证书应及时提交到税务机关备案。电子发票服务平台应接受税务机关统一监管。

附录 A（规范性附录）电子发票服务平台数据交换信息项说明

A.1 电子发票服务平台数据交换信息项描述属性

A.1.1 基本属性

本规范使用表 1 中所示的 6 个属性对电子发票服务平台数据交换信息项元素进行描述。表 1 中：

——描述属性：是指用来描述信息元素的属性。

——要求：是指用来描述信息元素的该属性是必备属性还是可选属性，其中："M"是"Mandatory"的缩写，表示必备属性；"O"是"Optional"的缩写，表示可选属性。

——定义及说明：是对属性的说明。

表 1　电子发票服务平台数据交换信息项元素描述属性

序号	描述属性	要求	定义及说明
1	中文名称	M	赋予电子发票服务平台数据交换信息项中信息元素的中文名称。
2	说明	M	对电子发票服务平台数据交换信息项中信息元素含义的解释。
3	数据类型及格式	M	用于表示电子发票服务平台数据交换信息项中信息元素的符号、字符或其他表示的类型以及信息元素值的表示格式。
4	值域	O	电子发票服务平台数据交换信息项中信息元素所允许值的集合。
5	约束/条件	M	说明电子发票服务平台数据交换信息项中一个信息元素是必备的还是可选的。
6	备注	O	电子发票服务平台数据交换信息项中信息元素进一步的补充说明。

A.1.2 数据类型及格式

A.1.2.1 数据类型

电子发票服务平台数据交换信息项中信息元素的数据类型见表 2。

表 2　数据类型取值

数据类型	数据类型的表示	取值
字符型	C	可以包括字母字符、数字字符或汉字以及其他符号等在内的任意字符

（续表）

数据类型	数据类型的表示	取值
数值型	N	用"0"到"9"数字表达的数值
日期时间型	YYYYMMDDhhmmss	格式参照 GB/T 7408
布尔型	B	是/否，on/off，True/false
二进制流	BY	图像、音频、WAN、RM、AVI、MPEG 等二进制流文件格式

A.1.2.2 数据格式

电子发票服务平台数据交换信息项中信息元素的数据格式使用以下几种形式来表达：

a) 字符型和数值型后加一位数字表示定长格式。

示例 1：C6 表示该指标是一个 6 位定长的字符。

示例 2：N6 表示 6 位定长的数值。

b) 字符型和数值型后加"x..y"表示从最小到最大长度的格式。

示例 1：C1..10 表示该指标是一个最短 1 位、最长 10 位的字符型格式。

示例 2：N..6 表示该指标是一个最长 6 位的数值型格式。

c) 字符型后加"..ul"表示长度不确定的。

示例 1：C..ul 表示该指标是一个长度不确定的字符，一般多为大量的文本内容。

d) 数值型（N）后加"x，y"表示小数位。

示例 1：N..17，2 是一个最长 17 位、小数点后两位的一个数值。

e) 二进制流（BY）后加具体的媒体格式。

示例 1：BY — JPEG 表示该指标是一个"JPEG"格式的文件。

A.1.3 约束/条件的表示

用于表示电子发票服务平台数据交换信息项中一个信息元素是必备的还是可选的。该说明符分别为：

1) M：必选，表示该信息元素是必备的；

2) O：可选，表示该信息元素根据实际应用是可选的。

"M"是"Mandatory"的缩写，表示必选；"O"是"Optional"的缩写，表示可选。

A.2 电子发票服务平台数据交换信息项模型

电子发票服务平台数据交换信息项包括通用基础信息、开票项目信息、红字发票信息、开票方信息、受票方信息、安全信息、红字发票信息、附加信息。税务机关可根据业务管理需要适时调整相关数据信息项。

A.3 电子发票服务平台数据交换信息项摘要描述

A.3.1 基础通用信息

1 发票代码

中文名称	发票代码
说明	税务机关分配的发票代码，与发票号码组合成每张发票的唯一标识。
数据类型及格式	C..12
值域	参见"国家税务总局公告 2015 年第 84 号"，"交通运输部国家税务总局公告 2017 年第 66 号"
约束/条件	M
备注	

2 发票号码

中文名称	发票号码
说明	税务机关分配的发票号码，与发票代码组合成每张发票的唯一标识。
数据类型及格式	C8
值域	00000001~99999999
约束/条件	M
备注	

3 发票种类

中文名称	发票种类
说明	标明发票的类型是普通发票或其他
数据类型及格式	C2
值域	11，增值税电子普通发票；12 收费公路通行费增值税电子普通发票
约束/条件	M
备注	

4 开票时间

中文名称	开票时间
说明	电子发票开具的时间，通常为电子发票数据产生时间

（续表）

数据类型及格式	YYYYMMDDhhmmss
值域	
约束/条件	M
备注	

5 合计金额

中文名称	合计金额
说明	电子发票开具的不含税总金额，发票明细的不含税金额总和
数据类型及格式	N..18，2
值域	
约束/条件	M
备注	计量单位为人民币元

6 合计税额

中文名称	合计税额
说明	电子发票开具的税额总金额，发票明细的税额金额总和
数据类型及格式	N..18，2
值域	
约束/条件	M
备注	计量单位为人民币元

7 价税合计金额

中文名称	价税合计金额
说明	电子发票开具的含税总金额，发票明细的含税金额总和
数据类型及格式	N..18，2
值域	
约束/条件	M
备注	计量单位为人民币元

8　机器编号

中文名称	机器编号
说明	电子发票开票设备的编号
数据类型及格式	N12
值域	
约束/条件	M
备注	

9　代开标识

中文名称	代开标识
说明	标识发票是否由税务机关或税务机关授权的其他单位代为开具的
数据类型及格式	C2
值域	00，自开；07，税务机关代开；99，其他单位代开
约束/条件	M
备注	

10　发票特殊类型标识

中文名称	发票特殊类型标识
说明	标识发票的特殊类型
数据类型及格式	C2
值域	01，农产品销售；02，收购；03 稀土；06，通行费可抵扣；07，通行费不可抵扣；18，成品油；19，旅客运输服务
约束/条件	O
备注	

11　清单标识

中文名称	清单标识
说明	是否附加清单
数据类型及格式	C1
值域	Y，有清单；N，没有清单

（续表）

约束/条件	M
备注	

12　备注

中文名称	备注
说明	发票备注
数据类型及格式	C..200
值域	
约束/条件	O
备注	

A.3.2 开票项目信息

13　发票行性质

中文名称	发票行性质
说明	发票行的类型代码，区分普通发票行和折扣发票行的代码
数据类型及格式	N1
值域	0，正常行；1，折扣行；2，被折扣行；9，其他
约束/条件	M
备注	

14　项目名称

中文名称	项目名称
说明	项目名称或简称信息
数据类型及格式	C..200
值域	
约束/条件	M
备注	

15 规格型号

中文名称	规格型号
说明	规格型号（对于通行费电子发票该栏为车牌号）
数据类型及格式	C..200
值域	
约束/条件	O
备注	

16 计量单位

中文名称	计量单位
说明	项目的计量单位（对于通行费电子发票该栏为类型）
数据类型及格式	C..50
值域	
约束/条件	O
备注	

17 数量

中文名称	数量
说明	项目的数量（对于通行费电子发票该栏为通行日期起）
数据类型及格式	C..16
值域	
约束/条件	O
备注	

18 单价

中文名称	单价
说明	项目的单价（对于通行费电子发票该栏为通行日期止）
数据类型及格式	C..16
值域	
约束/条件	O
备注	

19 金额

中文名称	金额
说明	项目的金额
数据类型及格式	N..18, 2
值域	
约束/条件	M
备注	

20 计税依据标识

中文名称	计税依据标识
说明	标识计税的依据
数据类型及格式	C1
值域	0，不含税价；1，含税价；2，差额征税
约束/条件	M
备注	

21 税率

中文名称	税率
说明	项目的税率或征收率
数据类型及格式	N..10, 6
值域	
约束/条件	O
备注	

22 税收优惠标识

中文名称	税收优惠标识
说明	销货方的税率标志，表示是否是优惠税率
数据类型及格式	C1
值域	0，未使用优惠税率；1，使用优惠税率
约束/条件	O
备注	

23 税额

中文名称	税额
说明	项目的税额
数据类型及格式	N..18，2
值域	
约束/条件	M
备注	

24 税收分类编码

中文名称	税收分类编码
说明	商品和服务税收分类编码
数据类型及格式	C19
值域	
约束/条件	O
备注	

25 零税率标识

中文名称	零税率标识
说明	零税率标识
数据类型及格式	C1
值域	1，免税；2，不征税；3，普通零税率
约束/条件	O
备注	空位为非零税率

26 扣除额

中文名称	扣除额
说明	差额开票时，从总额中扣除的金额
数据类型及格式	N..18，2
值域	
约束/条件	O
备注	

27 扣除信息

中文名称	扣除信息
说明	差额开票时，从总额中扣除的金额的具体明细信息
数据类型及格式	C..200
值域	
约束/条件	O
备注	

A.3.3 开票方信息

A.3.3.1 开票方基础信息

28 开票方识别号

中文名称	开票方识别号
说明	开票方的纳税人识别号
数据类型及格式	C..20
值域	
约束/条件	M
备注	

29 开票方名称

中文名称	开票方名称
说明	开票方的名称
数据类型及格式	C..200
值域	
约束/条件	M
备注	

30 开票人

中文名称	开票人
说明	开具电子发票的人员姓名，如为系统则记录系统
数据类型及格式	C..30

（续表）

值域	
约束/条件	M
备注	

31　开票方电话

中文名称	开票方电话
说明	开票方的联系方式
数据类型及格式	C..30
值域	
约束/条件	O
备注	

32　开票方地址

中文名称	开票方地址
说明	开票方的地址
数据类型及格式	C..200
值域	
约束/条件	O
备注	

33　开票方开户行名称

中文名称	开票方开户行名称
说明	开票方的开户银行名称
数据类型及格式	C..200
值域	
约束/条件	O
备注	

34　开票方开户行账号

中文名称	开票方开户行账号
说明	开票方的开户银行账号

（续表）

数据类型及格式	C..50
值域	
约束/条件	O
备注	

35　开票方电子印章

中文名称	开票方电子印章
说明	开票方的电子印章
数据类型及格式	C..500
值域	
约束/条件	O
备注	

A.3.3.2 开票方扩展信息

36　电子发票开具平台名称

中文名称	电子发票开具平台名称
说明	开票方指定的用于提供电子发票服务的平台名称
数据类型及格式	C..200
值域	
约束/条件	M
备注	

37　电子发票开具平台编码

中文名称	电子发票开具平台编码
说明	开票方指定的用于提供电子发票服务的平台编码
数据类型及格式	C..60
值域	
约束/条件	M
备注	

A.3.4 受票方信息

A.3.4.1 受票方基础信息

38　受票方识别号

中文名称	受票方识别号
说明	受票方的纳税人识别号
数据类型及格式	C..20
值域	
约束/条件	O
备注	

39　受票方名称

中文名称	受票方名称
说明	受票方的名称
数据类型及格式	C..200
值域	
约束/条件	M
备注	

40　受票方电话

中文名称	受票方电话
说明	受票方的电话号码
数据类型及格式	C..30
值域	
约束/条件	O
备注	

41　受票方地址

中文名称	受票方地址
说明	受票方的单位地址
数据类型及格式	C..200

（续表）

值域	
约束/条件	O
备注	

42　受票方开户行名称

中文名称	受票方开户行名称
说明	受票方的开户银行名称
数据类型及格式	C..200
值域	
约束/条件	O
备注	

43　受票方开户行账号

中文名称	受票方开户行账号
说明	受票方的开户银行账号
数据类型及格式	C..50
值域	
约束/条件	O
备注	

A.3.4.2 受票方扩展信息

44　电子发票接收平台名称

中文名称	电子发票接收平台名称
说明	购方指定的用于接收电子发票的服务平台名称
数据类型及格式	C..200
值域	
约束/条件	O
备注	

45　电子发票接收平台编码

中文名称	电子发票接收平台
说明	购方指定的用于接收电子发票的服务平台编码
数据类型及格式	C..60
值域	
约束/条件	O
备注	

46　电子发票接收账号

中文名称	电子发票接收账号
说明	购方指定的用于接收电子发票服务平台账户
数据类型及格式	C..60
值域	
约束/条件	O
备注	

A.3.5 安全信息

47　数字签名

中文名称	数字签名
说明	开票方的数字签名，不带公钥证书
数据类型及格式	C..500
值域	
约束/条件	M
备注	

48　发票校验码

中文名称	发票校验码
说明	根据票面生成的一串由数字字母组成的号码
数据类型及格式	C..32
值域	

（续表）

约束/条件	M
备注	

A.3.6 红字发票信息

49　原发票代码

中文名称	原发票代码
说明	被冲红的蓝字发票的发票代码。
数据类型及格式	C10..12
值域	
约束/条件	M
备注	

50　原发票号码

中文名称	原发票号码
说明	被冲红的蓝字发票的发票号码。
数据类型及格式	C8
值域	00000001~99999999
约束/条件	M
备注	

51　冲红原因

中文名称	冲红原因
说明	发票冲红的原因，如退回、重开等
数据类型及格式	C2
值域	开具红字发票原因：22，销售退回；23，销售折让；24，因开票有误购买方拒收的；25，因开票有误等原因尚未交付的；34，销售中止；99，其他
约束/条件	O
备注	

A.3.7 附加信息

52　发票二维码

中文名称	发票二维码
说明	电子发票上的二维码信息，包含发票代码、号码、开票金额、开票日期、校验码等
数据类型及格式	C..2048
值域	
约束/条件	M
备注	

53　版式文件

中文名称	版式文件
说明	电子发票对应的版式文件
数据类型及格式	PDF、OFD、税务自定义
值域	
约束/条件	O
备注	

54　版式文件 URL

中文名称	版式文件 URL
说明	电子发票版式文件对应的 URL 地址
数据类型及格式	C..200
值域	
约束/条件	O
备注	

第四节
电子发票电子化试点工作

一、电子发票及电子会计档案综合试点工作

2013 年 12 月 16 日,《国家发展和改革委员会办公厅 财政部办公厅 国家税务总局办公厅 国家档案局办公室关于组织开展电子发票及电子会计档案综合试点工作的通知》(发改办高技〔2013〕3044 号)提出,为落实《国务院关于促进信息消费扩大内需的若干意见》(国发〔2013〕32 号)中有关拓宽电子商务发展空间的工作部署,按照《关于进一步促进电子商务健康快速发展有关工作的通知》(发改办高技〔2013〕894 号)中有关推动电子商务企业会计档案电子化管理试点,加快电子发票推广与应用的相关工作安排,国家发展改革委、财政部、税务总局、国家档案局决定组织开展电子发票及电子会计档案综合试点工作,有关事项如下。

(一)试点工作的意义

加快推进电子发票及电子会计档案综合试点工作,是深化电子发票应用,提高电子商务企业会计档案管理水平,降低企业会计和纳税管理成本,进一步推动财务、税务、档案等管理部门制度创新的重要举措,对于进一步完善电子商务发展基础环境,促进电子商务健康快速发展具有重要意义。

(二)试点工作的主要任务

(1)推动电子发票的接收及归档保存。中国电信集团公司、中国联合网络通信集团有限公司、中国人民财产保险股份有限公司在深入开展会计档案电子化管理试点工作的基础上,增加电子发票管理环节,接收电子发票试点单位开具的电子发票,开展电子发票查询比对、电子发票接收、审核验证、会计核算、记账、电子发票归档保存、电子发票调阅等工作,同时推进企业与银行直联,应用电子银行回单,形成完整的电子会计档案,接受内、外部审核。

试点工作要依托已有的会计核算系统,完整地接收电子发票数据,并通过建设完善电子会计档案管理系统,实现电子发票的高效便捷归档及查询。要配备专门人员,

负责电子发票接收及归档保存等工作，确保电子发票的准确性、完整性、可用性和安全性。要制定完善电子会计档案管理制度和电子会计档案的安全管理措施。

（2）做好电子发票系统与会计核算系统的对接。已经开展电子发票试点工作的北京京东世纪贸易有限公司和东港股份有限公司、上海爱信诺航天信息有限公司、重庆市远大印务有限公司、青岛海尔软件有限公司、中国电信股份有限公司深圳分公司、江苏苏宁易购电子商务有限公司、浙江浙科信息技术有限公司、成都京东世纪贸易有限公司等单位，要配合会计档案电子化管理试点单位，在已开展电子发票试点工作基础上，完善电子发票系统的输出接口，做好与会计档案电子化管理试点单位会计核算等相关系统的对接。

（三）试点工作的组织管理

为加强试点工作的组织管理，确保试点工作取得实效，国家发展改革委将会同相关部门统筹推进试点工作。财政部将会同国家档案局加强电子会计档案管理的业务指导，建设完善电子会计档案管理的相关制度，修订《会计档案管理办法》等规章制度。税务总局将继续推进电子发票试点项目建设及推广应用工作，研究形成电子发票相关标准规范，完善电子发票相关管理办法。国家档案局将会同财政部建立电子发票归档和保管等方面的制度。试点城市发展改革委、财政局、国家税务局、地方税务局、档案局要配合做好试点工作的组织管理。

（四）试点工作方案申报要求

中国电信集团公司、中国联合网络通信集团有限公司、中国人民财产保险股份有限公司要分别与已经开展电子发票试点的单位共同开展电子发票及电子会计档案综合试点工作，建立联合工作保障机制，共同编制试点工作方案（编制要点参见附件）。

北京、上海、重庆、青岛、深圳、南京、杭州、成都等城市的相关部门要参照上述要求，配合做好试点工作的组织管理，协调落实各项建设条件，在已经开展的电子发票试点工作基础上，探索开展本地区范围内的电子发票及电子会计档案综合试点，深化电子发票应用，推动电子发票的接收及归档，提升电子商务领域的会计档案电子化水平。

附件：

《电子发票及电子会计档案综合试点工作方案》编制要点

一、试点工作简介

简述试点工作背景、承担单位情况、试点工作方案编制依据，及试点目标、内容、建设期、总投资和资金来源、经济与社会效益、主要结论与建议等。

二、试点工作必要性和可行性分析

（一）从法规政策、标准规范、业务处理模式、信息系统支撑等方面，分析当前制约电子发票应用及会计档案电子化的主要问题，说明试点工作的必要性。

（二）说明试点单位电子发票应用、会计档案电子化管理状况等，分析试点工作的基面与可行性。

三、试点工作目标与任务

（一）试点目标。围绕试点重点任务，提出试点工作的总体目标、具体目标。明确拟开展的具体工作，包括拟制定、修订并验证的规章、政策措施及标准规范等。

（二）试点任务。试点相关法规政策、标准规范制定与实施方案。试点相关系统或平台建设完善方案，包括系统或平台架构，主要业务或功能及档案管理系统，机房及配套工程，实施进度计划安排、建设期的组织管理等内容。试点工作总投资规模，资金使用和筹措方案，资金来源与落实情况等。

四、试点工作效益分析及风险评价

经济效益和社会效益分析，项目风险分析与控制。

五、试点工作保障措施

重点说明试点工作的组织机制，明确试点工作负责人、参与单位，试点单位间的协调工作机制、矛盾问题协同处理机制等方面的情况。

二、增值税电子发票电子化报销、入账、归档试点工作

2021年2月22日，《国家档案局办公室 财政部办公厅 商务部办公厅 国家税务总局办公厅关于进一步扩大增值税电子发票电子化报销、入账、归档试点工作的通知》（档办发〔2021〕1号）提出，为贯彻2021年中央经济工作会议精神，落实《税务总局等十三部门关于推进纳税便利化改革优化税收营商环境若干措施的通知》要求，加快增值税电子发票应用和推广实施工作，降低企业交易成本，推进"六保""六稳"工作，助力国家数字经济发展，按照国务院有关要求，在前两批试点的基础上，国家档案局会同财政部、商务部、国家税务总局拟再选定一批单位开展增值税电子发票电子化报销、入账、归档试点工作，形成示范效应，进一步完善数字经济发展所需的制度和标准规范，有关事项如下。

（一）试点内容

（1）开展增值税电子发票电子化报销入账试点工作，过程符合《企业会计信息化工作规范》（财会〔2013〕20号）有关要求。

（2）开展增值税电子发票电子化归档试点，档案部门或档案人员从会计核算部门或会计核算系统接收电子发票，过程符合《会计档案管理办法》（财政部、国家档案

局令第79号)、《财政部 国家档案局关于规范电子会计凭证报销入账归档的通知》(财会〔2020〕6号),归档存储格式符合要求,归档过程中电子发票真实性、完整性、可用性、安全性有保障。

(3)及时总结试点工作,形成可推广、可复制的经验和做法,试点完成后及时报送试点工作总结报告。

(二)试点单位条件

(1)科学设计增值税电子发票电子化归集、报销、入账、归档方案。
(2)试点所需人员、资金有保障。
(3)愿意为电子发票推广应用发挥示范带头作用。

(三)试点验收条件

(1)实现增值税电子发票电子化归集、报销、入账、归档。
(2)形成3个月的财务数据,对增值税电子发票电子化归集、报销、入账、归档方案进行验证,采用的管理和技术方案可行。
(3)2021年10月底前完成试点工作,形成试点工作总结报告。

(四)试点工作组织

(1)国家档案局、财政部、商务部、国家税务总局组成协调小组对试点工作进行指导,对中央企业总部的试点工作进行验收。
(2)各省、自治区、直辖市、计划单列市及新疆生产建设兵团档案局、财政部门、商务部门、税务局(以下统称省级试点工作组织部门)和各中央企业总部负责本地区、本集团的试点工作,负责选定本地区或本集团所属的企业及行政事业单位进行试点,指导试点单位开展试点工作,对完成试点的单位进行验收。
(3)省级试点工作组织部门、各中央企业总部要高度重视此项工作,成立联合工作组共同开展此项工作,加强对试点工作组织领导。
(4)省级试点工作组织部门、各中央企业总部要综合考虑本地区、本集团经济发展实际,从打通产业链上下游及配合增值税专用发票电子化等方面选定具有代表性的单位开展试点。

(五)试点方案报送

有试点意向的单位编制试点方案(提纲见附件)报所在地省级试点工作组织部门联合审核。有试点意向中央企业所属单位编制试点方案(提纲见附件)报中央企业总部审核。省级试点工作组织部门对试点方案审核同意后确定不少于10家的本地区试点单位名单,中央企业总部对试点方案审核同意后确定不多于5家企业的集团试点单位名单(可包含总部作为试点单位),与推荐单位的试点方案一同于2021年3月31日前报国家档案局。国家档案局联合财政部、商务部、国家税务总局审核确定试点单位名单。纳入本次试点范围的企业可参加财政部电子发票入账数据标准和财务报表数据标准试点。

附件：试点方案编制提纲（模板）

试点方案编制提纲（模板）

一、情况简介

（本单位主要产品或业务，人员数量，2020 年经营情况）

二、本单位财务会计系统实施情况

（包括报销系统、核算系统等的实施时间，主要功能）

三、电子发票电子化归集、报销、入账、归档方案

（对电子发票电子化归集、报销、入账、归档的详细设计）

四、试点工作组织实施方案

五、试点工作计划

（细化到月）

三、三部门就"专票电子化"管理与操作有关问题答问

2020 年 12 月 20 日，国家税务总局发布了《关于在新办纳税人中实行增值税专用发票电子化有关事项的公告》（国家税务总局公告 2020 年第 22 号），决定在前期宁波、石家庄和杭州等 3 个地区试点的基础上，在全国新办纳税人中实行增值税专用发票电子化。随着电子发票逐步推广应用，各单位应当按照有关法律法规的规定，规范使用电子发票进行报销入账归档等活动。

2015 年 12 月，财政部、国家档案局印发新修订《会计档案管理办法》（财政部 国家档案局令第 79 号），随后又于 2020 年 3 月印发《财政部 国家档案局关于规范电子会计凭证报销入账归档的通知》（财会〔2020〕6 号）。上述文件均对包括电子发票在内的各类电子会计凭证的报销入账归档工作作出了明确规定。

为进一步回应社会关切，服务和指导基层单位更加规范使用电子发票，财政部、国家档案局、国家税务总局有关部门结合已经发布的相关文件，就增值税电子专用发票（以下简称电子专票）全流程电子化管理操作等有关问题回答如下：

（1）电子专票作为电子会计凭证与纸质会计凭证法律效力是否相同？

答：电子会计凭证是指以电子形式生成、传输、存储的各类会计凭证，包括电子原始凭证、电子记账凭证。电子专票属于电子会计原始凭证。国家税务总局 2020 年第 22 号公告第二条规定："电子专票由各省税务局监制，采用电子签名代替发票专用章，

属于增值税专用发票,其法律效力、基本用途、基本使用规定等与增值税纸质专用发票相同。"《财政部 国家档案局关于规范电子会计凭证报销入账归档的通知》(财会〔2020〕6号)规定:"来源合法、真实的电子会计凭证与纸质会计凭证具有同等法律效力。"《档案法》第三十七条规定:"电子档案应当来源可靠、程序规范、要素合规""电子档案与传统载体档案具有同等效力,可以以电子形式作为凭证使用"。因此,来源合法、真实的电子专票作为电子会计凭证与纸质会计凭证具有同等的法律效力,且可作为电子档案进行保存归档。

(2)实行专票电子化的新办纳税人如何开具电子专票?

答:实行专票电子化的新办纳税人可向税务机关免费领取税务 UKey,通过电子税务局、办税服务厅等渠道申请电子专票票种核定,在国家税务总局增值税发票查验平台(https://inv-veri.chinatax.gov.cn)上下载并安装增值税发票开票软件(税务 UKey 版)后,开具电子专票。开票完成后,纳税人可以通过电子邮件、二维码等方式,远程交付电子专票给受票方。

(3)受票方收到电子专票后,应如何查验其发票真伪?

答:电子专票采用可靠的电子签名代替原发票专用章,采用经过税务数字证书签名的电子发票监制章代替原发票监制章,更好适应了发票电子化改革的需要。

纳税人可以通过全国增值税发票查验平台(https://inv — veri.chinatax.gov.cn)下载增值税电子发票版式文件阅读器,查阅电子专票并验证电子签名以及电子发票监制章有效性。

验证电子签名具体方法如下:通过增值税电子发票版式文件阅读器打开已下载的电子专票版式文件,鼠标移动到左下角"销售方"相关信息处,点击鼠标右键,再点击提示框中的"验证"按钮,如图 1-1 所示,即可弹出验证结果。

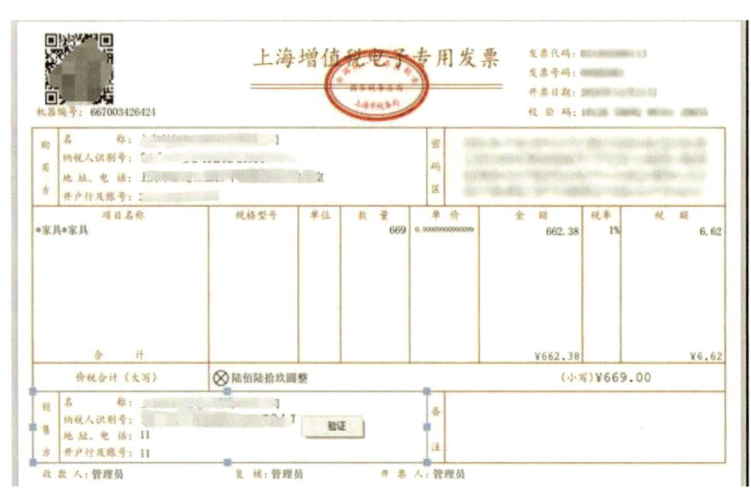

图 1-1 电子专票验证电子签名

如果验证结果为"该签章有效！受该签章保护的文档内容未被修改。该签章之后的文档内容无变更"，如图1-2所示，则表明销售方的电子签名有效。

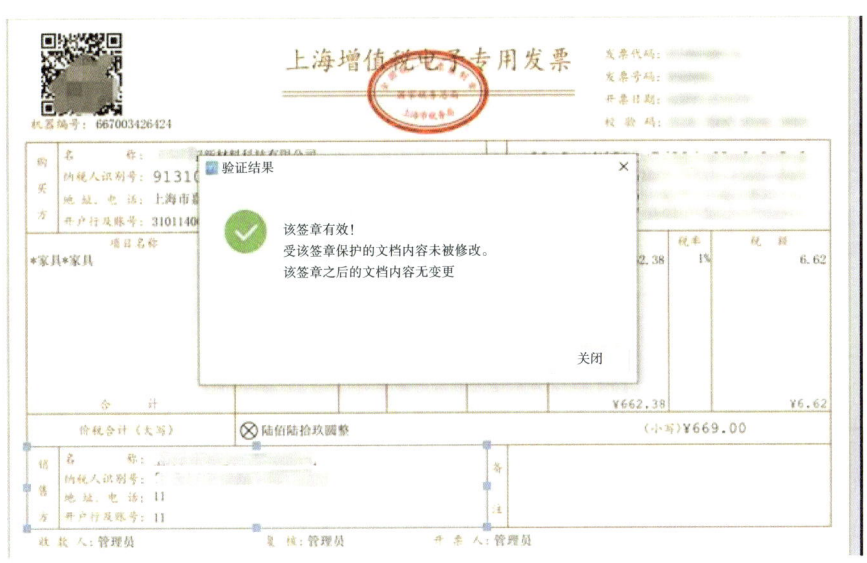

图1-2　电子专票验证电子签名结果

验证电子发票监制章具体方法如下：通过增值税电子发票版式文件阅读器打开已下载的电子专票版式文件，鼠标右键点击发票上方椭圆形的发票监制章，选择"验证"，即可显示验证结果，如图1-3所示。

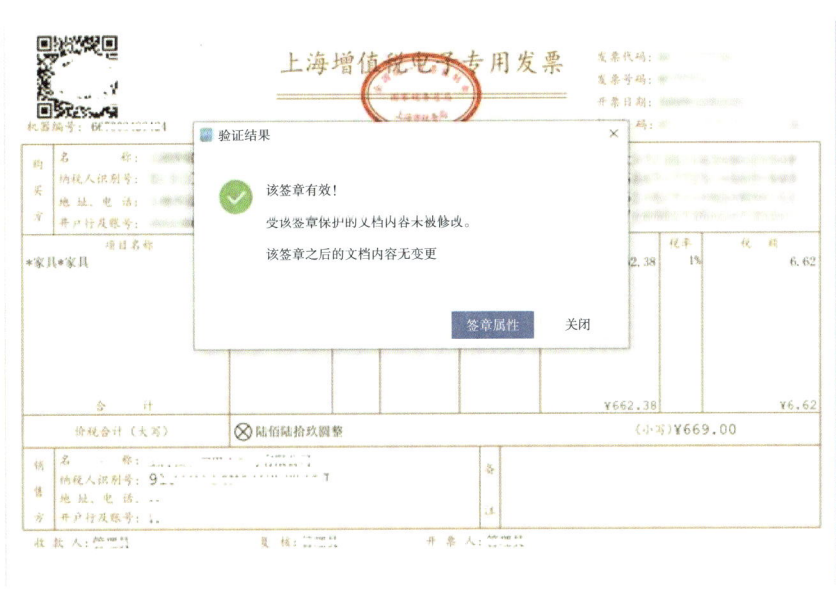

图1-3　电子专票验证电子发票监制章结果

此外，纳税人还可以在全国增值税发票查验平台上，通过录入发票代码、发票号码、开票日期、发票校验码等字段，对电子专票信息进行查验。

（4）受票方收到电子专票后，如何申请抵扣增值税进项税额或出口退税、代办退税？

答：受票方取得电子专票用于申报抵扣增值税进项税额或申请出口退税、代办退税的，应当登录增值税发票综合服务平台确认发票用途，登录地址由各省税务局确定并公布。

（5）使用电子专票进行报销入账归档的基本规定有哪些？

答：依据财会〔2020〕6号文规定，电子专票作为电子会计凭证的一种，同时满足下列条件的，可以仅使用电子专票进行报销入账归档：①接收的电子会计凭证经查验合法、真实；②电子会计凭证的传输、存储安全、可靠，对电子会计凭证的任何篡改能够及时被发现；③使用的会计核算系统能够准确、完整、有效接收和读取电子会计凭证及其元数据，能够按照国家统一的会计制度完成会计核算业务，能够按照国家档案行政管理部门规定格式输出电子会计凭证及其元数据，设定了经办、审核、审批等必要的审签程序，且能有效防止电子会计凭证重复入账；④电子会计凭证的归档及管理符合《会计档案管理办法》（财政部 国家档案局令第79号）等要求。

采用电子专票进行报销、入账且本单位财务信息系统能导出符合国家档案部门规定的电子归档格式的，应当将电子专票与其他电子会计记账凭证等一起归档保存，电子专票不再需要打印和保存纸质件；不满足上述条件的单位，采用电子专票纸质打印件进行报销、入账的，电子专票应当与其纸质打印件一并交由会计档案人员保存。

（6）如何借助标准化手段支持会计核算系统对电子专票进行自动接收、识别和入账处理？

答：财政部即将出台电子发票入账数据标准，并将会同国家税务总局在部分企业开展试点，以进一步规范电子发票等电子凭证入账，方便受票方会计核算系统进行自动化的接收、识别和入账处理。

（7）电子专票的纸质打印件能否单独作为报销入账归档依据使用？

答：不能。根据财会〔2020〕6号文的规定，各单位无论采用何种报销、入账方式，只要接收的是电子专票，则必须归档保存电子专票。单位如果以电子专票的纸质打印件作为报销入账归档依据的，必须同时保存打印该纸质件的电子专票。

（8）受票方应如何防范电子专票的纸质打印件重复报销入账的风险？

答：电子专票的纸质打印件只是承载电子专票发票信息的载体，不具备物理防伪功能，具有可复制的特点。为避免电子专票的纸质打印件重复报销入账，各单位应建立完善的内控机制，严格按照财会〔2020〕6号文规定。如果以电子专票的纸质打印件作为报销入账归档依据的，必须同时保存打印该纸质件的电子专票。同时建议各单位在报销入账时对发票代码、号码进行查重处理。对于已经使用财务信息系统的单位，可以通过建立发票数据库的方式，升级系统功能，利用系统进行自动比对；对于尚未使用财务软件实行纯手工记账的单位，可以通过电子表格等方式，建立已入账发票手工台账，有效防范重复报销、虚假入账等风险。

（9）包括电子专票在内的各类电子发票应如何归档保存？

答：电子发票归档保存分以下几种情况进行。

已建立电子档案管理系统的单位，实施了会计信息系统，与电子发票相关的记账凭证、报销凭证等已全部实现电子化（不包括纸质凭证扫描，下同），可将电子发票与相关的记账凭证、报销凭证等电子会计凭证通过归档接口或手工导入电子档案管理系统进行整理、归档并长期保存，归档方法可参照《企业电子文件归档和电子档案管理指南》（档办发〔2015〕4号）；如果与电子发票相关的记账凭证、报销凭证等未实现电子化，可单独将电子发票通过归档接口或手工导入电子档案管理系统进行整理、归档并长期保存；整理、归档、长期保存方法可参照《企业电子文件归档电子档案管理指南》（档办发〔2015〕4号）。

无电子档案管理系统的单位，如果实施了会计信息系统，与电子发票相关的记账凭证、报销凭证等已全部实现电子化，可将电子发票与相关的记账凭证、报销凭证等移交会计档案管理人员保存，编制档号，存储结构建议采取如图1-4所示方式。

同时，建立电子会计档案台账或者目录，台账或者目录的结构建议如表1-1所示。

表1-1 台账或者目录的结构

序号	纳税人识别号	年度	交易事项	开票方名称	发票号码	开具日期	报销单据号	记账凭证号	文件名	备注

保存电子发票时，应当采用多重备份、定期检测等方法，保证电子发票档案在规定的保管期限内不会丢失并能被读取。

（10）接收电子专票的单位，相关的纸质会计凭证该如何管理？

答：接受电子专票的单位，如部分业务的报销、入账仍采用纸质凭证，该部分纸质凭证仍应按传统纸质会计档案的管理方法进行管理。

（11）上述关于电子专票报销入账归档的问答口径是否适用于其他增值税电子发票？

答：同样适用。

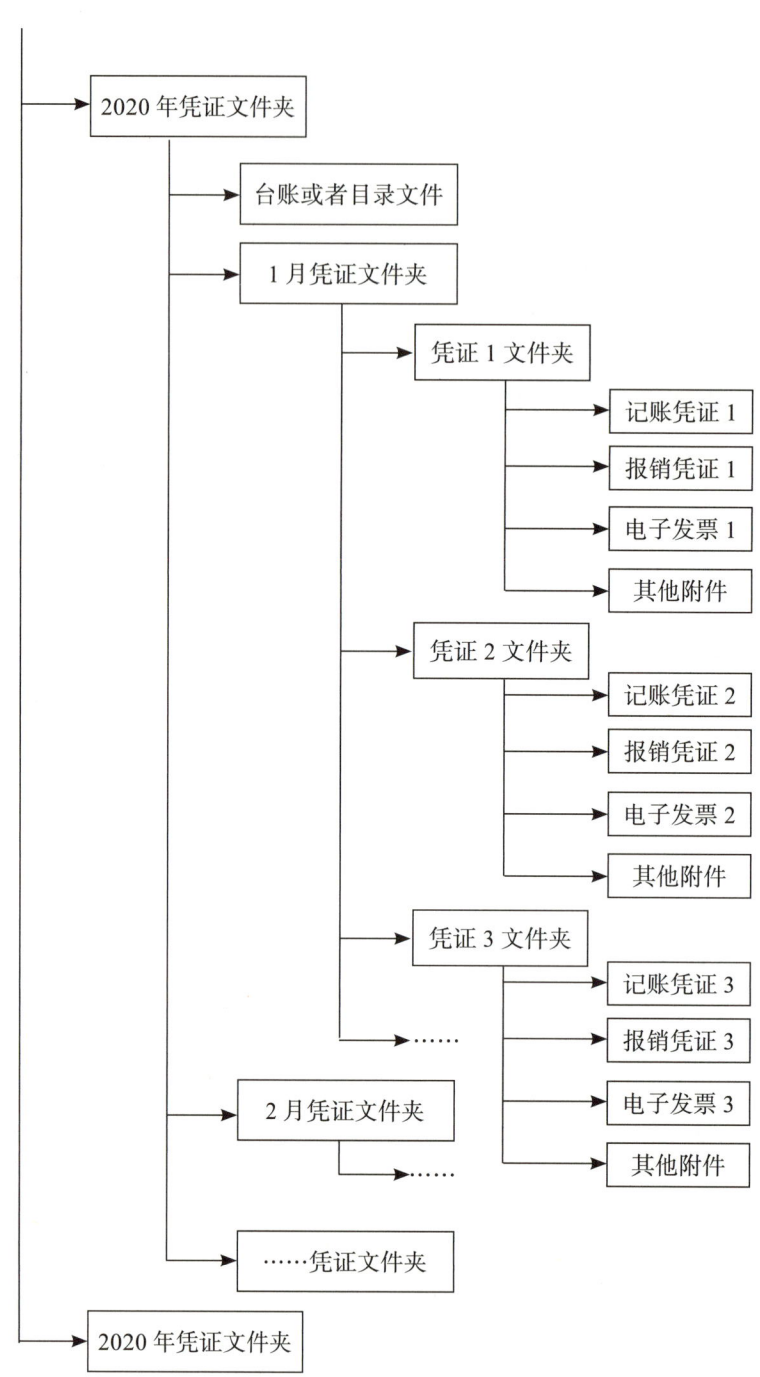

图 1-4　无电子档案管理系统的单位电子发票存储结构

第五节
会计档案管理办法

根据《会计档案管理办法》（财政部 国家档案局令 2015 年第 79 号）的规定，国家机关、社会团体、企业、事业单位和其他组织（以下统称单位）管理会计档案适用该办法。

该办法所称会计档案是指单位在进行会计核算等过程中接收或形成的，记录和反映单位经济业务事项的，具有保存价值的文字、图表等各种形式的会计资料，包括通过计算机等电子设备形成、传输和存储的电子会计档案。

财政部和国家档案局主管全国会计档案工作，共同制定全国统一的会计档案工作制度，对全国会计档案工作实行监督和指导。县级以上地方人民政府财政部门和档案行政管理部门管理本行政区域内的会计档案工作，并对本行政区域内会计档案工作实行监督和指导。

单位应当加强会计档案管理工作，建立和完善会计档案的收集、整理、保管、利用和鉴定销毁等管理制度，采取可靠的安全防护技术和措施，保证会计档案的真实、完整、可用、安全。单位的档案机构或者档案工作人员所属机构（以下统称单位档案管理机构）负责管理本单位的会计档案。单位也可以委托具备档案管理条件的机构代为管理会计档案。

下列会计资料应当进行归档：①会计凭证，包括原始凭证、记账凭证；②会计账簿，包括总账、明细账、日记账、固定资产卡片及其他辅助性账簿；③财务会计报告，包括月度、季度、半年度、年度财务会计报告；④其他会计资料，包括银行存款余额调节表、银行对账单、纳税申报表、会计档案移交清册、会计档案保管清册、会计档案销毁清册、会计档案鉴定意见书及其他具有保存价值的会计资料。

单位可以利用计算机、网络通信等信息技术手段管理会计档案。同时满足下列条件的，单位内部形成的属于归档范围的电子会计资料可仅以电子形式保存，形成电子会计档案：①形成的电子会计资料来源真实有效，由计算机等电子设备形成和传输；②使用的会计核算系统能够准确、完整、有效接收和读取电子会计资料，能够输出符合国家标准归档格式的会计凭证、会计账簿、财务会计报表等会计资料，设定了经办、审核、审批等必要的审签程序；③使用的电子档案管理系统能够有效接收、管理、利用电子会计档案，符合电子档案的长期保管要求，并建立了电子会计档案与相关联的其他纸质会计档案的检索关系；④采取有效措施，防止电子会计档案被篡改；⑤建立电子会计档案备份制度，能够有效防范自然灾害、意外事故和人为破坏的影响；⑥形成的电子会计资料不属于具有永久保存价值或者其他重要保存价值的会计档案。满足上述条件，单位从外部接收的电子会计资料附有符合《中华人民共和国电子签名法》规定的电子签名的，可仅以电子形式归档保存，形成电子会计档案。

单位的会计机构或会计人员所属机构（以下统称单位会计管理机构）按照归档范围和归档要求，负责定期将应当归档的会计资料整理立卷，编制会计档案保管清册。

当年形成的会计档案，在会计年度终了后，可由单位会计管理机构临时保管一年，再移交单位档案管理机构保管。因工作需要确需推迟移交的，应当经单位档案管理机构同意。单位会计管理机构临时保管会计档案最长不超过3年。临时保管期间，会计档案的保管应当符合国家档案管理的有关规定，且出纳人员不得兼管会计档案。

单位会计管理机构在办理会计档案移交时，应当编制会计档案移交清册，并按照国家档案管理的有关规定办理移交手续。纸质会计档案移交时应当保持原卷的封装。电子会计档案移交时应当将电子会计档案及其元数据一并移交，且文件格式应当符合国家档案管理的有关规定。特殊格式的电子会计档案应当与其读取平台一并移交。单位档案管理机构接收电子会计档案时，应当对电子会计档案的准确性、完整性、可用性、安全性进行检测，符合要求的才能接收。

单位应当严格按照相关制度利用会计档案，在进行会计档案查阅、复制、借出时履行登记手续，严禁篡改和损坏。单位保存的会计档案一般不得对外借出。确因工作需要且根据国家有关规定必须借出的，应当严格按照规定办理相关手续。会计档案借用单位应当妥善保管和利用借入的会计档案，确保借入会计档案的安全完整，并在规定时间内归还。

会计档案的保管期限分为永久、定期两类。定期保管期限一般分为10年和30年。会计档案的保管期限，从会计年度终了后的第一天算起。

各类会计档案的保管期限原则上应当按照该办法附表执行，该办法规定的会计档案保管期限为最低保管期限。单位会计档案的具体名称如有同该办法附表所列档案名称不相符的，应当比照类似档案的保管期限办理。

单位应当定期对已到保管期限的会计档案进行鉴定，并形成会计档案鉴定意见书。经鉴定，仍需继续保存的会计档案，应当重新划定保管期限；对保管期满，确无保存价值的会计档案，可以销毁。

会计档案鉴定工作应当由单位档案管理机构牵头，组织单位会计、审计、纪检监察等机构或人员共同进行。经鉴定可以销毁的会计档案，应当按照以下程序销毁：①单位档案管理机构编制会计档案销毁清册，列明拟销毁会计档案的名称、卷号、册数、起止年度、档案编号、应保管期限、已保管期限和销毁时间等内容。②单位负责人、档案管理机构负责人、会计管理机构负责人、档案管理机构经办人、会计管理机构经办人在会计档案销毁清册上签署意见。③单位档案管理机构负责组织会计档案销毁工作，并与会计管理机构共同派员监销。监销人在会计档案销毁前，应当按照会计档案销毁清册所列内容进行清点核对；在会计档案销毁后，应当在会计档案销毁清册上签名或盖章。电子会计档案的销毁还应当符合国家有关电子档案的规定，并由单位档案管理机构、会计管理机构和信息系统管理机构共同派员监销。

保管期满但未结清的债权债务会计凭证和涉及其他未了事项的会计凭证不得销毁，纸质会计档案应当单独抽出立卷，电子会计档案单独转存，保管到未了事项完结时为止。单独抽出立卷或转存的会计档案，应当在会计档案鉴定意见书、会计档案销毁清册和会计档案保管清册中列明。

单位因撤销、解散、破产或其他原因而终止的，在终止或办理注销登记手续之前形成的会计档案，按照国家档案管理的有关规定处置。

单位分立后原单位存续的，其会计档案应当由分立后的存续方统一保管，其他方可以查阅、复制与其业务相关的会计档案。单位分立后原单位解散的，其会计档案应当经各方协商后由其中一方代管或按照国家档案管理的有关规定处置，各方可以查阅、复制与其业务相关的会计档案。单位分立中未结清的会计事项所涉及的会计凭证，应当单独抽出由业务相关方保存，并按照规定办理交接手续。单位因业务移交其他单位办理所涉及的会计档案，应当由原单位保管，承接业务单位可以查阅、复制与其业务相关的会计档案。对其中未结清的会计事项所涉及的会计凭证，应当单独抽出由承接业务单位保存，并按照规定办理交接手续。

单位合并后原各单位解散或者一方存续其他方解散的，原各单位的会计档案应当由合并后的单位统一保管。单位合并后原各单位仍存续的，其会计档案仍应当由原各单位保管。

建设单位在项目建设期间形成的会计档案，需要移交给建设项目接受单位的，应当在办理竣工财务决算后及时移交，并按照规定办理交接手续。

单位之间交接会计档案时，交接双方应当办理会计档案交接手续。移交会计档案的单位，应当编制会计档案移交清册，列明应当移交的会计档案名称、卷号、册数、起止年度、档案编号、应保管期限和已保管期限等内容。交接会计档案时，交接双方应当按照会计档案移交清册所列内容逐项交接，并由交接双方的单位有关负责人负责监督。交接完毕后，交接双方经办人和监督人应当在会计档案移交清册上签名或盖章。电子会计档案应当与其元数据一并移交，特殊格式的电子会计档案应当与其读取平台一并移交。档案接受单位应当对保存电子会计档案的载体及其技术环境进行检验，确保所接收电子会计档案的准确、完整、可用和安全。

单位的会计档案及其复制件需要携带、寄运或者传输至境外的，应当按照国家有关规定执行。

单位委托中介机构代理记账的，应当在签订的书面委托合同中，明确会计档案的管理要求及相应责任。

违反该办法规定的单位和个人，由县级以上人民政府财政部门、档案行政管理部门依据《中华人民共和国会计法》《中华人民共和国档案法》等法律法规处理处罚。

预算、计划、制度等文件材料,应当执行文书档案管理规定,不适用该办法。不具备设立档案机构或配备档案工作人员条件的单位和依法建账的个体工商户,其会计档案的收集、整理、保管、利用和鉴定销毁等参照该办法执行。

企业和其他组织会计档案保管期限如表1-2所示。

表1-2 企业和其他组织会计档案保管期限

序号	档案名称	保管期限	备注
一	会计凭证		
1	原始凭证	30年	
2	记账凭证	30年	
二	会计账簿		
3	总账	30年	
4	明细账	30年	
5	日记账	30年	
6	固定资产卡片		固定资产报废清理后保管5年
7	其他辅助性账簿	30年	
三	财务会计报告		
8	月度、季度、半年度财务会计报告	10年	
9	年度财务会计报告	永久	
四	其他会计资料		
10	银行存款余额调节表	10年	
11	银行对账单	10年	
12	纳税申报表	10年	
13	会计档案移交清册	30年	
14	会计档案保管清册	永久	
15	会计档案销毁清册	永久	
16	会计档案鉴定意见书	永久	

财政总预算、行政单位、事业单位和税收会计档案保管期限如表1-3所示。

表 1-3 财政总预算、行政单位、事业单位和税收会计档案保管期限

序号	档案名称	保管期限			备注
		财政总预算	行政单位事业单位	税收会计	
一	会计凭证				
1	国家金库编送的各种报表及缴库退库凭证	10 年		10 年	
2	各收入机关编送的报表	10 年			
3	行政单位和事业单位的各种会计凭证		30 年		包括：原始凭证、记账凭证和传票汇总表
4	财政总预算拨款凭证和其他会计凭证	30 年			包括：拨款凭证和其他会计凭证
二	会计账簿				
5	日记账		30 年	30 年	
6	总账	30 年	30 年	30 年	
7	税收日记账（总账）			30 年	
8	明细分类、分户账或登记簿	30 年	30 年	30 年	
9	行政单位和事业单位固定资产卡片				固定资产报废清理后保管 5 年
三	财务会计报告				
10	政府综合财务报告	永久			下级财政、本级部门和单位报送的保管 2 年
11	部门财务报告		永久		所属单位报送的保管 2 年
12	财政总决算	永久			下级财政、本级部门和单位报送的保管 2 年
13	部门决算		永久		所属单位报送的保管 2 年
14	税收年报（决算）			永久	
15	国家金库年报（决算）	10 年			
16	基本建设拨、贷款年报（决算）	10 年			

（续表）

序号	档案名称	保管期限			备注
		财政总预算	行政单位事业单位	税收会计	
17	行政单位和事业单位会计月、季度报表		10年		所属单位报送的保管2年
18	税收会计报表			10年	所属税务机关报送的保管2年
四	其他会计资料				
19	银行存款余额调节表	10年	10年		
20	银行对账单	10年	10年	10年	
21	会计档案移交清册	30年	30年	30年	
22	会计档案保管清册	永久	永久	永久	
23	会计档案销毁清册	永久	永久	永久	
24	会计档案鉴定意见书	永久	永久	永久	

注：税务机关的税务经费会计档案保管期限，按行政单位会计档案保管期限规定办理。

第六节
电子会计凭证报销入账归档

《财政部 国家档案局关于规范电子会计凭证报销入账归档的通知》（财会〔2020〕6号）规定如下：

（1）电子会计凭证是指单位从外部接收的电子形式的各类会计凭证，包括电子发票、财政电子票据、电子客票、电子行程单、电子海关专用缴款书、银行电子回单等电子会计凭证。

（2）来源合法、真实的电子会计凭证与纸质会计凭证具有同等法律效力。

（3）除法律和行政法规另有规定外，同时满足下列条件的，单位可以仅使用电子会计凭证进行报销入账归档：①接收的电子会计凭证经查验合法、真实；②电子会计凭证的传输、存储安全、可靠，对电子会计凭证的任何篡改能够及时被发现；③使用的会计核算系统能够准确、完整、有效接收和读取电子会计凭证及其元数据，能够按照国家统一的会计制度完成会计核算业务，能够按照国家档案行政管理部门规定格式输出电子会计凭证及其元数据，设定了经办、审核、审批等必要的审签程序，且能有效防止电子会计凭证重复入账；④电子会计凭证的归档及管理符合《会计档案管理办法》（财政部国家档案局令第79号）等要求。

（4）单位以电子会计凭证的纸质打印件作为报销入账归档依据的，必须同时保存打印该纸质件的电子会计凭证。

（5）符合档案管理要求的电子会计档案与纸质档案具有同等法律效力。除法律、行政法规另有规定外，电子会计档案可不再另以纸质形式保存。

（6）单位和个人在电子会计凭证报销入账归档中存在违反该通知规定行为的，县级以上人民政府财政部门、档案行政管理部门应当依据《中华人民共和国会计法》《中华人民共和国档案法》等有关法律、行政法规处理处罚。

第二章

华东地区全电发票试点制度

第一节
山东省全电发票试点制度

一、开展全面数字化的电子发票受票试点

2022年6月7日，《国家税务总局山东省税务局关于开展全面数字化的电子发票受票试点工作的公告》（国家税务总局山东省税务局公告2022年第2号）规定，为落实中办、国办印发的《关于进一步深化税收征管改革的意见》要求，全面推进税收征管数字化升级和智能化改造，降低征纳成本，国家税务总局建设了全国统一的电子发票服务平台，24小时在线免费为纳税人提供全面数字化的电子发票（以下简称全电发票）开具、交付、查验等服务，实现发票全领域、全环节、全要素电子化。经国家税务总局同意，山东省税务局决定在山东省（不含青岛市，下同）开展全电发票受票试点工作。有关事项如下：

（1）自2022年6月21日起，山东省纳税人仅作为受票方接收由内蒙古自治区、上海市和广东省（不含深圳市，下同）的部分纳税人（以下简称试点纳税人）通过电子发票服务平台开具的发票，包括带有"增值税专用发票"字样的全电发票、带有"普通发票"字样的全电发票、增值税纸质专用发票（以下简称纸质专票）和增值税纸质普通发票（折叠票，以下简称纸质普票）。

（2）全电发票的法律效力、基本用途等与现有纸质发票相同。其中，带有"增值税专用发票"字样的全电发票，其法律效力、基本用途等与现有增值税专用发票相同；

带有"普通发票"字样的全电发票，其法律效力、基本用途等与现有普通发票相同。

（3）全电发票由各省、自治区、直辖市和计划单列市税务局监制。全电发票无联次，基本内容包括：二维码、发票号码、开票日期、购买方信息、销售方信息、项目名称、规格型号、单位、数量、单价、金额、税率/征收率、税额、合计、价税合计（大写、小写）、备注、开票人。其中，电子发票服务平台为从事特定行业、发生特殊应税行为及特定应用场景业务（包括：稀土、建筑服务、旅客运输服务、货物运输服务、不动产销售、不动产经营租赁服务、农产品收购、光伏收购、代收车船税、自产农产品销售、差额征税等）的纳税人提供了对应特定业务的全电发票样式。

（4）全电发票的发票号码为20位，其中：第1～2位代表公历年度后两位，第3～4位代表各省、自治区、直辖市和计划单列市行政区划代码，第5位代表全电发票开具渠道等信息，第6～20位代表顺序编码等信息。

（5）通过电子发票服务平台开具的纸质专票和纸质普票，其法律效力、基本用途和基本使用规定与现有纸质专票、纸质普票相同；其发票密码区不再展示发票密文，改为展示电子发票服务平台赋予的20位发票号码及全国增值税发票查验平台网址。

（6）山东省纳税人使用增值税发票综合服务平台接收试点纳税人通过电子发票服务平台开具的发票。此外，也可取得销售方以电子邮件、二维码等方式交付的全电发票。山东省纳税人取得通过电子发票服务平台开具的带有"增值税专用发票"字样的全电发票、带有"普通发票"字样的全电发票、纸质专票和纸质普票等符合规定的增值税扣税凭证，如需用于申报抵扣增值税进项税额或申请出口退税、代办退税的，应按规定通过增值税发票综合服务平台确认用途。

（7）纳税人取得开票方通过电子发票服务平台开具的发票，发生开票有误、销货退回、服务中止、销售折让等情形，需开票方通过电子发票服务平台开具红字全电发票或红字纸质发票，按以下规定执行：①受票方未做用途确认及入账确认的，开票方填开《红字发票信息确认单》（以下简称确认单）后全额开具红字全电发票或红字纸质发票，无需受票方确认。②受票方已进行用途确认或入账确认的，由开票方或受票方填开确认单，经对方确认后，开票方依据确认单开具红字发票。

受票方已将发票用于增值税申报抵扣的，应暂依确认单所列增值税税额从当期进项税额中转出，待取得开票方开具的红字发票后，与确认单一并作为记账凭证。

（8）单位和个人可以通过全国增值税发票查验平台（https://inv-veri.chinatax.gov.cn）查验全电发票信息。

（9）纳税人以全电发票报销入账归档的，按照财政和档案部门的相关规定执行。

（10）纳税人应当按照规定依法、诚信、如实使用全电发票，不得虚开、虚抵、骗税，并接受税务机关依法检查。税务机关依法加强税收监管和风险防范，严厉打击涉税违法犯罪行为。

二、进一步开展全面数字化的电子发票受票试点

2022年11月4日，《国家税务总局山东省税务局关于进一步开展全面数字化的电子发票受票试点工作的公告》（国家税务总局山东省税务局公告2022年第9号）规定，为落实中办、国办印发的《关于进一步深化税收征管改革的意见》要求，继续加大全面数字化的电子发票（以下简称全电发票）推广使用力度。经国家税务总局同意，山东省税务局决定进一步扩大山东省（不含青岛市，下同）纳税人可接收通过电子发票服务平台开具的发票的开票方范围。有关事项如下：

（1）自2022年11月7日起，山东省纳税人可接收四川省试点纳税人通过电子发票服务平台开具的发票，包括带有"增值税专用发票"字样的全电发票、带有"普通发票"字样的全电发票、增值税纸质专用发票和增值税纸质普通发票（折叠票）。

（2）根据推广进度和试点工作安排，通过电子发票服务平台开具发票的试点地区范围将分批扩至全国，具体扩围时间以开票试点省（区、市）级税务机关公告为准。山东省纳税人可接收新增开票试点省（区、市）开具的发票。

（3）全电发票试点的其他事项仍按照《国家税务总局山东省税务局关于开展全面数字化的电子发票受票试点工作的公告》（国家税务总局山东省税务局公告2022年第2号）的规定执行。

三、全面数字化的电子发票受票操作

为落实中办、国办印发的《关于进一步深化税收征管改革的意见》要求，全面推进税收征管数字化升级和智能化改造，经国家税务总局同意，山东省税务局决定在山东省（不含青岛市，下同）开展全面数字化的电子发票受票试点工作，接收由试点地区的部分纳税人通过电子发票服务平台开具的发票。为便于纳税人接收、使用全面数字化的电子发票（以下简称全电发票），提升纳税人用票的便利度和获得感，现将具体操作整理如下。

（一）增值税发票综合服务平台操作

1. 平台操作概述

增值税一般纳税人使用可以连接互联网的电脑，在USB接口插入税控设备（金税盘、税控盘），登录山东省增值税发票综合服务平台（链接地址：https://fpdk.shandong.chinatax.gov.cn/）。

首次登录平台，纳税人可查询企业的基本信息，并选择是否设置平台密码和密码找回问题及答案。平台密码设置后纳税人需输入税控设备的数字证书密码和平台密码，进行平台登录。登录页面如图2-1所示。

第二章 华东地区全电发票试点制度

图 2-1 增值税发票综合服务平台（山东）登录页面

纳税人可在"抵扣勾选"模块中，使用"发票抵扣勾选""发票批量抵扣勾选""出口转内销发票抵扣勾选"功能勾选用于申报的发票，勾选时支持修改有效抵扣税额。

使用"发票不抵扣勾选""出口转内销发票不抵扣勾选"功能，对不用于申报的发票进行勾选。

在申报期内使用"抵扣勾选统计"功能进行抵扣申请，并在抵扣申请处理完成后对抵扣统计表进行确认，完成确认后填写申报表进行申报。

对于抵扣勾选、确认操作期为税款所属期，请关注税款所属期申报截止日期，每个属期支持多次勾选、撤销勾选、申请统计、撤销统计、确认、撤销确认等操作。此处需要注意，前述操作应当在未完成纳税人申报之前完成。

纳税人也可以在"退税勾选"模块中，使用"发票退税勾选""发票退税批量勾选"功能勾选用于申报和用于出口退税的发票；使用"退税确认勾选"功能对勾选为出口退税的发票进行确认，确认后不可撤销；使用"退税勾选统计"功能查询所属月份内勾选为退税的发票汇总统计表；对于退税勾选、确认的操作期为自然月，按照自然月进行退税勾选统计，每个自然月支持多次勾选、撤销勾选操作。

统计功能中的异常发票清单，是勾选确认后变为异常（包括作废、红冲）的发票，不能作为有效抵扣、出口退税或代办出口退税的依据。

对于扫描认证的发票，在平台中默认勾选为抵扣用途。

2. 系统登录

使用管理员身份打开 IE 浏览器（建议 IE 9 以上的浏览器体验更佳）登录平台，输入税控设备的证书密码后点击"登录"按钮即可。证书密码验证正确且身份认证通过时，则直接进入平台首页。

3. 抵扣勾选

点击"发票抵扣勾选"（图 2-2 红色箭头），即可进入"发票抵扣勾选"页面。

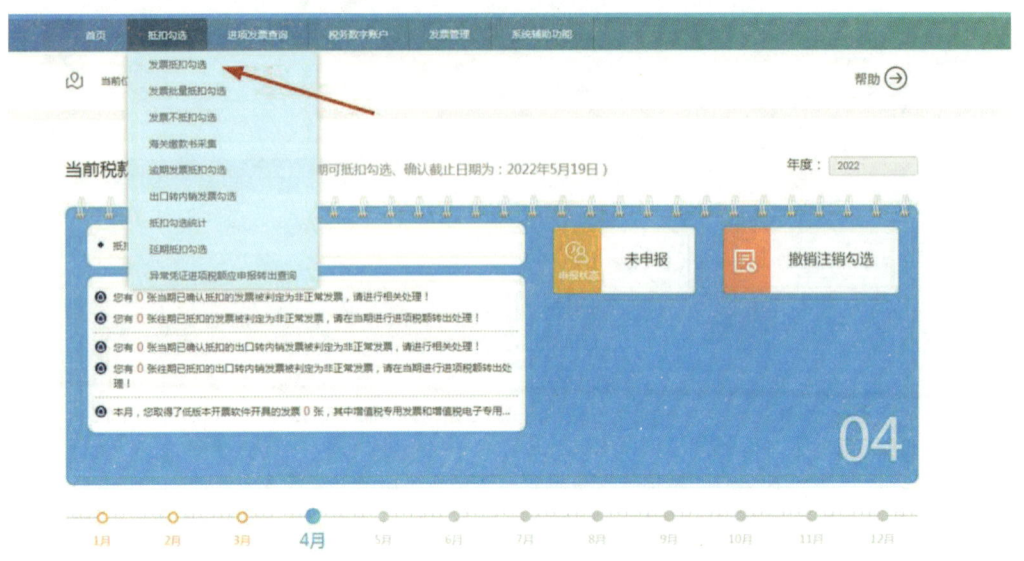

图 2-2　进入"发票抵扣勾选"页面

"发票抵扣勾选"功能主要提供按照税款所属期查询、逐票勾选（支持同时勾选多份发票）的操作方式实现纳税人勾选用于申报抵扣的增值税进项发票（包括增值税专用发票、机动车销售统一发票、通行费电子发票和全电发票）和海关进口增值税专用缴款书（以下简称海关缴款书）的功能。

另外，平台首页增加了"税务数字账户"选项，纳税人可在此页面多维度查看用票信息。

在"发票抵扣勾选"功能页面（图 2-3），正确录入查询条件，如果纳税人要进行发票勾选操作，勾选状态应选择"未勾选"，正确选择发票开具日期，点击"查询"按钮，即可查到属期内未勾选发票的列表信息。

图 2-3　"发票抵扣勾选"功能页面

在列表信息中选择需要勾选的发票,在"勾选"框中打钩,点击"提交"按钮,在弹出的页面会提示纳税人对已勾选的可抵扣凭证信息进行确认,确认无误后,点击"确定"按钮完成本次勾选。图 2-4 为山东省增值税发票综合服务平台接受试点地区开具的全电发票信息,在抵扣勾选环节已经能够正常收到试点地区开票纳税人开具的全电发票信息,并可顺利勾选确认。

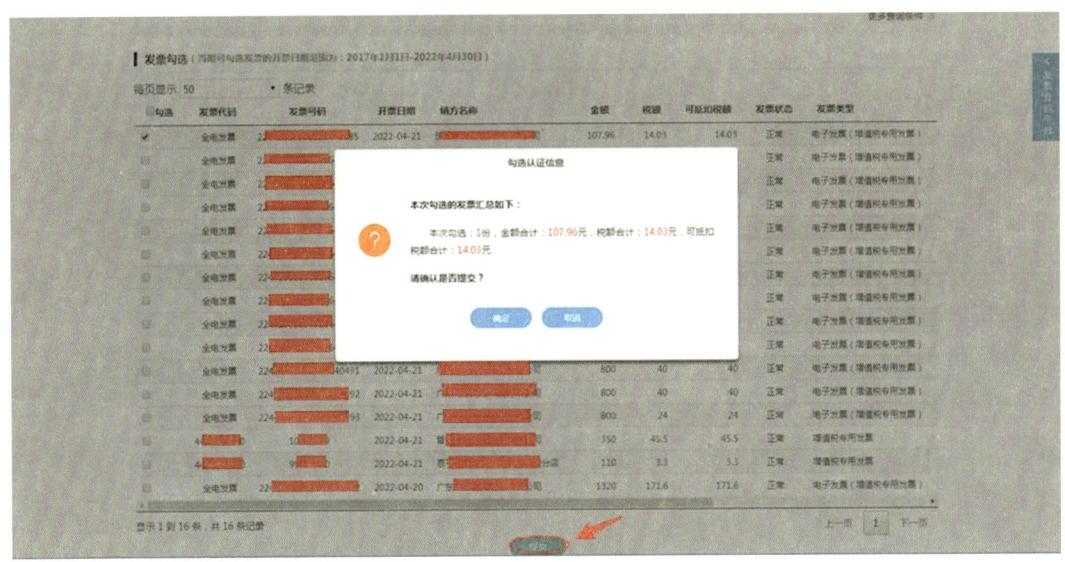

图 2-4　山东省增值税发票综合服务平台接受试点地区开具的全电发票信息

每个税款所属期的勾选时间范围是根据纳税人前后两期申报完成的时间由平台进行自动判断的,即当期勾选、确认的开始时间为纳税人完成上一期申报的当天,结束时间为纳税人完成当期申报的当天。

如果纳税人当期一直未进行申报或平台未接收到当期已申报的结果,当期勾选截止时间为税务机关设置的当期增值税申报截止期当天。

4. 抵扣勾选统计

"抵扣勾选统计"功能主要向纳税人提供:

(1)对当前税款所属期所认证数据进行统计申请,申请统计提交后实时统计。

(2)当前税款所属期可用于申报抵扣的发票汇总统计表及异常发票统计表。

(3)历史税款所属期发票统计表及异常发票统计表。

在"抵扣勾选统计"页面(图 2-5),默认显示"当前属期数据统计"页面内容,"当前属期数据统计"页面内容和"历史属期数据统计"页面内容可以通过点击"当前属期数据统计"和"历史属期数据统计"按钮,切换页面内容。

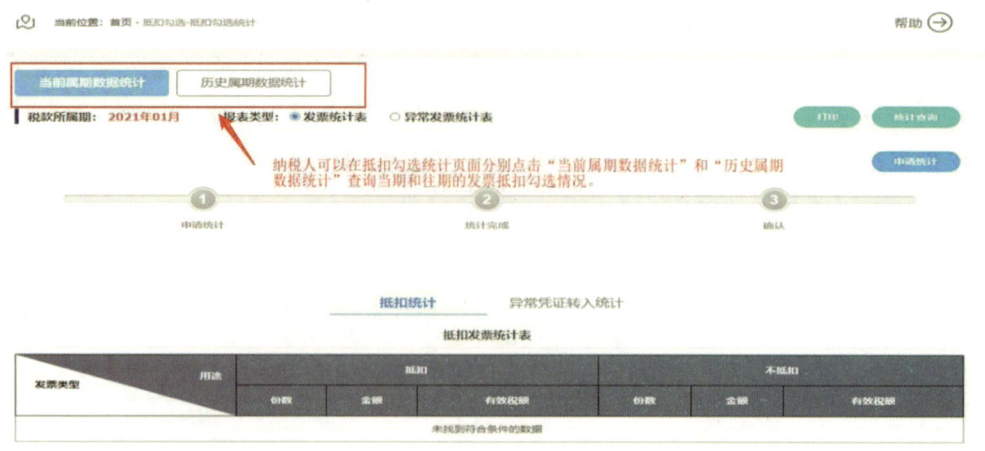

图 2-5 "抵扣勾选统计"页面

如果当前税款属期还未生成统计报表,纳税人可以点击"申请统计"按钮进行统计。申请统计提交后实时统计,在申报期内点击"申请统计"按钮后,平台将锁定当期抵扣勾选操作,如果需要继续勾选,可以点击"撤销统计"按钮(图2-6),撤销成功后系统将自动解锁当期抵扣勾选操作。

图 2-6 "申请统计"后页面

点击"确认"按钮即可完成当期抵扣确认,一般在申报征收期进行该操作,统计完成后页面如图2-7所示。

图 2-7 统计完成后页面

完成对统计表的确认后方可进行当期的抵扣申报工作,在弹出的提示框"是否确认,确认后当前统计报表将作为申报的依据!"中点击"确定"按钮(图2-8),平台会要求纳税人输入设置过的确认密码。

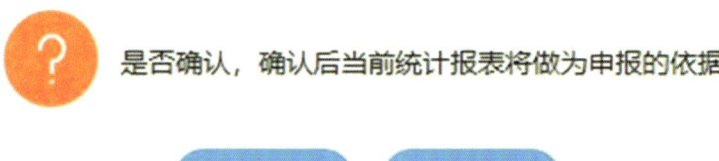

图 2-8　确定统计报表页面

输入正确的密码,会弹出"确认成功"提示框,点击"确定"按钮完成抵扣勾选流程。

如果纳税人尚未设置确认密码,平台会自动跳转到"档案信息维护"页面,这时纳税人可以自行设置确认密码。抵扣统计确认密码必须设置,如果纳税人在平台中无法重置该密码,需要携带金税盘、税控盘或者税务 UKey 前往主管税务机关重置该密码。

5. 不抵扣勾选、退税勾选和代办退税勾选

"发票不抵扣勾选"功能主要提供按照税款所属期查询和逐票勾选(支持同时勾选多份发票)的操作方式实现纳税人选择相应申报期内不抵扣的增值税进项发票清单信息(包括增值税专用发票、机动车销售统一发票、通行费电子发票、全电发票)和海关缴款书的功能。"发票不抵扣勾选"功能的操作流程与"发票抵扣勾选"的流程类似,不再赘述。

"发票退税勾选"功能仅外贸企业、外综服企业具有该功能权限。该功能提供按照开票日期查询和逐票勾选(支持同时勾选多份发票)的操作方式,实现纳税人选择可退税的增值税进项发票清单信息(包括增值税专用发票、全电发票)和海关缴款书的功能。

"代办退税勾选"功能只有外综服企业具备。本功能只适用于增值税发票电子底账系统具有代办退税标识的增值税专用发票,代办退税勾选功能勾选即确认,且不可撤销。

6. 退税勾选

退税勾选流程与抵扣勾选流程略有差异。

(1)"勾选状态"选择"未勾选",并录入其他相关条件,点击"查询"按钮(图2-9),在勾选操作区显示符合查询条件的发票。管理状态为"疑点发票"的发票信息显示为黄色,允许勾选,但需谨慎(同样适用于其他勾选方式)。

图 2-9 "退税勾选"页面

（2）在数据列表中，选中要勾选的记录，并点击"提交"按钮。点击"提交"按钮后，平台将弹出"勾选确认信息"页面（图 2-10）。退税勾选功能同样也支持撤销勾选。

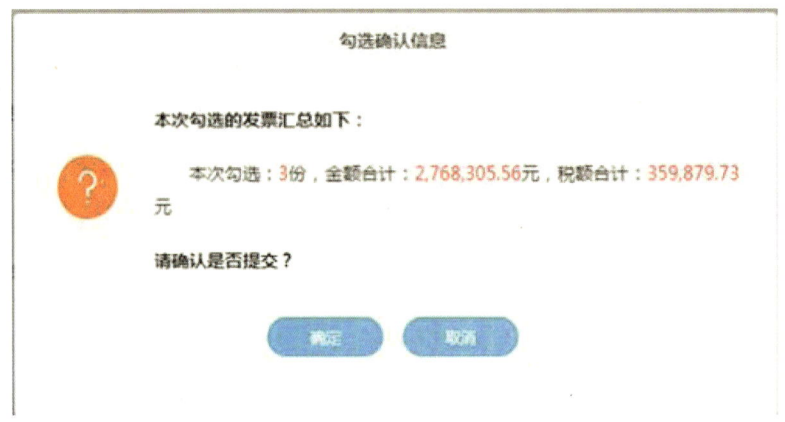

图 2-10 "勾选确认信息"页面

7. 退税确认勾选

"退税确认勾选"功能目前适用于增值税专用发票和海关缴款书，仅外贸企业、外综服企业具有退税确认勾选功能权限。此功能模块是对当期已勾选为退税的发票信息和海关缴款书进行确认操作，纳税人可在每个自然月所属期对当期勾选的发票和海关缴款书进行多次确认。

（1）在"退税确认勾选"模块中，选择确认标志为"已勾选未确认"，则系统将实时查询出当期已勾选未确认的发票明细情况。纳税人需要确认页面显示的本次确认的发票数量、金额、税额是否无误，确认无误时，需要点击"确认"按钮，如图 2-11 所示。

（2）在当期退税勾选确认操作成功后，系统弹出信息提交状态的提示如图 2-12 所示。

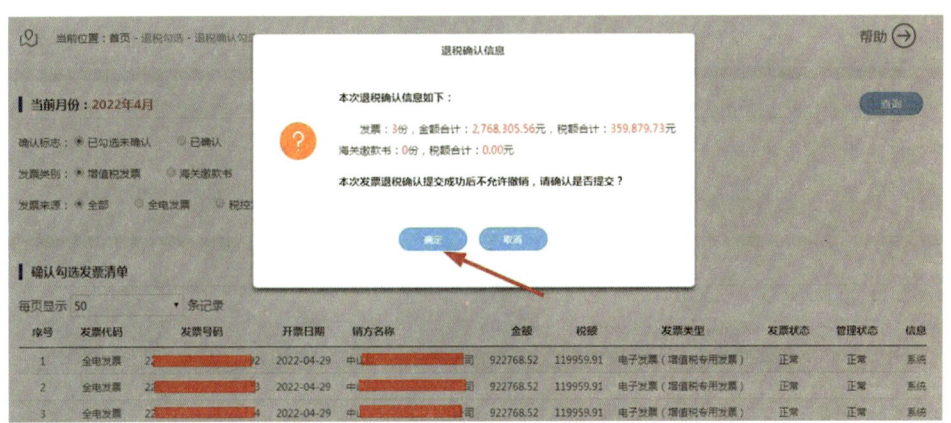

图 2-11 "退税确认信息"页面

提 示

 确认结果提交完毕，本次发票勾选认证成功！

图 2-12 退税勾选确认操作成功后弹出页面

8. 退税统计

"退税统计"功能向用户提供可用于申报退税的发票汇总统计表，仅外贸企业、外综服企业具有退税统计功能权限。本统计表包括指定属期内所有勾选认证（即勾选确认）的退税发票和海关缴款书。抵扣统计的频率为每天准实时执行，新增勾选认证数据会触发报表更新，纳税人需关注统计表上方的"报表更新时间"，如图 2-13 所示。

图 2-13 "退税统计"页面

9. 税务数字账户

“税务数字账户”是增值税发票综合服务平台新增的功能，该功能主要为纳税人提供开具和取得发票的查询、下载功能。纳税人可以根据需要输入或选择相关查询条件，然后点击“查询”按钮，则在发票列表区显示符合查询条件的发票。该功能有两种展示发票的形式：视图展示（默认，图 2-14）和列表展示（图 2-15）。

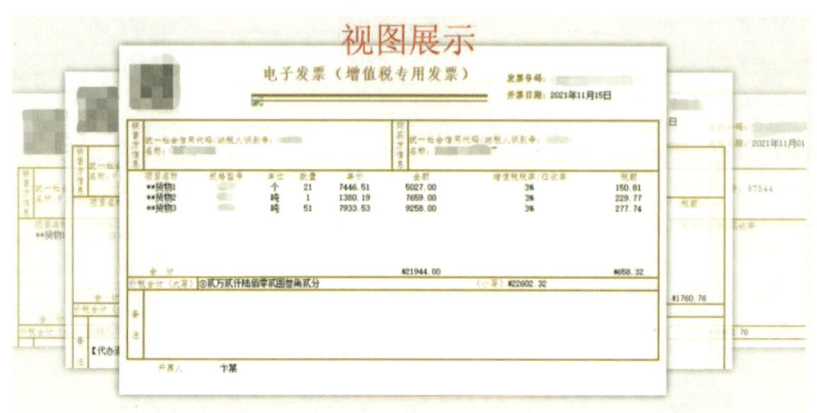

图 2-14　发票查询结果视图展示

发票代码	发票号码	开票日期	销方名称	金额	税额	发票状态	发票类型	操作
		2021-11-15		21944.00	658.32	正常	电子发票（增值税专用发票）	查看明细信息
		2021-11-01		58692.00	1760.76	正常	电子发票（增值税专用发票）	查看明细信息
		2021-11-01		58692.00	1760.76	正常	电子发票（增值税专用发票）	查看明细信息
		2021-11-01		58692.00	1760.76	作废	电子发票（增值税专用发票）	查看明细信息
		2021-11-01		58692.00	1760.76	正常	电子发票（增值税专用发票）	查看明细信息

显示 1 到 5 条，共 5 条记录　上一页 1 下一页

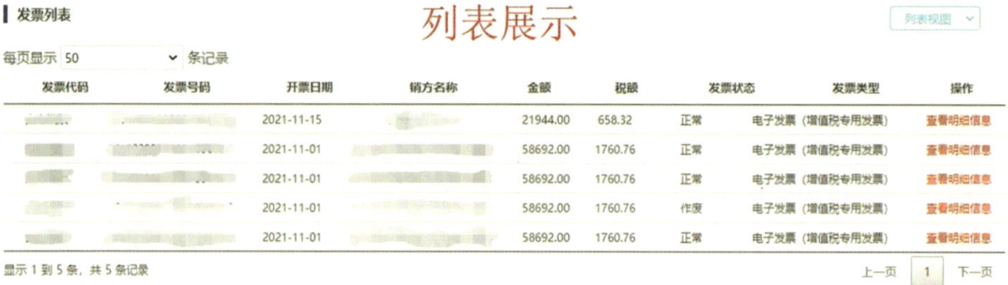

图 2-15　发票查询结果列表展示

如果是视图展示发票，可以直接下载或打印发票信息。如果以列表形式展示，则可以查询单张的发票信息。

10. 红字发票信息确认单

“红字发票信息确认单”是增值税发票综合服务平台升级的功能，该功能主要提供红字发票信息确认单的发起和确认功能。

1）红字发票信息确认单发起和确认

根据全电发票试点工作安排，相关省（自治区、直辖市）的纳税人可接收试点地区纳税人开具的全电发票。

受票方纳税人需对全电发票发起红冲时，不能通过税控开票软件发起，应通过综合服务平台发起红字发票信息确认单，经开票方纳税人在电子发票服务平台确认后开具红字全电发票。

2）发起红字发票信息确认单步骤

第一步，纳税人登录综合服务平台后，依次进入"发票管理""发起红字申请"功能，点击"发起"按钮进入发起页面，如图2-16所示。

图2-16　发起红字申请页面

第二步，分别输入发票代码（全电发票可为空）、发票号码（必填）、开票日期（必填），并选择发票类型，点击"查询"即可带出相关信息，如图2-17所示。

蓝字发票为全电专票、增值税专用发票、增值税电子专用发票时选择"增值税专用发票"；蓝字发票为全电普票、增值税普通发票、增值税电子普通发票时选择"增值税普通发票"。

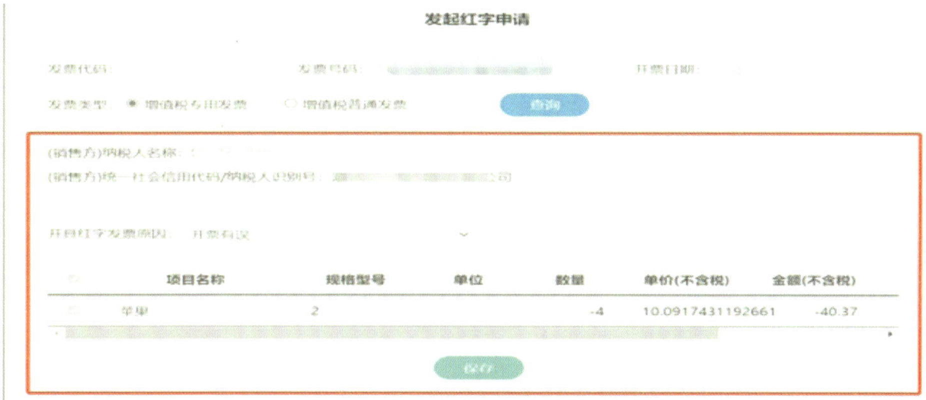

图2-17　发起红字申请输入信息页面

第三步，选择"开具红字发票原因"，选择要红冲的货物明细并修改相关信息，确认无误后即可提交保存，点击"确定"，如图 2-18 和图 2-19 所示。

图 2-18　"开具红字发票原因"选择页面

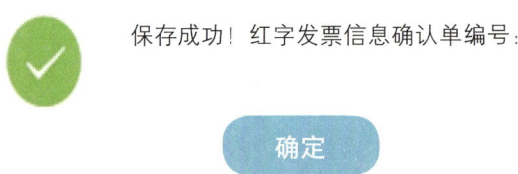

图 2-19　发起红字申请保存成功提示页面

3）红字申请确认步骤

"红字申请确认"功能支持录入发票号码、销方税号等条件，实现查询红字发票申请信息及确认红字申请的功能。有关全电发票的应用场景，需进行红字申请确认流程，只有购销双方确认通过后，销货方方可开具红字发票。

第一步，在"发票管理"菜单中，点击"红字申请确认"即可进入红字申请页面，如图 2-20 所示。

图 2-20　进入"红字申请确认"页面

第二步,如图2-21选择"待确认",点击"查询"按钮,即可查看到待确认的红字申请信息,点击对应单据操作按钮,进入确认操作页面。

图2-21 "红字申请确认"查询页面

第三步,核对红字发票信息确认单,并对红字申请进行审核,明确意见,"同意"或者"拒绝",如图2-22所示。

图2-22 "红字发票信息确认单"页面

11. 成品油消费税管理

成品油经销企业将取得的增值税专用发票(包括全电发票)、海关缴款书信息进行选择确认,作为开具成品油发票油品总量。开具的某一商品和服务税收分类编码的油品,应不大于所勾选确认的成品油增值税专用发票、海关缴款书信息中对应的同一商品和服务税收分类编码的油品总量。

纳税人需要注意以下几点重要的内容：

（1）此功能仅对成品油经销企业开放，可勾选的票据为成品油增值税专用发票（含全电发票）和海关缴款书。

（2）选择提交成功之后，不支持撤销操作。

（3）增值税专用发票除正常发票外，其他异常发票不允许作为购进数据。

（4）如需查询已选择的票据，请前往"明细查询"功能操作。

购进数据选择步骤如下：

第一步，根据需要输入或选择相关查询条件，然后点击"查询"按钮，如图 2-23 所示。

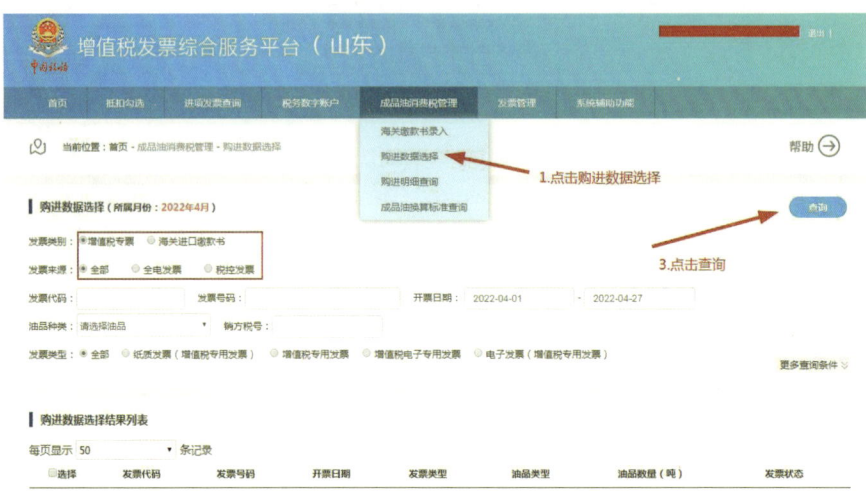

图 2-23 "购进数据选择"页面

第二步，系统自动返回相关查询结果信息，纳税人可以根据需要选择发票或海关缴款书进行勾选操作，确认本次需要勾选的发票或海关缴款书全部勾选完成后，点击"保存"按钮即可将本次勾选的操作进行保存处理，对已勾选的发票或海关缴款书不能进行撤销操作，如图 2-24 所示。

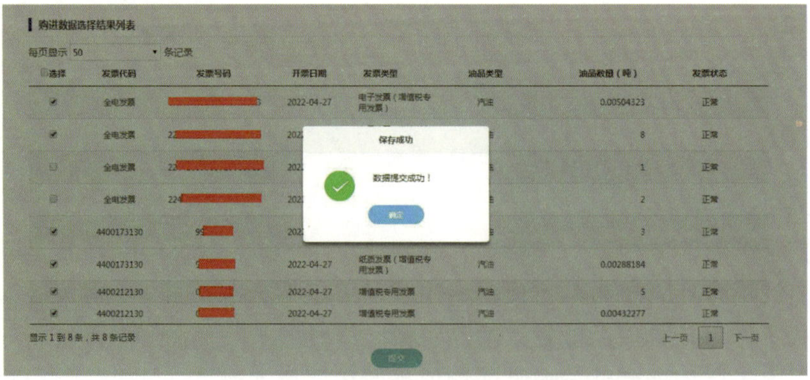

图 2-24 "购进数据选择"保存页面

第三步，平台提示信息如图 2-25 所示，点击"确定"按钮即可。

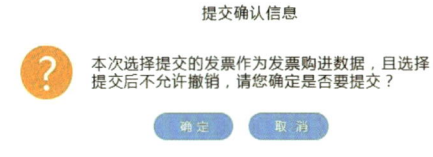

图 2-25 "购进数据选择"提交确认信息页面

为了让纳税人能更好地掌握勾选确认的油品数量，平台还提供了购进数据选择、税务机关补录、总机构调拨数据（如非总分机构，该选项前台不展示）的明细查询。

如图 2-26，设置查询条件，点击"查询"按钮，即可在购进数据选择中勾选的成品油库存信息展示在"查询结果列表"中。

在"查询结果列表"可查询试点地区开具的全电发票信息、增值税专用发票、海关缴款书信息。

查询结果列表中的"数据同步状态"字段分"未同步"和"已同步"两种类型，只有当"数据同步状态"更新为"已同步"时，才在纳税人增值税开票软件中进行成品油库存下载。

图 2-26 "购进明细查询"页面

如图 2-27 所示，"数据同步状态"为"未同步"。

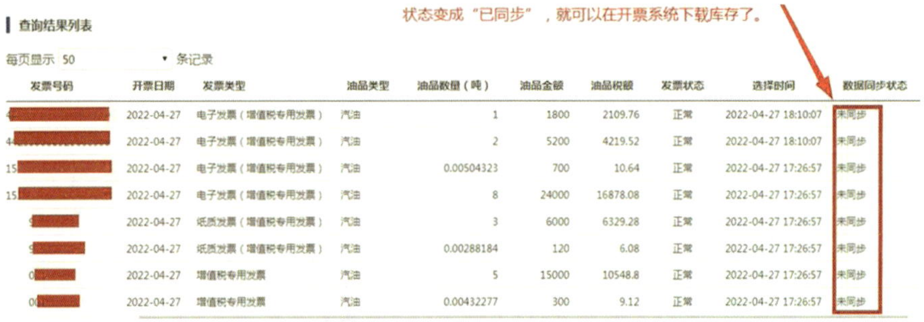

图 2-27 "数据同步状态"为"未同步"

如图 2-28 所示,"数据同步状态"为"已同步"。

图 2-28 "数据同步状态"为"已同步"

12. 回退税款所属期

在纳税人符合回退税款所属期条件时,且纳税人需要回退税款所属期到上一期继续进行发票认证工作时,本平台支持回退税款所属期到上一属期的功能。

对于符合回退税款所属期条件时,在平台首页出现"回退税款所属期"按钮,纳税人可点击"回退税款所属期"按钮,实现税款所属期的回退,回退后平台显示的当前税款所属期的月份转到上个月。

回退税款所属期具体条件如下:

(1)上一属期撤销申报或征期截止日第二天平台未接收到已申报结果切换税款所属期到下期的。

(2)平台从征管系统获取到的需要回退的税款所属期申报结果为"未申报"。

(3)回退税款所属期功能只在申报期内有效。

(二)纳税申报和出口退税办理

1. 纳税申报

增值税一般纳税人在接收试点地区全电发票,完成抵扣勾选确认后,该发票可以作为申报抵扣的依据。纳税人可在国家税务总局山东省电子税务局办理纳税申报,在进行申报比对时,发票开具数据与增值税发票税控系统 V2.0 进行比对,勾选认证数据与增值税发票电子底账系统进行比对,比对通过后税控设备方可清零解锁。

2. 出口退税办理

纳税人在接收试点地区全电发票,完成退税勾选确认后,该发票可以作为办理出口退税业务的依据。纳税人可在国家税务总局山东省电子税务局发起出口退税业务申请,业务办理的渠道页面如图 2-29 所示。

图 2-29　出口退税办理渠道页面

四、全面数字化的电子发票常见问题解答

（1）什么是全面数字化的电子发票？

答：全面数字化的电子发票（以下简称全电发票）是与纸质发票具有同等法律效力的全新发票，不以纸质形式存在，不用介质支撑，无须申请领用、发票验旧及申请增版增量。纸质发票的票面信息全面数字化，将多个票种集成归并为电子发票单一票种，全电发票实行全国统一赋码、自动流转交付。

（2）全电发票的票面信息包括哪些？

答：全电发票的票面信息包括基本内容和特定内容。

为了符合纳税人开具发票的习惯，全电发票的基本内容在现行增值税发票基础上进行了优化，主要包括：动态二维码、发票号码、开票日期、购买方信息、销售方信息、项目名称、规格型号、单位、数量、单价、金额、税率/征收率、税额、合计、价税合计（大写、小写）、备注、开票人。

为了满足从事特定行业、发生特殊应税行为及特定应用场景业务（以下简称特定业务）的纳税人开具发票的个性化需求，税务机关根据现行发票开具的有关规定和特定业务的场景，在全电发票中设计了相应的特定内容。特定业务包括但不限于：稀土、建筑服务、旅客运输服务、货物运输服务、不动产销售、不动产经营租赁服务、农产品收购、光伏收购、代收车船税、自产农产品销售、差额征税等。山东省纳税人在取得全电发票时，按照实际业务开展情况，可向开票人提出特定业务需求，开票人将按规定填写在发票备注等栏次的信息填写在特定内容栏次，进一步规范发票票面内容，便利山东省纳税人使用。特定业务的全电发票票面按照特定内容展示相应信息，同时票面左上角展示该业务类型的字样。

（3）全电发票与现有的发票样式有什么区别？

答：全电发票样式与现有发票样式区别在于：一是全电发票票样将原有发票代码＋

发票号码变为20位发票号码；取消了校验码、收款人、复核人、销售方（章）；取消了发票密码区。二是全电发票特定业务会影响发票展示内容，不同的特定业务展示的发票票面内容不同。三是全电发票将原备注栏中手工填列、无法采集的内容，设置为固定可采集、可使用的数据项，并展示于票面上。

（4）全电发票和使用税控设备开具的电子发票主要区别是什么？

答：一是管理方式不同。对于全电发票，纳税人开业后，无需使用税控专用设备，无需办理发票票种核定，无需领用全电发票，系统自动赋予开具额度，并根据纳税人行为，动态调整开具金额总额度，实现开业即可开票。对于使用税控设备开具的电子发票（以下简称纸电发票），纳税人开业后，需先申领税控专用设备并进行票种核定，发票数量和票面限额管理同纸质发票一样，纳税人需要依申请才能对发票增版增量，是纸质发票管理模式下的电子化。

二是发票交付手段不同。全电发票开具后，发票数据文件自动发送至开票方和受票方的税务数字账户，便利交付入账，减少人工收发。同时，依托电子发票服务平台税务数字账户，纳税人可对各类发票数据进行自动归集，发票数据使用更高效便捷。而"纸电发票"开具后，需要通过发票版式文件进行交付，即：开票方将发票版式文件通过邮件、短信等方式交付给受票方；受票方人工下载后，仍需对发票的版式文件进行归集、整理、入账等操作。

（5）使用全电发票有什么优点？

答：第一，领票流程更简化。开业开票"无缝衔接"。全电发票实现"去介质"，纳税人不再需要预先领取税控专用设备；通过"赋码制"取消特定发票号段申领，发票信息生成后，系统自动分配唯一的发票号码；通过"授信制"自动为纳税人赋予开具金额总额度，实现开票"零前置"。基于此，新办纳税人可实现"开业即可开票"。

第二，开票用票更便捷。一是发票开具渠道更多元。电子发票服务平台全部功能上线后，纳税人不仅可以通过电脑网页端开具全电发票，还可以通过客户端、移动端手机App随时随地开具全电发票。二是"一站式"服务更便捷。纳税人登录电子发票服务平台后，可进行发票开具、交付、查验以及勾选等系列操作，享受"一站式"服务，无需再登录多个平台完成相关操作。三是发票数据应用更广泛。通过"一户式""一人式"发票数据归集，加强各税费数据联动，为实现"一表集成"式税费申报预填服务奠定数据基础。四是满足个性业务需求。全电发票破除特定格式要求，增加了XML的数据电文格式便利交付，同时保留PDF、OFD等格式，降低发票使用成本，提升纳税人用票的便利度和获得感。全电发票样式根据不同业务进行差异化展示，为纳税人提供更优质的个性化服务。五是纳税服务渠道更畅通。电子发票服务平台提供征纳互动相关功能，如增加智能咨询，纳税人在开票、受票等过程中，平台自动接收纳税人业务处理过程中存在的问题并进行智能答疑；增设异议提交功能，纳税人对开具金额总额度有异议时，可以通过平台向税务机关提出。

第三，入账归档一体化。通过制发电子发票数据规范、出台电子发票国家标准，实现全电发票全流程数字化流转，进一步推进企业和行政事业单位会计核算、财务管理信息化。

（6）使用全电发票如何保障纳税人的发票数据安全和隐私？

答：全电发票使用了最新加密技术，加强了纳税人最关心的发票安全性、隐私性保障能力。

从安全性来说，电子发票服务平台将利用数字信封技术来最大限度地保障交易安全性，通过对发票数据传输通道进行加密，保证数据流转的安全性，防止数据被窃取、篡改、冒充。

从隐私性来说，全电发票保持了纸质发票的基本属性和主要特征，在为用户提供不同于纸质发票交付和入账等体验的同时，通过隐私保护技术确保用户数据安全，避免信息泄露。

（7）纳税人可以通过哪些渠道了解全电发票有关事项？

答：纳税人可以通过电子税务局、办税服务厅、12366纳税服务热线、税务门户网站、官方微信等渠道了解全电发票的有关事项。

（8）目前，我国全面数字化的电子发票试点工作的推行进度如何？

答：按照国家税务总局发票电子化改革（金税四期）建设工作部署，2021年12月1日起，在广东（不含深圳，下同）、内蒙古、上海3地试点地区部分纳税人中开展全电发票试点，试点使用的依托电子税务局搭建的平台称为电子发票服务平台（以下简称电票平台）1.0版，实现了56项功能，成功开出第一张"全电"发票。试点纳税人通过电子发票服务平台开具发票的受票方范围为本省税务局管辖范围内的纳税人。随后，2022年4月1日起，在广东地区的部分纳税人中进一步开展全电发票试点，电票平台1.5版成功在广东省上线切换，实现了142项功能，试点纳税人通过电子发票服务平台开具发票的受票方范围为本省税务局管辖范围内的纳税人。2022年4月25日，在内蒙古自治区的部分纳税人中进一步开展全电发票试点，电票平台1.5版成功在内蒙古上线切换，试点纳税人通过电子发票服务平台开具发票的受票方范围为本自治区税务局管辖范围内的纳税人。2022年5月10日起，四川省纳税人仅作为受票方，通过增值税发票综合服务平台接收由内蒙古自治区和广东省的部分纳税人通过电子发票服务平台开具的发票。2022年5月23日起，上海市切换电票平台1.5版，并可向四川省、广东省和内蒙古自治区纳税人通过电子发票服务平台开具发票。自2022年6月1日起，国家税务总局决定，内蒙古自治区、上海市和广东省试点纳税人通过电子发票服务平台开具发票的受票方范围逐步扩至全国。内蒙古自治区、上海市和广东省3个地区以外的纳税人暂仅作为受票方，分步接收试点纳税人通过电子发票服务平台开具的全电发票、增值税纸质专用发票和增值税纸质普通发票（折叠票）。自2022年10月28日起，在四川省的部分纳税人中试点使用全电发票。

（9）我是山东省纳税人，2022年6月22日收到了一张内蒙古的全电发票，名称格式与传统发票完全不同。请问是否符合规定？

答：符合规定。自2022年6月1日起，国家税务总局决定，内蒙古自治区、上海市和广东省试点纳税人通过电子发票服务平台开具发票的受票方范围逐步扩至全国。

内蒙古自治区、上海市和广东省3个地区以外的纳税人暂仅作为受票方，分步接收试点纳税人通过电子发票服务平台开具的全电发票、增值税纸质专用发票和增值税纸质普通发票（折叠票）。

（10）除试点纳税人外，其他地区纳税人何时可以开具全电发票？

答：国家税务总局将结合试点情况，逐步扩大全电发票推行范围。

（11）试点纳税人如何建立、变更、解除与办税人员的关联关系？

答：试点纳税人可通过电子税务局或办税服务厅建立、变更、解除与办税人员的关联关系。

试点纳税人通过电子税务局新增办税人员或对已有办税人员进行变更的，应对办税人员进行岗位权限授权或调整。系统将自动通过电子税务局及移动端向该办税人员推送待确认的授权信息。办税人员在完成个人身份信息采集核验，以及对推送的授权信息进行确认后，关联关系即建立，系统自动记录关联关系。纳税人通过电子税务局解除办税人员关联关系的，无需办税人员确认。

试点纳税人在办税服务厅申请新增或变更办税人员信息时，税务机关在核心征管系统完成办税人员信息录入或变更，通过实名办税系统验证办税人员实名信息后，由办税人员登录电子税务局确认相关信息。信息确认后，系统自动记录关联关系。纳税人在办税服务厅解除办税人员关联关系的，无需办税人员确认。

涉税专业服务机构建立、变更、解除本机构办税人员关联关系的，适用以上方式。

（12）办税人员如何解除与试点纳税人的关联关系？

答：办税人员因离职、退休等原因需解除税务网络可信身份关联关系时，办税人员可通过线上自行解除或通过办税服务场所申请解除。

（13）试点纳税人如何建立与涉税专业服务机构（人员）关联关系？

答：试点纳税人与涉税专业服务机构（人员）委托代理关系的建立支持以下两种方式：

一是涉税专业服务机构（人员）可通过线上或线下渠道向税务机关提交其与纳税人签订的委托办税协议信息，纳税人在电子税务局确认后，涉税专业服务机构（人员）获得相应办税权限，系统自动记录关联关系。

二是试点纳税人可通过线上或线下渠道向税务机关提交其与涉税专业服务机构（人员）签订的委托办税协议信息，涉税专业服务机构（人员）在电子税务局确认后获得相应办税权限，系统自动记录关联关系。

涉税专业服务机构（人员）以"一人多户"的方式为纳税人代办涉税事宜的，应于办理前向税务机关报送基本信息及委托办税协议信息。

（14）试点纳税人完成注销后，企业授权人、被授权人的身份认证信息及操作权限是否需要在电子发票服务平台中手动撤销？

答：不需要。平台设置自动标记失效状态功能。企业完成注销后，电子发票服务平台自动同步企业状态信息，自动标记企业授权人、被授权人的身份认证信息及操作权限为失效状态。

（15）2022年6月21日注册了一家公司，目前是小规模纳税人，使用纸质发票，能否申请由税务机关为我代开全电发票？

答：不可以。目前，税务机关暂不为纳税人代开全电发票。

（16）如何对蓝字全电发票开具红字发票？

答：受票方未进行用途确认时，由开票方通过电子发票服务平台发起《红字发票信息确认单》（以下简称确认单）后全额开具红字全电发票，无需受票方确认；

受票方已进行用途确认时，可由购销双方任意一方在电子发票服务平台（当受票方为非试点纳税人时，在增值税发票综合服务平台发起和确认）发起确认单，经对方确认后全额或部分开具红字全电发票。受票方已将发票用于增值税申报抵扣的，应当暂依确认单所列增值税税额从当期进项税额中转出，待取得开票方开具的红字发票后，与确认单一并作为记账凭证。

（17）试点纳税人取得全面数字化的电子发票后，若开票方发起红字发票开具流程后，受票方是否还可以对该发票进行发票用途确认？

答：全电发票未确认用途及未入账的，开票方发起红冲流程后，对应的全电发票将被锁定，不允许受票方再进行发票用途确认操作。

全电发票未确认用途已入账的，若开票方部分开具红字发票后，允许受票方对该全电发票未冲红的部分进行抵扣勾选；若开票方全额开具红字发票，则不允许继续抵扣勾选。

（18）试点纳税人发起红字发票开具流程后，对方的确认是否有时限要求？

答：有。发起冲红流程后，开票方或受票方需在72小时内进行确认，未在规定时间内确认的，该流程自动作废，需开具红字发票的，应重新发起流程。

（19）试点纳税人通过电子发票服务平台开具发票，在开具红字发票时，能够作废红字发票开具流程吗？

答：具体规则如下：①销方发起无需确认的确认单，未开具红字发票前，允许销方撤回；②红字确认信息发起方在提交确认单后，对方尚未确认前，不允许修改，发起方可撤销确认单；③购销双方任意一方发起且对方已确认的确认单，发起方不允许撤销确认单，确认方可在确认后且未开具红字发票前撤销确认单；④已开具红字发票的确认单不允许撤销。⑤发起确认单后、开具红字发票前，原蓝字发票被认定异常凭证的，系统自动作废红冲流程。

（20）全面数字化的电子发票的查验渠道有哪些？

答：单位和个人可以通过全国增值税发票查验平台（https://inv-veri.chinatax.gov.cn）查验。

（21）如何登录全国统一的发票查验平台？

答：社会公众通过输入网址（https://inv-veri.chinatax.gov.cn/），进入全国统一的发票查验平台。

（22）全国增值税发票查验平台如何查验全面数字化的电子发票？

答：纳税人可通过全国增值税发票查验平台，对全电发票进行查验。全国增值税查验平台仅支持单张发票查验模式，包括手工查验及扫描查验等方式。

（23）2022年6月26日，山东省纳税人接收到带有"增值税专用发票"字样的全电发票及其他符合规定的全电发票等凭证用于申报抵扣增值税进项税额、申请出口退税或代办退税的，应该怎么进行用途确认？

答：仍然通过增值税发票综合服务平台进行用途确认。

（24）纳税人开具或取得全面数字化的电子发票后，如何填写增值税申报表？

答：一般纳税人勾选用于本期抵扣的带有"增值税专用发票"字样的全电发票的份数、金额及税额，填列在《增值税及附加税费申报表附列资料（二）》（本期进项税额明细）第2栏"其中：本期认证相符且本期申报抵扣"或第3栏"前期认证相符且本期申报抵扣"。

一般纳税人已将全电发票用于增值税申报抵扣的，对应的《红字发票信息确认单》所列增值税税额填列在《增值税及附加税费申报表附列资料（二）》（本期进项税额明细）第20栏"红字专用发票信息表注明的进项税额"。

（25）我公司是非试点纳税人，今天收到一张全电发票，自行打印后，纸质打印件上没有加盖销售方的发票专用章，是否可以作为税收凭证？

答：可以。全电发票其法律效力、基本用途等与纸质发票一致。纳税人以电子发票的纸质打印件作为税收凭证的，无需要求销售方在纸质打印件上加盖发票专用章，但必须同时保存打印该纸质件的全电发票电子文件。

第二节
江苏省全电发票试点制度

一、开展全面数字化的电子发票试点

2023年4月25日，《国家税务总局江苏省税务局关于开展全面数字化的电子发票试点工作的公告》（国家税务总局江苏省税务局公告2023年第1号）规定，为落实中办、国办印发的《关于进一步深化税收征管改革的意见》要求，加大推广使用全面数字化的电子发票（以下简称数电票）力度，经国家税务总局同意，江苏省税务局决定在江苏省开展数电票试点工作。有关事项如下：

（1）自2023年4月27日起，在江苏省的部分纳税人中开展数电票试点，使用电子发票服务平台的纳税人为试点纳税人，具体范围由国家税务总局江苏省税务局确定。

江苏省纳税人通过电子发票服务平台开具发票的受票方范围为全国，并作为受票方接收全国其他数电票试点省（区、市）纳税人开具的数电票，具体以各试点省（区、市）税务机关公告为准。

按照有关规定不使用网络办税或不具备网络条件的纳税人暂不纳入试点范围。此外，存在以下情形之一的纳税人暂不纳入试点：①存在严重涉税违法失信行为；②存在国家税务总局规定的增值税发票风险；③经税收大数据分析发现重大涉税风险。

电子发票服务平台通过以下地址登录：https://etax.jiangsu.chinatax.gov.cn。

（2）数电票的法律效力、基本用途等与现有纸质发票相同。其中，带有"增值税专用发票"字样的数电票，其法律效力、基本用途与现有增值税专用发票相同；带有"普通发票"字样的数电票，其法律效力、基本用途与现有普通发票相同。

（3）江苏省数电票由国家税务总局江苏省税务局监制。数电票无联次，基本内容包括：发票号码、开票日期、购买方信息、销售方信息、项目名称、规格型号、单位、数量、单价、金额、税率/征收率、税额、合计、价税合计（大写、小写）、备注、开票人等。

其中，试点纳税人从事特定行业、发生特定应税行为及特定应用场景业务（包括：稀土、建筑服务、旅客运输服务、货物运输服务、不动产销售、不动产经营租赁服务、农产品收购、光伏收购、代收车船税、自产农产品销售、差额征税、成品油、民航、铁路等）的，电子发票服务平台提供了上述对应特定业务的数电票样式，试点纳税人应按照发票开具有关规定使用特定业务数电票。数电票样式如下。

增值税专用发票样式如图 2-30 所示。

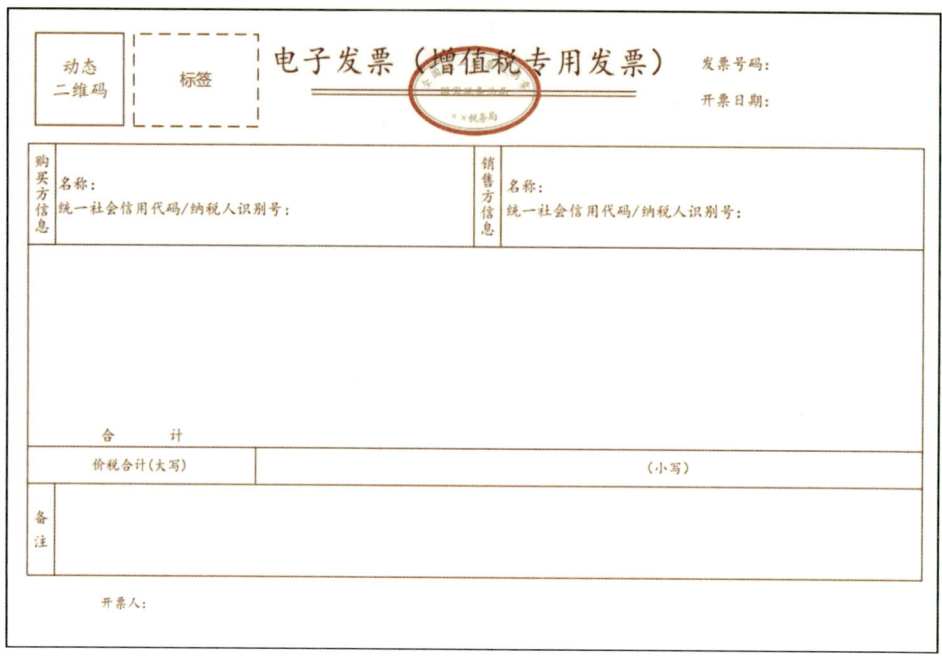

图 2-30 增值税专用发票数电票数电票样式

普通发票样式如图 2-31 所示。

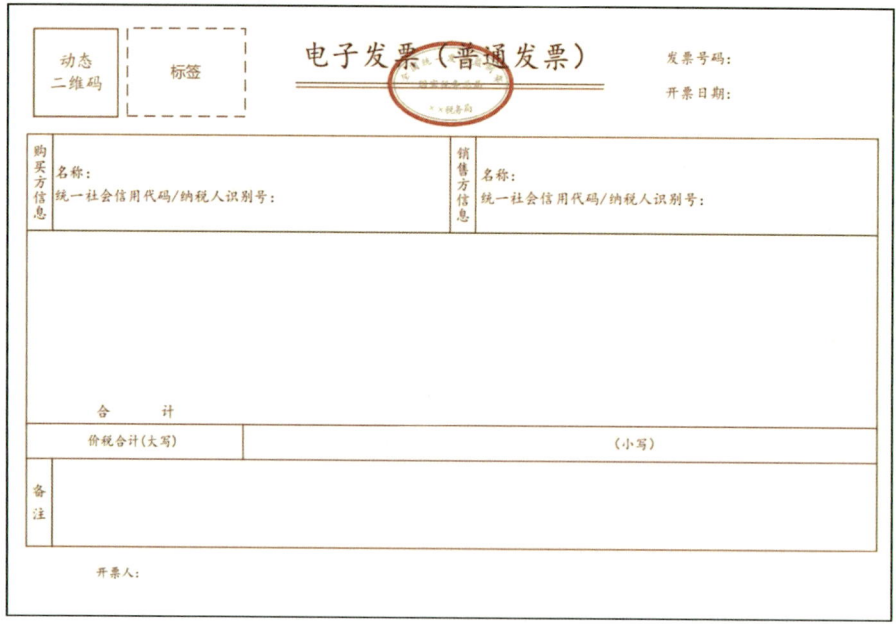

图 2-31 普通发票数电票样式

稀土电子发票样式如图 2-32 所示。

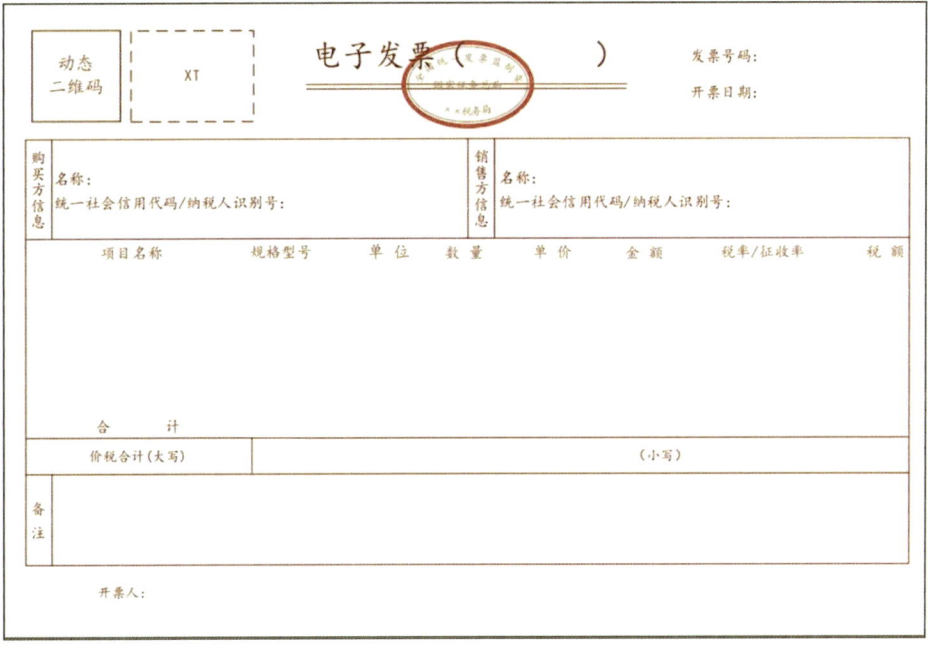

图 2-32　稀土电子发票数电票样式

建筑服务电子发票样式如图 2-33 所示。

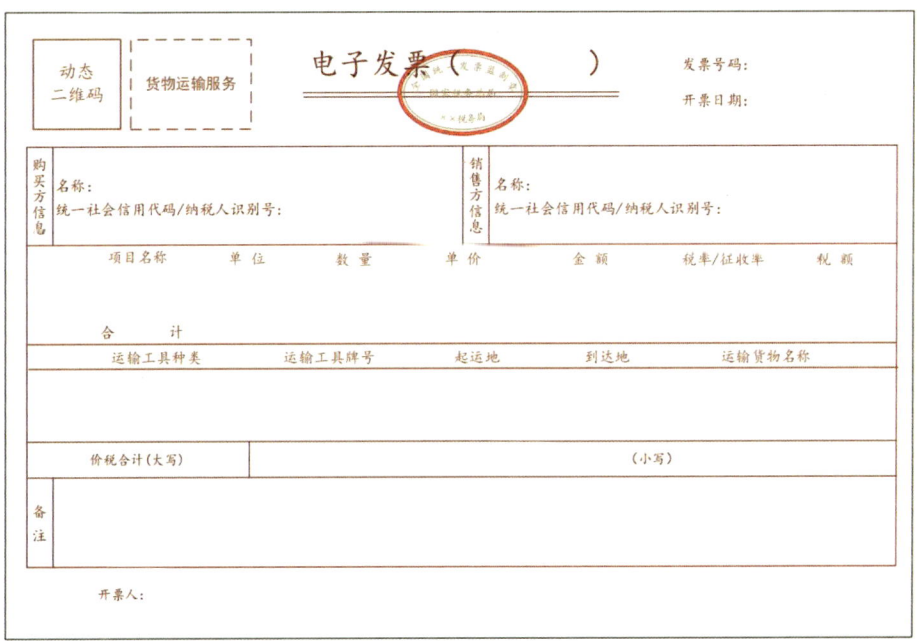

图 2-33　建筑服务电子发票数电票样式

旅客运输服务电子发票样式如图 2-34 所示。

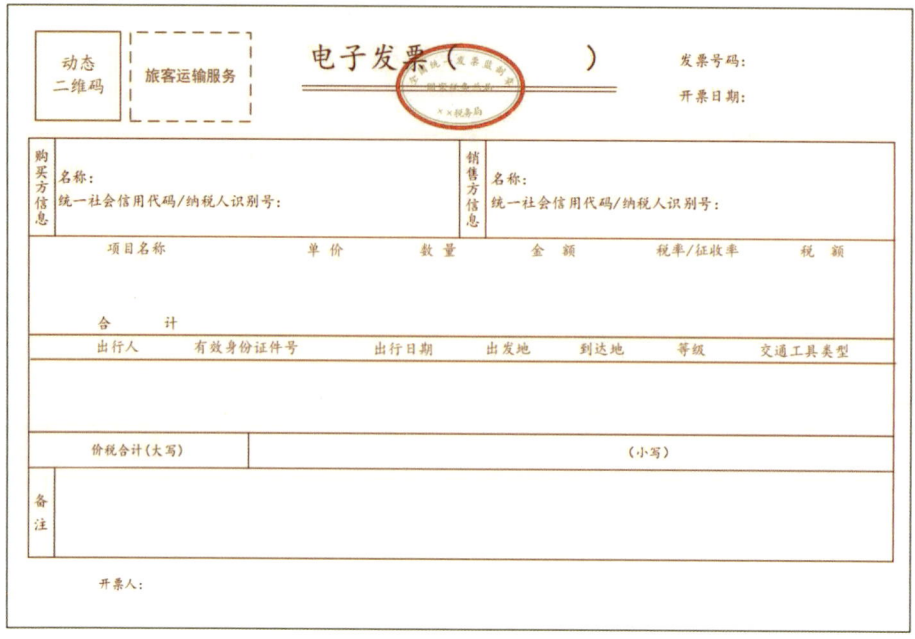

图 2-34　旅客运输服务电子发票数电票样式

货物运输服务电子发票样式如图 2-35 所示。

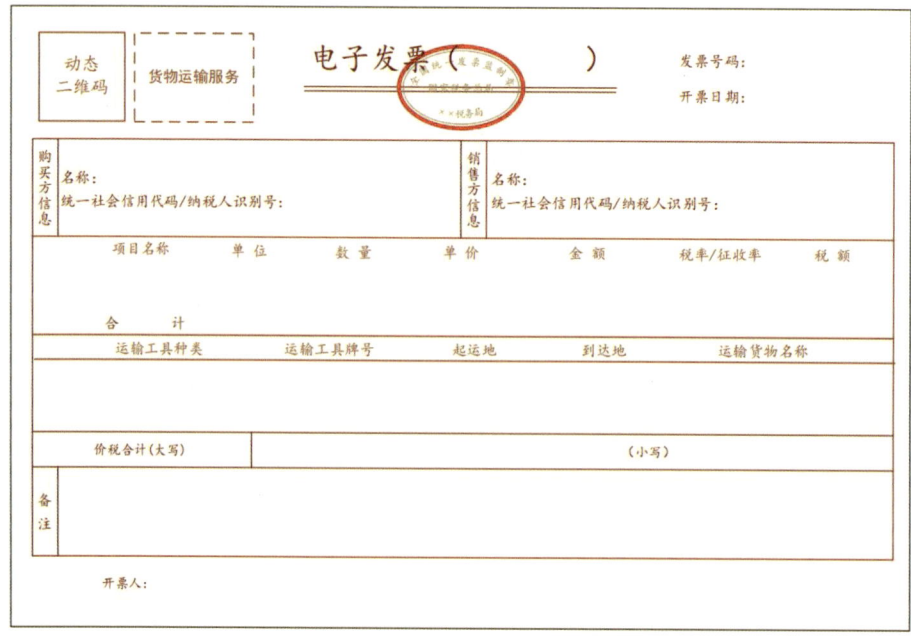

图 2-35　货物运输服务电子发票数电票样式

不动产销售电子发票样式如图 2-36 所示。

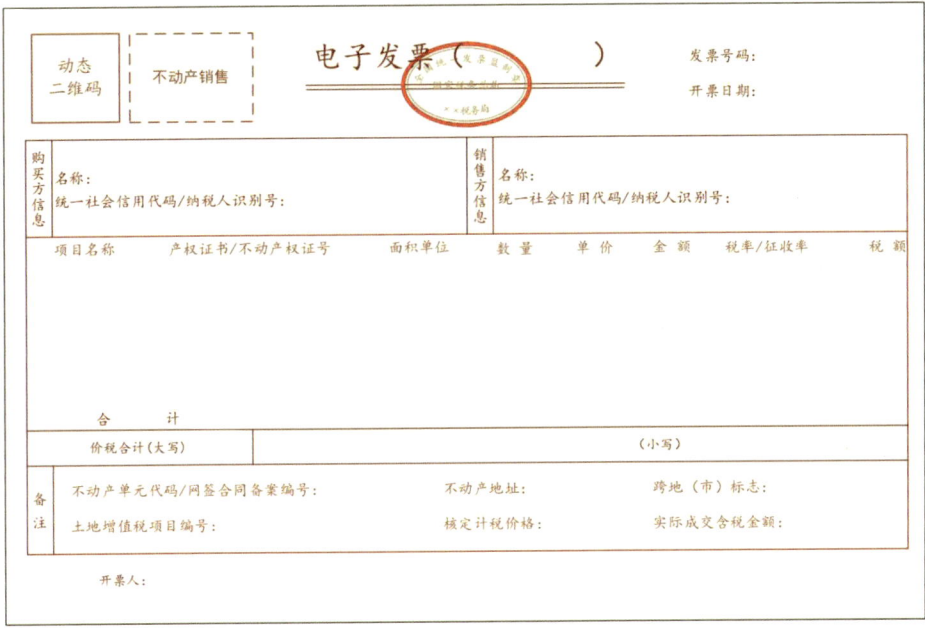

图 2-36　不动产销售电子发票数电票样式

不动产经营租赁服务电子发票样式如图 2-37 所示。

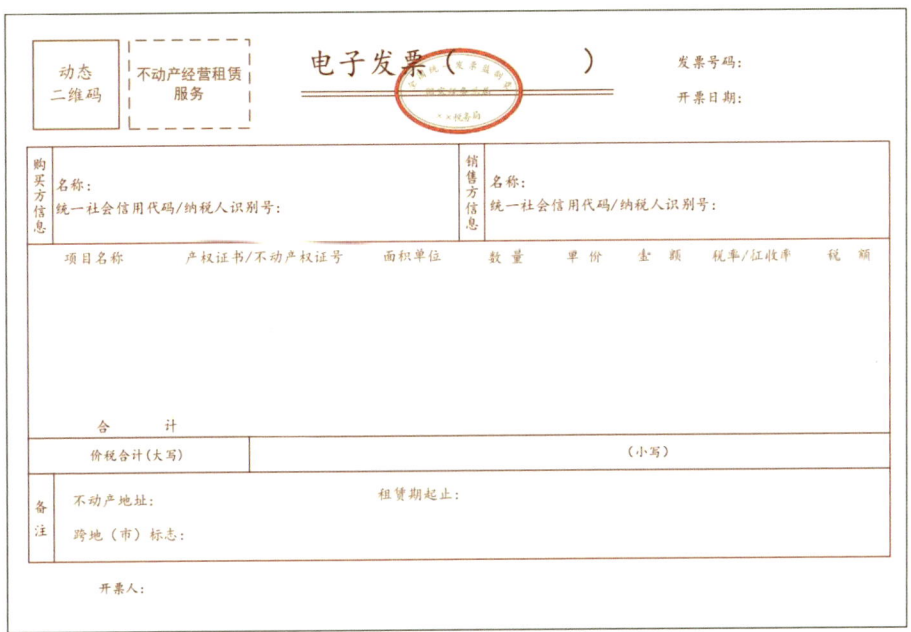

图 2-37　不动产经营租赁服务电子发票数电票样式

农产品收购电子发票样式如图 2-38 所示。

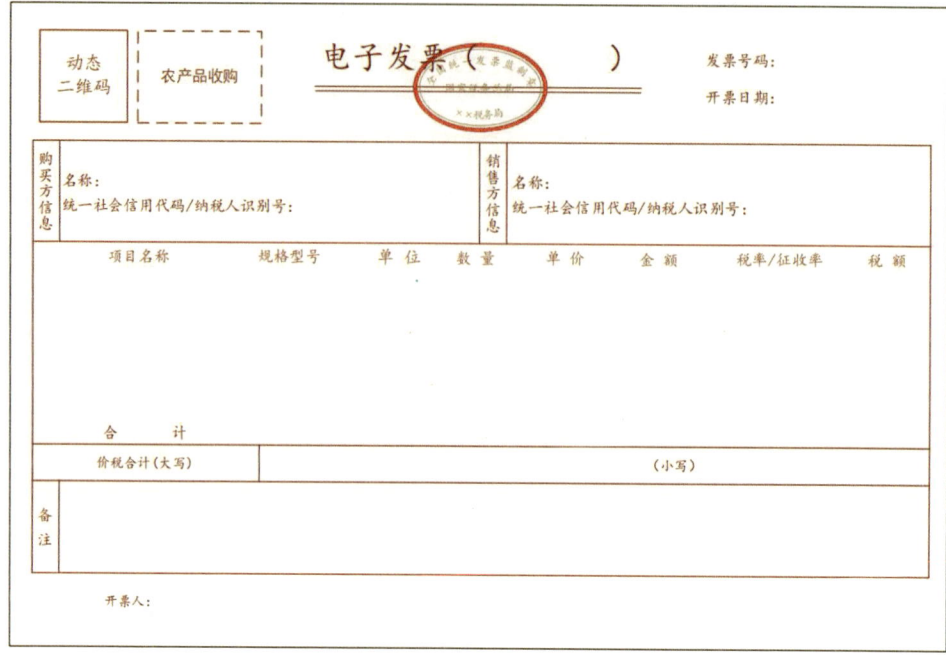

图 2-38　农产品收购电子发票数电票样式

光伏收购电子发票样式如图 2-39 所示。

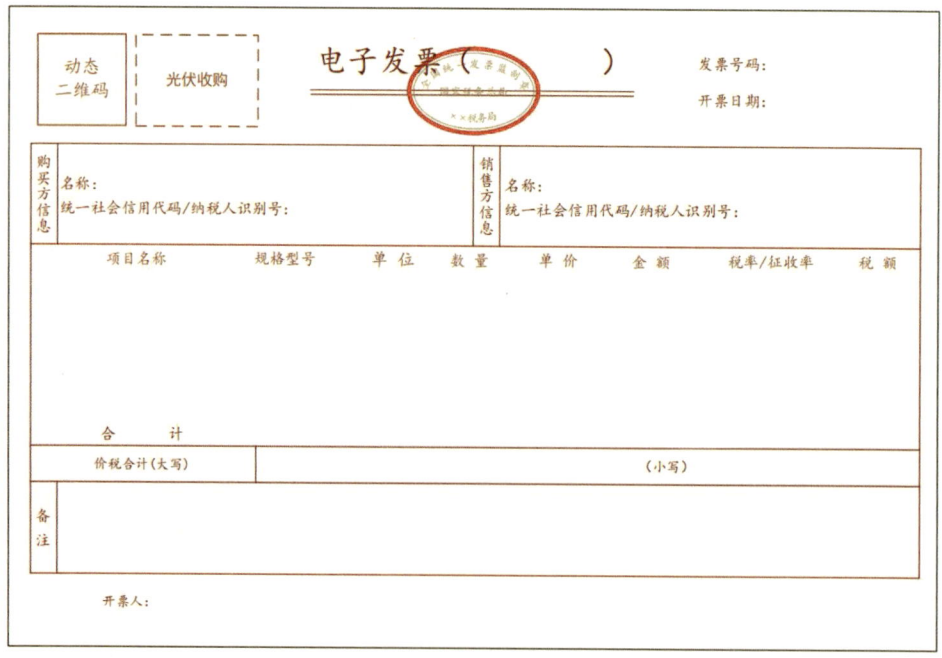

图 2-39　光伏收购电子发数数电票样式

代收车船税电子发票样式如图 2-40 所示。

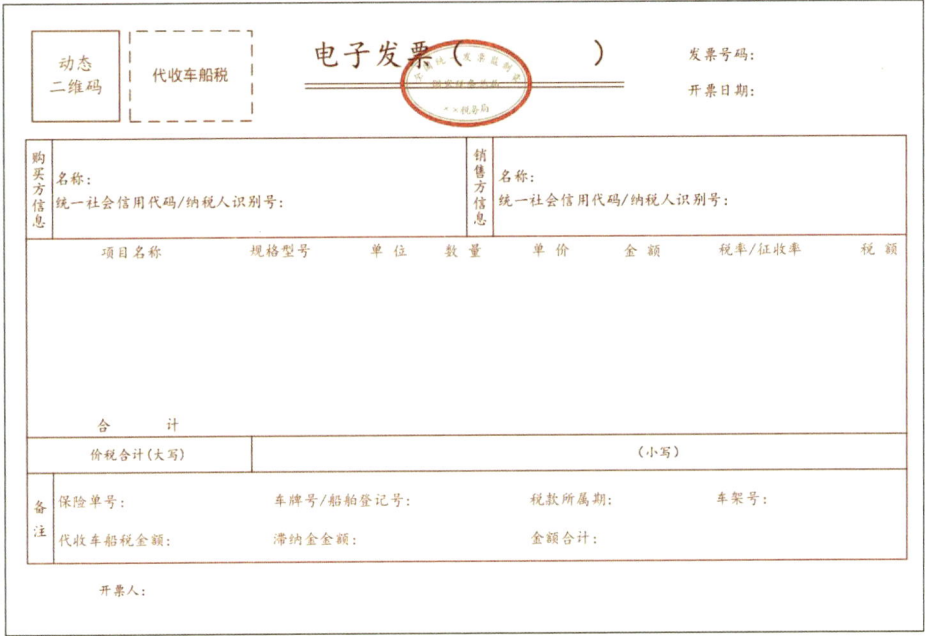

图 2-40　代收车船税电子发票数电票样式

自产农产品销售电子发票样式如图 2-41 所示。

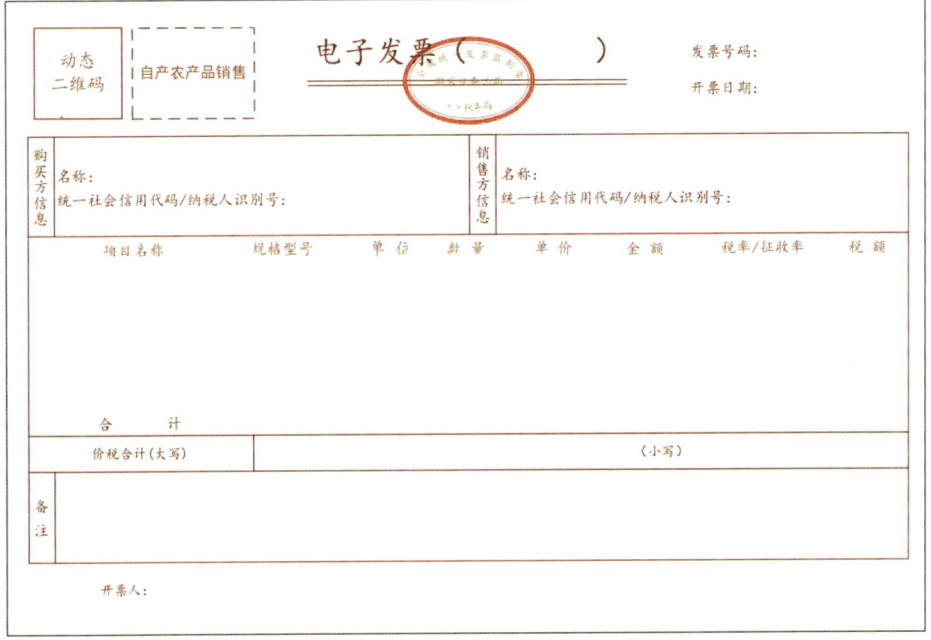

图 2-41　自产农产品销售电子发票数电票样式

差额征税电子发票（差额开票）样式如图 2-42 所示。

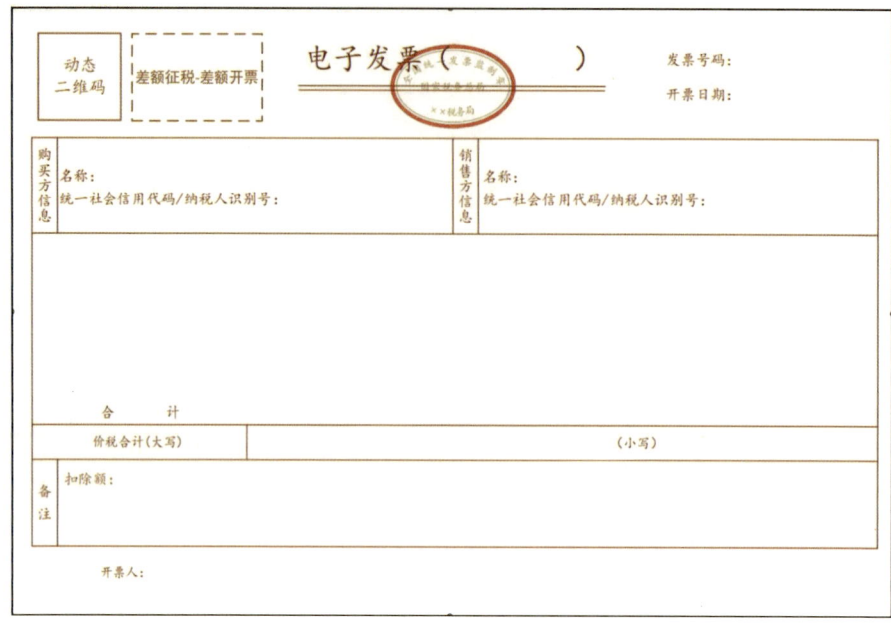

图 2-42　差额征税电子发票（差额开票）数电票样式

差额征税电子发票（全额开票）样式如图 2-43 所示。

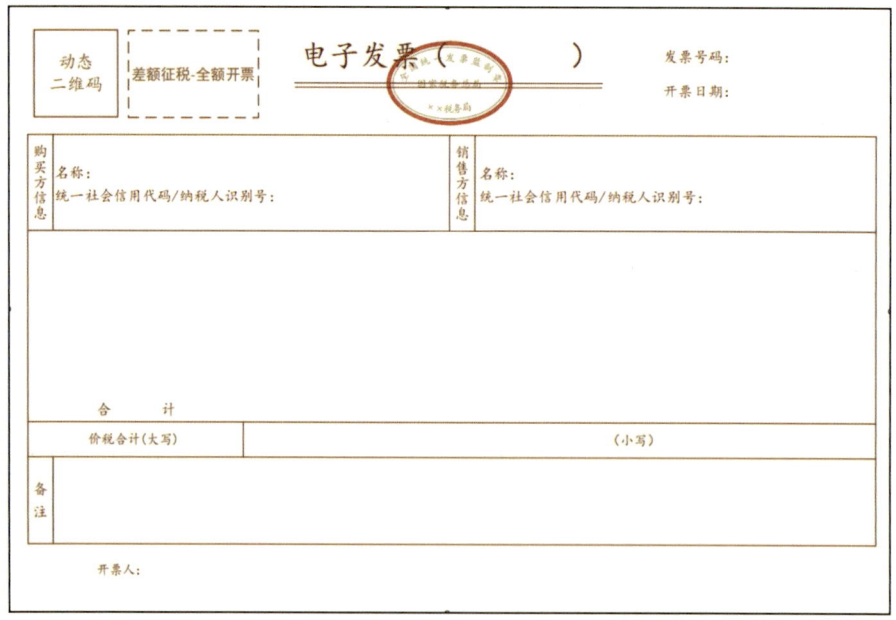

图 2-43　差额征税电子发票（全额开票）数电票样式

成品油电子发票样式如图 2-44 所示。

第二章 华东地区全电发票试点制度

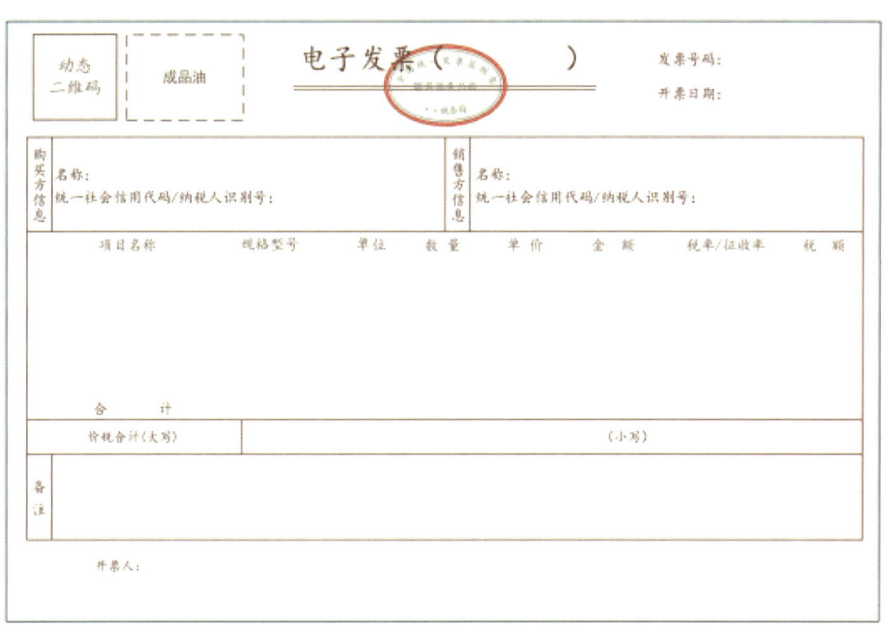

图 2-44 成品油电子发票数电票样式

（4）江苏省数电票的发票号码为 20 位，其中：第 1～2 位代表公历年度后两位，第 3～4 位代表江苏省行政区划代码，第 5 位代表数电票开具渠道等信息，第 6～20 位代表顺序编码等信息。

（5）电子发票服务平台支持开具增值税纸质专用发票（以下简称纸质专票）和增值税纸质普通发票（折叠票，以下简称纸质普票）。

通过电子发票服务平台开具的纸质专票和纸质普票，其法律效力、基本用途与现有纸质专票、纸质普票相同。其中，发票密码区不再展示发票密文，改为展示电子发票服务平台赋予的 20 位发票号码及全国增值税发票查验平台网址。

（6）试点纳税人通过实名认证后，无需使用税控专用设备即可通过电子发票服务平台开具发票，无需进行发票验旧操作。其中，数电票无需进行发票票种核定和发票领用。

（7）税务机关对试点纳税人开票实行开具金额总额度管理。开具金额总额度，是指一个自然月内，试点纳税人发票开具总金额（不含增值税）的上限额度。

第一，试点纳税人通过电子发票服务平台开具的数电票、纸质专票和纸质普票以及通过增值税发票管理系统开具的纸质专票、纸质普票、增值税普通发票（卷票）、增值税电子专用发票（以下简称电子专票）和增值税电子普通发票，共用同一个开具金额总额度。

第二，税务机关依据试点纳税人的税收风险程度、纳税信用级别、实际经营情况等因素，确定初始开具金额总额度，并进行定期调整、临时调整或人工调整。

定期调整是指电子发票服务平台每月自动对试点纳税人开具金额总额度进行调整。

临时调整是指税收风险程度较低的试点纳税人当月开具发票金额首次达到开具金额总额度一定比例时，电子发票服务平台自动为其临时增加一次开具金额总额度。

人工调整是指试点纳税人因实际经营情况发生变化申请调整开具金额总额度，主管税务机关依法依规审核未发现异常的，为纳税人调整开具金额总额度。

第三，试点纳税人在增值税申报期内，完成增值税申报前，在电子发票服务平台中可以在上月剩余可用额度且不超过当月开具金额总额度的范围内开具发票。试点纳税人按规定完成增值税申报且比对通过后，在电子发票服务平台中可以按照当月剩余可用额度开具发票。

（8）电子发票服务平台税务数字账户自动归集发票数据，供试点纳税人进行发票的查询、查验、下载、打印和用途确认，并提供税收政策查询、开具金额总额度调整申请、发票风险提示等功能。

（9）试点纳税人通过电子发票服务平台税务数字账户自动交付数电票，也可通过电子邮件、二维码等方式自行交付数电票。

（10）自 2023 年 4 月 27 日起，试点纳税人可通过电子发票服务平台税务数字账户使用发票用途确认、风险提示、信息下载等功能，不再通过增值税发票综合服务平台使用上述功能。

试点纳税人取得带有"增值税专用发票"字样的数电票、带有"普通发票"字样的数电票、纸质专票和纸质普票等符合规定的增值税扣税凭证，如需用于申报抵扣增值税进项税额或申请出口退税、代办退税的，应当通过电子发票服务平台税务数字账户确认用途。非试点纳税人继续通过增值税发票综合服务平台使用相关增值税扣税凭证功能。纳税人确认用途有误的，可向主管税务机关申请更正。

（11）试点纳税人可以通过电子发票服务平台税务数字账户对符合规定的农产品增值税扣税凭证进行用途确认，计算用于抵扣的进项税额。其中，试点纳税人购进用于生产或者委托加工 13% 税率货物的农产品，可以由主管税务机关开通加计扣除农产品进项税额确认功能，在生产领用当期计算加计扣除农产品进项税额。

（12）试点纳税人可通过电子发票服务平台税务数字账户标记发票入账标识。纳税人以数电票报销入账归档的，按照财政和档案部门的相关规定执行。

（13）试点纳税人发生开票有误、销货退回、服务中止、销售折让等情形，需要通过电子发票服务平台开具红字数电票或红字纸质发票的，按以下规定执行：

一是受票方未做用途确认及入账确认的，开票方填开《红字发票信息确认单》（以下简称《确认单》，见表 2-1）后全额开具红字数电票或红字纸质发票，无需受票方确认。

表 2-1　红字发票信息确认单

填开日期：　　年　　月　　日

销售方	纳税人名称（销方）		购买方	纳税人名称（购方）	
	统一社会信用代码/纳税人识别号（销方）			统一社会信用代码/纳税人识别号（购方）	

（续表）

	项目名称	数量	单价	金额	税率/征收率	税额
开具红字发票确认信息内容						
	合计	—	—		—	

开具红字发票确认信息内容	一、录入方身份： 1. 销售方 □　2. 购买方 □ 二、冲红原因： 1. 开票有误 □　2. 销货退回 □　3. 服务中止 □　4. 销售折让 □ 三、对应蓝字发票抵扣增值税销项税额情况： 1. 已抵扣 □　2. 未抵扣 □ 对应蓝字发票的代码：_____　号码：_____ 四、是否涉及数量（仅限成品油、机动车等业务填写） 　　涉及销售数量 □　仅涉及销售金额 □
红字发票信息确认单编号	

二是受票方已进行用途确认或入账确认的，开票方或受票方可以填开《确认单》，经对方确认后，开票方依据《确认单》开具红字发票。

受票方已将发票用于增值税申报抵扣的，应当暂依《确认单》所列增值税税额从当期进项税额中转出，待取得开票方开具的红字发票后，与《确认单》一并作为记账凭证。

（14）纳税人发生《国家税务总局关于红字增值税发票开具有关问题的公告》（国家税务总局公告 2016 年第 47 号）第一条以及《国家税务总局关于在新办纳税人中实行增值税专用发票电子化有关事项的公告》（国家税务总局公告 2020 年第 22 号）第七条规定情形的，购买方为试点纳税人时，购买方可通过电子发票服务平台填开并上传《开具红字增值税专用发票信息表》。

（15）单位和个人可以通过全国增值税发票查验平台（https://inv-veri.chinatax.

gov.cn）查验数电票信息。同时，试点纳税人还可以通过电子发票服务平台查验数电票信息。

（16）电子发票服务平台暂不支持开具机动车（含二手车）、通行费等特定业务数电票，开具上述发票功能的上线时间另行公告。

相关发票功能上线前，纳税人可以通过增值税发票管理系统开具电子专票、增值税电子普通发票（含收费公路通行费增值税电子普通发票）、增值税普通发票（卷票）和二手车销售统一发票以及通过增值税发票管理系统开票软件中机动车发票开具模块开具增值税专用发票和机动车销售统一发票（包括纸质发票、电子发票）。

（17）纳税人应当依法依规、诚信如实使用数电票，并接受税务机关依法检查。税务机关依法加强税收监管和风险防范，严厉打击虚开、虚抵、偷逃骗税等涉税违法犯罪行为。

二、全面数字化的电子发票热点问答

（1）推行全面数字化的电子发票的背景是什么？

答：为贯彻落实中办、国办印发的《关于进一步深化税收征管改革的意见》要求，按照国家税务总局对发票电子化改革（金税四期）的部署，2021年12月1日起，内蒙古自治区、上海市和广东省（不含深圳市）三个地区开展推行全面数字化的电子发票（以下简称全电发票）试点工作。全电发票因具有无需领用、开具便捷、信息集成、节约成本等优点，受到越来越多纳税人的欢迎。国家税务总局将本着稳妥有序的原则，逐步扩大试点地区和纳税人范围。

（2）江苏省企业可以申请使用全电发票吗？

答：《国家税务总局江苏省税务局关于开展全面数字化的电子发票受票试点工作的公告》（国家税务总局江苏省税务局公告2022年第1号）第一条规定，自2022年6月21日起，江苏省纳税人仅作为受票方接收由内蒙古自治区、上海市和广东省（不含深圳市）的部分纳税人（以下简称试点纳税人）通过电子发票服务平台开具的发票，包括带有"增值税专用发票"字样的全电发票、带有"普通发票"字样的全电发票、增值税纸质专用发票（以下简称纸质专票）和增值税纸质普通发票（折叠票，以下简称纸质普票）。

目前我们省未纳入全电发票开具试点地区，仅作为受票方接收试点地区开具的发票。

（3）江苏省纳税人如何接收通过电子发票服务平台开具的发票？包括哪些类型的发票？

答：江苏省纳税人可以接收试点地区纳税人通过电子发票服务平台开具的带有"增值税专用发票"字样的全电发票、带有"普通发票"字样的全电发票、增值税纸质专用发票（以下简称纸质专票）和增值税纸质普通发票（折叠票，以下简称纸质普票）。

江苏省纳税人可以通过增值税发票综合服务平台接收通过电子发票服务平台开具

的上述发票。此外，也可取得销售方以电子邮件、二维码等方式交付的全电发票。

（4）全电发票版式文件是什么格式？

答：全电发票破除特定版式要求，增加了 XML 的数据电文格式便利交付，同时保留 PDF、OFD 等格式。

（5）江苏省纳税人取得哪些类型的发票可进行用途确认？通过什么渠道进行确认？

答：江苏省纳税人继续登录增值税发票综合服务平台使用相关增值税扣税凭证功能，取得通过电子发票服务平台开具带有"增值税专用发票"字样的全电发票、带有"普通发票"字样的全电发票、纸质专票和纸质普票等增值税扣税凭证，如需用于申报抵扣增值税进项税额或申请出口退税、代办退税的，应按规定通过增值税发票综合服务平台确认用途。

（6）江苏省纳税人取得通过电子发票服务平台开具的发票，如何进行查验？

答：纳税人可通过全国增值税发票查验平台，对全电发票进行查验。全国统一的发票查验平台包括网页端和小程序，可通过输入网址（https://inv-veri.chinatax.gov.cn/），进入发票查验平台网页端。全国增值税查验平台仅支持单张发票查验模式，包括手工查验及扫描查验等方式。

（7）纳税人开具和取得全电发票报销入账归档的，需要注意哪些事项？

答：纳税人开具和取得全电发票报销入账归档的，应按照《财政部 国家档案局关于规范电子会计凭证报销入账归档的通知》（财会〔2020〕6号）和《会计档案管理办法》（财政部、国家档案局令第79号）的相关规定执行。

（8）江苏省纳税人接收到通过电子发票服务平台开具的发票，发生销售退回、开票有误、销售折让等情形，需要由开票方开具红字发票的，应如何操作？

答：第一，受票方未做用途确认及入账确认的，开票方在电子发票服务平台填开《红字发票信息确认单》（以下简称《确认单》）后全额开具红字全电发票或红字纸质发票，无需受票方确认。

例 2-1 2022年6月，A公司（通过电子发票服务平台开具发票的纳税人）为B公司（江苏省纳税人）提供设计服务。A公司在2022年6月22日已为B公司开具了带有"增值税专用发票"字样的全电发票。6月24日因客观原因服务终止，此前B公司未对该发票进行确认用途及发票入账，A公司需全额开具红字全电发票。

A公司通过电子发票服务平台填开并上传《确认单》，无需B公司确认，系统自动校验通过后，A公司依据核实无误的确认单信息，全额开具红字全电发票。

第二，受票方已进行用途确认或入账确认的，由开票方通过电子发票服务平台或受票方通过增值税发票综合服务平台填开《确认单》，经对方确认后，开票方依据《确认单》开具红字发票。

受票方已将发票用于增值税申报抵扣的，应暂依《确认单》所列增值税税额从当期进项税额中转出，待取得开票方开具的红字发票后，与《确认单》一并作为记账凭证。

例 2-2 2022 年 6 月，C 公司（通过电子发票服务平台开具发票的纳税人）销售一批玩具给 D 公司（江苏省纳税人），已开具带有"增值税专用发票"字样的全电发票，D 公司已确认用途。2022 年 7 月，发现开票有误。

情形一：C 公司财务人员通过电子发票服务平台填开并上传《确认单》，选择原因和对应的蓝字发票信息，录入金额和税额。D 公司财务人员在 72 小时内通过增值税发票综合服务平台完成确认后，C 公司财务人员据此开具红字全电发票。

情形二：D 公司财务人员通过增值税发票综合服务平台填开并上传《确认单》，选择原因和对应的蓝字发票信息，录入金额和税额。C 公司财务人员在 72 小时内通过电子发票服务平台完成确认后，据此开具红字全电发票。

第三，试点纳税人通过电子发票服务平台开具的全电发票或纸质发票已用于申请出口退税、代办退税的，暂不允许开具红字发票。

（9）什么情况下可以开具红字全电发票？

答：一般情况下，试点纳税人发生销货退回、开票有误、服务中止、销售折让等情形，可以按规定开具红字全电发票。但以下几种情况下不允许开具红字全电发票：

一是蓝字发票已作废、已全额红冲、已被认定异常扣税凭证、已锁定（已发起红字确认单或信息表且未开具红字发票、未撤销红字确认单或信息表）时，不允许发起红冲。

二是蓝字发票增值税用途为"待退税""已退税""已抵扣（改退）""已代办退税""不予退税且不予抵扣"时，不允许发起红冲。

三是蓝字发票税收优惠类标签中，"冬奥会退税标签"为"已申请冬奥会退税"时，不允许发起冲红。

四是发起红冲时，如对方纳税人为"非正常""注销"等状态、无法登录系统进行相关操作时，不允许发起红冲。

（10）红冲后的全电发票是否可以进行抵扣勾选？

答：全电发票未确认用途及未入账的：开票方发起红冲流程后，对应的全电发票将被锁定，不允许受票方再进行发票用途确认操作。

全电发票未确认用途已入账的：开票方开具红字全电发票后，允许受票方对该全电发票未冲红的部分进行抵扣勾选。

（11）试点纳税人销售商品开具全电发票，如果商品种类较多是否需要开具销货清单？

答：全电发票的载体为电子文件，无最大开票行数限制，交易项目明细能够在全电发票中全部展示，无需开具销货清单。

（12）全电发票与现行发票法律效力、基本用途是否相同？

答：全电发票的法律效力、基本用途等与现行发票相同。其中，带有"增值税专用发票"字样的全电发票，其法律效力、基本用途等与现行增值税专用发票相同；带有"普通发票"字样的全电发票，其法律效力、基本用途等与现行增值税普通发票相同。

（13）全电发票票样与现行发票票样有何区别？

答：相对于现行发票，全电发票票面的基本内容在现行发票基础上进行了优化，将销售方信息栏从发票的左上角调整至右上角,取消了发票密码区、发票代码、校验码、收款人、复核人、销售方(章)。

同时,纳税人开具货物运输服务、建筑服务等特定业务发票的,其票面按照特定内容展示相应信息,票面左上角展示该业务类型的字样,便利纳税人使用。

(14)纳税人通过电子发票服务平台开具的纸质发票票样与现行纸质发票票样有何区别?

答:通过电子发票服务平台开具的纸质专票和纸质普票,其法律效力、基本用途和基本使用规定与现有纸质专票、纸质普票相同;其发票密码区不再展示发票密文,改为展示电子发票服务平台赋予的20位发票号码及全国增值税发票查验平台网址。

三、全面数字化的电子发票受票辅导指引

（续）

【全电发票的法律效力和基本用途】

全电发票的法律效力、基本用途等与现有纸质发票相同。

带有"增值税专用发票"字样的全电发票，其法律效力、基本用途等与现有增值税专用发票相同；

带有"普通发票"字样的全电发票，其法律效力、基本用途等与现有普通发票相同。

为了满足从事特定行业、发生特殊应税行为及特定应用场景业务（以下简称"特定业务"）的纳税人开具发票的个性化需求，税务机关根据现行发票开具的有关规定和特定业务的场景，在全电发票中设计了相应的特定内容。

【全电发票的票面信息】

全电发票无联次。
全电发票的票面信息包括基本内容和特定内容。

基本内容包括：二维码、发票号码、开票日期、购买方信息、销售方信息、项目名称、规格型号、单位、数量、单价、金额、税率/征收率、税额、合计、价税合计（大写、小写）、备注、开票人

特定业务包括但不限于以下业务

稀土、建筑服务、旅客运输服务、货物运输服务、不动产销售、不动产经营租赁服务、农产品收购、光伏收购、代收车船税、自产农产品销售、差额征税、等

⚠️ **提示**：
江苏省纳税人在取得全电发票时，按照实际业务开展情况，可向开票人提出特定业务需求，开票人将按规定填写在发票备注等栏次的信息填写在特定内容栏次，进一步规范发票票面内容，便利江苏省纳税人使用。特定业务的全电发票票面按照特定内容展示相应信息，同时票面左上角展示该业务类型的字样。

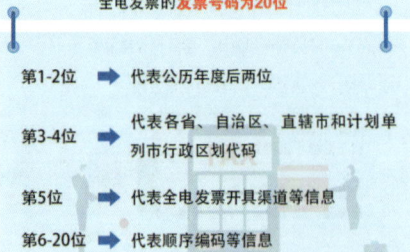

全电发票的**发票号码为20位**

- 第1-2位 ➡ 代表公历年度后两位
- 第3-4位 ➡ 代表各省、自治区、直辖市和计划单列市行政区划代码
- 第5位 ➡ 代表全电发票开具渠道等信息
- 第6-20位 ➡ 代表顺序编码等信息

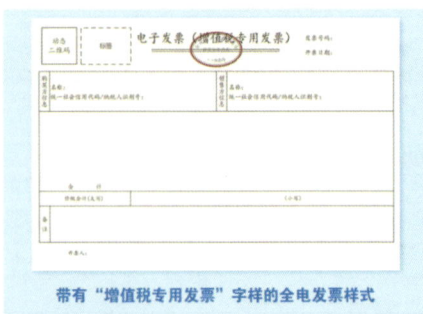

带有"增值税专用发票"字样的全电发票样式

第二章 华东地区全电发票试点制度

（续）

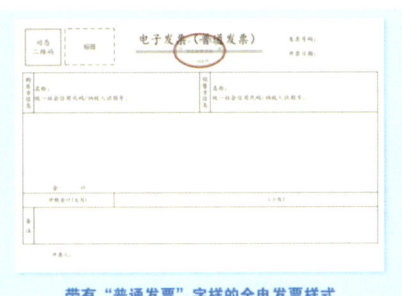

带有"普通发票"字样的全电发票样式

◆【取得发票和确认用途的途径】◆

江苏省纳税人可以通过**增值税发票综合服务平台**（https://fpdk.jiangsu.chinatax.gov.cn:81/）接收通过电票平台开具的上述发票。此外，也可取得销售方以**电子邮件、二维码**等方式交付的全电发票。

江苏省纳税人取得通过电票平台开具的上述发票中符合规定的增值税扣税凭证，如需用于申报抵扣增值税进项税额或申请出口退税、代办退税的，应按规定通过**增值税发票综合服务平台确认用途**。

◆【开具红字发票的流程】◆

纳税人取得开票方通过电票平台开具的发票，发生以下情形：

开票有误　销货退回

服务中止　销售折让

······

需开票方通过电票平台开具红字全电发票或红字纸质发票，按以下规定执行：

01 受票方未做用途确认及入账确认的，**开票方在电票平台填开《红字发票信息确认单》**（以下简称《确认单》）后全额开具红字全电发票或红字纸质发票，**无需受票方确认**。

02 受票方已进行用途确认或入账确认的，**由开票方通过电票平台或受票方通过增值税发票综合服务平台填开《确认单》**，经对方确认后，开票方依据《确认单》开具红字发票。

⚠️ **提示**：

受票方已将发票**用于增值税申报抵扣**的，应暂依《确认单》所列增值税税额**从当期进项税额中转出**，待取得开票方开具的红字发票后，与《确认单》一并作为记账凭证。

◆【电票平台开具的纸质发票与现有纸质发票的区别】◆

江苏省纳税人接收到通过电票平台开具的纸质专票和纸质普票，其法律效力、基本用途和基本使用规定与现有纸质专票、纸质普票相同。

区别在于其**发票密码区不再展示发票密文**，改为**展示电票平台赋予的20位发票号码及全国增值税发票查验平台网址**。

◆【全电发票的查验和入账归档】◆

单位和个人可以通过**全国增值税发票查验平台**（https://inv-veri.chinatax.gov.cn）查验全电发票信息。

纳税人取得全电发票报销入账归档的，应按照《财政部　国家档案局关于规范电子会计凭证报销入账归档的通知》（财会〔2020〕6号）和《会计档案管理办法》（财政部、国家档案局令第79号）的相关规定执行。

第三节
浙江省全电发票试点制度

一、开展全面数字化的电子发票试点

《国家税务总局浙江省税务局关于开展全面数字化的电子发票试点工作的公告》（国家税务总局浙江省税务局公告2023年第4号）规定，为落实中办、国办印发的《关于进一步深化税收征管改革的意见》要求，加大推广使用全面数字化的电子发票（以下简称数电票）力度，经国家税务总局同意，浙江省税务局决定在浙江省（不含宁波市，下同）开展数电票试点工作。有关事项如下：

（1）自2023年4月27日起，在浙江省的部分纳税人中开展数电票试点，使用电子发票服务平台的纳税人为试点纳税人，具体范围由国家税务总局浙江省税务局确定。

浙江省纳税人通过电子发票服务平台开具发票的受票方范围为全国，并作为受票方接收全国其他数电票试点省（区、市）纳税人开具的数电票，具体以各试点省（区、市）税务机关公告为准。

按照有关规定不使用网络办税或不具备网络条件的纳税人暂不纳入试点范围。此外，存在以下情形之一的纳税人暂不纳入试点：①存在严重涉税违法失信行为；②存在国家税务总局规定的增值税发票风险；③经税收大数据分析发现重大涉税风险。

电子发票服务平台通过以下地址登录：https://etax.zhejiang.chinatax.gov.cn。

（2）数电票的法律效力、基本用途等与现有纸质发票相同。其中，带有"增值税专用发票"字样的数电票，其法律效力、基本用途与现有增值税专用发票相同；带有"普通发票"字样的数电票，其法律效力、基本用途与现有普通发票相同。

（3）浙江省数电票由国家税务总局浙江省税务局监制。数电票无联次，基本内容包括：发票号码、开票日期、购买方信息、销售方信息、项目名称、规格型号、单位、数量、单价、金额、税率/征收率、税额、合计、价税合计（大写、小写）、备注、开票人等。

其中，试点纳税人从事特定行业、发生特定应税行为及特定应用场景业务（包括：

稀土、建筑服务、旅客运输服务、货物运输服务、不动产销售、不动产经营租赁服务、农产品收购、光伏收购、代收车船税、自产农产品销售、差额征税、成品油、民航、铁路等）的，电子发票服务平台提供了上述对应特定业务的数电票样式，试点纳税人应按照发票开具有关规定使用特定业务数电票。数电票样式参见图2-30至图2-44。

（4）浙江省数电票的发票号码为20位，其中：第1～2位代表公历年度后两位，第3～4位代表浙江省行政区划代码，第5位代表数电票开具渠道等信息，第6～20位代表顺序编码等信息。

（5）电子发票服务平台支持开具增值税纸质专用发票（以下简称纸质专票）和增值税纸质普通发票（折叠票，以下简称纸质普票）。

通过电子发票服务平台开具的纸质专票和纸质普票，其法律效力、基本用途与现有纸质专票、纸质普票相同。其中，发票密码区不再展示发票密文，改为展示电子发票服务平台赋予的20位发票号码及全国增值税发票查验平台网址。

（6）试点纳税人通过实名认证后，无需使用税控专用设备即可通过电子发票服务平台开具发票，无需进行发票验旧操作。其中，数电票无需进行发票票种核定和发票领用。

（7）税务机关对试点纳税人开票实行开具金额总额度管理。开具金额总额度，是指一个自然月内，试点纳税人发票开具总金额（不含增值税）的上限额度。

第一，试点纳税人通过电子发票服务平台开具的数电票、纸质专票和纸质普票以及通过增值税发票管理系统开具的纸质专票、纸质普票、增值税普通发票（卷票）、增值税电子专用发票（以下简称电子专票）和增值税电子普通发票，共用同一个开具金额总额度。

第二，税务机关依据试点纳税人的税收风险程度、纳税信用级别、实际经营情况等因素，确定初始开具金额总额度，并进行定期调整、临时调整或人工调整。

定期调整是指电子发票服务平台每月自动对试点纳税人开具金额总额度进行调整。

临时调整是指税收风险程度较低的试点纳税人当月开具发票金额首次达到开具金额总额度一定比例时，电子发票服务平台自动为其临时增加一次开具金额总额度。

人工调整是指试点纳税人因实际经营情况发生变化申请调整开具金额总额度，主管税务机关依法依规审核未发现异常的，为纳税人调整开具金额总额度。

第三，试点纳税人在增值税申报期内，完成增值税申报前，在电子发票服务平台中可以在上月剩余可用额度且不超过当月开具金额总额度的范围内开具发票。试点纳税人按规定完成增值税申报且比对通过后，在电子发票服务平台中可以按照当月剩余可用额度开具发票。

（8）电子发票服务平台税务数字账户自动归集发票数据，供试点纳税人进行发票的查询、查验、下载、打印和用途确认，并提供税收政策查询、开具金额总额度调整申请、发票风险提示等功能。

（9）试点纳税人通过电子发票服务平台税务数字账户自动交付数电票，也可通过电子邮件、二维码等方式自行交付数电票。

（10）自2023年4月27日起，试点纳税人可通过电子发票服务平台税务数字账户使用发票用途确认、风险提示、信息下载等功能，不再通过增值税发票综合服务平台使用上述功能。

试点纳税人取得带有"增值税专用发票"字样的数电票、带有"普通发票"字样的数电票、纸质专票和纸质普票等符合规定的增值税扣税凭证，如需用于申报抵扣增值税进项税额或申请出口退税、代办退税的，应当通过电子发票服务平台税务数字账户确认用途。非试点纳税人继续通过增值税发票综合服务平台使用相关增值税扣税凭证功能。纳税人确认用途有误的，可向主管税务机关申请更正。

（11）试点纳税人可以通过电子发票服务平台税务数字账户对符合规定的农产品增值税扣税凭证进行用途确认，计算用于抵扣的进项税额。其中，试点纳税人购进用于生产或者委托加工13%税率货物的农产品，可以由主管税务机关开通加计扣除农产品进项税额确认功能，在生产领用当期计算加计扣除农产品进项税额。

（12）试点纳税人可通过电子发票服务平台税务数字账户标记发票入账标识。纳税人以数电票报销入账归档的，按照财政和档案部门的相关规定执行。

（13）试点纳税人发生开票有误、销货退回、服务中止、销售折让等情形，需要通过电子发票服务平台开具红字数电票或红字纸质发票的，按以下规定执行：

一是受票方未做用途确认及入账确认的，开票方填开《红字发票信息确认单》（以下简称《确认单》，见表2-1）后全额开具红字数电票或红字纸质发票，无需受票方确认。

二是受票方已进行用途确认或入账确认的，开票方或受票方可以填开《确认单》，经对方确认后，开票方依据《确认单》开具红字发票。

受票方已将发票用于增值税申报抵扣的，应当暂依《确认单》所列增值税税额从当期进项税额中转出，待取得开票方开具的红字发票后，与《确认单》一并作为记账凭证。

（14）纳税人发生《国家税务总局关于红字增值税发票开具有关问题的公告》（国家税务总局公告2016年第47号）第一条以及《国家税务总局关于在新办纳税人中实行增值税专用发票电子化有关事项的公告》（国家税务总局公告2020年第22号）第七条规定情形的，购买方为试点纳税人时，购买方可通过电子发票服务平台填开并上传《开具红字增值税专用发票信息表》（以下简称《信息表》）。

（15）单位和个人可以通过全国增值税发票查验平台（https://inv-veri.chinatax.gov.cn）查验数电票信息。同时，试点纳税人还可以通过电子发票服务平台查验数电票信息。

（16）电子发票服务平台暂不支持开具机动车（含二手车）、通行费等特定业务数电票，开具上述发票功能的上线时间另行公告。

相关发票功能上线前，纳税人可以通过增值税发票管理系统开具电子专票、增值税电子普通发票（含收费公路通行费增值税电子普通发票）、增值税普通发票（卷票）和二手车销售统一发票以及通过增值税发票管理系统开票软件中机动车发票开具模块开具增值税专用发票和机动车销售统一发票（包括纸质发票、电子发票）。

（17）纳税人应当依法依规、诚信如实使用数电票，并接受税务机关依法检查。税务机关依法加强税收监管和风险防范，严厉打击虚开、虚抵、偷逃骗税等涉税违法犯罪行为。

二、全面数字化的电子发票受票试点指引

第二章 华东地区全电发票试点制度

（续）

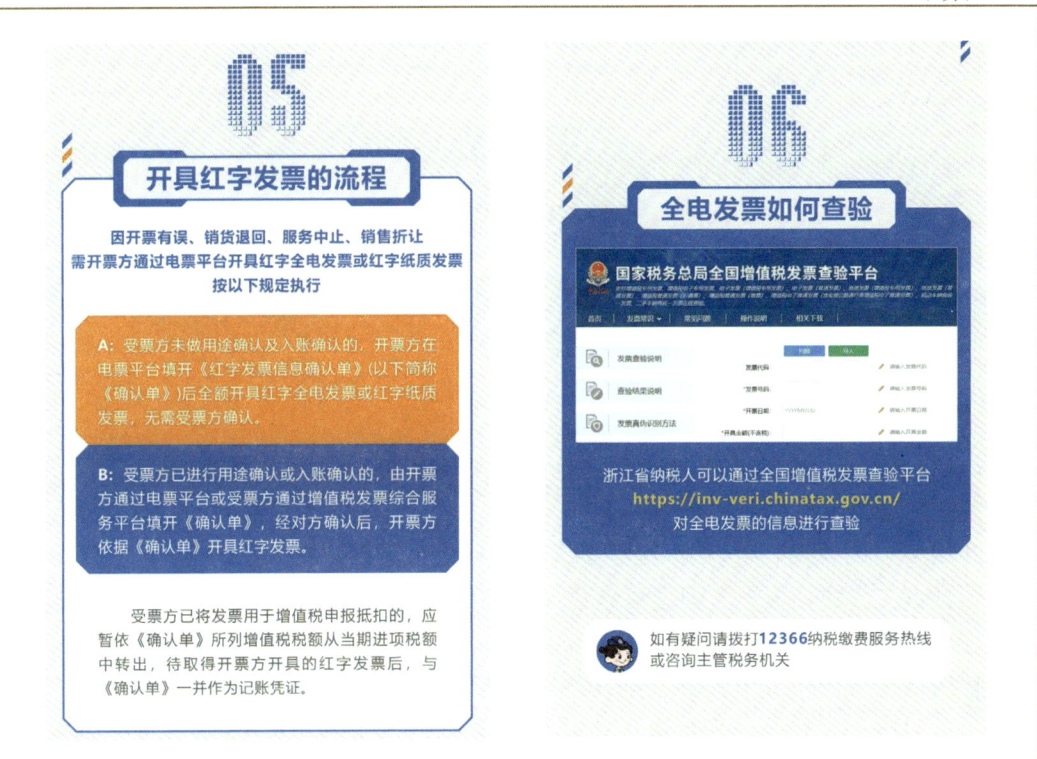

第四节
上海市全电发票试点制度

一、进一步开展全面数字化的电子发票试点

2022年5月19日，《国家税务总局上海市税务局关于进一步开展全面数字化的电子发票试点工作的公告》（国家税务总局上海市税务局公告2022年第1号）规定，为落实中办、国办印发的《关于进一步深化税收征管改革的意见》要求，结合前期全面数字化的电子发票（以下简称全电发票）试点情况，提升纳税人全电发票使用体验，税务机关对电子发票服务平台进行升级。经国家税务总局同意，上海市税务局决定进一步开展全电发票试点工作。

（1）自2022年5月23日起，在上海市部分纳税人中进一步开展全电发票试点，使用电子发票服务平台的纳税人为试点纳税人，具体范围由国家税务总局上海市税务局确定。其中，试点纳税人分为通过电子发票服务平台开具发票的纳税人和通过电子发票服务平台使用税务数字账户的纳税人，试点纳税人区分发票开具情形和税务数字账户使用情形分别适用该公告相应条款。

通过电子发票服务平台开具发票的受票方范围为上海市税务局管辖范围内的纳税人。

按照有关规定不使用网络办税或不具备网络条件的纳税人暂不纳入试点范围。

电子发票服务平台通过以下地址登录：https://etax.shanghai.chinatax.gov.cn。

（2）全电发票的法律效力、基本用途等与现有纸质发票相同。其中，带有"增值税专用发票"字样的全电发票，其法律效力、基本用途与现有增值税专用发票相同；带有"普通发票"字样的全电发票，其法律效力、基本用途与现有普通发票相同。

（3）上海市全电发票由国家税务总局上海市税务局监制。全电发票无联次，基本内容包括：动态二维码、发票号码、开票日期、购买方信息、销售方信息、项目名称、规格型号、单位、数量、单价、金额、税率/征收率、税额、合计、价税合计（大写、小写）、备注、开票人。

其中，试点纳税人从事特定行业、发生特殊商品服务及特定应用场景业务（包括：稀土、卷烟、建筑服务、旅客运输服务、货物运输服务、不动产销售、不动产经营租

赁服务、农产品收购、光伏收购、代收车船税、自产农产品销售、差额征税等）的，电子发票服务平台提供了上述对应特定业务的全电发票样式，试点纳税人应按照发票开具有关规定使用特定业务全电发票。数电票样式参见图2-30至图2-44。

（4）上海市全电发票的发票号码为20位，其中：第1～2位代表公历年度后两位，第3～4位代表上海市行政区划代码，第5位代表全电发票开具渠道等信息，第6～20位代表顺序编码等信息。

（5）新设立登记且未使用增值税发票管理系统开具发票的试点纳税人应通过电子发票服务平台开具全电发票以及增值税纸质专用发票（以下简称纸质专票）和增值税纸质普通发票（折叠票，以下简称纸质普票）。

通过电子发票服务平台开具的纸质专票和纸质普票，其法律效力、基本用途和基本使用规定与现有纸质专票、纸质普票相同。其中，发票密码区不再展示发票密文，改为展示电子发票服务平台赋予的20位发票号码及全国增值税发票查验平台网址。

（6）试点纳税人通过实名验证后，无需使用税控专用设备即可通过电子发票服务平台开具发票，无需进行发票验旧操作。其中，全电发票无需进行发票票种核定和发票领用。

（7）税务机关对试点纳税人开票实行开具金额总额度管理。开具金额总额度，是指一个自然月内，试点纳税人发票开具总金额（不含增值税）的上限额度。

第一，试点纳税人通过电子发票服务平台开具的全电发票、纸质专票和纸质普票以及通过增值税发票管理系统开具的纸质专票、纸质普票、增值税普通发票（卷票）、增值税电子专用发票（以下简称电子专票）和增值税电子普通发票，共用同一个开具金额总额度。

第二，税务机关依据试点纳税人的税收风险程度、纳税信用级别、实际经营情况等因素，确定初始开具金额总额度，并进行定期调整、临时调整或人工调整。

定期调整是指电子发票服务平台每月自动对试点纳税人开具金额总额度进行调整。

临时调整是指税收风险程度较低的试点纳税人当月开具发票金额首次达到开具金额总额度一定比例时，电子发票服务平台自动为其临时增加一次开具金额总额度。

人工调整是指试点纳税人因实际经营情况发生变化申请调整开具金额总额度，主管税务机关依法依规审核未发现异常的，为纳税人调整开具金额总额度。

第三，试点纳税人在增值税申报期内，完成增值税申报前，在电子发票服务平台中可以按照上月剩余可用额度且不超过当月开具金额总额度的范围内开具发票。试点纳税人按规定完成增值税申报且比对通过后，在电子发票服务平台中可以按照当月剩余可用额度开具发票。

（8）试点纳税人的电子发票服务平台税务数字账户自动归集发票数据，供试点纳税人进行发票的查询、查验、下载、打印和用途确认，并提供税收政策查询、开具金额总额度调整申请、发票风险提示等功能。

（9）试点纳税人可以通过电子发票服务平台税务数字账户自动交付全电发票，也可通过电子邮件、二维码等方式自行交付全电发票。

（10）自 2022 年 5 月 23 日起，试点纳税人应通过电子发票服务平台税务数字账户使用发票用途确认、风险提示、信息下载等功能，不再通过增值税发票综合服务平台使用上述功能。

非试点纳税人继续通过增值税发票综合服务平台使用相关发票功能。

试点纳税人取得带有"增值税专用发票"字样的全电发票、纸质专票、电子专票、机动车销售统一发票、收费公路通行费增值税电子普通发票等凭证，如需用于申报抵扣增值税进项税额、申报抵扣消费税或申请出口退税、代办退税的，应当通过电子发票服务平台税务数字账户确认用途。试点纳税人确认用途有误的，可向主管税务机关申请更正。

（11）试点纳税人可以通过电子发票服务平台税务数字账户对符合规定的农产品增值税扣税凭证进行用途确认，计算用于抵扣的进项税额。其中，试点纳税人购进用于生产或者委托加工 13% 税率货物的农产品，可以由主管税务机关开通加计扣除农产品进项税额确认功能，在生产领用当期计算加计扣除农产品进项税额。

（12）试点纳税人可通过电子发票服务平台税务数字账户标记发票入账标识。纳税人以全电发票报销入账归档的，按照财政和档案部门的相关规定执行。

（13）试点纳税人发生开票有误、销货退回、服务中止、销售折让等情形，需要通过电子发票服务平台开具红字全电发票或红字纸质发票的，按以下规定执行：

一是受票方已进行用途确认或入账确认的，开票方或受票方可以填开并上传《红字发票信息确认单》（以下简称《确认单》，见表 2-1），经对方确认后，开票方全额或部分开具红字全电发票或红字纸质发票。

受票方已将发票用于增值税申报抵扣的，应暂依《确认单》所列增值税税额从当期进项税额中转出，待取得开票方开具的红字发票后，与《确认单》一并作为记账凭证。

二是受票方未做用途确认及入账确认的，开票方填开《确认单》后全额开具红字全电发票或红字纸质发票，无需受票方确认。原蓝字发票为纸质发票的，开票方应收回原纸质发票并注明"作废"字样或取得受票方有效证明。

（14）纳税人发生《国家税务总局关于红字增值税发票开具有关问题的公告》（国家税务总局公告 2016 年第 47 号）第一条以及《国家税务总局关于在新办纳税人中实行增值税专用发票电子化有关事项的公告》（国家税务总局公告 2020 年第 22 号）第七条规定情形的，购买方为试点纳税人时，购买方可通过电子发票服务平台填开并上传《开具红字增值税专用发票信息表》（以下简称《信息表》）。

（15）单位和个人可以通过电子发票服务平台或全国增值税发票查验平台（https://inv-veri.chinatax.gov.cn）查验全电发票信息。

（16）电子发票服务平台暂不支持开具机动车（含二手车）、通行费等特定业务全电发票，开具上述发票功能的上线时间另行公告。

相关发票功能上线前，试点纳税人可以通过增值税发票管理系统开具机动车增值税专用发票、机动车销售统一发票、二手车销售统一发票、增值税普通发票（卷票）、电子专票和增值税电子普通发票（含收费公路通行费增值税电子普通发票）。

（17）试点纳税人是辅导期一般纳税人的，在一个月内申请人工调整开具金额总额度的，应比照《国家税务总局关于印发〈增值税一般纳税人纳税辅导期管理办法〉的通知》（国税发〔2010〕40号）第九条的规定执行。

其中，增值税专用发票销售额包括带有"增值税专用发票"字样的全电发票、纸质专票和电子专票销售额。

（18）纳税人应当按照规定依法、诚信、如实使用全电发票，不得虚开、虚抵、骗税，并接受税务机关依法检查。税务机关依法加强税收监管和风险防范，严厉打击涉税违法犯罪行为。

（19）该公告自2022年5月23日起施行，《国家税务总局上海市税务局关于开展全面数字化的电子发票试点工作的公告》（国家税务总局上海市税务局公告2021年第3号）同时废止。此前未处理的事项，按照该公告规定执行。

二、进一步开展全面数字化的电子发票试点解读

为落实中办、国办印发的《关于进一步深化税收征管改革的意见》要求，结合前期全面数字化的电子发票（以下简称全电发票）试点情况，提升纳税人全电发票使用体验，税务机关对电子发票服务平台进行升级。经国家税务总局同意，决定进一步开展全电发票试点工作。为此，国家税务总局上海市税务局发布了《国家税务总局上海市税务局关于进一步开展全面数字化的电子发票试点工作的公告》（以下称《公告》）。

（1）进一步开展全面数字化的电子发票试点的背景是什么？

2021年12月1日起，国家税务总局在上海市开展了全面数字化的电子发票试点工作，系统运行平稳。全电发票具有无需领用、开具便捷、信息集成、节约成本等特点，受到越来越多纳税人的关注。

为推进全面数字化的电子发票试点工作，国家税务总局决定自2022年5月23日起，在上海地区上线升级版电子发票服务平台，并在部分纳税人中进一步开展全电发票试点。使用电子发票服务平台的纳税人为试点纳税人。其中，试点纳税人分为通过电子发票服务平台开具发票的纳税人和通过电子发票服务平台使用税务数字账户的纳税人，试点纳税人区分发票开具情形和税务数字账户使用情形分别适用《公告》及解读相应内容。

试点纳税人通过电子发票服务平台开具全电发票、增值税纸质专用发票（以下简称纸质专票）和增值税纸质普通发票（折叠票，以下简称纸质普票）的受票方范围为上海市税务局管辖范围内的纳税人。

按照有关规定不使用网络办税或不具备网络条件的纳税人暂不纳入试点范围。

（2）全电发票具备哪些优点？

第一，领票流程更简化。开业开票"无缝衔接"。全电发票实现"去介质"，纳税人不再需要预先领取专用税控设备；通过"赋码制"取消特定发票号段申领，发票

信息生成后，系统自动分配唯一的发票号码；通过"授信制"自动为纳税人赋予开具金额总额度，实现开票"零前置"。基于此，新办纳税人可实现"开业即可开票"。

第二，开票用票更便捷。一是发票开具渠道更多元。纳税人不仅可以通过电脑网页端开具全电发票，电子发票服务平台全部功能上线后，还可以通过客户端、移动端手机 App 随时、随地开具全电发票。二是发票服务"一站式"更便捷。纳税人登录电子发票服务平台后，可进行发票开具、交付、查验以及用途勾选等系列操作，享受"一站式"服务，不再像以前需登录多个平台才能完成相关操作。三是发票数据应用更广泛。通过"一户式""一人式"发票数据归集，加强各税费数据联动，为实现"一表集成"式税费申报预填服务奠定数据基础。四是发票使用满足个性业务需求。全电发票破除特定版式要求，增加了 XML 的数据电文格式便利交付，同时保留 PDF、OFD 等格式，降低发票使用成本，提升纳税人用票的便利度和获得感。全电发票样式根据不同业务进行差异化展示，为纳税人提供更优质的个性化服务。五是纳税服务渠道更畅通。电子发票服务平台提供征纳互动相关功能，如增加智能咨询，纳税人在开票、受票等过程中，平台自动接收纳税人业务处理过程中存在的问题并进行智能答疑；增设异议提交功能，纳税人对开具金额总额度有异议时，可以通过平台向税务机关提出。

第三，入账归档一体化。通过制发电子发票数据规范、出台电子发票国家标准，实现全电发票全流程数字化流转，进一步推进企业和行政事业单位会计核算、财务管理信息化。

（3）电子发票服务平台升级包括哪些内容？

为落实税收征管数字化升级和智能化改造的要求，国家税务总局在总结全电发票前期试点经验基础上，按照推行计划和步骤，对电子发票服务平台进行了全面升级，主要内容包括：

一是完善优化开票业务功能，增加纸质专票和纸质普票开具、特定业务发票开具、纳税人个性化发票附加内容填写等功能；

二是完善优化用票业务功能，健全税务数字账户功能，完善发票查询统计、查验功能，实现发票流转状态实时记录和发票查验、发票风险信息提醒等服务，优化增值税用途确认功能，增加加计扣除农产品进项税额确认等功能。

（4）全电发票的票面信息包括哪些？

全电发票的票面信息包括基本内容和特定内容。

为了符合纳税人开具发票的习惯，全电发票的基本内容在现行增值税发票基础上进行了优化，主要包括：动态二维码、发票号码、开票日期、购买方信息、销售方信息、项目名称、规格型号、单位、数量、单价、金额、税率/征收率、税额、合计、价税合计（大写、小写）、备注、开票人。

为了满足从事特定行业、经营特殊商品服务及特定应用场景业务（以下简称特定业务）的纳税人开具发票的个性化需求，税务机关根据现行发票开具的有关规定和特定业务的开票场景，在全电发票中设计了相应的特定内容。特定业务包括但不限于稀土、卷烟、建筑服务、旅客运输服务、货物运输服务、不动产销售、不动产经营租赁服务、农产品收购、光伏收购、代收车船税、自产农产品销售、差额征税等。试点纳税人在开具全电发票时，可以按照实际业务开展情况，选择特定业务，将按规定应填写在发票备注等栏次的信息，填写在特定内容栏次，进一步规范发票票面内容，便利纳税人使用。特定业务的全电发票票面按照特定内容展示相应信息，同时票面左上角展示该业务类型的字样。

（5）试点纳税人可以通过电子发票服务平台开具哪些类型的发票？

电子发票服务平台支持开具全电发票、纸质专票和纸质普票。

试点纳税人通过实名验证后，无需使用税控专用设备即可通过电子发票服务平台开具全电发票、纸质专票和纸质普票，无需进行发票验旧操作。其中，全电发票无需进行发票票种核定和发票领用。

试点纳税人中，2022年5月23日后新设立登记且未使用增值税发票管理系统开具纸质专票和纸质普票的，如需开具纸质专票和纸质普票，应通过电子发票服务平台开具，纸质专票和纸质普票的票种核定、发票领用、发票作废、发票缴销、发票退回、发票遗失损毁等事项仍然按照原规定和流程办理；试点纳税人中，2022年5月23日前设立登记或已使用增值税发票管理系统开具纸质专票和纸质普票的，如需开具纸质专票和纸质普票，可以通过增值税发票管理系统开具。

试点纳税人可以通过增值税发票管理系统开具机动车增值税专用发票、机动车销售统一发票、二手车销售统一发票、增值税普通发票（卷票，以下简称卷式发票）、增值税电子专用发票（以下简称电子专票）、增值税电子普通发票（以下简称电子普票）和收费公路通行费增值税电子普通发票。

（6）如何理解《公告》中的开具金额总额度和剩余可用额度？

为降低试点纳税人使用成本，便利全电发票推广，尊重纳税人现行开票用票习惯，做好发票风险防控，税务机关对试点纳税人开票实行统一开具金额总额度管理。

开具金额总额度，也称总授信额度，是指一个自然月内试点纳税人发票开具总金额（不含增值税）的上限额度，包括试点纳税人可通过电子发票服务平台开具的全电发票、纸质专票和纸质普票的上限总金额以及可通过增值税发票管理系统开具的纸质专票、纸质普票、卷式发票、电子专票和电子普票的上限总金额。

剩余可用额度，也称可用授信额度，是指在一个自然月内试点纳税人开具金额总额度扣除已使用额度。其中，已使用额度包括试点纳税人通过电子发票服务平台开具的发票金额，以及通过增值税发票管理系统开具的纸质专票、纸质普票、卷式发票、电子专票和电子普票的领用份数与单份发票最高开票限额之积（存在多种不同版式的发票应分别计算并求和，下同）。

例 2-3 试点纳税人A公司，使用电子发票服务平台开具全电发票，同时使用增值税发票管理系统开具纸质专票和纸质普票，2022年7月开具金额总额度为750万元。

2022年7月1日至20日，A公司领用10万元版增值税专用发票40份（应从开具金额总额度中扣除 400 万元），通过增值税发票管理系统开具了 36 份纸质专票，合计金额 350 万元（不再重复从开具金额总额度中扣除），通过电子发票服务平台开具全电发票金额 300 万元（应从开具金额总额度中扣除 300 万元），则 7 月 20 日后剩余可用额度为 50 万元（750 − 40×10 − 300）。

（7）试点纳税人开具金额总额度如何调整？

调整开具金额总额度有三种方式，包括定期调整、临时调整和人工调整。

第一，定期调整。定期调整是指电子发票服务平台每月自动对试点纳税人开具金额总额度进行调整。

例 2-4 2022 年 7 月初成立的 B 公司，初始开具金额总额度为 750 万元。2022 年 9 月，根据 B 公司实际经营情况以及 7 月、8 月开具金额总额度的使用情况，9 月月初电子发票服务平台将其开具金额总额度调整至 850 万元。

第二，临时调整。临时调整是指税收风险程度较低的试点纳税人当月开具发票金额首次达到开具金额总额度一定比例时，电子发票服务平台自动为其临时增加一次开具金额总额度。

例 2-5 2022 年 7 月初成立的 C 公司，初始开具金额总额度为 750 万元。

情形一：2022 年 7 月中旬，C 公司销售额增加，至 7 月 20 日，实际已使用额度达到 600 万元（达到当前开具金额总额度的一定比例），电子发票服务平台自动风险扫描无问题后，为 C 公司临时增加开具金额总额度至 900 万元。

情形二：2022 年 7 月中旬，C 公司销售额增加，至 7 月 20 日，实际已使用额度达到 580 万元，未触发系统临时调整。7 月 21 日，C 公司因经营需要，需开具 1 份金额为 200 万元的全电发票，在填写发票信息时，因累计金额达到 780 万元（达到当前开具金额总额度的一定比例），电子发票服务平台自动风险扫描无问题后，为 C 公司临时增加开具金额总额度至 900 万元。

第三，人工调整。人工调整是指试点纳税人因实际经营情况发生变化申请调整开具金额总额度，主管税务机关依法依规审核未发现异常的，为纳税人调整开具金额总额度。

例 2-6 纳税人 D 公司 2022 年 7 月初开具金额总额度为 750 万元，销售额增加，电子发票服务平台为 D 公司临时增加开具金额总额度至 900 万元，但仍无法满足 D 公司本月开票需求。D 公司根据实际经营情况，向主管税务机关申请调增开具金额总额度至 1 200 万元，主管税务机关依法依规审核未发现异常后，相应调增 D 公司开具金额总额度。

（8）试点纳税人在增值税申报期内如何使用开具金额总额度？

试点纳税人在增值税申报期内，完成增值税申报前，在电子发票服务平台中可以按照上月剩余可用额度且不超过当月开具金额总额度的范围内开具发票。试点纳税人按规定完成增值税申报且比对通过后，在电子发票服务平台中可以按照当月剩余可用额度开具发票。

第一，按月进行增值税申报的试点纳税人在每月月初到完成上个所属期（即上个月）申报前开具金额总额度的可使用额度为上月剩余可用额度，且不超过本月开具金额总额度；完成上个所属期（即上个月）申报且比对通过后可使用额度为当月剩余可用额度。

第二，按季进行增值税申报的试点纳税人在每季季初到完成上个所属期（即上个季度）申报前开具金额总额度的可使用额度为上月剩余可用额度，且不超过本月开具金额总额度；完成上个所属期（即上个季度）申报且比对通过后可使用额度为当月剩余可用额度。

例 2-7 试点纳税人 E 公司是按月申报的一般纳税人，2022 年 7 月开具金额总额度为 750 万元，截至 7 月 31 日实际已使用额度 400 万元，剩余可用额度为 350 万元。

情形一：8 月 1 日，电子发票服务平台自动计算其 8 月开具金额总额度为 750 万元。如果 E 公司在 8 月 11 日 9 时完成 7 月所属期增值税申报并比对通过，则 8 月 11 日 9 时前（即未完成 7 月所属期增值税申报前），E 公司的可使用额度为 350 万元（7 月剩余可用额度 350 万元＜8 月月初开具金额总额度 750 万元）。

8 月 1 日至 11 日 9 时，如果 E 公司实际已使用额度为 20 万元，则 8 月 11 日 9 时（即完成申报）后的剩余可用额度为 730 万元（750－20）。

情形二：8 月 1 日，依据纳税人风险程度、纳税信用级别、实际经营情况等因素，电子发票服务平台自动计算并将 8 月开具金额总额度调整为 250 万元。如果 E 公司在 8 月 11 日 9 时完成 7 月所属期增值税申报并比对通过，则 8 月 11 日 9 时前（即未完成 7 月所属期增值税申报前）E 公司的可使用额度为 250 万元（7 月剩余可用额度 350 万元＞8 月月初开具金额总额度 250 万元）。

8 月 1 日至 11 日 9 时，如果 E 公司实际已使用额度为 20 万元，则 8 月 11 日 9 时（即完成申报）后的剩余可用额度为 230 万元（250－20）。

例 2-8 试点纳税人 F 公司是按季申报的小规模纳税人，2022 年 5 月开具金额总额度为 10 万元，截至 5 月 31 日实际已使用额度为 5 万元，剩余可用额度为 5 万元。

6 月 1 日，电子发票服务平台自动计算并将 6 月开具金额总额度重新调整为 10 万元。因 F 公司是按季申报的纳税人，6 月无需完成 5 月所属期增值税申报，则 6 月 1 日后可使用额度为 10 万元（即 6 月初的开具金额总额度）。6 月 1 日至 31 日，F 公司实际已使用额度为 8 万元，剩余可用额度为 2 万元。

7 月 1 日，电子发票服务平台自动计算并将 7 月开具金额总额度重新调整为 10 万元。

如果 F 公司于 7 月 6 日 9 时完成 2022 年第二季度所属期增值税申报并比对通过，则 7 月 6 日 9 时前（即未完成第二季度所属期增值税申报前）可使用额度仍为 2 万元（6 月剩余可用额度 2 万元＜7 月月初开具金额总额度 10 万元）。

7 月 1 日至 6 日 9 时，如果 F 公司实际已使用额度为 2 万元，则 7 月 6 日 9 时（即完成申报）后的剩余可用额度为 8 万元（10－2）。

（9）试点纳税人领用纸质专票和纸质普票时，如何确定单份最高开票限额和领用份数？

试点纳税人办理发票票种核定和发票领用时，纸质专票和纸质普票的最高开票限额和每月最高领用数量仍按照现行有关规定办理。其中，试点纳税人领用通过增值税发票管理系统开具的纸质专票、纸质普票的份数与单份发票最高开票限额之积应小于或等于当月剩余可用额度。

（10）试点纳税人开具纸质专票和纸质普票如何使用剩余可用额度？

试点纳税人通过电子发票服务平台开具纸质专票和纸质普票时，单份发票开具金额不得超过单份最高开票限额且不得超过当月剩余可用额度，并根据实际开票金额扣除当月剩余可用额度。

试点纳税人通过增值税发票管理系统开具纸质专票、纸质普票、卷式发票、电子专票和电子普票的，在领用发票时按领用份数与单份发票最高开票限额之积扣除当月剩余可用额度，开具时不再扣除当月剩余可用额度。

（11）试点纳税人使用电子发票服务平台开具的纸质专票和纸质普票与增值税发票管理系统开具纸质专票和纸质普票有何区别？

试点纳税人使用电子发票服务平台开具的纸质专票和纸质普票，其法律效力、基本用途和基本使用规定与现有纸质专票、纸质普票相同。电子发票服务平台开具的纸质专票、纸质普票与现行纸质专票、纸质普票相比，区别在于电子发票服务平台开具纸质专票、纸质普票后，发票数据通过加密通道传输、税务机关签名防篡改等方式进行安全防护，纸质专票、纸质普票密码区不再展示发票密文，密码区将展示电子发票服务平台赋予的 20 位发票号码以及全国增值税发票查验平台网址。

（12）税务数字账户为试点纳税人提供哪些服务？

税务机关通过电子发票服务平台税务数字账户为试点纳税人提供发票归集、用途确认、查询、下载、打印等服务。纳税人开具和取得各类发票时，系统自动归集发票数据，推送至对应纳税人的税务数字账户，从根本上解决纳税人纸质发票管理中出现的丢失、破损及电子发票难以归集等问题；并支持纳税人对各类发票进行用途确认、查询，同时满足纳税人对已入账发票进行标识、税务事项通知书查询、税收政策查询、发票开具金额总额度调整申请、发票风险提示、原税率发票开具申请、操作海关缴款书业务等需求，为纳税人提供高效便捷的发票服务。

（13）如何使用发票入账标识功能？

电子发票服务平台为试点纳税人提供发票入账标识服务，试点纳税人使用该功能时，系统将同步为发票赋予入账状态字样，供财务人员及时查验，避免重复报销入账。

（14）纳税人开具和取得全电发票报销入账归档的，需要注意哪些事项？

纳税人开具和取得全电发票报销入账归档的，应按照《财政部 国家档案局关于规范电子会计凭证报销入账归档的通知》（财会〔2020〕6号，以下称《通知》）和《会计档案管理办法》（财政部、国家档案局令第79号）的相关规定执行。

第一，纳税人可以根据《通知》第三条、第五条的规定，仅使用全电发票电子件进行报销入账归档的，可不再另以纸质形式保存。

第二，纳税人如果需要以全电发票的纸质打印件作为报销入账归档依据的，应当根据《通知》第四条的规定，同时保存全电发票电子件。

（15）试点纳税人怎样开具红字发票？

试点纳税人发生开票有误、销货退回、服务中止、销售折让等情形，需要通过电子发票服务平台开具红字全电发票或红字纸质发票的，按以下规定执行：

第一，受票方已进行用途确认或入账确认的，受票方为试点纳税人，开票方或受票方均可在电子发票服务平台填开并上传《红字发票信息确认单》（以下简称《确认单》），经对方在电子发票服务平台确认后，开票方全额或部分开具红字全电发票或红字纸质发票；受票方为非试点纳税人，由开票方在电子发票服务平台填开并上传《确认单》，经受票方在增值税发票综合服务平台确认后，开票方全额或部分开具红字全电发票或红字纸质发票。其中，《确认单》需要与对应的蓝字发票信息相符。

受票方已将发票用于增值税申报抵扣的，应当暂依《确认单》所列增值税税额从当期进项税额中转出，待取得开票方开具的红字发票后，与《确认单》一并作为记账凭证。

例2-9 2022年10月，L公司（试点纳税人）销售一批服装给M公司（试点纳税人），已开具带有"增值税专用发票"字样的全电发票，M公司已确认用途。2022年11月，该批服装发生销货退回。

情形一：M公司财务人员通过电子发票服务平台填开并上传《确认单》，选择原因和对应的蓝字发票信息，录入金额和税额。L公司财务人员通过电子发票服务平台完成确认后，L公司财务人员据此开具红字全电发票。

情形二：L公司财务人员通过电子发票服务平台填开并上传《确认单》，选择原因和对应的蓝字发票信息，录入金额和税额。M公司财务人员通过电子发票服务平台完成确认后，L公司财务人员据此开具红字全电发票。

例2-10 2022年11月，N公司（试点纳税人）销售一批玩具给P公司（非试点纳税人），已开具带有"增值税专用发票"字样的全电发票，P公司已确认用途。2022年12月，该批玩具发生销货退回。

N公司财务人员通过电子发票服务平台填开并上传《确认单》，选择原因和对应的蓝字发票信息，录入金额和税额。P公司财务人员通过增值税发票综合服务平台完成确认后，N公司财务人员据此开具红字全电发票。

第二，受票方未做用途确认及入账确认的，开票方在电子发票服务平台填开《确认单》后全额开具红字全电发票或红字纸质发票，无需受票方确认。原蓝字发票为纸质发票的，开票方应收回原纸质发票并注明"作废"字样或取得受票方有效证明。其中，《确认单》需要与对应的蓝字发票信息相符。

例 2-11 2022年9月10日，从事食品生产的G公司（试点纳税人）发现有一张在2022年8月30日开给从事食品零售的H公司（试点纳税人）的纸质专票内容有误，通过电子发票服务平台查询到该张发票未被H公司进行确认用途，也未入账。G公司财务人员联系H公司将该发票相关联次取回后，通过电子发票服务平台填开并上传《确认单》，无需H公司确认，系统自动校验通过后，直接全额开具对应的红字全电发票。

例 2-12 2022年7月，从事机械加工的I公司（试点纳税人）为J公司（非试点纳税人）提供加工劳务。I公司在2022年7月18日已为J公司开具了带有"增值税专用发票"字样的全电发票。7月20日因客观原因劳务终止，J公司对该发票未确认用途也未入账，I公司需全额开具红字全电发票。

I公司财务人员通过电子发票服务平台填开并上传《确认单》，无需J公司确认，系统自动校验通过后，I公司财务人员依据核实无误的确认单信息，全额开具红字全电发票。

第三，试点纳税人通过电子发票服务平台开具的全电发票或纸质发票已用于申请出口退税、代办退税的，暂不允许开具红字发票。

（16）非试点纳税人开具红字纸质发票流程有何变化？

电子发票服务平台升级后，为试点纳税人提供了填开并上传《开具红字增值税专用发票信息表》（以下简称《信息表》）功能。

纳税人发生《国家税务总局关于红字增值税发票开具有关问题的公告》（国家税务总局公告2016年第47号）第一条以及《国家税务总局关于在新办纳税人中实行增值税专用发票电子化有关事项的公告》（国家税务总局公告2020年第22号）第七条规定情形的，购买方为试点纳税人时，购买方可通过电子发票服务平台填开并上传《信息表》。

例 2-13 2022年5月，Q公司（非试点纳税人）销售一批服装给R公司（试点纳税人），通过增值税发票管理系统已开具增值税专用发票，R公司已确认用途。2022年6月，该批服装发生销货退回。

R 公司财务人员通过电子发票服务平台填开并上传《信息表》，Q 公司财务人员据此开具红字专用发票。

（17）试点纳税人通过电子发票服务平台开具红字发票有哪些注意事项？

第一，试点纳税人需要开具红字发票的，可以在所对应的蓝字发票金额范围内开具红字发票。

第二，试点纳税人开具蓝字全电发票当月开具红字全电发票，电子发票服务平台同步增加其当月剩余可用额度；跨月开具红字全电发票的，电子发票服务平台不增加其当月剩余可用额度。

第三，试点纳税人开具蓝字纸质发票当月开具红字纸质发票，或者作废已开具的蓝字纸质发票，电子发票服务平台同步增加其当月剩余可用额度；跨月开具红字纸质发票的，电子发票服务平台不增加其当月剩余可用额度。

例 2-14 试点纳税人 S 公司，2022 年 10 月的开具金额总额度为 750 万元。

2022 年 10 月 1 日至 5 日 S 公司开票累计金额 100 万元，10 月 6 日开具红字全电发票金额 10 万元（对应 2022 年 8 月 25 日开具的蓝字全电发票，金额 10 万元），10 月 7 日开具红字全电发票 50 万元（对应 2022 年 10 月 3 日开具的蓝字全电发票，金额 50 万元），则 10 月 8 日剩余可用额度为 700 万元（750－100＋50）。由于跨月开具红字全电发票不增加当月剩余可用额度，10 月 6 日开具红字全电发票金额 10 万元不列入当月剩余可用额度计算。

（18）《公告》实施后，试点纳税人能开具机动车（含二手车）、通行费等特定业务发票吗？

电子发票服务平台暂不支持开具机动车（含二手车）、通行费等特定业务全电发票，开具上述发票功能的上线时间另行公告。功能上线前，试点纳税人可通过增值税发票管理系统开具上述发票。

相关发票功能上线前，试点纳税人可以通过增值税发票管理系统开具机动车增值税专用发票、机动车销售统一发票、二手车销售统一发票、卷式发票、收费公路通行费增值税电子普通发票、电子专票和电子普票。

（19）通过什么渠道可以进行全电发票信息的查验？

通过电子发票服务平台或者全国增值税发票查验平台都可以对全电发票的信息进行查验。

（20）纳税人通过电子发票服务平台开具或取得发票后，如何填写增值税及附加税费申报表？

第一，一般纳税人通过电子发票服务平台开具带有"增值税专用发票"或"普通发票"字样的全电发票、纸质专票、纸质普票，其金额及税额应分别填入《增值税及附加税费申报表附列资料（一）》（本期销售情况明细）"开具增值税专用发票"或"开具其他发票"相关栏次。

一般纳税人取得通过电子发票服务平台开具的全电发票、纸质专票、纸质普票，勾选用于进项抵扣时，其份数、金额及税额填列在《增值税及附加税费申报表附列资料（二）》（本期进项税额明细）相关栏次。

一般纳税人取得通过电子发票服务平台开具的带有"增值税专用发票"字样的全电发票、纸质专票，已用于增值税申报抵扣的，对应的《确认单》所列增值税税额填列在《增值税及附加税费申报表附列资料（二）》（本期进项税额明细）第20栏"红字专用发票信息表注明的进项税额"。

一般纳税人取得通过电子发票服务平台开具的带有"增值税普通发票"字样的全电发票、纸质普票，已用于增值税申报抵扣或加计扣除农产品进项税额的，对应的《确认单》所列增值税税额填列在《增值税及附加税费申报表附列资料（二）》（本期进项税额明细）第23b栏"其他应作进项税额转出的情形"。

第二，小规模纳税人通过电子发票服务平台开具的带有"增值税专用发票"或"普通发票"字样的全电发票、纸质专票、纸质普票，其金额及税额应填入《增值税及附加税费申报表（小规模纳税人适用）》"增值税专用发票不含税销售额"或"其他增值税发票不含税销售额"相关栏次。其中，适用增值税免税政策的，按规定填入"免税销售额"相关栏次。

（21）纳税人需要确认发票用途，通过什么渠道进行确认？

自2022年5月23日起，试点纳税人应通过电子发票服务平台税务数字账户使用发票用途确认、风险提示、信息下载等功能，不再通过增值税发票综合服务平台使用上述功能。非试点纳税人继续登录增值税发票综合服务平台使用相关发票功能。纳税人在同一个平台即可进行全部增值税扣税凭证的用途确认。

税务数字账户对用途确认功能进行了优化，增加国内旅客运输凭证用途确认、加计扣除农产品进项税额确认功能。

试点纳税人取得带有"增值税专用发票"字样的全电发票、纸质专票、电子专票、机动车销售统一发票、收费公路通行费增值税电子普通发票等凭证，如需用于申报抵扣增值税进项税额、申报抵扣消费税或申请出口退税、代办退税的，应当通过电子发票服务平台税务数字账户确认用途。试点纳税人确认用途有误的，可向主管税务机关申请更正。

（22）试点纳税人如何通过电子发票服务平台税务数字账户进行计算农产品进项税额以及加计扣除农产品进项税额？

试点纳税人购进农产品，取得符合规定的带有"增值税专用发票"字样的全电发票、增值税专用发票、海关缴款书、农产品销售发票等凭证或者开具符合规定的收购发票，应当通过电子发票服务平台税务数字账户进行用途确认，按照相关规定计算当期进项税额。

其中，试点纳税人购进用于生产或者委托加工13%税率货物的农产品，可以由主管税务机关开通加计扣除农产品进项税额确认功能，通过电子发票服务平台税务数字账户进行用途确认，按照相关规定计算当期进项税额，并将已进行用途确认的凭证明细转入加计扣除农产品进项税额确认待用。试点纳税人将购进农产品用于生产或者委托加工的当期，可以通过电子发票服务平台税务数字账户选择相应凭证，按规定计算填写本次加计扣除农产品进项税额。

对于符合以上规定的试点纳税人取得的尚未用于加计扣除农产品进项税额的凭证，试点纳税人可以向主管税务机关申请补录。

（23）试点纳税人错误确认发票用途后，税务机关如何帮助纳税人进行修改和更正？

试点纳税人通过电子发票服务平台确认发票用途后，如果出现发票用途确认错误的情形，税务机关可为纳税人提供规范、便捷的更正服务。

纳税人将发票用途误确认为申报抵扣且已申报抵扣后，如果要改为用于申报出口退税或代办退税，纳税人可以向主管税务机关申请更正。主管税务机关在核实确认相关进项税额已转出后，为纳税人调整发票用途。

纳税人将发票用途误确认为用于出口退税、代办退税的，可以向主管税务机关申请更正。如纳税人尚未申报出口退税，经主管税务机关确认后，可将发票信息回退至电子发票服务平台，纳税人可以重新确认发票用途；如果纳税人已申报办理出口退税，可向主管税务机关申请开具出口货物转内销证明。

（24）辅导期一般纳税人申请人工调整开具金额总额度或领用增值税专用发票时，是否需要预缴增值税？

试点纳税人是辅导期一般纳税人的，当月首次申请人工调整开具金额总额度或者当月第二次领用增值税专用发票（包括纸质专票和电子专票，下同）时，应当按照当月已开具带有"增值税专用发票"字样的全电发票和已领用并开具的增值税专用发票销售额的3%预缴增值税；多次申请人工调整开具金额总额度或者多次领用增值税专用发票时，应当自本月上次申请人工调整开具金额总额度或者上次领用增值税专用发票起，按照已开具带有"增值税专用发票"字样的全电发票和已领用并开具的增值税专用发票销售额的3%预缴增值税。

 2022年10月新设立登记的试点纳税人T公司为辅导期一般纳税人，2022年11月初开具金额总额度为750万元。

情形一：T公司仅通过电子发票服务平台开具全电发票。

2022年11月1~20日，T公司开具带有"增值税专用发票"字样的全电发票金额300万元。

因开具金额总额度不能满足其经营需要，T 公司于 2022 年 11 月 21 日向主管税务机关申请人工调整开具金额总额度至 900 万元。在申请人工调整前，T 公司应根据 2022 年 11 月 1～20 日开具的带有"增值税专用发票"字样的全电发票销售额，按照 3% 预缴增值税 9 万元（300×3%）。

情形二：T 公司通过电子发票服务平台同时开具全电发票、纸质专票和纸质普票。

2022 年 11 月 1～20 日，T 公司开具带有"增值税专用发票"字样的全电发票金额 300 万元；一次性领用单份最高开票限额 10 万元纸质专票 25 份，其间开具 17 份，合计金额 160 万元。

因开具金额总额度不能满足其经营需要，T 公司于 2022 年 11 月 21 日向主管税务机关申请人工调整开具金额总额度至 900 万元。在申请人工调整前，T 公司应根据 2022 年 11 月 1～20 日期间开具的带有"增值税专用发票"字样的全电发票和已领用并开具增值税专用发票的销售额，按照 3% 预缴增值税 13.8 万元（300×3%＋160×3%）。

2022 年 11 月 21～25 日，T 公司开具带有"增值税专用发票"字样的全电发票金额 50 万元，开具 8 份纸质专票（本月领用且未开具），金额 70 万元。

2022 年 11 月 26 日 T 公司再次领用纸质专票前，应当根据 2022 年 11 月 21～25 日期间开具的带有"增值税专用发票"字样的全电发票和已领用并开具增值税专用发票的销售额，按照 3% 预缴增值税 3.6 万元（50×3%＋70×3%）。

情形三：T 公司通过电子发票服务平台开具全电发票，同时使用增值税发票管理系统开具纸质专票、纸质普票和电子专票。

2022 年 11 月 1～20 日，T 公司开具带有"增值税专用发票"字样的全电发票销售额 200 万元，一次性领用单份最高开票限额 10 万元纸质专票 15 份和电子专票 10 份（此时从开具金额总额度中扣除 250 万元，不参与预缴增值税税额计算），其间开具纸质专票 15 份、电子专票 10 份，合计金额 240 万元（不再从开具金额总额度重复扣除，参与预缴增值税税额计算）。

2022 年 11 月 21 日，T 公司再次领用单份最高开票限额 10 万元 25 份纸质专票前，根据 11 月 1～20 日已开具带有"增值税专用发票"字样的全电发票和已领用并开具增值税专用发票的销售额，按照 3% 预缴增值税 13.2 万元（200×3%＋240×3%）。

2022 年 11 月 21～25 日，T 公司开具带有"增值税专用发票"字样的全电发票金额 30 万元，并开具纸质专票 10 份，金额 80 万元。

因开具金额总额度不能满足其经营需要，T 公司于 2022 年 11 月 26 日向主管税务机关申请人工调整开具金额总额度至 900 万元。在申请人工调整前，T 公司应当根据 2022 年 11 月 21～25 日开具的带有"增值税专用发票"字样的全电发票和已领用并开具增值税专用发票合计销售额，按 3% 预缴增值税 3.3 万元（30×3%＋80×3%）。

三、进一步开展全面数字化的电子发票试点指引

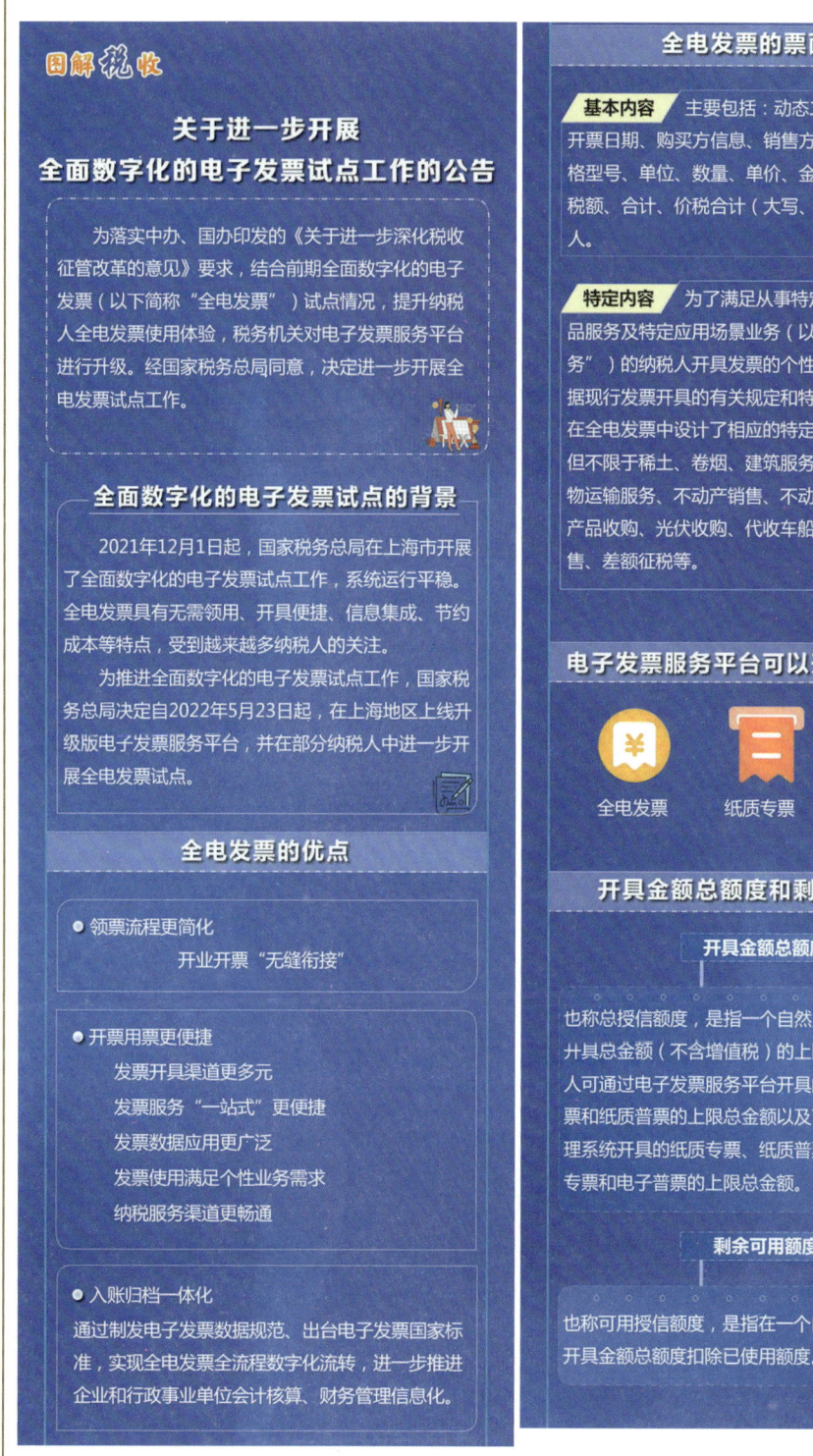

(续)

调整开具金额总额度的三种方式

定期调整 指电子发票服务平台每月自动对试点纳税人开具金额总额度进行调整。

临时调整 指税收风险程度较低的试点纳税人当月开具发票金额首次达到开具金额总额度一定比例时，电子发票服务平台自动为其临时增加一次开具金额总额度。

人工调整 指试点纳税人因实际经营情况发生变化申请调整开具金额总额度，主管税务机关依法依规审核未发现异常的，为纳税人调整开具金额总额度。

试点纳税人使用电子发票服务平台开具的纸质专票和纸质普票与增值税发票管理系统开具纸质专票和纸质普票的区别

试点纳税人使用电子发票服务平台开具的纸质专票和纸质普票，其法律效力、基本用途和基本使用规定与现有纸质专票、纸质普票相同。

电子发票服务平台开具纸质专票、纸质普票后，发票数据通过加密通道传输、税务机关签名防篡改等方式进行安全防护。

现有纸质专票、纸质普票密码区不再展示发票密文，密码区将展示电子发票服务平台赋予的20位发票号码以及全国增值税发票查验平台网址。

试点纳税人开具红字发票

试点纳税人发生开票有误、销货退回、服务中止、销售折让等情形，需要通过电子发票服务平台开具红字全电发票或红字纸质发票的，按以下规定执行：

（一）受票方已进行用途确认或入账确认的，受票方为试点纳税人，开票方或受票方均可在电子发票服务平台填开并上传《红字发票信息确认单》（以下简称《确认单》），经对方在电子发票服务平台确认后，开票方全额或部分开具红字全电发票或红字纸质发票；受票方为非试点纳税人，由开票方在电子发票服务平台填开并上传《确认单》，经受票方在增值税发票综合服务平台确认后，开票方全额或部分开具红字全电发票或红字纸质发票。其中，《确认单》需要与对应的蓝字发票信息相符。

受票方已将发票用于增值税申报抵扣的，应当暂依《确认单》所列增值税税额从当期进项税额中转出，待取得开票方开具的红字发票后，与《确认单》一并作为记账凭证。

（二）受票方未做用途确认及入账确认的，开票方在电子发票服务平台填开《确认单》后全额开具红字全电发票或红字纸质发票，无需受票方确认。原蓝字发票为纸质发票的，开票方应收回原纸质发票并注明"作废"字样或取得受票方有效证明。其中，《确认单》需要与对应的蓝字发票信息相符。

（三）试点纳税人通过电子发票服务平台开具的全电发票或纸质发票已用于申请出口退税、代办退税的，暂不允许开具红字发票。

电子发票服务平台开具红字发票注意事项

试点纳税人需要开具红字发票的，可以在所对应的蓝字发票金额范围内开具红字发票。

试点纳税人开具蓝字全电发票当月开具红字全电发票，电子发票服务平台同步增加其当月剩余可用额度；跨月开具红字全电发票的，电子发票服务平台不增加其当月剩余可用额度。

试点纳税人开具蓝字纸质发票当月开具红字纸质发票，或者作废已开具的蓝字纸质发票，电子发票服务平台同步增加其当月剩余可用额度；跨月开具红字纸质发票的，电子发票服务平台不增加其当月剩余可用额度。

全电发票信息的查验

电子发票服务平台

全国增值税发票查验平台

四、扩大全面数字化的电子发票受票方范围

2022年6月16日,《国家税务总局上海市税务局关于扩大全面数字化的电子发票受票方范围的公告》(国家税务总局上海市税务局公告2022年第2号)规定,为落实中办、国办印发的《关于进一步深化税收征管改革的意见》要求,继续加大全面数字化的电子发票(以下简称全电发票)推广使用力度。经国家税务总局同意,决定进一步开展全电发票试点工作。

(1)上海市试点纳税人通过电子发票服务平台开具发票的受票方范围,在《国家税务总局上海市税务局关于进一步开展全面数字化的电子发票试点工作的公告》(国家税务总局上海市税务局公告2022年第1号)第一条规定的受票方范围基础上,分批扩至全国。具体受票扩围时间以各省级税务机关试点公告为准。

上海市纳税人作为受票方可接收内蒙古自治区和广东省(不含深圳市)的试点纳税人通过电子发票服务平台开具的发票。

(2)对于开票有误、销货退回、服务中止、销售折让等情形,需要试点纳税人通过电子发票服务平台开具红字发票的,若受票方暂未使用电子发票服务平台税务数字账户的,增值税发票综合服务平台为其新增了《红字发票信息确认单》的发起功能。

(3)全电发票试点的其他事项仍按照《国家税务总局上海市税务局关于进一步开展全面数字化的电子发票试点工作的公告》(国家税务总局上海市税务局公告2022年第1号)的规定执行。

(4)该公告自2022年6月21日起施行。该公告施行前本市纳税人已收受的全电发票,按照该公告规定执行。

五、扩大全面数字化的电子发票受票方范围解读

为落实中办、国办印发的《关于进一步深化税收征管改革的意见》要求,继续加大全面数字化的电子发票(以下简称全电发票)推广使用力度。经国家税务总局同意,决定扩大全电发票受票方范围。为此,国家税务总局上海市税务局发布了《国家税务总局上海市税务局关于扩大全面数字化的电子发票受票方范围的公告》(以下称《公告》)。

(1)扩大全电发票受票方范围的背景是什么?

为贯彻落实中办、国办关于稳步实施发票电子化改革的部署安排,前期国家税务总局在内蒙古自治区、上海市、广东省(不含深圳市)3个地区开展了全电发票试点工作。为进一步推进全电发票试点工作,国家税务总局本着稳妥有序的原则,现决定分批逐步扩大受票方范围。

(2)《公告》发布后,试点纳税人怎样开具红字发票?

对于开票有误、销货退回、服务中止、销售折让等情形,需要试点纳税人通过电

子发票服务平台开具红字发票的，按以下规定执行：

第一，受票方未做用途确认及入账确认的，开票方在电子发票服务平台填开《红字发票信息确认单》（以下简称《确认单》）后全额开具红字全电发票或红字纸质发票，无需受票方确认。原蓝字发票为纸质发票的，开票方应收回原纸质发票并注明"作废"字样或取得受票方有效证明。其中，《确认单》需要与对应的蓝字发票信息相符。

第二，受票方已进行用途确认或入账确认的，受票方为试点纳税人，开票方或受票方均可在电子发票服务平台填开并上传《确认单》，经对方在电子发票服务平台确认后，开票方全额或部分开具红字全电发票或红字纸质发票；受票方为非试点纳税人，由开票方在电子发票服务平台或由受票方在增值税发票综合服务平台填开并上传《确认单》，经对方在增值税发票综合服务平台确认后，开票方全额或部分开具红字全电发票或红字纸质发票。其中，《确认单》需要与对应的蓝字发票信息相符。

受票方已将发票用于增值税申报抵扣的，应当暂依《确认单》所列增值税税额从当期进项税额中转出，待取得开票方开具的红字发票后，与《确认单》一并作为记账凭证。

例 2-16　2022 年 6 月，L 公司（试点纳税人）销售一批服装给 M 公司（试点纳税人），已开具带有"增值税专用发票"字样的全电发票，M 公司已确认用途。2022 年 7 月，该批服装发生销货退回。

情形一：M 公司财务人员通过电子发票服务平台填开并上传《确认单》，选择原因和对应的蓝字发票信息，录入金额和税额。L 公司财务人员通过电子发票服务平台完成确认后，L 公司财务人员据此开具红字全电发票。

情形二：L 公司财务人员通过电子发票服务平台填开并上传《确认单》，选择原因和对应的蓝字发票信息，录入金额和税额。M 公司财务人员通过电子发票服务平台完成确认后，L 公司财务人员据此开具红字全电发票。

例 2-17　2022 年 6 月，N 公司（试点纳税人）销售一批玩具给 P 公司（非试点纳税人），已开具带有"增值税专用发票"字样的全电发票，P 公司已确认用途。2022 年 7 月，该批玩具发生销货退回。

情形一：N 公司财务人员通过电子发票服务平台填开并上传《确认单》，选择原因和对应的蓝字发票信息，录入金额和税额。P 公司财务人员通过增值税发票综合服务平台完成确认后，N 公司财务人员据此开具红字全电发票。

情形二：P 公司财务人员通过增值税发票综合服务平台填开并上传《确认单》，选择原因和对应的蓝字发票信息，录入金额和税额。N 公司财务人员通过电子发票服务平台完成确认后，据此开具红字全电发票。

第三，试点纳税人通过电子发票服务平台开具的全电发票或纸质发票已用于申请出口退税、代办退税的，暂不允许开具红字发票。

（3）《公告》调整的主要内容是什么？

根据《公告》规定，自 2022 年 6 月 21 日起，上海市试点纳税人通过电子发票服务平台开具的发票的受票方范围分批逐步推广至全国，具体受票扩围时间以各省级税务机关试点公告为准。

六、扩大全面数字化的电子发票受票方范围指引

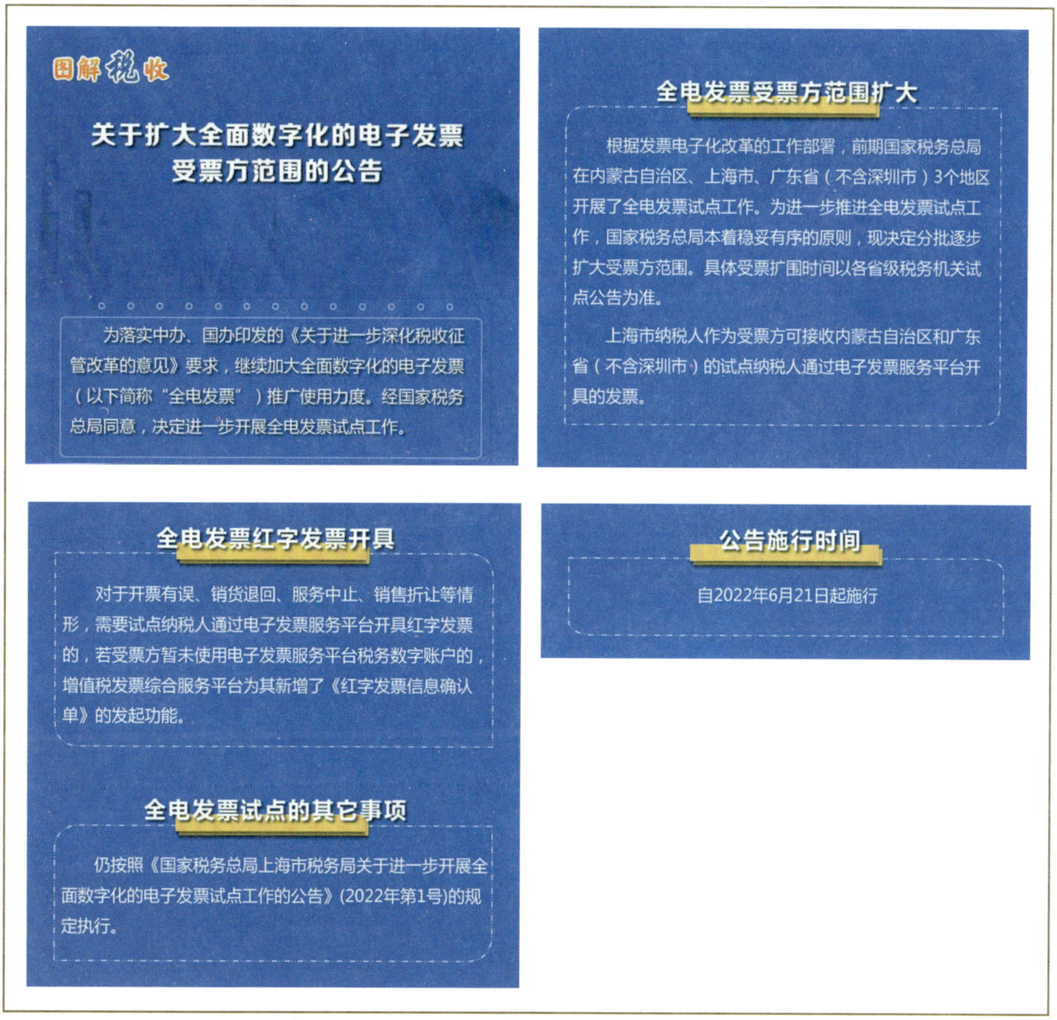

七、进一步开展全面数字化的电子发票受票试点

2022 年 10 月 26 日，《国家税务总局上海市税务局关于进一步开展全面数字化

的电子发票受票试点工作的公告》（国家税务总局上海市税务局公告 2022 年第 4 号）规定，为落实中办、国办印发的《关于进一步深化税收征管改革的意见》要求，继续加大全面数字化的电子发票（以下简称全电发票）推广使用力度，经国家税务总局同意，决定进一步扩大上海市纳税人可接收通过电子发票服务平台开具发票的开票方范围。

（1）自 2022 年 11 月 7 日起，上海市纳税人可接收四川省的试点纳税人通过电子发票服务平台开具的发票，包括带有"增值税专用发票"字样的全电发票、带有"普通发票"字样的全电发票、增值税纸质专用发票和增值税纸质普通发票（折叠票）。

（2）根据推广进度和试点工作安排，通过电子发票服务平台开具发票的试点地区范围将分批扩至全国，具体扩围时间以开票试点地区省级税务机关公告为准。上海市纳税人可同步接收新增开票试点地区开具的发票。

（3）全电发票试点的其他事项仍按照《国家税务总局上海市税务局关于扩大全面数字化的电子发票受票方范围的公告》（国家税务总局上海市税务局公告 2022 年第 2 号）的规定执行。

八、进一步开展全面数字化的电子发票受票试点解读

为落实中办、国办印发的《关于进一步深化税收征管改革的意见》要求，全面推进税收征管数字化升级和智能化改造，为此，国家税务总局上海市税务局发布了《国家税务总局上海市税务局关于进一步开展全面数字化的电子发票受票试点工作的公告》（以下称《公告》）。

（1）进一步开展全面数字化的电子发票受票试点的背景是什么？

为贯彻落实中办、国办关于稳步实施发票电子化改革的部署安排，前期国家税务总局在内蒙古自治区、上海市、广东省（不含深圳市）3 个地区开展了全电发票试点工作，并本着稳妥有序的原则，将受票方范围逐步扩大至全国。为进一步推进全面数字化的电子发票（以下简称全电发票）试点工作，经国家税务总局同意，现将四川省纳入全电发票开票试点地区范围，全国其他省市将根据试点工作安排逐步纳入开票试点范围。

（2）上海市纳税人何时可以开始接受其他省市通过电子发票服务平台开具的发票？

根据全电发票推广工作安排，具体扩围时间以开票试点地区省级税务机关试点公告为准。上海市纳税人可以同步接收新增开票试点地区通过电子发票服务平台开具的发票。

九、进一步开展全面数字化的电子发票受票试点指引

图解税收

进一步开展全面数字化的电子发票受票试点工作

自2022年11月7日起，上海市纳税人可接收四川省的试点纳税人通过电子发票服务平台开具的发票，包括带有"增值税专用发票"字样的全电发票、带有"普通发票"字样的全电发票、增值税纸质专用发票和增值税纸质普通发票（折叠票）。

背景

为贯彻落实中办、国办关于稳步实施发票电子化改革的部署安排，前期国家税务总局在内蒙古自治区、上海市、广东省3个地区开展了全电发票试点工作，并本着稳妥有序的原则，将受票方范围逐步扩大至全国。

为进一步推进全面数字化的电子发票（以下简称全电发票）试点工作，经国家税务总局同意，现将四川省纳入全电发票开票试点地区范围，全国其他省市将根据试点工作安排逐步纳入开票试点范围。

上海市纳税人何时可以开始接受其他省市通过电子发票服务平台开具的发票？

根据全电发票推广工作安排，具体扩围时间以开票试点地区省级税务机关试点公告为准。上海市纳税人可以同步接收新增开票试点地区通过电子发票服务平台开具的发票。

十、全面数字化的电子发票开票试点全面扩围

2023年1月20日，《国家税务总局上海市税务局关于全面数字化的电子发票开票试点全面扩围工作安排的通告》（国家税务总局上海市税务局通告2023年第1号）规定，为落实中办、国办印发的《关于进一步深化税收征管改革的意见》要求，继续加大全面数字化的电子发票（以下简称数字化电子发票）推广使用力度，根据《国家税务总局上海市税务局关于进一步开展全面数字化的电子发票试点工作的公告》（国家税务总局上海市税务局公告2022年第1号）及《国家税务总局上海市税务局关于扩大全面数字化的电子发票受票方范围的公告》（国家税务总局上海市税务局公告2022年第2号），在前期试点工作的基础上，上海市数字化电子发票试点全面扩围工作安排如下：

（1）自2023年1月20日起，上海市新设立登记的纳税人纳入数字化电子发票开票试点范围。

（2）本市纳税人自纳入数字化电子发票开票试点之日起，不再领用增值税电子专用发票及增值税电子普通发票。

（3）纳税人确有特殊情形，无法纳入数字化电子发票试点，按现行发票管理规定向主管税务机关申请使用其他发票。

十一、电子发票服务平台蓝字发票开具流程

全面数字化的电子发票（以下简称全电发票）试点纳税人发生应税销售行为如何开具全电蓝字发票？

蓝字发票开具操作步骤如下。

1. 模拟登录电子税务局

点击顶部"体验新版"进行新版登录方式登录，如图2-45至图2-47所示。

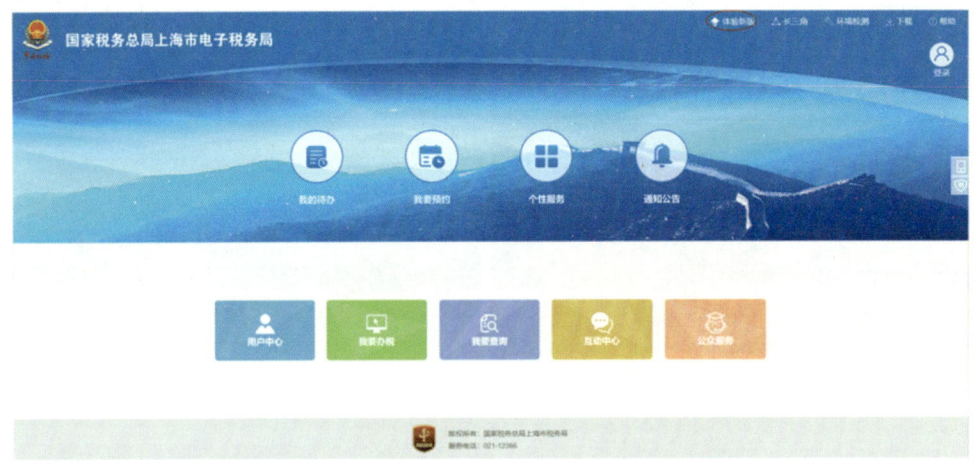

图2-45　上海市电子税务局初始页面

图2-46　上海市电子税务局密码登录页面

图 2-47　上海市电子税务局扫码登录页面

2. 蓝字发票开具

登录成功后,依次点击"我要办税""开票业务""蓝字发票开具",进入电子发票服务平台,如图 2-48 至图 2-50 所示。

图 2-48　上海市电子税务局点击"我要办税"页面

图 2-49　上海市电子税务局点击"开票业务"页面

图 2-50　上海市电子税务局点击"蓝字发票开具"页面

点击"立即开票"进入开票功能,如图 2-51 所示。

图 2-51　上海市电子税务局点击"立即开票"页面

选择要开具发票的票种(电子发票/纸质发票),如果您有差额征税等情况,请据实选择。设置后,点击"确定",如图 2-52 所示。

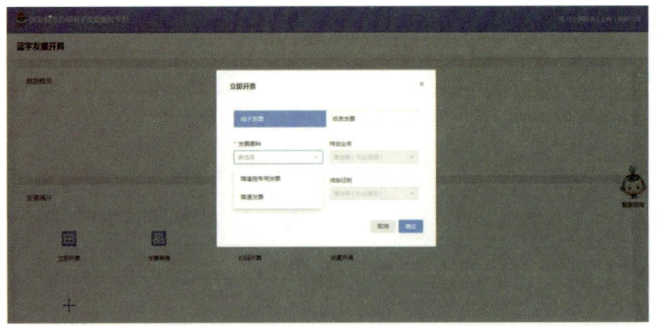

图 2-52　上海市电子税务局 "立即开票"页面

录入发票信息后点击下方"发票开具",如图 2-53 所示。

图 2-53　上海市电子税务局点击"蓝字发票开具"页面

3. 发票查看与下载

您可在开票成功页面点击"查看发票"或"发票下载"进行发票查看与下载，如图 2-54 和图 2-55 所示。

图 2-54　上海市电子税务局点击"开票成功"页面

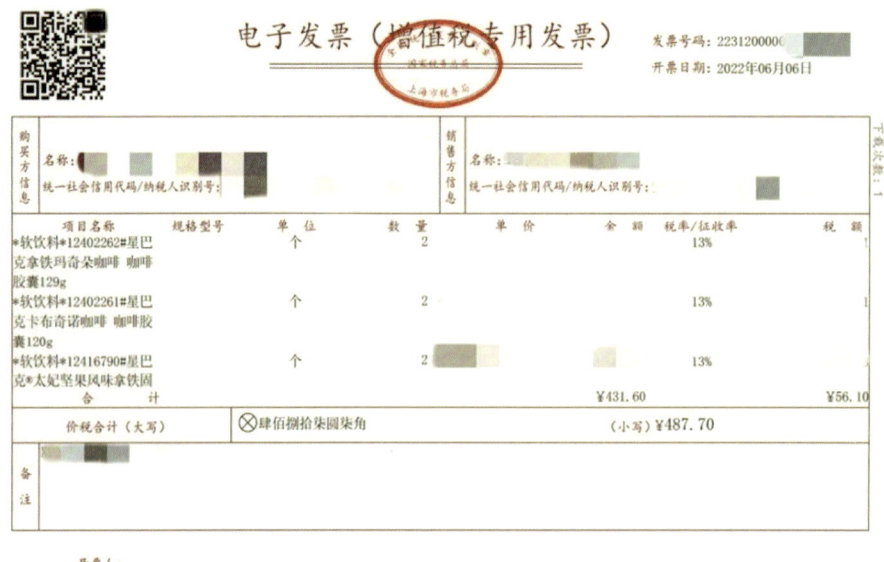

图 2-55 开具的蓝字发票预览页面

第五节
宁波市全电发票试点制度

一、开展全面数字化的电子发票试点

2023年3月27日,《国家税务总局宁波市税务局关于开展全面数字化的电子发票试点工作的公告》(国家税务总局宁波市税务局公告2023年第1号)规定,为落实中办、国办印发的《关于进一步深化税收征管改革的意见》要求,加大推广使用全面数字化的电子发票(以下简称数电票)力度,经国家税务总局同意,宁波市税务局决定在宁波市开展数电票试点工作。有关事项如下:

(1)自2023年3月30日起,在宁波市的部分纳税人中开展数电票试点,使用电子发票服务平台的纳税人为试点纳税人,具体范围由国家税务总局宁波市税务局确定。

宁波市纳税人通过电子发票服务平台开具发票的受票方范围为全国。也可作为受票方接收由广东省、上海市、内蒙古自治区、四川省、厦门市、天津市、青岛市、重庆市、大连市、陕西省等地区的试点纳税人通过电子发票服务平台开具的发票。根据推广进度和试点工作安排,通过电子发票服务平台开具发票的试点地区范围将分批扩至全国,具体扩围时间以开票试点省(区、市)级税务机关公告为准。宁波市纳税人可接收新增开票试点省开具的发票。

按照有关规定不使用网络办税或不具备网络条件的纳税人暂不纳入试点范围。此外,存在以下情形之一的纳税人暂不纳入试点:①存在严重涉税违法失信行为;②存在国家税务总局规定的增值税发票风险;③经税收大数据分析发现重大涉税风险。

电子发票服务平台通过以下地址登录:https://etax.ningbo.chinatax.gov.cn。

(2)数电票的法律效力、基本用途等与现有纸质发票相同。其中,带有"增值税专用发票"字样的数电票,其法律效力、基本用途与现有增值税专用发票相同;带有"普通发票"字样的数电票,其法律效力、基本用途与现有普通发票相同。

(3)宁波市数电票由国家税务总局宁波市税务局监制。数电票无联次,基本内容包括:发票号码、开票日期、购买方信息、销售方信息、项目名称、规格型号、单位、数量、单价、金额、税率/征收率、税额、合计、价税合计(大写、小写)、备注、开票人等。

其中，试点纳税人从事特定行业、发生特定应税行为及特定应用场景业务（包括：稀土、建筑服务、旅客运输服务、货物运输服务、不动产销售、不动产经营租赁服务、农产品收购、光伏收购、代收车船税、自产农产品销售、差额征税、民航、铁路等）的，电子发票服务平台提供了上述对应特定业务的数电票样式，试点纳税人应按照发票开具有关规定使用特定业务数电票。全电发票样式参见图2-30至图2-44。

（4）宁波市数电票的发票号码为20位，其中：第~2位代表公历年度后两位，第3~4位代表宁波市行政区划代码，第5位代表数电票开具渠道等信息，第6~20位代表顺序编码等信息。

（5）电子发票服务平台支持开具增值税纸质专用发票（以下简称纸质专票）和增值税纸质普通发票（折叠票，以下简称纸质普票）。

通过电子发票服务平台开具的纸质专票和纸质普票，其法律效力、基本用途与现有纸质专票、纸质普票相同。其中，发票密码区不再展示发票密文，改为展示电子发票服务平台赋予的20位发票号码及全国增值税发票查验平台网址。

（6）试点纳税人通过实名认证后，无需使用税控专用设备即可通过电子发票服务平台开具发票，无需进行发票验旧操作。其中，数电票无需进行发票票种核定和发票领用。

（7）税务机关对试点纳税人开票实行开具金额总额度管理。开具金额总额度，是指一个自然月内，试点纳税人发票开具总金额（不含增值税）的上限额度。

第一，试点纳税人通过电子发票服务平台开具的数电票、纸质专票和纸质普票以及通过增值税发票管理系统开具的纸质专票、纸质普票、增值税普通发票（卷票）、增值税电子专用发票（以下简称电子专票）和增值税电子普通发票，共用同一个开具金额总额度。

第二，税务机关依据试点纳税人的税收风险程度、纳税信用级别、实际经营情况等因素，确定初始开具金额总额度，并进行定期调整、临时调整或人工调整。

定期调整是指电子发票服务平台每月自动对试点纳税人开具金额总额度进行调整。

临时调整是指税收风险程度较低的试点纳税人当月开具发票金额首次达到开具金额总额度一定比例时，电子发票服务平台自动为其临时增加一次开具金额总额度。

人工调整是指试点纳税人因实际经营情况发生变化申请调整开具金额总额度，主管税务机关依法依规审核未发现异常的，为纳税人调整开具金额总额度。

第三，试点纳税人在增值税申报期内，完成增值税申报前，在电子发票服务平台中可以在上月剩余可用额度且不超过当月开具金额总额度的范围内开具发票。试点纳税人按规定完成增值税申报且比对通过后，在电子发票服务平台中可以按照当月剩余可用额度开具发票。

（8）电子发票服务平台税务数字账户自动归集发票数据，供试点纳税人进行发票的查询、查验、下载、打印和用途确认，并提供税收政策查询、开具金额总额度调整申请、发票风险提示等功能。

（9）试点纳税人可以通过电子发票服务平台税务数字账户自动交付数电票，也可

通过电子邮件、二维码等方式自行交付数电票。

（10）自2023年3月30日起，试点纳税人可通过电子发票服务平台税务数字账户使用发票用途确认、风险提示、信息下载等功能，不再通过增值税发票综合服务平台使用上述功能。

试点纳税人取得带有"增值税专用发票"字样的数电票、带有"普通发票"字样的数电票、纸质专票和纸质普票等符合规定的增值税扣税凭证，如需用于申报抵扣增值税进项税额或申请出口退税、代办退税的，应当通过电子发票服务平台税务数字账户确认用途。非试点纳税人继续通过增值税发票综合服务平台使用相关增值税扣税凭证功能。纳税人确认用途有误的，可向主管税务机关申请更正。

（11）试点纳税人可以通过电子发票服务平台税务数字账户对符合规定的农产品增值税扣税凭证进行用途确认，计算用于抵扣的进项税额。其中，试点纳税人购进用于生产或者委托加工13%税率货物的农产品，可以由主管税务机关开通加计扣除农产品进项税额确认功能，在生产领用当期计算加计扣除农产品进项税额。

（12）试点纳税人可通过电子发票服务平台税务数字账户标记发票入账标识。纳税人以数电票报销入账归档的，按照财政和档案部门的相关规定执行。

（13）试点纳税人发生开票有误、销货退回、服务中止、销售折让等情形，需要通过电子发票服务平台开具红字数电票或红字纸质发票的，按以下规定执行：

一是受票方未做用途确认及入账确认的，开票方填开《红字发票信息确认单》（以下简称《确认单》，见表2-1）后全额开具红字数电票或红字纸质发票，无需受票方确认。

二是受票方已进行用途确认或入账确认的，开票方或受票方可以填开《确认单》，经对方确认后，开票方依据《确认单》开具红字发票。

受票方已将发票用于增值税申报抵扣的，应当暂依《确认单》所列增值税税额从当期进项税额中转出，待取得开票方开具的红字发票后，与《确认单》一并作为记账凭证。

（14）纳税人发生《国家税务总局关于红字增值税发票开具有关问题的公告》（国家税务总局公告2016年第47号）第一条以及《国家税务总局关于在新办纳税人中实行增值税专用发票电子化有关事项的公告》（国家税务总局公告2020年第22号）第七条规定情形的，购买方为试点纳税人时，购买方可通过电子发票服务平台填开并上传《开具红字增值税专用发票信息表》（以下简称《信息表》）。

（15）单位和个人可以通过全国增值税发票查验平台（https://inv-veri.chinatax.gov.cn）查验数电票信息。同时，试点纳税人还可以通过电子发票服务平台查验数电票信息。

（16）电子发票服务平台暂不支持开具机动车（含二手车）、通行费等特定业务数电票，开具上述发票功能的上线时间另行公告。

相关发票功能上线前，纳税人可以通过增值税发票管理系统开具电子专票、增值税电子普通发票（含收费公路通行费增值税电子普通发票）、增值税普通发票（卷票）和二手车销售统一发票以及通过增值税发票管理系统开票软件中机动车发票开具模块开具增值税专用发票和机动车销售统一发票（包括纸质发票、电子发票）。

（17）纳税人应当按照规定依法、诚信、如实使用数电票，并接受税务机关依法检查。税务机关依法加强税收监管和风险防范，严厉打击虚开、虚抵、偷逃骗税等涉税违法犯罪行为。

（18）该公告自 2023 年 3 月 30 日起施行，《国家税务总局宁波市税务局关于开展全面数字化的电子发票受票试点工作的公告》（国家税务总局宁波市税务局公告 2022 年第 3 号）、《国家税务总局宁波市税务局关于进一步开展全面数字化的电子发票受票试点工作的公告》（国家税务总局宁波市税务局公告 2022 年第 5 号）同时废止。此前未处理的事项，按照该公告规定执行。

二、开展全面数字化的电子发票试点解读

为落实中办、国办印发的《关于进一步深化税收征管改革的意见》要求，全面推进税收征管数字化升级和智能化改造，降低征纳成本，国家税务总局宁波市税务局发布了《国家税务总局宁波市税务局关于开展全面数字化的电子发票试点工作的公告》（以下简称《公告》）。

（1）推行全面数字化的电子发票的背景是什么？

为贯彻落实中办、国办关于稳步实施发票电子化改革的部署安排，2021 年 12 月 1 日起，国家税务总局在内蒙古自治区、上海市和广东省、四川省、厦门市、天津市、青岛市、重庆市、大连市、陕西省等地区开始推行数电票。同时，本着稳妥有序的原则，采用先在部分地区推行数电票试点，此后逐步扩大地区和纳税人范围的工作策略。数电票推行后，系统运行平稳，因具有无需领用、开具便捷、信息集成、节约成本等优点，受到越来越多纳税人的欢迎。

自 2023 年 3 月 30 日起，在宁波市的部分纳税人中开展数电票试点，试点纳税人具体范围由国家税务总局宁波市税务局确定。

按照国家税务总局的推广进度安排，数电票受票范围已推广至全国，宁波市试点纳税人通过电子发票服务平台开具的数电票，各省的受票方均可接收。

（2）推行数电票具有哪些优点？

第一，领票流程更简化。开业开票"无缝衔接"。数电票实现"去介质"，纳税人不再需要预先领取专用税控设备；通过"赋码制"取消特定发票号段申领，发票信息生成后，系统自动分配唯一的发票号码；通过"授信制"自动为纳税人赋予开具金额总额度，实现开票"零前置"。基于此，新办纳税人可实现"开业即可开票"。

第二，开票用票更便捷。一是发票服务"一站式"更便捷。纳税人登录电子发票服务平台后，可进行发票开具、交付、查验以及用途勾选等系列操作，享受"一站式"服务，不再像以前需登录多个平台才能完成相关操作。二是发票数据应用更广泛。通过"一户式""一人式"发票数据归集，加强各税费数据联动，为实现"一表集成"式税费申报预填服务奠定数据基础。三是发票使用满足个性业务需求。数电票破除特定版式要求，增加了 XML 的数据电文格式便利交付，同时保留 PDF、OFD 等格式，

降低发票使用成本，提升纳税人用票的便利度和获得感。数电票样式根据不同业务进行差异化展示，为纳税人提供更优质的个性化服务。四是纳税服务渠道更畅通。电子发票服务平台提供征纳互动相关功能，如增加智能咨询，纳税人在开票、受票等过程中，平台自动接收纳税人业务处理过程中存在的问题并进行智能答疑；增设异议提交功能，纳税人对开具金额总额度有异议时，可以通过平台向税务机关提出。

第三，入账归档一体化。通过制发电子发票数据规范、出台电子发票国家标准，实现数电票全流程数字化流转，进一步推进企业和行政事业单位会计核算、财务管理信息化。

（3）数电票的票面信息包括哪些？

数电票的票面信息包括基本内容和特定内容。

为了符合纳税人开具发票的习惯，数电票的基本内容在现行增值税发票基础上进行了优化，主要包括：发票号码、开票日期、购买方信息、销售方信息、项目名称、规格型号、单位、数量、单价、金额、税率/征收率、税额、合计、价税合计（大写、小写）、备注、开票人等。

为了满足从事特定行业、发生特定应税行为及特定应用场景业务（以下简称特定业务）的试点纳税人开具发票的个性化需求，税务机关根据现行发票开具的有关规定和特定业务的开票场景，在数电票中设计了相应的特定内容。特定业务包括但不限于稀土、建筑服务、旅客运输服务、货物运输服务、不动产销售、不动产经营租赁服务、农产品收购、光伏收购、代收车船税、自产农产品销售、差额征税、民航、铁路等。试点纳税人在开具数电票时，可以按照实际业务开展情况，选择特定业务，将按规定应填写在发票备注等栏次的信息，填写在特定内容栏次，进一步规范发票票面内容，便利纳税人使用。特定业务的数电票票面按照特定内容展示相应信息，同时票面左上角展示该业务类型的字样。

（4）试点纳税人可以通过电子发票服务平台开具哪些类型的发票？

电子发票服务平台支持开具数电票、纸质专票和纸质普票。

试点纳税人通过实名验证后，无需使用税控专用设备即可通过电子发票服务平台开具数电票、纸质专票和纸质普票，无需进行发票验旧操作。其中，数电票无需进行发票票种核定和发票领用。

试点纳税人可以选择电子发票服务平台或者增值税发票管理系统其中之一开具纸质专票或纸质普票。其中，试点纳税人选择通过电子发票服务平台开具纸质专票或纸质普票，其票种核定、发票领用、发票作废、发票缴销、发票退回、发票遗失损毁等事项仍然按照原规定和流程办理。

（5）如何理解《公告》中的开具金额总额度和剩余可用额度？

为降低纳税人使用成本，便利数电票推广，尊重纳税人现行开票用票习惯，做好发票风险防控，税务机关对试点纳税人开票实行开具金额总额度管理。

开具金额总额度，也称总授信额度，是指一个自然月内，试点纳税人发票开具总金额（不含增值税）的上限额度，包括试点纳税人可通过电子发票服务平台开具的数电票、纸质专票和纸质普票的上限总金额以及可通过增值税发票管理系统开具的纸质专票、纸质普票、增值税普通发票（卷式，以下简称卷式发票）、增值税电子专用发票（以下简称电子专票）和增值税电子普通发票（以下简称电子普票）的上限总金额。

剩余可用额度，也称可用授信额度，是指在一个自然月内，试点纳税人开具金额总额度扣除已使用额度。其中，已使用额度包括试点纳税人通过电子发票服务平台开具的发票金额，以及通过增值税发票管理系统开具的纸质专票、纸质普票、卷式发票、电子专票和电子普票的领用份数与单份发票最高开票限额之积（存在多种不同版式的发票应分别计算并求和，下同）。

例 2-18 试点纳税人 A 公司，通过电子发票服务平台开具数电票，同时通过增值税发票管理系统开具纸质专票和纸质普票，2023 年 7 月开具金额总额度为 750 万元。

2023 年 7 月 1 日至 20 日，A 公司领用 10 万元版增值税专用发票 40 份（应从开具金额总额度中扣除 400 万元），通过增值税发票管理系统开具了 36 份纸质专票，合计金额 350 万元（不再重复从开具金额总额度中扣除），通过电子发票服务平台开具数电票金额 300 万元（应从开具金额总额度中扣除 300 万元），则 7 月 20 日后剩余可用额度为 50 万元（750－40×10－300）。

（6）试点纳税人开具金额总额度如何调整？

调整开具金额总额度有三种方式，包括定期调整、临时调整和人工调整。

第一，定期调整。定期调整是指电子发票服务平台每月自动对试点纳税人开具金额总额度进行调整。

例 2-19 2023 年 7 月初成立的 B 公司，初始开具金额总额度为 750 万元。2023 年 9 月，根据 B 公司实际经营情况以及 7 月、8 月开具金额总额度的使用情况，9 月月初电子发票服务平台将其开具金额总额度调整至 850 万元。

第二，临时调整。临时调整是指税收风险程度较低的试点纳税人当月开具发票金额首次达到开具金额总额度一定比例时，电子发票服务平台自动为其临时调增一次开具金额总额度。

例 2-20 2023 年 7 月初成立的 C 公司，初始开具金额总额度为 750 万元。

情形一：2023 年 7 月中旬，C 公司销售额增加，至 7 月 20 日，实际已使用额度达到 600 万元（达到当前开具金额总额度的一定比例），电子发票服务平台自动风险扫描无问题后，为 C 公司临时增加开具金额总额度至 900 万元。

情形二：2023 年 7 月中旬，C 公司销售额增加，至 7 月 20 日，实际已使用额度达到 580 万元，未触发系统临时调整。7 月 21 日，C 公司因经营需要，需开具 1 份金额为 200 万元的数电票，在填写发票信息时，因累计金额达到 780 万元（达到当前开具金额总额度的一定比例），电子发票服务平台自动风险扫描无问题后，为 C 公司临时增加开具金额总额度至 900 万元。

第三，人工调整。人工调整是指纳税人因实际经营情况发生变化申请调整开具金额总额度，主管税务机关依法依规审核未发现异常的，为纳税人调整开具金额总额度。

例 2-21 D 公司 2023 年 7 月初开具金额总额度为 750 万元，销售额增加，电子发票服务平台为 D 公司临时调增开具金额总额度至 900 万元，但仍无法满足 D 公司本月开票需求。D 公司根据实际经营情况，向主管税务机关申请调增开具金额总额度至 1 200 万元，主管税务机关依法依规审核未发现异常后，相应调增 D 公司开具金额总额度。

（7）试点纳税人在增值税申报期内如何使用开具金额总额度？

试点纳税人在增值税申报期内，完成增值税申报前，在电子发票服务平台中可以按照上月剩余可用额度且不超过当月开具金额总额度的范围内开具发票。试点纳税人按规定完成增值税申报且比对通过后，在电子发票服务平台中可以按照当月剩余可用额度开具发票。

第一，按月进行增值税申报的试点纳税人在每月月初到完成上个所属期（即上个月）申报前开具金额总额度的可使用额度为上月剩余可用额度，且不超过本月开具金额总额度；完成上个所属期（即上个月）申报且比对通过后可使用额度为当月剩余可用额度。

第二，按季进行增值税申报的试点纳税人在每季季初到完成上个所属期（即上个季度）申报前开具金额总额度的可使用额度为上月剩余可用额度，且不超过本月开具金额总额度；完成上个所属期（即上个季度）申报且比对通过后可使用额度为当月剩余可用额度。

例 2-22 试点纳税人 E 公司是按月申报的一般纳税人，2023 年 7 月开具金额总额度为 750 万元，截至 7 月 31 日实际已使用额度 400 万元，剩余可用额度为 350 万元。

情形一：8 月 1 日，电子发票服务平台自动计算其 8 月开具金额总额度为 750 万元。如果 E 公司在 8 月 11 日 9 时完成 7 月所属期增值税申报并比对通过，则 8 月 11 日 9 时前（即未完成 7 月所属期增值税申报前），E 公司的可使用额度为 350 万元（7 月剩余可用额度 350 万元＜8 月月初开具金额总额度 750 万元）。

8 月 1 日至 11 日 9 时，如果 E 公司实际已使用额度为 20 万元，则 8 月 11 日 9 时（即完成申报）后的剩余可用额度为 730 万元（750－20）。

情形二：8月1日，依据纳税人风险程度、纳税信用级别、实际经营情况等因素，电子发票服务平台自动计算并将8月开具金额总额度调整为250万元。如果E公司在8月11日9时完成7月所属期增值税申报并比对通过，则8月11日9时前（即未完成7月所属期增值税申报前）E公司的可使用额度为250万元（7月剩余可用额度350万元＞8月月初开具金额总额度250万元）。

8月1日至11日9时，如果E公司实际已使用额度为20万元，则8月11日9时（即完成申报）后的剩余可用额度为230万元（250－20）。

例2-23 试点纳税人F公司是按季申报的小规模纳税人，2023年8月开具金额总额度为10万元，截至8月31日实际已使用额度为5万元，剩余可用额度为5万元。

9月1日，电子发票服务平台自动计算并将9月开具金额总额度重新调整为10万元。因F公司是按季申报的纳税人，9月无需完成8月所属期增值税申报，则9月1日后可使用额度为10万元（即9月初的开具金额总额度）。9月1日至30日，F公司实际已使用额度为8万元，剩余可用额度为2万元。

10月1日，电子发票服务平台自动计算并将10月开具金额总额度重新调整为10万元。如果F公司于10月6日9时完成2023年第三季度所属期增值税申报并比对通过，则10月6日9时前（即未完成第四季度所属期增值税申报前）可使用额度仍为2万元（9月剩余可用额度2万元＜10月月初开具金额总额度10万元）。

10月1日至6日9时，如果F公司实际已使用额度为2万元，则10月6日9时（即完成申报）后的剩余可用额度为8万元（10－2）。

（8）试点纳税人领用通过增值税发票管理系统开具的发票，如何确定单份最高开票限额和领用份数？

试点纳税人办理发票票种核定和发票领用时，通过增值税发票管理系统开具的发票最高开票限额和每月最高领用数量仍按照现行有关规定办理。其中，试点纳税人通过增值税发票管理系统开具的发票领用份数与单份发票最高开票限额之积应小于或等于当月剩余可用额度。

（9）试点纳税人开具纸质专票和纸质普票如何使用剩余可用额度？

试点纳税人通过电子发票服务平台开具纸质专票和纸质普票时，单份发票开具金额不得超过单份最高开票限额且不得超过当月剩余可用额度，并根据实际开票金额扣除当月剩余可用额度。

试点纳税人通过增值税发票管理系统开具的纸质专票、纸质普票、卷式发票、电子专票和电子普票的，在领用发票时按领用份数与单份发票最高开票限额之积扣除当月剩余可用额度，开具时不再扣除当月剩余可用额度。

（10）试点纳税人通过电子发票服务平台开具的纸质专票和纸质普票与增值税发票管理系统开具纸质专票和纸质普票有何区别？

试点纳税人通过电子发票服务平台开具的纸质专票和纸质普票，其法律效力、基本用途与现有纸质专票、纸质普票相同。电子发票服务平台开具的纸质专票、纸质普票与现行纸质专票、纸质普票相比,区别在于电子发票服务平台开具纸质专票、纸质普票后,纸质专票、纸质普票密码区不再展示发票密文,密码区将展示电子发票服务平台赋予的20位发票号码以及全国增值税发票查验平台网址。

(11)通过电子发票服务平台税务数字账户,试点纳税人能够获得哪些优质便捷的服务?

为全面推进税收征管数字化升级,降低制度性交易成本,电子发票服务平台税务数字账户集成发票信息、优化发票应用、完善风险提醒,进一步深化发票数据应用成果。通过税务数字账户,纳税人能够获得以下优质便捷的服务:

一是"一户式"发票数据归集服务。电子发票服务平台税务数字账户自动归集开具发票信息,推送至对应受票方纳税人的税务数字账户,实现开票即交付,从根本上解决纳税人纸质发票易丢失破损及电子发票难归集等问题,降低纳税人发票管理成本。

二是"一站式"发票应用集成服务。电子发票服务平台税务数字账户创新应用集成服务,通过完善发票的查询、查验、下载、打印和用途确认等功能,增加税务事项通知书查询、税收政策查询、发票开具金额总额度调整申请、原税率发票开具申请等功能,再造红字发票业务流程、海关缴款书业务流程,为纳税人提供"一站式"服务。

三是"集成化"发票数据展示服务。电子发票服务平台税务数字账户为纳税人提供开具金额总额度管理情况展示服务,纳税人可实时掌握总授信额度和可用授信额度变动情况;同时为纳税人提供风险提醒服务,纳税人可以对发票的开具、申报、缴税、用途确认等流转状态以及作废、红冲、异常等管理状态进行查询统计,以便及时开展风险应对处理,从而有效规避因征纳双方和购销双方信息不对称而产生的涉税风险和财务管理风险。

(12)如何使用发票入账标识功能?

电子发票服务平台为试点纳税人提供发票入账标识服务,纳税人使用该功能时,系统将同步为发票赋予入账状态字样,供财务人员及时查验,避免重复报销入账。

(13)纳税人开具和取得数电票报销入账归档的,需要注意哪些事项?

纳税人开具和取得数电票报销入账归档的,应按照《财政部 国家档案局关于规范电子会计凭证报销入账归档的通知》(财会〔2020〕6号,以下称《通知》)和《会计档案管理办法》(财政部、国家档案局令第79号)的相关规定执行。

第一,纳税人可以根据《通知》第三条、第五条的规定,仅使用数电票电子件进行报销入账归档的,可不再另以纸质形式保存。

第二,纳税人如果需要以数电票的纸质打印件作为报销入账归档依据的,应当根据《通知》第四条的规定,同时保存数电票电子件。

(14)试点纳税人怎样开具红字发票?

试点纳税人发生开票有误、销货退回、服务中止、销售折让等情形,需要通过电子发票服务平台开具红字数电票或红字纸质发票的,按以下规定执行:

第一,受票方未做用途确认及入账确认的,开票方在电子发票服务平台填开《红字发票信息确认单》（以下简称《确认单》）后全额开具红字数电票或红字纸质发票，无需受票方确认。其中，《确认单》需要与对应的蓝字发票信息相符。

例 2-24　2023 年 6 月 10 日，G 公司（试点纳税人）发现有一张在 2023 年 5 月 31 日开给 H 公司（试点纳税人）的纸质专票内容有误，通过电子发票服务平台查询到 H 公司未对取得的发票进行用途确认与发票入账。G 公司联系 H 公司将该发票相关联次取回后，通过电子发票服务平台填开并上传《确认单》，无需 H 公司确认，系统自动校验通过后可直接全额开具对应的红字数电票。

例 2-25　2023 年 4 月，I 公司（试点纳税人）为 J 公司（非试点纳税人）提供加工劳务。I 公司在 2023 年 4 月 18 日已为 J 公司开具了带有"增值税专用发票"字样的数电票。4 月 20 日因客观原因劳务终止，此前 J 公司未对该发票进行确认用途及发票入账，I 公司需全额开具红字数电票。

I 公司通过电子发票服务平台填开《确认单》，无需 J 公司确认，I 公司依据核实无误的确认单信息，全额开具红字数电票。

第二，受票方已进行用途确认或入账确认的，受票方为试点纳税人，开票方或受票方均可在电子发票服务平台填开并上传《确认单》，经对方在电子发票服务平台确认后，开票方全额或部分开具红字数电票或红字纸质发票；受票方为非试点纳税人，由开票方在电子发票服务平台或由受票方在增值税发票综合服务平台填开并上传《确认单》，经对方确认后，开票方全额或部分开具红字数电票或红字纸质发票。其中，《确认单》需要与对应的蓝字发票信息相符。

受票方已将发票用于增值税申报抵扣的，应当暂依《确认单》所列增值税税额从当期进项税额中转出，待取得开票方开具的红字发票后，与《确认单》一并作为记账凭证。

例 2-26　2023 年 10 月，L 公司（试点纳税人）销售一批服装给 M 公司（试点纳税人），已开具带有"增值税专用发票"字样的数电票，M 公司已对取得的发票进行用途确认。2023 年 11 月，该批服装发生销货退回。

情形一：M 公司财务人员通过电子发票服务平台填开《确认单》，选择原因和对应的蓝字发票信息，录入金额和税额。L 公司财务人员通过电子发票服务平台完成确认后，L 公司财务人员据此开具红字数电票。

情形二：L 公司财务人员通过电子发票服务平台填开《确认单》，选择原因和对应的蓝字发票信息，录入金额和税额。M 公司财务人员通过电子发票服务平台完成确认后，L 公司财务人员据此开具红字数电票。

例 2-27 2023 年 11 月，N 公司（试点纳税人）销售一批玩具给 P 公司（非试点纳税人），已开具带有"增值税专用发票"字样的数电票，P 公司已确认用途。2023 年 12 月，该批玩具发生销货退回。

情形一：N 公司财务人员通过电子发票服务平台填开《确认单》，选择原因和对应的蓝字发票信息，录入金额和税额。P 公司财务人员通过增值税发票综合服务平台完成确认后，N 公司财务人员据此开具红字数电票。

情形二：P 公司财务人员通过增值税发票综合服务平台发起《确认单》，选择原因和对应的蓝字发票信息，录入金额和税额。N 公司财务人员通过电子发票服务平台完成确认后，N 公司财务人员据此开具红字数电票。

第三，试点纳税人通过电子发票服务平台开具的数电票或纸质发票已用于申请出口退税、代办退税的，暂不允许开具红字发票。

（15）非试点纳税人开具红字发票流程有何变化？

第一，增值税发票综合服务平台为非试点纳税人提供了填开《确认单》和对《确认单》进行确认的功能。

第二，纳税人发生《国家税务总局关于红字增值税发票开具有关问题的公告》（国家税务总局公告 2016 年第 47 号）第一条以及《国家税务总局关于在新办纳税人中实行增值税专用发票电子化有关事项的公告》（国家税务总局公告 2020 年第 22 号）第七条规定情形的，购买方可通过电子发票服务平台填开《信息表》。

例 2-28 2023 年 5 月，Q 公司（非试点纳税人）销售一批服装给 R 公司（试点纳税人），通过增值税发票管理系统已开具增值税专用发票，R 公司已确认用途。2023 年 6 月，该批服装发生销货退回。

R 公司通过电子发票服务平台填开《信息表》，Q 公司财务人员据此开具红字专用发票。

（16）试点纳税人通过电子发票服务平台开具红字发票有哪些注意事项？

第一，试点纳税人需要开具红字发票的，可以在所对应的蓝字发票金额范围内开具红字发票。

第二，试点纳税人开具蓝字数电票当月开具红字数电票，电子发票服务平台同步增加其当月剩余可用额度；跨月开具红字数电票的，电子发票服务平台不增加其当月剩余可用额度。

第三，试点纳税人开具蓝字纸质发票当月开具红字纸质发票，或者作废已开具的蓝字纸质发票，电子发票服务平台同步增加其当月剩余可用额度；跨月开具红字纸质发票的，电子发票服务平台不增加其当月剩余可用额度。

例 2-29 纳税人 S 公司，2023 年 10 月的开具金额总额度为 750 万元。

2023 年 10 月 1 日至 5 日 S 公司开票累计金额 100 万元，10 月 6 日开具红字数电票金额 10 万元（对应 2023 年 8 月 25 日开具的蓝字数电票，金额 10 万元），10 月 7 日开具红字数电票 50 万元（对应 2023 年 10 月 3 日开具的蓝字数电票，金额 50 万元），则 10 月 8 日剩余可用额度为 700 万元（750 − 100 + 50）。由于跨月开具红字数电票不增加当月剩余可用额度，10 月 6 日开具红字数电票金额 10 万元不列入当月剩余可用额度计算。

（17）《公告》实施后，试点纳税人能开具机动车（含二手车）、通行费等特定业务发票吗？

电子发票服务平台暂不支持开具机动车（含二手车）、通行费等特定业务数电票，开具上述发票功能的上线时间另行公告。功能上线前，试点纳税人可通过增值税发票管理系统开具上述发票。

相关发票功能上线前，试点纳税人可以通过增值税发票管理系统开具电子专票、增值税电子普通发票（含收费公路通行费增值税电子普通发票）、增值税普通发票（卷票）、二手车销售统一发票以及通过增值税发票管理系统开票软件中机动车发票开具模块开具左上角有"机动车"字样的增值税专用发票和机动车销售统一发票（包括纸质发票、电子发票）。

（18）通过什么渠道可以进行数电票信息的查验？

单位和个人可以通过全国增值税发票查验平台对数电票的信息进行查验。同时，电子发票服务平台为试点纳税人提供数电票查验服务。

（19）试点纳税人通过电子发票服务平台开具或勾选确认发票后，如何填写增值税及附加税费申报表？

第一，一般纳税人通过电子发票服务平台开具带有"增值税专用发票"或"普通发票"字样的数电票、纸质专票、纸质普票，其金额及税额应分别填入《增值税及附加税费申报表附列资料（一）》（本期销售情况明细）"开具增值税专用发票"或"开具其他发票"相关栏次。

一般纳税人取得通过电子发票服务平台开具的数电票、纸质专票、纸质普票，勾选用于进项抵扣时，其份数、金额及税额填列在《增值税及附加税费申报表附列资料（二）》（本期进项税额明细）相关栏次。

一般纳税人取得通过电子发票服务平台开具的带有"增值税专用发票"字样的数电票、纸质专票，已用于增值税申报抵扣的，对应的《确认单》所列增值税税额填列在《增值税及附加税费申报表附列资料（二）》（本期进项税额明细）第 20 栏"红字专用发票信息表注明的进项税额"。一般纳税人取得通过电子发票服务平台开具的带有"普通发票"字样的数电票、纸质普票，已用于增值税申报抵扣，对应的《确认单》所列增值税税额填列在《增值税及附加税费申报表附列资料（二）》（本期进项税额明细）第23b栏"其他应作进项税额转出的情形"。其中纳税人购进农产品取得数电票、纸质专票、纸质普票，已按计算税额申报抵扣农产品进项税额的或已加计扣除农产品进项税额的，应按《确认单》所列已计算抵扣的税额或加计扣除农产品进项税额填报《增值税及附加税费申报表附列资料（二）》第23b栏"其他应作进项税额转出的情形"。

第二，小规模纳税人通过电子发票服务平台开具的带有"增值税专用发票"或"普通发票"字样的数电票、纸质专票、纸质普票，其金额及税额应填入《增值税及附加税费申报表（小规模纳税人适用）》"增值税专用发票不含税销售额"或"其他增值税发票不含税销售额"相关栏次。其中，适用增值税免税政策的，按规定填入"免税销售额"相关栏次。

（20）纳税人需要确认发票用途，通过什么渠道进行确认？

《公告》发布后，试点纳税人可以通过电子发票服务平台税务数字账户使用增值税发票综合服务平台具备的发票用途确认、风险提示、信息下载等功能。

试点纳税人取得通过电子发票服务平台开具的带有"增值税专用发票"字样的数电票、带有"普通发票"字样的数电票、纸质专票和纸质普票等符合规定的增值税扣税凭证，如需用于申报抵扣增值税进项税额或申请出口退税、代办退税的，应当通过电子发票服务平台税务数字账户或增值税发票综合服务平台确认用途。非试点纳税人继续通过增值税发票综合服务平台使用相关增值税扣税凭证功能，取得通过电子发票服务平台开具的带有"增值税专用发票"字样的数电票、带有"普通发票"字样的数电票、纸质专票和纸质普票等符合规定的增值税扣税凭证，用于申报抵扣增值税进项税额或申请出口退税、代办退税的，应通过增值税发票综合服务平台确认用途。

纳税人确认用途有误的，可向主管税务机关申请更正。

（21）试点纳税人如何通过电子发票服务平台税务数字账户进行计算农产品进项税额以及加计扣除农产品进项税额？

试点纳税人购进农产品，取得符合规定的带有"增值税专用发票"字样的数电票、增值税专用发票、海关缴款书、农产品销售发票等凭证或者开具符合规定的收购发票，可以通过电子发票服务平台税务数字账户进行用途确认，按照相关规定计算当期进项税额。

其中，试点纳税人购进用于生产或者委托加工13%税率货物的农产品，可以由主管税务机关开通加计扣除农产品进项税额确认功能，按照相关规定计算当期进项税额，并将已进行用途确认的凭证明细转入加计扣除农产品进项税额确认待用。纳税人将购进农产品用于生产或者委托加工的当期，可以通过电子发票服务平台税务数字账户选择相应凭证，按规定计算填写本次加计扣除农产品进项税额。

试点纳税人取得符合以上规定的尚未用于加计扣除农产品进项税额的凭证，可以向主管税务机关申请补录。

（22）试点纳税人错误确认发票用途后，税务机关如何帮助纳税人进行修改和更正？

试点纳税人通过电子发票服务平台确认发票用途后，如果出现发票用途确认错误的情形，税务机关可为纳税人提供规范、便捷的更正服务。

纳税人将发票用途误确认为申报抵扣且已申报抵扣后，如果要改为用于申报出口退税或代办退税，纳税人可以向主管税务机关申请更正。主管税务机关在核实确认相关进项税额已转出后，为纳税人调整发票用途。

纳税人将发票用途误确认为用于出口退税、代办退税的，可以向主管税务机关申请更正。如纳税人尚未申报出口退税，经主管税务机关确认后，可将发票信息回退至电子发票服务平台，纳税人可以重新确认发票用途；如果纳税人已申报办理出口退税，可向主管税务机关申请开具出口货物转内销证明。

第六节
青岛市全电发票试点制度

一、开展全面数字化的电子发票受票试点

2023年1月20日,《国家税务总局青岛市税务局关于开展全面数字化的电子发票试点工作的公告》(国家税务总局青岛市税务局公告2023年第1号)规定,为落实中办、国办印发的《关于进一步深化税收征管改革的意见》要求,加大推广使用全面数字化的电子发票(以下简称全电发票)力度,经国家税务总局同意,青岛市税务局决定在青岛市开展全电发票试点工作。有关事项如下:

(1)自2023年1月28日起,在青岛市的部分纳税人中开展全电发票试点,试点纳税人范围为:2023年1月28日前设立登记的已使用增值税发票管理系统开具增值税专用发票及增值税普通发票的纳税人;2023年1月28日起新设立登记的需使用增值税专用发票和增值税普通发票的纳税人。

使用电子发票服务平台的纳税人为试点纳税人,试点纳税人由国家税务总局青岛市税务局确定。其中,试点纳税人分为通过电子发票服务平台开具发票的纳税人和通过电子发票服务平台使用税务数字账户的纳税人,试点纳税人区分发票开具情形和税务数字账户使用情形分别适用本公告相应条款。

通过电子发票服务平台开具发票的受票方范围为全国。

按照有关规定不使用网络办税或不具备网络条件的纳税人暂不纳入试点范围。此外,存在以下情形之一的纳税人暂不纳入试点:①存在严重涉税违法失信行为;②存在国家税务总局规定的增值税发票风险;③经税收大数据分析发现重大涉税风险。

电子发票服务平台通过以下地址登录:https://etax.qingdao.chinatax.gov.cn/portal/。

(2)青岛市纳税人也可作为受票方接收由广东省(不含深圳市)、上海市、内蒙古自治区、四川省、厦门市、天津市、重庆市、陕西省、大连市的试点纳税人通过电子发票服务平台开具的发票。根据国家税务总局全电发票推广进度和试点工作安排,通过电子发票服务平台开具发票的试点地区范围将分批扩至全国,具体扩围时间以开票试点省级税务机关公告为准,青岛市纳税人可同步接收新增开票试点省试点纳税人通过电子发票服务平台开具的发票。

(3)全电发票的法律效力、基本用途等与现有纸质发票相同。其中,带有"增值

税专用发票"字样的全电发票，其法律效力、基本用途与现有增值税专用发票相同；带有"普通发票"字样的全电发票，其法律效力、基本用途与现有普通发票相同。

（4）青岛市全电发票由国家税务总局青岛市税务局监制。全电发票无联次，基本内容包括：发票号码、开票日期、购买方信息、销售方信息、项目名称、规格型号、单位、数量、单价、金额、税率/征收率、税额、合计、价税合计（大写、小写）、备注、开票人等。

其中，试点纳税人从事特定行业、发生特定应税行为及特定应用场景业务（包括：稀土、建筑服务、旅客运输服务、货物运输服务、不动产销售、不动产经营租赁服务、农产品收购、光伏收购、代收车船税、自产农产品销售、差额征税等）的，电子发票服务平台提供了上述对应特定业务的全电发票样式，试点纳税人应按照发票开具有关规定使用特定业务全电发票。全电发票样式参见图2-30至图2-44。

（5）青岛市全电发票的发票号码为20位，其中：第1～2位代表公历年度后两位，第3～4位代表青岛市行政区划代码，第5位代表全电发票开具渠道等信息，第6～20位代表顺序编码等信息。

（6）电子发票服务平台支持开具增值税纸质专用发票（以下简称纸质专票）和增值税纸质普通发票（折叠票，以下简称纸质普票）。

通过电子发票服务平台开具的纸质专票和纸质普票，其法律效力、基本用途和基本使用规定与现有纸质专票、纸质普票相同。其中，发票密码区不再展示发票密文，改为展示电子发票服务平台赋予的20位发票号码及全国增值税发票查验平台网址。

（7）试点纳税人通过实名认证后，无需使用税控专用设备即可通过电子发票服务平台开具发票，无需进行发票验旧操作。其中，全电发票无需进行发票票种核定和发票领用。

（8）税务机关对试点纳税人开票实行开具金额总额度管理。开具金额总额度，是指一个自然月内，试点纳税人发票开具总金额（不含增值税）的上限额度。

第一，试点纳税人通过电子发票服务平台开具的全电发票、纸质专票和纸质普票以及通过增值税发票管理系统开具的纸质专票、纸质普票、增值税普通发票（卷票）、增值税电子专用发票（以下简称电子专票）和增值税电子普通发票，共用同一个开具金额总额度。

第二，税务机关依据试点纳税人的税收风险程度、纳税信用级别、实际经营情况等因素，确定初始开具金额总额度，并进行定期调整、临时调整或人工调整。

定期调整是指电子发票服务平台每月自动对试点纳税人开具金额总额度进行调整。

临时调整是指税收风险程度较低的试点纳税人当月开具发票金额首次达到开具金额总额度一定比例时，电子发票服务平台自动为其临时增加一次开具金额总额度。

人工调整是指试点纳税人因实际经营情况发生变化申请调整开具金额总额度，主管税务机关依法依规审核未发现异常的，为纳税人调整开具金额总额度。

第三，试点纳税人在增值税申报期内，完成增值税申报前，在电子发票服务平台中可以在上月剩余可用额度且不超过当月开具金额总额度的范围内开具发票。试点纳税人按规定完成增值税申报且比对通过后，在电子发票服务平台中可以按照当月剩余可用额度开具发票。

（9）电子发票服务平台税务数字账户自动归集发票数据，供试点纳税人进行发票的查询、查验、下载、打印和用途确认，并提供税收政策查询、开具金额总额度调整申请、发票风险提示等功能。

（10）试点纳税人可以通过电子发票服务平台税务数字账户自动交付全电发票，也可通过电子邮件、二维码等方式自行交付全电发票。

（11）试点纳税人可通过电子发票服务平台税务数字账户使用发票用途确认、风险提示、信息下载等功能，不再通过增值税发票综合服务平台使用上述功能。

试点纳税人取得带有"增值税专用发票"字样的全电发票、带有"普通发票"字样的全电发票、纸质专票和纸质普票等符合规定的增值税扣税凭证，如需用于申报抵扣增值税进项税额或申请出口退税、代办退税的，应当通过电子发票服务平台税务数字账户确认用途。非试点纳税人继续通过增值税发票综合服务平台使用相关增值税扣税凭证功能。纳税人确认用途有误的，可向主管税务机关申请更正。

（12）试点纳税人可以通过电子发票服务平台税务数字账户对符合规定的农产品增值税扣税凭证进行用途确认，计算用于抵扣的进项税额。其中，试点纳税人购进用于生产或者委托加工13%税率货物的农产品，可以由主管税务机关开通加计扣除农产品进项税额确认功能，在生产领用当期计算加计扣除农产品进项税额。

（13）试点纳税人可通过电子发票服务平台税务数字账户标记发票入账标识。纳税人以全电发票报销入账归档的，按照财政和档案部门的相关规定执行。

（14）试点纳税人发生开票有误、销货退回、服务中止、销售折让等情形，需要通过电子发票服务平台开具红字全电发票或红字纸质发票的，按以下规定执行：

一是受票方未做用途确认及入账确认的，开票方填开《红字发票信息确认单》（以下简称《确认单》，见表2-1）后全额开具红字全电发票或红字纸质发票，无需受票方确认。

二是受票方已进行用途确认或入账确认的，开票方或受票方可以填开《确认单》，经对方确认后，开票方依据《确认单》开具红字发票。

受票方已将发票用于增值税申报抵扣的，应当暂依《确认单》所列增值税税额从当期进项税额中转出，待取得开票方开具的红字发票后，与《确认单》一并作为记账凭证。

（15）纳税人发生《国家税务总局关于红字增值税发票开具有关问题的公告》（国家税务总局公告2016年第47号）第一条以及《国家税务总局关于在新办纳税人中实行增值税专用发票电子化有关事项的公告》（国家税务总局公告2020年第22号）第七条规定情形的，购买方为试点纳税人时，购买方可通过电子发票服务平台填开并上传《开具红字增值税专用发票信息表》（以下简称《信息表》）。

（16）单位和个人可以通过全国增值税发票查验平台（https://inv-veri.chinatax.gov.cn）查验全电发票信息。同时，试点纳税人还可以通过电子发票服务平台查验全电发票信息。

（17）电子发票服务平台暂不支持开具机动车（含二手车）、通行费等特定业务全电发票，开具上述发票功能的上线时间另行公告。

相关发票功能上线前，纳税人可以通过增值税发票管理系统开具电子专票、增值税电子普通发票（含收费公路通行费增值税电子普通发票）、增值税普通发票（卷票）和二手车销售统一发票以及通过增值税发票管理系统开票软件中机动车发票开具模块开具增值税专用发票和机动车销售统一发票（包括纸质发票、电子发票）。

（18）纳税人应当按照规定依法、诚信、如实使用全电发票，并接受税务机关依法检查。税务机关依法加强税收监管和风险防范，严厉打击虚开、虚抵、偷逃骗税等涉税违法犯罪行为。

二、全面数字化的电子发票操作指南之开票信息维护

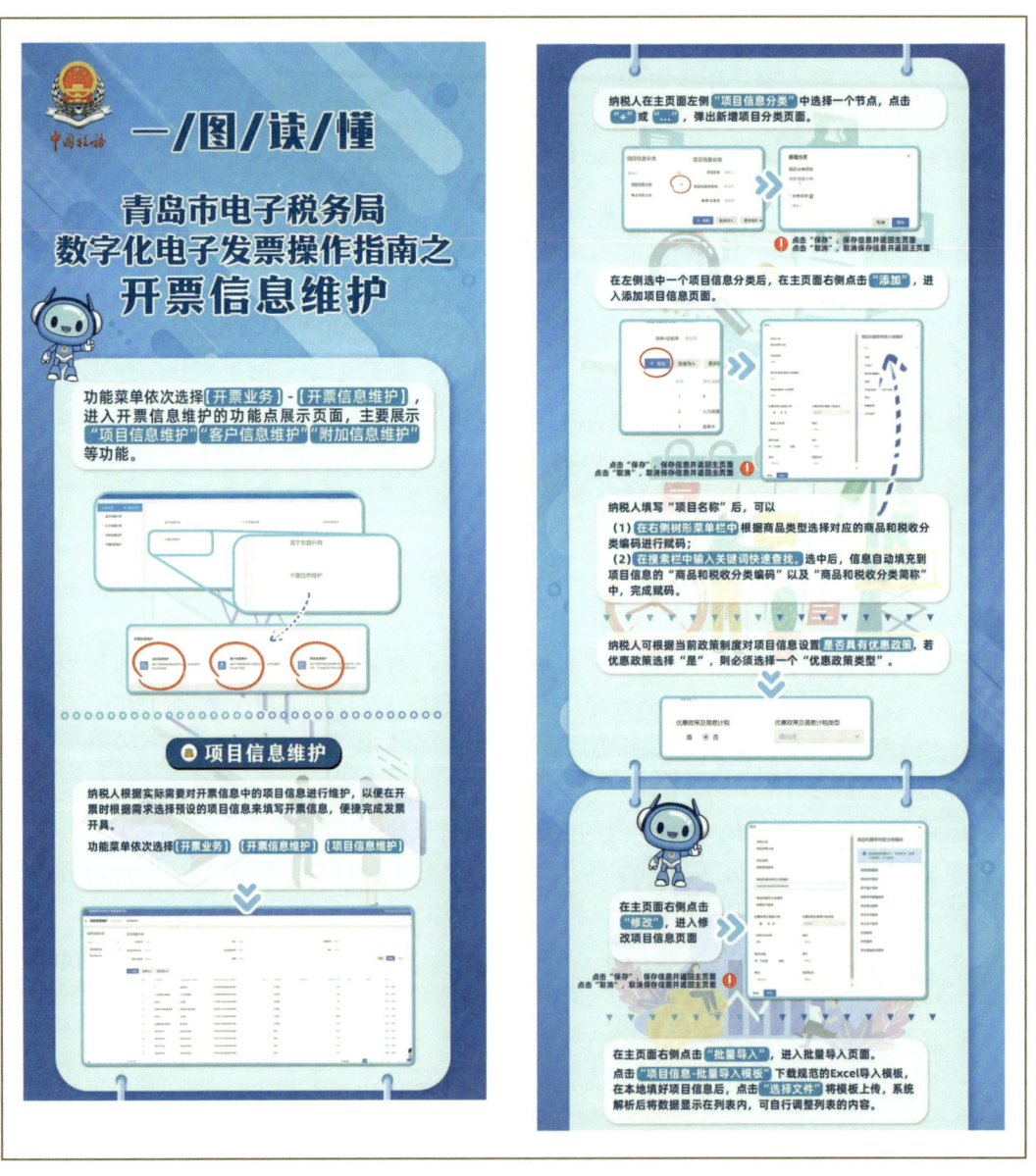

（续）

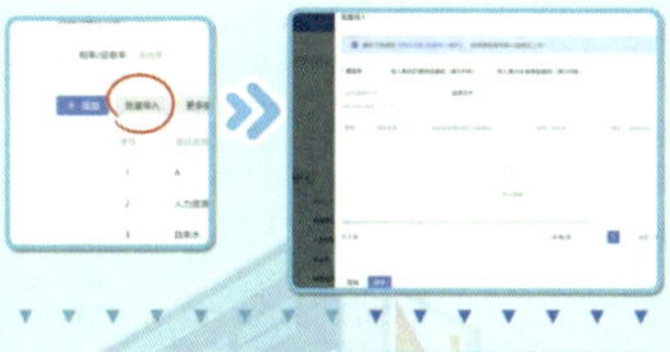

在主页面右侧点击“更多操作-批量删除”，删除选中的项目信息。

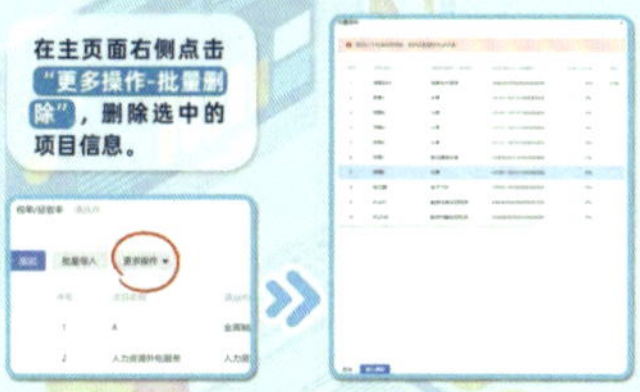

注意事项：

①：选定项目信息分类子集后进行删除，其子集的元素（子集）会一并被删除。

②：纳税人在填写项目信息时，对于税收分类编码为1、2、3、4、5开头的商品和服务，均可选择优惠政策为免税。

客户信息维护

纳税人根据实际需要对开票信息中的客户信息进行维护，以便在开票时根据需求选择预设的客户信息来填写开票信息，便捷完成发票开具。

功能菜单依次选择【开票业务】-【开票信息维护】-【客户信息维护】

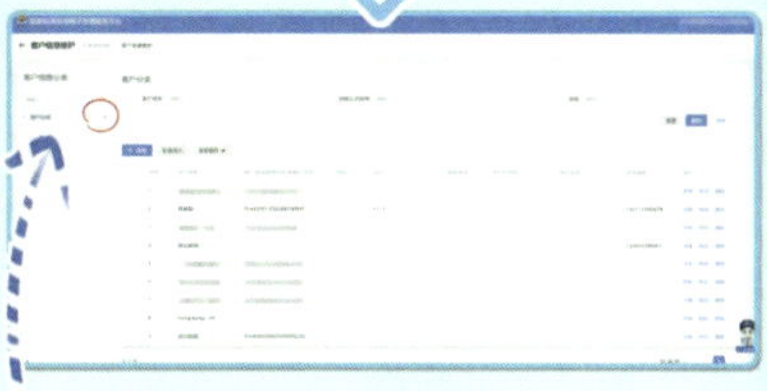

纳税人在主页面左侧“客户信息分类”中选择一个节点作为叶节点，点击“+”或“...”，弹出新增客户分类页面。

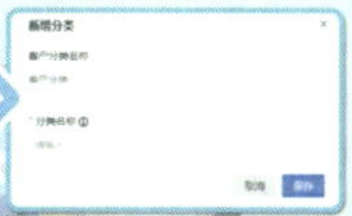

在主页面左侧选中一个客户信息分类后，在主页面右侧点击“添加”，进入添加客户信息页面。

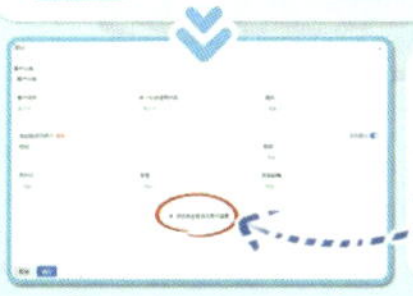

如一个客户具有多个地址、电话及银行信息，点击下方“添加地址电话及银行信息”进行填写，并可设置其中一个为默认地址、电话及银行信息。

在主页面右侧点击“修改”，进入修改客户信息页面。

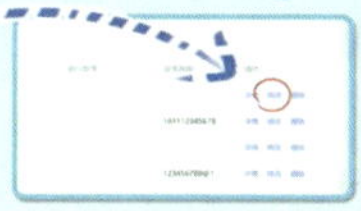

在主页面右侧点击“批量导入”，进入批量导入页面

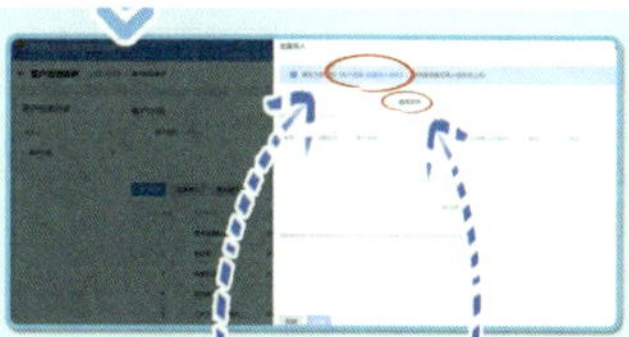

点击“客户信息-批量导入模板”下载规范的Excel导入模板，在本地填好客户信息后，点击“选择文件”将模板上传，系统解析后将数据显示在列表内，可自行调整列表的内容。

点击“保存全部”或“保存导入内容”，导入客户信息；点击“取消”，取消批量导入操作。

在主页面右侧点击“更多操作-批量删除”，删除选中的客户信息。

在主页面右侧点击“更多操作-导出”，将查询结果以Excel文件的形式保存在本地。

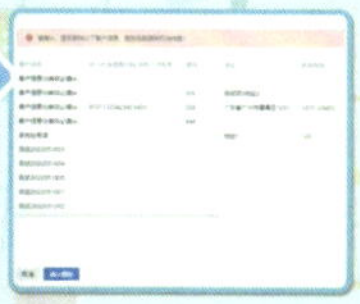

注意：选定客户信息分类子集后进行删除，其子集的元素（子集）会一并被删除。

附加要素维护

纳税人根据实际需要对开票信息中的附加要素以及场景模板进行维护，以便在开票时根据需求选择预设的附件要素或场景模板来填写备注信息，便捷完成发票开具。

功能菜单依次选择【开票业务】-【开票信息维护】-【附加要素维护】

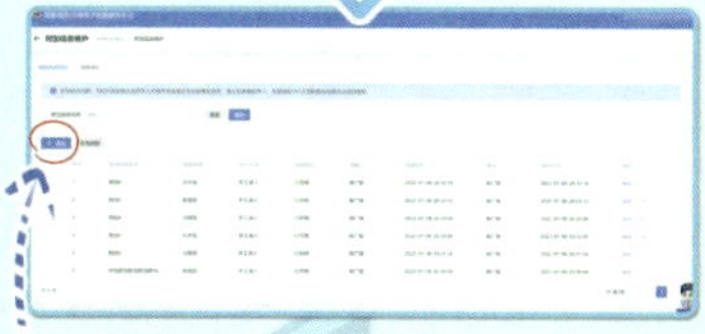

在主页面选择“附件要素项目”页签，点击“添加”，弹出新增附加要素页面。

填写完毕后，点击“保存”，保存信息并返回主页面；点击“取消”，取消保存并返回主页面。

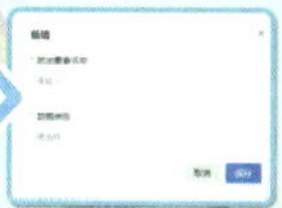

在主页面“附加信息项目”页签中，勾选所需的附件要素，可点击“批量删除”或操作栏的“删除”进行删除操作

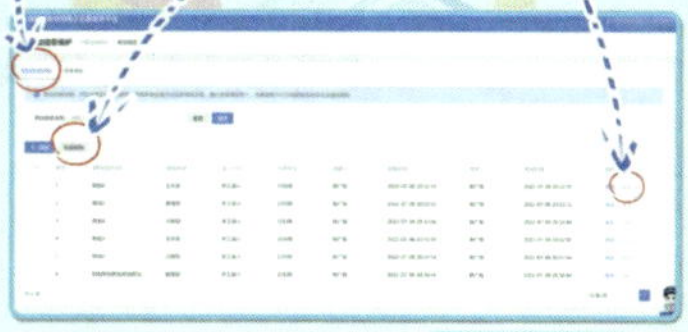

点击删除后，弹出确认删除的提示框，点击“确认删除”则进行删除，点击“取消”则取消删除操作

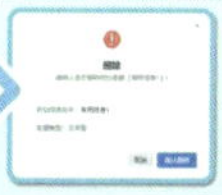

（续）

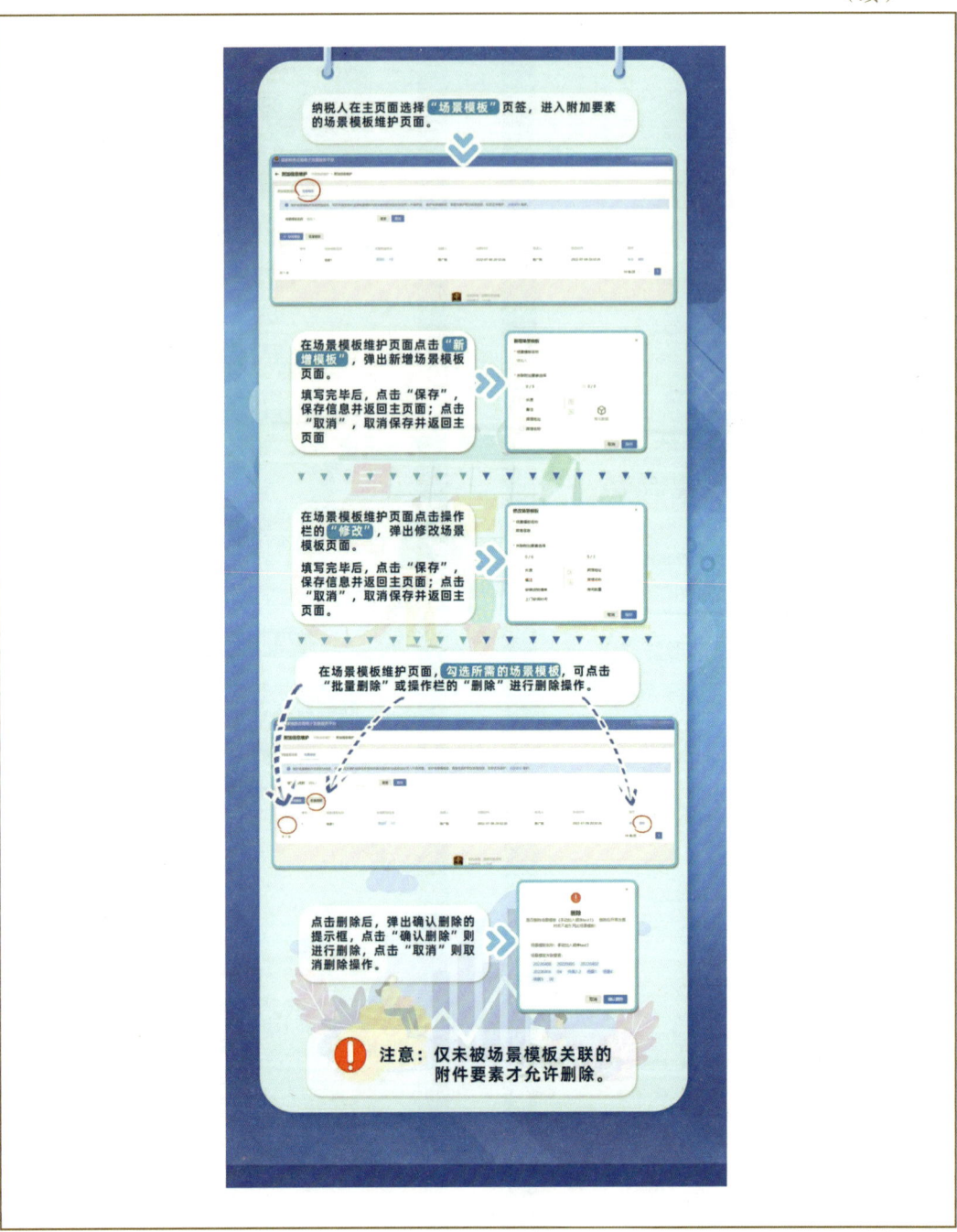

三、全面数字化的电子发票使用常见问题图解

（续）

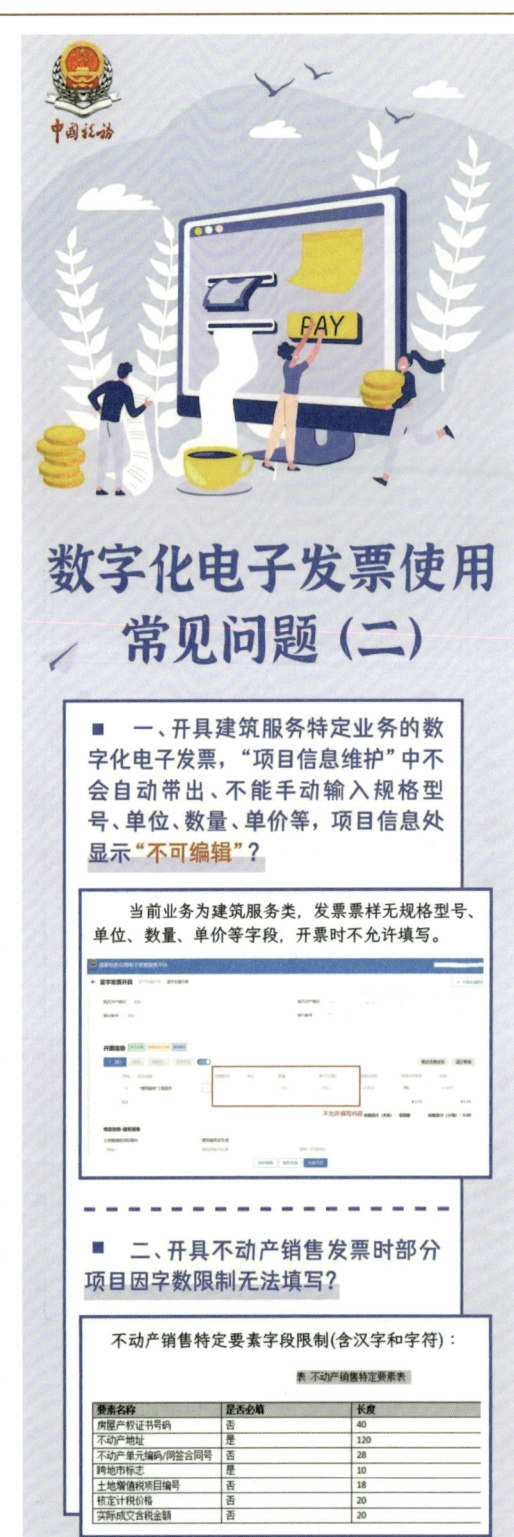

数字化电子发票使用常见问题（二）

■ 一、开具建筑服务特定业务的数字化电子发票，"项目信息维护"中不会自动带出、不能手动输入规格型号、单位、数量、单价等，项目信息处显示"不可编辑"？

当前业务为建筑服务类，发票票样无规格型号、单位、数量、单价等字段，开票时不允许填写。

■ 二、开具不动产销售发票时部分项目因字数限制无法填写？

不动产销售特定要素字段限制（含汉字和字符）：

数字化电子发票使用常见问题（三）

纳税人开具发票后进行邮箱交付时，系统显示"发送失败！"，或是发件箱地址已经设置完成，但邮箱交付时仍提示未设置？

(1) 核实发件邮箱是否使用163邮箱、QQ邮箱、126邮箱、139邮箱、搜狐邮箱，<u>如非主流邮箱，建议更换上述邮箱。</u>

(2) 核实是否完成邮箱的初始化配置。<u>登录进入【税务数字账户】主界面的【发件邮箱设置】</u>，查看是否已配置，如未配置，请填写邮箱账号及密码，系统会根据填写的主流邮箱带出其它邮箱默认配置项（包括163邮箱、QQ邮箱、126邮箱、139邮箱、搜狐邮箱等），配置可修改。如非以上主流邮箱，请纳税人根据界面信息自行填写配置。

(3) 如已完成邮箱的初始化配置考虑是否为授权码问题，建议重新获取邮箱客户端授权码，并复制到"<u>邮箱交付设置</u>"，若仍不行，建议更换发件邮箱重新尝试。获取授权码操作如下图。

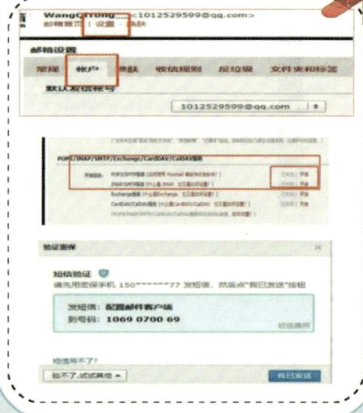

第二章 华东地区全电发票试点制度

（续）

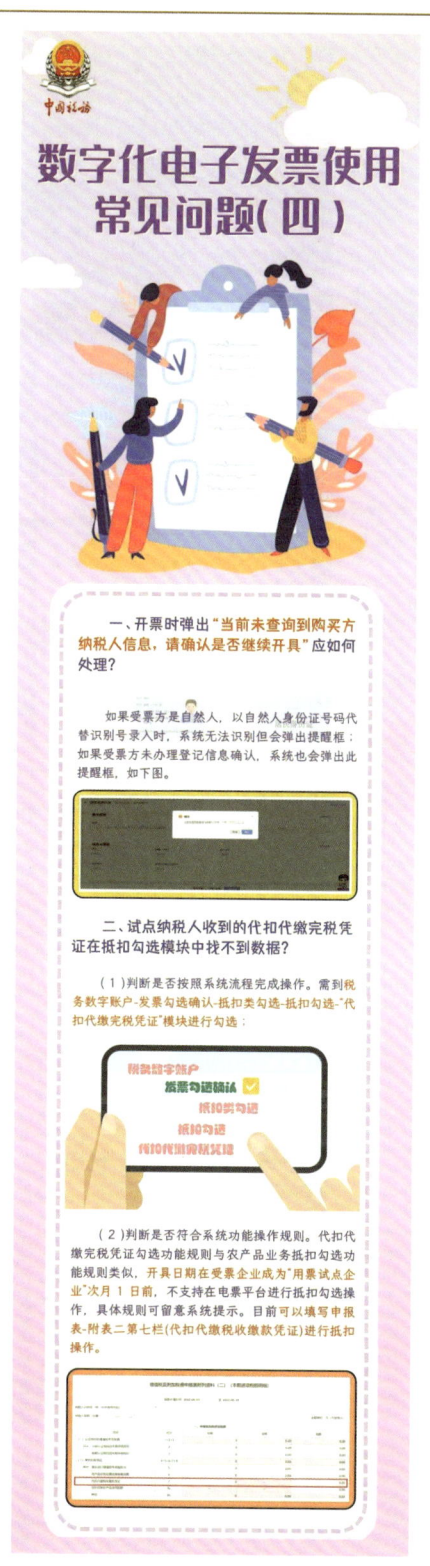

（续）

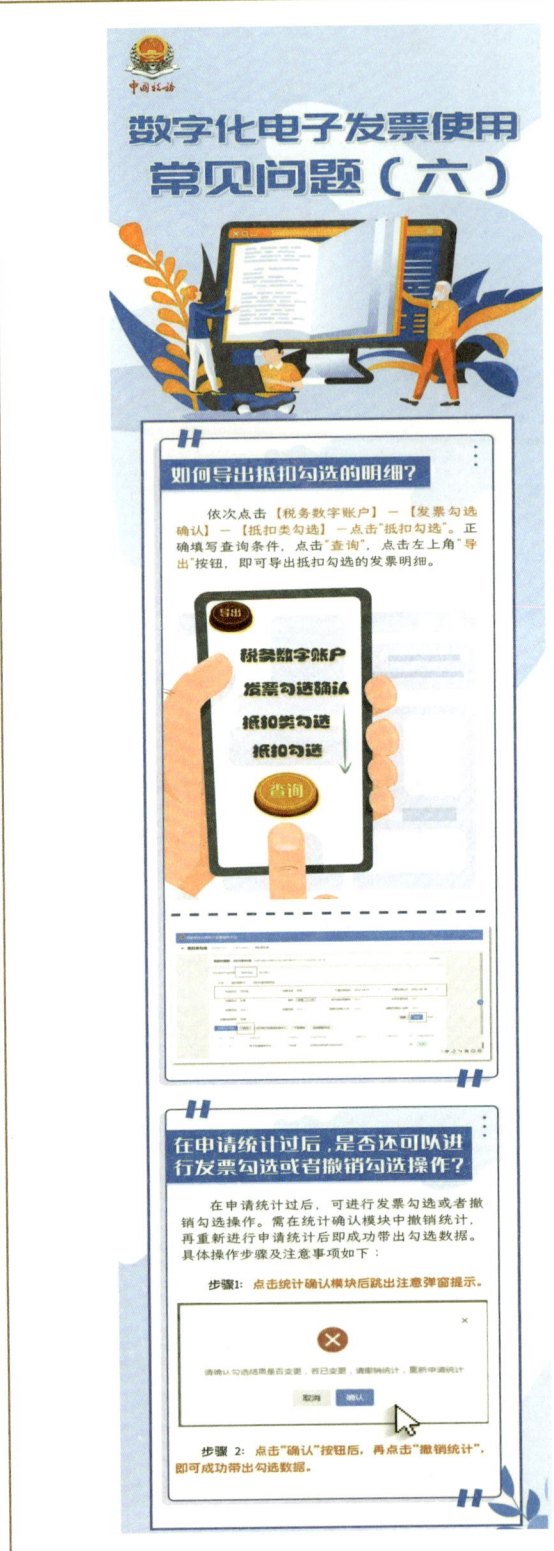

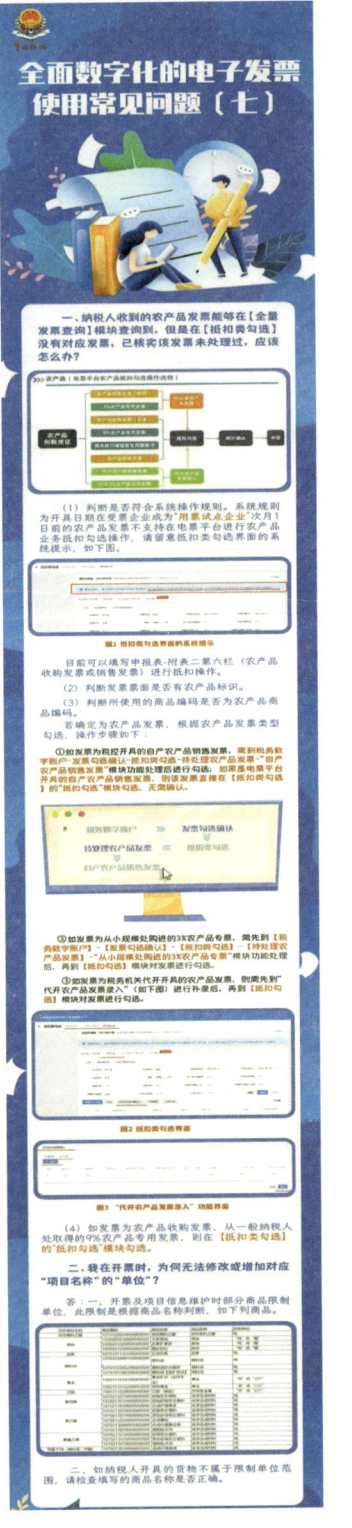

第七节
福建省全电发票试点制度

一、开展全面数字化的电子发票试点

2023年3月27日，《国家税务总局福建省税务局关于开展全面数字化的电子发票试点工作的公告》（国家税务总局福建省税务局公告2023年第2号）规定，为落实中办、国办印发的《关于进一步深化税收征管改革的意见》要求，加大推广使用全面数字化的电子发票（以下简称数电票）力度，经国家税务总局同意，福建省税务局决定在福建省（不含厦门，下同）开展数电票试点工作。有关事项如下：

（1）自2023年3月30日起，在福建省的部分纳税人中开展数电票试点，使用电子发票服务平台的纳税人为试点纳税人，具体范围由国家税务总局福建省税务局确定。

福建省纳税人通过电子发票服务平台开具发票的受票方范围为全国。也可作为受票方接收由广东省、上海市、内蒙古自治区、四川省、厦门市、天津市、青岛市、重庆市、大连市、陕西省等地区的试点纳税人通过电子发票服务平台开具的发票。根据推广进度和试点工作安排，通过电子发票服务平台开具发票的试点地区范围将分批扩至全国，具体扩围时间以开票试点省（区、市）级税务机关公告为准。福建省纳税人可接收新增开票试点省开具的发票。

按照有关规定不使用网络办税或不具备网络条件的纳税人暂不纳入试点范围。此外，存在以下情形之一的纳税人暂不纳入试点：①存在严重涉税违法失信行为；②存在国家税务总局规定的增值税发票风险；③经税收大数据分析发现重大涉税风险。

电子发票服务平台通过以下地址登录：https://etax.fujian.chinatax.gov.cn/。

（2）数电票的法律效力、基本用途等与现有纸质发票相同。其中，带有"增值税专用发票"字样的数电票，其法律效力、基本用途与现有增值税专用发票相同；带有"普通发票"字样的数电票，其法律效力、基本用途与现有普通发票相同。

（3）福建省数电票由国家税务总局福建省税务局监制。数电票无联次，基本内容包括：发票号码、开票日期、购买方信息、销售方信息、项目名称、规格型号、单位、数量、单价、金额、税率/征收率、税额、合计、价税合计（大写、小写）、备注、开票人等。

其中，试点纳税人从事特定行业、发生特定应税行为及特定应用场景业务（包括：稀土、建筑服务、旅客运输服务、货物运输服务、不动产销售、不动产经营租赁服务、农产品收购、光伏收购、代收车船税、自产农产品销售、差额征税、民航、铁路等）的，电子发票服务平台提供了上述对应特定业务的数电票样式，试点纳税人应按照发票开具有关规定使用特定业务数电票。全电发票样式参见图2-30至图2-44。

（4）福建省数电票的发票号码为20位，其中：第1～2位代表公历年度后两位，第3～4位代表福建省行政区划代码，第5位代表数电票开具渠道等信息，第6～20位代表顺序编码等信息。

（5）电子发票服务平台支持开具增值税纸质专用发票（以下简称纸质专票）和增值税纸质普通发票（折叠票，以下简称纸质普票）。

通过电子发票服务平台开具的纸质专票和纸质普票，其法律效力、基本用途与现有纸质专票、纸质普票相同。其中，发票密码区不再展示发票密文，改为展示电子发票服务平台赋予的20位发票号码及全国增值税发票查验平台网址。

（6）试点纳税人通过实名认证后，无需使用税控专用设备即可通过电子发票服务平台开具发票，无需进行发票验旧操作。其中，数电票无需进行发票票种核定和发票领用。

（7）税务机关对试点纳税人开票实行开具金额总额度管理。开具金额总额度，是指一个自然月内，试点纳税人发票开具总金额（不含增值税）的上限额度。

第一，试点纳税人通过电子发票服务平台开具的数电票、纸质专票和纸质普票以及通过增值税发票管理系统开具的纸质专票、纸质普票、增值税普通发票（卷票）、增值税电子专用发票（以下简称电子专票）和增值税电子普通发票，共用同一个开具金额总额度。

第二，税务机关依据试点纳税人的税收风险程度、纳税信用级别、实际经营情况等因素，确定初始开具金额总额度，并进行定期调整、临时调整或人工调整。定期调整是指电子发票服务平台每月自动对试点纳税人开具金额总额度进行调整。临时调整是指税收风险程度较低的试点纳税人当月开具发票金额首次达到开具金额总额度一定比例时，电子发票服务平台自动为其临时增加一次开具金额总额度。人工调整是指试点纳税人因实际经营情况发生变化申请调整开具金额总额度，主管税务机关依法依规审核未发现异常的，为纳税人调整开具金额总额度。

第三，试点纳税人在增值税申报期内，完成增值税申报前，在电子发票服务平台中可以在上月剩余可用额度且不超过当月开具金额总额度的范围内开具发票。试点纳税人按规定完成增值税申报且比对通过后，在电子发票服务平台中可以按照当月剩余可用额度开具发票。

（8）电子发票服务平台税务数字账户自动归集发票数据，供试点纳税人进行发票的查询、查验、下载、打印和用途确认，并提供税收政策查询、开具金额总额度调整申请、发票风险提示等功能。

（9）试点纳税人可以通过电子发票服务平台税务数字账户自动交付数电票，也可

通过电子邮件、二维码等方式自行交付数电票。

（10）自2023年3月30日起，试点纳税人可通过电子发票服务平台税务数字账户使用发票用途确认、风险提示、信息下载等功能，不再通过增值税发票综合服务平台使用上述功能。试点纳税人取得带有"增值税专用发票"字样的数电票、带有"普通发票"字样的数电票、纸质专票和纸质普票等符合规定的增值税扣税凭证，如需用于申报抵扣增值税进项税额或申请出口退税、代办退税的，应当通过电子发票服务平台税务数字账户确认用途。非试点纳税人继续通过增值税发票综合服务平台使用相关增值税扣税凭证功能。纳税人确认用途有误的，可向主管税务机关申请更正。

（11）试点纳税人可以通过电子发票服务平台税务数字账户对符合规定的农产品增值税扣税凭证进行用途确认，计算用于抵扣的进项税额。其中，试点纳税人购进用于生产或者委托加工13%税率货物的农产品，可以由主管税务机关开通加计扣除农产品进项税额确认功能，在生产领用当期计算加计扣除农产品进项税额。

（12）试点纳税人可通过电子发票服务平台税务数字账户标记发票入账标识。纳税人以数电票报销入账归档的，按照财政和档案部门的相关规定执行。

（13）试点纳税人发生开票有误、销货退回、服务中止、销售折让等情形，需要通过电子发票服务平台开具红字数电票或红字纸质发票的，按以下规定执行：

一是受票方未做用途确认及入账确认的，开票方填开《红字发票信息确认单》（以下简称《确认单》，见表2-1）后全额开具红字数电票或红字纸质发票，无需受票方确认。

二是受票方已进行用途确认或入账确认的，开票方或受票方可以填开《确认单》，经对方确认后，开票方依据《确认单》开具红字发票。

受票方已将发票用于增值税申报抵扣的，应当暂依《确认单》所列增值税税额从当期进项税额中转出，待取得开票方开具的红字发票后，与《确认单》一并作为记账凭证。

（14）纳税人发生《国家税务总局关于红字增值税发票开具有关问题的公告》（国家税务总局公告2016年第47号）第一条以及《国家税务总局关于在新办纳税人中实行增值税专用发票电子化有关事项的公告》（国家税务总局公告2020年第22号）第七条规定情形的，购买方为试点纳税人时，购买方可通过电子发票服务平台填开并上传《开具红字增值税专用发票信息表》（以下简称《信息表》）。

（15）单位和个人可以通过全国增值税发票查验平台（https://inv-veri.chinatax.gov.cn）查验数电票信息。同时，试点纳税人还可以通过电子发票服务平台查验数电票信息。

（16）电子发票服务平台暂不支持开具机动车（含二手车）、通行费等特定业务数电票，开具上述发票功能的上线时间另行公告。相关发票功能上线前，纳税人可以通过增值税发票管理系统开具电子专票、增值税电子普通发票（含收费公路通行费增值税电子普通发票）、增值税普通发票（卷票）和二手车销售统一发票以及通过增值税发票管理系统开票软件中机动车发票开具模块开具增值税专用发票和机动车销售统一发票（包括纸质发票、电子发票）。

（17）纳税人应当按照规定依法、诚信、如实使用数电票，并接受税务机关依法检查。税务机关依法加强税收监管和风险防范，严厉打击虚开、虚抵、偷逃骗税等涉税违法犯罪行为。

二、关于开展全面数字化的电子发票试点的解读

为落实中办、国办印发的《关于进一步深化税收征管改革的意见》要求，全面推进税收征管数字化升级和智能化改造，降低征纳成本，国家税务总局福建省税务局发布了《国家税务总局福建省税务局关于开展全面数字化的电子发票试点工作的公告》（以下简称《公告》）。

（1）推行全面数字化的电子发票的背景是什么？

为贯彻落实中办、国办关于稳步实施发票电子化改革的部署安排，2021年12月1日起，国家税务总局在内蒙古自治区、上海市和广东省、四川省、厦门市、天津市、青岛市、重庆市、大连市、陕西省等地区开始推行数电票。同时，本着稳妥有序的原则，采用先在部分地区推行数电票试点，此后逐步扩大地区和纳税人范围的工作策略。数电票推行后，系统运行平稳，因具有无需领用、开具便捷、信息集成、节约成本等优点，受到越来越多纳税人的欢迎。

自2023年3月30日起，在福建省（不含厦门，下同）的部分纳税人中开展数电票试点，试点纳税人具体范围由国家税务总局福建省税务局确定。

按照国家税务总局的推广进度安排，数电票受票范围已推广至全国，福建省试点纳税人通过电子发票服务平台开具的数电票，各省的受票方均可接收。

（2）推行数电票具有哪些优点？

第一，领票流程更简化。开业开票"无缝衔接"。数电票实现"去介质"，纳税人不再需要预先领取专用税控设备；通过"赋码制"取消特定发票号段申领，发票信息生成后，系统自动分配唯一的发票号码；通过"授信制"自动为纳税人赋予开具金额总额度，实现开票"零前置"。基于此，新办纳税人可实现"开业即可开票"。

第二，开票用票更便捷。一是发票服务"一站式"更便捷。纳税人登录电子发票服务平台后，可进行发票开具、交付、查验以及用途勾选等系列操作，享受"一站式"服务，不再像以前需登录多个平台才能完成相关操作。二是发票数据应用更广泛。通过"一户式""一人式"发票数据归集，加强各税费数据联动，为实现"一表集成"式税费申报预填服务奠定数据基础。三是发票使用满足个性业务需求。数电票破除特定版式要求，增加了XML的数据电文格式便利交付，同时保留PDF、OFD等格式，降低发票使用成本，提升纳税人用票的便利度和获得感。数电票样式根据不同业务进行差异化展示，为纳税人提供更优质的个性化服务。四是纳税服务渠道更畅通。电子发票服务平台提供征纳互动相关功能，如增加智能咨询，纳税人在开票、受票等过

程中，平台自动接收纳税人业务处理过程中存在的问题并进行智能答疑；增设异议提交功能，纳税人对开具金额总额度有异议时，可以通过平台向税务机关提出。

第三，入账归档一体化。通过制发电子发票数据规范、出台电子发票国家标准，实现数电票全流程数字化流转，进一步推进企业和行政事业单位会计核算、财务管理信息化。

（3）数电票的票面信息包括哪些？

数电票的票面信息包括基本内容和特定内容。

为了符合纳税人开具发票的习惯，数电票的基本内容在现行增值税发票基础上进行了优化，主要包括：发票号码、开票日期、购买方信息、销售方信息、项目名称、规格型号、单位、数量、单价、金额、税率/征收率、税额、合计、价税合计（大写、小写）、备注、开票人等。

为了满足从事特定行业、发生特定应税行为及特定应用场景业务（以下简称特定业务）的试点纳税人开具发票的个性化需求，税务机关根据现行发票开具的有关规定和特定业务的开票场景，在数电票中设计了相应的特定内容。特定业务包括但不限于稀土、建筑服务、旅客运输服务、货物运输服务、不动产销售、不动产经营租赁服务、农产品收购、光伏收购、代收车船税、自产农产品销售、差额征税、民航、铁路等。试点纳税人在开具数电票时，可以按照实际业务开展情况，选择特定业务，将按规定应填写在发票备注等栏次的信息，填写在特定内容栏次，进一步规范发票票面内容，便利纳税人使用。特定业务的数电票票面按照特定内容展示相应信息，同时票面左上角展示该业务类型的字样。

（4）试点纳税人可以通过电子发票服务平台开具哪些类型的发票？

电子发票服务平台支持开具数电票、纸质专票和纸质普票。

试点纳税人通过实名验证后，无需使用税控专用设备即可通过电子发票服务平台开具数电票、纸质专票和纸质普票，无需进行发票验旧操作。其中，数电票无需进行发票票种核定和发票领用。

试点纳税人可以选择电子发票服务平台或者增值税发票管理系统其中之一开具纸质专票或纸质普票。其中，试点纳税人选择通过电子发票服务平台开具纸质专票或纸质普票，其票种核定、发票领用、发票作废、发票缴销、发票退回、发票遗失损毁等事项仍然按照原规定和流程办理。

（5）如何理解《公告》中的开具金额总额度和剩余可用额度？

为降低纳税人使用成本，便利数电票推广，尊重纳税人现行开票用票习惯，做好发票风险防控，税务机关对试点纳税人开票实行开具金额总额度管理。

开具金额总额度，也称总授信额度，是指一个自然月内，试点纳税人发票开具总金额（不含增值税）的上限额度，包括试点纳税人可通过电子发票服务平台开具的数电票、纸质专票和纸质普票的上限总金额以及可通过增值税发票管理系统开具的纸质专票、纸质普票、增值税普通发票（卷式，以下简称卷式发票）、增值税电子专用发票（以下简称电子专票）和增值税电子普通发票（以下简称电子普票）的上限总金额。

剩余可用额度，也称可用授信额度，是指在一个自然月内试点纳税人开具金额总额度扣除已使用额度。其中，已使用额度包括试点纳税人通过电子发票服务平台开具的发票金额，以及通过增值税发票管理系统开具的纸质专票、纸质普票、卷式发票、电子专票和电子普票的领用份数与单份发票最高开票限额之积（存在多种不同版式的发票应分别计算并求和，下同）。

例 2-30 试点纳税人 A 公司，通过电子发票服务平台开具数电票，同时通过增值税发票管理系统开具纸质专票和纸质普票，2023 年 7 月开具金额总额度为 750 万元。

2023 年 7 月 1 日至 20 日，A 公司领用 10 万元版增值税专用发票 40 份（应从开具金额总额度中扣除 400 万元），通过增值税发票管理系统开具了 36 份纸质专票，合计金额 350 万元（不再重复从开具金额总额度中扣除），通过电子发票服务平台开具数电票金额 300 万元（应从开具金额总额度中扣除 300 万元），则 7 月 20 日后剩余可用额度为 50 万元（750 − 40×10 − 300）。

（6）试点纳税人开具金额总额度如何调整？

调整开具金额总额度有三种方式，包括定期调整、临时调整和人工调整。

第一，定期调整。定期调整是指电子发票服务平台每月自动对试点纳税人开具金额总额度进行调整。

例 2-31 2023 年 7 月初成立的 B 公司，初始开具金额总额度为 750 万元。2023 年 9 月，根据 B 公司实际经营情况以及 7 月、8 月开具金额总额度的使用情况，9 月月初电子发票服务平台将其开具金额总额度调整至 850 万元。

第二，临时调整。临时调整是指税收风险程度较低的试点纳税人当月开具发票金额首次达到开具金额总额度一定比例时，电子发票服务平台自动为其临时调增一次开具金额总额度。

例 2-32 2023 年 7 月初成立的 C 公司，初始开具金额总额度为 750 万元。

情形一：2023 年 7 月中旬，C 公司销售额增加，至 7 月 20 日，实际已使用额度达到 600 万元（达到当前开具金额总额度的一定比例），电子发票服务平台自动风险扫描无问题后，为 C 公司临时增加开具金额总额度至 900 万元。

情形二：2023 年 7 月中旬，C 公司销售额增加，至 7 月 20 日，实际已使用额度达到 580 万元，未触发系统临时调整。7 月 21 日，C 公司因经营需要，需开具 1 份金额为 200 万元的数电票，在填写发票信息时，因累计金额达到 780 万元（达到当前开具金额总额度的一定比例），电子发票服务平台自动风险扫描无问题后，为 C 公司临时增加开具金额总额度至 900 万元。

第三，人工调整。人工调整是指纳税人因实际经营情况发生变化申请调整开具金额总额度，主管税务机关依法依规审核未发现异常的，为纳税人调整开具金额总额度。

例 2-33　D 公司 2023 年 7 月初开具金额总额度为 750 万元，销售额增加，电子发票服务平台为 D 公司临时调增开具金额总额度至 900 万元，但仍无法满足 D 公司本月开票需求。D 公司根据实际经营情况，向主管税务机关申请调增开具金额总额度至 1 200 万元，主管税务机关依法依规审核未发现异常后，相应调增 D 公司开具金额总额度。

（7）试点纳税人在增值税申报期内如何使用开具金额总额度？

试点纳税人在增值税申报期内，完成增值税申报前，在电子发票服务平台中可以按照上月剩余可用额度且不超过当月开具金额总额度的范围内开具发票。试点纳税人按规定完成增值税申报且比对通过后，在电子发票服务平台中可以按照当月剩余可用额度开具发票。

第一，按月进行增值税申报的试点纳税人在每月月初到完成上个所属期（即上个月）申报前开具金额总额度的可使用额度为上月剩余可用额度，且不超过本月开具金额总额度；完成上个所属期（即上个月）申报且比对通过后可使用额度为当月剩余可用额度。

第二，按季进行增值税申报的试点纳税人在每季季初到完成上个所属期（即上个季度）申报前开具金额总额度的可使用额度为上月剩余可用额度，且不超过本月开具金额总额度；完成上个所属期（即上个季度）申报且比对通过后可使用额度为当月剩余可用额度。

例 2-34　试点纳税人 E 公司是按月申报的一般纳税人，2023 年 7 月开具金额总额度为 750 万元，截至 7 月 31 日实际已使用额度 400 万元，剩余可用额度为 350 万元。

情形一：8 月 1 日，电子发票服务平台自动计算其 8 月开具金额总额度为 750 万元。如果 E 公司在 8 月 11 日 9 时完成 7 月所属期增值税申报并比对通过，则 8 月 11 日 9 时前（即未完成 7 月所属期增值税申报前），E 公司的可使用额度为 350 万元（7 月剩余可用额度 350 万元＜8 月月初开具金额总额度 750 万元）。

8 月 1 日至 11 日 9 时，如果 E 公司实际已使用额度为 20 万元，则 8 月 11 日 9 时（即完成申报）后的剩余可用额度为 730 万元（750－20）。

情形二：8 月 1 日，依据纳税人风险程度、纳税信用级别、实际经营情况等因素，电子发票服务平台自动计算并将 8 月开具金额总额度调整为 250 万元。如果 E 公司在 8 月 11 日 9 时完成 7 月所属期增值税申报并比对通过，则 8 月 11 日 9 时前（即未完成 7 月所属期增值税申报前) E 公司的可使用额度为 250 万元 (7 月剩余可用额度 350 万元＞8 月月初开具金额总额度 250 万元)。

8 月 1 日至 11 日 9 时,如果 E 公司实际已使用额度为 20 万元,则 8 月 11 日 9 时 (即完成申报)后的剩余可用额度为 230 万元 (250－20)。

例 2-35 试点纳税人 F 公司是按季申报的小规模纳税人,2023 年 8 月开具金额总额度为 10 万元,截至 8 月 31 日实际已使用额度为 5 万元,剩余可用额度为 5 万元。

9 月 1 日,电子发票服务平台自动计算并将 9 月开具金额总额度重新调整为 10 万元。因 F 公司是按季申报的纳税人,9 月无需完成 8 月所属期增值税申报,则 9 月 1 日后可使用额度为 10 万元 (即 9 月初的开具金额总额度)。9 月 1 日至 30 日,F 公司实际已使用额度为 8 万元,剩余可用额度为 2 万元。

10 月 1 日,电子发票服务平台自动计算并将 10 月开具金额总额度重新调整为 10 万元。如果 F 公司于 10 月 6 日 9 时完成 2023 年第三季度所属期增值税申报并比对通过,则 10 月 6 日 9 时前 (即未完成第四季度所属期增值税申报前) 可使用额度仍为 2 万元 (9 月剩余可用额度 2 万元＜10 月月初开具金额总额度 10 万元)。

10 月 1 日至 6 日 9 时,如果 F 公司实际已使用额度为 2 万元,则 10 月 6 日 9 时 (即完成申报)后的剩余可用额度为 8 万元 (10－2)。

(8) 试点纳税人领用通过增值税发票管理系统开具的发票,如何确定单份最高开票限额和领用份数?

试点纳税人办理发票票种核定和发票领用时,通过增值税发票管理系统开具的发票最高开票限额和每月最高领用数量仍按照现行有关规定办理。其中,试点纳税人通过增值税发票管理系统开具的发票领用份数与单份发票最高开票限额之积应小于或等于当月剩余可用额度。

(9) 试点纳税人开具纸质专票和纸质普票如何使用剩余可用额度?

试点纳税人通过电子发票服务平台开具纸质专票和纸质普票时,单份发票开具金额不得超过单份最高开票限额且不得超过当月剩余可用额度,并根据实际开票金额扣除当月剩余可用额度。

试点纳税人通过增值税发票管理系统开具的纸质专票、纸质普票、卷式发票、电子专票和电子普票的,在领用发票时按领用份数与单份发票最高开票限额之积扣除当月剩余可用额度,开具时不再扣除当月剩余可用额度。

(10) 试点纳税人通过电子发票服务平台开具的纸质专票和纸质普票与增值税发票管理系统开具纸质专票和纸质普票有何区别?

试点纳税人通过电子发票服务平台开具的纸质专票和纸质普票,其法律效力、基本用途与现有纸质专票、纸质普票相同。电子发票服务平台开具的纸质专票、纸质普票与现行纸质专票、纸质普票相比,区别在于电子发票服务平台开具纸质专票、纸质普票后，纸质专票、纸质普票密码区不再展示发票密文，密码区将展示电子发票服务平台赋予的20位发票号码以及全国增值税发票查验平台网址。

（11）通过电子发票服务平台税务数字账户，试点纳税人能够获得哪些优质便捷的服务？

为全面推进税收征管数字化升级，降低制度性交易成本，电子发票服务平台税务数字账户集成发票信息、优化发票应用、完善风险提醒，进一步深化发票数据应用成果。通过税务数字账户，纳税人能够获得以下优质便捷的服务：

一是"一户式"发票数据归集服务。电子发票服务平台税务数字账户自动归集开具发票信息，推送至对应受票方纳税人的税务数字账户，实现开票即交付，从根本上解决纳税人纸质发票易丢失破损及电子发票难归集等问题，降低纳税人发票管理成本。

二是"一站式"发票应用集成服务。电子发票服务平台税务数字账户创新应用集成服务，通过完善发票的查询、查验、下载、打印和用途确认等功能，增加税务事项通知书查询、税收政策查询、发票开具金额总额度调整申请、原税率发票开具申请等功能，再造红字发票业务流程、海关缴款书业务流程，为纳税人提供"一站式"服务。

三是"集成化"发票数据展示服务。电子发票服务平台税务数字账户为纳税人提供开具金额总额度管理情况展示服务，纳税人可实时掌握总授信额度和可用授信额度变动情况；同时为纳税人提供风险提醒服务，纳税人可以对发票的开具、申报、缴税、用途确认等流转状态以及作废、红冲、异常等管理状态进行查询统计，以便及时开展风险应对处理，从而有效规避因征纳双方和购销双方信息不对称而产生的涉税风险和财务管理风险。

（12）如何使用发票入账标识功能？

电子发票服务平台为试点纳税人提供发票入账标识服务，纳税人使用该功能时，系统将同步为发票赋予入账状态字样，供财务人员及时查验，避免重复报销入账。

（13）纳税人开具和取得数电票报销入账归档的，需要注意哪些事项？

纳税人开具和取得数电票报销入账归档的，应按照《财政部国家档案局关于规范电子会计凭证报销入账归档的通知》（财会〔2020〕6号，以下简称《通知》）和《会计档案管理办法》（财政部国家档案局令第79号）的相关规定执行。

第一，纳税人可以根据《通知》第三条、第五条的规定，仅使用数电票电子件进行报销入账归档的，可不再另以纸质形式保存。

第二，纳税人如果需要以数电票的纸质打印件作为报销入账归档依据的，应当根据《通知》第四条的规定，同时保存数电票电子件。

（14）试点纳税人怎样开具红字发票？

试点纳税人发生开票有误、销货退回、服务中止、销售折让等情形，需要通过电子发票服务平台开具红字数电票或红字纸质发票的，按以下规定执行：

一是受票方未做用途确认及入账确认的，开票方在电子发票服务平台填开《红字发票信息确认单》(以下简称《确认单》)后全额开具红字数电票或红字纸质发票,无需受票方确认。其中,《确认单》需要与对应的蓝字发票信息相符。

例 2-36 2023 年 6 月 10 日,G 公司(试点纳税人)发现有一张在 2023 年 5 月 31 日开给 H 公司(试点纳税人)的纸质专票内容有误,通过电子发票服务平台查询到 H 公司未对取得的发票进行用途确认与发票入账。G 公司联系 H 公司将该发票相关联次取回后,通过电子发票服务平台填开并上传《确认单》,无需 H 公司确认,系统自动校验通过后可直接全额开具对应的红字数电票。

例 2-37 2023 年 4 月,I 公司(试点纳税人)为 J 公司(非试点纳税人)提供加工劳务。I 公司在 2023 年 4 月 18 日已为 J 公司开具了带有"增值税专用发票"字样的数电票。4 月 20 日因客观原因劳务终止,此前 J 公司未对该发票进行确认用途及发票入账,I 公司需全额开具红字数电票。

I 公司通过电子发票服务平台填开《确认单》,无需 J 公司确认,I 公司依据核实无误的确认单信息,全额开具红字数电票。

二是受票方已进行用途确认或入账确认的,受票方为试点纳税人,开票方或受票方均可在电子发票服务平台填开并上传《确认单》,经对方在电子发票服务平台确认后,开票方全额或部分开具红字数电票或红字纸质发票;受票方为非试点纳税人,由开票方在电子发票服务平台或由受票方在增值税发票综合服务平台填开并上传《确认单》,经对方确认后,开票方全额或部分开具红字数电票或红字纸质发票。其中,《确认单》需要与对应的蓝字发票信息相符。

受票方已将发票用于增值税申报抵扣的,应当暂依《确认单》所列增值税税额从当期进项税额中转出,待取得开票方开具的红字发票后,与《确认单》一并作为记账凭证。

例 2-38 2023 年 10 月,L 公司(试点纳税人)销售一批服装给 M 公司(试点纳税人),已开具带有"增值税专用发票"字样的数电票,M 公司已对取得的发票进行用途确认。2023 年 11 月,该批服装发生销货退回。

情形一:M 公司财务人员通过电子发票服务平台填开《确认单》,选择原因和对应的蓝字发票信息,录入金额和税额。L 公司财务人员通过电子发票服务平台完成确认后,L 公司财务人员据此开具红字数电票。

情形二:L 公司财务人员通过电子发票服务平台填开《确认单》,选择原因和对应的蓝字发票信息,录入金额和税额。M 公司财务人员通过电子发票服务平台完成确认后,L 公司财务人员据此开具红字数电票。

例 2-39 2023 年 11 月，N 公司（试点纳税人）销售一批玩具给 P 公司（非试点纳税人），已开具带有"增值税专用发票"字样的数电票，P 公司已确认用途。2023 年 12 月，该批玩具发生销货退回。

情形一：N 公司财务人员通过电子发票服务平台填开《确认单》，选择原因和对应的蓝字发票信息，录入金额和税额。P 公司财务人员通过增值税发票综合服务平台完成确认后，N 公司财务人员据此开具红字数电票。

情形二：P 公司财务人员通过增值税发票综合服务平台发起《确认单》，选择原因和对应的蓝字发票信息，录入金额和税额。N 公司财务人员通过电子发票服务平台完成确认后，N 公司财务人员据此开具红字数电票。

三是试点纳税人通过电子发票服务平台开具的数电票或纸质发票已用于申请出口退税、代办退税的，暂不允许开具红字发票。

（15）非试点纳税人开具红字发票流程有何变化？

一是增值税发票综合服务平台为非试点纳税人提供了填开《确认单》和对《确认单》进行确认的功能。

二是纳税人发生《国家税务总局关于红字增值税发票开具有关问题的公告》（国家税务总局公告 2016 年第 47 号）第一条以及《国家税务总局关于在新办纳税人中实行增值税专用发票电子化有关事项的公告》（国家税务总局公告 2020 年第 22 号）第七条规定情形的，购买方可通过电子发票服务平台填开《信息表》。

例 2-40 2023 年 5 月，Q 公司（非试点纳税人）销售一批服装给 R 公司（试点纳税人），通过增值税发票管理系统已开具增值税专用发票，R 公司已确认用途。2023 年 6 月，该批服装发生销货退回。

R 公司通过电子发票服务平台填开《信息表》，Q 公司财务人员据此开具红字专用发票。

（16）试点纳税人通过电子发票服务平台开具红字发票有哪些注意事项？

一是试点纳税人需要开具红字发票的，可以在所对应的蓝字发票金额范围内开具红字发票。

二是试点纳税人开具蓝字数电票当月开具红字数电票，电子发票服务平台同步增加其当月剩余可用额度；跨月开具红字数电票的，电子发票服务平台不增加其当月剩余可用额度。

三是试点纳税人开具蓝字纸质发票当月开具红字纸质发票，或者作废已开具的蓝字纸质发票，电子发票服务平台同步增加其当月剩余可用额度；跨月开具红字纸质发票的，电子发票服务平台不增加其当月剩余可用额度。

例 2-41 纳税人 S 公司，2023 年 10 月的开具金额总额度为 750 万元。

2023 年 10 月 1 日至 5 日 S 公司开票累计金额 100 万元，10 月 6 日开具红字数电票金额 10 万元（对应 2023 年 8 月 25 日开具的蓝字数电票，金额 10 万元），10 月 7 日开具红字数电票 50 万元（对应 2023 年 10 月 3 日开具的蓝字数电票，金额 50 万元），则 10 月 8 日剩余可用额度为 700 万元（750－100＋50）。由于跨月开具红字数电票不增加当月剩余可用额度，10 月 6 日开具红字数电票金额 10 万元不列入当月剩余可用额度计算。

（17）《公告》实施后，试点纳税人能开具机动车（含二手车）、通行费等特定业务发票吗？

电子发票服务平台暂不支持开具机动车（含二手车）、通行费等特定业务数电票，开具上述发票功能的上线时间另行公告。功能上线前，试点纳税人可通过增值税发票管理系统开具上述发票。

相关发票功能上线前，试点纳税人可以通过增值税发票管理系统开具电子专票、增值税电子普通发票（含收费公路通行费增值税电子普通发票）、增值税普通发票（卷票）、二手车销售统一发票以及通过增值税发票管理系统开票软件中机动车发票开具模块开具左上角有"机动车"字样的增值税专用发票和机动车销售统一发票（包括纸质发票、电子发票）。

（18）通过什么渠道可以进行数电票信息的查验？

单位和个人可以通过全国增值税发票查验平台对数电票的信息进行查验。同时，电子发票服务平台为试点纳税人提供数电票查验服务。

（19）试点纳税人通过电子发票服务平台开具或勾选确认发票后，如何填写增值税及附加税费申报表？

第一，一般纳税人通过电子发票服务平台开具带有"增值税专用发票"或"普通发票"字样的数电票、纸质专票、纸质普票，其金额及税额应分别填入《增值税及附加税费申报表附列资料（一）》（本期销售情况明细）"开具增值税专用发票"或"开具其他发票"相关栏次。

一般纳税人取得通过电子发票服务平台开具的数电票、纸质专票、纸质普票，勾选用于进项抵扣时，其份数、金额及税额填列在《增值税及附加税费申报表附列资料（二）》（本期进项税额明细）相关栏次。

一般纳税人取得通过电子发票服务平台开具的带有"增值税专用发票"字样的数电票、纸质专票，已用于增值税申报抵扣的，对应的《确认单》所列增值税税额填列在《增值税及附加税费申报表附列资料（二）》（本期进项税额明细）第 20 栏"红字专用发票信息表注明的进项税额"。一般纳税人取得通过电子发票服务平台开具的带有"普通发票"字样的数电票、纸质普票，已用于增值税申报抵扣，对应的《确认单》所列增值税税额填列在《增值税及附加税费申报表附列资料（二）》（本期进项税额明细）第 23b 栏 "其他应作进项税额转出的情形"。其中纳税人购进农产品取得数电票、纸质专票、纸质普票，已按计算税额申报抵扣农产品进项税额的或已加计扣除农产品进项税额的，应按《确认单》所列已计算抵扣的税额或加计扣除农产品进项税额填报《增值税及附加税费申报表附列资料（二）》第 23b 栏 "其他应作进项税额转出的情形"。

第二，小规模纳税人通过电子发票服务平台开具的带有 "增值税专用发票" 或 "普通发票" 字样的数电票、纸质专票、纸质普票，其金额及税额应填入《增值税及附加税费申报表（小规模纳税人适用）》"增值税专用发票不含税销售额" 或 "其他增值税发票不含税销售额" 相关栏次。其中，适用增值税免税政策的，按规定填入 "免税销售额" 相关栏次。

（20）纳税人需要确认发票用途，通过什么渠道进行确认？

《公告》发布后，试点纳税人可以通过电子发票服务平台税务数字账户使用增值税发票综合服务平台具备的发票用途确认、风险提示、信息下载等功能。

试点纳税人取得通过电子发票服务平台开具的带有 "增值税专用发票" 字样的数电票、带有 "普通发票" 字样的数电票、纸质专票和纸质普票等符合规定的增值税扣税凭证，如需用于申报抵扣增值税进项税额或申请出口退税、代办退税的，应当通过电子发票服务平台税务数字账户或增值税发票综合服务平台确认用途。非试点纳税人继续通过增值税发票综合服务平台使用相关增值税扣税凭证功能，取得通过电子发票服务平台开具的带有 "增值税专用发票" 字样的数电票、带有 "普通发票" 字样的数电票、纸质专票和纸质普票等符合规定的增值税扣税凭证，用于申报抵扣增值税进项税额或申请出口退税、代办退税的，应通过增值税发票综合服务平台确认用途。

纳税人确认用途有误的，可向主管税务机关申请更正。

（21）试点纳税人如何通过电子发票服务平台税务数字账户进行计算农产品进项税额以及加计扣除农产品进项税额？

试点纳税人购进农产品，取得符合规定的带有 "增值税专用发票" 字样的数电票、增值税专用发票、海关缴款书、农产品销售发票等凭证或者开具符合规定的收购发票，可以通过电子发票服务平台税务数字账户进行用途确认，按照相关规定计算当期进项税额。

其中，试点纳税人购进用于生产或者委托加工 13% 税率货物的农产品，可以由主管税务机关开通加计扣除农产品进项税额确认功能，按照相关规定计算当期进项税额，并将已进行用途确认的凭证明细转入加计扣除农产品进项税额确认待用。纳税人将购进农产品用于生产或者委托加工的当期，可以通过电子发票服务平台税务数字账户选择相应凭证，按规定计算填写本次加计扣除农产品进项税额。

试点纳税人取得符合以上规定的尚未用于加计扣除农产品进项税额的凭证，可以向主管税务机关申请补录。

（22）试点纳税人错误确认发票用途后，税务机关如何帮助纳税人进行修改和更正？

试点纳税人通过电子发票服务平台确认发票用途后，如果出现发票用途确认错误的情形，税务机关可为纳税人提供规范、便捷的更正服务。

纳税人将发票用途误确认为申报抵扣且已申报抵扣后，如果要改为用于申报出口退税或代办退税，纳税人可以向主管税务机关申请更正。主管税务机关在核实确认相关进项税额已转出后，为纳税人调整发票用途。

纳税人将发票用途误确认为用于出口退税、代办退税的，可以向主管税务机关申请更正。如纳税人尚未申报出口退税，经主管税务机关确认后，可将发票信息回退至电子发票服务平台，纳税人可以重新确认发票用途；如果纳税人已申报办理出口退税，可向主管税务机关申请开具出口货物转内销证明。

第八节
厦门市全电发票试点制度

一、开展全面数字化的电子发票受票试点

2022年7月25日，《国家税务总局厦门市税务局关于开展全面数字化的电子发票受票试点工作的公告》（国家税务总局厦门市税务局公告2022年第2号）规定，为落实中办、国办印发的《关于进一步深化税收征管改革的意见》要求，全面推进税收征管数字化升级和智能化改造，降低征纳成本，国家税务总局建设了全国统一的电子发票服务平台，24小时在线免费为纳税人提供全面数字化的电子发票（以下简称全电发票）开具、交付、查验等服务，实现发票全领域、全环节、全要素电子化。经国家税务总局同意，厦门市税务局决定在厦门市开展全电发票受票试点工作。

（1）自2022年7月31日起，厦门市纳税人仅作为受票方接收由内蒙古自治区、上海市和广东省（不含深圳市，下同）的部分纳税人（以下简称试点纳税人）通过电子发票服务平台开具的发票，包括带有"增值税专用发票"字样的全电发票、带有"普通发票"字样的全电发票、增值税纸质专用发票（以下简称纸质专票）和增值税纸质普通发票（折叠票，以下简称纸质普票）。

（2）全电发票的法律效力、基本用途等与现有纸质发票相同。其中，带有"增值税专用发票"字样的全电发票，其法律效力、基本用途等与现有增值税专用发票相同；带有"普通发票"字样的全电发票，其法律效力、基本用途等与现有普通发票相同。

（3）全电发票由各省、自治区、直辖市和计划单列市税务局监制。全电发票无联次，基本内容包括：二维码、发票号码、开票日期、购买方信息、销售方信息、项目名称、规格型号、单位、数量、单价、金额、税率/征收率、税额、合计、价税合计（大写、小写）、备注、开票人。

其中，电子发票服务平台为从事特定行业、发生特殊应税行为及特定应用场景业务（包括：稀土、建筑服务、旅客运输服务、货物运输服务、不动产销售、不动产经营租赁服务、农产品收购、光伏收购、代收车船税、自产农产品销售、差额征税等）的纳税人提供了对应特定业务的全电发票样式。

（4）全电发票的发票号码为20位，其中：第1～2位代表公历年度后两位，第

3～4位代表各省、自治区、直辖市和计划单列市行政区划代码，第5位代表全电发票开具渠道等信息，第6～20位代表顺序编码等信息。

（5）通过电子发票服务平台开具的纸质专票和纸质普票，其法律效力、基本用途和基本使用规定与现有纸质专票、纸质普票相同；其发票密码区不再展示发票密文，改为展示电子发票服务平台赋予的20位发票号码及全国增值税发票查验平台网址。

（6）厦门市纳税人使用增值税发票综合服务平台接收试点纳税人通过电子发票服务平台开具的发票。此外，也可取得销售方以电子邮件、二维码等方式交付的全电发票。

厦门市纳税人取得通过电子发票服务平台开具的带有"增值税专用发票"字样的全电发票、带有"普通发票"字样的全电发票、纸质专票和纸质普票等符合规定的增值税扣税凭证，如需用于申报抵扣增值税进项税额或申请出口退税、代办退税的，应按规定通过增值税发票综合服务平台确认用途。

（7）纳税人取得开票方通过电子发票服务平台开具的发票，发生开票有误、销货退回、服务中止、销售折让等情形，需开票方通过电子发票服务平台开具红字全电发票或红字纸质发票，按以下规定执行：

一是受票方未做用途确认及入账确认的，开票方填开《红字发票信息确认单》（以下简称《确认单》）后全额开具红字全电发票或红字纸质发票，无需受票方确认。

二是受票方已进行用途确认或入账确认的，由开票方或受票方填开《确认单》，经对方确认后，开票方依据《确认单》开具红字发票。

受票方已将发票用于增值税申报抵扣的，应暂依《确认单》所列增值税税额从当期进项税额中转出，待取得开票方开具的红字发票后，与《确认单》一并作为记账凭证。

（8）单位和个人可以通过全国增值税发票查验平台（https://inv-veri.chinatax.gov.cn）查验全电发票信息。

（9）纳税人以全电发票报销入账归档的，按照财政和档案部门的相关规定执行。

（10）纳税人应当按照规定依法、诚信、如实使用全电发票，不得虚开、虚抵、骗税，并接受税务机关依法检查。税务机关依法加强税收监管和风险防范，严厉打击涉税违法犯罪行为。

二、开展全面数字化的电子发票受票试点解读

为落实中办、国办印发的《关于进一步深化税收征管改革的意见》要求，全面推进税收征管数字化升级和智能化改造，降低征纳成本，国家税务总局厦门市税务局发布了《国家税务总局厦门市税务局关于开展全面数字化的电子发票试点工作的公告》（以下简称《公告》）。

（1）推行全面数字化的电子发票的背景是什么？

2021年12月1日起，国家税务总局在内蒙古自治区、上海市和广东省（不含深圳

市）、四川省4个地区开始推行全电发票。全电发票推行后，系统运行平稳，因具有无需领用、开具便捷、信息集成、节约成本等优点，受到越来越多纳税人的欢迎。

为贯彻落实中办、国办关于稳步实施发票电子化改革的部署安排，国家税务总局本着稳妥有序的原则，决定采用先在部分地区推行全电发票试点，此后逐步扩大地区和纳税人范围的工作策略。

自2022年11月30日起，在厦门市的部分纳税人中开展全电发票试点，试点纳税人具体范围由国家税务总局厦门市税务局确定。

按照国家税务总局的推广进度安排，全电发票受票范围已扩至全国，厦门市试点纳税人通过电子发票服务平台开具的全电发票，各省的受票方均可接收。

（2）推行全电发票具有哪些优点？

第一，领票流程更简化。开业开票"无缝衔接"。全电发票实现"去介质"，纳税人不再需要预先领取专用税控设备；通过"赋码制"取消特定发票号段申领，发票信息生成后，系统自动分配唯一的发票号码；通过"授信制"自动为纳税人赋予开具金额总额度，实现开票"零前置"。基于此，新办纳税人可实现"开业即可开票"。

第二，开票用票更便捷。一是发票服务"一站式"更便捷。纳税人登录电子发票服务平台后，可进行发票开具、交付、查验以及用途勾选等系列操作，享受"一站式"服务，不再像以前需登录多个平台才能完成相关操作。二是发票数据应用更广泛。通过"一户式""一人式"发票数据归集，加强各税费数据联动，为实现"一表集成"式税费申报预填服务奠定数据基础。三是发票使用满足个性业务需求。全电发票破除特定版式要求，增加了XML的数据电文格式便利交付，同时保留PDF、OFD等格式，降低发票使用成本，提升纳税人用票的便利度和获得感。全电发票样式根据不同业务进行差异化展示，为纳税人提供更优质的个性化服务。四是纳税服务渠道更畅通。电子发票服务平台提供征纳互动相关功能，如增加智能咨询，纳税人在开票、受票等过程中，平台自动接收纳税人业务处理过程中存在的问题并进行智能答疑；增设异议提交功能，纳税人对开具金额总额度有异议时，可以通过平台向税务机关提出。

第三，入账归档一体化。通过制发电子发票数据规范、出台电子发票国家标准，实现全电发票全流程数字化流转，进一步推进企业和行政事业单位会计核算、财务管理信息化。

（3）全电发票的票面信息包括哪些？

全电发票的票面信息包括基本内容和特定内容。

为了符合纳税人开具发票的习惯，全电发票的基本内容在现行增值税发票基础上进行了优化，主要包括：发票号码、开票日期、购买方信息、销售方信息、项目名称、规格型号、单位、数量、单价、金额、税率/征收率、税额、合计、价税合计（大写、小写）、备注、开票人等。

为了满足从事特定行业、发生特定应税行为及特定应用场景业务（以下简称特定业务）的试点纳税人开具发票的个性化需求，税务机关根据现行发票开具的有关规定和特定业务的开票场景，在全电发票中设计了相应的特定内容。特定业务包括但不限于稀土、建筑服务、旅客运输服务、货物运输服务、不动产销售、不动产经营租赁服务、农产品收购、光伏收购、代收车船税、自产农产品销售、差额征税等。试点纳税人在开具全电发票时，可以按照实际业务开展情况，选择特定业务，将按规定应填写在发票备注等栏次的信息，填写在特定内容栏次，进一步规范发票票面内容，便利纳税人使用。特定业务的全电发票票面按照特定内容展示相应信息，同时票面左上角展示该业务类型的字样。

（4）试点纳税人可以通过电子发票服务平台开具哪些类型的发票？

电子发票服务平台支持开具全电发票、纸质专票和纸质普票。

试点纳税人通过实名验证后，无需使用税控专用设备即可通过电子发票服务平台开具全电发票、纸质专票和纸质普票，无需进行发票验旧操作。其中，全电发票无需进行发票票种核定和发票领用。

试点纳税人可以选择电子发票服务平台或者增值税发票管理系统其中之一开具纸质专票或纸质普票。其中，试点纳税人选择通过电子发票服务平台开具纸质专票或纸质普票，其票种核定、发票领用、发票作废、发票缴销、发票退回、发票遗失损毁等事项仍然按照原规定和流程办理。

（5）如何理解《公告》中的开具金额总额度和剩余可用额度？

为降低纳税人使用成本，便利全电发票推广，尊重纳税人现行开票用票习惯，做好发票风险防控，税务机关对试点纳税人开票实行开具金额总额度管理。

开具金额总额度，也称总授信额度，是指一个自然月内试点纳税人发票开具总金额（不含增值税）的上限额度，包括试点纳税人可通过电子发票服务平台开具的全电发票、纸质专票和纸质普票的上限总金额以及可通过增值税发票管理系统开具的纸质专票、纸质普票、增值税普通发票（卷式，以下简称卷式发票）、增值税电子专用发票（以下简称电子专票）和增值税电子普通发票（以下简称电子普票）的上限总金额。

剩余可用额度，也称可用授信额度，是指在一个自然月内试点纳税人开具金额总额度扣除已使用额度。其中，已使用额度包括试点纳税人通过电子发票服务平台开具的发票金额，以及通过增值税发票管理系统开具的纸质专票、纸质普票、卷式发票、电子专票和电子普票的领用份数与单份发票最高开票限额之积（存在多种不同版式的发票应分别计算并求和，下同）。

例 2-42　试点纳税人 A 公司，通过电子发票服务平台开具全电发票，同时通过增值税发票管理系统开具纸质专票和纸质普票，2022 年 12 月开具金额总额度为 750 万元。

2022 年 12 月 1 日至 20 日，A 公司领用 10 万元版增值税专用发票 40 份（应从开具金额总额度中扣除 400 万元），通过增值税发票管理系统开具了 36 份纸质专票，合计金额 350 万元（不再重复从开具金额总额度中扣除），通过电子发票服务平台开具全电发票金额 300 万元（应从开具金额总额度中扣除 300 万元），则 12 月 20 日后剩余可用额度为 50 万元（750－40×10－300）。

（6）试点纳税人开具金额总额度如何调整？

调整开具金额总额度有三种方式，包括定期调整、临时调整和人工调整。

第一，定期调整。定期调整是指电子发票服务平台每月自动对纳税人开具金额总额度进行调整。

例2-43 2022年12月初成立的B公司，初始开具金额总额度为750万元。2023年2月，根据B公司实际经营情况以及2022年12月、2023年1月开具金额总额度的使用情况，2023年2月初电子发票服务平台将其开具金额总额度调整至850万元。

第二，临时调整。临时调整是指税收风险程度较低的纳税人当月开具发票金额首次达到开具金额总额度一定比例时，电子发票服务平台自动为其临时调增一次开具金额总额度。

例2-44 2022年12月初成立的C公司，初始开具金额总额度为750万元。

情形一：2022年12月中旬，C公司销售额增加，至12月20日，实际已使用额度达到600万元（达到当前开具金额总额度的一定比例），电子发票服务平台自动风险扫描无问题后，为C公司临时增加开具金额总额度至900万元。

情形二：2022年12月中旬，C公司销售额增加，至12月20日，实际已使用额度达到580万元，未触发系统临时调整。12月21日，C公司因经营需要，需开具1份金额为200万元的全电发票，在填写发票信息时，因累计金额达到780万元（达到当前开具金额总额度的一定比例），电子发票服务平台自动风险扫描无问题后，为C公司临时增加开具金额总额度至900万元。

第三，人工调整。人工调整是指纳税人因实际经营情况发生变化申请调整开具金额总额度，主管税务机关依法依规审核未发现异常的，为纳税人调整开具金额总额度。

例2-45 D公司2022年12月初开具金额总额度为750万元，销售额增加，电子发票服务平台为D公司临时调增开具金额总额度至900万元，但仍无法满足D公司本月开票需求。D公司根据实际经营情况，向主管税务机关申请调增开具金额总额度至1 200万元，主管税务机关依法依规审核未发现异常后，相应调增D公司开具金额总额度。

（7）试点纳税人在增值税申报期内如何使用开具金额总额度？

试点纳税人在增值税申报期内，完成增值税申报前，在电子发票服务平台中可以按照上月剩余可用额度且不超过当月开具金额总额度的范围内开具发票。试点纳税人按规定完成增值税申报且比对通过后，在电子发票服务平台中可以按照当月剩余可用额度开具发票。

第一，按月进行增值税申报的试点纳税人在每月月初到完成上个所属期（即上个月）申报前开具金额总额度的可使用额度为上月剩余可用额度，且不超过本月开具金额总额度；完成上个所属期（即上个月）申报且比对通过后可使用额度为当月剩余可用额度。

第二，按季进行增值税申报的试点纳税人在每季季初到完成上个所属期（即上个季度）申报前开具金额总额度的可使用额度为上月剩余可用额度，且不超过本月开具金额总额度；完成上个所属期（即上个季度）申报且比对通过后可使用额度为当月剩余可用额度。

例 2-46　试点纳税人 E 公司是按月申报的一般纳税人，2022 年 11 月开具金额总额度为 750 万元，截至 11 月 30 日实际已使用额度 400 万元，剩余可用额度为 350 万元。

情形一：12 月 1 日，电子发票服务平台自动计算其 12 月开具金额总额度为 750 万元。如果 E 公司在 12 月 11 日 9 时完成 11 月所属期增值税申报并比对通过，则 12 月 11 日 9 时前（即未完成 11 月所属期增值税申报前），E 公司的可使用额度为 350 万元（11 月剩余可用额度 350 万元＜12 月月初开具金额总额度 750 万元）。

12 月 1 日至 11 日 9 时，如果 E 公司实际已使用额度为 20 万元，则 12 月 11 日 9 时（即完成申报）后的剩余可用额度为 730 万元（750 − 20）。

情形二：12 月 1 日，依据纳税人风险程度、纳税信用级别、实际经营情况等因素，电子发票服务平台自动计算并将 12 月开具金额总额度调整为 250 万元。如果 E 公司在 12 月 11 日 9 时完成 11 月所属期增值税申报并比对通过，则 12 月 11 日 9 时前（即未完成 11 月所属期增值税申报前）E 公司的可使用额度为 250 万元（11 月剩余可用额度 350 万元＞12 月月初开具金额总额度 250 万元）。

12 月 1 日至 11 日 9 时，如果 E 公司实际已使用额度为 20 万元，则 12 月 11 日 9 时（即完成申报）后的剩余可用额度为 230 万元（250 − 20）。

例 2-47　试点纳税人 F 公司是按季申报的小规模纳税人，2022 年 11 月开具金额总额度为 10 万元，截至 11 月 30 日实际已使用额度为 5 万元，剩余可用额度为 5 万元。

12 月 1 日，电子发票服务平台自动计算并将 12 月开具金额总额度重新调整为 10 万元。因 F 公司是按季申报的纳税人，12 月无需完成 11 月所属期增值税申报，则 12 月 1 日后可使用额度为 10 万元（即 12 月初的开具金额总额度）。12 月 1 日至 31 日，F 公司实际已使用额度为 8 万元，剩余可用额度为 2 万元。

2023 年 1 月 1 日，电子发票服务平台自动计算并将 1 月开具金额总额度重新调整为 10 万元。如果 F 公司于 1 月 6 日 9 时完成 2022 年第四季度所属期增值税申报并比对通过，则 1 月 6 日 9 时前（即未完成第四季度所属期增值税申报前）可使用额度仍为 2 万元（2022 年 12 月剩余可用额度 2 万元＜2023 年 1 月初开具金额总额度 10 万元）。

1 月 1 日至 6 日 9 时，如果 F 公司实际已使用额度为 2 万元，则 1 月 6 日 9 时（即完成申报）后的剩余可用额度为 8 万元（10 − 2）。

（8）试点纳税人领用通过增值税发票管理系统开具的发票，如何确定单份最高开票限额和领用份数？

试点纳税人办理发票票种核定和发票领用时，通过增值税发票管理系统开具的发票最高开票限额和每月最高领用数量仍按照现行有关规定办理。其中，试点纳税人通过增值税发票管理系统开具的发票领用份数与单份发票最高开票限额之积应小于或等于当月剩余可用额度。

（9）试点纳税人开具纸质专票和纸质普票如何使用剩余可用额度？

试点纳税人通过电子发票服务平台开具纸质专票和纸质普票时，单份发票开具金额不得超过单份最高开票限额且不得超过当月剩余可用额度，并根据实际开票金额扣除当月剩余可用额度。

试点纳税人通过增值税发票管理系统开具的纸质专票、纸质普票、卷式发票、电子专票和电子普票的，在领用发票时按领用份数与单份发票最高开票限额之积扣除当月剩余可用额度，开具时不再扣除当月剩余可用额度。

（10）试点纳税人通过电子发票服务平台开具的纸质专票和纸质普票与增值税发票管理系统开具纸质专票和纸质普票有何区别？

试点纳税人通过电子发票服务平台开具的纸质专票和纸质普票，其法律效力、基本用途和基本使用规定与现有纸质专票、纸质普票相同。电子发票服务平台开具的纸质专票、纸质普票与现行纸质专票、纸质普票相比，区别在于电子发票服务平台开具纸质专票、纸质普票后，纸质专票、纸质普票密码区不再展示发票密文，密码区将展示电子发票服务平台赋予的20位发票号码以及全国增值税发票查验平台网址。

（11）通过电子发票服务平台税务数字账户，试点纳税人能够获得哪些优质便捷的服务？

为全面推进税收征管数字化升级，降低制度性交易成本，电子发票服务平台税务数字账户集成发票信息、优化发票应用、完善风险提醒，进一步深化发票数据应用成果。通过税务数字账户，纳税人能够获得以下优质便捷的服务：

一是"一户式"发票数据归集服务。电子发票服务平台税务数字账户自动归集开具发票信息，推送至对应受票方纳税人的税务数字账户，实现开票即交付，从根本上解决纳税人纸质发票易丢失破损及电子发票难归集等问题，降低纳税人发票管理成本。

二是"一站式"发票应用集成服务。电子发票服务平台税务数字账户创新应用集成服务，通过完善发票的查询、查验、下载、打印和用途确认等功能，增加税务事项通知书查询、税收政策查询、发票开具金额总额度调整申请、原税率发票开具申请等功能，再造红字发票业务流程、海关缴款书业务流程，为纳税人提供"一站式"服务。

三是"集成化"发票数据展示服务。电子发票服务平台税务数字账户为纳税人提供开具金额总额度管理情况展示服务，纳税人可实时掌握总授信额度和可用授信额度变动情况；同时为纳税人提供风险提醒服务，纳税人可以对发票的开具、申报、缴税、用途确认等流转状态以及作废、红冲、异常等管理状态进行查询统计，以便及时开展风险应对处理，从而有效规避因征纳双方和购销双方信息不对称而产生的涉税风险和财务管理风险。

（12）如何使用发票入账标识功能？

电子发票服务平台为试点纳税人提供发票入账标识服务，纳税人使用该功能时，系统将同步为发票赋予入账状态字样，供财务人员及时查验，避免重复报销入账。

（13）纳税人开具和取得全电发票报销入账归档的，需要注意哪些事项？

纳税人开具和取得全电发票报销入账归档的，应按照《财政部 国家档案局关于规范电子会计凭证报销入账归档的通知》（财会〔2020〕6号，以下称《通知》）和《会计档案管理办法》（财政部、国家档案局令第79号）的相关规定执行。

第一，纳税人可以根据《通知》第三条、第五条的规定，仅使用全电发票电子件进行报销入账归档的，可不再另以纸质形式保存。

第二，纳税人如果需要以全电发票的纸质打印件作为报销入账归档依据的，应当根据《通知》第四条的规定，同时保存全电发票电子件。

（14）试点纳税人怎样开具红字发票？

试点纳税人发生开票有误、销货退回、服务中止、销售折让等情形，需要通过电子发票服务平台开具红字全电发票或红字纸质发票的，按以下规定执行：

一是受票方未做用途确认及入账确认的，开票方在电子发票服务平台填开《红字发票信息确认单》（以下简称《确认单》）后全额开具红字全电发票或红字纸质发票，无需受票方确认。其中，《确认单》需要与对应的蓝字发票信息相符。

例 2-48 2022年12月10日，G公司（试点纳税人）发现有一张在2022年11月30日开给H公司（试点纳税人）的纸质专票内容有误，通过电子发票服务平台查询到H公司未对取得的发票进行用途确认与发票入账。G公司联系H公司将该发票相关联次取回后，通过电子发票服务平台填开并上传《确认单》，无需H公司确认，系统自动校验通过后可直接全额开具对应的红字全电发票。

例 2-50 2022年12月，I公司（试点纳税人）为J公司（非试点纳税人）提供加工劳务。I公司在2022年12月18日已为J公司开具了带有"增值税专用发票"字样的全电发票。12月20日因客观原因劳务终止，此前J公司未对该发票进行确认用途及发票入账，I公司需全额开具红字全电发票。

I公司通过电子发票服务平台填开《确认单》，无需J公司确认，I公司依据核实无误的确认单信息，全额开具红字全电发票。

二是受票方已进行用途确认或入账确认的，受票方为试点纳税人，开票方或受票方均可在电子发票服务平台填开并上传《确认单》，经对方在电子发票服务平台确认后，开票方全额或部分开具红字全电发票或红字纸质发票；受票方为非试点纳税人，由开票方在电子发票服务平台或由受票方在增值税发票综合服务平台填开并上传《确认单》，经对方确认后，开票方全额或部分开具红字全电发票或红字纸质发票。其中，

《确认单》需要与对应的蓝字发票信息相符。

受票方已将发票用于增值税申报抵扣的，应当暂依《确认单》所列增值税税额从当期进项税额中转出，待取得开票方开具的红字发票后，与《确认单》一并作为记账凭证。

例 2-51 2022 年 11 月，L 公司（试点纳税人）销售一批服装给 M 公司（试点纳税人），已开具带有"增值税专用发票"字样的全电发票，M 公司已对取得的发票进行用途确认。2022 年 12 月，该批服装发生销货退回。

情形一：M 公司财务人员通过电子发票服务平台填开《确认单》，选择原因和对应的蓝字发票信息，录入金额和税额。L 公司财务人员通过电子发票服务平台完成确认后，L 公司财务人员据此开具红字全电发票。

情形二：L 公司财务人员通过电子发票服务平台填开《确认单》，选择原因和对应的蓝字发票信息，录入金额和税额。M 公司财务人员通过电子发票服务平台完成确认后，L 公司财务人员据此开具红字全电发票。

例 2-52 2022 年 11 月，N 公司（试点纳税人）销售一批玩具给 P 公司（非试点纳税人），已开具带有"增值税专用发票"字样的全电发票，P 公司已确认用途。2022 年 12 月，该批玩具发生销货退回。

情形一：N 公司财务人员通过电子发票服务平台填开《确认单》，选择原因和对应的蓝字发票信息，录入金额和税额。P 公司财务人员通过增值税发票综合服务平台完成确认后，N 公司财务人员据此开具红字全电发票。

情形二：P 公司财务人员通过增值税发票综合服务平台发起《确认单》，选择原因和对应的蓝字发票信息，录入金额和税额。N 公司财务人员通过电子发票服务平台完成确认后，N 公司财务人员据此开具红字全电发票。

三是试点纳税人通过电子发票服务平台开具的全电发票或纸质发票已用于申请出口退税、代办退税的，暂不允许开具红字发票。

（15）非试点纳税人开具红字发票流程有何变化？

一是增值税发票综合服务平台为非试点纳税人提供了填开《确认单》和对《确认单》进行确认的功能。

二是纳税人发生《国家税务总局关于红字增值税发票开具有关问题的公告》（国家税务总局公告 2016 年第 47 号）第一条以及《国家税务总局关于在新办纳税人中实行增值税专用发票电子化有关事项的公告》（国家税务总局公告 2020 年第 22 号）第七条规定情形的，购买方可通过电子发票服务平台填开《信息表》。

例 2-53 2022 年 10 月，Q 公司（非试点纳税人）销售一批服装给 R 公司（试点纳税人），通过增值税发票管理系统已开具增值税专用发票，R 公司已确认用途。2022 年 11 月，该批服装发生销货退回。

R 公司通过电子发票服务平台填开《信息表》，Q 公司财务人员据此开具红字专用发票。

（16）试点纳税人通过电子发票服务平台开具红字发票有哪些注意事项？

一是试点纳税人需要开具红字发票的，可以在所对应的蓝字发票金额范围内开具红字发票。

二是试点纳税人开具蓝字全电发票当月开具红字全电发票，电子发票服务平台同步增加其当月剩余可用额度；跨月开具红字全电发票的，电子发票服务平台不增加其当月剩余可用额度。

三是试点纳税人开具蓝字纸质发票当月开具红字纸质发票，或者作废已开具的蓝字纸质发票，电子发票服务平台同步增加其当月剩余可用额度；跨月开具红字纸质发票的，电子发票服务平台不增加其当月剩余可用额度。

例 2-54 纳税人 S 公司，2023 年 1 月的开具金额总额度为 750 万元。

2023 年 1 月 1 日至 5 日 S 公司开票累计金额 100 万元，1 月 6 日开具红字全电发票金额 10 万元（对应 2022 年 11 月 25 日开具的蓝字全电发票，金额 10 万元），1 月 7 日开具红字全电发票 50 万元（对应 2023 年 1 月 3 日开具的蓝字全电发票，金额 50 万元），则 1 月 8 日剩余可用额度为 700 万元（750 − 100 + 50）。由于跨月开具红字全电发票不增加当月剩余可用额度，1 月 6 日开具红字全电发票金额 10 万元不列入当月剩余可用额度计算。

（17）《公告》实施后，试点纳税人能开具机动车（含二手车）、通行费等特定业务发票吗？

电子发票服务平台暂不支持开具机动车（含二手车）、通行费等特定业务全电发票，开具上述发票功能的上线时间另行公告。功能上线前，试点纳税人可通过增值税发票管理系统开具上述发票。

相关发票功能上线前，试点纳税人可以通过增值税发票管理系统开具电子专票、增值税电子普通发票（含收费公路通行费增值税电子普通发票）、增值税普通发票（卷票）、二手车销售统一发票以及通过增值税发票管理系统开票软件中机动车发票开具模块开具左上角有"机动车"字样的增值税专用发票和机动车销售统一发票（包括纸质发票、电子发票）。

（18）通过什么渠道可以进行全电发票信息的查验？

单位和个人可以通过全国增值税发票查验平台对全电发票的信息进行查验。同时，电子发票服务平台为试点纳税人提供全电发票查验服务。

（19）试点纳税人通过电子发票服务平台开具或勾选确认发票后，如何填写增值税及附加税费申报表？

第一，一般纳税人通过电子发票服务平台开具带有"增值税专用发票"或"普通发票"字样的全电发票、纸质专票、纸质普票，其金额及税额应分别填入《增值税及附加税费申报表附列资料（一）》（本期销售情况明细）"开具增值税专用发票"或"开具其他发票"相关栏次。

一般纳税人取得通过电子发票服务平台开具的全电发票、纸质专票、纸质普票，勾选用于进项抵扣时，其份数、金额及税额填列在《增值税及附加税费申报表附列资料（二）》（本期进项税额明细）相关栏次。

一般纳税人取得通过电子发票服务平台开具的带有"增值税专用发票"字样的全电发票、纸质专票，已用于增值税申报抵扣的，对应的《确认单》所列增值税税额填列在《增值税及附加税费申报表附列资料（二）》（本期进项税额明细）第20栏"红字专用发票信息表注明的进项税额"。一般纳税人取得通过电子发票服务平台开具的带有"普通发票"字样的全电发票、纸质普票，已用于增值税申报抵扣，对应的《确认单》所列增值税税额填列在《增值税及附加税费申报表附列资料（二）》（本期进项税额明细）第23b栏"其他应作进项税额转出的情形"。其中纳税人购进农产品取得全电发票、纸质专票、纸质普票，已按计算税额申报抵扣农产品进项税额的或已加计扣除农产品进项税额的，应按《确认单》所列已计算抵扣的税额或加计扣除农产品进项税额填报《增值税及附加税费申报表附列资料（二）》第23b栏"其他应作进项税额转出的情形"。

第二，小规模纳税人通过电子发票服务平台开具的带有"增值税专用发票"或"普通发票"字样的全电发票、纸质专票、纸质普票，其金额及税额应填入《增值税及附加税费申报表（小规模纳税人适用）》"增值税专用发票不含税销售额"或"其他增值税发票不含税销售额"相关栏次。其中，适用增值税免税政策的，按规定填入"免税销售额"相关栏次。

（20）纳税人需要确认发票用途，通过什么渠道进行确认？

《公告》发布后，试点纳税人可以通过电子发票服务平台税务数字账户使用增值税发票综合服务平台具备的发票用途确认、风险提示、信息下载等功能。

试点纳税人取得通过电子发票服务平台开具的带有"增值税专用发票"字样的全电发票、带有"普通发票"字样的全电发票、纸质专票和纸质普票等符合规定的增值税扣税凭证，如需用于申报抵扣增值税进项税额或申请出口退税、代办退税的，应当通过电子发票服务平台税务数字账户或增值税发票综合服务平台确认用途。非试点纳税人继续通过增值税发票综合服务平台使用相关增值税扣税凭证功能，取得通过电子发票服务平台开具的带有"增值税专用发票"字样的全电发票、带有"普通发票"字样的全电发票、纸质专票和纸质普票等符合规定的增值税扣税凭证，用于申报抵扣增值税进项税额或申请出口退税、代办退税的，应通过增值税发票综合服务平台确认用途。

纳税人确认用途有误的，可向主管税务机关申请更正。

（21）试点纳税人如何通过电子发票服务平台税务数字账户进行计算农产品进项税额以及加计扣除农产品进项税额？

试点纳税人购进农产品，取得符合规定的带有"增值税专用发票"字样的全电发票、增值税专用发票、海关缴款书、农产品销售发票等凭证或者开具符合规定的收购发票，可以通过电子发票服务平台税务数字账户进行用途确认，按照相关规定计算当期进项税额。

其中，试点纳税人购进用于生产或者委托加工 13% 税率货物的农产品，可以由主管税务机关开通加计扣除农产品进项税额确认功能，按照相关规定计算当期进项税额，并将已进行用途确认的凭证明细转入加计扣除农产品进项税额确认待用。纳税人将购进农产品用于生产或者委托加工的当期，可以通过电子发票服务平台税务数字账户选择相应凭证，按规定计算填写本次加计扣除农产品进项税额。

试点纳税人取得符合以上规定的尚未用于加计扣除农产品进项税额的凭证，可以向主管税务机关申请补录。

（22）试点纳税人错误确认发票用途后，税务机关如何帮助纳税人进行修改和更正？

试点纳税人通过电子发票服务平台确认发票用途后，如果出现发票用途确认错误的情形，税务机关可为纳税人提供规范、便捷的更正服务。

纳税人将发票用途误确认为申报抵扣且已申报抵扣后，如果要改为用于申报出口退税或代办退税，纳税人可以向主管税务机关申请更正。主管税务机关在核实确认相关进项税额已转出后，为纳税人调整发票用途。

纳税人将发票用途误确认为用于出口退税、代办退税的，可以向主管税务机关申请更正。如纳税人尚未申报出口退税，经主管税务机关确认后，可将发票信息回退至电子发票服务平台，纳税人可以重新确认发票用途；如果纳税人已申报办理出口退税，可向主管税务机关申请开具出口货物转内销证明。

三、进一步开展全面数字化的电子发票受票试点

2022 年 11 月 4 日，《国家税务总局厦门市税务局关于进一步开展全面数字化的电子发票受票试点工作的公告》（国家税务总局厦门市税务局公告 2022 年第 3 号）规定，为落实中办、国办印发的《关于进一步深化税收征管改革的意见》要求，继续加大全面数字化的电子发票（以下简称全电发票）推广使用力度。经国家税务总局同意，决定进一步扩大厦门市纳税人可接收通过电子发票服务平台开具的发票的开票方范围。

（1）自 2022 年 11 月 7 日起，厦门市纳税人可接收四川省试点纳税人通过电子发票服务平台开具的发票，包括带有"增值税专用发票"字样的全电发票、带有"普通发票"字样的全电发票、增值税纸质专用发票和增值税纸质普通发票（折叠票）。

（2）根据推广进度和试点工作安排，通过电子发票服务平台开具发票的试点地区范围将分批扩至全国，具体扩围时间以开票试点省（区、市）级税务机关公告为准。厦门市纳税人可接收新增开票试点省开具的发票。

（3）全电发票试点的其他事项仍按照《国家税务总局厦门市税务局关于开展全面数字化的电子发票受票试点工作的公告》（国家税务总局厦门市税务局公告 2022 年第 2 号）的规定执行。

第三章

华南地区全电发票试点制度

第一节
广东省全电发票试点制度

一、进一步开展全面数字化的电子发票试点

2022年3月29日，《国家税务总局广东省税务局关于进一步开展全面数字化的电子发票试点工作的公告》（国家税务总局广东省税务局公告2022年第2号）规定：为落实中办、国办印发的《关于进一步深化税收征管改革的意见》要求，提升纳税人全面数字化的电子发票（以下简称全电发票）使用体验，结合前期全电发票试点情况，税务机关对电子发票服务平台进行升级。经国家税务总局同意，广东省税务局决定进一步开展全电发票试点工作。

（1）自2022年4月1日起，在广东地区（不含深圳，下同）的部分纳税人中进一步开展全电发票试点，使用电子发票服务平台的纳税人为试点纳税人，具体范围由国家税务总局广东省税务局确定。其中，试点纳税人分为通过电子发票服务平台开具发票的纳税人和通过电子发票服务平台使用税务数字账户的纳税人，试点纳税人区分发票开具情形和税务数字账户使用情形分别适用该公告相应条款。通过电子发票服务平台开具发票的受票方范围为国家税务总局广东省税务局管辖范围内的纳税人。按照有关规定不使用网络办税或不具备网络条件的纳税人暂不纳入试点范围。

电子发票服务平台通过以下地址登录：https://etax.guangdong.chinatax.gov.cn/xxmh/。

（2）全电发票的法律效力、基本用途等与现有纸质发票相同。其中，带有"增值税专用发票"字样的全电发票，其法律效力、基本用途与现有增值税专用发票相同；带有"普通发票"字样的全电发票，其法律效力、基本用途与现有普通发票相同。

（3）广东省全电发票由国家税务总局广东省税务局监制。全电发票无联次，基本内容包括：动态二维码、发票号码、开票日期、购买方信息、销售方信息、项目名称、规格型号、单位、数量、单价、金额、税率/征收率、税额、合计、价税合计（大写、小写）、备注、开票人。

其中，试点纳税人从事特定行业、发生特殊商品服务及特定应用场景业务（包括：稀土、卷烟、建筑服务、旅客运输服务、货物运输服务、不动产销售、不动产经营租赁、农产品收购、光伏收购、代收车船税、自产农产品销售、差额征税等）的，电子发票服务平台提供了上述对应特定业务的全电发票样式，试点纳税人应按照发票开具有关规定使用特定业务全电发票。

（4）广东省全电发票的发票号码为20位，其中：第1~2位代表公历年度后两位，第3~4位代表广东省行政区划代码，第5位代表全电发票开具渠道等信息，第6~20位代表顺序编码等信息。

（5）新设立登记且未使用增值税发票管理系统开具发票的试点纳税人应通过电子发票服务平台开具全电发票以及增值税纸质专用发票（以下简称纸质专票）和增值税纸质普通发票（折叠票，以下简称纸质普票）。

通过电子发票服务平台开具的纸质专票和纸质普票，其法律效力、基本用途和基本使用规定与现有纸质专票、纸质普票相同。其中，发票密码区不再展示发票密文，改为展示电子发票服务平台赋予的20位发票号码及全国增值税发票查验平台网址。

（6）试点纳税人通过实名验证后，无需使用税控专用设备即可通过电子发票服务平台开具发票，无需进行发票验旧操作。其中，全电发票无需进行发票票种核定和发票领用。

（7）税务机关对试点纳税人开票实行开具金额总额度管理。开具金额总额度，是指一个自然月内，试点纳税人发票开具总金额（不含增值税）的上限额度。

一是试点纳税人通过电子发票服务平台开具的全电发票、纸质专票和纸质普票以及通过增值税发票管理系统开具的纸质专票、纸质普票、增值税普通发票（卷票）、增值税电子专用发票（以下简称电子专票）和增值税电子普通发票，共用同一个开具金额总额度。

二是税务机关依据试点纳税人的税收风险程度、纳税信用级别、实际经营情况等因素，确定初始开具金额总额度，并进行定期调整、临时调整或人工调整。定期调整是指电子发票服务平台每月自动对试点纳税人开具金额总额度进行调整。临时调整是指税收风险程度较低的试点纳税人当月开具发票金额首次达到开具金额总额度一定比例时，电子发票服务平台自动为其临时调增一次开具金额总额度。人工调整是指试点纳税人因实际经营情况发生变化申请调整开具金额总额度，主管税务机关依法依规审核未发现异常的，为纳税人调整开具金额总额度。

三是试点纳税人在增值税申报期内,完成增值税申报前,在电子发票服务平台中可以按照上月剩余可用额度且不超过当月开具金额总额度的范围内开具发票。试点纳税人按规定完成增值税申报且比对通过后,在电子发票服务平台中可以按照当月剩余可用额度开具发票。

(8)试点纳税人的电子发票服务平台税务数字账户自动归集发票数据,供试点纳税人进行发票的查询、查验、下载、打印和用途确认,并提供税收政策查询、开具金额总额度调整申请、发票风险提示等功能。

(9)试点纳税人可以通过电子发票服务平台税务数字账户自动交付全电发票,也可通过电子邮件、二维码等方式自行交付全电发票。

(10)自2022年4月1日起,试点纳税人应通过电子发票服务平台税务数字账户使用发票用途确认、风险提示、信息下载等功能,不再通过增值税发票综合服务平台使用上述功能。非试点纳税人继续通过增值税发票综合服务平台使用相关发票功能。

试点纳税人取得带有"增值税专用发票"字样的全电发票、纸质专票、电子专票、机动车销售统一发票、收费公路通行费增值税电子普通发票等凭证,如需用于申报抵扣增值税进项税额、申报抵扣消费税或申请出口退税、代办退税的,应当通过电子发票服务平台税务数字账户确认用途。试点纳税人确认用途有误的,可向主管税务机关申请更正。

(11)试点纳税人购进用于生产或者委托加工13%税率货物的农产品,可以由主管税务机关开通加计扣除农产品进项税额确认功能,通过电子发票服务平台税务数字账户对符合规定的农产品增值税扣税凭证进行用途确认,并计算用于抵扣的进项税额和领用部分加计的进项税额。

(12)试点纳税人可通过电子发票服务平台税务数字账户标记发票入账标识。纳税人以全电发票报销入账归档的,按照财政和档案部门的相关规定执行。

(13)试点纳税人发生开票有误、销货退回、服务中止、销售折让等情形,需要通过电子发票服务平台开具红字全电发票或红字纸质发票的,按以下规定执行:

一是受票方已进行用途确认或入账确认的,开票方或受票方可以填开并上传《红字发票信息确认单》(以下简称《确认单》),经对方确认后,开票方全额或部分开具红字全电发票或红字纸质发票。

受票方已将发票用于增值税申报抵扣的,应暂依《确认单》所列增值税税额从当期进项税额中转出,待取得开票方开具的红字发票后,与《确认单》一并作为记账凭证。

二是受票方未做用途确认及入账确认的,开票方填开《确认单》后全额开具红字全电发票或红字纸质发票,无需受票方确认。原蓝字发票为纸质发票的,开票方应收回原纸质发票并注明"作废"字样或取得受票方有效证明。

(14)纳税人发生《国家税务总局关于红字增值税发票开具有关问题的公告》(国家税务总局公告2016年第47号)第一条以及《国家税务总局关于在新办纳税人中实行增值税专用发票电子化有关事项的公告》(国家税务总局公告2020年第22号)第七条规定情形的,购买方为试点纳税人时,购买方可通过电子发票服务平台填开并上传《开具红字增值税专用发票信息表》（以下简称《信息表》）。

（15）单位和个人可以通过电子发票服务平台或全国增值税发票查验平台（https://inv-veri.chinatax.gov.cn）查验全电发票信息。

（16）电子发票服务平台暂不支持开具机动车（含二手车）、通行费等特定业务全电发票，开具上述发票功能的上线时间另行公告。相关发票功能上线前，试点纳税人可以通过增值税发票管理系统开具机动车增值税专用发票、机动车销售统一发票、二手车销售统一发票、增值税普通发票（卷票）、电子专票和增值税电子普通发票（含收费公路通行费增值税电子普通发票）。

（17）试点纳税人是辅导期一般纳税人的，在一个月内申请人工调整开具金额总额度的，应比照《国家税务总局关于印发〈增值税一般纳税人纳税辅导期管理办法〉的通知》（国税发〔2010〕40号）第九条的规定执行。

其中，增值税专用发票销售额包括带有"增值税专用发票"字样的全电发票、纸质专票和电子专票销售额。

（18）纳税人应当按照规定依法、诚信、如实使用全电发票，不得虚开、虚抵、骗税，并接受税务机关依法检查。税务机关依法加强税收监管和风险防范，严厉打击涉税违法犯罪行为。

（19）该公告自2022年4月1日起施行，《国家税务总局广东省税务局关于开展全面数字化的电子发票试点工作的公告》（国家税务总局广东省税务局公告2021年第3号）同时废止。此前未处理的事项，按照该公告规定执行。

二、进一步开展全面数字化的电子发票试点解读

为落实中办、国办印发的《关于进一步深化税收征管改革的意见》要求，提升纳税人全面数字化的电子发票（以下简称全电发票）使用体验，结合前期全电发票试点情况，税务机关对电子发票服务平台进行升级。经国家税务总局同意，决定进一步开展全电发票试点工作。为此，国家税务总局广东省税务局发布了《国家税务总局广东省税务局关于进一步开展全面数字化的电子发票试点工作的公告》（以下称《公告》）。

（1）进一步开展全面数字化的电子发票的背景是什么？

2021年12月1日起，国家税务总局在广东省部分地区开展了全面数字化的电子发票试点工作，系统运行平稳，因全电发票无需领用、开具便捷、信息集成、节约成本等特点，受到越来越多纳税人的关注。

为推进全面数字化的电子发票试点工作，国家税务总局决定自2022年4月1日起，在广东地区（不含深圳，下同）上线升级版电子发票服务平台，并在部分纳税人中进一步开展全电发票试点。使用电子发票服务平台的纳税人为试点纳税人。其中，试点纳税人分为通过电子发票服务平台开具发票的纳税人和通过电子发票服务平台使用税务数字账户的纳税人，试点纳税人区分发票开具情形和税务数字账户使用情形分别适用《公告》及解读相应内容。

试点纳税人通过电子发票服务平台开具全电发票、增值税纸质专用发票（以下简称纸质专票）和增值税纸质普通发票（折叠票，以下简称纸质普票）的受票方范围为广东省税务局管辖范围内的纳税人。

按照有关规定不使用网络办税或不具备网络条件的纳税人暂不纳入试点范围。

（2）全电发票具备哪些优点？

第一，领票流程更简化。开业开票"无缝衔接"。全电发票实现"去介质"，纳税人不再需要预先领取专用税控设备；通过"赋码制"取消特定发票号段申领，发票信息生成后，系统自动分配唯一的发票号码；通过"授信制"自动为纳税人赋予开具金额总额度，实现开票"零前置"。基于此，新办纳税人可实现"开业即可开票"。

第二，开票用票更便捷。一是发票开具渠道更多元。纳税人不仅可以通过电脑网页端开具全电发票，电子发票服务平台全部功能上线后，还可以通过客户端、移动端手机 App 随时、随地开具全电发票。二是发票服务"一站式"更便捷。纳税人登录电子发票服务平台后，可进行发票开具、交付、查验以及用途勾选等系列操作，享受"一站式"服务，不再像以前需登录多个平台才能完成相关操作。三是发票数据应用更广泛。通过"一户式""一人式"发票数据归集，加强各税费数据联动，为实现"一表集成"式税费申报预填服务奠定数据基础。四是发票使用满足个性业务需求。全电发票破除特定版式要求，增加了 XML 的数据电文格式便利交付，同时保留 PDF、OFD 等格式，降低发票使用成本，提升纳税人用票的便利度和获得感。全电发票样式根据不同业务进行差异化展示，为纳税人提供更优质的个性化服务。五是纳税服务渠道更畅通。电子发票服务平台提供征纳互动相关功能，如增加智能咨询，纳税人在开票、受票等过程中，平台自动接收纳税人业务处理过程中存在的问题并进行智能答疑；增设异议提交功能，纳税人对开具金额总额度有异议时，可以通过平台向税务机关提出。

第三，入账归档一体化。通过制发电子发票数据规范、出台电子发票国家标准，实现全电发票全流程数字化流转，进一步推进企业和行政事业单位会计核算、财务管理信息化。

（3）电子发票服务平台升级包括哪些内容？

为落实税收征管数字化升级和智能化改造的要求，国家税务总局在总结全电发票前期试点经验基础上，按照推行计划和步骤，对电子发票服务平台进行了全面升级，主要内容包括：

一是完善优化开票业务功能，增加纸质专票和纸质普票开具、特定业务发票开具、纳税人个性化发票附加内容填写等功能；

二是完善优化用票业务功能，健全税务数字账户功能，完善发票查询统计、查验功能，实现发票流转状态实时记录和发票查验、发票风险信息提醒等服务，优化增值税用途确认功能，增加加计扣除农产品进项税额确认等功能。

（4）全电发票的票面信息包括哪些？

全电发票的票面信息包括基本内容和特定内容。

为了符合纳税人开具发票的习惯，全电发票的基本内容在现行增值税发票基础上进行了优化，主要包括：动态二维码、发票号码、开票日期、购买方信息、销售方信息、项目名称、规格型号、单位、数量、单价、金额、税率/征收率、税额、合计、价税合计（大写、小写）、备注、开票人。

为了满足从事特定行业、经营特殊商品服务及特定应用场景业务（以下简称特定业务）的纳税人开具发票的个性化需求，税务机关根据现行发票开具的有关规定和特定业务的开票场景，在全电发票中设计了相应的特定内容。特定业务包括但不限于稀土、卷烟、建筑服务、旅客运输服务、货物运输服务、不动产销售、不动产经营租赁、农产品收购、光伏收购、代收车船税、自产农产品销售、差额征税等。试点纳税人在开具全电发票时，可以按照实际业务开展情况，选择特定业务，将按规定应填写在发票备注等栏次的信息，填写在特定内容栏次，进一步规范发票票面内容，便利纳税人使用。特定业务的全电发票票面按照特定内容展示相应信息，同时票面左上角展示该业务类型的字样。

（5）试点纳税人可以通过电子发票服务平台开具哪些类型的发票？

电子发票服务平台支持开具全电发票、纸质专票和纸质普票。

试点纳税人通过实名验证后，无需使用税控专用设备即可通过电子发票服务平台开具全电发票、纸质专票和纸质普票，无需进行发票验旧操作。其中，全电发票无需进行发票票种核定和发票领用。

试点纳税人中，2022年4月1日后新设立登记且未使用增值税发票管理系统开具纸质专票和纸质普票的，如需开具纸质专票和纸质普票，应通过电子发票服务平台开具，纸质专票和纸质普票的票种核定、发票领用、发票作废、发票缴销、发票退回、发票遗失损毁等事项仍然按照原规定和流程办理；试点纳税人中，2022年4月1日前设立登记或已使用增值税发票管理系统开具纸质专票和纸质普票的，如需开具纸质专票和纸质普票，可以通过增值税发票管理系统开具。

试点纳税人可以通过增值税发票管理系统开具机动车增值税专用发票、机动车销售统一发票、二手车销售统一发票、增值税普通发票（卷票，以下简称卷式发票）、增值税电子专用发票（以下简称电子专票）、增值税电子普通发票（以下简称电子普票）和收费公路通行费增值税电子普通发票。

（6）如何理解《公告》中的开具金额总额度和剩余可用额度？

为降低试点纳税人使用成本，便利全电发票推广，尊重纳税人现行开票用票习惯，做好发票风险防控，税务机关对试点纳税人开票实行统一开具金额总额度管理。

开具金额总额度，也称总授信额度，是指一个自然月内试点纳税人发票开具总金额（不含增值税）的上限额度，包括试点纳税人可通过电子发票服务平台开具的全电发票、纸质专票和纸质普票的上限总金额以及可通过增值税发票管理系统开具的纸质专票、纸质普票、卷式发票、电子专票和电子普票的上限总金额。

剩余可用额度，也称可用授信额度，是指在一个自然月内试点纳税人开具金额总额度扣除已使用额度。其中，已使用额度包括试点纳税人通过电子发票服务平台开具的发票金额，以及通过增值税发票管理系统开具的纸质专票、纸质普票、卷式发票、电子专票和电子普票的领用份数和单张发票最高开票限额之积（存在多种不同版式的发票应分别计算并求和，下同）。

例 3-1 试点纳税人 A 公司，使用电子发票服务平台开具全电发票，同时使用增值税发票管理系统开具纸质专票和纸质普票，2022 年 7 月开具金额总额度为 750 万元。

2022 年 7 月 1 日至 20 日，A 公司领用 10 万元版增值税专用发票 40 份（应从开具金额总额度中扣除 400 万元），通过增值税发票管理系统开具了 36 份纸质专票，合计金额 350 万元（不再重复从开具金额总额度中扣除），通过电子发票服务平台开具全电发票金额 300 万元（应从开具金额总额度中扣除 300 万元），则 7 月 20 日后剩余可用额度为 50 万元（750 − 40×10 − 300）。

（7）试点纳税人开具金额总额度如何调整？

调整开具金额总额度有三种方式，包括定期调整、临时调整和人工调整。

第一，定期调整。定期调整是指电子发票服务平台每月自动对试点纳税人开具金额总额度进行调整。

例 3-2 2022 年 7 月初成立的 B 公司，初始开具金额总额度为 750 万元。2022 年 9 月，根据 B 公司实际经营情况以及 7 月、8 月开具金额总额度的使用情况，9 月月初电子发票服务平台将其开具金额总额度调整至 850 万元。

第二，临时调整。临时调整是指税收风险程度较低的试点纳税人当月开具发票金额首次达到开具金额总额度一定比例时，电子发票服务平台自动为其临时增加一次开具金额总额度。

例 3-3 2022 年 7 月初成立的 C 公司，初始开具金额总额度为 750 万元。

情形一：2022 年 7 月中旬，C 公司销售额增加，至 7 月 20 日，实际已使用额度达到 600 万元（达到当前开具金额总额度的一定比例），电子发票服务平台自动风险扫描无问题后，为 C 公司临时增加开具金额总额度至 900 万元。

情形二：2022 年 7 月中旬，C 公司销售额增加，至 7 月 20 日，实际已使用额度达到 580 万元，未触发系统临时调整。7 月 21 日，C 公司因经营需要，需开具 1 份金额为 200 万元的全电发票，在填写发票信息时，因累计金额达到 780 万元（达到当前开具金额总额度的一定比例），电子发票服务平台自动风险扫描无问题后，为 C 公司临时增加开具金额总额度至 900 万元。

第三,人工调整。人工调整是指试点纳税人因实际经营情况发生变化申请调整开具金额总额度,主管税务机关依法依规审核未发现异常的,为纳税人调整开具金额总额度。

例 3-4 纳税人D公司2022年7月初开具金额总额度为750万元,销售额增加,电子发票服务平台为D公司临时增加开具金额总额度至900万元,但仍无法满足D公司本月开票需求。D公司根据实际经营情况,向主管税务机关申请调增开具金额总额度至1 200万元,主管税务机关依法依规审核未发现异常后,相应调增D公司开具金额总额度。

(8)试点纳税人在增值税申报期内如何使用开具金额总额度?

试点纳税人在增值税申报期内,完成增值税申报前,在电子发票服务平台中可以按照上月剩余可用额度且不超过当月开具金额总额度的范围内开具发票。试点纳税人按规定完成增值税申报且比对通过后,在电子发票服务平台中可以按照当月剩余可用额度开具发票。

第一,按月进行增值税申报的试点纳税人在每月月初到完成上个所属期(即上个月)申报前开具金额总额度的可使用额度为上月剩余可用额度,且不超过本月开具金额总额度;完成上个所属期(即上个月)申报且比对通过后可使用额度为当月剩余可用额度。

第二,按季进行增值税申报的试点纳税人在每季季初到完成上个所属期(即上个季度)申报前开具金额总额度的可使用额度为上月剩余可用额度,且不超过本月开具金额总额度;完成上个所属期(即上个季度)申报且比对通过后可使用额度为当月剩余可用额度。

例 3-5 试点纳税人E公司是按月申报的一般纳税人,2022年7月开具金额总额度为750万元,截至7月31日实际已使用额度400万元,剩余可用额度为350万元。

情形一:8月1日,电子发票服务平台自动计算其8月开具金额总额度为750万元。如果E公司在8月11日9时完成7月所属期增值税申报并比对通过,则8月11日9时前(即未完成7月所属期增值税申报前),E公司的可使用额度为350万元(7月剩余可用额度350万元<8月月初开具金额总额度750万元)。

8月1日至11日9时,如果E公司实际已使用额度为20万元,则8月11日9时(即完成申报)后的剩余可用额度为730万元(750-20)。

情形二:8月1日,依据纳税人风险程度、纳税信用级别、实际经营情况等因素,电子发票服务平台自动计算并将8月开具金额总额度调整为250万元。如果E公司在8月11日9时完成7月所属期增值税申报并比对通过,则8月11日9时前(即未完成7月所属期增值税申报前)E公司的可使用额度为250万元(7月剩余可用额度350万元>8月月初开具金额总额度250万元)。

8月1日至11日9时，如果E公司实际已使用额度为20万元，则8月11日9时（即完成申报）后的剩余可用额度为230万元（250－20）。

例3-6 试点纳税人F公司是按季申报的小规模纳税人，2022年5月开具金额总额度为10万元，截至5月31日实际已使用额度为5万元，剩余可用额度为5万元。

6月1日，电子发票服务平台自动计算并将6月开具金额总额度重新调整为10万元。因F公司是按季申报的纳税人，6月无需完成5月所属期增值税申报，则6月1日后可使用额度为10万元（即6月初的开具金额总额度）。6月1日至30日，F公司实际已使用额度为8万元，剩余可用额度为2万元。

7月1日，电子发票服务平台自动计算并将7月开具金额总额度重新调整为10万元。如果F公司于7月6日9时完成2022年第二季度所属期增值税申报并比对通过，则7月6日9时前（即未完成第二季度所属期增值税申报前）可使用额度仍为2万元（6月剩余可用额度2万元＜7月月初开具金额总额度10万元）。

7月1日至6日9时，如果F公司实际已使用额度为2万元，则7月6日9时（即完成申报）后的剩余可用额度为8万元（10－2）。

（9）试点纳税人领用纸质专票和纸质普票时，如何确定单张最高开票限额和领用份数？

试点纳税人办理发票票种核定和发票领用时，纸质专票和纸质普票的最高开票限额和每月最高领用数量仍按照现行有关规定办理。其中，试点纳税人领用通过增值税发票管理系统开具的纸质专票、纸质普票的份数与单张发票最高开票限额之积应小于或等于当月剩余可用额度。

（10）试点纳税人开具纸质专票和纸质普票如何使用剩余可用额度？

试点纳税人通过电子发票服务平台开具纸质专票和纸质普票时，单张发票开具金额不得超过单张最高开票限额且不得超过当月剩余可用额度，并根据实际开票金额扣除当月剩余可用额度。

试点纳税人领用通过增值税发票管理系统开具的纸质专票、纸质普票、卷式发票、电子专票和电子普票时，按领用份数和单张发票最高开票限额之积扣除当月剩余可用额度，开具时不再扣除当月剩余可用额度。

（11）试点纳税人使用电子发票服务平台开具的纸质专票和纸质普票与增值税发票管理系统开具纸质专票和纸质普票有何区别？

试点纳税人使用电子发票服务平台开具的纸质专票和纸质普票，其法律效力、基本用途和基本使用规定与现有纸质专票、纸质普票相同。电子发票服务平台开具的纸质专票、纸质普票与现行纸质专票、纸质普票相比，区别在于电子发票服务平台开具纸质专票、纸质普票后，发票数据通过加密通道传输、税务机关签名防篡改等方式进行安全防护，纸质专票、纸质普票密码区不再展示发票密文，密码区将展示电子发票服务平台赋予的 20 位发票号码以及全国增值税发票查验平台网址。

（12）税务数字账户为试点纳税人提供哪些服务？

税务机关通过电子发票服务平台税务数字账户为试点纳税人提供发票归集、用途确认、查询、下载、打印等服务。纳税人开具和取得各类发票时，系统自动归集发票数据，推送至对应纳税人的税务数字账户，从根本上解决纳税人纸质发票管理中出现的丢失、破损及电子发票难以归集等问题；并支持纳税人对各类发票进行用途确认、查询，同时满足纳税人对已入账发票进行标识、税务事项通知书查询、税收政策查询、发票开具金额总额度调整申请、发票风险提示、原税率发票开具申请、操作海关缴款书业务等需求，为纳税人提供高效便捷的发票服务。

（13）如何使用发票入账标识功能？

电子发票服务平台为试点纳税人提供发票入账标识服务，试点纳税人使用该功能时，系统将同步为发票赋予入账状态字样，供财务人员及时查验，避免重复报销入账。

（14）纳税人开具和取得全电发票报销入账归档的，需要注意哪些事项？

纳税人开具和取得全电发票报销入账归档的，应按照《财政部 国家档案局关于规范电子会计凭证报销入账归档的通知》（财会〔2020〕6 号，以下称《通知》）和《会计档案管理办法》（财政部 国家档案局令第 79 号）的相关规定执行。

第一，纳税人可以根据《通知》第三条、第五条的规定，仅使用全电发票电子件进行报销入账归档的，可不再另以纸质形式保存。

第二，纳税人如果需要以全电发票的纸质打印件作为报销入账归档依据的，应当根据《通知》第四条的规定，同时保存全电发票电子件。

（15）试点纳税人怎样开具红字发票？

试点纳税人发生开票有误、销货退回、服务中止、销售折让等情形，需要通过电子发票服务平台开具红字全电发票或红字纸质发票的，按以下规定执行：

一是受票方已进行用途确认或入账确认的，受票方为试点纳税人，开票方或受票方均可在电子发票服务平台填开并上传《红字发票信息确认单》（以下简称《确认单》），经对方在电子发票服务平台确认后，开票方全额或部分开具红字全电发票或红字纸质发票；受票方为非试点纳税人，由开票方在电子发票服务平台填开并上传《确认单》，经受票方在增值税发票综合服务平台确认后，开票方全额或部分开具红字全电发票或红字纸质发票。其中，《确认单》需要与对应的蓝字发票信息相符。

受票方已将发票用于增值税申报抵扣的，应当暂依《确认单》所列增值税税额从当期进项税额中转出，待取得开票方开具的红字发票后，与《确认单》一并作为记账凭证。

 2022 年 10 月，L 公司（试点纳税人）销售一批服装给 M 公司（试点纳税人），已开具带有"增值税专用发票"字样的全电发票，M 公司已确认用途。2022 年 11 月，该批服装发生销货退回。

情形一：M 公司财务人员通过电子发票服务平台填开并上传《确认单》，选择原因和对应的蓝字发票信息，录入金额和税额。L 公司财务人员通过电子发票服务平台完成确认后，L 公司财务人员据此开具红字全电发票。

情形二：L 公司财务人员通过电子发票服务平台填开并上传《确认单》，选择原因和对应的蓝字发票信息，录入金额和税额。M 公司财务人员通过电子发票服务平台完成确认后，L 公司财务人员据此开具红字全电发票。

例 3-8 2022 年 11 月，N 公司（试点纳税人）销售一批玩具给 P 公司（非试点纳税人），已开具带有"增值税专用发票"字样的全电发票，P 公司已确认用途。2022 年 12 月，该批玩具发生销货退回。

N 公司财务人员通过电子发票服务平台填开并上传《确认单》，选择原因和对应的蓝字发票信息，录入金额和税额。P 公司财务人员通过增值税发票综合服务平台完成确认后，N 公司财务人员据此开具红字全电发票。

二是受票方未做用途确认及入账确认的，开票方在电子发票服务平台填开《确认单》后全额开具红字全电发票或红字纸质发票，无需受票方确认。原蓝字发票为纸质发票的，开票方应收回原纸质发票并注明"作废"字样或取得受票方有效证明。其中，《确认单》需要与对应的蓝字发票信息相符。

例 3-9 2022 年 6 月 10 日，从事食品生产的 G 公司（试点纳税人）发现有一张在 2022 年 5 月 30 日开给从事食品零售的 H 公司（试点纳税人）的纸质专票内容有误，通过电子发票服务平台查询到该张发票未被 H 公司进行确认用途，也未入账。G 公司财务人员联系 H 公司将该发票相关联次取回后，通过电子发票服务平台填开并上传《确认单》，无需 H 公司确认，系统自动校验通过后，直接全额开具对应的红字全电发票。

例 3-10 2022 年 4 月，从事机械加工的 I 公司（试点纳税人）为 J 公司（非试点纳税人）提供加工劳务。I 公司在 2022 年 4 月 18 日已为 J 公司开具了带有"增值税专用发票"字样的全电发票。4 月 20 日因客观原因劳务终止，J 公司对该发票未确认用途也未入账，I 公司需全额开具红字全电发票。

I 公司财务人员通过电子发票服务平台填开并上传《确认单》，无需 J 公司确认，系统自动校验通过后，I 公司财务人员依据核实无误的确认单信息，全额开具红字全电发票。

三是试点纳税人通过电子发票服务平台开具的全电发票或纸质发票已用于申请出口退税、代办退税的，暂不允许开具红字发票。

（16）非试点纳税人开具红字纸质发票流程有何变化？

电子发票服务平台升级后，为试点纳税人提供了填开并上传《开具红字增值税专用发票信息表》（以下简称《信息表》）功能。

纳税人发生《国家税务总局关于红字增值税发票开具有关问题的公告》（国家税务总局公告 2016 年第 47 号）第一条以及《国家税务总局关于在新办纳税人中实行增值税专用发票电子化有关事项的公告》（国家税务总局公告 2020 年第 22 号）第七条规定情形的，购买方为试点纳税人时，购买方可通过电子发票服务平台填开并上传《信息表》。

例 3-11 2022 年 5 月，Q 公司（非试点纳税人）销售一批服装给 R 公司（试点纳税人），通过增值税发票管理系统已开具增值税专用发票，R 公司已确认用途。2022 年 6 月，该批服装发生销货退回。

R 公司财务人员通过电子发票服务平台填开并上传《信息表》，Q 公司财务人员据此开具红字专用发票。

（17）试点纳税人通过电子发票服务平台开具红字发票有哪些注意事项？

第一，试点纳税人需要开具红字发票的，可以在所对应的蓝字发票金额范围内开具红字发票。

第二，试点纳税人开具蓝字全电发票当月开具红字全电发票，电子发票服务平台同步增加其当月剩余可用额度；跨月开具红字全电发票的，电子发票服务平台不增加其当月剩余可用额度。

第三，试点纳税人开具蓝字纸质发票当月开具红字纸质发票，或者作废已开具的蓝字纸质发票，电子发票服务平台同步增加其当月剩余可用额度；跨月开具红字纸质发票的，电子发票服务平台不增加其当月剩余可用额度。

例 3-12 试点纳税人 S 公司，2022 年 10 月的开具金额总额度为 750 万元。

2022 年 10 月 1 日至 5 日 S 公司开票累计金额 100 万元，10 月 6 日开具红字全电发票金额 10 万元（对应 2022 年 8 月 25 日开具的蓝字全电发票，金额 10 万元），10 月 7 日开具红字全电发票 50 万元（对应 2022 年 10 月 3 日开具的蓝字全电发票，金额 50 万元），则 10 月 8 日剩余可用额度为 700 万元（750 − 100 + 50）。由于跨月开具红字全电发票不增加当月剩余可用额度，10 月 6 日开具红字全电发票金额 10 万元不列入当月剩余可用额度计算。

（18）《公告》实施后，试点纳税人能开具机动车（含二手车）、通行费等特定业务发票吗？

电子发票服务平台暂不支持开具机动车（含二手车）、通行费等特定业务全电发票，开具上述发票功能的上线时间另行公告。功能上线前，试点纳税人可通过增值税发票管理系统开具上述发票。

相关发票功能上线前，试点纳税人可以通过增值税发票管理系统开具机动车增值税专用发票、机动车销售统一发票、二手车销售统一发票、卷式发票、收费公路通行费增值税电子普通发票、电子专票和电子普票。

（19）通过什么渠道可以进行全电发票信息的查验？

通过电子发票服务平台或者全国增值税发票查验平台都可以对全电发票的信息进行查验。

（20）纳税人通过电子发票服务平台开具或取得发票后，如何填写增值税及附加税费申报表？

第一，一般纳税人通过电子发票服务平台开具带有"增值税专用发票"或"普通发票"字样的全电发票、纸质专票、纸质普票，其金额及税额应分别填入《增值税及附加税费申报表附列资料（一）》（本期销售情况明细）"开具增值税专用发票"或"开具其他发票"相关栏次。

一般纳税人取得通过电子发票服务平台开具的全电发票、纸质专票、纸质普票，勾选用于进项抵扣时，其份数、金额及税额填列在《增值税及附加税费申报表附列资料（二）》（本期进项税额明细）相关栏次。

一般纳税人取得通过电子发票服务平台开具的带有"增值税专用发票"字样的全电发票、纸质专票，已用于增值税申报抵扣的，对应的《确认单》所列增值税税额填列在《增值税及附加税费申报表附列资料（二）》（本期进项税额明细）第20栏"红字专用发票信息表注明的进项税额"。

一般纳税人取得通过电子发票服务平台开具的带有"增值税普通发票"字样的全电发票、纸质普票，已用于增值税申报抵扣或加计扣除农产品进项税额的，对应的《确认单》所列增值税税额填列在《增值税及附加税费申报表附列资料（二）》（本期进项税额明细）第23b栏"其他应作进项税额转出的情形"。

第二，小规模纳税人通过电子发票服务平台开具的带有"增值税专用发票"或"普通发票"字样的全电发票、纸质专票、纸质普票，其金额及税额应填入《增值税及附加税费申报表（小规模纳税人适用）》"增值税专用发票不含税销售额"或"其他增值税发票不含税销售额"相关栏次。其中，适用增值税免税政策的，按规定填入"免税销售额"相关栏次。

（21）纳税人需要确认发票用途，通过什么渠道进行确认？

自2022年4月1日起，试点纳税人应通过电子发票服务平台税务数字账户使用发票用途确认、风险提示、信息下载等功能，不再通过增值税发票综合服务平台使用上述功能。非试点纳税人继续登录增值税发票综合服务平台使用相关发票功能。纳税人在同一个平台即可进行全部增值税扣税凭证的用途确认。

税务数字账户对用途确认功能进行了优化，增加国内旅客运输凭证用途确认、加计扣除农产品进项税额确认功能。

试点纳税人取得带有"增值税专用发票"字样的全电发票、纸质专票、电子专票、机动车销售统一发票、收费公路通行费增值税电子普通发票等凭证，如需用于申报抵扣增值税进项税额、申报抵扣消费税或申请出口退税、代办退税的，应当通过电子发票服务平台税务数字账户确认用途。试点纳税人确认用途有误的，可向主管税务机关申请更正。

（22）试点纳税人如何通过电子发票服务平台税务数字账户进行计算农产品进项税额以及加计扣除农产品进项税额？

试点纳税人购进农产品，取得符合规定的带有"增值税专用发票"字样的全电发票、增值税专用发票、海关缴款书、农产品销售发票等凭证或者开具符合规定的收购发票，应当通过电子发票服务平台税务数字账户进行用途确认，按照相关规定计算当期进项税额。

其中，试点纳税人购进用于生产或者委托加工13%税率货物的农产品，可以由主管税务机关开通加计扣除农产品进项税额确认功能，通过电子发票服务平台税务数字账户进行用途确认，按照相关规定计算当期进项税额，并将已进行用途确认的凭证明细转入加计扣除农产品进项税额确认待用。试点纳税人将购进农产品用于生产或者委托加工的当期，可以通过电子发票服务平台税务数字账户选择相应凭证，按规定计算填写本次加计扣除农产品进项税额。

对于符合以上规定的试点纳税人取得的尚未用于加计扣除农产品进项税额的凭证，试点纳税人可以向主管税务机关申请补录。

（23）试点纳税人错误确认发票用途后，税务机关如何帮助纳税人进行修改和更正？

试点纳税人通过电子发票服务平台确认发票用途后，如果出现发票用途确认错误的情形，税务机关可为纳税人提供规范、便捷的更正服务。

纳税人将发票用途误确认为申报抵扣且已申报抵扣后，如果要改为用于申报出口退税或代办退税，纳税人可以向主管税务机关申请更正。主管税务机关在核实确认相关进项税额已转出后，为纳税人调整发票用途。

纳税人将发票用途误确认为用于出口退税、代办退税的，可以向主管税务机关申请更正。如纳税人尚未申报出口退税，经主管税务机关确认后，可将发票信息回退至电子发票服务平台，纳税人可以重新确认发票用途；如果纳税人已申报办理出口退税，可向主管税务机关申请开具出口货物转内销证明。

（24）辅导期一般纳税人申请人工调整开具金额总额度或领用增值税专用发票时，是否需要预缴增值税？

试点纳税人是辅导期一般纳税人的，当月首次申请人工调整开具金额总额度或者当月第二次领用增值税专用发票（包括纸质专票和电子专票，下同）时，应当按照当月已开具带有"增值税专用发票"字样的全电发票和已领用并开具的增值税专用发票销售额的3%预缴增值税；多次申请人工调整开具金额总额度或者多次领用增值税专用发票时，应当自本月上次申请人工调整开具金额总额度或者上次领用增值税专用发票起，按照已开具带有"增值税专用发票"字样的全电发票和已领用并开具的增值税专用发票销售额的3%预缴增值税。

例3-13 2022年10月新设立登记的试点纳税人T公司为辅导期一般纳税人，

2022年11月初开具金额总额度为750万元。

情形一：T公司仅通过电子发票服务平台开具全电发票。

2022年11月1～20日，T公司开具带有"增值税专用发票"字样的全电发票金额300万元。

因开具金额总额度不能满足其经营需要，T公司于2022年11月21日向主管税务机关申请人工调整开具金额总额度至900万元。在申请人工调整前，T公司应根据2022年11月1～20日开具的带有"增值税专用发票"字样的全电发票销售额，按照3%预缴增值税9万元（300×3%）。

情形二：T公司通过电子发票服务平台同时开具全电发票、纸质专票和纸质普票。

2022年11月1～20日，T公司开具带有"增值税专用发票"字样的全电发票金额300万元；一次性领用单张最高开票限额10万元纸质专票25份，其间开具17份，合计金额160万元。

因开具金额总额度不能满足其经营需要，T公司于2022年11月21日向主管税务机关申请人工调整开具金额总额度至900万元。在申请人工调整前，T公司应根据2022年11月1～20日期间开具的带有"增值税专用发票"字样的全电发票和已领用并开具增值税专用发票的销售额，按照3%预缴增值税13.8万元（300×3% + 160×3%）。

2022年11月21～25日，T公司开具带有"增值税专用发票"字样的全电发票金额50万元，开具8份纸质专票（本月领用且未开具），金额70万元。

2022年11月26日T公司再次领用纸质专票前，应当根据2022年11月21～25日期间开具的带有"增值税专用发票"字样的全电发票和已领用并开具增值税专用发票的销售额，按照3%预缴增值税3.6万元（50×3% + 70×3%）。

情形三：T公司通过电子发票服务平台开具全电发票，同时使用增值税发票管理系统开具纸质专票、纸质普票和电子专票。

2022年11月1～20日，T公司开具带有"增值税专用发票"字样的全电发票销售额200万元，一次性领用单张最高开票限额10万元纸质专票15份和电子专票10份（此时从开具金额总额度中扣除250万元，不参与预缴增值税税额计算），其间开具纸质专票15份、电子专票10份，合计金额240万元（不再从开具金额总额度重复扣除，参与预缴增值税税额计算）。

2022年11月21日，T公司再次领用单张最高开票限额10万元25份纸质专票前，根据11月1～20日已开具带有"增值税专用发票"字样的全电发票和已领用并开具增值税专用发票的销售额，按照3%预缴增值税13.2万元（200×3% + 240×3%）。

2022年11月21～25日，T公司开具带有"增值税专用发票"字样的全电发票金额30万元，并开具纸质专票10份，金额80万元。

因开具金额总额度不能满足其经营需要，T公司于2022年11月26日向主管税务机关申请人工调整开具金额总额度至900万元。在申请人工调整前，T公司应当根据2022年11月21～25日开具的带有"增值税专用发票"字样的全电发票和已领用并开具增值税专用发票合计销售额,按3%预缴增值税3.3万元(30×3%+80×3%)。

三、扩大全面数字化的电子发票受票方范围

2022年6月16日,《国家税务总局广东省税务局关于扩大全面数字化的电子发票受票方范围的公告》(国家税务总局广东省税务局公告2022年第3号)规定,为落实中办、国办印发的《关于进一步深化税收征管改革的意见》要求,继续加大全面数字化的电子发票(以下简称全电发票)推广使用力度。经国家税务总局同意,决定进一步扩大广东省(不含深圳,下同)试点纳税人通过电子发票服务平台开具发票的受票方范围。

(1)广东省试点纳税人通过电子发票服务平台开具发票的受票方范围在《国家税务总局广东省税务局关于进一步开展全面数字化的电子发票试点工作的公告》(2022年第2号)第一条规定的受票方范围基础上分批扩至全国。具体受票扩围时间以各省级税务机关试点公告为准。广东省纳税人作为受票方同步接收由内蒙古自治区、上海市的试点纳税人通过电子发票服务平台开具的发票。

(2)对于开票有误、销货退回、服务中止、销售折让等情形,需要试点纳税人通过电子发票服务平台开具红字发票的,若受票方暂未使用电子发票服务平台税务数字账户的,增值税发票综合服务平台为其新增了《红字发票信息确认单》的发起功能。

(3)全电发票试点的其他事项仍按照《国家税务总局广东省税务局关于进一步开展全面数字化的电子发票试点工作的公告》(国家税务总局广东省税务局公告2022年第2号)的规定执行。

四、扩大全面数字化的电子发票受票方范围解读

为落实中办、国办印发的《关于进一步深化税收征管改革的意见》要求,继续加大全面数字化的电子发票(以下简称全电发票)推广使用力度。经国家税务总局同意,决定扩大全电发票受票方范围。为此,国家税务总局广东省税务局发布了《国家税务总局广东省税务局关于扩大全面数字化的电子发票受票方范围的公告》(以下称《公告》)。

(1)扩大全电发票受票方范围的背景是什么?

为贯彻落实中办、国办关于稳步实施发票电子化改革的部署安排,前期国家税务总局在内蒙古自治区、上海市、广东省(不含深圳,下同)3个地区开展了全电发票试点工作。为进一步推进全电发票试点工作,国家税务总局本着稳妥有序的原则,现决定分批逐步扩大受票方范围。

(2)《公告》发布后,试点纳税人怎样开具红字发票?

对于开票有误、销货退回、服务中止、销售折让等情形,需要试点纳税人通过电

子发票服务平台开具红字发票的，按以下规定执行：

一是受票方未做用途确认及入账确认的，开票方在电子发票服务平台填开《红字发票信息确认单》（以下简称《确认单》）后全额开具红字全电发票或红字纸质发票，无需受票方确认。原蓝字发票为纸质发票的，开票方应收回原纸质发票并注明"作废"字样或取得受票方有效证明。其中，《确认单》需要与对应的蓝字发票信息相符。

二是受票方已进行用途确认或入账确认的，受票方为试点纳税人，开票方或受票方均可在电子发票服务平台填开并上传《确认单》，经对方在电子发票服务平台确认后，开票方全额或部分开具红字全电发票或红字纸质发票；受票方为非试点纳税人，由开票方在电子发票服务平台填开并上传《确认单》，经受票方在增值税发票综合服务平台确认，或由受票方在增值税发票综合服务平台填开并上传《确认单》，经开票方在电子发票服务平台确认后，开票方全额或部分开具红字全电发票或红字纸质发票。其中，《确认单》需要与对应的蓝字发票信息相符。

受票方已将发票用于增值税申报抵扣的，应当暂依《确认单》所列增值税税额从当期进项税额中转出，待取得开票方开具的红字发票后，与《确认单》一并作为记账凭证。

例 3-14 2022 年 6 月，L 公司（试点纳税人）销售一批服装给 M 公司（试点纳税人），已开具带有"增值税专用发票"字样的全电发票，M 公司已确认用途。2022 年 7 月，该批服装发生销货退回。

情形一：M 公司财务人员通过电子发票服务平台填开并上传《确认单》，选择原因和对应的蓝字发票信息，录入金额和税额。L 公司财务人员通过电子发票服务平台完成确认后，L 公司财务人员据此开具红字全电发票。

情形二：L 公司财务人员通过电子发票服务平台填开并上传《确认单》，选择原因和对应的蓝字发票信息，录入金额和税额。M 公司财务人员通过电子发票服务平台完成确认后，L 公司财务人员据此开具红字全电发票。

例 3-15 2022 年 6 月，N 公司（试点纳税人）销售一批玩具给 P 公司（非试点纳税人），已开具带有"增值税专用发票"字样的全电发票，P 公司已确认用途。2022 年 7 月，该批玩具发生销货退回。

情形一：N 公司财务人员通过电子发票服务平台填开并上传《确认单》，选择原因和对应的蓝字发票信息，录入金额和税额。P 公司财务人员通过增值税发票综合服务平台完成确认后，N 公司财务人员据此开具红字全电发票。

情形二：P 公司财务人员通过增值税发票综合服务平台填开并上传《确认单》，选择原因和对应的蓝字发票信息，录入金额和税额。N 公司财务人员通过电子发票服务平台完成确认后，据此开具红字全电发票。

三是试点纳税人通过电子发票服务平台开具的全电发票或纸质发票已用于申请出口退税、代办退税的,暂不允许开具红字发票。

(3)《公告》调整的主要内容是什么?

根据《公告》规定,自 2022 年 6 月 21 日起,广东省试点纳税人通过电子发票服务平台开具的发票的受票方范围分批逐步推广至全国。

五、进一步开展全面数字化的电子发票受票试点

2022 年 11 月 3 日,《国家税务总局广东省税务局关于进一步开展全面数字化的电子发票受票试点工作的公告》(国家税务总局广东省税务局公告 2022 年第 6 号)规定,为落实中办、国办印发的《关于进一步深化税收征管改革的意见》要求,继续加大全面数字化的电子发票(以下简称全电发票)推广使用力度。经国家税务总局同意,决定进一步扩大广东省(不含深圳市,下同)纳税人可接收通过电子发票服务平台开具发票的开票方范围。

(1)自 2022 年 11 月 7 日起,广东省纳税人可接收四川省试点纳税人通过电子发票服务平台开具的发票,包括带有"增值税专用发票"字样的全电发票、带有"普通发票"字样的全电发票、增值税纸质专用发票和增值税纸质普通发票(折叠票)。

(2)根据推广进度和试点工作安排,通过电子发票服务平台开具发票的试点地区范围将分批扩至全国,具体扩围时间以开票试点省级税务机关公告为准。广东省纳税人可接收新增开票试点省开具的发票。

(3)全电发票试点的其他事项仍按照《国家税务总局广东省税务局关于扩大全面数字化的电子发票受票方范围的公告》(国家税务总局广东省税务局公告 2022 年第 3 号)的规定执行。

第二节
深圳市全电发票试点制度

一、开展全面数字化的电子发票试点

2023年3月27日，《国家税务总局深圳市税务局关于开展全面数字化的电子发票试点工作的公告》（国家税务总局深圳市税务局公告2023年第3号）规定，为落实中办、国办印发的《关于进一步深化税收征管改革的意见》要求，加大推广使用全面数字化的电子发票（以下简称数电票）力度，经国家税务总局同意，深圳市税务局决定在深圳市开展数电票试点工作。

（1）自2023年3月30日起，在深圳市的部分纳税人中开展数电票试点，使用电子发票服务平台的纳税人为试点纳税人，具体范围由国家税务总局深圳市税务局确定。

深圳市纳税人通过电子发票服务平台开具发票的受票方范围为全国。也可作为受票方接收由广东省、上海市、内蒙古自治区、四川省、厦门市、天津市、青岛市、重庆市、大连市、陕西省等地区的试点纳税人通过电子发票服务平台开具的发票。根据推广进度和试点工作安排，通过电子发票服务平台开具发票的试点地区范围将分批扩至全国，具体扩围时间以开票试点省（区、市）级税务机关公告为准。深圳市纳税人可接收新增开票试点省开具的发票。

按照有关规定不使用网络办税或不具备网络条件的纳税人暂不纳入试点范围。此外，存在以下情形之一的纳税人暂不纳入试点：①存在严重涉税违法失信行为；②存在国家税务总局规定的增值税发票风险；③经税收大数据分析发现重大涉税风险。

电子发票服务平台通过以下地址登录：https://etax.shenzhen.chinatax.gov.cn/。

（2）数电票的法律效力、基本用途等与现有纸质发票相同。其中，带有"增值税专用发票"字样的数电票，其法律效力、基本用途与现有增值税专用发票相同；带有"普通发票"字样的数电票，其法律效力、基本用途与现有普通发票相同。

（3）深圳市数电票由国家税务总局深圳市税务局监制。数电票无联次，基本内容包括：发票号码、开票日期、购买方信息、销售方信息、项目名称、规格型号、单位、数量、单价、金额、税率/征收率、税额、合计、价税合计（大写、小写）、备注、开票人等。

其中，试点纳税人从事特定行业、发生特定应税行为及特定应用场景业务（包括：稀土、建筑服务、旅客运输服务、货物运输服务、不动产销售、不动产经营租赁服务、农产品收购、光伏收购、代收车船税、自产农产品销售、差额征税、民航、铁路等）的，电子发票服务平台提供了上述对应特定业务的数电票样式，试点纳税人应按照发票开具有关规定使用特定业务数电票。数电票样式参见图 2-30 至图 2-44。

（4）深圳市数电票的发票号码为 20 位，其中：第 1~2 位代表公历年度后两位，第 3~4 位代表深圳市行政区划代码，第 5 位代表数电票开具渠道等信息，第 6~20 位代表顺序编码等信息。

（5）电子发票服务平台支持开具增值税纸质专用发票（以下简称纸质专票）和增值税纸质普通发票（折叠票，以下简称纸质普票）。

通过电子发票服务平台开具的纸质专票和纸质普票，其法律效力、基本用途与现有纸质专票、纸质普票相同。其中，发票密码区不再展示发票密文，改为展示电子发票服务平台赋予的 20 位发票号码及全国增值税发票查验平台网址。

（6）试点纳税人通过实名认证后，无需使用税控专用设备即可通过电子发票服务平台开具发票，无需进行发票验旧操作。其中，数电票无需进行发票票种核定和发票领用。

（7）税务机关对试点纳税人开票实行开具金额总额度管理。开具金额总额度，是指一个自然月内，试点纳税人发票开具总金额（不含增值税）的上限额度。

第一，试点纳税人通过电子发票服务平台开具的数电票、纸质专票和纸质普票以及通过增值税发票管理系统开具的纸质专票、纸质普票、增值税普通发票（卷票）、增值税电子专用发票（以下简称电子专票）和增值税电子普通发票，共用同一个开具金额总额度。

第二，税务机关依据试点纳税人的税收风险程度、纳税信用级别、实际经营情况等因素，确定初始开具金额总额度，并进行定期调整、临时调整或人工调整。

定期调整是指电子发票服务平台每月自动对试点纳税人开具金额总额度进行调整。

临时调整是指税收风险程度较低的试点纳税人当月开具发票金额首次达到开具金额总额度一定比例时，电子发票服务平台自动为其临时增加一次开具金额总额度。

人工调整是指试点纳税人因实际经营情况发生变化申请调整开具金额总额度，主管税务机关依法依规审核未发现异常的，为纳税人调整开具金额总额度。

第三，试点纳税人在增值税申报期内，完成增值税申报前，在电子发票服务平台中可以在上月剩余可用额度且不超过当月开具金额总额度的范围内开具发票。试点纳税人按规定完成增值税申报且比对通过后，在电子发票服务平台中可以按照当月剩余可用额度开具发票。

（8）电子发票服务平台税务数字账户自动归集发票数据，供试点纳税人进行发票的查询、查验、下载、打印和用途确认，并提供税收政策查询、开具金额总额度调整申请、发票风险提示等功能。

（9）试点纳税人可以通过电子发票服务平台税务数字账户自动交付数电票，也可

通过电子邮件、二维码等方式自行交付数电票。

（10）自 2023 年 3 月 30 日起，试点纳税人可通过电子发票服务平台税务数字账户使用发票用途确认、风险提示、信息下载等功能，不再通过增值税发票综合服务平台使用上述功能。

试点纳税人取得带有"增值税专用发票"字样的数电票、带有"普通发票"字样的数电票、纸质专票和纸质普票等符合规定的增值税扣税凭证，如需用于申报抵扣增值税进项税额或申请出口退税、代办退税的，应当通过电子发票服务平台税务数字账户确认用途。非试点纳税人继续通过增值税发票综合服务平台使用相关增值税扣税凭证功能。纳税人确认用途有误的，可向主管税务机关申请更正。

（11）试点纳税人可以通过电子发票服务平台税务数字账户对符合规定的农产品增值税扣税凭证进行用途确认，计算用于抵扣的进项税额。其中，试点纳税人购进用于生产或者委托加工 13% 税率货物的农产品，可以由主管税务机关开通加计扣除农产品进项税额确认功能，在生产领用当期计算加计扣除农产品进项税额。

（12）试点纳税人可通过电子发票服务平台税务数字账户标记发票入账标识。纳税人以数电票报销入账归档的，按照财政和档案部门的相关规定执行。

（13）试点纳税人发生开票有误、销货退回、服务中止、销售折让等情形，需要通过电子发票服务平台开具红字数电票或红字纸质发票的，按以下规定执行：

一是受票方未做用途确认及入账确认的，开票方填开《红字发票信息确认单》（以下简称《确认单》，见表 2-1）后全额开具红字数电票或红字纸质发票，无需受票方确认。

二是受票方已进行用途确认或入账确认的，开票方或受票方可以填开《确认单》，经对方确认后，开票方依据《确认单》开具红字发票。

受票方已将发票用于增值税申报抵扣的，应当暂依《确认单》所列增值税税额从当期进项税额中转出，待取得开票方开具的红字发票后，与《确认单》一并作为记账凭证。

（14）纳税人发生《国家税务总局关于红字增值税发票开具有关问题的公告》（国家税务总局公告 2016 年第 47 号）第一条以及《国家税务总局关于在新办纳税人中实行增值税专用发票电子化有关事项的公告》（国家税务总局公告 2020 年第 22 号）第七条规定情形的，购买方为试点纳税人时，购买方可通过电子发票服务平台填开并上传《开具红字增值税专用发票信息表》（以下简称《信息表》）。

（15）单位和个人可以通过全国增值税发票查验平（https://inv-veri.chinatax.gov.cn）查验数电票信息。同时，试点纳税人还可以通过电子发票服务平台查验数电票信息。

（16）电子发票服务平台暂不支持开具机动车（含二手车）、通行费等特定业务数电票，开具上述发票功能的上线时间另行公告。

相关发票功能上线前，纳税人可以通过增值税发票管理系统开具电子专票、增值税电子普通发票（含收费公路通行费增值税电子普通发票）、增值税普通发票（卷票）和二手车销售统一发票以及通过增值税发票管理系统开票软件中机动车发票开具模块开具增值税专用发票和机动车销售统一发票（包括纸质发票、电子发票）。

（17）纳税人应当按照规定依法、诚信、如实使用数电票，并接受税务机关依法检查。税务机关依法加强税收监管和风险防范，严厉打击虚开、虚抵、偷逃骗税等涉税违法犯罪行为。

二、开展全面数字化的电子发票试点解读

（1）推行全面数字化的电子发票的背景是什么？

为贯彻落实中办、国办关于稳步实施发票电子化改革的部署安排，2021年12月1日起，国家税务总局在内蒙古自治区、上海市和广东省、四川省、厦门市、天津市、青岛市、重庆市、大连市、陕西省等地区开始推行数电票。同时，本着稳妥有序的原则，采用先在部分地区推行数电票试点，此后逐步扩大地区和纳税人范围的工作策略。数电票推行后，系统运行平稳，因具有无需领用、开具便捷、信息集成、节约成本等优点，受到越来越多纳税人的欢迎。

自2023年3月30日起，在深圳市的部分纳税人中开展数电票试点，试点纳税人具体范围由国家税务总局深圳市税务局确定。

按照国家税务总局的推广进度安排，数电票受票范围已推广至全国，深圳市试点纳税人通过电子发票服务平台开具的数电票，各省的受票方均可接收。

（2）推行数电票具有哪些优点？

第一，领票流程更简化。开业开票"无缝衔接"。数电票实现"去介质"，纳税人不再需要预先领取专用税控设备；通过"赋码制"取消特定发票号段申领，发票信息生成后，系统自动分配唯一的发票号码；通过"授信制"自动为纳税人赋予开具金额总额度，实现开票"零前置"。基于此，新办纳税人可实现"开业即可开票"。

第二，开票用票更便捷。一是发票服务"一站式"更便捷。纳税人登录电子发票服务平台后，可进行发票开具、交付、查验以及用途勾选等系列操作，享受"一站式"服务，不再像以前需登录多个平台才能完成相关操作。二是发票数据应用更广泛。通过"一户式""一人式"发票数据归集，加强各税费数据联动，为实现"一表集成"式税费申报预填服务奠定数据基础。三是发票使用满足个性业务需求。数电票破除特定版式要求，增加了XML的数据电文格式便利交付，同时保留PDF、OFD等格式，降低发票使用成本，提升纳税人用票的便利度和获得感。数电票样式根据不同业务进行差异化展示，为纳税人提供更优质的个性化服务。四是纳税服务渠道更畅通。电子发票服务平台提供征纳互动相关功能，如增加智能咨询，纳税人在开票、受票等过程中，平台自动接收纳税人业务处理过程中存在的问题并进行智能答疑；增设异议提交功能，纳税人对开具金额总额度有异议时，可以通过平台向税务机关提出。

第三，入账归档一体化。通过制发电子发票数据规范、出台电子发票国家标准，实现数电票全流程数字化流转，进一步推进企业和行政事业单位会计核算、财务管理信息化。

（3）数电票的票面信息包括哪些？

数电票的票面信息包括基本内容和特定内容。

为了符合纳税人开具发票的习惯，数电票的基本内容在现行增值税发票基础上进行了优化，主要包括：发票号码、开票日期、购买方信息、销售方信息、项目名称、规格型号、单位、数量、单价、金额、税率/征收率、税额、合计、价税合计（大写、小写）、备注、开票人等。

为了满足从事特定行业、发生特定应税行为及特定应用场景业务（以下简称特定业务）的试点纳税人开具发票的个性化需求，税务机关根据现行发票开具的有关规定和特定业务的开票场景，在数电票中设计了相应的特定内容。特定业务包括但不限于稀土、建筑服务、旅客运输服务、货物运输服务、不动产销售、不动产经营租赁服务、农产品收购、光伏收购、代收车船税、自产农产品销售、差额征税、民航、铁路等。试点纳税人在开具数电票时，可以按照实际业务开展情况，选择特定业务，将按规定应填写在发票备注等栏次的信息，填写在特定内容栏次，进一步规范发票票面内容，便利纳税人使用。特定业务的数电票票面按照特定内容展示相应信息，同时票面左上角展示该业务类型的字样。

（4）试点纳税人可以通过电子发票服务平台开具哪些类型的发票？

电子发票服务平台支持开具数电票、纸质专票和纸质普票。

试点纳税人通过实名验证后，无需使用税控专用设备即可通过电子发票服务平台开具数电票、纸质专票和纸质普票，无需进行发票验旧操作。其中，数电票无需进行发票票种核定和发票领用。

试点纳税人可以选择电子发票服务平台或者增值税发票管理系统其中之一开具纸质专票或纸质普票。其中，试点纳税人选择通过电子发票服务平台开具纸质专票或纸质普票，其票种核定、发票领用、发票作废、发票缴销、发票退回、发票遗失损毁等事项仍然按照原规定和流程办理。

（5）如何理解《公告》中的开具金额总额度和剩余可用额度？

为降低纳税人使用成本，便利数电票推广，尊重纳税人现行开票用票习惯，做好发票风险防控，税务机关对试点纳税人开票实行开具金额总额度管理。

开具金额总额度，也称总授信额度，是指一个自然月内试点纳税人发票开具总金额（不含增值税）的上限额度，包括试点纳税人可通过电子发票服务平台开具的数电票、纸质专票和纸质普票的上限总金额以及可通过增值税发票管理系统开具的纸质专票、纸质普票、增值税普通发票（卷式，以下简称卷式发票）、增值税电子专用发票（以下简称电子专票）和增值税电子普通发票（以下简称电子普票）的上限总金额。

剩余可用额度，也称可用授信额度，是指在一个自然月内试点纳税人开具金额总额度扣除已使用额度。其中，已使用额度包括试点纳税人通过电子发票服务平台开具的发票金额，以及通过增值税发票管理系统开具的纸质专票、纸质普票、卷式发票、电子专票和电子普票的领用份数与单份发票最高开票限额之积（存在多种不同版式的发票应分别计算并求和，下同）。

例 3-16 试点纳税人 A 公司，通过电子发票服务平台开具数电票，同时通过增值税发票管理系统开具纸质专票和纸质普票，2023 年 7 月开具金额总额度为 750 万元。

2023 年 7 月 1 日至 20 日，A 公司领用 10 万元版增值税专用发票 40 份（应从开具金额总额度中扣除 400 万元），通过增值税发票管理系统开具了 36 份纸质专票，合计金额 350 万元（不再重复从开具金额总额度中扣除），通过电子发票服务平台开具数电票金额 300 万元（应从开具金额总额度中扣除 300 万元），则 7 月 20 日后剩余可用额度为 50 万元（750 − 40×10 − 300）。

（6）试点纳税人开具金额总额度如何调整？

调整开具金额总额度有三种方式，包括定期调整、临时调整和人工调整。

第一，定期调整。定期调整是指电子发票服务平台每月自动对试点纳税人开具金额总额度进行调整。

例 3-17 2023 年 7 月初成立的 B 公司，初始开具金额总额度为 750 万元。2023 年 9 月，根据 B 公司实际经营情况以及 7 月、8 月开具金额总额度的使用情况，9 月月初电子发票服务平台将其开具金额总额度调整至 850 万元。

第二，临时调整。临时调整是指税收风险程度较低的试点纳税人当月开具发票金额首次达到开具金额总额度一定比例时，电子发票服务平台自动为其临时调增一次开具金额总额度。

例 3-18 2023 年 7 月初成立的 C 公司，初始开具金额总额度为 750 万元。

情形一：2023 年 7 月中旬，C 公司销售额增加，至 7 月 20 日，实际已使用额度达到 600 万元（达到当前开具金额总额度的一定比例），电子发票服务平台自动风险扫描无问题后，为 C 公司临时增加开具金额总额度至 900 万元。

情形二：2023 年 7 月中旬，C 公司销售额增加，至 7 月 20 日，实际已使用额度达到 580 万元，未触发系统临时调整。7 月 21 日，C 公司因经营需要，需开具 1 份金额为 200 万元的数电票，在填写发票信息时，因累计金额达到 780 万元（达到当前开具金额总额度的一定比例），电子发票服务平台自动风险扫描无问题后，为 C 公司临时增加开具金额总额度至 900 万元。

第三，人工调整。人工调整是指纳税人因实际经营情况发生变化申请调整开具金额总额度，主管税务机关依法依规审核未发现异常的，为纳税人调整开具金额总额度。

例 3-19 D 公司 2023 年 7 月初开具金额总额度为 750 万元，销售额增加，电子发票服务平台为 D 公司临时调增开具金额总额度至 900 万元，但仍无法满足 D 公司本月开票需求。D 公司根据实际经营情况，向主管税务机关申请调增开具金额总额度至 1 200 万元，主管税务机关依法依规审核未发现异常后，相应调增 D 公司开具金额总额度。

（7）试点纳税人在增值税申报期内如何使用开具金额总额度？

试点纳税人在增值税申报期内，完成增值税申报前，在电子发票服务平台中可以按照上月剩余可用额度且不超过当月开具金额总额度的范围内开具发票。试点纳税人按规定完成增值税申报且比对通过后，在电子发票服务平台中可以按照当月剩余可用额度开具发票。

第一，按月进行增值税申报的试点纳税人在每月月初到完成上个所属期（即上个月）申报前开具金额总额度的可使用额度为上月剩余可用额度，且不超过本月开具金额总额度；完成上个所属期（即上个月）申报且比对通过后可使用额度为当月剩余可用额度。

第二，按季进行增值税申报的试点纳税人在每季季初到完成上个所属期（即上个季度）申报前开具金额总额度的可使用额度为上月剩余可用额度，且不超过本月开具金额总额度；完成上个所属期（即上个季度）申报且比对通过后可使用额度为当月剩余可用额度。

例 3-20　试点纳税人 E 公司是按月申报的一般纳税人，2023 年 7 月开具金额总额度为 750 万元，截至 7 月 31 日实际已使用额度 400 万元，剩余可用额度为 350 万元。

情形一：8 月 1 日，电子发票服务平台自动计算其 8 月开具金额总额度为 750 万元。如果 E 公司在 8 月 11 日 9 时完成 7 月所属期增值税申报并比对通过，则 8 月 11 日 9 时前（即未完成 7 月所属期增值税申报前），E 公司的可使用额度为 350 万元（7 月剩余可用额度 350 万元＜8 月月初开具金额总额度 750 万元）。

8 月 1 日至 11 日 9 时，如果 E 公司实际已使用额度为 20 万元，则 8 月 11 日 9 时（即完成申报）后的剩余可用额度为 730 万元（750－20）。

情形二：8 月 1 日，依据纳税人风险程度、纳税信用级别、实际经营情况等因素，电子发票服务平台自动计算并将 8 月开具金额总额度调整为 250 万元。如果 E 公司在 8 月 11 日 9 时完成 7 月所属期增值税申报并比对通过，则 8 月 11 日 9 时前（即未完成 7 月所属期增值税申报前）E 公司的可使用额度为 250 万元（7 月剩余可用额度 350 万元＞8 月月初开具金额总额度 250 万元）。

8 月 1 日至 11 日 9 时，如果 E 公司实际已使用额度为 20 万元，则 8 月 11 日 9 时（即完成申报）后的剩余可用额度为 230 万元（250－20）。

例 3-21　试点纳税人 F 公司是按季申报的小规模纳税人，2023 年 8 月开具金额总额度为 10 万元，截至 8 月 31 日实际已使用额度为 5 万元，剩余可用额度为 5 万元。

9月1日，电子发票服务平台自动计算并将9月开具金额总额度重新调整为10万元。因F公司是按季申报的纳税人，9月无需完成8月所属期增值税申报，则9月1日后可使用额度为10万元（即9月初的开具金额总额度）。9月1日至30日，F公司实际已使用额度为8万元，剩余可用额度为2万元。

10月1日，电子发票服务平台自动计算并将10月开具金额总额度重新调整为10万元。如果F公司于10月6日9时完成2023年第三季度所属期增值税申报并比对通过，则10月6日9时前（即未完成第四季度所属期增值税申报前）可使用额度仍为2万元（9月剩余可用额度2万元＜10月月初开具金额总额度10万元）。

10月1日至6日9时，如果F公司实际已使用额度为2万元，则10月6日9时（即完成申报）后的剩余可用额度为8万元（10－2）。

（8）试点纳税人领用通过增值税发票管理系统开具的发票，如何确定单份最高开票限额和领用份数？

试点纳税人办理发票票种核定和发票领用时，通过增值税发票管理系统开具的发票最高开票限额和每月最高领用数量仍按照现行有关规定办理。其中，试点纳税人通过增值税发票管理系统开具的发票领用份数与单份发票最高开票限额之积应小于或等于当月剩余可用额度。

（9）试点纳税人开具纸质专票和纸质普票如何使用剩余可用额度？

试点纳税人通过电子发票服务平台开具纸质专票和纸质普票时，单份发票开具金额不得超过单份最高开票限额且不得超过当月剩余可用额度，并根据实际开票金额扣除当月剩余可用额度。

试点纳税人通过增值税发票管理系统开具的纸质专票、纸质普票、卷式发票、电子专票和电子普票的，在领用发票时按领用份数与单份发票最高开票限额之积扣除当月剩余可用额度，开具时不再扣除当月剩余可用额度。

（10）试点纳税人通过电子发票服务平台开具的纸质专票和纸质普票与增值税发票管理系统开具纸质专票和纸质普票有何区别？

试点纳税人通过电子发票服务平台开具的纸质专票和纸质普票，其法律效力、基本用途与现有纸质专票、纸质普票相同。电子发票服务平台开具的纸质专票、纸质普票与现行纸质专票、纸质普票相比，区别在于电子发票服务平台开具纸质专票、纸质普票后，纸质专票、纸质普票密码区不再展示发票密文，密码区将展示电子发票服务平台赋予的20位发票号码以及全国增值税发票查验平台网址。

（11）通过电子发票服务平台税务数字账户，试点纳税人能够获得哪些优质便捷的服务？

为全面推进税收征管数字化升级，降低制度性交易成本，电子发票服务平台税务数字账户集成发票信息、优化发票应用、完善风险提醒，进一步深化发票数据应用成果。通过税务数字账户，纳税人能够获得以下优质便捷的服务：

一是"一户式"发票数据归集服务。电子发票服务平台税务数字账户自动归集开具发票信息，推送至对应受票方纳税人的税务数字账户，实现开票即交付，从根本上解决纳税人纸质发票易丢失破损及电子发票难归集等问题，降低纳税人发票管理成本。

二是"一站式"发票应用集成服务。电子发票服务平台税务数字账户创新应用集成服务，通过完善发票的查询、查验、下载、打印和用途确认等功能，增加税务事项通知书查询、税收政策查询、发票开具金额总额度调整申请、原税率发票开具申请等功能，再造红字发票业务流程、海关缴款书业务流程，为纳税人提供"一站式"服务。

三是"集成化"发票数据展示服务。电子发票服务平台税务数字账户为纳税人提供开具金额总额度管理情况展示服务，纳税人可实时掌握总授信额度和可用授信额度变动情况；同时为纳税人提供风险提醒服务，纳税人可以对发票的开具、申报、缴税、用途确认等流转状态以及作废、红冲、异常等管理状态进行查询统计，以便及时开展风险应对处理，从而有效规避因征纳双方和购销双方信息不对称而产生的涉税风险和财务管理风险。

（12）如何使用发票入账标识功能？

电子发票服务平台为试点纳税人提供发票入账标识服务，纳税人使用该功能时，系统将同步为发票赋予入账状态字样，供财务人员及时查验，避免重复报销入账。

（13）纳税人开具和取得数电票报销入账归档的，需要注意哪些事项？

纳税人开具和取得数电票报销入账归档的，应按照《财政部国家档案局关于规范电子会计凭证报销入账归档的通知》（财会〔2020〕6号，以下称《通知》）和《会计档案管理办法》（财政部、国家档案局令第79号）的相关规定执行。

第一，纳税人可以根据《通知》第三条、第五条的规定，仅使用数电票电子件进行报销入账归档的，可不再另以纸质形式保存。

第二，纳税人如果需要以数电票的纸质打印件作为报销入账归档依据的，应当根据《通知》第四条的规定，同时保存数电票电子件。

（14）试点纳税人怎样开具红字发票？

试点纳税人发生开票有误、销货退回、服务中止、销售折让等情形，需要通过电子发票服务平台开具红字数电票或红字纸质发票的，按以下规定执行：

一是受票方未做用途确认及入账确认的，开票方在电子发票服务平台填开《红字发票信息确认单》（以下简称《确认单》）后全额开具红字数电票或红字纸质发票，无需受票方确认。其中，《确认单》需要与对应的蓝字发票信息相符。

例 3-22 2023年6月10日，G公司（试点纳税人）发现有一张在2023年5月31日开给H公司（试点纳税人）的纸质专票内容有误，通过电子发票服务平台查询到H公司未对取得的发票进行用途确认与发票入账。G公司联系H公司将该发票相关联次取回后，通过电子发票服务平台填开并上传《确认单》，无需H公司确认，系统自动校验通过后可直接全额开具对应的红字数电票。

例 3-23 2023年4月，I公司（试点纳税人）为J公司（非试点纳税人）提供加工劳务。I公司在2023年4月18日已为J公司开具了带有"增值税专用发票"字样的数电票。4月20日因客观原因劳务终止，此前J公司未对该发票进行确认用途及发票入账，I公司需全额开具红字数电票。

I公司通过电子发票服务平台填开《确认单》，无需J公司确认，I公司依据核实无误的确认单信息，全额开具红字数电票。

二是受票方已进行用途确认或入账确认的，受票方为试点纳税人，开票方或受票方均可在电子发票服务平台填开并上传《确认单》，经对方在电子发票服务平台确认后，开票方全额或部分开具红字数电票或红字纸质发票；受票方为非试点纳税人，由开票方在电子发票服务平台或由受票方在增值税发票综合服务平台填开并上传《确认单》，经对方确认后，开票方全额或部分开具红字数电票或红字纸质发票。其中，《确认单》需要与对应的蓝字发票信息相符。

受票方已将发票用于增值税申报抵扣的，应当暂依《确认单》所列增值税税额从当期进项税额中转出，待取得开票方开具的红字发票后，与《确认单》一并作为记账凭证。

例3-24 2023年10月，L公司（试点纳税人）销售一批服装给M公司（试点纳税人），已开具带有"增值税专用发票"字样的数电票，M公司已对取得的发票进行用途确认。2023年11月，该批服装发生销货退回。

情形一：M公司财务人员通过电子发票服务平台填开《确认单》，选择原因和对应的蓝字发票信息，录入金额和税额。L公司财务人员通过电子发票服务平台完成确认后，L公司财务人员据此开具红字数电票。

情形二：L公司财务人员通过电子发票服务平台填开《确认单》，选择原因和对应的蓝字发票信息，录入金额和税额。M公司财务人员通过电子发票服务平台完成确认后，L公司财务人员据此开具红字数电票。

例3-25 2023年11月，N公司（试点纳税人）销售一批玩具给P公司（非试点纳税人），已开具带有"增值税专用发票"字样的数电票，P公司已确认用途。2023年12月，该批玩具发生销货退回。

情形一：N公司财务人员通过电子发票服务平台填开《确认单》，选择原因和对应的蓝字发票信息，录入金额和税额。P公司财务人员通过增值税发票综合服务平台完成确认后，N公司财务人员据此开具红字数电票。

情形二：P公司财务人员通过增值税发票综合服务平台发起《确认单》，选择原因和对应的蓝字发票信息，录入金额和税额。N公司财务人员通过电子发票服务平台完成确认后，N公司财务人员据此开具红字数电票。

三是试点纳税人通过电子发票服务平台开具的数电票或纸质发票已用于申请出口

退税、代办退税的，暂不允许开具红字发票。

（15）非试点纳税人开具红字发票流程有何变化？

第一，增值税发票综合服务平台为非试点纳税人提供了填开《确认单》和对《确认单》进行确认的功能。

第二，纳税人发生《国家税务总局关于红字增值税发票开具有关问题的公告》（国家税务总局公告2016年第47号）第一条以及《国家税务总局关于在新办纳税人中实行增值税专用发票电子化有关事项的公告》（国家税务总局公告2020年第22号）第七条规定情形的，购买方可通过电子发票服务平台填开《信息表》。

例 3-26 2023年5月，Q公司（非试点纳税人）销售一批服装给R公司（试点纳税人），通过增值税发票管理系统已开具增值税专用发票，R公司已确认用途。2023年6月，该批服装发生销货退回。

R公司通过电子发票服务平台填开《信息表》，Q公司财务人员据此开具红字专用发票。

（16）试点纳税人通过电子发票服务平台开具红字发票有哪些注意事项？

第一，试点纳税人需要开具红字发票的，可以在所对应的蓝字发票金额范围内开具红字发票。

第二，试点纳税人开具蓝字数电票当月开具红字数电票，电子发票服务平台同步增加其当月剩余可用额度；跨月开具红字数电票的，电子发票服务平台不增加其当月剩余可用额度。

第三，试点纳税人开具蓝字纸质发票当月开具红字纸质发票，或者作废已开具的蓝字纸质发票，电子发票服务平台同步增加其当月剩余可用额度；跨月开具红字纸质发票的，电子发票服务平台不增加其当月剩余可用额度。

例 3-27 纳税人S公司，2023年10月的开具金额总额度为750万元。

2023年10月1日至5日S公司开票累计金额100万元，10月6日开具红字数电票金额10万元（对应2023年8月25日开具的蓝字数电票，金额10万元），10月7日开具红字数电票50万元（对应2023年10月3日开具的蓝字数电票，金额50万元），则10月8日剩余可用额度为700万元（750－100＋50）。由于跨月开具红字数电票不增加当月剩余可用额度，10月6日开具红字数电票金额10万元不列入当月剩余可用额度计算。

（17）《公告》实施后，试点纳税人能开具机动车（含二手车）、通行费等特定业务发票吗？

电子发票服务平台暂不支持开具机动车（含二手车）、通行费等特定业务数电票，开具上述发票功能的上线时间另行公告。功能上线前，试点纳税人可通过增值税发票管理系统开具上述发票。

相关发票功能上线前，试点纳税人可以通过增值税发票管理系统开具电子专票、增值税电子普通发票（含收费公路通行费增值税电子普通发票）、增值税普通发票（卷票）、二手车销售统一发票以及通过增值税发票管理系统开票软件中机动车发票开具模块开具左上角有"机动车"字样的增值税专用发票和机动车销售统一发票（包括纸质发票、电子发票）。

（18）通过什么渠道可以进行数电票信息的查验？

单位和个人可以通过全国增值税发票查验平台对数电票的信息进行查验。同时，电子发票服务平台为试点纳税人提供数电票查验服务。

（19）试点纳税人通过电子发票服务平台开具或勾选确认发票后，如何填写增值税及附加税费申报表？

第一，一般纳税人通过电子发票服务平台开具带有"增值税专用发票"或"普通发票"字样的数电票、纸质专票、纸质普票，其金额及税额应分别填入《增值税及附加税费申报表附列资料（一）》（本期销售情况明细）"开具增值税专用发票"或"开具其他发票"相关栏次。

一般纳税人取得通过电子发票服务平台开具的数电票、纸质专票、纸质普票，勾选用于进项抵扣时，其份数、金额及税额填列在《增值税及附加税费申报表附列资料（二）》（本期进项税额明细）相关栏次。

一般纳税人取得通过电子发票服务平台开具的带有"增值税专用发票"字样的数电票、纸质专票，已用于增值税申报抵扣的，对应的《确认单》所列增值税税额填列在《增值税及附加税费申报表附列资料（二）》（本期进项税额明细）第20栏"红字专用发票信息表注明的进项税额"。一般纳税人取得通过电子发票服务平台开具的带有"普通发票"字样的数电票、纸质普票，已用于增值税申报抵扣，对应的《确认单》所列增值税税额填列在《增值税及附加税费申报表附列资料（二）》（本期进项税额明细）第23b栏"其他应作进项税额转出的情形"。其中纳税人购进农产品取得数电票、纸质专票、纸质普票，已按计算税额申报抵扣农产品进项税额的或已加计扣除农产品进项税额的，应按《确认单》所列已计算抵扣的税额或加计扣除农产品进项税额填报《增值税及附加税费申报表附列资料（二）》第23b栏"其他应作进项税额转出的情形"。

第二，小规模纳税人通过电子发票服务平台开具的带有"增值税专用发票"或"普通发票"字样的数电票、纸质专票、纸质普票，其金额及税额应填入《增值税及附加税费申报表（小规模纳税人适用）》"增值税专用发票不含税销售额"或"其他增值税发票不含税销售额"相关栏次。其中，适用增值税免税政策的，按规定填入"免税销售额"相关栏次。

（20）纳税人需要确认发票用途，通过什么渠道进行确认？

《公告》发布后，试点纳税人可以通过电子发票服务平台税务数字账户使用增值税发票综合服务平台具备的发票用途确认、风险提示、信息下载等功能。

试点纳税人取得通过电子发票服务平台开具的带有"增值税专用发票"字样的数电票、带有"普通发票"字样的数电票、纸质专票和纸质普票等符合规定的增值税扣税凭证，如需用于申报抵扣增值税进项税额或申请出口退税、代办退税的，应当通过电子发票服务平台税务数字账户或增值税发票综合服务平台确认用途。非试点纳税人继续通过增值税发票综合服务平台使用相关增值税扣税凭证功能，取得通过电子发票服务平台开具的带有"增值税专用发票"字样的数电票、带有"普通发票"字样的数电票、纸质专票和纸质普票等符合规定的增值税扣税凭证，用于申报抵扣增值税进项税额或申请出口退税、代办退税的，应通过增值税发票综合服务平台确认用途。

纳税人确认用途有误的，可向主管税务机关申请更正。

（21）试点纳税人如何通过电子发票服务平台税务数字账户进行计算农产品进项税额以及加计扣除农产品进项税额？

试点纳税人购进农产品，取得符合规定的带有"增值税专用发票"字样的数电票、增值税专用发票、海关缴款书、农产品销售发票等凭证或者开具符合规定的收购发票，可以通过电子发票服务平台税务数字账户进行用途确认，按照相关规定计算当期进项税额。

其中，试点纳税人购进用于生产或者委托加工13%税率货物的农产品，可以由主管税务机关开通加计扣除农产品进项税额确认功能，按照相关规定计算当期进项税额，并将已进行用途确认的凭证明细转入加计扣除农产品进项税额确认待用。纳税人将购进农产品用于生产或者委托加工的当期，可以通过电子发票服务平台税务数字账户选择相应凭证，按规定计算填写本次加计扣除农产品进项税额。

试点纳税人取得符合以上规定的尚未用于加计扣除农产品进项税额的凭证，可以向主管税务机关申请补录。

（22）试点纳税人错误确认发票用途后，税务机关如何帮助纳税人进行修改和更正？

试点纳税人通过电子发票服务平台确认发票用途后，如果出现发票用途确认错误的情形，税务机关可为纳税人提供规范、便捷的更正服务。

纳税人将发票用途误确认为申报抵扣且已申报抵扣后，如果要改为用于申报出口退税或代办退税，纳税人可以向主管税务机关申请更正。主管税务机关在核实确认相关进项税额已转出后，为纳税人调整发票用途。

纳税人将发票用途误确认为用于出口退税、代办退税的，可以向主管税务机关申请更正。如纳税人尚未申报出口退税，经主管税务机关确认后，可将发票信息回退至电子发票服务平台，纳税人可以重新确认发票用途；如果纳税人已申报办理出口退税，可向主管税务机关申请开具出口货物转内销证明。

第三节
广西壮族自治区全电发票试点制度

一、开展全面数字化的电子发票试点

2023年4月25日,《国家税务总局广西壮族自治区税务局关于开展全面数字化的电子发票试点工作的公告》(国家税务总局广西壮族自治区税务局公告2023年第4号)规定,为落实中办、国办印发的《关于进一步深化税收征管改革的意见》要求,加大推广使用全面数字化的电子发票(以下简称数电票)力度,经国家税务总局同意,广西壮族自治区税务局决定在广西壮族自治区开展数电票试点工作。有关事项如下:

(1) 自 2023 年 4 月 27 日起,在广西壮族自治区的部分纳税人中开展数电票试点,使用电子发票服务平台的纳税人为试点纳税人,具体范围由国家税务总局广西壮族自治区税务局确定。

广西壮族自治区纳税人通过电子发票服务平台开具发票的受票方范围为全国,并作为受票方接收全国其他数电票试点省(区、市)纳税人开具的数电票,具体以各试点省(区、市)税务机关公告为准。

按照有关规定不使用网络办税或不具备网络条件的纳税人暂不纳入试点范围。此外,存在以下情形之一的纳税人暂不纳入试点:①存在严重涉税违法失信行为;②存在国家税务总局规定的增值税发票风险;③经税收大数据分析发现重大涉税风险。

电子发票服务平台通过以下地址登录:https://etax.guangxi.chinatax.gov.cn:9723。

(2) 数电票的法律效力、基本用途等与现有纸质发票相同。其中,带有"增值税专用发票"字样的数电票,其法律效力、基本用途与现有增值税专用发票相同;带有"普通发票"字样的数电票,其法律效力、基本用途与现有普通发票相同。

(3) 广西壮族自治区数电票由国家税务总局广西壮族自治区税务局监制。数电票无联次,基本内容包括:发票号码、开票日期、购买方信息、销售方信息、项目名称、规格型号、单位、数量、单价、金额、税率/征收率、税额、合计、价税合计(大写、小写)、备注、开票人等。

其中,试点纳税人从事特定行业、发生特定应税行为及特定应用场景业务(包括:稀土、建筑服务、旅客运输服务、货物运输服务、不动产销售、不动产经营租赁服务、农产品收购、光伏收购、代收车船税、自产农产品销售、差额征税、成品油、民航、铁路等）的，电子发票服务平台提供了上述对应特定业务的数电票样式，试点纳税人应按照发票开具有关规定使用特定业务数电票。数电票样式参见图2-30至图2-44。

（4）广西壮族自治区数电票的发票号码为20位，其中：第1～2位代表公历年度后两位，第3～4位代表广西壮族自治区行政区划代码，第5位代表数电票开具渠道等信息，第6～20位代表顺序编码等信息。

（5）电子发票服务平台支持开具增值税纸质专用发票（以下简称纸质专票）和增值税纸质普通发票（折叠票，以下简称纸质普票）。

通过电子发票服务平台开具的纸质专票和纸质普票，其法律效力、基本用途与现有纸质专票、纸质普票相同。其中，发票密码区不再展示发票密文，改为展示电子发票服务平台赋予的20位发票号码及全国增值税发票查验平台网址。

（6）试点纳税人通过实名认证后，无需使用税控专用设备即可通过电子发票服务平台开具发票，无需进行发票验旧操作。其中，数电票无需进行发票票种核定和发票领用。

（7）税务机关对试点纳税人开票实行开具金额总额度管理。开具金额总额度，是指一个自然月内，试点纳税人发票开具总金额（不含增值税）的上限额度。

第一，试点纳税人通过电子发票服务平台开具的数电票、纸质专票和纸质普票以及通过增值税发票管理系统开具的纸质专票、纸质普票、增值税普通发票（卷票）、增值税电子专用发票（以下简称电子专票）和增值税电子普通发票，共用同一个开具金额总额度。

第二，税务机关依据试点纳税人的税收风险程度、纳税信用级别、实际经营情况等因素，确定初始开具金额总额度，并进行定期调整、临时调整或人工调整。

定期调整是指电子发票服务平台每月自动对试点纳税人开具金额总额度进行调整。

临时调整是指税收风险程度较低的试点纳税人当月开具发票金额首次达到开具金额总额度一定比例时，电子发票服务平台自动为其临时增加一次开具金额总额度。

人工调整是指试点纳税人因实际经营情况发生变化申请调整开具金额总额度，主管税务机关依法依规审核未发现异常，为纳税人调整开具金额总额度。

第三，试点纳税人在增值税申报期内，完成增值税申报前，在电子发票服务平台中可以在上月剩余可用额度且不超过当月开具金额总额度的范围内开具发票。试点纳税人按规定完成增值税申报且比对通过后，在电子发票服务平台中可以按照当月剩余可用额度开具发票。

（8）电子发票服务平台税务数字账户自动归集发票数据，供试点纳税人进行发票的查询、查验、下载、打印和用途确认，并提供税收政策查询、开具金额总额度调整申请、发票风险提示等功能。

（9）试点纳税人通过电子发票服务平台税务数字账户自动交付数电票，也可通过电子邮件、二维码等方式自行交付数电票。

（10）自2023年4月27日起，试点纳税人可通过电子发票服务平台税务数字账户使用发票用途确认、风险提示、信息下载等功能，不再通过增值税发票综合服务平台使用上述功能。

试点纳税人取得带有"增值税专用发票"字样的数电票、带有"普通发票"字样的数电票、纸质专票和纸质普票等符合规定的增值税扣税凭证,如需用于申报抵扣增值税进项税额或申请出口退税、代办退税的,应当通过电子发票服务平台税务数字账户确认用途。非试点纳税人继续通过增值税发票综合服务平台使用相关增值税扣税凭证功能。纳税人确认用途有误的,可向主管税务机关申请更正。

(11)试点纳税人可以通过电子发票服务平台税务数字账户对符合规定的农产品增值税扣税凭证进行用途确认,计算用于抵扣的进项税额。其中,试点纳税人购进用于生产或者委托加工13%税率货物的农产品,可以由主管税务机关开通加计扣除农产品进项税额确认功能,在生产领用当期计算加计扣除农产品进项税额。

(12)试点纳税人可通过电子发票服务平台税务数字账户标记发票入账标识。纳税人以数电票报销入账归档的,按照财政和档案部门的相关规定执行。

(13)试点纳税人发生开票有误、销货退回、服务中止、销售折让等情形,需要通过电子发票服务平台开具红字数电票或红字纸质发票的,按以下规定执行:

一是,受票方未做用途确认及入账确认的,开票方填开《红字发票信息确认单》(以下简称《确认单》)后全额开具红字数电票或红字纸质发票,无需受票方确认。

二是,受票方已进行用途确认或入账确认的,开票方或受票方可以填开《确认单》,经对方确认后,开票方依据《确认单》开具红字发票。

受票方已将发票用于增值税申报抵扣的,应当暂依《确认单》所列增值税税额从当期进项税额中转出,待取得开票方开具的红字发票后,与《确认单》一并作为记账凭证。

(14)纳税人发生《国家税务总局关于红字增值税发票开具有关问题的公告》(国家税务总局公告2016年第47号)第一条以及《国家税务总局关于在新办纳税人中实行增值税专用发票电子化有关事项的公告》(国家税务总局公告2020年第22号)第七条规定情形的,购买方为试点纳税人时,购买方可通过电子发票服务平台填开并上传《开具红字增值税专用发票信息表》(以下简称《信息表》)。

(15)单位和个人可以通过全国增值税发票查验平台(https://inv-veri.chinatax.gov.cn)查验数电票信息。同时,试点纳税人还可以通过电子发票服务平台查验数电票信息。

(16)电子发票服务平台暂不支持开具机动车(含二手车)、通行费等特定业务数电票,开具上述发票功能的上线时间另行公告。

相关发票功能上线前,纳税人可以通过增值税发票管理系统开具电子专票、增值税电子普通发票(含收费公路通行费增值税电子普通发票)、增值税普通发票(卷票)和二手车销售统一发票以及通过增值税发票管理系统开票软件中机动车发票开具模块开具增值税专用发票和机动车销售统一发票(包括纸质发票、电子发票)。

(17)纳税人应当依法依规、诚信如实使用数电票,并接受税务机关依法检查。税务机关依法加强税收监管和风险防范,严厉打击虚开、虚抵、偷逃骗税等涉税违法犯罪行为。

二、开展全面数字化的电子发票试点解读

（1）推行全面数字化的电子发票的背景是什么？

为贯彻落实中办、国办关于稳步实施发票电子化改革的部署安排，2021年12月1日起，国家税务总局在内蒙古自治区、上海市和广东省、四川省、厦门市、天津市、青岛市、重庆市、大连市、陕西省等地区开始推行数电票。同时，本着稳妥有序的原则，采用先在部分地区推行数电票试点，此后逐步扩大地区和纳税人范围的工作策略。数电票推行后，系统运行平稳，因具有无需领用、开具便捷、信息集成、节约成本等优点，受到越来越多纳税人的欢迎。

自2023年4月27日起，在广西壮族自治区的部分纳税人中开展数电票试点，试点纳税人具体范围由国家税务总局广西壮族自治区市税务局确定。

按照国家税务总局的推广进度安排，数电票受票范围已推广至全国，广西壮族自治区试点纳税人通过电子发票服务平台开具的数电票，各省的受票方均可接收。

（2）推行数电票具有哪些优点？

第一，领票流程更简化。开业开票"无缝衔接"。数电票实现"去介质"，纳税人不再需要预先领取专用税控设备；通过"赋码制"取消特定发票号段申领，发票信息生成后，系统自动分配唯一的发票号码；通过"授信制"自动为纳税人赋予开具金额总额度，实现开票"零前置"。基于此，新办纳税人可实现"开业即可开票"。

第二，开票用票更便捷。一是发票服务"一站式"更便捷。纳税人登录电子发票服务平台后，可进行发票开具、交付、查验以及用途勾选等系列操作，享受"一站式"服务，不再像以前需登录多个平台才能完成相关操作。二是发票数据应用更广泛。通过"一户式""一人式"发票数据归集，加强各税费数据联动，为实现"一表集成"式税费申报预填服务奠定数据基础。三是发票使用满足个性业务需求。数电票破除特定版式要求，增加了XML的数据电文格式便利交付，同时保留PDF、OFD等格式，降低发票使用成本，提升纳税人用票的便利度和获得感。数电票样式根据不同业务进行差异化展示，为纳税人提供更优质的个性化服务。四是纳税服务渠道更畅通。电子发票服务平台提供征纳互动相关功能，如增加智能咨询，纳税人在开票、受票等过程中，平台自动接收纳税人业务处理过程中存在的问题并进行智能答疑；增设异议提交功能，纳税人对开具金额总额度有异议时，可以通过平台向税务机关提出。

第三，入账归档一体化。通过制发电子发票数据规范、出台电子发票国家标准，实现数电票全流程数字化流转，进一步推进企业和行政事业单位会计核算、财务管理信息化。

（3）数电票的票面信息包括哪些？

数电票的票面信息包括基本内容和特定内容。

为了符合纳税人开具发票的习惯，数电票的基本内容在现行增值税发票基础上进行了优化，主要包括：发票号码、开票日期、购买方信息、销售方信息、项目名称、规格型号、单位、数量、单价、金额、税率/征收率、税额、合计、价税合计（大写、

小写）、备注、开票人等。

为了满足从事特定行业、发生特定应税行为及特定应用场景业务（以下简称特定业务）的试点纳税人开具发票的个性化需求，税务机关根据现行发票开具的有关规定和特定业务的开票场景，在数电票中设计了相应的特定内容。特定业务包括但不限于稀土、建筑服务、旅客运输服务、货物运输服务、不动产销售、不动产经营租赁服务、农产品收购、光伏收购、代收车船税、自产农产品销售、差额征税、民航、铁路等。试点纳税人在开具数电票时，可以按照实际业务开展情况，选择特定业务，将按规定应填写在发票备注等栏次的信息，填写在特定内容栏次，进一步规范发票票面内容，便利纳税人使用。特定业务的数电票票面按照特定内容展示相应信息，同时票面左上角展示该业务类型的字样。

（4）试点纳税人可以通过电子发票服务平台开具哪些类型的发票？

电子发票服务平台支持开具数电票、纸质专票和纸质普票。

试点纳税人通过实名验证后，无需使用税控专用设备即可通过电子发票服务平台开具数电票、纸质专票和纸质普票，无需进行发票验旧操作。其中，数电票无需进行发票票种核定和发票领用。

试点纳税人可以选择电子发票服务平台或者增值税发票管理系统其中之一开具纸质专票或纸质普票。其中，试点纳税人选择通过电子发票服务平台开具纸质专票或纸质普票，其票种核定、发票领用、发票作废、发票缴销、发票退回、发票遗失损毁等事项仍然按照原规定和流程办理。

（5）如何理解《公告》中的开具金额总额度和剩余可用额度？

为降低纳税人使用成本，便利数电票推广，尊重纳税人现行开票用票习惯，做好发票风险防控，税务机关对试点纳税人开票实行开具金额总额度管理。

开具金额总额度，也称总授信额度，是指一个自然月内试点纳税人发票开具总金额（不含增值税）的上限额度，包括试点纳税人可通过电子发票服务平台开具的数电票、纸质专票和纸质普票的上限总金额以及可通过增值税发票管理系统开具的纸质专票、纸质普票、增值税普通发票（卷式，以下简称卷式发票）、增值税电子专用发票（以下简称电子专票）和增值税电子普通发票（以下简称电子普票）的上限总金额。

剩余可用额度，也称可用授信额度，是指在一个自然月内试点纳税人开具金额总额度扣除已使用额度。其中，已使用额度包括试点纳税人通过电子发票服务平台开具的发票金额，以及通过增值税发票管理系统开具的纸质专票、纸质普票、卷式发票、电子专票和电子普票的领用份数与单份发票最高开票限额之积（存在多种不同版式的发票应分别计算并求和，下同）。

例 3-28　试点纳税人 A 公司，通过电子发票服务平台开具数电票，同时通过增值税发票管理系统开具纸质专票和纸质普票，2023 年 7 月开具金额总额度为 750 万元。

2023 年 7 月 1 日至 20 日，A 公司领用 10 万元版增值税专用发票 40 份（应从开具金额总额度中扣除 400 万元），通过增值税发票管理系统开具了 36 份纸质专票，合计金额350万元（不再重复从开具金额总额度中扣除），通过电子发票服务平台开具数电票金额300万元（应从开具金额总额度中扣除300万元），则7月20日后剩余可用额度为50万元（750－40×10－300）。

(6) 试点纳税人开具金额总额度如何调整？

调整开具金额总额度有三种方式，包括定期调整、临时调整和人工调整。

第一，定期调整。定期调整是指电子发票服务平台每月自动对试点纳税人开具金额总额度进行调整。

例 3-29 2023年7月初成立的B公司，初始开具金额总额度为750万元。2023年9月，根据B公司实际经营情况以及7月、8月开具金额总额度的使用情况，9月月初电子发票服务平台将其开具金额总额度调整至850万元。

第二，临时调整。临时调整是指税收风险程度较低的试点纳税人当月开具发票金额首次达到开具金额总额度一定比例时，电子发票服务平台自动为其临时调增一次开具金额总额度。

例 3-30 2023年7月初成立的C公司，初始开具金额总额度为750万元。

情形一：2023年7月中旬，C公司销售额增加，至7月20日，实际已使用额度达到600万元（达到当前开具金额总额度的一定比例），电子发票服务平台自动风险扫描无问题后，为C公司临时增加开具金额总额度至900万元。

情形二：2023年7月中旬，C公司销售额增加，至7月20日，实际已使用额度达到580万元，未触发系统临时调整。7月21日，C公司因经营需要，需开具1份金额为200万元的数电票，在填写发票信息时，因累计金额达到780万元（达到当前开具金额总额度的一定比例），电子发票服务平台自动风险扫描无问题后，为C公司临时增加开具金额总额度至900万元。

第三，人工调整。人工调整是指纳税人因实际经营情况发生变化申请调整开具金额总额度，主管税务机关依法依规审核未发现异常的，为纳税人调整开具金额总额度。

例 3-31 D公司2023年7月初开具金额总额度为750万元，销售额增加，电子发票服务平台为D公司临时调增开具金额总额度至900万元，但仍无法满足D公司本月开票需求。D公司根据实际经营情况，向主管税务机关申请调增开具金额总额度至1 200万元，主管税务机关依法依规审核未发现异常后，相应调增D公司开具金额总额度。

(7) 试点纳税人在增值税申报期内如何使用开具金额总额度？

试点纳税人在增值税申报期内，完成增值税申报前，在电子发票服务平台中可以按照上月剩余可用额度且不超过当月开具金额总额度的范围内开具发票。试点纳税人按规定完成增值税申报且比对通过后,在电子发票服务平台中可以按照当月剩余可用额度开具发票。

第一,按月进行增值税申报的试点纳税人在每月月初到完成上个所属期(即上个月)申报前开具金额总额度的可使用额度为上月剩余可用额度,且不超过本月开具金额总额度;完成上个所属期(即上个月)申报且比对通过后可使用额度为当月剩余可用额度。

第二,按季进行增值税申报的试点纳税人在每季季初到完成上个所属期(即上个季度)申报前开具金额总额度的可使用额度为上月剩余可用额度,且不超过本月开具金额总额度;完成上个所属期(即上个季度)申报且比对通过后可使用额度为当月剩余可用额度。

例 3-32 试点纳税人 E 公司是按月申报的一般纳税人,2023 年 7 月开具金额总额度为 750 万元,截至 7 月 31 日实际已使用额度 400 万元,剩余可用额度为 350 万元。

情形一:8 月 1 日,电子发票服务平台自动计算其 8 月开具金额总额度为 750 万元。如果 E 公司在 8 月 11 日 9 时完成 7 月所属期增值税申报并比对通过,则 8 月 11 日 9 时前(即未完成 7 月所属期增值税申报前),E 公司的可使用额度为 350 万元(7 月剩余可用额度 350 万元＜8 月月初开具金额总额度 750 万元)。

8 月 1 日至 11 日 9 时,如果 E 公司实际已使用额度为 20 万元,则 8 月 11 日 9 时(即完成申报)后的剩余可用额度为 730 万元(750－20)。

情形二:8 月 1 日,依据纳税人风险程度、纳税信用级别、实际经营情况等因素,电子发票服务平台自动计算并将 8 月开具金额总额度调整为 250 万元。如果 E 公司在 8 月 11 日 9 时完成 7 月所属期增值税申报并比对通过,则 8 月 11 日 9 时前(即未完成 7 月所属期增值税申报前)E 公司的可使用额度为 250 万元(7 月剩余可用额度 350 万元＞8 月月初开具金额总额度 250 万元)。

8 月 1 日至 11 日 9 时,如果 E 公司实际已使用额度为 20 万元,则 8 月 11 日 9 时(即完成申报)后的剩余可用额度为 230 万元(250－20)。

例 3-33 试点纳税人 F 公司是按季申报的小规模纳税人,2023 年 8 月开具金额总额度为 10 万元,截至 8 月 31 日实际已使用额度为 5 万元,剩余可用额度为 5 万元。

9 月 1 日,电子发票服务平台自动计算并将 9 月开具金额总额度重新调整为 10 万元。因 F 公司是按季申报的纳税人,9 月无需完成 8 月所属期增值税申报,则 9 月 1 日后可使用额度为 10 万元(即 9 月初的开具金额总额度)。9 月 1 日至 30 日,F 公司实际已使用额度为 8 万元,剩余可用额度为 2 万元。

10 月 1 日,电子发票服务平台自动计算并将 10 月开具金额总额度重新调整为 10 万元。如果 F 公司于 10 月 6 日 9 时完成 2023 年第三季度所属期增值税申报并比对通过,则 10 月 6 日 9 时前(即未完成第四季度所属期增值税申报前)可使用额度仍为 2 万元（9 月剩余可用额度 2 万元＜10 月月初开具金额总额度 10 万元）。

10 月 1 日至 6 日 9 时，如果 F 公司实际已使用额度为 2 万元，则 10 月 6 日 9 时（即完成申报）后的剩余可用额度为 8 万元（10－2）。

（8）试点纳税人领用通过增值税发票管理系统开具的发票，如何确定单份最高开票限额和领用份数？

试点纳税人办理发票票种核定和发票领用时，通过增值税发票管理系统开具的发票最高开票限额和每月最高领用数量仍按照现行有关规定办理。其中，试点纳税人通过增值税发票管理系统开具的发票领用份数与单份发票最高开票限额之积应小于或等于当月剩余可用额度。

（9）试点纳税人开具纸质专票和纸质普票如何使用剩余可用额度？

试点纳税人通过电子发票服务平台开具纸质专票和纸质普票时，单份发票开具金额不得超过单份最高开票限额且不得超过当月剩余可用额度，并根据实际开票金额扣除当月剩余可用额度。

试点纳税人通过增值税发票管理系统开具的纸质专票、纸质普票、卷式发票、电子专票和电子普票的，在领用发票时按领用份数与单份发票最高开票限额之积扣除当月剩余可用额度，开具时不再扣除当月剩余可用额度。

（10）试点纳税人通过电子发票服务平台开具的纸质专票和纸质普票与增值税发票管理系统开具纸质专票和纸质普票有何区别？

试点纳税人通过电子发票服务平台开具的纸质专票和纸质普票，其法律效力、基本用途与现有纸质专票、纸质普票相同。电子发票服务平台开具的纸质专票、纸质普票与现行纸质专票、纸质普票相比，区别在于电子发票服务平台开具纸质专票、纸质普票后，纸质专票、纸质普票密码区不再展示发票密文，密码区将展示电子发票服务平台赋予的 20 位发票号码以及全国增值税发票查验平台网址。

（11）通过电子发票服务平台税务数字账户，试点纳税人能够获得哪些优质便捷的服务？

为全面推进税收征管数字化升级，降低制度性交易成本，电子发票服务平台税务数字账户集成发票信息、优化发票应用、完善风险提醒，进一步深化发票数据应用成果。通过税务数字账户，纳税人能够获得以下优质便捷的服务：

一是"一户式"发票数据归集服务。电子发票服务平台税务数字账户自动归集开具发票信息，推送至对应受票方纳税人的税务数字账户，实现开票即交付，从根本上解决纳税人纸质发票易丢失破损及电子发票难归集等问题，降低纳税人发票管理成本。

二是"一站式"发票应用集成服务。电子发票服务平台税务数字账户创新应用集成服务，通过完善发票的查询、查验、下载、打印和用途确认等功能，增加税务事项通知书查询、税收政策查询、发票开具金额总额度调整申请、原税率发票开具申请等功能，再造红字发票业务流程、海关缴款书业务流程，为纳税人提供"一站式"服务。

三是"集成化"发票数据展示服务。电子发票服务平台税务数字账户为纳税人提供开具金额总额度管理情况展示服务，纳税人可实时掌握总授信额度和可用授信额度变动情况；同时为纳税人提供风险提醒服务，纳税人可以对发票的开具、申报、缴税、用途确认等流转状态以及作废、红冲、异常等管理状态进行查询统计，以便及时开展风险应对处理，从而有效规避因征纳双方和购销双方信息不对称而产生的涉税风险和财务管理风险。

（12）如何使用发票入账标识功能？

电子发票服务平台为试点纳税人提供发票入账标识服务，纳税人使用该功能时，系统将同步为发票赋予入账状态字样，供财务人员及时查验，避免重复报销入账。

（13）纳税人开具和取得数电票报销入账归档的，需要注意哪些事项？

纳税人开具和取得数电票报销入账归档的，应按照《财政部国家档案局关于规范电子会计凭证报销入账归档的通知》（财会〔2020〕6号，以下称《通知》）和《会计档案管理办法》（财政部、国家档案局令第79号）的相关规定执行。

第一，纳税人可以根据《通知》第三条、第五条的规定，仅使用数电票电子件进行报销入账归档的，可不再另以纸质形式保存。

第二，纳税人如果需要以数电票的纸质打印件作为报销入账归档依据的，应当根据《通知》第四条的规定，同时保存数电票电子件。

（14）试点纳税人怎样开具红字发票？

试点纳税人发生开票有误、销货退回、服务中止、销售折让等情形，需要通过电子发票服务平台开具红字数电票或红字纸质发票的，按以下规定执行：

一是受票方未做用途确认及入账确认的，开票方在电子发票服务平台填开《红字发票信息确认单》（以下简称《确认单》）后全额开具红字数电票或红字纸质发票，无需受票方确认。其中，《确认单》需要与对应的蓝字发票信息相符。

例 3-34 2023年6月10日，G公司（试点纳税人）发现有一张在2023年5月31日开给H公司（试点纳税人）的纸质专票内容有误，通过电子发票服务平台查询到H公司未对取得的发票进行用途确认与发票入账。G公司联系H公司将该发票相关联次取回后，通过电子发票服务平台填开并上传《确认单》，无需H公司确认，系统自动校验通过后可直接全额开具对应的红字数电票。

例 3-35 2023年4月，I公司（试点纳税人）为J公司（非试点纳税人）提供加工劳务。I公司在2023年4月18日已为J公司开具了带有"增值税专用发票"字样的数电票。4月20日因客观原因劳务终止，此前J公司未对该发票进行确认用途及发票入账，I公司需全额开具红字数电票。

I公司通过电子发票服务平台填开《确认单》，无需J公司确认，I公司依据核实无误的确认单信息，全额开具红字数电票。

二是受票方已进行用途确认或入账确认的，受票方为试点纳税人，开票方或受票方均可在电子发票服务平台填开并上传《确认单》，经对方在电子发票服务平台确认后，开票方全额或部分开具红字数电票或红字纸质发票；受票方为非试点纳税人，由开票方在电子发票服务平台或由受票方在增值税发票综合服务平台填开并上传《确认单》，经对方确认后，开票方全额或部分开具红字数电票或红字纸质发票。其中，《确认单》需要与对应的蓝字发票信息相符。

受票方已将发票用于增值税申报抵扣的，应当暂依《确认单》所列增值税税额从当期进项税额中转出，待取得开票方开具的红字发票后，与《确认单》一并作为记账凭证。

例 3-36 2023 年 10 月，L 公司（试点纳税人）销售一批服装给 M 公司（试点纳税人），已开具带有"增值税专用发票"字样的数电票，M 公司已对取得的发票进行用途确认。2023 年 11 月，该批服装发生销货退回。

情形一：M 公司财务人员通过电子发票服务平台填开《确认单》，选择原因和对应的蓝字发票信息，录入金额和税额。L 公司财务人员通过电子发票服务平台完成确认后，L 公司财务人员据此开具红字数电票。

情形二：L 公司财务人员通过电子发票服务平台填开《确认单》，选择原因和对应的蓝字发票信息，录入金额和税额。M 公司财务人员通过电子发票服务平台完成确认后，L 公司财务人员据此开具红字数电票。

例 3-37 2023 年 11 月，N 公司（试点纳税人）销售一批玩具给 P 公司（非试点纳税人），已开具带有"增值税专用发票"字样的数电票，P 公司已确认用途。2023 年 12 月，该批玩具发生销货退回。

情形一：N 公司财务人员通过电子发票服务平台填开《确认单》，选择原因和对应的蓝字发票信息，录入金额和税额。P 公司财务人员通过增值税发票综合服务平台完成确认后，N 公司财务人员据此开具红字数电票。

情形二：P 公司财务人员通过增值税发票综合服务平台发起《确认单》，选择原因和对应的蓝字发票信息，录入金额和税额。N 公司财务人员通过电子发票服务平台完成确认后，N 公司财务人员据此开具红字数电票。

三是试点纳税人通过电子发票服务平台开具的数电票或纸质发票已用于申请出口退税、代办退税的，暂不允许开具红字发票。

（15）非试点纳税人开具红字发票流程有何变化？

第一，增值税发票综合服务平台为非试点纳税人提供了填开《确认单》和对《确认单》进行确认的功能。

第二，纳税人发生《国家税务总局关于红字增值税发票开具有关问题的公告》（国家税务总局公告 2016 年第 47 号）第一条以及《国家税务总局关于在新办纳税人中实行增值税专用发票电子化有关事项的公告》（国家税务总局公告 2020 年第 22 号）第七条规定情形的，购买方可通过电子发票服务平台填开《信息表》。

例 3-38　2023 年 5 月，Q 公司（非试点纳税人）销售一批服装给 R 公司（试点纳税人），通过增值税发票管理系统已开具增值税专用发票，R 公司已确认用途。2023 年 6 月，该批服装发生销货退回。

R 公司通过电子发票服务平台填开《信息表》，Q 公司财务人员据此开具红字专用发票。

（16）试点纳税人通过电子发票服务平台开具红字发票有哪些注意事项？

第一，试点纳税人需要开具红字发票的，可以在所对应的蓝字发票金额范围内开具红字发票。

第二，试点纳税人开具蓝字数电票当月开具红字数电票，电子发票服务平台同步增加其当月剩余可用额度；跨月开具红字数电票的，电子发票服务平台不增加其当月剩余可用额度。

第三，试点纳税人开具蓝字纸质发票当月开具红字纸质发票，或者作废已开具的蓝字纸质发票，电子发票服务平台同步增加其当月剩余可用额度；跨月开具红字纸质发票的，电子发票服务平台不增加其当月剩余可用额度。

例 3-39　纳税人 S 公司，2023 年 10 月的开具金额总额度为 750 万元。

2023 年 10 月 1 日至 5 日 S 公司开票累计金额 100 万元，10 月 6 日开具红字数电票金额 10 万元（对应 2023 年 8 月 25 日开具的蓝字数电票，金额 10 万元），10 月 7 日开具红字数电票 50 万元（对应 2023 年 10 月 3 日开具的蓝字数电票，金额 50 万元），则 10 月 8 日剩余可用额度为 700 万元（750－100＋50）。由于跨月开具红字数电票不增加当月剩余可用额度，10 月 6 日开具红字数电票金额 10 万元不列入当月剩余可用额度计算。

（17）《公告》实施后，试点纳税人能开具机动车（含二手车）、通行费等特定业务发票吗？

电子发票服务平台暂不支持开具机动车（含二手车）、通行费等特定业务数电票，开具上述发票功能的上线时间另行公告。功能上线前，试点纳税人可通过增值税发票管理系统开具上述发票。

相关发票功能上线前，试点纳税人可以通过增值税发票管理系统开具电子专票、增值税电子普通发票（含收费公路通行费增值税电子普通发票）、增值税普通发票（卷票）、二手车销售统一发票以及通过增值税发票管理系统开票软件中机动车发票开具模块开具左上角有"机动车"字样的增值税专用发票和机动车销售统一发票（包括纸质发票、电子发票）。

（18）通过什么渠道可以进行数电票信息的查验？

单位和个人可以通过全国增值税发票查验平台对数电票的信息进行查验。同时，电子发票服务平台为试点纳税人提供数电票查验服务。

（19）试点纳税人通过电子发票服务平台开具或勾选确认发票后，如何填写增值税及附加税费申报表？

第一，一般纳税人通过电子发票服务平台开具带有"增值税专用发票"或"普通发票"字样的数电票、纸质专票、纸质普票，其金额及税额应分别填入《增值税及附加税费申报表附列资料（一）》（本期销售情况明细）"开具增值税专用发票"或"开具其他发票"相关栏次。

一般纳税人取得通过电子发票服务平台开具的数电票、纸质专票、纸质普票，勾选用于进项抵扣时，其份数、金额及税额填列在《增值税及附加税费申报表附列资料（二）》（本期进项税额明细）相关栏次。

一般纳税人取得通过电子发票服务平台开具的带有"增值税专用发票"字样的数电票、纸质专票，已用于增值税申报抵扣的，对应的《确认单》所列增值税税额填列在《增值税及附加税费申报表附列资料（二）》（本期进项税额明细）第20栏"红字专用发票信息表注明的进项税额"。一般纳税人取得通过电子发票服务平台开具的带有"普通发票"字样的数电票、纸质普票，已用于增值税申报抵扣，对应的《确认单》所列增值税税额填列在《增值税及附加税费申报表附列资料（二）》（本期进项税额明细）第23b栏"其他应作进项税额转出的情形"。其中纳税人购进农产品取得数电票、纸质专票、纸质普票，已按计算税额申报抵扣农产品进项税额的或已加计扣除农产品进项税额的，应按《确认单》所列已计算抵扣的税额或加计扣除农产品进项税额填报《增值税及附加税费申报表附列资料（二）》第23b栏"其他应作进项税额转出的情形"。

第二，小规模纳税人通过电子发票服务平台开具的带有"增值税专用发票"或"普通发票"字样的数电票、纸质专票、纸质普票，其金额及税额应填入《增值税及附加税费申报表（小规模纳税人适用）》"增值税专用发票不含税销售额"或"其他增值税发票不含税销售额"相关栏次。其中，适用增值税免税政策的，按规定填入"免税销售额"相关栏次。

（20）纳税人需要确认发票用途，通过什么渠道进行确认？

《公告》发布后，试点纳税人可以通过电子发票服务平台税务数字账户使用增值税发票综合服务平台具备的发票用途确认、风险提示、信息下载等功能。

试点纳税人取得通过电子发票服务平台开具的带有"增值税专用发票"字样的数电票、带有"普通发票"字样的数电票、纸质专票和纸质普票等符合规定的增值税扣税凭证，如需用于申报抵扣增值税进项税额或申请出口退税、代办退税的，应当通过电子发票服务平台税务数字账户或增值税发票综合服务平台确认用途。非试点纳税人继续通过增值税发票综合服务平台使用相关增值税扣税凭证功能，取得通过电子发票服务平台开具的带有"增值税专用发票"字样的数电票、带有"普通发票"字样的数电票、纸质专票和纸质普票等符合规定的增值税扣税凭证，用于申报抵扣增值税进项税额或申请出口退税、代办退税的，应通过增值税发票综合服务平台确认用途。

纳税人确认用途有误的，可向主管税务机关申请更正。

（21）试点纳税人如何通过电子发票服务平台税务数字账户进行计算农产品进项税额以及加计扣除农产品进项税额？

试点纳税人购进农产品，取得符合规定的带有"增值税专用发票"字样的数电票、增值税专用发票、海关缴款书、农产品销售发票等凭证或者开具符合规定的收购发票，可以通过电子发票服务平台税务数字账户进行用途确认，按照相关规定计算当期进项税额。

其中，试点纳税人购进用于生产或者委托加工13%税率货物的农产品，可以由主管税务机关开通加计扣除农产品进项税额确认功能，按照相关规定计算当期进项税额，并将已进行用途确认的凭证明细转入加计扣除农产品进项税额确认待用。纳税人将购进农产品用于生产或者委托加工的当期，可以通过电子发票服务平台税务数字账户选择相应凭证，按规定计算填写本次加计扣除农产品进项税额。

试点纳税人取得符合以上规定的尚未用于加计扣除农产品进项税额的凭证，可以向主管税务机关申请补录。

（22）试点纳税人错误确认发票用途后，税务机关如何帮助纳税人进行修改和更正？

试点纳税人通过电子发票服务平台确认发票用途后，如果出现发票用途确认错误的情形，税务机关可为纳税人提供规范、便捷的更正服务。

纳税人将发票用途误确认为申报抵扣且已申报抵扣后，如果要改为用于申报出口退税或代办退税，纳税人可以向主管税务机关申请更正。主管税务机关在核实确认相关进项税额已转出后，为纳税人调整发票用途。

纳税人将发票用途误确认为用于出口退税、代办退税的，可以向主管税务机关申请更正。如纳税人尚未申报出口退税，经主管税务机关确认后，可将发票信息回退至电子发票服务平台，纳税人可以重新确认发票用途；如果纳税人已申报办理出口退税，可向主管税务机关申请开具出口货物转内销证明。

第四节
海南省全电发票试点制度

一、开展全面数字化的电子发票受票试点

2023 年 4 月 25 日,《国家税务总局海南省税务局关于开展全面数字化的电子发票试点工作的公告》（国家税务总局海南省税务局公告 2023 年第 1 号）规定，为落实中办、国办印发的《关于进一步深化税收征管改革的意见》要求，加大推广使用全面数字化的电子发票（以下简称数电票）力度，经国家税务总局同意，海南省税务局决定在海南省开展数电票试点工作。有关事项如下：

（1）自 2023 年 4 月 27 日起，在海南省的部分纳税人中开展数电票试点，使用电子发票服务平台的纳税人为试点纳税人，具体范围由国家税务总局海南省税务局确定。

海南省纳税人通过电子发票服务平台开具发票的受票方范围为全国，并作为受票方接收全国其他数电票试点省（区、市）纳税人开具的数电票，具体以各试点省（区、市）税务机关公告为准。

按照有关规定不使用网络办税或不具备网络条件的纳税人暂不纳入试点范围。此外，存在以下情形之一的纳税人暂不纳入试点：①存在严重涉税违法失信行为；②存在国家税务总局规定的增值税发票风险；③经税收大数据分析发现重大涉税风险。

电子发票服务平台通过以下地址登录：https://etax.hainan.chinatax.gov.cn/zjgfdzswj/main/index.html。

（2）数电票的法律效力、基本用途等与现有纸质发票相同。其中，带有"增值税专用发票"字样的数电票，其法律效力、基本用途与现有增值税专用发票相同；带有"普通发票"字样的数电票，其法律效力、基本用途与现有普通发票相同。

（3）海南省数电票由国家税务总局海南省税务局监制。数电票无联次，基本内容包括：发票号码、开票日期、购买方信息、销售方信息、项目名称、规格型号、单位、数量、单价、金额、税率/征收率、税额、合计、价税合计（大写、小写）、备注、开票人等。

其中，试点纳税人从事特定行业、发生特定应税行为及特定应用场景业务（包括：稀土、建筑服务、旅客运输服务、货物运输服务、不动产销售、不动产经营租赁服务、农产品收购、光伏收购、代收车船税、自产农产品销售、差额征税、成品油、民航、铁路等）的，电子发票服务平台提供了上述对应特定业务的数电票样式，试点纳税人

应按照发票开具有关规定使用特定业务数电票。数电票样式参见图 2-30 至图 2-44。

（4）海南省数电票的发票号码为 20 位，其中：第 1～2 位代表公历年度后两位，第 3～4 位代表海南省行政区划代码，第 5 位代表数电票开具渠道等信息，第 6～20 位代表顺序编码等信息。

（5）电子发票服务平台支持开具增值税纸质专用发票（以下简称纸质专票）和增值税纸质普通发票（折叠票，以下简称纸质普票）。

通过电子发票服务平台开具的纸质专票和纸质普票，其法律效力、基本用途与现有纸质专票、纸质普票相同。其中，发票密码区不再展示发票密文，改为展示电子发票服务平台赋予的 20 位发票号码及全国增值税发票查验平台网址。

（6）试点纳税人通过实名认证后，无需使用税控专用设备即可通过电子发票服务平台开具发票，无需进行发票验旧操作。其中，数电票无需进行发票票种核定和发票领用。

（7）税务机关对试点纳税人开票实行开具金额总额度管理。开具金额总额度，是指一个自然月内，试点纳税人发票开具总金额（不含增值税）的上限额度。

第一，试点纳税人通过电子发票服务平台开具的数电票、纸质专票和纸质普票以及通过增值税发票管理系统开具的纸质专票、纸质普票、增值税普通发票（卷票）、增值税电子专用发票（以下简称电子专票）和增值税电子普通发票，共用同一个开具金额总额度。

第二，税务机关依据试点纳税人的税收风险程度、纳税信用级别、实际经营情况等因素，确定初始开具金额总额度，并进行定期调整、临时调整或人工调整。

定期调整是指电子发票服务平台每月自动对试点纳税人开具金额总额度进行调整。

临时调整是指税收风险程度较低的试点纳税人当月开具发票金额首次达到开具金额总额度一定比例时，电子发票服务平台自动为其临时增加一次开具金额总额度。

人工调整是指试点纳税人因实际经营情况发生变化申请调整开具金额总额度，主管税务机关依法依规审核未发现异常的，为纳税人调整开具金额总额度。

第三，试点纳税人在增值税申报期内，完成增值税申报前，在电子发票服务平台中可以在上月剩余可用额度且不超过当月开具金额总额度的范围内开具发票。试点纳税人按规定完成增值税申报且比对通过后，在电子发票服务平台中可以按照当月剩余可用额度开具发票。

（8）电子发票服务平台税务数字账户自动归集发票数据，供试点纳税人进行发票的查询、查验、下载、打印和用途确认，并提供税收政策查询、开具金额总额度调整申请、发票风险提示等功能。

（9）试点纳税人通过电子发票服务平台税务数字账户自动交付数电票，也可通过电子邮件、二维码等方式自行交付数电票。

（10）自 2023 年 4 月 27 日起，试点纳税人可通过电子发票服务平台税务数字账户使用发票用途确认、风险提示、信息下载等功能，不再通过增值税发票综合服务平台使用上述功能。

试点纳税人取得带有"增值税专用发票"字样的数电票、带有"普通发票"字样的数电票、纸质专票和纸质普票等符合规定的增值税扣税凭证，如需用于申报抵扣增值税进项税额或申请出口退税、代办退税的，应当通过电子发票服务平台税务数字账户确认用途。非试点纳税人继续通过增值税发票综合服务平台使用相关增值税扣税凭证功能。纳税人确认用途有误的，可向主管税务机关申请更正。

（11）试点纳税人可以通过电子发票服务平台税务数字账户对符合规定的农产品增值税扣税凭证进行用途确认，计算用于抵扣的进项税额。其中，试点纳税人购进用于生产或者委托加工13%税率货物的农产品，可以由主管税务机关开通加计扣除农产品进项税额确认功能，在生产领用当期计算加计扣除农产品进项税额。

（12）试点纳税人可通过电子发票服务平台税务数字账户标记发票入账标识。纳税人以数电票报销入账归档的，按照财政和档案部门的相关规定执行。

（13）试点纳税人发生开票有误、销货退回、服务中止、销售折让等情形，需要通过电子发票服务平台开具红字数电票或红字纸质发票的，按以下规定执行：

一是受票方未做用途确认及入账确认的，开票方填开《红字发票信息确认单》（以下简称《确认单》，见表2-1）后全额开具红字数电票或红字纸质发票，无需受票方确认。

二是受票方已进行用途确认或入账确认的，开票方或受票方可以填开《确认单》，经对方确认后，开票方依据《确认单》开具红字发票。

受票方已将发票用于增值税申报抵扣的，应当暂依《确认单》所列增值税税额从当期进项税额中转出，待取得开票方开具的红字发票后，与《确认单》一并作为记账凭证。

（14）纳税人发生《国家税务总局关于红字增值税发票开具有关问题的公告》（国家税务总局公告2016年第47号）第一条以及《国家税务总局关于在新办纳税人中实行增值税专用发票电子化有关事项的公告》（国家税务总局公告2020年第22号）第七条规定情形的，购买方为试点纳税人时，购买方可通过电子发票服务平台填开并上传《开具红字增值税专用发票信息表》（以下简称《信息表》）。

（15）单位和个人可以通过全国增值税发票查验平台（https://inv-veri.chinatax.gov.cn）查验数电票信息。同时，试点纳税人还可以通过电子发票服务平台查验数电票信息。

（16）电子发票服务平台暂不支持开具机动车（含二手车）、通行费等特定业务数电票，开具上述发票功能的上线时间另行公告。

相关发票功能上线前，纳税人可以通过增值税发票管理系统开具电子专票、增值税电子普通发票（含收费公路通行费增值税电子普通发票）、增值税普通发票（卷票）和二手车销售统一发票以及通过增值税发票管理系统开票软件中机动车发票开具模块开具增值税专用发票和机动车销售统一发票（包括纸质发票、电子发票）。

（17）纳税人应当依法依规、诚信如实使用数电票，并接受税务机关依法检查。税务机关依法加强税收监管和风险防范，严厉打击虚开、虚抵、偷逃骗税等涉税违法犯罪行为。

二、全面数字化的电子发票受票操作（纳税人端）

（一）增值税发票综合服务平台系统登录操作

1. 初次登录系统

1）系统环境准备

（1）在电脑上连接好金税盘、税控盘或税务 UKey（以下简称税控设备），以管理员身份打开 IE 浏览器、谷歌浏览器或者火狐浏览器，输入本平台的网址（https://fpdk.hainan.chinatax.gov.cn）。

（2）首次登录系统可能会出现如下提示警告，需要点击"继续浏览此网站"的链接，如图 3-1 所示。

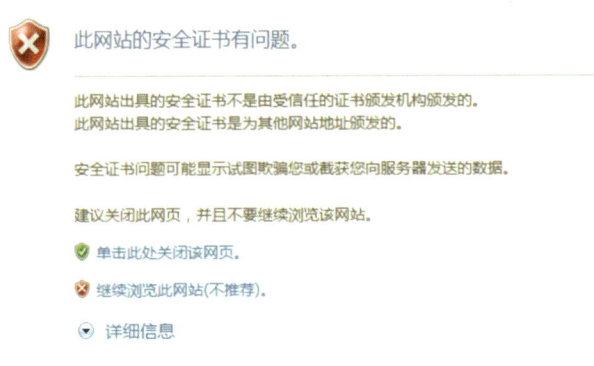

图 3-1　首次登录系统安全提示

（3）此时浏览器可以正确显示出增值税发票综合服务平台的登录页面，并且弹出"增值税发票综合服务平台升级内容说明（如 V4.2.21 版本）"，如图 3-2 所示。

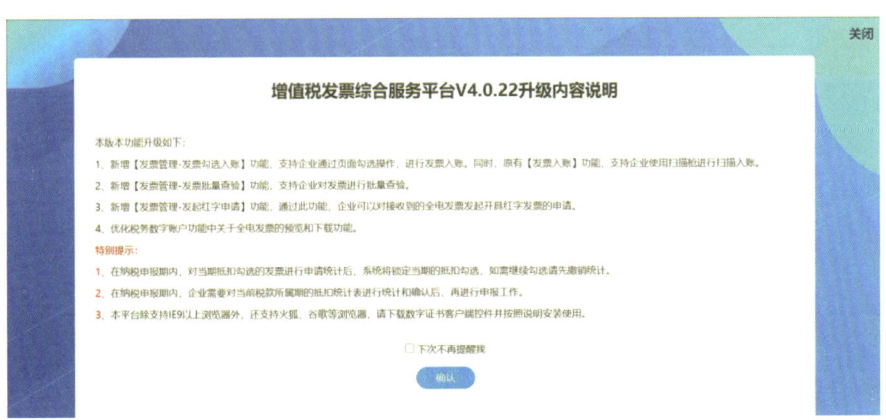

图 3-2　增值税发票综合服务平台升级内容说明

点击右上角"关闭"按钮可直接关闭该窗口，或勾选"下次不再提醒我"并点击

"确认",则在下次打开登录页面时不再显示该弹窗。

（4）此时浏览器可以正确展示增值税发票综合服务平台的登录页面，如图3-3所示。

图3-3 增值税发票综合服务平台登录页面

点击"首次访问请下载驱动程序和应用客户端"的链接，系统将跳转到下载页面，下载对应的驱动程序和应用客户端，如图3-4所示。

图3-4 驱动程序和应用客户端下载页面

纳税人可根据本企业的税控技术服务商以及实际情况，下载和安装对应的驱动及应用客户端控件。

2）根证书安装

不同的浏览器的证书安装方式不同，请参见首页《基础驱动及应用客户端安装手册》

进行安装。

3）基础驱动及应用客户端安装

不同的税控技术服务厂商需要安装不同的驱动，请参见首页《基础驱动及应用客户端安装手册》进行安装。

4）登录检测

纳税人完成根证书、安全控件的安装后，可通过点击登录页面右上角"检测环境"检查本地客户端的环境，如图3-5所示。

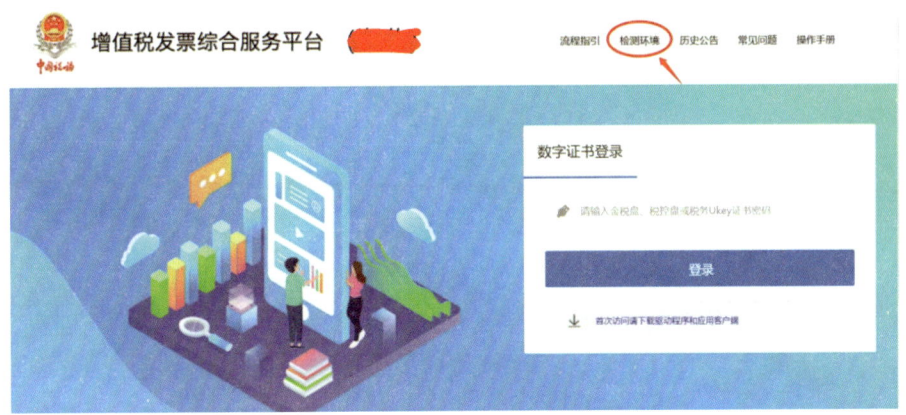

图 3-5　在登录页面右上角点击"检测环境"

环境检测结果如图3-6所示。

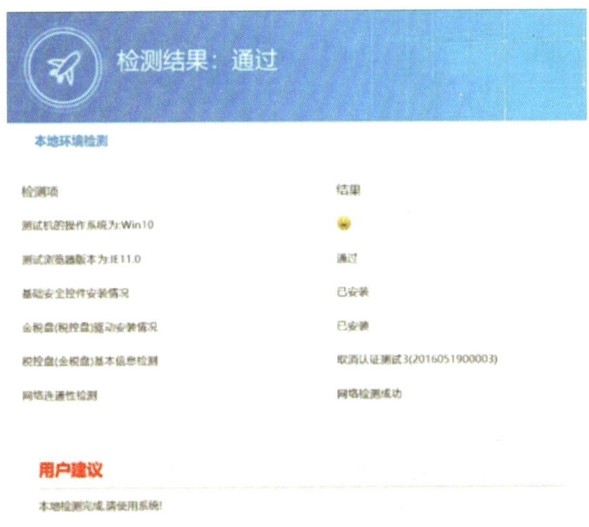

图 3-6　环境检测结果页面

纳税人可根据检测结果进行初步的客户端问题判断，并寻求解决方法。

2. 系统登录

1）登录

在客户端（电脑）上连接好税控设备，打开浏览器，输入平台网址，输入税控设备的证书密码后，点击"登录"按钮即可。

（1）证书密码验证正确且身份认证通过时，则直接进入平台首页页面，如图3-7所示。

图 3-7　平台首页页面

（2）如果出现如图3-8所示的提示，请确认纳税人是否属于符合登录本平台的纳税人。如果是，则可能为税务局端的档案信息同步不及时导致，此类情况需联系主管机关进行核实和补录。

图 3-8　平台登录提示

2）首页简介

登录成功后，系统会自动跳转至首页页面。在首页中，主要分为如图3-9所示的四大部分和弹框提醒。

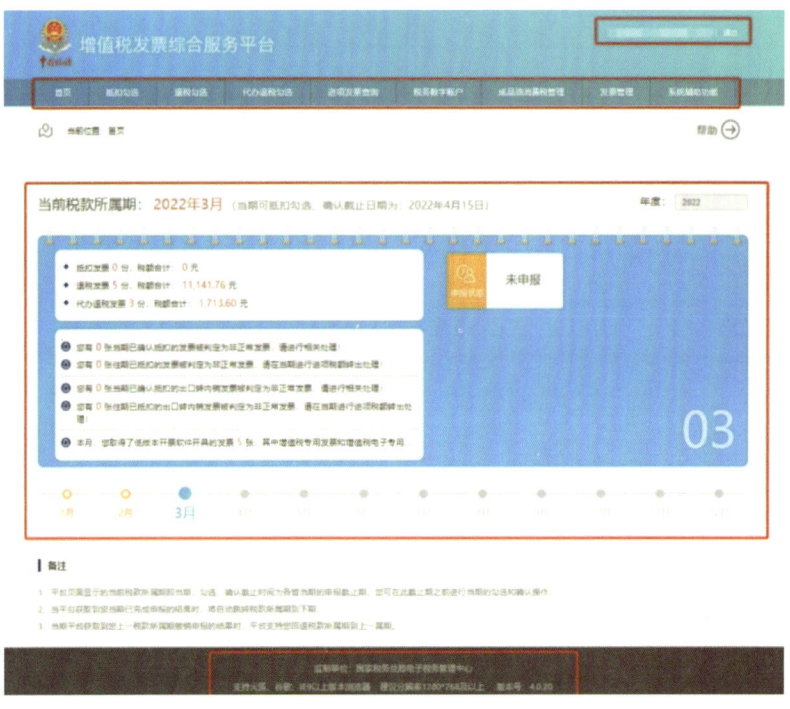

图3-9　平台首页页面的组成部分

（1）右上侧部分为企业信息维护和退出系统的功能按钮，可以保存纳税人的企业信息用于后续的纳税服务管理和安全退出本系统。纳税人可通过用鼠标点击企业名称来进行企业信息的维护。

（2）上部分为系统的主要功能菜单，包括：抵扣勾选、退税勾选、代办退税勾选、进项发票查询、税务事项通知书、成品油消费税管理、发票下载、企业档案信息等功能菜单。

（3）中间部分为工作台区域，可以查看本企业当年或之前年度内各月增值税进项发票的认证情况（含抵扣认证情况、退税认证情况、代办退税认证情况）。在申报期内，支持符合回退条件的企业回退税款所属期。

（4）支持首页刷新申报状态：对于已经确认且征管已调用一窗式比对的情况，支持纳税人自行刷新（已确认）申报结果。

（二）税务数字账户介绍

税务税字账户向纳税人提供查询、下载开具和取得发票的功能。根据需要输入或选择相关查询条件，如图 3-10 所示，点击"查询"，则在发票列表区显示符合查询条件的发票。

图 3-10　税务税字账户查询页面

有两种展示发票的形式，视图展示（默认）和列表展示，分别如图 3-11 和图 3-12 所示。

如果视图展示发票，可以直接下载或打印发票信息。如果以列表形式展示，则可查询单张发票的发票信息。

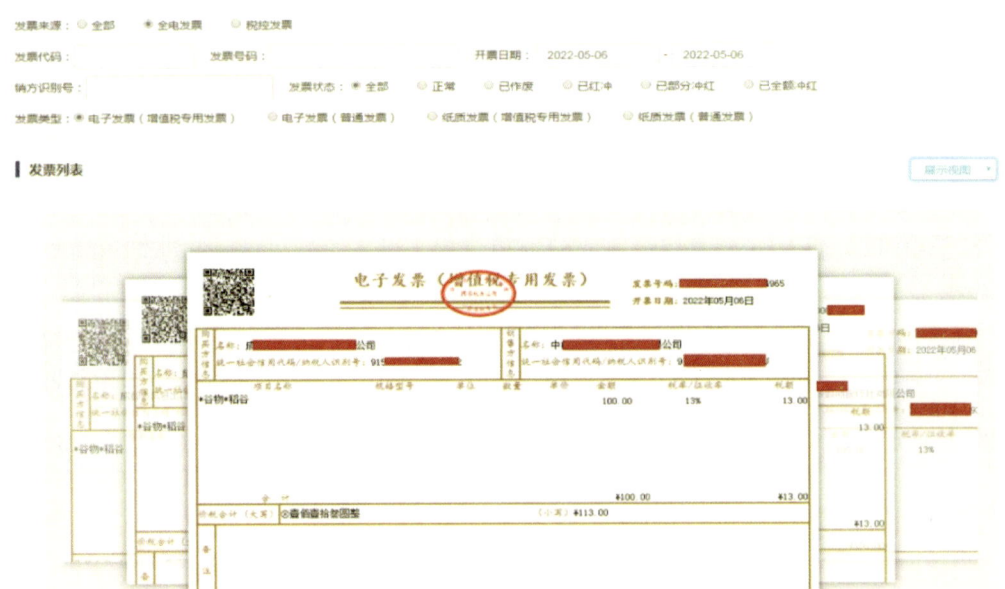

图 3-11　查询结果视图展示

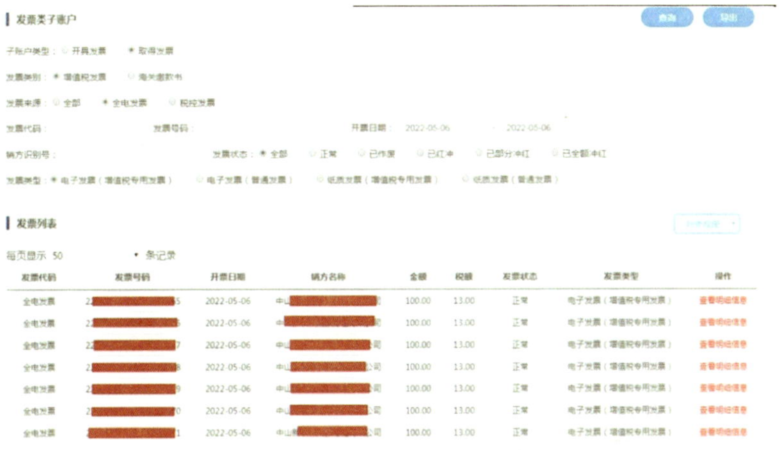

图 3-12　查询结果列表展示

（三）抵扣勾选操作

1. 抵扣勾选

本功能主要提供按照税款所属期查询、逐票勾选（支持同时勾选多份发票）的操作方式实现纳税人勾选用于申报抵扣的增值税进项发票（包括增值税专用发票、机动车销售统一发票、通行费发票、具有抵扣功能的全电发票）和海关缴款书的功能。具体的操作方法如下：

第一步，勾选状态选择"未勾选"，根据需要输入或选择相关查询条件，如图3-13所示，点击"查询"按钮，则在勾选操作区显示符合查询条件的发票。管理状态为"疑点发票"的发票显示黄色，企业勾选该类发票时系统将进行相应提示，请谨慎勾选；管理状态为"非正常"的发票显示红色，且不允许勾选，请联系上游纳税人处理。

图 3-13　"发票抵扣勾选"页面

第二步，确认本次需要勾选的发票全部勾选完成后，点击"提交"，弹出勾选认证信息对话框如图 3-14 所示。

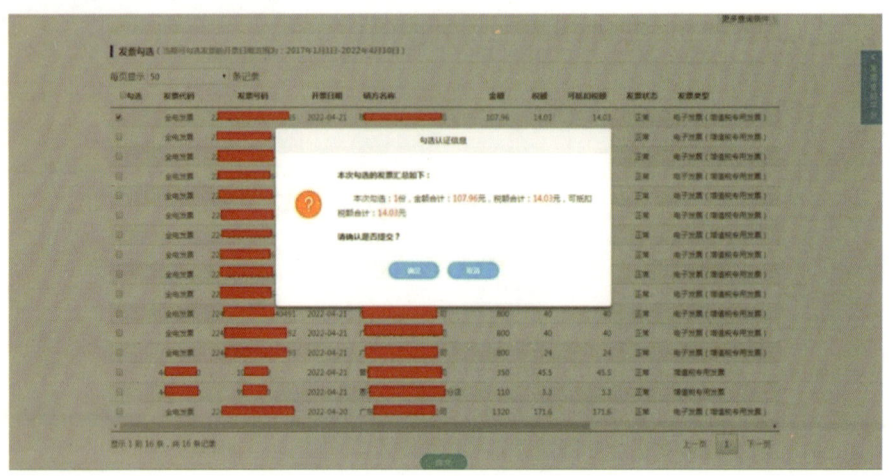

图 3-14　勾选认证信息对话框

第三步，确认无误后点击"确定"，即可将本次勾选的操作进行保存处理，提交成功将出现对话框如图 3-15 所示。

图 3-15　提交成功对话框

2. 不抵扣勾选

本功能主要提供按照税款所属期查询和逐票勾选（支持同时勾选多份发票）的操作方式，实现纳税人选择相应申报期内用于申报不抵扣的增值税进项发票清单信息（包括增值税专用发票、机动车销售统一发票、通行费发票和具有抵扣功能的全电发票）和海关缴款书的功能。具体的操作方法如下：

（1）将勾选状态设置为未勾选，并对发票号码、开票日期范围以及销方税号进行设置，如图 3-16 所示，点击"查询"按钮，即可得到符合筛选条件的未勾选的发票查询结果。管理状态为"疑点发票"的发票显示黄色，企业勾选该类发票时系统将进行相应提示，请谨慎勾选，管理状态为"非正常"的发票显示红色，且不允许勾选，请联系上游纳税人处理。

图 3-16 "发票不抵扣勾选"页面

（2）纳税人根据查询结果选择发票进行不抵扣勾选操作，对于本次需要勾选的发票对应的不抵扣原因，确认本次需要勾选的发票全部勾选完成后，可以点击"提交"按钮，弹出勾选认证信息对话框如图 3-17 所示。

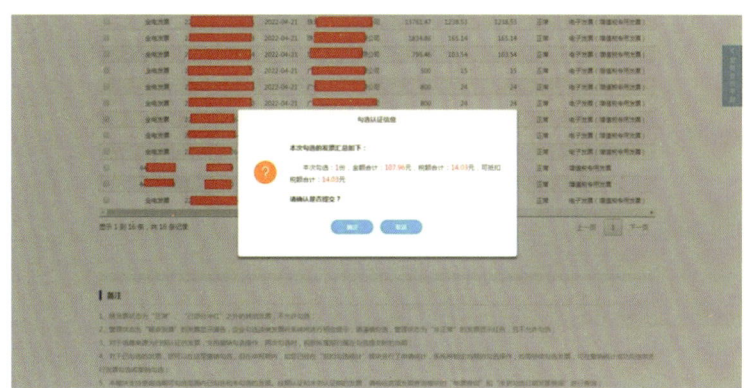

图 3-17 勾选认证信息对话框

（3）确认无误后，在上图中点击"确定"完成本次操作。
（4）数据提交成功，提示如图 3-18 所示。

图 3-18 提交成功对话框

3. 抵扣勾选统计

该功能主要向用户提供：对当前税款所属期所认证数据进行统计申请，申请统计提交后实时统计；当前税款所属期可用于申报抵扣的发票汇总统计表及异常发票统计表；历史税款所属期发票统计表及异常发票统计表。

在抵扣勾选统计页面，默认显示"当前属期数据统计"页面内容，如图3-19所示，"当前属期数据统计"页面内容和"历史属期数据统计"页面内容可通过点击"当前属期数据统计"按钮和"历史属期数据统计"按钮，切换页面内容。

图3-19 "抵扣勾选统计"页面

具体的操作方法如下：

（1）申请统计。如果当前税款所属期还未生成统计表，纳税人可以点击"申请统计"进行统计，如图3-20所示。

图3-20 在"抵扣勾选统计"页面点击"申请统计"

申请统计提交后，平台会进行实时统计，在申报期内点击"申请统计"后，平台将锁定当期抵扣勾选操作，如需继续勾选，可点击"撤销统计"按钮，如图3-21所示，撤销成功后系统将自动解锁当期抵扣勾选操作。

图 3-21 在"抵扣勾选统计"页面点击"撤销统计"

（2）统计查询。点击"统计查询"按钮，如果统计完成，则会出现如图 3-22 所示页面。

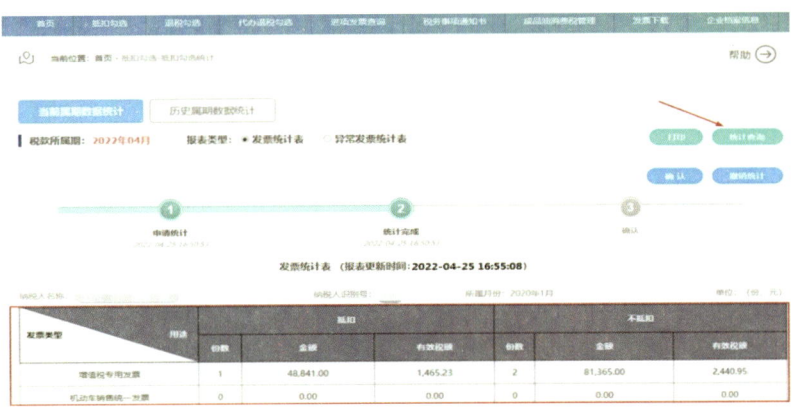

图 3-22 统计查询完成页面

（3）申请统计完成后，需要对统计表进行确认，才能进行当期申报抵扣工作，如图 3-23，点击"确认"后，平台会弹出提示信息："是否确认，确认后当前统计表将作为申报的依据"，如图 3-24，点击提示对话框中的"确定"按钮。

图 3-23 申请统计完成后点击"确认"

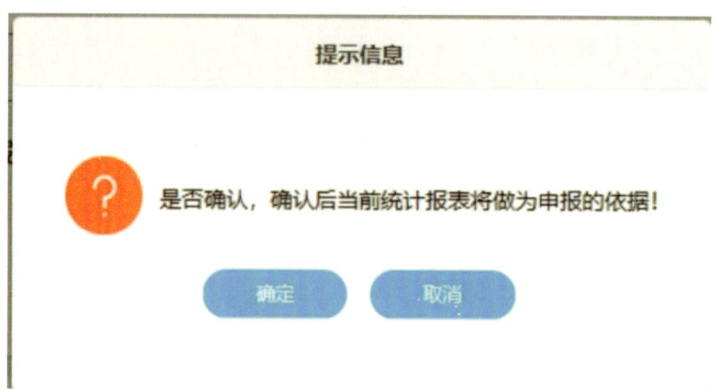

图 3-24　确认当前统计报表提示对话框

系统会要求纳税人输入设置过的确认密码，如图 3-25 所示。

图 3-25　输入确认密码对话框

输入正确的密码，会弹出"确认成功"提示框，点击"确定"按钮即可，如图 3-26 和图 3-27 所示。

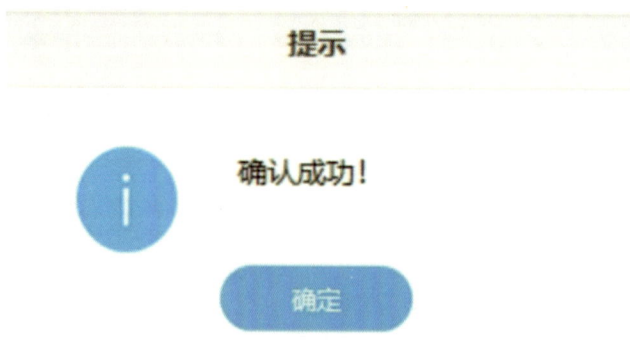

图 3-26　确认成功对话框

第三章 华南地区全电发票试点制度

图 3-27 确认成功后页面

如果尚未设置确认密码，系统会提示，如图 3-28 所示。

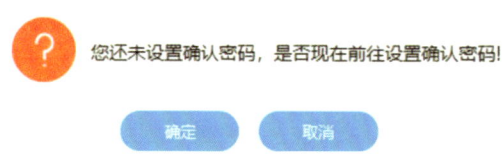

图 3-28 未设置确认密码提示对话框

平台将自动跳转到确认密码设置的功能页面，纳税人可以自行设置确认密码，如图 3-29 所示。

图 3-29 设置确认密码页面

4. 申报

完成抵扣勾选确认后，该发票可以作为申报抵扣的依据。纳税人可在我省电子税务局、办税服务大厅办理纳税申报，申报流程与原有流程一致。申报比对通过后税控设备解锁。

（四）退税勾选操作

1. 退税勾选

仅外贸企业、外综服企业适用退税勾选功能。主要提供按照开票日期查询和逐票勾选（支持同时勾选多份发票）的操作方式，实现纳税人选择可退税的增值税进项发票清单信息（包括增值税专用发票和具备抵扣功能的全电发票）和海关缴款书的功能。具体的操作方法如下：

（1）勾选状态选择"未勾选"，并录入其他相关条件，并点击"查询"按钮，则在勾选操作区显示符合查询条件的发票。管理状态为"疑点发票"的发票显示黄色，企业勾选该类发票时系统将进行相应提示，请谨慎勾选，管理状态为"非正常"的发票显示红色，且不允许勾选。

（2）在数据列表中，选中要勾选的记录，点击"提交"，如图 3-30 所示。

图 3-30　"发票退税勾选"页面

（3）点击"提交"，系统将提示如图 3-31，确认无误后点击"确定"，提交本次勾选的数据。

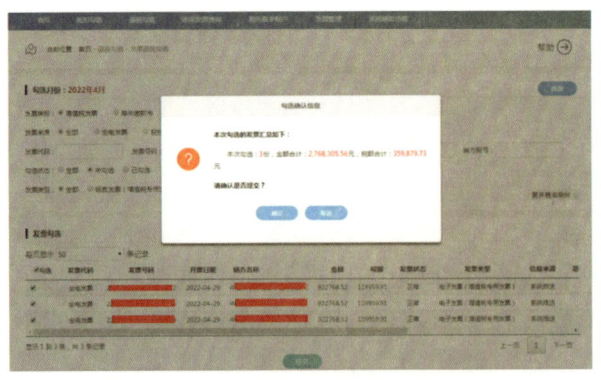

图 3-31　发票退税勾选确认信息对话框

（4）提交成功后，平台将会提示，如图 3-32 所示。

图 3-32　发票退税勾选提交成功对话框

2. 退税确认勾选

退税确认勾选功能目前适用于增值税专用发票、海关缴款书和具备退税的功能的全电发票，仅外贸企业、外综服企业具有退税确认勾选功能权限。此功能模块是对当期已勾选为退税的发票信息和海关缴款书进行确认操作，纳税人可在每个自然月所属期对当期勾选的发票和海关缴款书进行多次确认。具体的操作方法如下：

（1）在"退税确认勾选"模块中，选择确认标志为"已勾选未确认"，则系统将实时查询出当期已勾选未确认的发票明细情况，如图 3-33 所示。

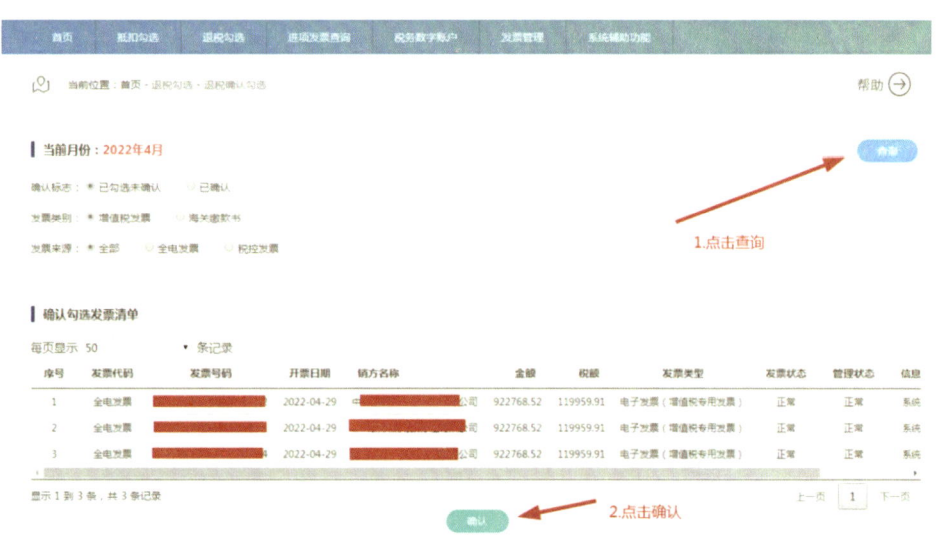

图 3-33　"退税确认勾选"页面

纳税人需要确认页面显示的当次确认的发票数量、金额、税额是否无误，确认无误后，点击"确认"。

（2）点击"确认"后，平台自动弹出对话框如图3-34提示。

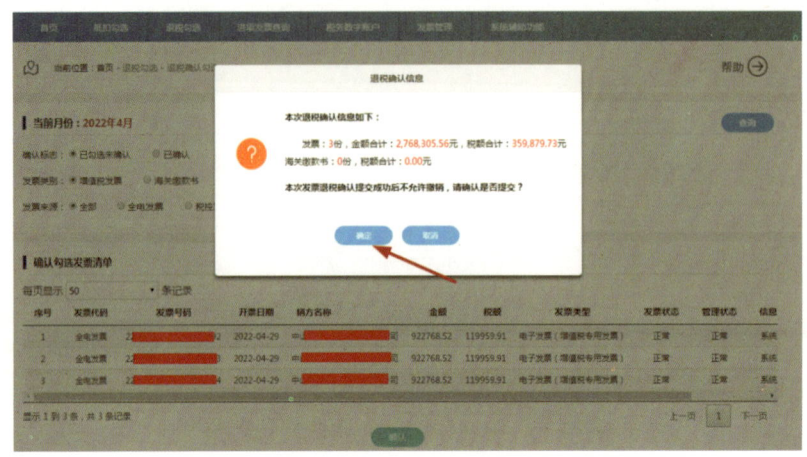

图3-34 退税确认勾选确认信息对话框

（3）在当期退税勾选确认操作成功后，系统弹出信息提交状态的提示如图3-35所示。

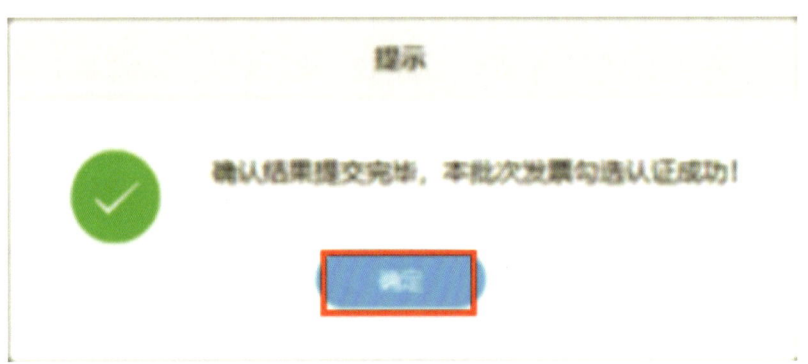

图3-35 退税勾选确认操作成功对话框

3. 退税统计

该功能主要向纳税人提供可用于申报退税的发票汇总统计表，仅外贸企业、外综服企业具有退税统计功能权限。本统计表包括指定属期内所有勾选认证（即勾选确认）的退税发票和海关缴款书。抵扣统计的频率为每天准实时执行，新增勾选认证数据会触发报表更新，请您关注统计表上方的"报表更新时间"。具体的操作方法如下：

（1）选择所属月份后，点击统计查询按钮，在下方出现查询统计结果，如图3-36所示。

图 3-36 "退税勾选统计"页面

在申报退税发票统计表的表头会显示当前所属期报表最新的更新时间。

（2）异常发票统计表展示的异常发票清单，为认证后产生的异常发票（含作废、失控、红冲、管理状态为非正常），这部分发票虽然已成功进行了勾选认证，但是不能作为参与退税业务的有效依据。您可以下载发票清单，并对这部分认证后的异常发票进行相应处理。

（3）页面下方展示的退税发票清单，可查看具体勾选的发票信息，本功能支持对已认证数据的查询和下载导出。

3. 出口退税办理

纳税人完成退税勾选确认后，该发票可以作为办理出口退税业务的依据。纳税人可在我省电子税务局、办税服务大厅办理出口退税业务，办理流程与原有流程一致。

（五）代办退税操作

1. 代办退税勾选

仅外综服企业适用代办退税勾选功能。本功能只适用于有代办退税标识的增值税专用发票、海关缴款书和具备代办退税功能的全电发票，代办退税勾选功能勾选即确认，且不可撤销。具体的操作方法如下：

（1）根据需要输入或选择相关查询条件，然后点击"查询"按钮，如图 3-37 所示。管理状态为"疑点发票"的发票显示黄色，企业勾选该类发票时系统将进行相应提示，请谨慎勾选，管理状态为"非正常"的发票显示红色，且不允许勾选。

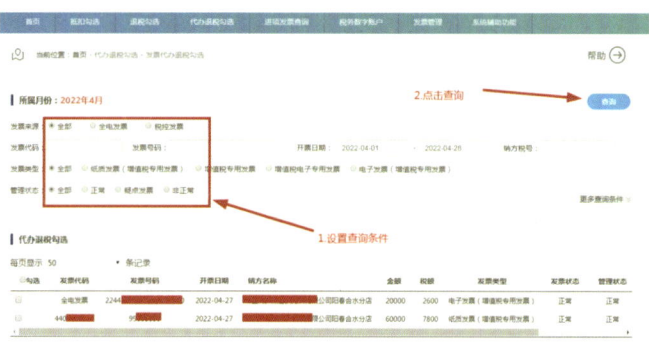

图 3-37 "发票代办退税勾选"页面

（2）选中一张勾选标志为"未勾选"的发票，选中第一列的勾选状态，点击"提交"按钮，即可实现对该份发票的勾选处理，如图3-38所示。

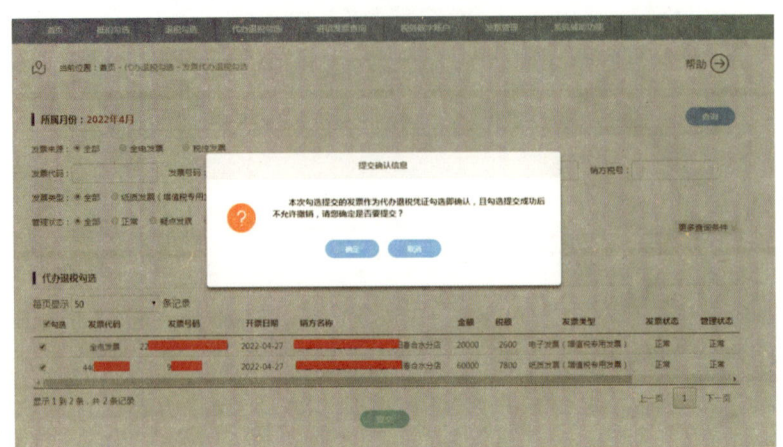

图3-38　"发票代办退税勾选"页面勾选发票

（3）如果确认无误，点击"确定"，平台显示如图3-39所示信息。

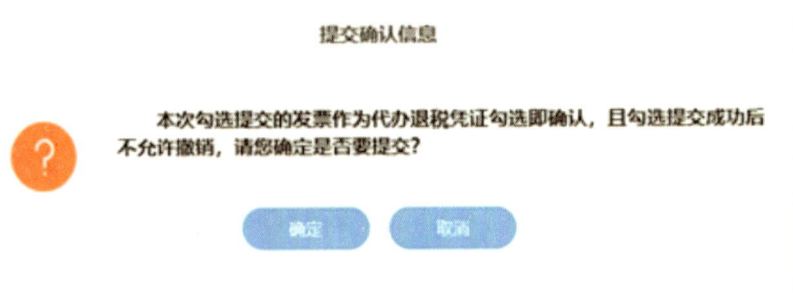

图3-39　发票代办退税勾选提交确认信息对话框

（4）代办退税勾选即确认，点击"确定"即可，提交成功后系统将会提示，如图3-40所示。

图3-40　发票代办退税勾选提交成功对话框

2. 代办退税统计

仅外综服企业适用该功能。该功能主要向纳税人提供可用于代办退税的发票汇总统计表。本统计表包括指定勾选月份内所有勾选认证为代办退税或扫描认证的代办退税发票。勾选统计的频率为每天准实时执行,新增勾选认证数据和扫描认证的代办退税数据会触发报表更新。其中,勾选认证或扫描认证的代办退税数据会准实时在本统计表中体现,纳税人需关注统计表上方的"报表更新时间"。具体操作方法与退税统计类似,不再赘述。

(六) 成品油相关操作(油类经销企业)

1. 购进数据选择

该功能适用于成品油经销企业将取得的成品油增值税专用发票、海关进口专用缴款书和具备成品油功能的全电发票信息进行选择确认,作为开具成品油发票油品总量。开具的某一商品和服务税收分类编码的油品,应不大于所勾选确认的成品油增值税专用发票、海关进口专用缴款书和具备成品油功能的全电发票信息中对应的同一商品和服务税收分类编码的油品总量。具体的操作方法如下:

(1) 在功能页面中,根据需要输入或选择相关查询条件,然后点击"查询"。

(2) 系统自动返回相关的查询结果信息,用户可以根据需要选择发票进行勾选操作,确认本次需要勾选的发票全部勾选完成后,可以点击"保存",即可将本次勾选的操作进行保存处理,对已勾选的发票不能进行撤销操作。

(3) 查询电子发票服务平台开具的发票可在数据类型选择"全电发票"、选择开票日期,并点击"查询"。

购进数据选择操作如图3-41所示,购进数据选择结果如图3-42所示。

图3-41 "购进数据选择"页面

图 3-42 "购进数据选择"查询结果

选中发票,即可实现对该份发票的勾选处理。

(4)接着点击"上一页"或"下一页",重复上述(1)项的勾选操作,依次对需操作的发票进行勾选处理,每个查询结果分页中需要分别点击保存操作,按页进行保存。

(5)平台提示如图 3-43 所示的信息,点击"确定"按钮即可。

图 3-43 "购进数据选择"保存成功页面

(6)提交成功后,平台会给出如图 3-44 所示的提示。

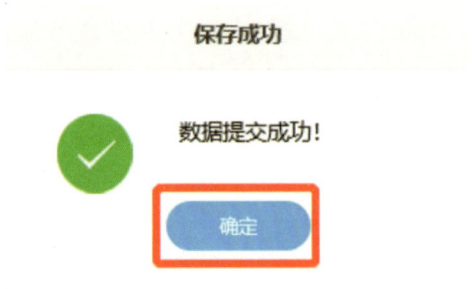

图 3-44 "购进数据选择"保存成功提示对话框

（7）如果查询不到符合条件的发票记录，系统会显示如图 3-45 所示的信息。

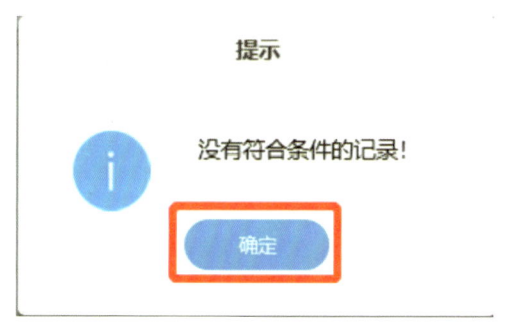

图 3-45 "购进数据选择"查询不成功提示对话框

2. 购进明细查询

为了纳税人能更好掌握勾选确认的油品购进数量，平台提供了购进数据选择、税务机关补录、调拨数据的明细查询。具体操作方法如下：

（1）根据需要输入或选择相关查询条件，点击"查询"。

（2）平台自动返回相关的查询结果信息，纳税人可根据需要选择发票、海关缴款书、税务机关补录的税务缴款书明细。

（七）红字发票操作

1. 红字申请确认

当受票方企业收到全电发票，开票方企业对全电蓝字发票发起红冲后，受票方企业可以通过此功能查询相关的"红字申请信息"，并对其进行确认或否认的操作。确认后，开票方企业可以对全电蓝字发票开具红字发票。

红字申请确认功能支持录入发票号码、销方税号等条件，实现查询红字发票申请信息及确认红字申请的功能。该功能页面如图 3-46 所示。

图 3-46 "红字申请确认"页面

具体操作如下：

（1）点击页面"查询"按钮，查询待确认的红字发票信息，如图3-47所示。

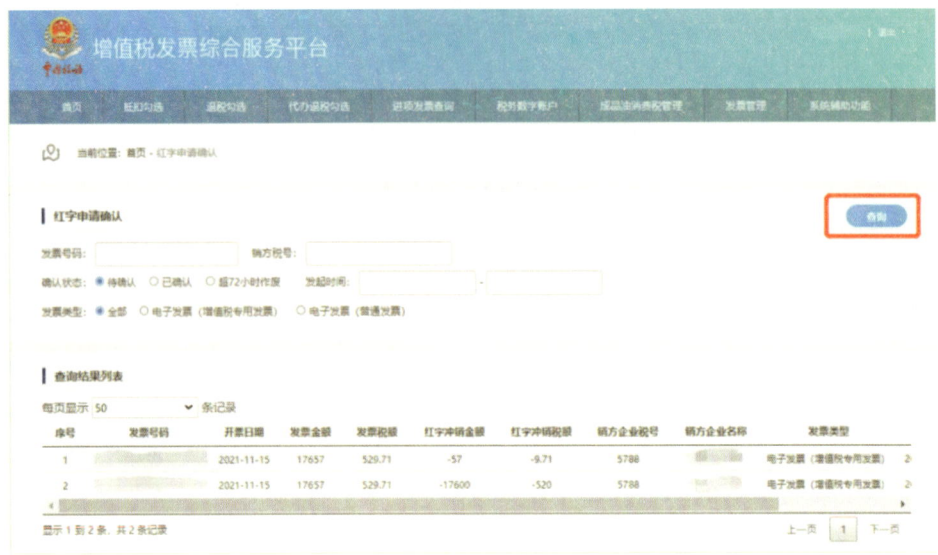

图3-47 "红字申请确认"查询页面

（2）如图3-48所示，点击"操作"按钮，查看红字发票信息确认单。

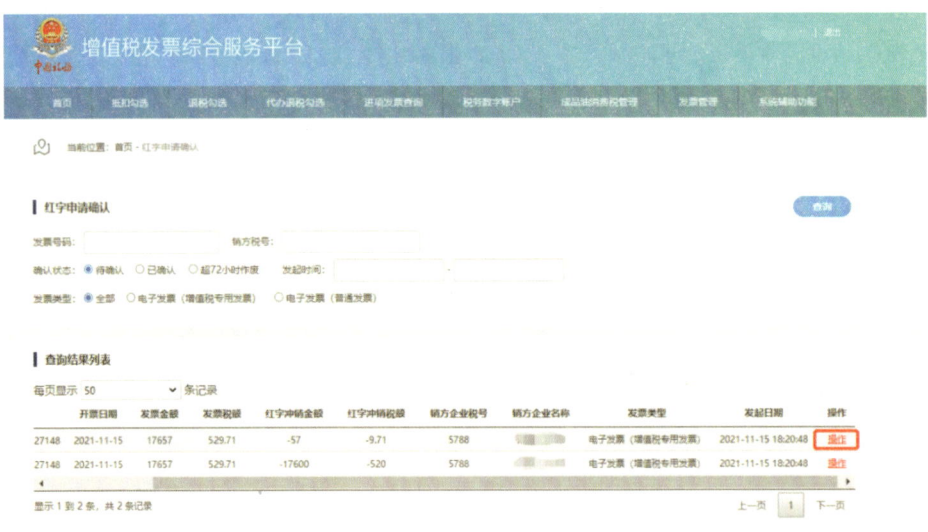

图3-48 在"红字申请确认"查询页面点击"操作"按钮

（3）核对红字发票信息确认单，并对红字申请进行审核，"同意"或"拒绝"，如图3-49所示。

图 3-49 核对红字发票信息确认单

2. 发起红字申请

本功能支持企业对收到的全电发票发起红字申请。

发起红字申请功能支持录入发票号码、确认状态、录入时间等条件，实现查询红字发票申请信息及发起红字申请的功能。该功能页面如图 3-50 所示。

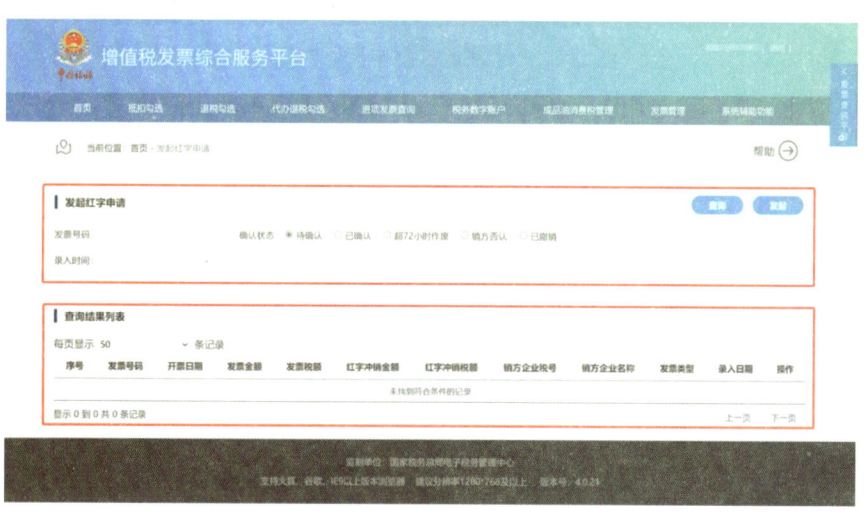

图 3-50 "发起红字申请"页面

具体操作如下。

1）发起红字申请

（1）点击"发起"按钮，弹出对话框，如图 3-51 和图 3-52 所示。

图 3-51 在"发起红字申请"页面点击"发起"按钮

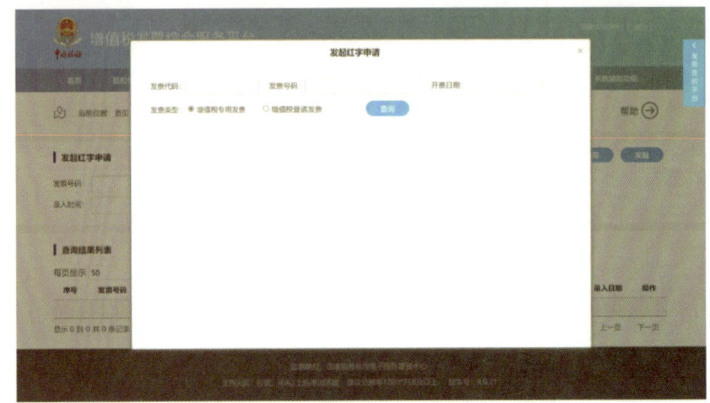

图 3-52 "发起红字申请"对话框

(2)输入发票代码、发票号码,选择开票日期、发票类型,点击"查询"按钮,根据条件查询出数据,如图 3-53 和图 3-54 所示。

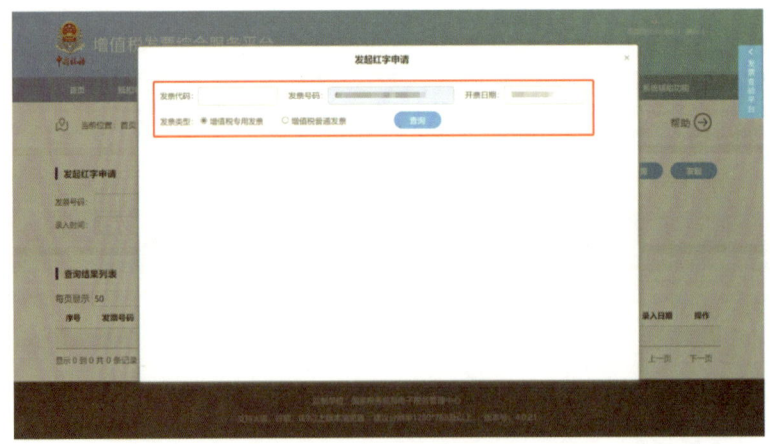

图 3-53 在"发起红字申请"对话框输入查询条件

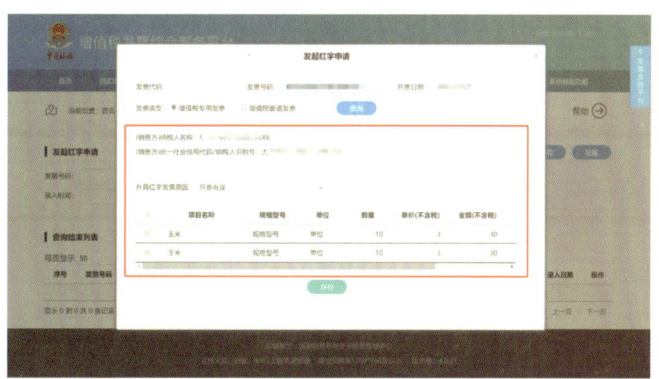

图 3-54 "发起红字申请"查询结果

（3）选择"开具红字发票原因"，若"开具红字发票原因"选择"开票有误"，则不可选择和修改货物明细，仅支持"全额红冲"，如图 3-55 所示。

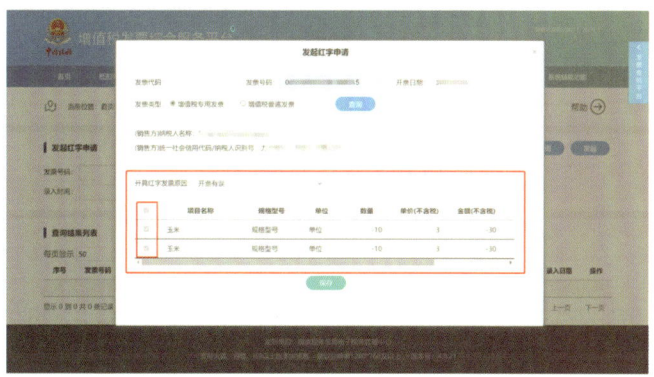

图 3-55 开具红字发票原因为开票有误的查询结果

若"开具红字发票原因"选择"销货退回""服务中止""销售折让"，则需要选择要红冲的货物明细，以及修改相关信息，如图 3-56 所示。

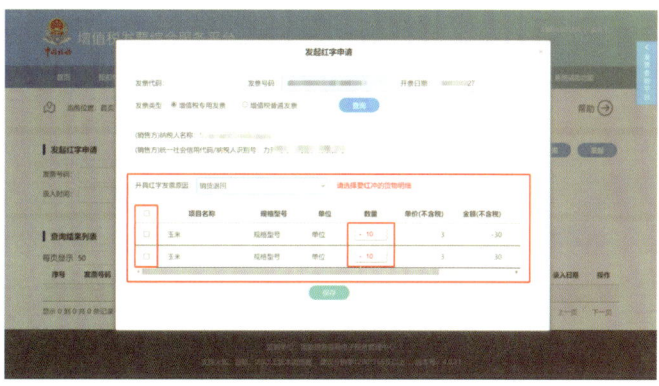

图 3-56 开具红字发票原因为销货退回的查询结果

（4）确认信息无误后，如图 3-57 所示，点击"保存"按钮，提示"保存成功！红字发票信息确认单编号：****"，如图 3-58 所示。

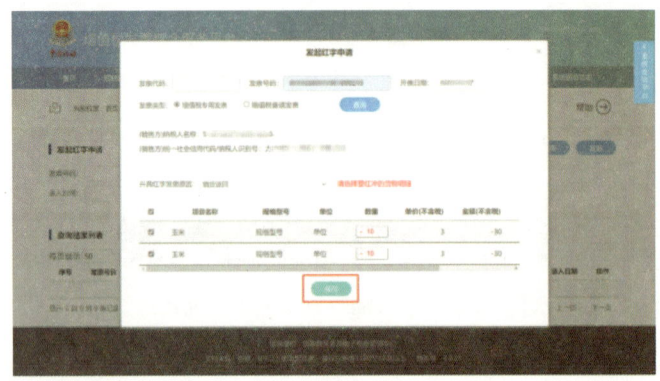

图 3-57　保存发起红字申请

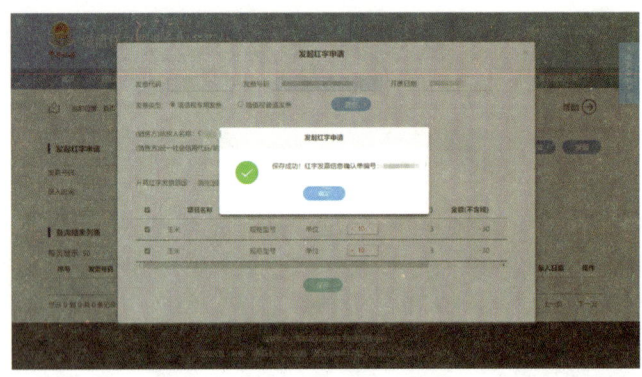

图 3-58　发起红字申请保存成功提示对话框

2）撤销已发起红字确认单

（1）在"发起红字申请页面"页面，选择确认状态为"待确认"，即购方录入待销方确认状态，点击"查询"按钮，根据条件查询出数据，如图 3-59 所示。

图 3-59　查询待确认的发起红字申请

（2）在需要撤销的数据最后一项，如图 3-60 所示，点击"撤销"，提示"撤销成功"，如图 3-61 所示。

图 3-60　撤销发起红字申请

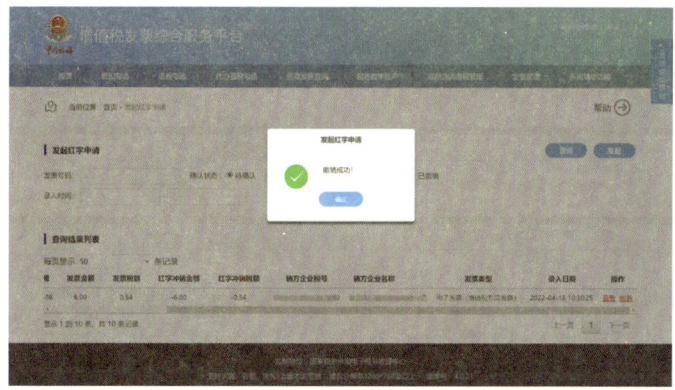

图 3-61　发起红字申请撤销成功提示对话框

3）查看已发起红字确认单

（1）在"发起红字申请页面"页面，点击"查询"按钮，根据条件查询出数据，如图 3-62 所示。

图 3-62　查询红字申请确认单页面

（2）在数据最后一项，如图 3-63 所示，点击"查看"，弹出红字发票信息确认单，如图 3-64 所示。

图 3-63　查看红字发票信息确认单

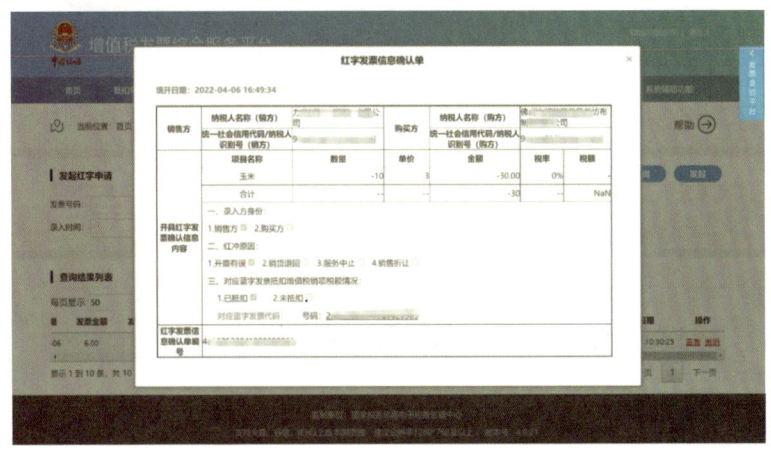

图 3-64　红字发票信息确认单查看结果

（八）回退税款所属期

在纳税人符合回退税款所属期条件，且纳税人需要回退税款所属期到上一期继续进行发票认证工作时，平台支持回退税款所属期到上一属期的功能。对于符合回退税款所属期条件时，在本平台首页出现"回退税款所属期"按钮，企业可点击"回退税款所属期"按钮，实现税款所属期的回退，回退后平台显示的当前税款所属期的月份转到上个月。回退税款所属期具体条件如下：

（1）上一属期撤销申报或征期截止日第二天平台未接收到已申报结果切换税款所属期到下期的。

（2）平台从征管获取到的需要回退的税款所属期申报结果为"未申报"。

（3）回退税款所属期功能只在申报期内有效。

第四章

华北地区全电发票试点制度

第一节

北京市全电发票试点制度

一、开展全面数字化的电子发票受票试点

2022年6月9日，《国家税务总局北京市税务局关于开展全面数字化的电子发票受票试点工作的公告》（国家税务总局北京市税务局公告2022年第3号）规定，为落实中办、国办印发的《关于进一步深化税收征管改革的意见》要求，全面推进税收征管数字化升级和智能化改造，降低征纳成本，国家税务总局建设了全国统一的电子发票服务平台，24小时在线免费为纳税人提供全面数字化的电子发票（以下简称全电发票）开具、交付、查验等服务，实现发票全领域、全环节、全要素电子化。经国家税务总局同意，北京市税务局决定在北京市开展全电发票受票试点工作。

（1）自2022年6月21日起，北京市纳税人仅作为受票方接收由内蒙古自治区、上海市和广东省（不含深圳市，下同）的部分纳税人（以下简称试点纳税人）通过电子发票服务平台开具的发票，包括带有"增值税专用发票"字样的全电发票、带有"普通发票"字样的全电发票、增值税纸质专用发票（以下简称纸质专票）和增值税纸质普通发票（折叠票，以下简称纸质普票）。

（2）全电发票的法律效力、基本用途等与现有纸质发票相同。其中，带有"增值税专用发票"字样的全电发票，其法律效力、基本用途等与现有增值税专用发票相同；

带有"普通发票"字样的全电发票，其法律效力、基本用途等与现有普通发票相同。

（3）全电发票由各省、自治区、直辖市和计划单列市税务局监制。全电发票无联次，基本内容包括：二维码、发票号码、开票日期、购买方信息、销售方信息、项目名称、规格型号、单位、数量、单价、金额、税率/征收率、税额、合计、价税合计（大写、小写）、备注、开票人。

其中，电子发票服务平台为从事特定行业、发生特殊应税行为及特定应用场景业务（包括：稀土、建筑服务、旅客运输服务、货物运输服务、不动产销售、不动产经营租赁服务、农产品收购、光伏收购、代收车船税、自产农产品销售、差额征税等）的纳税人提供了对应特定业务的全电发票样式。

（4）全电发票的发票号码为20位，其中：第1～2位代表公历年度后两位，第3～4位代表各省、自治区、直辖市和计划单列市行政区划代码，第5位代表全电发票开具渠道等信息，第6～20位代表顺序编码等信息。

（5）通过电子发票服务平台开具的纸质专票和纸质普票，其法律效力、基本用途和基本使用规定与现有纸质专票、纸质普票相同；其发票密码区不再展示发票密文，改为展示电子发票服务平台赋予的20位发票号码及全国增值税发票查验平台网址。

（6）北京市纳税人使用增值税发票综合服务平台接收试点纳税人通过电子发票服务平台开具的发票。此外，也可取得销售方以电子邮件、二维码等方式交付的全电发票。北京市纳税人取得通过电子发票服务平台开具的带有"增值税专用发票"字样的全电发票、带有"普通发票"字样的全电发票、纸质专票和纸质普票等符合规定的增值税扣税凭证，如需用于申报抵扣增值税进项税额或申请出口退税、代办退税的，应按规定通过增值税发票综合服务平台确认用途。

（7）纳税人取得开票方通过电子发票服务平台开具的发票，发生开票有误、销货退回、服务中止、销售折让等情形，需开票方通过电子发票服务平台开具红字全电发票或红字纸质发票，按以下规定执行：

一是受票方未做用途确认及入账确认的，开票方填开《红字发票信息确认单》（以下简称《确认单》）后全额开具红字全电发票或红字纸质发票，无需受票方确认。

二是受票方已进行用途确认或入账确认的，由开票方或受票方填开《确认单》，经对方确认后，开票方依据《确认单》开具红字发票。受票方已将发票用于增值税申报抵扣的，应暂依《确认单》所列增值税税额从当期进项税额中转出，待取得开票方开具的红字发票后，与《确认单》一并作为记账凭证。

（8）单位和个人可以通过全国增值税发票查验平台（https：//inv-veri.chinatax.gov.cn）查验全电发票信息。

（9）纳税人以全电发票报销入账归档的，按照财政和档案部门的相关规定执行。

（10）纳税人应当按照规定依法、诚信、如实使用全电发票，不得虚开、虚抵、骗税，并接受税务机关依法检查。税务机关依法加强税收监管和风险防范，严厉打击涉税违法犯罪行为。

二、开展全面数字化的电子发票受票试点解读

为落实中办、国办印发的《关于进一步深化税收征管改革的意见》要求，全面推进税收征管数字化升级和智能化改造，为此，国家税务总局北京市税务局发布了《国家税务总局北京市税务局关于开展全面数字化的电子发票受票试点工作的公告》（以下称《公告》）。

（1）开展全面数字化的电子发票试点的背景是什么？

为落实中办、国办印发的《关于进一步深化税收征管改革的意见》要求，全面推进税收征管数字化升级和智能化改造，降低征纳成本，国家税务总局建设了全国统一的电子发票服务平台。2021年12月1日起，国家税务总局在广东省（不含深圳市，下同）、内蒙古自治区和上海市（以下简称试点地区）开展了全面数字化的电子发票试点工作，系统运行平稳。

为进一步推进全面数字化的电子发票试点工作，经国家税务总局同意，自2022年6月21日起，北京市纳税人仅作为受票方，接收由试点地区的部分纳税人通过电子发票服务平台开具的发票。

（2）全电发票的票面信息包括哪些？

全电发票的票面信息包括基本内容和特定内容。

基本内容主要包括：二维码、发票号码、开票日期、购买方信息、销售方信息、项目名称、规格型号、单位、数量、单价、金额、税率/征收率、税额、合计、价税合计（大写、小写）、备注、开票人。全电发票的发票号码为20位，其中：第1～2位代表公历年度后两位，第3～4位代表各省、自治区、直辖市和计划单列市行政区划代码，第5位代表全电发票开具渠道等信息，第6～20位代表顺序编码等信息。

为了满足从事特定行业、发生特殊应税行为及特定应用场景业务（以下简称特定业务）的纳税人开具发票的个性化需求，税务机关根据现行发票开具的有关规定和特定业务的场景，在全电发票中设计了相应的特定内容。特定业务包括但不限于：稀土、建筑服务、旅客运输服务、货物运输服务、不动产销售、不动产经营租赁服务、农产品收购、光伏收购、代收车船税、自产农产品销售、差额征税等。北京市纳税人在取得全电发票时，按照实际业务开展情况，可向开票人提出特定业务需求，开票人将按规定填写在发票备注等栏次的信息填写在特定内容栏次，进一步规范发票票面内容，便利北京市纳税人使用。特定业务的全电发票票面按照特定内容展示相应信息，同时票面左上角展示该业务类型的字样。

（3）使用全电发票具备哪些优点？

第一，用票更便捷。发票数据应用更丰富。便于税务机关进行发票数据的规范化管理，为向纳税人提供税费申报预填服务奠定数据基础。

发票使用满足个性业务需求。全电发票破除特定版式要求，增加了XML的数据电文格式便利交付，同时保留PDF、OFD等格式，降低发票使用成本，提升纳税人用票的便利度和获得感。全电发票样式根据不同业务进行差异化展示，为纳税人提供更优质的个性化服务。

第二，入账归档一体化。税务机关将制发电子发票数据规范、出台电子发票国家标准，实现全电发票全流程数字化流转，进一步推进企业和行政事业单位会计核算、财务管理信息化。

（4）北京市纳税人如何接收通过电子发票服务平台开具的发票？包含哪些类型的发票？

北京市纳税人可以接收试点地区纳税人通过电子发票服务平台开具的带有"增值税专用发票"字样的全电发票、带有"普通发票"字样的全电发票、增值税纸质专用发票（以下简称纸质专票）和增值税纸质普通发票（折叠票，以下简称纸质普票）。

北京市纳税人可以通过增值税发票综合服务平台接收通过电子发票服务平台开具的上述发票。此外，也可取得销售方以电子邮件、二维码等方式交付的全电发票。

（5）北京市纳税人接收到通过电子发票服务平台开具的纸质专票和纸质普票与增值税发票管理系统开具的纸质专票和纸质普票有何区别？

北京市纳税人接收到通过电子发票服务平台开具的纸质专票和纸质普票，其法律效力、基本用途和基本使用规定与现有纸质专票、纸质普票相同。电子发票服务平台开具的纸质专票、纸质普票与现行纸质专票、纸质普票相比，区别在于电子发票服务平台开具纸质专票、纸质普票后，发票数据通过加密通道传输、税务机关签名防篡改等方式进行安全防护，纸质专票、纸质普票密码区不再展示发票密文，密码区将展示电子发票服务平台赋予的 20 位发票号码以及全国增值税发票查验平台网址。

（6）北京市纳税人接收到通过电子发票服务平台开具的发票，发生销售退回、开票有误、销售折让等情形，需要由开票方开具红字发票的，应如何操作？

一是受票方未做用途确认及入账确认的，开票方在电子发票服务平台填开《红字发票信息确认单》（以下简称《确认单》）后全额开具红字全电发票或红字纸质发票，无需受票方确认。其中，《确认单》需要与对应的蓝字发票信息相符。

例 4-1 2022 年 6 月，I 公司（通过电子发票服务平台开具发票的纳税人）为 J 公司（北京市纳税人）提供设计服务。I 公司在 2022 年 6 月 x 日已为 J 公司开具了带有"增值税专用发票"字样的全电发票。6 月 x 日因客观原因服务终止，此前 J 公司未对该发票进行确认用途及发票入账，I 公司需全额开具红字全电发票。

I 公司通过电子发票服务平台填开并上传《确认单》，无需 J 公司确认，系统自动校验通过后，I 公司依据核实无误的确认单信息，全额开具红字全电发票。

二是受票方已进行用途确认或入账确认的，由开票方通过电子发票服务平台或受票方通过增值税发票综合服务平台填开《确认单》，经对方确认后，开票方依据《确认单》开具红字发票。

受票方已将发票用于增值税申报抵扣的，应暂依《确认单》所列增值税税额从当期进项税额中转出，待取得开票方开具的红字发票后，与《确认单》一并作为记账凭证。

例 4-2 2022 年 6 月，N 公司（通过电子发票服务平台开具发票的纳税人）销售一批玩具给 P 公司（北京市纳税人），已开具带有"增值税专用发票"字样的全电发票，P 公司已确认用途。2022 年 7 月，发现开票有误。

情形一：N 公司财务人员通过电子发票服务平台填开并上传《确认单》，选择原因和对应的蓝字发票信息，录入金额和税额。P 公司财务人员在 72 小时内通过增值税发票综合服务平台完成确认后，N 公司财务人员据此开具红字全电发票。

情形二：P 公司财务人员通过增值税发票综合服务平台填开并上传《确认单》，选择原因和对应的蓝字发票信息，录入金额和税额。N 公司财务人员在 72 小时内通过电子发票服务平台完成确认后，据此开具红字全电发票。

三是试点纳税人通过电子发票服务平台开具的全电发票或纸质发票已用于申请出口退税、代办退税的，暂不允许开具红字发票。

（7）北京市纳税人取得哪些类型的发票可进行用途确认？通过什么渠道进行确认？

北京市纳税人继续登录增值税发票综合服务平台使用相关增值税扣税凭证功能，取得通过电子发票服务平台开具带有"增值税专用发票"字样的全电发票、带有"普通发票"字样的全电发票、纸质专票和纸质普票等增值税扣税凭证，如需用于申报抵扣增值税进项税额或申请出口退税、代办退税的，应按规定通过增值税发票综合服务平台确认用途。

（8）北京市纳税人通过什么渠道可以进行全电发票信息的查验？

北京市纳税人可以通过全国增值税发票查验平台（https://inv-veri.chinatax.gov.cn）对全电发票的信息进行查验。

（9）北京市纳税人取得全电发票报销入账归档的，需要注意哪些事项？

纳税人取得全电发票报销入账归档的，应按照《财政部国家档案局关于规范电子会计凭证报销入账归档的通知》（财会〔2020〕6 号）和《会计档案管理办法》（财政部 国家档案局令第 79 号）的相关规定执行。

三、进一步开展全面数字化的电子发票受票试点

2022 年 11 月 4 日，《国家税务总局北京市税务局关于进一步开展全面数字化的电子发票受票试点工作的公告》（国家税务总局北京市税务局公告 2022 年第 5 号）规定，为落实中办、国办印发的《关于进一步深化税收征管改革的意见》要求，继续加大全面数字化的电子发票（以下简称全电发票）推广使用力度，经国家税务总局同意，北京市税务局决定进一步扩大北京市纳税人可接收通过电子发票服务平台开具的发票的开票方范围。

（1）自 2022 年 11 月 7 日起，北京市纳税人可接收四川省试点纳税人通过电子发票服务平台开具的发票，包括带有"增值税专用发票"字样的全电发票、带有"普通发票"字样的全电发票、增值税纸质专用发票和增值税纸质普通发票（折叠票）。

（2）根据推广进度和试点工作安排，通过电子发票服务平台开具发票的试点地区

范围将分批扩大至全国，具体扩围时间以开票试点省（区、市）级税务机关公告为准。北京市纳税人可接收新增开票试点省开具的发票。

（3）全电发票试点的其他事项仍按照《国家税务总局北京市税务局关于开展全面数字化的电子发票受票试点工作的公告》（国家税务总局北京市税务局公告2022年第3号）的规定执行。

四、进一步开展全面数字化的电子发票受票试点解读

为落实中办、国办印发的《关于进一步深化税收征管改革的意见》要求，全面推进税收征管数字化升级和智能化改造，国家税务总局北京市税务局发布了《国家税务总局北京市税务局关于进一步开展全面数字化的电子发票受票试点工作的公告》。

（1）进一步开展全面数字化的电子发票受票试点的背景是什么？

为贯彻落实中办、国办关于稳步实施发票电子化改革的部署安排，前期国家税务总局在内蒙古自治区、上海市、广东省（不含深圳市）3个地区开展了全电发票试点工作，并本着稳妥有序的原则，将受票方范围逐步扩大至全国。为进一步推进全面数字化的电子发票（以下简称全电发票）试点工作，经国家税务总局同意，现将四川省纳入全电发票开票试点地区范围，全国其他省市将根据试点工作安排逐步纳入开票试点范围。

（2）北京市纳税人何时可以开始接收其他省市通过电子发票服务平台开具的发票？

根据全电发票推广工作安排，具体扩围时间以开票试点省级税务机关公告为准。北京市纳税人可接收新增开票试点省通过电子发票服务平台开具的发票。

五、全电发票"大循环"试点阶段常见问题解答

（1）推行全面数字化的电子发票的背景是什么？

答：为贯彻落实中办、国办印发的《关于进一步深化税收征管改革的意见》要求，按照国家税务总局对发票电子化改革（金税四期）的部署，2021年12月1日起，内蒙古自治区、上海市和广东省（不含深圳市，下同）三个地区开展推行全面数字化的电子发票（以下简称全电发票）试点工作。全电发票因具有无需领用、开具便捷、信息集成、节约成本等优点，受到越来越多纳税人的欢迎。国家税务总局将本着稳妥有序的原则，逐步扩大试点地区和纳税人范围。

（2）全电发票与现行发票法律效力、基本用途是否相同？

答：全电发票的法律效力、基本用途等与现行发票相同。其中，带有"增值税专用发票"字样的全电发票，其法律效力、基本用途等与现行增值税专用发票相同；带有"普通发票"字样的全电发票，其法律效力、基本用途等与现行增值税普通发票相同。

（3）全电发票票样与现行发票票样有何区别？

答：相对于现行发票，全电发票票面的基本内容在现行发票基础上进行了优化，将销售方信息栏从发票的左上角调整至右上角，取消了发票密码区、发票代码、校验

码、收款人、复核人、销售方（章）。

同时，纳税人开具货物运输服务、建筑服务等特定业务发票的，其票面按照特定内容展示相应信息，票面左上角展示该业务类型的字样，便利纳税人使用。

（4）纳税人可以通过电子发票服务平台开具哪些类型的发票？

答：电子发票服务平台支持开具全电发票、增值税纸质专用发票（以下简称纸质专票）和增值税纸质普通发票（以下简称纸质普票）。其中，通过电子发票服务平台开具的纸质专票、纸质普票和现有纸质专票、纸质普票法律效力、基本用途相同。

（5）纳税人通过电子发票服务平台开具的纸质发票票样与现行纸质发票票样有何区别？

答：相对于现行纸质发票（纸质专票、纸质普票），通过电子发票服务平台开具的纸质发票的密码区不再展示发票密文，改为展示电子发票服务平台赋予的20位发票号码及全国增值税发票查验平台网址。

（6）纳税人通过电子发票服务平台开具发票有何优势？

答：一是流程更简化。纳税人实名验证后，无需使用税控专用设备即可通过电子发票服务平台开具发票，无需进行发票验旧操作。其中，纳税人开具全电发票，还无需办理发票票种核定和发票领用，系统自动赋予开具额度，并根据纳税人行为，动态调整开具金额总额度，实现开业即可开票。

二是服务更便捷。纳税人登录电子发票服务平台后，可享受发票开具、交付、查验以及勾选等"一站式"服务。同时，全电发票开具后以XML的数据电文形式自动发送至购销双方的税务数字账户，便利交付入账、减少人工收发。

（7）内蒙古自治区、上海市和广东省三个地区以外的纳税人如何接收全电发票？

答：内蒙古自治区、上海市和广东省三个地区以外的纳税人可以使用增值税发票综合服务平台接收全电发票。此外，也可取得销售方以电子邮件、二维码等方式交付的全电发票。

（8）内蒙古自治区、上海市和广东省3个地区以外的纳税人取得通过电子发票服务平台开具的发票，如何进行查验？

答：纳税人可通过全国增值税发票查验平台，对全电发票进行查验。全国统一的发票查验平台包括网页端和小程序，可通过输入网址（https://inv-veri.chinatax.gov.cn/），进入发票查验平台网页端。全国增值税查验平台仅支持单张发票查验模式，包括手工查验及扫描查验等方式。

（9）内蒙古自治区、上海市和广东省3个地区以外的纳税人取得通过电子发票服务平台开具的发票，如需用于申报抵扣增值税进项税额或申请出口退税、代办退税的，如何办理？

答：内蒙古自治区、上海市和广东省3个地区以外的纳税人取得通过电子发票服务平台开具的发票后，如需用于申报抵扣增值税进项税额或申请出口退税、代办退税，继续通过增值税发票综合服务平台使用相关发票功能。纳税人确认用途有误的，可向主管税务机关申请更正。

（10）内蒙古自治区、上海市和广东省3个地区以外的纳税人取得通过电子发票服务平台开具的发票，发生开票有误、销货退回、服务中止、销售折让等情形，开具红字纸质发票流程有何变化？

答：一是受票方未做用途确认及入账确认的，开票方填开《红字发票信息确认单》（以下简称《确认单》）后全额开具红字全电发票或红字纸质发票，无需受票方确认。原蓝字发票为纸质发票的，开票方应收回原纸质发票并注明"作废"字样或取得受票方有效证明。二是受票方已进行用途确认或入账确认的，增值税发票综合服务平台为受票方纳税人提供了填开、确认《确认单》的功能，开票方或受票方可以填开《确认单》，经对方确认后，开票方全额或部分开具红字全电发票或红字纸质发票。

受票方已将发票用于增值税申报抵扣的，应暂依《确认单》所列增值税税额从当期进项税额中转出，待取得开票方开具的红字发票后，与《确认单》一并作为记账凭证。

（11）内蒙古自治区、上海市和广东省3个地区以外的纳税人，如何向使用电子发票服务平台的纳税人开具红字发票？

答：使用增值税发票管理系统开具发票的纳税人向使用电子发票服务平台的纳税人开具红字发票的流程与现有规则基本一致。其中，受票方已勾选抵扣蓝字发票的情形，可由受票方通过电子发票服务平台填开并上传《开具红字增值税专用发票信息表》。

（12）纳税人开具和取得全电发票报销入账归档的，需要注意哪些事项？

答：纳税人开具和取得全电发票报销入账归档的，应按照《财政部 国家档案局关于规范电子会计凭证报销入账归档的通知》（财会〔2020〕6号）和《会计档案管理办法》（财政部、国家档案局令第79号）的相关规定执行。

（13）纳税人可以通过哪些渠道了解全电发票有关事项？

答：纳税人可以通过电子税务局、办税服务厅、12366纳税服务热线、税务门户网站、官方微信等渠道了解全电发票的有关事项。

六、全面数字化的电子发票常见问题解答

（一）常见问题

（1）什么是全面数字化的电子发票？

答：全面数字化的电子发票（以下称全电发票）是与纸质发票具有同等法律效力的全新发票，不以纸质形式存在、不用介质支撑、无须申请领用、发票验旧及申请增版增量。纸质发票的票面信息全面数字化，将多个票种集成归并为电子发票单一票种，全电发票实行全国统一赋码、自动流转交付。

（2）全电发票的票面信息包括哪些？

答：全电发票的票面信息包括基本内容和特定内容。

为了符合纳税人开具发票的习惯，全电发票的基本内容在现行增值税发票基础上进行了优化，主要包括：动态二维码、发票号码、开票日期、购买方信息、销售方信

息、项目名称、规格型号、单位、数量、单价、金额、税率/征收率、税额、合计、价税合计（大写、小写）、备注、开票人。

为了满足从事特定行业、经营特殊商品服务及特定应用场景业务（以下简称特定业务）的纳税人开具发票的个性化需求，税务机关根据现行发票开具的有关规定和特定业务的开票场景，在全电发票中设计了相应的特定内容。特定业务包括但不限于稀土、卷烟、建筑服务、旅客运输服务、货物运输服务、不动产销售、不动产经营租赁、农产品收购、光伏收购、代收车船税、自产农产品销售、差额征税等。试点纳税人在开具全电发票时，可以按照实际业务开展情况，选择特定业务，将按规定应填写在发票备注等栏次的信息，填写在特定内容栏次，进一步规范发票票面内容，便于纳税人使用。特定业务的全电发票票面按照特定内容展示相应信息，同时票面左上角展示该业务类型的字样。

（3）全电发票与现有的发票样式有什么区别？

答：全电发票样式与现有发票样式区别在于：一是全电发票票样将原有发票代码＋发票号码变为20位发票号码；取消了校验码、收款人、复核人、销售方（章）；取消了发票密码区。二是全电发票特定业务会影响发票展示内容，不同的特定业务展示的发票票面内容不同。三是全电发票将原备注栏中手工填列、无法采集的内容，设置为固定可采集、可使用的数据项，并展示于票面上。

（4）全电发票和使用税控设备开具的电子发票主要区别是什么？

答：一是管理方式不同。对于全电发票，纳税人开业后，无需使用税控专用设备，无需办理发票票种核定，无需领用全电发票，系统自动赋予开具额度，并根据纳税人行为，动态调整开具金额总额度，实现开业即可开票。对于使用税控设备开具的电子发票（以下简称纸电发票），纳税人开业后，需先申领税控专用设备并进行票种核定，发票数量和票面限额管理同纸质发票一样，纳税人需要依申请才能对发票增版增量，是纸质发票管理模式下的电子化。

二是发票交付手段不同。全电发票开具后，发票数据文件自动发送至开票方和受票方的税务数字账户，便利交付入账，减少人工收发。同时，依托电子发票服务平台税务数字账户，纳税人可对各类发票数据进行自动归集，发票数据使用更高效便捷。而"纸电"发票开具后，需要通过发票版式文件进行交付，即：开票方将发票版式文件通过邮件、短信等方式交付给受票方；受票方人工下载后，仍需对发票的版式文件进行归集、整理、入账等操作。

（5）使用全电发票有什么优点？

答：第一，领票流程更简化。开业开票"无缝衔接"。全电发票实现"去介质"，纳税人不再需要预先领取税控专用设备；通过"赋码制"取消特定发票号段申领，发票信息生成后，系统自动分配唯一的发票号码；通过"授信制"自动为纳税人赋予开具金额总额度，实现开票"零前置"。基于此，新办纳税人可实现"开业即可开票"。

第二，开票用票更便捷。一是发票开具渠道更多元。电子发票服务平台全部功能上线后，纳税人不仅可以通过电脑网页端开具全电发票，还可以通过客户端、移动端手机App随时随地开具全电发票。二是"一站式"服务更便捷。纳税人登录电子发票服务平台后,可进行发票开具、交付、查验以及勾选等系列操作,享受"一站式"服务,无需再登录多个平台完成相关操作。三是发票数据应用更广泛。通过"一户式""一人式"发票数据归集,加强各税费数据联动,为实现"一表集成"式税费申报预填服务奠定数据基础。四是满足个性业务需求。全电发票破除特定格式要求,增加了 XML 的数据电文格式便利交付,同时保留 PDF、OFD 等格式,降低发票使用成本,提升纳税人用票的便利度和获得感。全电发票样式根据不同业务进行差异化展示,为纳税人提供更优质的个性化服务。五是纳税服务渠道更畅通。电子发票服务平台提供征纳互动相关功能,如增加智能咨询,纳税人在开票、受票等过程中,平台自动接收纳税人业务处理过程中存在的问题并进行智能答疑;增设异议提交功能,纳税人对开具金额总额度有异议时,可以通过平台向税务机关提出。

第三,入账归档一体化。通过制发电子发票数据规范、出台电子发票国家标准,实现全电发票全流程数字化流转,进一步推进企业和行政事业单位会计核算、财务管理信息化。

(6)使用全电发票如何保障纳税人的发票数据安全和隐私?

答:全电发票使用了最新加密技术,加强了纳税人最关心的发票安全性、隐私性保障能力。

从安全性来说,电子发票服务平台将利用数字信封技术来最大限度地保障交易安全性,通过对发票数据传输通道进行加密,保证数据流转的安全性,防止数据被窃取、篡改、冒充。

从隐私性来说,全电发票保持了纸质发票的基本属性和主要特征,在为用户提供不同于纸质发票交付和入账等体验的同时,通过隐私保护技术确保用户数据安全,避免信息泄露。

(7)纳税人可以通过哪些渠道了解全电发票有关事项?

答:纳税人可以通过电子税务局、办税服务厅、12366 纳税服务热线、税务门户网站、官方微信等渠道了解全电发票的有关事项。

(二)试点开展

(1)目前,我国全面数字化的电子发票试点工作的推行进度如何?

答:按照总局发票电子化改革(金税四期)建设工作部署:2021 年 12 月 1 日起,在广东(不含深圳,下同)、内蒙古、上海 3 地试点地区部分纳税人中开展全电发票试点,试点使用的依托电子税务局搭建的平台称为电子发票服务平台(以下简称电票平台)1.0 版,实现了 56 项功能,成功开出第一张"全电"发票。试点纳税人通过电子发票服务平台开具发票的受票方范围为本省税务局管辖范围内的纳税人。随后,2022 年 4 月 1 日起,在广东地区的部分纳税人中进一步开展全电发票试点,电票平台 1.5 版成功在广东省上线切换,实现了 142 项功能,试点纳税人通过电子发票服务平台开具发票的受票方范围为本省税务局管辖范围内的纳税人。2022 年 4 月 25 日,在内蒙古自治区的部分纳税人中进一步开展全电发票试点,电票平台 1.5 版成功在内蒙古上线切换,试点纳税人通过电子发票服务平台开具发票的受票方范围为本自治区税务局管辖范围内的纳税人。2022年5月10日起，四川省纳税人仅作为受票方，通过增值税发票综合服务平台接收由内蒙古自治区和广东省的部分纳税人通过电子发票服务平台开具的发票。2022年5月23日起，上海市切换电票平台1.5版，并可向四川省、广东省和内蒙古自治区纳税人通过电子发票服务平台开具发票。自2022年6月1日起，国家税务总局决定，内蒙古自治区、上海市和广东省试点纳税人通过电子发票服务平台开具发票的受票方范围逐步扩至全国。内蒙古自治区、上海市和广东省3个地区以外的纳税人暂仅作为受票方，分步接收试点纳税人通过电子发票服务平台开具的全电发票、增值税纸质专用发票（以下简称纸质专票）和增值税纸质普通发票（折叠票，以下简称纸质普票）。

（2）我是深圳市纳税人，20××年×月×日收到了一张内蒙古的全电发票，名称格式与传统发票完全不同。请问是否符合规定？

答：符合规定。自2022年6月1日起，国家税务总局决定，内蒙古自治区、上海市和广东省试点纳税人通过电子发票服务平台开具发票的受票方范围逐步扩至全国。内蒙古自治区、上海市和广东省3个地区以外的纳税人暂仅作为受票方，分步接收试点纳税人通过电子发票服务平台开具的全电发票、增值税纸质专用发票（以下简称纸质专票）和增值税纸质普通发票（折叠票，以下简称纸质普票）。

（3）全面数字化的电子发票试点纳税人范围如何确定？

答：使用电子发票服务平台的纳税人为试点纳税人（以下简称试点纳税人），试点纳税人分为通过电子发票服务平台开具发票的纳税人和通过电子发票服务平台进行用途确认的纳税人，具体范围由国家税务总局内蒙古自治区、上海市、广东省税务局确定。按照有关规定不使用网络办税或不具备网络条件的纳税人暂不纳入试点范围。

（4）除试点纳税人外，其他地区纳税人何时可以开具全电发票？

答：国家税务总局将结合试点情况，逐步扩大全电发票推行范围。

（三）身份管理

（1）试点纳税人如何建立、变更、解除与办税人员的关联关系？

答：试点纳税人可通过电子税务局或办税服务厅建立、变更、解除与办税人员的关联关系。

试点纳税人通过电子税务局新增办税人员或对已有办税人员进行变更的，应对办税人员进行岗位权限授权或调整。系统将自动通过电子税务局及移动端向该办税人员推送待确认的授权信息。办税人员在完成个人身份信息采集核验，以及对推送的授权信息进行确认后，关联关系即建立，系统自动记录关联关系。纳税人通过电子税务局解除办税人员关联关系的，无需办税人员确认。

试点纳税人在办税服务厅申请新增或变更办税人员信息时，税务机关在核心征管系统完成办税人员信息录入或变更，通过实名办税系统验证办税人员实名信息后，由办税人员登录电子税务局确认相关信息。信息确认后，系统自动记录关联关系。纳税人在办税服务厅解除办税人员关联关系的，无需办税人员确认。

涉税专业服务机构建立、变更、解除本机构办税人员关联关系的，适用以上方式。

（2）办税人员如何解除与试点纳税人的关联关系？

答：办税人员因离职、退休等原因需解除税务网络可信身份关联关系时，办税人员可通过线上自行解除或通过办税服务场所申请解除。

（3）试点纳税人如何建立与涉税专业服务机构（人员）关联关系？

答：试点纳税人与涉税专业服务机构（人员）委托代理关系的建立支持以下两种方式：

第一，涉税专业服务机构（人员）可通过线上或线下渠道向税务机关提交其与纳税人签订的委托办税协议信息，纳税人在电子税务局确认后，涉税专业服务机构（人员）获得相应办税权限，系统自动记录关联关系。

第二，试点纳税人可通过线上或线下渠道向税务机关提交其与涉税专业服务机构（人员）签订的委托办税协议信息，涉税专业服务机构（人员）在电子税务局确认后获得相应办税权限，系统自动记录关联关系。

涉税专业服务机构（人员）以"一人多户"的方式为纳税人代办涉税事宜的，应于办理前向税务机关报送基本信息及委托办税协议信息。

（4）试点纳税人完成注销后，企业授权人、被授权人的身份认证信息及操作权限是否需要在电子发票服务平台中手动撤销？

答：不需要。平台设置自动标记失效状态功能。企业完成注销后，电子发票服务平台自动同步企业状态信息，自动标记企业授权人、被授权人的身份认证信息及操作权限为失效状态。

（四）电子发票服务平台

（1）试点纳税人需要用什么税控设备开具全电发票？是否免费？

答：试点纳税人无需领用税控专用设备即可开具全电发票，税务机关免费向纳税人提供全电发票的开具、查验及交付服务，降低纳税人发票的使用和管理成本。

（2）试点纳税人需要用什么开票软件开具全电发票？

答：可直接使用电子发票服务平台（登录方式及地址由各试点省确定）免费开具全电发票，无需使用其他特定开票软件。

（3）试点纳税人如何了解电子发票服务平台？

答：税务部门将对全面数字化的电子发票的全流程进行辅导，纳税人在开具过程中出现问题，可以拨打12366咨询主管税务部门。另外在电子发票服务平台上也会有操作指引，确保纳税人正确开好每张全面数字化的电子发票。

（4）试点纳税人可以通过电子发票服务平台开具哪些种类的发票？

答：电子发票服务平台支持开具全电发票、纸质专票和纸质普票。试点纳税人通过实名验证后，无需使用税控专用设备即可通过电子发票服务平台开具全电发票、纸质专票和纸质普票，无需进行发票验旧操作。其中，全电发票无需进行发票票种核定和发票领用。

试点纳税人中，电子发票服务平台升级至1.5版后新设立登记且未使用增值税发票管理系统开具纸质专票和纸质普票的（以下简称新办试点纳税人），如需开具纸质专票和纸质普票，应当通过电子发票服务平台开具，纸质专票和纸质普票的票种核定、发票领用、发票作废、发票缴销、发票退回、发票遗失损毁等事项仍然按照原规定和流程办理；试点纳税人中，电子发票服务平台升级至1.5版前设立登记或已使用增值税发票管理系统开具纸质专票和纸质普票的（以下简称存量试点纳税人），如需开具纸质专票和纸质普票，可以通过增值税发票管理系统开具。

试点纳税人可以通过增值税发票管理系统开具机动车销售统一发票、二手车销售统一发票、增值税普通发票（卷票）、增值税电子专用发票和增值税电子普通发票和收费公路通行费增值税电子普通发票。

（5）试点纳税人使用增值税纸质发票有何规定？

答：试点纳税人满足相关使用条件后，可以通过电子发票服务平台开具纸质专票、纸质普票。试点纳税人需要事先核定相关发票票种，确定最高开票限额和每月最高领用数量。在使用电子发票服务平台开具纸质专票和纸质普票时，所开具的发票金额将从当月开具金额总额度中扣除。若出现需要开具红字发票的情况，则应按照电子发票服务平台相关规则进行处理，并在红字发票开具后收回被红字冲销的纸质发票原件。所领用的纸质专票与纸质普票使用后，再次领用时无需进行发票验旧。

试点纳税人仍然使用增值税发票管理系统开具纸质专票和纸质普票的，与现有规定保持一致。

（五）发票开具

（1）我公司是试点纳税人，在开具全电发票前，还需要办理哪些业务？

答：不需要。试点纳税人通过实名验证后，无需使用税控专用设备，无需办理全电发票票种核定，无需领用全电发票，使用电子发票服务平台即可开票。

（2）试点纳税人开具全电发票流程是什么？

答：试点纳税人登录电子发票服务平台后，通过开票业务模块，选择不同的发票类型，录入开具内容，电子发票服务平台校验通过后，自动赋予发票号码并按不同业务类型生成相应的全电发票。

（3）电子发票服务平台提供哪几种发票开具模式？

答：电子发票服务平台对发票的开具提供页面输入和扫描二维码两种模式。试点纳税人选择页面输入模式进行开票，即进入页面输入内容完成发票开具；试点纳税人选择扫描二维码模式进行开票，可通过扫描二维码的方式完成发票相关信息预采集。

（4）2022年2月1日注册了一家公司，目前是小规模纳税人，使用纸质发票，能否申请由税务机关为我代开全电发票？

答：不可以。目前，税务机关暂不为纳税人代开全电发票。

（5）试点纳税人在电子发票服务平台开具发票过程中可以暂存发票信息吗？

答：可以。电子发票服务平台提供发票草稿功能，试点纳税人在开具发票过程中，如需暂时保存发票信息可以选择保存草稿。

（6）试点纳税人销售商品开具全电发票，如果商品种类较多是否需要开具销货清单？

答：全电发票的载体为电子文件，无最大开票行数限制，交易项目明细能够在全电发票中全部展示，无需开具销货清单。

（7）试点纳税人通过电子发票服务平台开具发票时，是否每次都需要手动录入发票的全部票面信息？

答：试点纳税人可以通过电子发票服务平台的"基础信息维护"模块来维护项目以及客户的基础信息。完成维护后即可在开具发票时直接选择对应的项目完成发票信息预填，无需手动录入。

（8）试点纳税人在电子发票服务平台可以维护哪些项目信息？

答：试点纳税人可以使用电子发票服务平台中的"基础信息维护"模块，对项目（商品或服务）名称、规格型号、单位、单价、商品和服务税收分类编码及税率/征收率等信息进行维护。项目信息维护后，试点纳税人可在开票时直接选择已经维护的信息，减少开票时间。

（9）电子发票服务平台中"客户信息分类管理"模块的主要功能是什么？

答："客户信息分类管理"模块主要是用于试点纳税人查看与管理不同类别的客户信息。试点纳税人可以通过手工录入、模板导入方式新增或修改客户信息。

（10）试点纳税人通过电子发票服务平台开票时，备注信息如何填写？

答：发票备注信息是指纳税人根据所属行业特点和生产经营需要，自行额外增加的发票信息。发票备注信息项目可以在电子发票服务平台中"信息维护"模块预设的相应"场景模板"添加或开票时直接选择"附加项目"单个添加编辑，添加相应的"场景模板"；也可以直接在备注信息输入框中填写。

（11）试点纳税人在电子发票服务平台开具发票时，自动填充的商品和服务税收分类编码是否可以修改？

答：试点纳税人可按照实际业务对自动填充的商品和服务税收分类编码进行修改。

（12）试点纳税人哪种情况下可以申请开通临时开具原适用税率全面数字化的电子发票权限？

答：试点纳税人属于以下四种情形，可以向税务机关申请临时开具原适用税率全电发票权限。

一是一般纳税人在税率调整前开具的发票有误需要重新开具，且已按照原适用税率开具了红字发票，现重新开具正确的蓝字发票。

二是一般纳税人在税率调整前发生增值税应税销售行为，且已申报缴纳税款但未开具增值税发票，现需要补开原适用税率增值税发票。

三是转登记纳税人在一般纳税人期间开具的适用原税率发票有误需要重新开具，且已按照原适用税率开具了红字发票，现重新开具正确的蓝字发票。

四是转登记纳税人在一般纳税人期间发生增值税应税销售行为，且已申报缴纳税款但未开具增值税发票，现需要补开原适用税率增值税发票。

（13）试点纳税人如何在电子发票服务平台开具原税率发票？

答：试点纳税人需要开具17%、16%、11%、10%等税率发票的，可通过电子发票服务平台向主管税务机关提交《开具原适用税率发票承诺书》，办理临时开票权限。临时开票权限有效期限为24小时，试点纳税人应在获取临时开票权限的规定期限内通过电子发票服务平台开具原适用税率发票。

（14）试点纳税人申请开通临时开具原适用税率全面数字化的电子发票权限，需要提供什么资料？

答：试点纳税人向税务机关申请使用原税率开具全电发票，应提交《开具原适用税率发票承诺书》，并保留交易合同、红字发票、收讫款项证明等材料，以备查验。

（15）我公司因故需要申请开通临时开具原适用税率发票权限，请问该权限的有效期有多久？

答：税务机关审核同意后，手动调整纳税人税率，并设置临时开票有效期起止，有效时限为24小时。

（16）试点纳税人发起临时开具原适用税率发票权限后，可在哪里查看审核结果？

答：税务机关根据审核结果发放税务事项通知书至试点纳税人的电子发票服务平台税务数字账户。试点纳税人登录后，系统会提示纳税人签收文书。同时，电子发票服务平台将同步审核税务机关审核结果，对试点纳税人的税率进行调整。

（17）试点纳税人是否可以查看申请临时开具原适用税率发票权限历史记录？

答：可以。电子发票服务平台设有历史查询功能，该功能可展示历史税率调整记录、时间及状态筛选等，可通过"税率调整记录查询"查询。

（六）开具金额总额度和剩余可用额度

（1）试点纳税人通过电子发票服务平台开具发票，开票份数、开票金额限制与以前相比有什么不同？

答：通过电子发票服务平台开具的全电发票，在开具金额总额度内，没有发票开具份数和单张开票限额限制。

通过电子发票服务平台开具的纸质发票，最高开票限额和每月最高领用数量仍按照现行有关规定办理。

（2）试点纳税人在开票过程中，若提示不得继续开票，应如何处理？

答：电子发票服务平台针对存在发票开具"红色"预警情形的试点纳税人、开具发票过程中存在内容校验不通过、授信额度为零等情形会阻断开票，试点纳税人需根据提示进行相应操作。如红色预警需联系主管税务局进行处理，内容校验不通过需更改发票开具内容，授信额度为零可以申请额度调整等。

（3）试点纳税人发票开具金额额度如何确定？

答：发票开具金额额度包括三类：开具金额总额度、初始开具金额总额度和剩余可用额度。

开具金额总额度，也称总授信额度，是指一个自然月内，试点纳税人发票开具总金额（不含增值税）的上限额度，包括试点纳税人可通过电子发票服务平台开具的全电发票、增值税纸质专用发票（以下简称纸质专票）和增值税纸质普通发票（折叠票，以下简称纸质普票）的上限总金额以及可通过增值税发票管理系统开具的纸质专票、纸质普票、增值税普通发票（卷式，以下简称卷式发票）、增值税电子专用发票和增值税电子普通发票的上限总金额。

初始开具金额总额度，是指试点纳税人首次使用全电发票时，电子发票服务平台赋予该纳税人的当月发票可开具金额上限额度。

剩余可用额度，是指在一个自然月内，试点纳税人开具金额总额度扣除已使用额度。其中，已使用额度包括试点纳税人通过电子发票服务平台开具的发票金额，以及通过增值税发票管理系统开具的纸质专票、纸质普票、卷式发票、增值税电子专用发票和增值税电子普通发票的领用份数和单张发票最高开票限额之积（存在多种不同版式的发票应分别计算并求和，下同）。

（4）试点纳税人开具不同种类的发票是否共用同一个开具金额总额度？

答：是。试点纳税人通过电子发票服务平台开具的全电发票、纸质专票和纸质普票以及通过增值税发票管理系统开具的纸质专票、纸质普票、卷式发票、增值税电子专用发票和增值税电子普通发票，共用同一个开具金额总额度。

但是授信总额度扣除方式与环节不同。通过电子发票服务平台开具的发票，在发票开具时扣除，扣除的是已实际开具发票的金额；通过税控系统开具的发票，在发票领用时扣除，扣除的是发票领用的单张最高开票限额与发票领用份数之积。

（5）我公司是按月申报的一般纳税人，2022年7月开具金额总额度为750万元，截至7月31日实际已使用额度400万元，剩余可用额度为350万元。8月1日，电子发票服务平台自动计算8月开具金额总额度为750万元。请问我公司8月份可用额度是否一直是750万元？

答：不是。如果你公司在8月11日9时，完成7月所属期增值税申报并比对通过，则8月11日9时前，你公司的可使用额度为350万元（7月剩余可用额度350万元＜8月月初开具金额总额度750万元）。8月1日至11日9时，如果你公司实际已使用额度为20万元，则8月11日9时（即完成申报）后的剩余可用额度为730万元。

（6）试点纳税人发票开具金额总额度如何调整？有哪些调整方式？

答：调整开具金额总额度有三种方式，包括定期调整、临时调整和人工调整。

第一，定期调整。定期调整是指电子发票服务平台每月自动对试点纳税人开具金额总额度进行调整。

第二，临时调整。临时调整是指税收风险程度较低的试点纳税人开具发票金额首次达到开具金额总额度一定比例时，电子发票服务平台当月自动为其临时增加一次开具金额总额度。

第三，人工调整。人工调整是指试点纳税人因实际经营情况发生变化申请调整开具金额总额度，主管税务机关依法依规审核未发现异常的，应为纳税人调整开具金额总额度。

（7）试点纳税人开具纸质专票和纸质普票如何使用剩余可用额度？

答：试点纳税人通过电子发票服务平台开具纸质专票和纸质普票时，单张发票开具金额不得超过单张最高开票限额且不得超过当月剩余可用额度,并根据实际开票金额扣除当月剩余可用额度。

试点纳税人领用通过增值税发票管理系统开具的纸质专票、纸质普票、卷式发票、增值税电子专用发票和增值税电子普通发票时,按领用份数和单张发票最高开票限额之积扣除当月剩余可用额度,开具时不再扣除当月剩余可用额度。

(8)我是试点纳税人,在什么情况下可以提出人工开具金额总额度调整?

答:试点纳税人开具金额总额度不足且系统自动调整后开具金额总额度仍不足的,可向主管税务机关申请调整开具金额总额度,税务机关依据纳税人的风险程度、纳税信用级别、实际经营情况等因素调整其开具金额总额度。

(9)我公司是试点纳税人,八月因订单激增开具金额总额度无法满足开票需求,请问如何申请调整开具金额总额度?

答:试点纳税人通过电子发票服务平台的"税务数字账户—授信额度调整申请"模块,申请调整开具金额总额度,填写调整理由并上传相关附件后,即可启动人工调整流程。

(10)我公司是辅导期一般纳税人,申请人工调整开具金额总额度或领用增值税专用发票时,是否需要预缴增值税?

答:试点纳税人是辅导期一般纳税人的,当月首次申请人工调整开具金额总额度或者当月第二次领用增值税专用发票(包括纸质专票和增值税电子专用发票,下同)时,应当按照当月已开具带有"增值税专用发票"字样的全电发票和已领用并开具的增值税专用发票销售额3%预缴增值税;多次申请人工调整开具金额总额度或者多次领用增值税专用发票时,应当自本月上次申请人工调整开具金额总额度或者上次领用增值税专用发票起,按照已开具带有"增值税专用发票"字样的全电发票和已领用并开具的增值税专用发票销售额的3%预缴增值税。

(七)开具红字全面数字化的电子发票

(1)什么情况下可以开具红字全电发票?

答:一般情况下,试点纳税人发生销货退回、开票有误、服务中止、销售折让等情形,可以按规定开具红字全电发票。但以下几种情况下不允许开具红字全电发票:

一是蓝字发票已作废、已全额红冲、已被认定异常扣税凭证、已锁定(已发起红字确认单或信息表且未开具红字发票、未撤销红字确认单或信息表)时,不允许发起红冲;

二是蓝字发票增值税用途为"待退税""已退税""已抵扣(改退)""已代办退税""不予退税且不予抵扣"时,不允许发起红冲;

三是蓝字发票税收优惠类标签中,"冬奥会退税标签"为"已申请冬奥会退税"时,不允许发起冲红;

四是发起红冲时,如对方纳税人为"非正常""注销"等状态、无法登录系统进行相关操作时,不允许发起红冲。

（2）试点纳税人如何通过电子发票服务平台发起红冲？

答：试点纳税人可登录电子税务局，依次选择进入"开票业务""红字发票开具""红字发票确认信息录入"，也可以依次选择通过"税务数字账户""红字信息确认单""红字发票确认信息录入"，选择对应蓝字发票发起红冲。

（3）通过电子发票服务平台发起红冲时，冲红原因如何选择？

答：冲红原因应由纳税人根据业务实际确定。需要注意的是，如原蓝字发票商品服务编码仅为货物或劳务时，红冲原因不允许选择"服务中止"；商品服务编码仅为服务时，红冲原因不允许选择"销货退回"。

（4）发起红冲时，应如何选择红字发票票种？

答：各票种之间的红冲规则为"新冲旧、电冲纸"，具体如下：

第一，全电发票可以对全电发票、全电纸票（电子发票服务平台开具的纸票）、税控发票进行红冲；

第二，全电纸票可以对全电纸票、税控发票进行红冲，不允许对全电发票进行红冲；

第三，税控发票仅允许对税控发票进行红冲，不允许对全电发票、全电纸票进行红冲。

（5）如何对蓝字全电发票开具红字发票？

答：受票方未进行用途确认时，由开票方通过电子发票服务平台发起《红字信息确认单》后全额开具红字全电发票，无需受票方确认；

受票方已进行用途确认时，可由购销双方任意一方在电子发票服务平台（当受票方为非试点纳税人时，在增值税发票综合服务平台发起和确认）发起《红字信息确认单》，经对方确认后全额或部分开具红字全电发票。受票方已将发票用于增值税申报抵扣的，应当暂依《确认单》所列增值税税额从当期进项税额中转出，待取得开票方开具的红字发票后，与《确认单》一并作为记账凭证。

（6）如何对蓝字税控发票开具红字发票？

答：当开票方纳税人仍使用增值税发票管理系统开具发票时，应按原税控红冲流程开具红字税控发票；

当开票方纳税人已不再使用增值税发票管理系统、仅使用电子发票服务平台开具发票时，可参照蓝字全电发票红冲流程发起《红字信息确认单》并开具红字全电发票。

（7）试点纳税人已填开红字信息表但还未开具红字发票，是否可以在电子发票服务平台中直接开具？

答：不可以。红字信息表和红字确认单未实现互相转换，对校验通过的红字信息表仍需通过增值税发票管理系统开具红字发票。

（8）试点纳税人可以在电子发票服务平台中对同一张已确认用途的发票多次发起红字发票开具流程吗？

答：除以下几种特殊情形，试点纳税人可以通过电子发票服务平台对同一张已确认用途的发票多次开具红字发票：

一是冲红原因为"开票有误"时，必须全额冲红；

二是蓝字发票对应的"增值税优惠用途标签"为"待农产品全额加计扣除"或"已

用于农产品全额加计扣除"的，必须全额红冲。"增值税优惠用途标签"为"待农产品部分加计扣除"或"已用于农产品部分加计扣除"的，第一次红冲只能对未加计部分全额冲红或整票全额红冲。如第一次对未加计部分全额冲红，第二次红冲仅允许对剩余部分（即已加计部分）全额红冲；

三是蓝字发票标签为"差额征税—差额开票"时，必须全额红冲。

（9）对蓝字发票进行部分红冲时，有何具体要求？

答：除问题上一问所述几种特殊情形外，对红冲原因选择销货退回／服务中止／销售折让，或蓝字发票状态为"已部分红冲"的，允许多次冲红该张发票。具体要求如下：

第一，已进行销货退回／服务中止／销售折让开具红字发票的部分冲红的，允许更换申请方再次申请红字确认单，但申请原因只能选择销货退回／服务中止／销售折让；

第二，部分冲红允许删除项目行，即仅对部分项目进行红冲。

销货退回，只允许修改数量，自动计算金额和税额，不能修改单价，不能直接修改金额；如蓝字发票没有数量仅有金额，则允许修改金额，税额自动计算；

服务中止，允许修改金额和数量，不能修改单价，自动计算税额；

销售折让，选择需折让的商品行，录入折让比例或金额，不能修改单价和数量，税额自动计算；

第三，累计开具的红字发票票面记载的数量、负数金额、负数税额绝对值，均不得超过原发票票面记载的数量、金额和税额。

（10）试点纳税人取得全面数字化的电子发票后，若开票方发起红字发票开具流程后，受票方是否还可以对该发票进行发票用途确认？

答：全电发票未确认用途及未入账的，开票方发起红冲流程后，对应的全电发票将被锁定，不允许受票方再进行发票用途确认操作。

全电发票未确认用途已入账的，若开票方部分开具红字发票后，允许受票方对该全电发票未冲红的部分进行抵扣勾选；若开票方全额开具红字发票，则不允许继续抵扣勾选。

（11）试点纳税人发起红字发票开具流程后，对方的确认是否有时限要求？

答：有。发起冲红流程后，开票方或受票方需在 72 小时内进行确认，未在规定时间内确认的，该流程自动作废，需开具红字发票的，应重新发起流程。

（12）试点纳税人对开具的全电发票进行红冲后开票方当月的可用授信额度会增加吗？

答：试点纳税人开具全电发票后，当月开具红字全电发票的，电子发票服务平台同步增加其可用授信额度。

跨月开具红字全电发票或开具红字全电发票无法对应全电发票的，电子发票服务平台不增加其当月可用授信额度。对于销售折让的情形，也不会增加其可用授信额度。

（13）试点纳税人通过电子发票服务平台发起红字发票开具流程，是否需要与蓝字发票一一对应？

答：是的。通过电子发票服务平台发起的红字发票开具流程，不论《确认单》还是《信息表》，均需要同原蓝字发票一一对应。

（14）试点纳税人通过电子发票服务平台开具发票，在开具红字发票时，能够作废红字发票开具流程吗？

答：具体规则如下：

第一，销方发起无需确认的红字确认单，未开具红字发票前，允许销方撤回；

第二，红字确认信息发起方在提交红字确认单后，对方尚未确认前，不允许修改，发起方可撤销红字确认单；

第三，购销双方任意一方发起且对方已确认的红字确认单，发起方不允许撤销红字确认单，确认方可在确认后且未开具红字发票前撤销确认单；

第四，已开具红字发票的红字确认单不允许撤销。

第五，发起红字确认单后、开具红字发票前，原蓝字发票被认定异常凭证的，系统自动作废红冲流程。

（15）试点纳税人通过电子发票服务平台开具红字发票后，是否需要追回已开具的发票？

答：试点纳税人通过电子发票服务平台开具的全电发票被红冲时，无需追回被红冲的全电发票及其纸质打印件；通过电子发票服务平台开具的纸质发票被红冲时，需要追回被红冲的纸质发票。

（八）电子发票服务平台税务数字账户

（1）什么是电子发票服务平台税务数字账户？

答：电子发票服务平台税务数字账户是面向试点纳税人缴费人，归集各类涉税涉费数据，集查询、用票、业务申请于一体的应用。通过对全量发票数据的归集，为试点纳税人提供发票用途勾选确认服务、发票交付、发票查询统计，并为纳税人下载及打印全电发票提供支持，同时满足试点纳税人发票查验、发票入账标识、税务事项通知书查询、税收政策查询、发票开具金额总额度调整申请等需求。

（2）电子发票服务平台税务数字账户能为试点纳税人提供哪些便捷？

答：电子发票服务平台税务数字账户便利纳税人对发票数据进行增值应用，通过对纳税人的发票数据分析管理，向纳税人提供个性化信息推送服务，增进其获得感和满意度，促进市场交易便捷便利。

（3）电子发票服务平台税务数字账户的功能包括哪些？

答：电子发票服务平台税务数字账户为试点纳税人提供发票归集、用途确认、查询、下载、打印等服务。试点纳税人开具和取得各类发票时，系统自动归集发票数据，推送至对应纳税人的税务数字账户，从根本上解决纳税人纸质发票管理中出现的丢失、破损及电子发票难以归集等问题；并支持纳税人对全量发票进行用途确认、查询，对全电发票还可进行下载、打印，同时满足纳税人对已入账发票进行标识、税务事项通知书查询、税收政策查询、发票开具金额总额度调整申请、原税率发票开具申请、操作海关缴款书业务等需求，为纳税人提供高效便捷的发票服务。

（4）试点纳税人开出的全电发票如何交付给对方？

答：电子发票服务平台税务数字账户可以为纳税人提供发票自动交付和自行交付

两种方式。数字账户自动交付是指销售方成功开具发票后，系统默认将电子发票文件及数据自动交付至购买方（包括经办人）税务数字账户，如果购买方为未录入组织机构代码的党政机关及事业性单位，或购买方（包括经办人）为未录入身份证件号的自然人，系统无法自动交付，销售方可使用自行交付方式；自行交付方式是指纳税人通过电子发票服务平台税务数字账户查询发票后自行选择电子邮件、二维码、电子文件导出等方式交付全电发票。

（5）电子发票服务平台税务数字账户中"海关缴款书采集"模块的功能是什么？

答："海关缴款书采集"模块的功能是：对在"发票抵扣勾选"模块中无法查询到的双抬头海关缴款书信息、无法清分及下发的单抬头海关缴款书信息进行第一联数据的采集。

（6）电子发票服务平台税务数字账户中，哪些情形需要采集海关缴款书？

答：需要采集海关缴款书的情形主要包括双抬头海关缴款书、无法清分及下发、对清分结果有异议的单抬头海关缴款书信息等情形。

（7）电子发票服务平台税务数字账户归集的发票有哪些？有哪些发票是目前无法归集的？

答：电子发票服务平台税务数字账户后台采集发票的全量数据，包括全电发票、增值税纸质专用发票、增值税电子专用发票、增值税普通发票（折叠票）、增值税普通发票（卷票）、增值税电子普通发票（含收费公路通行费增值税电子普通发票）、机动车销售统一发票、二手车销售统一发票等。

其中，对于有明确销售方或购买方（包括经办人）信息的发票，通过销售方或购买方（包括经办人）信息归集至销售方或购买方（包括经办人）的税务数字账户。若购买方（包括经办人）信息中没有纳税人识别号或身份证号码的，只在销售方归集。对定额发票等没有销售方信息的发票，根据系统发票领用及验旧信息归集至销售方的电子发票服务平台税务数字账户。对没有购买方（包括经办人）信息的（如定额发票等）发票，则不归集到购买方（包括经办人）的税务数字账户。

（九）电子发票服务平台税务数字账户的查询功能

（1）电子发票服务平台税务数字账户的发票查询模块都有哪些功能？

答：电子发票服务平台税务数字账户的发票查询包括全量发票查询、发票领用及开票数据查询、进项税额转出情况查询、未到勾选日期发票查询、出口转内销发票查询、汇总纳税总机构汇总分支机构开票数据。纳税人可根据实际需要选择相应的查询项进行查询。

（2）试点纳税人可以在"进项税额转出情况查询"模块查询到哪些数据？

答：试点纳税人可以通过电子发票服务平台税务数字账户"进项税额转出情况查询"模块查询本单位的进项税额转出数据，具体可查当前及以前所属期转出的异常凭证统计表、转出异常凭证具体明细、当前及以前所属期红字发票信息确认单需购货方转出的信息。

（3）进项税额转出情况查询具体指哪类需要进项税额转出的发票？包括海关缴款书吗？

答：包括被列为异常凭证的已经认证抵扣的发票，以及开具红字发票确认单上的红字发票，不包括海关缴款书信息。

（4）试点纳税人如何通过电子发票服务平台对开具、取得的发票信息进行查询？

答：试点纳税人登录电子发票服务平台税务数字账户后，可通过"全量发票查询"模块查询其开具和取得的发票。

（5）发票领用及开票数据查询可以查询什么内容？

答：电子发票服务平台税务数字账户提供发票领用及开票数据查询功能，主要可以用于查询发票领用存状态、发票期初库存份数、购进发票份数、退回发票份数情况；正数发票份数、正数废票份数、空白废票份数、负数发票份数、负票废票份数、期末库存份数（领用、库存份数主要涉及纸质发票）。

（6）发票状态查询是指查询发票的什么状态？

答：试点纳税人可通过电子发票服务平台税务数字账户的全量发票查询模块，查询到某张发票的入账状态、下载次数、下载格式、打印次数、发票冲红台账、发票退税状态等。

（十）电子发票服务平台税务数字账户的发票查验功能

（1）全面数字化的电子发票的查验渠道有哪些？

答：单位和个人通过全国增值税发票查验平台（https://inv-veri.chinatax.gov.cn）查验；试点纳税人可以通过电子发票服务平台税务数字账户发票查验模块对全电发票信息进行查验。

（2）如何登录全国统一的发票查验平台？

答：社会公众通过输入网址（https://inv-veri.chinatax.gov.cn/），进入全国统一的发票查验平台。

（3）电子发票服务平台税务数字账户发票查验方式有哪些？

答：电子发票服务平台税务数字账户提供两种发票查验方式，一是单张发票查验（手工单张录入，单张文件导入）；二是批量发票查验（下载模板录入信息导入查验）。

（4）手工导入发票查验都支持什么发票格式？

答：支持导入以下几种格式的电子发票文件：JPG/PNG/PDF/OFD/XML。

（5）试点纳税人在什么时间可以通过电子发票服务平台税务数字账户查验全面数字化的电子发票？

答：电子发票服务平台税务数字账户为纳税人提供 7×24 小时在线的发票查验服务。

（6）全国增值税发票查验平台如何查验全面数字化的电子发票？

答：纳税人可通过全国增值税发票查验平台，对全电发票进行查验。全国增值税查验平台仅支持单张发票查验模式，包括手工查验及扫描查验等方式。

（7）电子发票服务平台税务数字账户能否对非开具给本人或者本单位的发票进行查验？

答：电子发票服务平台税务数字账户可以对取得的开具给本人或本单位的发票进行查验，也可以对非开具给本人或者本单位的发票进行查验。

（8）在电子发票服务平台税务数字账户上发票单张查验和批量查验的结果有什么不同？

答：发票单张查验的结果是对该发票信息进行可视化展示（可以看到整张发票），批量查验的结果是只能显示查验的发票相符或者不相符。

（9）批量查验是否可以只录入发票号码？

答：不可以。如果批量查验只输入发票号码，无法对发票里的交易信息（单价、数量、时间等）进行核验，故只能在批量查验之前录入全部发票信息才能校验发票信息是否一一对应，对应则相符，反之不相符。

（十一）电子发票服务平台税务数字账户的发票勾选确认功能

（1）2023年1月5日，杭州市纳税人接收到带有"增值税专用发票"字样的全电发票及其他符合规定的全电发票等凭证用于申报抵扣增值税进项税额、申请出口退税或代办退税的，应该怎么进行用途确认？

答：仍然通过增值税发票综合服务平台进行用途确认。

（2）电子发票服务平台税务数字账户"抵扣类勾选业务"模块包括哪些功能？

答："抵扣类勾选业务"模块包括抵扣勾选、农产品加计扣除勾选、不抵扣勾选、变更税款所属期等功能。

（3）电子发票服务平台税务数字账户"抵扣类勾选业务"模块中增值税扣税凭证不得进行用途勾选的有哪些？

答：下列增值税扣税凭证不得进行用途勾选：①异常增值税扣税凭证；②已作废的发票；③之前所属期已确认用于其他用途的发票；④已用于冬奥会退税的发票；⑤已全额冲红的发票；⑥其他。

（4）电子发票服务平台中被部分红冲的发票是否可以进行抵扣勾选？

答：可以，可勾选抵扣的税额为原发票票面税额与所红冲的发票税额之差。

（5）电子发票服务平台税务数字账户"抵扣类勾选业务"模块勾选增值税扣税凭证时间范围是什么？

答：试点纳税人可勾选的增值税扣税凭证开具时间范围为2017年1月1日至本次勾选增值税所属期的最后一日。

（6）电子发票服务平台税务数字账户"注销勾选业务"模块的作用是什么？

答：试点纳税人需要注销时，可以通过此模块对注销当期未勾选的发票进行勾选。

（7）在电子发票服务平台税务数字账户中进行发票抵扣勾选确认后，未进行增值税纳税申报，可否撤销？

答：可以。若试点纳税人需对"已勾选（抵扣）"发票的状态进行调整，只需选中"已勾选（抵扣）"的发票，点击"撤销勾选"即可。

（8）电子发票服务平台税务数字账户"用途确认"模块的作用是什么？

答：电子发票服务平台税务数字账户"用途确认"模块是供试点纳税人将勾选的发票用于申报抵扣、出口退税等用途确认，并对发票数据进行归集、实时统计。

（9）发票用途确认后需要注意什么？

答：一是试点纳税人进行发票用途确认后，将锁定当期勾选操作，如需继续勾选，可通过用途确认撤销后再继续勾选。二是发票为异常增值税扣税凭证的，无法进行用途确认。

（10）电子发票服务平台税务数字账户"发票用途确认"模块中的汇总展示信息提醒功能，能否查看明细数据？

答：可以查看明细数据。例如：其中的"红字发票提醒"子模块，可查看红字发票明细清单，也可根据开票日期查询历史月份的红字发票明细；"上游风险企业提醒"子模块，可查看上游风险企业信息、上游风险企业开具的发票信息；"取得不得抵扣增值税专用发票提醒"子模块，可查看不得抵扣增值税专用发票的发票信息，在详情页可查看货物信息。

（11）试点纳税人错误确认发票用途后，税务机关如何帮助纳税人进行修改和更正？

答：试点纳税人通过电子发票服务平台确认发票用途后，如果出现发票用途确认错误的情形，税务机关可为纳税人提供规范、便捷的更正服务。

试点纳税人将发票用途误确认为申报抵扣且已申报抵扣后，如果要改为用于申报出口退税或代办退税，试点纳税人可以向主管税务机关申请更正。主管税务机关在核实确认相关进项税额已转出后，为试点纳税人调整发票用途。

试点纳税人将发票用途误确认为用于出口退税、代办退税的，可以向主管税务机关申请更正。如试点纳税人尚未申报出口退税，经主管税务机关确认后，可将发票信息回退至电子发票服务平台，试点纳税人可以重新确认发票用途；如果试点纳税人已申报办理出口退税，可向主管税务机关申请开具出口货物转内销证明。

（12）纳税人开具或取得全面数字化的电子发票后，如何填写增值税申报表？

答：第一，试点一般纳税人开具的带有"增值税专用发票"字样的全电发票的金额及税额应填入《增值税及附加税费申报表附列资料（一）》（本期销售情况明细）第1至2列"开具增值税专用发票"栏次中；开具的带有"普通发票"字样的全电发票的金额及税额应填列在《增值税及附加税费申报表附列资料（一）》（本期销售情况明细）第3至4列"开具其他发票"栏次中。

一般纳税人勾选用于本期抵扣的带有"增值税专用发票"字样的全电发票的份数、金额及税额，填列在《增值税及附加税费申报表附列资料（二）》（本期进项税额明细）第2栏"其中：本期认证相符且本期申报抵扣"或第3栏"前期认证相符且本期申报抵扣"。

一般纳税人已将全电发票用于增值税申报抵扣的，对应的《红字发票信息确认单》所列增值税税额填列在《增值税及附加税费申报表附列资料（二）》（本期进项税额明细）第20栏"红字专用发票信息表注明的进项税额"。

第二，试点小规模纳税人开具的带有"增值税专用发票"字样的全电发票的金额应填入《增值税及附加税费申报表（小规模纳税人适用）》第 2 栏"增值税专用发票不含税销售额"、第 5 栏"增值税专用发票不含税销售额"；开具的"普通发票"字样的全电发票的金额应填列在《增值税及附加税费申报表（小规模纳税人适用）》第 3 栏、第 6 栏、第 8 栏"其他增值税发票不含税销售额"。

（13）试点纳税人如何通过电子发票服务平台税务数字账户进行农产品加计扣除？

答：试点纳税人购进用于生产或者委托加工 13% 税率货物的农产品，取得符合规定的带有"增值税专用发票"字样的全电发票、增值税专用发票、海关缴款书、农产品销售发票等凭证或者开具符合规定的收购发票，可以由主管税务机关开通加计扣除农产品进项税额确认功能，通过电子发票服务平台税务数字账户进行用途确认，按照相关规定计算当期进项税额，并将已进行用途确认的凭证明细转入加计扣除农产品进项税额确认待用。

试点纳税人将购进农产品用于生产或者委托加工的当期，可以通过电子发票服务平台税务数字账户选择相应凭证，按规定计算填写本次加计扣除农产品进项税额。

对于符合以上规定的试点纳税人取得的尚未用于加计扣除农产品进项税额的凭证，试点纳税人可以向主管税务机关申请补录。

第一，试点纳税人取得自产农产品免税普通发票，如何计算申报进项税额？

A 纳税人为新办试点纳税人，在所属税务机关进行了农产品深加工企业的行业性质归类。A 纳税人登录电子发票服务平台后，在"发票用途确认"中的"抵扣类勾选业务"模块，可以看到"待处理农产品发票"和"农产品加计扣除勾选"模块。A 纳税人在 5 月取得了一张自产农产品免税普通发票，在申报期进行发票用途确认时，A 纳税人首先在"待处理农产品发票"模块，对取得的自产农产品免税普通发票进行是否属于自产农产品销售发票确认处理，选择"否"，该发票信息不转入"抵扣勾选"；选择"是"，该发票信息转入"抵扣勾选"模块。A 纳税人进入"抵扣勾选"模块对该发票进行 9% 抵扣勾选，勾选提交后，用于当期进项税额抵扣，同时该发票的明细数据和计算结果，转入"农产品加计扣除勾选"模块待用。

当 A 纳税人购进的该笔农产品用于生产或者委托加工 13% 税率货物时，应通过"农产品加计扣除勾选"模块，选择该发票并填写本次加计扣除税额进行 1% 加计扣除，提交完成后，即可在当期进行增值税申报表预填和进项税额抵扣。

第二，试点纳税人取得农产品收购发票，如何计算申报进项税额？

B 纳税人为试点纳税人，并已进行了农产品深加工企业的行业性质归类。B 纳税人取得了一张农产品收购发票，进行发票用途确认时，进入"抵扣勾选"模块对该发票进行 9% 抵扣勾选，勾选提交后，用于当期进项税额抵扣，同时该发票的明细数据和计算结果，转入"农产品加计扣除勾选"模块待用。

当 B 纳税人购进的该笔农产品用于生产或者委托加工 13% 税率货物时，通过"农产品加计扣除勾选"模块，选择该发票并填写本次加计扣除税额进行 1% 加计扣除，提交完成后，即可在当期进行增值税申报表预填和进项税额抵扣。

第三，试点纳税人取得了从小规模纳税人处购进的 3% 农产品增值税专用发票，如何计算申报进项税额？

C 纳税人为试点纳税人，并已进行了农产品深加工企业的行业性质归类。C 纳税人取得了从小规模纳税人处购进的 3% 农产品专票。进行发票用途确认时，C 纳税人首先在"待处理农产品发票"模块，对取得的从小规模纳税人处购进的 3% 农产品专票进行确认处理，选择"否"，该发票信息不转入"抵扣勾选"；选择"是"，该发票信息转入"抵扣勾选"模块。纳税人进入"抵扣勾选"模块对该票进行 9% 抵扣勾选，勾选提交后，用于当期进项税额抵扣，同时该发票的明细数据和计算结果，转入"农产品加计扣除勾选"模块待用。

当 C 纳税人购进的该笔农产品用于生产或者委托加工 13% 税率货物时，通过"农产品加计扣除勾选"模块，选择该发票并填写本次加计扣除税额进行 1% 加计扣除，提交完成后，即可在当期进行增值税申报表预填和进项税额抵扣。

第四，试点纳税人取得了 9% 农产品增值税专用发票，如何计算申报进项税额？

D 纳税人为试点纳税人，并已进行了农产品深加工企业的行业性质归类。其取得了 9% 农产品专票。在进行发票用途确认时，D 纳税人进入"抵扣勾选"模块对该票进行 9% 抵扣勾选，勾选提交后，用于当期进项税额抵扣，同时该发票的明细数据和计算结果，转入"农产品加计扣除勾选"模块待用。

当 D 纳税人购进的该笔农产品用于生产或者委托加工 13% 税率货物时，通过"农产品加计扣除勾选"模块，选择该发票并填写本次加计扣除税额进行 1% 加计扣除，提交完成后，即可在当期进行增值税申报表预填和进项税额抵扣。

第五，试点纳税人 2020 年取得的农产品收购发票和销售发票，如何计算申报进项税额？

E 纳税人为试点纳税人，并已进行了农产品深加工企业的行业性质归类。E 纳税人有一张 2020 年取得的已抵扣自产农产品销售发票但未进行加计扣除。在进行发票用途确认时，E 纳税人通过"农产品加计扣除勾选"模块中的"补录"功能，对上述发票进行补录，补录成功后，即可看见该发票的明细数据。当该笔农产品用于生产或者委托加工 13% 税率货物时，选择该发票并填写本次加计扣除税额进行 1% 加计扣除，提交完成后，即可在当期进行增值税申报表预填和进项税额抵扣。

（14）试点纳税人取得的代开农产品免税普通发票，进行发票用途确认时，无法进行抵扣勾选和农产品加计扣除勾选，如何处理？

答：试点纳税人取得的代开农产品免税普通发票如因商品名称未使用自动匹配商品和服务税收分类编码而导致发票信息无法归集到"待处理农产品发票"模块时，试点纳税人可依次通过"发票用途确认""抵扣类勾选业务""抵扣勾选"模块中的"代开补录"进行代开农产品普通发票的发票信息补录，补录成功后，即可在抵扣勾选明细中看见该发票的明细数据，并可对该发票进行 9% 抵扣勾选，勾选提交后，用于当期进项税额抵扣，同时该发票的明细数据和计算结果，转入"农产品加计扣除勾选"模块待用。

当该笔农产品用于生产或者委托加工 13% 税率货物时，选择该发票并填写本次加计扣除税额进行 1% 加计扣除，提交完成后，即可在当期进行增值税申报表预填和进项税额抵扣。

（15）试点纳税人取得的农产品海关缴款书，进行发票用途确认时，无法进行农产品加计扣除勾选，如何处理？

答：试点纳税人取得的农产品海关缴款书在进行发票用途确认时，如果该海关缴款书不在可勾选海关缴款书明细中，无法进行用途确认。试点纳税人可通过"农产品加计扣除勾选"模块海关缴款书的补录功能进行农产品海关缴款书的发票信息补录，补录成功后，即可在"农产品加计扣除勾选"模块看见该发票的明细数据。

当该笔农产品用于生产或者委托加工13%税率货物时，选择该发票并填写本次加计扣除税额进行1%加计扣除，提交完成后，即可在当期进行增值税申报表预填和进项税额抵扣。

（十二）发票入账

（1）电子发票服务平台税务数字账户是否提供发票入账标识功能？

答：试点纳税人可以通过"发票入账标识"模块，对取得的2017年1月1日之后开具的发票进行入账标识操作，帮助纳税人降低重复入账的风险，便利会计核算管理。

电子发票服务平台税务数字账户目前支持单张、批量、清单导入等入账标识方式，其中清单入账需要下载模板，并按照模板格式录入相关发票信息后导入进行入账标识操作。后续会加入接口方式和数据直连的方式与财务系统对接入账。

（2）我公司是非试点纳税人，今天收到一张全电发票，自行打印后，纸质打印件上没有加盖销售方的发票专用章，是否可以作为税收凭证？

答：可以。全电发票其法律效力、基本用途等与纸质发票一致。纳税人以电子发票的纸质打印件作为税收凭证的，无需要求销售方在纸质打印件上加盖发票专用章，但必须同时保存打印该纸质件的全电发票电子文件。

（3）我公司是国家税务总局上海市税务局管辖范围内的纳税人，想以全面数字化的电子发票的纸质打印件作为税收凭证，还需要同时保存对应的电子件吗？

答：需要。根据《关于规范电子会计凭证报销入账归档的通知》（财会〔2020〕6号）的规定，单位以电子会计凭证的纸质打印件作为报销入账归档依据的，必须同时保存打印该纸质件的电子会计凭证。

（4）哪些发票可以使用发票入账服务进行入账？

答：2017年1月1日之后开具的发票，且不属于以下情形的可以使用入账服务进行入账：①异常增值税扣税凭证；②已作废的发票；③之前入账的发票；④其他。

第二节
天津市全电发票试点制度

一、开展全面数字化的电子发票试点

2023年1月20日，《国家税务总局天津市税务局关于开展全面数字化的电子发票试点工作的公告》（国家税务总局天津市税务局公告2023年第1号）规定，为落实中办、国办印发的《关于进一步深化税收征管改革的意见》要求，加大推广使用全面数字化的电子发票（以下简称全电发票）力度，经国家税务总局同意，天津市税务局决定在天津市开展全电发票试点工作。

（1）自2023年1月28日起，在天津市的部分纳税人中开展全电发票试点。试点纳税人范围为：2023年1月28日前设立登记的已使用增值税发票管理系统开具增值税专用发票及增值税普通发票的纳税人，以及需使用增值税专用发票和增值税普通发票的纳税人；2023年1月28日起新设立登记的需使用增值税专用发票和增值税普通发票的纳税人。试点纳税人范围根据试点进度逐步推广到全市。

使用电子发票服务平台的纳税人为试点纳税人，试点纳税人由国家税务总局天津市税务局确定。其中，试点纳税人分为通过电子发票服务平台开具发票的纳税人，以及通过电子发票服务平台使用税务数字账户的纳税人。试点纳税人区分发票开具情形和税务数字账户使用情形分别适用该公告相应条款。

通过电子发票服务平台开具发票的受票方范围为全国。

按照有关规定不使用网络办税或不具备网络条件的纳税人暂不纳入试点范围。此外，存在以下情形之一的纳税人暂不纳入试点：①存在严重涉税违法失信行为；②存在国家税务总局规定的增值税发票风险；③经税收大数据分析发现重大涉税风险。

电子发票服务平台通过以下地址登录：https://etax.tianjin.chinatax.gov.cn。

（2）天津市纳税人也可作为受票方接收由广东省（不含深圳市）、上海市、内蒙古自治区、四川省、厦门市、青岛市、重庆市、大连市、陕西省的试点纳税人通过电子发票服务平台开具的发票。根据国家税务总局全电发票推广进度和试点工作安排，通过电子发票服务平台开具发票的试点地区范围将分批扩至全国，具体扩围时间以开票试点省（区、市）级税务机关公告为准，天津市纳税人可同步接收新增开票试点省

（区、市）试点纳税人通过电子发票服务平台开具的发票。

（3）全电发票的法律效力、基本用途等与现有纸质发票相同。其中，带有"增值税专用发票"字样的全电发票，其法律效力、基本用途与现有增值税专用发票相同；带有"普通发票"字样的全电发票，其法律效力、基本用途与现有普通发票相同。

（4）天津市全电发票由国家税务总局天津市税务局监制。全电发票无联次，基本内容包括：发票号码、开票日期、购买方信息、销售方信息、项目名称、规格型号、单位、数量、单价、金额、税率/征收率、税额、合计、价税合计（大写、小写）、备注、开票人等。

其中，试点纳税人从事特定行业、发生特定应税行为及特定应用场景业务（包括：稀土、建筑服务、旅客运输服务、货物运输服务、不动产销售、不动产经营租赁服务、农产品收购、光伏收购、代收车船税、自产农产品销售、差额征税等）的，电子发票服务平台提供了上述对应特定业务的全电发票样式，试点纳税人应按照发票开具有关规定使用特定业务全电发票。全电发票样式参见图2-30至图2-44。

（5）天津市全电发票的发票号码为20位，其中：第1～2位代表公历年度后两位，第3～4位代表天津市行政区划代码，第5位代表全电发票开具渠道等信息，第6～20位代表顺序编码等信息。

（6）电子发票服务平台支持开具增值税纸质专用发票（以下简称纸质专票）和增值税纸质普通发票（折叠票，以下简称纸质普票）。

通过电子发票服务平台开具的纸质专票和纸质普票，其法律效力、基本用途和基本使用规定与现有纸质专票、纸质普票相同。其中，发票密码区不再展示发票密文，改为展示电子发票服务平台赋予的20位发票号码及全国增值税发票查验平台网址。

（7）试点纳税人通过实名认证后，无需使用税控专用设备即可通过电子发票服务平台开具发票，无需进行发票验旧操作。其中，全电发票无需进行发票票种核定和发票领用。

（8）税务机关对试点纳税人开票实行开具金额总额度管理。开具金额总额度，是指一个自然月内，试点纳税人发票开具总金额（不含增值税）的上限额度。

第一，试点纳税人通过电子发票服务平台开具的全电发票、纸质专票和纸质普票以及通过增值税发票管理系统开具的纸质专票、纸质普票、增值税普通发票（卷票）、增值税电子专用发票（以下简称电子专票）和增值税电子普通发票，共用同一个开具金额总额度。

第二，税务机关依据试点纳税人的税收风险程度、纳税信用级别、实际经营情况等因素，确定初始开具金额总额度，并进行定期调整、临时调整或人工调整。

定期调整是指电子发票服务平台每月自动对试点纳税人开具金额总额度进行调整。

临时调整是指税收风险程度较低的试点纳税人当月开具发票金额首次达到开具金额总额度一定比例时，电子发票服务平台自动为其临时增加一次开具金额总额度。

人工调整是指试点纳税人因实际经营情况发生变化申请调整开具金额总额度，主管税务机关依法依规审核未发现异常的，为纳税人调整开具金额总额度。

第三，试点纳税人在增值税申报期内，完成增值税申报前，在电子发票服务平台中可以在上月剩余可用额度且不超过当月开具金额总额度的范围内开具发票。试点纳税人按规定完成增值税申报且比对通过后，在电子发票服务平台中可以按照当月剩余可用额度开具发票。

（9）电子发票服务平台税务数字账户自动归集发票数据，供试点纳税人进行发票的查询、查验、下载、打印和用途确认，并提供税收政策查询、开具金额总额度调整申请、发票风险提示等功能。

（10）试点纳税人可以通过电子发票服务平台税务数字账户自动交付全电发票，也可通过电子邮件、二维码等方式自行交付全电发票。

（11）试点纳税人可通过电子发票服务平台税务数字账户使用发票用途确认、风险提示、信息下载等功能，不再通过增值税发票综合服务平台使用上述功能。

试点纳税人取得带有"增值税专用发票"字样的全电发票、带有"普通发票"字样的全电发票、纸质专票和纸质普票等符合规定的增值税扣税凭证，如需用于申报抵扣增值税进项税额或申请出口退税、代办退税的，应当通过电子发票服务平台税务数字账户确认用途。非试点纳税人继续通过增值税发票综合服务平台使用相关增值税扣税凭证功能。纳税人确认用途有误的，可向主管税务机关申请更正。

（12）试点纳税人可以通过电子发票服务平台税务数字账户对符合规定的农产品增值税扣税凭证进行用途确认，计算用于抵扣的进项税额。其中，试点纳税人购进用于生产或者委托加工13%税率货物的农产品，可以由主管税务机关开通加计扣除农产品进项税额确认功能，在生产领用当期计算加计扣除农产品进项税额。

（13）试点纳税人可通过电子发票服务平台税务数字账户标记发票入账标识。纳税人以全电发票报销入账归档的，按照财政和档案部门的相关规定执行。

（14）试点纳税人发生开票有误、销货退回、服务中止、销售折让等情形，需要通过电子发票服务平台开具红字全电发票或红字纸质发票的，按以下规定执行：

一是受票方未做用途确认及入账确认的，开票方填开《红字发票信息确认单》（以下简称《确认单》，见表2-1）后全额开具红字全电发票或红字纸质发票，无需受票方确认。

二是受票方已进行用途确认或入账确认的，开票方或受票方可以填开《确认单》，经对方确认后，开票方依据《确认单》开具红字发票。

受票方已将发票用于增值税申报抵扣的，应当暂依《确认单》所列增值税税额从当期进项税额中转出，待取得开票方开具的红字发票后，与《确认单》一并作为记账凭证。

（15）纳税人发生《国家税务总局关于红字增值税发票开具有关问题的公告》（国家税务总局公告2016年第47号）第一条以及《国家税务总局关于在新办纳税人中实行增值税专用发票电子化有关事项的公告》（国家税务总局公告2020年第22号）第七条规定情形的，购买方为试点纳税人时，购买方可通过电子发票服务平台填开并上传《开具红字增值税专用发票信息表》。

（16）单位和个人可以通过全国增值税发票查验平台（https://inv-veri.chinatax.

gov.cn）查验全电发票信息。同时，试点纳税人还可以通过电子发票服务平台查验全电发票信息。

（17）电子发票服务平台暂不支持开具机动车（含二手车）、通行费等特定业务全电发票，开具上述发票功能的上线时间另行公告。

相关发票功能上线前，纳税人可以通过增值税发票管理系统开具电子专票、增值税电子普通发票（含收费公路通行费增值税电子普通发票）、增值税普通发票（卷票）和二手车销售统一发票以及通过增值税发票管理系统开票软件中机动车发票开具模块开具增值税专用发票和机动车销售统一发票（包括纸质发票、电子发票）。

（18）纳税人应当按照规定依法、诚信、如实使用全电发票，并接受税务机关依法检查。税务机关依法加强税收监管和风险防范，严厉打击虚开、虚抵、偷逃骗税等涉税违法犯罪行为。

二、开展全面数字化的电子发票试点解读

为落实中办、国办印发的《关于进一步深化税收征管改革的意见》要求，全面推进税收征管数字化升级和智能化改造，降低征纳成本，国家税务总局天津市税务局发布了《国家税务总局天津市税务局关于开展全面数字化的电子发票试点工作的公告》（以下简称《公告》）。

（1）推行全面数字化的电子发票的背景是什么？

2021年12月1日起，国家税务总局在内蒙古自治区、上海市和广东省（不含深圳市）、四川省、厦门市、青岛市、重庆市、大连市、陕西省等地区开始推行全面数字化的电子发票（以下简称全电发票）。全电发票推行后，系统运行平稳，因具有无需领用、开具便捷、信息集成、节约成本等优点，受到越来越多的纳税人欢迎。

为贯彻落实中办、国办关于稳步实施发票电子化改革的部署安排，国家税务总局本着稳妥有序的原则，决定采用先在部分地区推行全电发票试点，此后逐步扩大地区和纳税人范围的工作策略。

自2023年1月28日起，在天津市的部分纳税人中开展全电发票试点，试点纳税人范围为：2023年1月28日前设立登记的已使用增值税发票管理系统开具增值税专用发票及增值税普通发票的纳税人，以及需使用增值税专用发票和增值税普通发票的纳税人；2023年1月28日起新设立登记的需使用增值税专用发票和增值税普通发票的纳税人。

使用电子发票服务平台的纳税人为试点纳税人，试点纳税人由国家税务总局天津市税务局确定。其中，试点纳税人分为通过电子发票服务平台开具发票的纳税人，以及通过电子发票服务平台使用税务数字账户的纳税人。

按照国家税务总局的推广进度安排，全电发票受票范围已推广至全国，天津市试点纳税人通过电子发票服务平台开具的全电发票，各省的受票方均可接收。

（2）推行全电发票具有哪些优点？

第一，领票流程更简化。开业开票"无缝衔接"。全电发票实现"去介质"，纳

税人不再需要预先领取专用税控设备；通过"赋码制"取消特定发票号段申领，发票信息生成后，系统自动分配唯一的发票号码；通过"授信制"自动为纳税人赋予开具金额总额度，实现开票"零前置"。基于此，新办纳税人可实现"开业即可开票"。

第二，开票用票更便捷。一是发票服务"一站式"更便捷。纳税人登录电子发票服务平台后，可进行发票开具、交付、查验以及用途勾选等系列操作，享受"一站式"服务，不再像以前需登录多个平台才能完成相关操作。二是发票数据应用更广泛。通过"一户式""一人式"发票数据归集，加强各税费数据联动，为实现"一表集成"式税费申报预填服务奠定数据基础。三是发票使用满足个性业务需求。全电发票破除特定版式要求，增加了XML的数据电文格式便利交付，同时保留PDF、OFD等格式，降低发票使用成本，提升纳税人用票的便利度和获得感。全电发票样式根据不同业务进行差异化展示，为纳税人提供更优质的个性化服务。四是纳税服务渠道更畅通。电子发票服务平台提供征纳互动相关功能，如增加智能咨询，纳税人在开票、受票等过程中，平台自动接收纳税人业务处理过程中存在的问题并进行智能答疑；增设异议提交功能，纳税人对开具金额总额度有异议时，可以通过平台向税务机关提出。

第三，入账归档一体化。通过制发电子发票数据规范、出台电子发票国家标准，实现全电发票全流程数字化流转，进一步推进企业和行政事业单位会计核算、财务管理信息化。

（3）全电发票的票面信息包括哪些？

全电发票的票面信息包括基本内容和特定内容。

为了符合纳税人开具发票的习惯，全电发票的基本内容在现行增值税发票基础上进行了优化，主要包括：发票号码、开票日期、购买方信息、销售方信息、项目名称、规格型号、单位、数量、单价、金额、税率/征收率、税额、合计、价税合计（大写、小写）、备注、开票人等。

为了满足从事特定行业、发生特定应税行为及特定应用场景业务（以下简称特定业务）的试点纳税人开具发票的个性化需求，税务机关根据现行发票开具的有关规定和特定业务的开票场景，在全电发票中设计了相应的特定内容。特定业务包括但不限于稀土、建筑服务、旅客运输服务、货物运输服务、不动产销售、不动产经营租赁服务、农产品收购、光伏收购、代收车船税、自产农产品销售、差额征税等。试点纳税人在开具全电发票时，可以按照实际业务开展情况，选择特定业务，将按规定应填写在发票备注等栏次的信息，填写在特定内容栏次，进一步规范发票票面内容，便利纳税人使用。特定业务的全电发票票面按照特定内容展示相应信息，同时票面左上角展示该业务类型的字样。

（4）试点纳税人可以通过电子发票服务平台开具哪些类型的发票？

电子发票服务平台支持开具全电发票、增值税纸质专用发票（以下简称纸质专票）和增值税纸质普通发票（折叠票，以下简称纸质普票）。

试点纳税人通过实名验证后，无需使用税控专用设备即可通过电子发票服务平台开具全电发票、纸质专票和纸质普票，无需进行发票验旧操作。其中，全电发票无需进行发票票种核定和发票领用。

试点纳税人可以选择电子发票服务平台或者增值税发票管理系统其中之一开具纸质专票或纸质普票。其中，试点纳税人选择通过电子发票服务平台开具纸质专票或纸质普票，其票种核定、发票领用、发票作废、发票缴销、发票退回、发票遗失损毁等事项仍然按照原规定和流程办理。

（5）如何理解《公告》中的开具金额总额度和剩余可用额度？

为降低纳税人使用成本，便利全电发票推广，尊重纳税人现行开票用票习惯，做好发票风险防控，税务机关对试点纳税人开票实行开具金额总额度管理。

开具金额总额度，也称总授信额度，是指一个自然月内试点纳税人发票开具总金额（不含增值税）的上限额度，包括试点纳税人可通过电子发票服务平台开具的全电发票、纸质专票和纸质普票的上限总金额以及可通过增值税发票管理系统开具的纸质专票、纸质普票、增值税普通发票（卷票）、增值税电子专用发票（以下简称电子专票）和增值税电子普通发票（以下简称电子普票）的上限总金额。

剩余可用额度，也称可用授信额度，是指在一个自然月内试点纳税人开具金额总额度扣除已使用额度。其中，已使用额度包括试点纳税人通过电子发票服务平台开具的发票金额，以及通过增值税发票管理系统开具的纸质专票、纸质普票、增值税普通发票（卷票）、电子专票和电子普票的领用份数与单份发票最高开票限额之积（存在多种不同版式的发票应分别计算并求和，下同）。

例 4-3 试点纳税人 A 公司，通过电子发票服务平台开具全电发票，同时通过增值税发票管理系统开具纸质专票和纸质普票，2023 年 2 月开具金额总额度为 750 万元。

2023 年 2 月 1 日至 20 日，A 公司领用 10 万元版增值税专用发票 40 份（应从开具金额总额度中扣除 400 万元），通过增值税发票管理系统开具了 36 份纸质专票，合计金额 350 万元（不再重复从开具金额总额度中扣除），通过电子发票服务平台开具全电发票金额 300 万元（应从开具金额总额度中扣除 300 万元），则 2 月 20 日后剩余可用额度为 50 万元（750 − 40×10 − 300）。

（6）试点纳税人开具金额总额度如何调整？

调整开具金额总额度有三种方式，包括定期调整、临时调整和人工调整。

第一，定期调整。定期调整是指电子发票服务平台每月自动对纳税人开具金额总额度进行调整。

例 4-4 2023 年 2 月初成立的 B 公司，初始开具金额总额度为 750 万元。2023 年 4 月，根据 B 公司实际经营情况以及 2023 年 2 月、3 月开具金额总额度的使用情况，2023 年 4 月初电子发票服务平台将其开具金额总额度调整至 850 万元。

第二，临时调整。临时调整是指税收风险程度较低的纳税人当月开具发票金额首次达到开具金额总额度一定比例时，电子发票服务平台自动为其临时调增一次开具金额总额度。

例 4-5 2023 年 2 月初成立的 C 公司，初始开具金额总额度为 750 万元。

情形一：2023 年 2 月中旬，C 公司销售额增加，至 2 月 20 日，实际已使用额度达到 600 万元（达到当前开具金额总额度的一定比例），电子发票服务平台自动风险扫描无问题后，为 C 公司临时增加开具金额总额度至 900 万元。

情形二：2023 年 2 月中旬，C 公司销售额增加，至 2 月 20 日，实际已使用额度达到 580 万元，未触发系统临时调整。2 月 21 日，C 公司因经营需要，需开具 1 份金额为 200 万元的全电发票，在填写发票信息时，因累计金额达到 780 万元（达到当前开具金额总额度的一定比例），电子发票服务平台自动风险扫描无问题后，为 C 公司临时增加开具金额总额度至 900 万元。

第三，人工调整。人工调整是指纳税人因实际经营情况发生变化申请调整开具金额总额度，主管税务机关依法依规审核未发现异常的，为纳税人调整开具金额总额度。

例 4-6 D 公司 2023 年 2 月初开具金额总额度为 750 万元，销售额增加，电子发票服务平台为 D 公司临时调增开具金额总额度至 900 万元，但仍无法满足 D 公司本月开票需求。D 公司根据实际经营情况，向主管税务机关申请调增开具金额总额度至 1 200 万元，主管税务机关依法依规审核未发现异常后，相应调增 D 公司开具金额总额度。

（7）试点纳税人在增值税申报期内如何使用开具金额总额度？

试点纳税人在增值税申报期内，完成增值税申报前，在电子发票服务平台中可以按照上月剩余可用额度且不超过当月开具金额总额度的范围内开具发票。试点纳税人按规定完成增值税申报且比对通过后，在电子发票服务平台中可以按照当月剩余可用额度开具发票。

第一，按月进行增值税申报的试点纳税人在每月月初到完成上个所属期（即上个月）申报前开具金额总额度的可使用额度为上月剩余可用额度，且不超过本月开具金额总额度；完成上个所属期（即上个月）申报且比对通过后可使用额度为当月剩余可用额度。

第二，按季进行增值税申报的试点纳税人在每季季初到完成上个所属期（即上个季度）申报前开具金额总额度的可使用额度为上月剩余可用额度，且不超过本月开具金额总额度；完成上个所属期（即上个季度）申报且比对通过后可使用额度为当月剩余可用额度。

例 4-7 试点纳税人 E 公司是按月申报的一般纳税人，2023 年 2 月开具金额总额度为750万元，截至2月28日实际已使用额度400万元，剩余可用额度为350万元。

情形一：3月1日，电子发票服务平台自动计算其3月开具金额总额度为750万元。如果E公司在3月11日9时完成2月所属期增值税申报并比对通过，则3月11日9时前（即未完成2月所属期增值税申报前），E公司的可使用额度为350万元（2月剩余可用额度350万元＜3月月初开具金额总额度750万元）。

3月1日至11日9时，如果E公司实际已使用额度为20万元，则3月11日9时（即完成申报）后的剩余可用额度为730万元（750－20）。

情形二：3月1日，依据纳税人风险程度、纳税信用级别、实际经营情况等因素，电子发票服务平台自动计算并将3月开具金额总额度调整为250万元。如果E公司在3月11日9时完成2月所属期增值税申报并比对通过，则3月11日9时前（即未完成2月所属期增值税申报前）E公司的可使用额度为250万元（2月剩余可用额度350万元＞3月月初开具金额总额度250万元）。

3月1日至11日9时，如果E公司实际已使用额度为20万元，则3月11日9时（即完成申报）后的剩余可用额度为230万元（250－20）。

例4-8 试点纳税人F公司是按季申报的小规模纳税人，2023年2月开具金额总额度为10万元，截至2月28日实际已使用额度为5万元，剩余可用额度为5万元。

3月1日，电子发票服务平台自动计算并将3月开具金额总额度重新调整为10万元。因F公司是按季申报的纳税人，3月无需完成2月所属期增值税申报，则3月1日后可使用额度为10万元（即3月初的开具金额总额度）。3月1日至31日，F公司实际已使用额度为8万元，剩余可用额度为2万元。

4月1日，电子发票服务平台自动计算并将4月开具金额总额度重新调整为10万元。如果F公司于4月6日9时完成2023年第一季度所属期增值税申报并比对通过，则4月6日9时前（即未完成第一季度所属期增值税申报前）可使用额度仍为2万元（3月剩余可用额度2万元＜4月月初开具金额总额度10万元）。

4月1日至6日9时，如果F公司实际已使用额度为2万元，则4月6日9时（即完成申报）后的剩余可用额度为8万元（10－2）。

（8）试点纳税人领用通过增值税发票管理系统开具的发票，如何确定单份最高开票限额和领用份数？

试点纳税人办理发票票种核定和发票领用时，通过增值税发票管理系统开具的发票最高开票限额和每月最高领用数量仍按照现行有关规定办理。其中，试点纳税人通过增值税发票管理系统开具的发票领用份数与单份发票最高开票限额之积应小于或等于当月剩余可用额度。

（9）试点纳税人开具纸质专票和纸质普票如何使用剩余可用额度？

试点纳税人通过电子发票服务平台开具纸质专票和纸质普票时，单份发票开具金额不得超过单份最高开票限额且不得超过当月剩余可用额度，并根据实际开票金额扣除当月剩余可用额度。

试点纳税人通过增值税发票管理系统开具的纸质专票、纸质普票、增值税普通发票（卷票）、电子专票和电子普票的，在领用发票时按领用份数与单份发票最高开票限额之积扣除当月剩余可用额度，开具时不再扣除当月剩余可用额度。

（10）试点纳税人通过电子发票服务平台开具的纸质专票和纸质普票与增值税发票管理系统开具纸质专票和纸质普票有何区别？

试点纳税人通过电子发票服务平台开具的纸质专票和纸质普票，其法律效力、基本用途和基本使用规定与现有纸质专票、纸质普票相同。电子发票服务平台开具的纸质专票、纸质普票与现行纸质专票、纸质普票相比，区别在于电子发票服务平台开具纸质专票、纸质普票后，纸质专票、纸质普票密码区不再展示发票密文，密码区将展示电子发票服务平台赋予的20位发票号码以及全国增值税发票查验平台网址。

（11）通过电子发票服务平台税务数字账户，试点纳税人能够获得哪些优质便捷的服务？

为全面推进税收征管数字化升级，降低制度性交易成本，电子发票服务平台税务数字账户集成发票信息、优化发票应用、完善风险提醒，进一步深化发票数据应用成果。通过税务数字账户，纳税人能够获得以下优质便捷的服务：

一是"一户式"发票数据归集服务。电子发票服务平台税务数字账户自动归集开具发票信息，推送至对应受票方纳税人的税务数字账户，实现开票即交付，从根本上解决纳税人纸质发票易丢失破损及电子发票难归集等问题，降低纳税人发票管理成本。

二是"一站式"发票应用集成服务。电子发票服务平台税务数字账户创新应用集成服务，通过完善发票的查询、查验、下载、打印和用途确认等功能，增加税务事项通知书查询、税收政策查询、发票开具金额总额度调整申请、原税率发票开具申请等功能，再造红字发票业务流程、海关缴款书业务流程，为纳税人提供"一站式"服务。

三是"集成化"发票数据展示服务。电子发票服务平台税务数字账户为纳税人提供开具金额总额度管理情况展示服务，纳税人可实时掌握总授信额度和可用授信额度变动情况；同时为纳税人提供风险提醒服务，纳税人可以对发票的开具、申报、缴税、用途确认等流转状态以及作废、红冲、异常等管理状态进行查询统计，以便及时开展风险应对处理，从而有效规避因征纳双方和购销双方信息不对称而产生的涉税风险和财务管理风险。

（12）如何使用发票入账标识功能？

电子发票服务平台为试点纳税人提供发票入账标识服务，纳税人使用该功能时，系统将同步为发票赋予入账状态字样，供财务人员及时查验，避免重复报销入账。

（13）纳税人开具和取得全电发票报销入账归档的，需要注意哪些事项？

纳税人开具和取得全电发票报销入账归档的，应按照《财政部 国家档案局关于规范电子会计凭证报销入账归档的通知》（财会〔2020〕6号，以下称《通知》）和《会计档案管理办法》（财政部、国家档案局令第79号发布）的相关规定执行。

第一，纳税人可以根据《通知》第三条、第五条的规定，仅使用全电发票电子件进行报销入账归档的,可不再另以纸质形式保存。

第二,纳税人如果需要以全电发票的纸质打印件作为报销入账归档依据的,应当根据《通知》第四条的规定,同时保存全电发票电子件。

(14) 试点纳税人怎样开具红字发票?

试点纳税人发生开票有误、销货退回、服务中止、销售折让等情形,需要通过电子发票服务平台开具红字全电发票或红字纸质发票的,按以下规定执行:

一是受票方未做用途确认及入账确认的,开票方在电子发票服务平台填开《红字发票信息确认单》(以下简称《确认单》)后全额开具红字全电发票或红字纸质发票,无需受票方确认。其中,《确认单》需要与对应的蓝字发票信息相符。

例 4-9 2023 年 2 月 10 日,G 公司(试点纳税人)发现有一张在 2023 年 1 月 30 日开给 H 公司(试点纳税人)的纸质专票内容有误,通过电子发票服务平台查询到 H 公司未对取得的发票进行用途确认与发票入账。G 公司联系 H 公司将该发票相关联次取回后,通过电子发票服务平台填开并上传《确认单》,无需 H 公司确认,系统自动校验通过后可直接全额开具对应的红字全电发票。

例 4-10 2023 年 2 月,I 公司(试点纳税人)为 J 公司(非试点纳税人)提供加工劳务。I 公司在 2023 年 2 月 18 日已为 J 公司开具了带有"增值税专用发票"字样的全电发票。2 月 20 日因客观原因劳务终止,此前 J 公司未对该发票进行确认用途及发票入账,I 公司需全额开具红字全电发票。

I 公司通过电子发票服务平台填开《确认单》,无需 J 公司确认,I 公司依据核实无误的《确认单》信息,全额开具红字全电发票。

二是受票方已进行用途确认或入账确认的,受票方为试点纳税人,开票方或受票方均可在电子发票服务平台填开并上传《确认单》,经对方在电子发票服务平台确认后,开票方全额或部分开具红字全电发票或红字纸质发票;受票方为非试点纳税人,由开票方在电子发票服务平台或由受票方在增值税发票综合服务平台填开并上传《确认单》,经对方确认后,开票方全额或部分开具红字全电发票或红字纸质发票。其中,《确认单》需要与对应的蓝字发票信息相符。

受票方已将发票用于增值税申报抵扣的,应当暂依《确认单》所列增值税税额从当期进项税额中转出,待取得开票方开具的红字发票后,与《确认单》一并作为记账凭证。

例 4-11 2023 年 2 月,L 公司(试点纳税人)销售一批服装给 M 公司(试点纳税人),已开具带有"增值税专用发票"字样的全电发票,M 公司已对取得的发票进行用途确认。2023 年 3 月,该批服装发生销货退回。

情形一:M 公司财务人员通过电子发票服务平台填开《确认单》,选择原因和对应的蓝字发票信息，录入金额和税额。L 公司财务人员通过电子发票服务平台完成确认后，L 公司财务人员据此开具红字全电发票。

情形二：L 公司财务人员通过电子发票服务平台填开《确认单》，选择原因和对应的蓝字发票信息，录入金额和税额。M 公司财务人员通过电子发票服务平台完成确认后，L 公司财务人员据此开具红字全电发票。

例 4-12　2023 年 2 月，N 公司（试点纳税人）销售一批玩具给 P 公司（非试点纳税人），已开具带有"增值税专用发票"字样的全电发票，P 公司已确认用途。2023 年 3 月，该批玩具发生销货退回。

情形一：N 公司财务人员通过电子发票服务平台填开《确认单》，选择原因和对应的蓝字发票信息，录入金额和税额。P 公司财务人员通过增值税发票综合服务平台完成确认后，N 公司财务人员据此开具红字全电发票。

情形二：P 公司财务人员通过增值税发票综合服务平台发起《确认单》，选择原因和对应的蓝字发票信息，录入金额和税额。N 公司财务人员通过电子发票服务平台完成确认后，N 公司财务人员据此开具红字全电发票。

三是试点纳税人通过电子发票服务平台开具的全电发票或纸质发票已用于申请出口退税、代办退税的，暂不允许开具红字发票。

（15）非试点纳税人开具红字发票流程有何变化？

第一，增值税发票综合服务平台为非试点纳税人提供了填开《确认单》和对《确认单》进行确认的功能。

第二，纳税人发生《国家税务总局关于红字增值税发票开具有关问题的公告》（国家税务总局公告 2016 年第 47 号）第一条以及《国家税务总局关于在新办纳税人中实行增值税专用发票电子化有关事项的公告》（国家税务总局公告 2020 年第 22 号）第七条规定情形的，购买方可通过电子发票服务平台填开《开具红字增值税专用发票信息表》（以下简称《信息表》）。

例 4-13　2023 年 2 月，Q 公司（非试点纳税人）销售一批服装给 R 公司（试点纳税人），通过增值税发票管理系统已开具增值税专用发票，R 公司已确认用途。2023 年 3 月，该批服装发生销货退回。

R 公司通过电子发票服务平台填开《信息表》，Q 公司财务人员据此开具红字专用发票。

（16）试点纳税人通过电子发票服务平台开具红字发票有哪些注意事项？

第一，试点纳税人需要开具红字发票的，可以在所对应的蓝字发票金额范围内开具红字发票。

第二，试点纳税人开具蓝字全电发票当月开具红字全电发票，电子发票服务平台同步增加其当月剩余可用额度;跨月开具红字全电发票的,电子发票服务平台不增加其当月剩余可用额度。

第三,试点纳税人开具蓝字纸质发票当月开具红字纸质发票,或者作废已开具的蓝字纸质发票,电子发票服务平台同步增加其当月剩余可用额度;跨月开具红字纸质发票的,电子发票服务平台不增加其当月剩余可用额度。

例 4-14 纳税人 S 公司,2023 年 3 月的开具金额总额度为 750 万元。2023 年 3 月 1 日至 5 日 S 公司开票累计金额 100 万元,3 月 6 日开具红字全电发票金额 10 万元(对应 2023 年 1 月 29 日开具的蓝字全电发票,金额 10 万元),3 月 7 日开具红字全电发票 50 万元(对应 2023 年 3 月 3 日开具的蓝字全电发票,金额 50 万元),则 3 月 8 日剩余可用额度为 700 万元(750 - 100 + 50)。由于跨月开具红字全电发票不增加当月剩余可用额度,3 月 6 日开具红字全电发票金额 10 万元不列入当月剩余可用额度计算。

(17)《公告》实施后,试点纳税人能开具机动车(含二手车)、通行费等特定业务发票吗?

电子发票服务平台暂不支持开具机动车(含二手车)、通行费等特定业务全电发票,开具上述发票功能的上线时间另行公告。功能上线前,试点纳税人可通过增值税发票管理系统开具上述发票。

相关发票功能上线前,试点纳税人可以通过增值税发票管理系统开具电子专票、增值税电子普通发票(含收费公路通行费增值税电子普通发票)、增值税普通发票(卷票)、二手车销售统一发票以及通过增值税发票管理系统开票软件中机动车发票开具模块开具左上角有"机动车"字样的增值税专用发票和机动车销售统一发票(包括纸质发票、电子发票)。

(18)通过什么渠道可以进行全电发票信息的查验?

单位和个人可以通过全国增值税发票查验平台对全电发票的信息进行查验。同时,电子发票服务平台为试点纳税人提供全电发票查验服务。

(19)试点纳税人通过电子发票服务平台开具或勾选确认发票后,如何填写增值税及附加税费申报表?

第一,一般纳税人通过电子发票服务平台开具带有"增值税专用发票"或"普通发票"字样的全电发票、纸质专票、纸质普票,其金额及税额应分别填入《增值税及附加税费申报表附列资料(一)》(本期销售情况明细)"开具增值税专用发票"或"开具其他发票"相关栏次。

一般纳税人取得通过电子发票服务平台开具的全电发票、纸质专票、纸质普票,勾选用于进项抵扣时,其份数、金额及税额填列在《增值税及附加税费申报表附列资料(二)》(本期进项税额明细)相关栏次。

一般纳税人取得通过电子发票服务平台开具的带有"增值税专用发票"字样的全

电发票、纸质专票，已用于增值税申报抵扣的，对应的《确认单》所列增值税税额填列在《增值税及附加税费申报表附列资料（二）》（本期进项税额明细）第 20 栏"红字专用发票信息表注明的进项税额"。一般纳税人取得通过电子发票服务平台开具的带有"普通发票"字样的全电发票、纸质普票，已用于增值税申报抵扣，对应的《确认单》所列增值税税额填列在《增值税及附加税费申报表附列资料（二）》（本期进项税额明细）第 23b 栏"其他应作进项税额转出的情形"。其中纳税人购进农产品取得全电发票、纸质专票、纸质普票，已按计算税额申报抵扣农产品进项税额的或已加计扣除农产品进项税额的，应按《确认单》所列已计算抵扣的税额或加计扣除农产品进项税额填报《增值税及附加税费申报表附列资料（二）》第 23b 栏"其他应作进项税额转出的情形"。

第二，小规模纳税人通过电子发票服务平台开具的带有"增值税专用发票"或"普通发票"字样的全电发票、纸质专票、纸质普票，其金额及税额应填入《增值税及附加税费申报表（小规模纳税人适用）》"增值税专用发票不含税销售额"或"其他增值税发票不含税销售额"相关栏次。其中，适用增值税免税政策的，按规定填入"免税销售额"相关栏次。

（20）纳税人需要确认发票用途，通过什么渠道进行确认？

《公告》发布后，试点纳税人可以通过电子发票服务平台税务数字账户使用增值税发票综合服务平台具备的发票用途确认、风险提示、信息下载等功能。

试点纳税人取得通过电子发票服务平台开具的带有"增值税专用发票"字样的全电发票、带有"普通发票"字样的全电发票、纸质专票和纸质普票等符合规定的增值税扣税凭证，如需用于申报抵扣增值税进项税额或申请出口退税、代办退税的，应当通过电子发票服务平台税务数字账户或增值税发票综合服务平台确认用途。非试点纳税人继续通过增值税发票综合服务平台使用相关增值税扣税凭证功能，取得通过电子发票服务平台开具的带有"增值税专用发票"字样的全电发票、带有"普通发票"字样的全电发票、纸质专票和纸质普票等符合规定的增值税扣税凭证，用于申报抵扣增值税进项税额或申请出口退税、代办退税的，应通过增值税发票综合服务平台确认用途。

纳税人确认用途有误的，可向主管税务机关申请更正。

（21）试点纳税人如何通过电子发票服务平台税务数字账户进行计算农产品进项税额以及加计扣除农产品进项税额？

试点纳税人购进农产品，取得符合规定的带有"增值税专用发票"字样的全电发票、增值税专用发票、海关缴款书、农产品销售发票等凭证或者开具符合规定的收购发票，可以通过电子发票服务平台税务数字账户进行用途确认，按照相关规定计算当期进项税额。

其中，试点纳税人购进用于生产或者委托加工 13% 税率货物的农产品，可以由主管税务机关开通加计扣除农产品进项税额确认功能，按照相关规定计算当期进项税额，并将已进行用途确认的凭证明细转入加计扣除农产品进项税额确认待用。纳税人将购进农产品用于生产或者委托加工的当期，可以通过电子发票服务平台税务数字账户选择相应凭证，按规定计算填写本次加计扣除农产品进项税额。

试点纳税人取得符合以上规定的尚未用于加计扣除农产品进项税额的凭证，可以向主管税务机关申请补录。

（22）试点纳税人错误确认发票用途后，税务机关如何帮助纳税人进行修改和更正？

试点纳税人通过电子发票服务平台确认发票用途后，如果出现发票用途确认错误的情形，税务机关可为纳税人提供规范、便捷的更正服务。

纳税人将发票用途误确认为申报抵扣且已申报抵扣后，如果要改为用于申报出口退税或代办退税，纳税人可以向主管税务机关申请更正。主管税务机关在核实确认相关进项税额已转出后，为纳税人调整发票用途。

纳税人将发票用途误确认为用于出口退税、代办退税的，可以向主管税务机关申请更正。如纳税人尚未申报出口退税，经主管税务机关确认后，可将发票信息回退至电子发票服务平台，纳税人可以重新确认发票用途；如果纳税人已申报办理出口退税，可向主管税务机关申请开具出口货物转内销证明。

第三节
河北省全电发票试点制度

一、开展全面数字化的电子发票受票试点

2022年7月8日,《国家税务总局河北省税务局关于开展全面数字化的电子发票受票试点工作的公告》(国家税务总局河北省税务局公告2022年第4号)规定,为落实中办、国办印发的《关于进一步深化税收征管改革的意见》要求,全面推进税收征管数字化升级和智能化改造,降低征纳成本,国家税务总局建设了全国统一的电子发票服务平台,24小时在线免费为纳税人提供全面数字化的电子发票(以下简称全电发票)开具、交付、查验等服务,实现发票全领域、全环节、全要素电子化。经国家税务总局同意,河北省税务局决定在河北省开展全电发票受票试点工作。

(1)自2022年7月18日起,河北省纳税人仅作为受票方接收由内蒙古自治区、上海市和广东省(不含深圳市,下同)的部分纳税人(以下简称试点纳税人)通过电子发票服务平台开具的发票,包括带有"增值税专用发票"字样的全电发票、带有"普通发票"字样的全电发票、增值税纸质专用发票(以下简称纸质专票)和增值税纸质普通发票(折叠票,以下简称纸质普票)。

(2)全电发票的法律效力、基本用途等与现有纸质发票相同。其中,带有"增值税专用发票"字样的全电发票,其法律效力、基本用途等与现有增值税专用发票相同;带有"普通发票"字样的全电发票,其法律效力、基本用途等与现有普通发票相同。

(3)全电发票由各省、自治区、直辖市和计划单列市税务局监制。全电发票无联次,基本内容包括:二维码、发票号码、开票日期、购买方信息、销售方信息、项目名称、规格型号、单位、数量、单价、金额、税率/征收率、税额、合计、价税合计(大写、小写)、备注、开票人。

其中,电子发票服务平台为从事特定行业、发生特殊应税行为及特定应用场景业务(包括:稀土、建筑服务、旅客运输服务、货物运输服务、不动产销售、不动产经营租赁服务、农产品收购、光伏收购、代收车船税、自产农产品销售、差额征税等)的纳税人提供了对应特定业务的全电发票样式。

(4)全电发票的发票号码为20位,其中:第1~2位代表公历年度后两位,第3~4位代表各省、自治区、直辖市和计划单列市行政区划代码,第5位代表全电发票

开具渠道等信息，第 6～20 位代表顺序编码等信息。

（5）通过电子发票服务平台开具的纸质专票和纸质普票，其法律效力、基本用途和基本使用规定与现有纸质专票、纸质普票相同；其发票密码区不再展示发票密文，改为展示电子发票服务平台赋予的 20 位发票号码及全国增值税发票查验平台网址。

（6）河北省纳税人使用增值税发票综合服务平台接收试点纳税人通过电子发票服务平台开具的发票。此外，也可取得销售方以电子邮件、二维码等方式交付的全电发票。

河北省纳税人取得通过电子发票服务平台开具的带有"增值税专用发票"字样的全电发票、带有"普通发票"字样的全电发票、纸质专票和纸质普票等符合规定的增值税扣税凭证，如需用于申报抵扣增值税进项税额或申请出口退税、代办退税的，应按规定通过增值税发票综合服务平台确认用途。

（7）纳税人取得开票方通过电子发票服务平台开具的发票，发生开票有误、销货退回、服务中止、销售折让等情形，需开票方通过电子发票服务平台开具红字全电发票或红字纸质发票，按以下规定执行：

一是受票方未做用途确认及入账确认的，开票方填开《红字发票信息确认单》（以下简称《确认单》）后全额开具红字全电发票或红字纸质发票，无需受票方确认。

二是受票方已进行用途确认或入账确认的，由开票方或受票方填开《确认单》，经对方确认后，开票方依据《确认单》开具红字发票。

受票方已将发票用于增值税申报抵扣的，应暂依《确认单》所列增值税税额从当期进项税额中转出，待取得开票方开具的红字发票后，与《确认单》一并作为记账凭证。

（8）单位和个人可以通过全国增值税发票查验平台（https://inv-veri.chinatax.gov.cn）查验全电发票信息。

（9）纳税人以全电发票报销入账归档的，按照财政和档案部门的相关规定执行。

（10）纳税人应当按照规定依法、诚信、如实使用全电发票，不得虚开、虚抵、骗税，并接受税务机关依法检查。税务机关依法加强税收监管和风险防范，严厉打击涉税违法犯罪行为。

二、开展全面数字化的电子发票受票试点解读

为落实中办、国办印发的《关于进一步深化税收征管改革的意见》要求，全面推进税收征管数字化升级和智能化改造，为此，国家税务总局河北省税务局发布了《国家税务总局河北省税务局关于开展全面数字化的电子发票受票试点工作的公告》（以下称《公告》）。

（1）开展全面数字化的电子发票试点的背景是什么？

为落实中办、国办印发的《关于进一步深化税收征管改革的意见》要求，全面推进税收征管数字化升级和智能化改造，降低征纳成本，国家税务总局建设了全国统一的电子发票服务平台。2021 年 12 月 1 日起，国家税务总局在广东省（不含深圳市，

下同）、内蒙古自治区和上海市（以下简称试点地区）开展了全面数字化的电子发票试点工作，系统运行平稳。

为进一步推进全面数字化的电子发票试点工作，经国家税务总局同意，自2022年7月18日起，河北省纳税人仅作为受票方，接收由试点地区的部分纳税人通过电子发票服务平台开具的发票。

（2）全电发票的票面信息包括哪些？

全电发票的票面信息包括基本内容和特定内容。

基本内容主要包括：二维码、发票号码、开票日期、购买方信息、销售方信息、项目名称、规格型号、单位、数量、单价、金额、税率/征收率、税额、合计、价税合计（大写、小写）、备注、开票人。全电发票的发票号码为20位，其中：第1～2位代表公历年度后两位，第3～4位代表各省、自治区、直辖市和计划单列市行政区划代码，第5位代表全电发票开具渠道等信息，第6～20位代表顺序编码等信息。

为了满足从事特定行业、发生特殊应税行为及特定应用场景业务（以下简称特定业务）的纳税人开具发票的个性化需求，税务机关根据现行发票开具的有关规定和特定业务的场景，在全电发票中设计了相应的特定内容。特定业务包括但不限于：稀土、建筑服务、旅客运输服务、货物运输服务、不动产销售、不动产经营租赁服务、农产品收购、光伏收购、代收车船税、自产农产品销售、差额征税等。河北省纳税人在取得全电发票时，按照实际业务开展情况，可向开票人提出特定业务需求，开票人将按规定填写在发票备注等栏次的信息填写在特定内容栏次，进一步规范发票票面内容，便利河北省纳税人使用。特定业务的全电发票票面按照特定内容展示相应信息，同时票面左上角展示该业务类型的字样。

（3）使用全电发票具备哪些优点？

第一，用票更便捷。发票数据应用更丰富。便于税务机关进行发票数据的规范化管理，为向纳税人提供税费申报预填服务奠定数据基础。

发票使用满足个性业务需求。全电发票破除特定版式要求，增加了XML的数据电文格式便利交付，同时保留PDF、OFD等格式，降低发票使用成本，提升纳税人用票的便利度和获得感。全电发票样式根据不同业务进行差异化展示，为纳税人提供更优质的个性化服务。

第二，入账归档一体化。税务机关将制发电子发票数据规范、出台电子发票国家标准，实现全电发票全流程数字化流转，进一步推进企业和行政事业单位会计核算、财务管理信息化。

（4）河北省纳税人如何接收通过电子发票服务平台开具的发票？包含哪些类型的发票？

河北省纳税人可以接收试点地区纳税人通过电子发票服务平台开具的带有"增值税专用发票"字样的全电发票、带有"普通发票"字样的全电发票、增值税纸质专用发票（以下简称纸质专票）和增值税纸质普通发票（折叠票，以下简称纸质普票）。

河北省纳税人可以通过增值税发票综合服务平台接收通过电子发票服务平台开具的上述发票。此外，也可取得销售方以电子邮件、二维码等方式交付的全电发票。

（5）河北省纳税人接收到通过电子发票服务平台开具的纸质专票和纸质普票与增值税发票管理系统开具的纸质专票和纸质普票有何区别？

河北省纳税人接收到通过电子发票服务平台开具的纸质专票和纸质普票，其法律效力、基本用途和基本使用规定与现有纸质专票、纸质普票相同。电子发票服务平台开具的纸质专票、纸质普票与现行纸质专票、纸质普票相比，区别在于电子发票服务平台开具纸质专票、纸质普票后，纸质专票、纸质普票密码区不再展示发票密文，密码区将展示电子发票服务平台赋予的20位发票号码以及全国增值税发票查验平台网址。

（6）河北省纳税人接收到通过电子发票服务平台开具的发票，发生销售退回、开票有误、销售折让等情形，需要由开票方开具红字发票的，应如何操作？

一是受票方未做用途确认及入账确认的，开票方在电子发票服务平台填开《红字发票信息确认单》（以下简称《确认单》）后全额开具红字全电发票或红字纸质发票，无需受票方确认。其中，《确认单》需要与对应的蓝字发票信息相符。

例4-15 2022年6月，I公司（通过电子发票服务平台开具发票的纳税人）为J公司（河北省纳税人）提供设计服务。I公司在2022年6月×日已为J公司开具了带有"增值税专用发票"字样的全电发票。6月×日因客观原因服务终止，此前J公司未对该发票进行确认用途及发票入账，I公司需全额开具红字全电发票。

I公司通过电子发票服务平台填开并上传《确认单》，无需J公司确认，系统自动校验通过后，I公司依据核实无误的确认单信息，全额开具红字全电发票。

二是受票方已进行用途确认或入账确认的，由开票方通过电子发票服务平台或受票方通过增值税发票综合服务平台填开《确认单》，经对方确认后，开票方依据《确认单》开具红字发票。

受票方已将发票用于增值税申报抵扣的，应暂依《确认单》所列增值税税额从当期进项税额中转出，待取得开票方开具的红字发票后，与《确认单》一并作为记账凭证。

例4-16 2022年6月，N公司（通过电子发票服务平台开具发票的纳税人）销售一批玩具给P公司（河北省纳税人），已开具带有"增值税专用发票"字样的全电发票，P公司已确认用途。2022年7月，发现开票有误。

情形一：N公司财务人员通过电子发票服务平台填开并上传《确认单》，选择原因和对应的蓝字发票信息，录入金额和税额。P公司财务人员在72小时内通过增值税发票综合服务平台完成确认后，N公司财务人员据此开具红字全电发票。

情形二：P公司财务人员通过增值税发票综合服务平台填开并上传《确认单》，选择原因和对应的蓝字发票信息，录入金额和税额。N公司财务人员在72小时内通过电子发票服务平台完成确认后，据此开具红字全电发票。

三是试点纳税人通过电子发票服务平台开具的全电发票或纸质发票已用于申请出口退税、代办退税的，暂不允许开具红字发票。

（7）河北省纳税人取得哪些类型的发票可进行用途确认？通过什么渠道进行确认？

河北省纳税人继续登录增值税发票综合服务平台使用相关增值税扣税凭证功能，取得通过电子发票服务平台开具带有"增值税专用发票"字样的全电发票、带有"普通发票"字样的全电发票、纸质专票和纸质普票等增值税扣税凭证，如需用于申报抵扣增值税进项税额或申请出口退税、代办退税的，应按规定通过增值税发票综合服务平台确认用途。

（8）河北省纳税人通过什么渠道可以进行全电发票信息的查验？

河北省纳税人可以通过全国增值税发票查验平台（https://inv-veri.chinatax.gov.cn）对全电发票的信息进行查验。

（9）河北省纳税人取得全电发票报销入账归档的，需要注意哪些事项？

纳税人取得全电发票报销入账归档的，应按照《财政部 国家档案局关于规范电子会计凭证报销入账归档的通知》（财会〔2020〕6号）和《会计档案管理办法》（财政部、国家档案局令第79号）的相关规定执行。

三、进一步开展全面数字化的电子发票受票试点

2022年11月6日，《国家税务总局河北省税务局关于进一步开展全面数字化的电子发票受票试点工作的公告》（国家税务总局河北省税务局公告2022年第7号）规定，为落实中办、国办印发的《关于进一步深化税收征管改革的意见》要求，继续加大全面数字化的电子发票（以下简称全电发票）推广使用力度。经国家税务总局同意，决定进一步扩大河北省纳税人可接收通过电子发票服务平台开具的发票的开票方范围。

（1）自2022年11月7日起，河北省纳税人可接收四川省试点纳税人通过电子发票服务平台开具的发票，包括带有"增值税专用发票"字样的全电发票、带有"普通发票"字样的全电发票、增值税纸质专用发票和增值税纸质普通发票（折叠票）。

（2）根据推广进度和试点工作安排，通过电子发票服务平台开具发票的试点地区范围将分批扩至全国，具体扩围时间以开票试点省（区、市）级税务机关公告为准。河北省纳税人可接收新增开票试点省开具的发票。

（3）全电发票试点的其他事项仍按照《国家税务总局河北省税务局关于开展全面数字化的电子发票受票试点工作的公告》（国家税务总局河北省税务局公告2022年第4号）的规定执行。

第四节
山西省全电发票试点制度

一、开展全面数字化的电子发票试点

2023年4月23日,《国家税务总局山西省税务局关于开展全面数字化的电子发票试点工作的公告》(国家税务总局山西省税务局公告2023年第1号)规定,为落实中办、国办《关于进一步深化税收征管改革的意见》,加大推广使用全面数字化的电子发票(以下简称数电票)力度,按照国家税务总局统一部署,山西省税务局决定在山西省开展数电票试点工作。有关事项如下:

(1)自2023年4月27日起,在山西省的部分纳税人中开展数电票试点,使用电子发票服务平台的纳税人为试点纳税人,具体范围由国家税务总局山西省税务局确定。

山西省纳税人通过电子发票服务平台开具发票的受票方范围为全国,并作为受票方接收全国其他数电票试点省(区、市)纳税人开具的数电票,具体以各试点省(区、市)税务机关公告为准。

按照有关规定不使用网络办税或不具备网络条件的纳税人暂不纳入试点范围。此外,存在以下情形之一的纳税人暂不纳入试点:①存在严重涉税违法失信行为;②存在国家税务总局规定的增值税发票风险;③经税收大数据分析发现重大涉税风险。

电子发票服务平台通过以下地址登录:https://etax.shanxi.chinatax.gov.cn。

(2)数电票的法律效力、基本用途等与现有纸质发票相同。其中,带有"增值税专用发票"字样的数电票,其法律效力、基本用途与现有增值税专用发票相同;带有"普通发票"字样的数电票,其法律效力、基本用途与现有普通发票相同。

(3)山西省数电票由国家税务总局山西省税务局监制。数电票无联次,基本内容包括:发票号码、开票日期、购买方信息、销售方信息、项目名称、规格型号、单位、数量、单价、金额、税率/征收率、税额、合计、价税合计(大写、小写)、备注、开票人等。

其中,试点纳税人从事特定行业、发生特定应税行为及特定应用场景业务(包括:稀土、建筑服务、旅客运输服务、货物运输服务、不动产销售、不动产经营租赁服务、农产品收购、光伏收购、代收车船税、自产农产品销售、差额征税、成品油、民航、铁路等）的，电子发票服务平台提供了上述对应特定业务的数电票样式，试点纳税人应按照发票开具有关规定使用特定业务数电票。数电票样式参见图2-33至图2-44。

（4）山西省数电票的发票号码为20位，其中：第1～2位代表公历年度后两位，第3—4位代表山西省行政区划代码，第5位代表数电票开具渠道等信息，第6～20位代表顺序编码等信息。

（5）电子发票服务平台支持开具增值税纸质专用发票（以下简称纸质专票）和增值税纸质普通发票（折叠票，以下简称纸质普票）。

通过电子发票服务平台开具的纸质专票和纸质普票，其法律效力、基本用途与现有纸质专票、纸质普票相同。其中，发票密码区不再展示发票密文，改为展示电子发票服务平台赋予的20位发票号码及全国增值税发票查验平台网址。

（6）试点纳税人通过实名认证后，无需使用税控专用设备即可通过电子发票服务平台开具发票，无需进行发票验旧操作。其中，数电票无需进行发票票种核定和发票领用。

（7）税务机关对试点纳税人开票实行开具金额总额度管理。开具金额总额度，是指一个自然月内，试点纳税人发票开具总金额（不含增值税）的上限额度。

第一，试点纳税人通过电子发票服务平台开具的数电票、纸质专票和纸质普票以及通过增值税发票管理系统开具的纸质专票、纸质普票、增值税普通发票（卷票）、增值税电子专用发票（以下简称电子专票）和增值税电子普通发票，共用同一个开具金额总额度。

第二，税务机关依据试点纳税人的税收风险程度、纳税信用级别、实际经营情况等因素，确定初始开具金额总额度，并进行定期调整、临时调整或人工调整。

定期调整是指电子发票服务平台每月自动对试点纳税人开具金额总额度进行调整。

临时调整是指税收风险程度较低的试点纳税人当月开具发票金额首次达到开具金额总额度一定比例时，电子发票服务平台自动为其临时增加一次开具金额总额度。

人工调整是指试点纳税人因实际经营情况发生变化申请调整开具金额总额度，主管税务机关依法依规审核未发现异常的，为纳税人调整开具金额总额度。

第三，试点纳税人在增值税申报期内，完成增值税申报前，在电子发票服务平台中可以在上月剩余可用额度且不超过当月开具金额总额度的范围内开具发票。试点纳税人按规定完成增值税申报且比对通过后，在电子发票服务平台中可以按照当月剩余可用额度开具发票。

（8）电子发票服务平台税务数字账户自动归集发票数据，供试点纳税人进行发票的查询、查验、下载、打印和用途确认，并提供税收政策查询、开具金额总额度调整申请、发票风险提示等功能。

（9）试点纳税人通过电子发票服务平台税务数字账户自动交付数电票，也可通过电子邮件、二维码等方式自行交付数电票。

（10）自2023年4月27日起，试点纳税人可通过电子发票服务平台税务数字账户使用发票用途确认、风险提示、信息下载等功能，不再通过增值税发票综合服务平台使用上述功能。

试点纳税人取得带有"增值税专用发票"字样的数电票、带有"普通发票"字样的数电票、纸质专票和纸质普票等符合规定的增值税扣税凭证，如需用于申报抵扣增值税进项税额或申请出口退税、代办退税的，应当通过电子发票服务平台税务数字账户确认用途。非试点纳税人继续通过增值税发票综合服务平台使用相关增值税扣税凭证功能。纳税人确认用途有误的，可向主管税务机关申请更正。

（11）试点纳税人可以通过电子发票服务平台税务数字账户对符合规定的农产品增值税扣税凭证进行用途确认，计算用于抵扣的进项税额。其中，试点纳税人购进用于生产或者委托加工13%税率货物的农产品，可以由主管税务机关开通加计扣除农产品进项税额确认功能，在生产领用当期计算加计扣除农产品进项税额。

（12）试点纳税人可通过电子发票服务平台税务数字账户标记发票入账标识。纳税人以数电票报销入账归档的，按照财政和档案部门的相关规定执行。

（13）试点纳税人发生开票有误、销货退回、服务中止、销售折让等情形，需要通过电子发票服务平台开具红字数电票或红字纸质发票的，按以下规定执行：

一是受票方未做用途确认及入账确认的，开票方填开《红字发票信息确认单》（以下简称《确认单》，见表2-1）后全额开具红字数电票或红字纸质发票，无需受票方确认。

二是受票方已进行用途确认或入账确认的，开票方或受票方可以填开《确认单》，经对方确认后，开票方依据《确认单》开具红字发票。

受票方已将发票用于增值税申报抵扣的，应当暂依《确认单》所列增值税税额从当期进项税额中转出，待取得开票方开具的红字发票后，与《确认单》一并作为记账凭证。

（14）纳税人发生《国家税务总局关于红字增值税发票开具有关问题的公告》（国家税务总局公告2016年第47号）第一条以及《国家税务总局关于在新办纳税人中实行增值税专用发票电子化有关事项的公告》（国家税务总局公告2020年第22号）第七条规定情形的，购买方为试点纳税人时，购买方可通过电子发票服务平台填开并上传《开具红字增值税专用发票信息表》（以下简称《信息表》）。

（15）单位和个人可以通过全国增值税发票查验平台（https://inv.veri.chinatax.gov.cn）查验数电票信息。同时，试点纳税人还可以通过电子发票服务平台查验数电票信息。

（16）电子发票服务平台暂不支持开具机动车（含二手车）、通行费等特定业务数电票，开具上述发票功能的上线时间另行公告。

相关发票功能上线前，纳税人可以通过增值税发票管理系统开具电子专票、增值税电子普通发票（含收费公路通行费增值税电子普通发票）、增值税普通发票（卷票）和二手车销售统一发票以及通过增值税发票管理系统开票软件中机动车发票开具模块开具增值税专用发票和机动车销售统一发票（包括纸质发票、电子发票）。

（17）纳税人应当依法依规、诚信如实使用数电票，并接受税务机关依法检查。税务机关依法加强税收监管和风险防范，严厉打击虚开、虚抵、偷逃骗税等涉税违法犯罪行为。

二、开展全面数字化的电子发票试点解读

为落实中办、国办印发的《关于进一步深化税收征管改革的意见》要求，全面推进税收征管数字化升级和智能化改造，降低征纳成本，国家税务总局山西省税务局发布了《国家税务总局山西省税务局关于开展全面数字化的电子发票试点工作的公告》（以下简称《公告》）。

（1）推行全面数字化的电子发票的背景是什么？

为贯彻落实中办、国办关于稳步实施发票电子化改革的部署安排，2021年12月1日起，国家税务总局在内蒙古自治区、上海市和广东省（不含深圳市）、四川省、厦门市、青岛市、重庆市、大连市、陕西省等地区开始推行全面数字化的电子发票（以下简称全电发票）。全电发票推行后，系统运行平稳，因具有无需领用、开具便捷、信息集成、节约成本等优点，受到越来越多的纳税人欢迎。

为贯彻落实中办、国办关于稳步实施发票电子化改革的部署安排，国家税务总局本着稳妥有序的原则，决定采用先在部分地区推行全电发票试点，此后逐步扩大地区和纳税人范围的工作策略。

自2023年4月27日起，在山西省的部分纳税人中开展数电票试点，试点纳税人具体范围由国家税务总局山西省税务局确定。

按照国家税务总局的推广进度安排，全电发票受票范围已推广至全国，山西省试点纳税人通过电子发票服务平台开具的全电发票，各省的受票方均可接收。

（2）推行全电发票具有哪些优点？

第一，领票流程更简化。开业开票"无缝衔接"。全电发票实现"去介质"，纳税人不再需要预先领取专用税控设备；通过"赋码制"取消特定发票号段申领，发票信息生成后，系统自动分配唯一的发票号码；通过"授信制"自动为纳税人赋予开具金额总额度，实现开票"零前置"。基于此，新办纳税人可实现"开业即可开票"。

第二，开票用票更便捷。一是发票服务"一站式"更便捷。纳税人登录电子发票服务平台后，可进行发票开具、交付、查验以及用途勾选等系列操作，享受"一站式"服务，不再像以前需登录多个平台才能完成相关操作。二是发票数据应用更广泛。通过"一户式""一人式"发票数据归集，加强各税费数据联动，为实现"一表集成"式税费申报预填服务奠定数据基础。三是发票使用满足个性业务需求。全电发票破除特定版式要求，增加了XML的数据电文格式便利交付，同时保留PDF、OFD等格式，降低发票使用成本，提升纳税人用票的便利度和获得感。全电发票样式根据不同业务进行差异化展示，为纳税人提供更优质的个性化服务。四是纳税服务渠道更畅通。电子发票服务平台提供征纳互动相关功能，如增加智能咨询，纳税人在开票、受票等过程中，平台自动接收纳税人业务处理过程中存在的问题并进行智能答疑；增设异议提交功能，纳税人对开具金额总额度有异议时，可以通过平台向税务机关提出。

第三，入账归档一体化。通过制发电子发票数据规范、出台电子发票国家标准，实现全电发票全流程数字化流转，进一步推进企业和行政事业单位会计核算、财务管理信息化。

（3）全电发票的票面信息包括哪些？

全电发票的票面信息包括基本内容和特定内容。

为了符合纳税人开具发票的习惯，全电发票的基本内容在现行增值税发票基础上进行了优化，主要包括：发票号码、开票日期、购买方信息、销售方信息、项目名称、规格型号、单位、数量、单价、金额、税率/征收率、税额、合计、价税合计（大写、小写）、备注、开票人等。

为了满足从事特定行业、发生特定应税行为及特定应用场景业务（以下简称特定业务）的试点纳税人开具发票的个性化需求，税务机关根据现行发票开具的有关规定和特定业务的开票场景，在全电发票中设计了相应的特定内容。特定业务包括但不限于稀土、建筑服务、旅客运输服务、货物运输服务、不动产销售、不动产经营租赁服务、农产品收购、光伏收购、代收车船税、自产农产品销售、差额征税等。试点纳税人在开具全电发票时，可以按照实际业务开展情况，选择特定业务，将按规定应填写在发票备注等栏次的信息，填写在特定内容栏次，进一步规范发票票面内容，便利纳税人使用。特定业务的全电发票票面按照特定内容展示相应信息，同时票面左上角展示该业务类型的字样。

（4）试点纳税人可以通过电子发票服务平台开具哪些类型的发票？

电子发票服务平台支持开具全电发票、增值税纸质专用发票（以下简称纸质专票）和增值税纸质普通发票（折叠票，以下简称纸质普票）。

试点纳税人通过实名验证后，无需使用税控专用设备即可通过电子发票服务平台开具全电发票、纸质专票和纸质普票，无需进行发票验旧操作。其中，全电发票无需进行发票票种核定和发票领用。

试点纳税人可以选择电子发票服务平台或者增值税发票管理系统其中之一开具纸质专票或纸质普票。其中，试点纳税人选择通过电子发票服务平台开具纸质专票或纸质普票，其票种核定、发票领用、发票作废、发票缴销、发票退回、发票遗失损毁等事项仍然按照原规定和流程办理。

（5）如何理解《公告》中的开具金额总额度和剩余可用额度？

为降低纳税人使用成本，便利全电发票推广，尊重纳税人现行开票用票习惯，做好发票风险防控，税务机关对试点纳税人开票实行开具金额总额度管理。

开具金额总额度，也称总授信额度，是指一个自然月内试点纳税人发票开具总金额（不含增值税）的上限额度，包括试点纳税人可通过电子发票服务平台开具的全电发票、纸质专票和纸质普票的上限总金额以及可通过增值税发票管理系统开具的纸质专票、纸质普票、增值税普通发票（卷票）、增值税电子专用发票（以下简称电子专票）和增值税电子普通发票（以下简称电子普票）的上限总金额。

剩余可用额度，也称可用授信额度，是指在一个自然月内试点纳税人开具金额总额度扣除已使用额度。其中，已使用额度包括试点纳税人通过电子发票服务平台开具的发票金额，以及通过增值税发票管理系统开具的纸质专票、纸质普票、增值税普通发票（卷票）、电子专票和电子普票的领用份数与单份发票最高开票限额之积（存在多种不同版式的发票应分别计算并求和，下同）。

例 4-17 试点纳税人 A 公司，通过电子发票服务平台开具全电发票，同时通过增值税发票管理系统开具纸质专票和纸质普票，2023 年 2 月开具金额总额度为 750 万元。

2023 年 2 月 1 日至 20 日，A 公司领用 10 万元版增值税专用发票 40 份（应从开具金额总额度中扣除 400 万元），通过增值税发票管理系统开具了 36 份纸质专票，合计金额 350 万元（不再重复从开具金额总额度中扣除），通过电子发票服务平台开具全电发票金额 300 万元（应从开具金额总额度中扣除 300 万元），则 2 月 20 日后剩余可用额度为 50 万元（750－40×10－300）。

（6）试点纳税人开具金额总额度如何调整？

调整开具金额总额度有三种方式，包括定期调整、临时调整和人工调整。

第一，定期调整。定期调整是指电子发票服务平台每月自动对纳税人开具金额总额度进行调整。

例 4-18 2023 年 7 月初成立的 B 公司，初始开具金额总额度为 750 万元。2023 年 9 月，根据 B 公司实际经营情况以及 2023 年 7 月、8 月开具金额总额度的使用情况，2023 年 4 月初电子发票服务平台将其开具金额总额度调整至 850 万元。

第二，临时调整。临时调整是指税收风险程度较低的纳税人当月开具发票金额首次达到开具金额总额度一定比例时，电子发票服务平台自动为其临时调增一次开具金额总额度。

例 4-19 2023 年 7 月初成立的 C 公司，初始开具金额总额度为 750 万元。

情形一：2023 年 7 月中旬，C 公司销售额增加，至 7 月 20 日，实际已使用额度达到 600 万元（达到当前开具金额总额度的一定比例），电子发票服务平台自动风险扫描无问题后，为 C 公司临时增加开具金额总额度至 900 万元。

情形二：2023 年 7 月中旬，C 公司销售额增加，至 7 月 20 日，实际已使用额度达到 580 万元，未触发系统临时调整。7 月 21 日，C 公司因经营需要，需开具 1 份金额为 200 万元的全电发票，在填写发票信息时，因累计金额达到 780 万元（达到当前开具金额总额度的一定比例），电子发票服务平台自动风险扫描无问题后，为 C 公司临时增加开具金额总额度至 900 万元。

第三，人工调整。人工调整是指纳税人因实际经营情况发生变化申请调整开具金额总额度，主管税务机关依法依规审核未发现异常的，为纳税人调整开具金额总额度。

例 4-20 D 公司 2023 年 7 月初开具金额总额度为 750 万元，销售额增加，电子发票服务平台为 D 公司临时调增开具金额总额度至 900 万元，但仍无法满足 D 公司本月开票需求。D 公司根据实际经营情况，向主管税务机关申请调增开具金额总额度至 1 200 万元，主管税务机关依法依规审核未发现异常后，相应调增 D 公司开具金额总额度。

（7）试点纳税人在增值税申报期内如何使用开具金额总额度？

试点纳税人在增值税申报期内，完成增值税申报前，在电子发票服务平台中可以按照上月剩余可用额度且不超过当月开具金额总额度的范围内开具发票。试点纳税人按规定完成增值税申报且比对通过后，在电子发票服务平台中可以按照当月剩余可用额度开具发票。

第一，按月进行增值税申报的试点纳税人在每月月初到完成上个所属期（即上个月）申报前开具金额总额度的可使用额度为上月剩余可用额度，且不超过本月开具金额总额度；完成上个所属期（即上个月）申报且比对通过后可使用额度为当月剩余可用额度。

第二，按季进行增值税申报的试点纳税人在每季季初到完成上个所属期（即上个季度）申报前开具金额总额度的可使用额度为上月剩余可用额度，且不超过本月开具金额总额度；完成上个所属期（即上个季度）申报且比对通过后可使用额度为当月剩余可用额度。

例 4-21 试点纳税人 E 公司是按月申报的一般纳税人，2023 年 7 月开具金额总额度为 750 万元，截至 7 月 31 日实际已使用额度 400 万元，剩余可用额度为 350 万元。

情形一：8 月 1 日，电子发票服务平台自动计算其 3 月开具金额总额度为 750 万元。如果 E 公司在 8 月 11 日 9 时完成 7 月所属期增值税申报并比对通过，则 8 月 11 日 9 时前（即未完成 7 月所属期增值税申报前），E 公司的可使用额度为 350 万元（7 月剩余可用额度 350 万元＜8 月月初开具金额总额度 750 万元）。

8 月 1 日至 11 日 9 时，如果 E 公司实际已使用额度为 20 万元，则 8 月 11 日 9 时（即完成申报）后的剩余可用额度为 730 万元（750 − 20）。

情形二：8 月 1 日，依据纳税人风险程度、纳税信用级别、实际经营情况等因素，电子发票服务平台自动计算并将 8 月开具金额总额度调整为 250 万元。如果 E 公司在 8 月 11 日 9 时完成 7 月所属期增值税申报并比对通过，则 8 月 11 日 9 时前（即未完成 7 月所属期增值税申报前）E 公司的可使用额度为 250 万元（7 月剩余可用额度 350 万元＞8 月月初开具金额总额度 250 万元）。

8 月 1 日至 11 日 9 时，如果 E 公司实际已使用额度为 20 万元，则 8 月 11 日 9 时（即完成申报）后的剩余可用额度为 230 万元（250 − 20）。

例 4-22 试点纳税人 F 公司是按季申报的小规模纳税人，2023 年 8 月开具金额总额度为 10 万元，截至 8 月 31 日实际已使用额度为 5 万元，剩余可用额度为 5 万元。

9 月 1 日，电子发票服务平台自动计算并将 9 月开具金额总额度重新调整为 10 万元。因 F 公司是按季申报的纳税人，3 月无需完成 7 月所属期增值税申报，则 9 月 1 日后可使用额度为 10 万元（即 9 月初的开具金额总额度）。9 月 1 日至 30 日，F 公司实际已使用额度为 8 万元，剩余可用额度为 2 万元。

10 月 1 日，电子发票服务平台自动计算并将 10 月开具金额总额度重新调整为 10 万元。如果 F 公司于 10 月 6 日 9 时完成 2023 年第一季度所属期增值税申报并比对通过，则 10 月 6 日 9 时前（即未完成第一季度所属期增值税申报前）可使用额度仍为 2 万元（9 月剩余可用额度 2 万元＜10 月月初开具金额总额度 10 万元）。

10 月 1 日至 6 日 9 时，如果 F 公司实际已使用额度为 2 万元，则 10 月 6 日 9 时（即完成申报）后的剩余可用额度为 8 万元（10 － 2）。

（8）试点纳税人领用通过增值税发票管理系统开具的发票，如何确定单份最高开票限额和领用份数？

试点纳税人办理发票票种核定和发票领用时，通过增值税发票管理系统开具的发票最高开票限额和每月最高领用数量仍按照现行有关规定办理。其中，试点纳税人通过增值税发票管理系统开具的发票领用份数与单份发票最高开票限额之积应小于或等于当月剩余可用额度。

（9）试点纳税人开具纸质专票和纸质普票如何使用剩余可用额度？

试点纳税人通过电子发票服务平台开具纸质专票和纸质普票时，单份发票开具金额不得超过单份最高开票限额且不得超过当月剩余可用额度，并根据实际开票金额扣除当月剩余可用额度。

试点纳税人通过增值税发票管理系统开具的纸质专票、纸质普票、增值税普通发票（卷票）、电子专票和电子普票的，在领用发票时按领用份数与单份发票最高开票限额之积扣除当月剩余可用额度，开具时不再扣除当月剩余可用额度。

（10）试点纳税人通过电子发票服务平台开具的纸质专票和纸质普票与增值税发票管理系统开具纸质专票和纸质普票有何区别？

试点纳税人通过电子发票服务平台开具的纸质专票和纸质普票，其法律效力、基本用途和基本使用规定与现有纸质专票、纸质普票相同。电子发票服务平台开具的纸质专票、纸质普票与现行纸质专票、纸质普票相比，区别在于电子发票服务平台开具纸质专票、纸质普票后，纸质专票、纸质普票密码区不再展示发票密文，密码区将展示电子发票服务平台赋予的 20 位发票号码以及全国增值税发票查验平台网址。

（11）通过电子发票服务平台税务数字账户，试点纳税人能够获得哪些优质便捷的服务？

为全面推进税收征管数字化升级，降低制度性交易成本，电子发票服务平台税务数字账户集成发票信息、优化发票应用、完善风险提醒,进一步深化发票数据应用成果。通过税务数字账户,纳税人能够获得以下优质便捷的服务:

一是"一户式"发票数据归集服务。电子发票服务平台税务数字账户自动归集开具发票信息,推送至对应受票方纳税人的税务数字账户,实现开票即交付,从根本上解决纳税人纸质发票易丢失破损及电子发票难归集等问题,降低纳税人发票管理成本。

二是"一站式"发票应用集成服务。电子发票服务平台税务数字账户创新应用集成服务,通过完善发票的查询、查验、下载、打印和用途确认等功能,增加税务事项通知书查询、税收政策查询、发票开具金额总额度调整申请、原税率发票开具申请等功能,再造红字发票业务流程、海关缴款书业务流程,为纳税人提供"一站式"服务。

三是"集成化"发票数据展示服务。电子发票服务平台税务数字账户为纳税人提供开具金额总额度管理情况展示服务,纳税人可实时掌握总授信额度和可用授信额度变动情况;同时为纳税人提供风险提醒服务,纳税人可以对发票的开具、申报、缴税、用途确认等流转状态以及作废、红冲、异常等管理状态进行查询统计,以便及时开展风险应对处理,从而有效规避因征纳双方和购销双方信息不对称而产生的涉税风险和财务管理风险。

(12)如何使用发票入账标识功能?

电子发票服务平台为试点纳税人提供发票入账标识服务,纳税人使用该功能时,系统将同步为发票赋予入账状态字样,供财务人员及时查验,避免重复报销入账。

(13)纳税人开具和取得全电发票报销入账归档的,需要注意哪些事项?

纳税人开具和取得全电发票报销入账归档的,应按照《财政部 国家档案局关于规范电子会计凭证报销入账归档的通知》(财会〔2020〕6号,以下称《通知》)和《会计档案管理办法》(财政部、国家档案局令第79号发布)的相关规定执行。

第一,纳税人可以根据《通知》第三条、第五条的规定,仅使用全电发票电子件进行报销入账归档的,可不再另以纸质形式保存。

第二,纳税人如果需要以全电发票的纸质打印件作为报销入账归档依据的,应当根据《通知》第四条的规定,同时保存全电发票电子件。

(14)试点纳税人怎样开具红字发票?

试点纳税人发生开票有误、销货退回、服务中止、销售折让等情形,需要通过电子发票服务平台开具红字全电发票或红字纸质发票的,按以下规定执行:

一是受票方未做用途确认及入账确认的,开票方在电子发票服务平台填开《红字发票信息确认单》(以下简称《确认单》)后全额开具红字全电发票或红字纸质发票,无需受票方确认。其中,《确认单》需要与对应的蓝字发票信息相符。

例 4-23 2023年6月10日,G公司(试点纳税人)发现有一张在2023年5月30日开给H公司(试点纳税人)的纸质专票内容有误,通过电子发票服务平台查询到H公司未对取得的发票进行用途确认与发票入账。G公司联系H公司将该发票相关联次取回后,通过电子发票服务平台填开并上传《确认单》,无需H公司确认,系统自动校验通过后可直接全额开具对应的红字全电发票。

例 4-24 2023年4月，I公司（试点纳税人）为J公司（非试点纳税人）提供加工劳务。I公司在2023年4月18日已为J公司开具了带有"增值税专用发票"字样的全电发票。4月20日因客观原因劳务终止，此前J公司未对该发票进行确认用途及发票入账，I公司需全额开具红字全电发票。

I公司通过电子发票服务平台填开《确认单》，无需J公司确认，I公司依据核实无误的《确认单》信息，全额开具红字全电发票。

二是受票方已进行用途确认或入账确认的，受票方为试点纳税人，开票方或受票方均可在电子发票服务平台填开并上传《确认单》，经对方在电子发票服务平台确认后，开票方全额或部分开具红字全电发票或红字纸质发票；受票方为非试点纳税人，由开票方在电子发票服务平台或由受票方在增值税发票综合服务平台填开并上传《确认单》，经对方确认后，开票方全额或部分开具红字全电发票或红字纸质发票。其中，《确认单》需要与对应的蓝字发票信息相符。

受票方已将发票用于增值税申报抵扣的，应当暂依《确认单》所列增值税税额从当期进项税额中转出，待取得开票方开具的红字发票后，与《确认单》一并作为记账凭证。

例 4-25 2023年10月，L公司（试点纳税人）销售一批服装给M公司（试点纳税人），已开具带有"增值税专用发票"字样的全电发票，M公司已对取得的发票进行用途确认。2023年11月，该批服装发生销货退回。

情形一：M公司财务人员通过电子发票服务平台填开《确认单》，选择原因和对应的蓝字发票信息，录入金额和税额。L公司财务人员通过电子发票服务平台完成确认后，L公司财务人员据此开具红字全电发票。

情形二：L公司财务人员通过电子发票服务平台填开《确认单》，选择原因和对应的蓝字发票信息，录入金额和税额。M公司财务人员通过电子发票服务平台完成确认后，L公司财务人员据此开具红字全电发票。

例 4-26 2023年11月，N公司（试点纳税人）销售一批玩具给P公司（非试点纳税人），已开具带有"增值税专用发票"字样的全电发票，P公司已确认用途。2023年3月，该批玩具发生销货退回。

情形一：N公司财务人员通过电子发票服务平台填开《确认单》，选择原因和对应的蓝字发票信息，录入金额和税额。P公司财务人员通过增值税发票综合服务平台完成确认后，N公司财务人员据此开具红字全电发票。

情形二：P公司财务人员通过增值税发票综合服务平台发起《确认单》，选择原因和对应的蓝字发票信息，录入金额和税额。N公司财务人员通过电子发票服务平台完成确认后，N公司财务人员据此开具红字全电发票。

三是试点纳税人通过电子发票服务平台开具的全电发票或纸质发票已用于申请出口退税、代办退税的，暂不允许开具红字发票。

（15）非试点纳税人开具红字发票流程有何变化？

第一，增值税发票综合服务平台为非试点纳税人提供了填开《确认单》和对《确认单》进行确认的功能。

第二，纳税人发生《国家税务总局关于红字增值税发票开具有关问题的公告》（国家税务总局公告2016年第47号）第一条以及《国家税务总局关于在新办纳税人中实行增值税专用发票电子化有关事项的公告》（国家税务总局公告2020年第22号）第七条规定情形的，购买方可通过电子发票服务平台填开《开具红字增值税专用发票信息表》（以下简称《信息表》）。

例 4-27 2023年2月，Q公司（非试点纳税人）销售一批服装给R公司（试点纳税人），通过增值税发票管理系统已开具增值税专用发票，R公司已确认用途。2023年3月，该批服装发生销货退回。

R公司通过电子发票服务平台填开《信息表》，Q公司财务人员据此开具红字专用发票。

（16）试点纳税人通过电子发票服务平台开具红字发票有哪些注意事项？

第一，试点纳税人需要开具红字发票的，可以在所对应的蓝字发票金额范围内开具红字发票。

第二，试点纳税人开具蓝字全电发票当月开具红字全电发票，电子发票服务平台同步增加其当月剩余可用额度；跨月开具红字全电发票的，电子发票服务平台不增加其当月剩余可用额度。

第三，试点纳税人开具蓝字纸质发票当月开具红字纸质发票，或者作废已开具的蓝字纸质发票，电子发票服务平台同步增加其当月剩余可用额度；跨月开具红字纸质发票的，电子发票服务平台不增加其当月剩余可用额度。

例 4-28 纳税人S公司，2023年10月的开具金额总额度为750万元。

2023年10月1日至5日S公司开票累计金额100万元，10月6日开具红字数电票金额10万元（对应2023年8月25日开具的蓝字数电票，金额10万元），10月7日开具红字数电票50万元（对应2023年10月3日开具的蓝字数电票，金额50万元），则10月8日剩余可用额度为700万元（750－100＋50）。由于跨月开具红字数电票不增加当月剩余可用额度，10月6日开具红字数电票金额10万元不列入当月剩余可用额度计算。

（17）《公告》实施后，试点纳税人能开具机动车（含二手车）、通行费等特定业务发票吗？

电子发票服务平台暂不支持开具机动车（含二手车）、通行费等特定业务全电发票，开具上述发票功能的上线时间另行公告。功能上线前，试点纳税人可通过增值税发票管理系统开具上述发票。

相关发票功能上线前，试点纳税人可以通过增值税发票管理系统开具电子专票、增值税电子普通发票（含收费公路通行费增值税电子普通发票）、增值税普通发票（卷票）、二手车销售统一发票以及通过增值税发票管理系统开票软件中机动车发票开具模块开具左上角有"机动车"字样的增值税专用发票和机动车销售统一发票（包括纸质发票、电子发票）。

（18）通过什么渠道可以进行全电发票信息的查验？

单位和个人可以通过全国增值税发票查验平台对全电发票的信息进行查验。同时，电子发票服务平台为试点纳税人提供全电发票查验服务。

（19）试点纳税人通过电子发票服务平台开具或勾选确认发票后，如何填写增值税及附加税费申报表？

第一，一般纳税人通过电子发票服务平台开具带有"增值税专用发票"或"普通发票"字样的全电发票、纸质专票、纸质普票，其金额及税额应分别填入《增值税及附加税费申报表附列资料（一）》（本期销售情况明细）"开具增值税专用发票"或"开具其他发票"相关栏次。

一般纳税人取得通过电子发票服务平台开具的全电发票、纸质专票、纸质普票，勾选用于进项抵扣时，其份数、金额及税额填列在《增值税及附加税费申报表附列资料（二）》（本期进项税额明细）相关栏次。

一般纳税人取得通过电子发票服务平台开具的带有"增值税专用发票"字样的全电发票、纸质专票，已用于增值税申报抵扣的，对应的《确认单》所列增值税税额填列在《增值税及附加税费申报表附列资料（二）》（本期进项税额明细）第20栏"红字专用发票信息表注明的进项税额"。一般纳税人取得通过电子发票服务平台开具的带有"普通发票"字样的全电发票、纸质普票，已用于增值税申报抵扣，对应的《确认单》所列增值税税额填列在《增值税及附加税费申报表附列资料（二）》（本期进项税额明细）第23b栏"其他应作进项税额转出的情形"。其中纳税人购进农产品取得全电发票、纸质专票、纸质普票，已按计算税额申报抵扣农产品进项税额的或已加计扣除农产品进项税额的，应按《确认单》所列已计算抵扣的税额或加计扣除农产品进项税额填报《增值税及附加税费申报表附列资料（二）》第23b栏"其他应作进项税额转出的情形"。

第二，小规模纳税人通过电子发票服务平台开具的带有"增值税专用发票"或"普通发票"字样的全电发票、纸质专票、纸质普票，其金额及税额应填入《增值税及附加税费申报表（小规模纳税人适用）》"增值税专用发票不含税销售额"或"其他增值税发票不含税销售额"相关栏次。其中，适用增值税免税政策的，按规定填入"免税销售额"相关栏次。

（20）纳税人需要确认发票用途，通过什么渠道进行确认？

《公告》发布后，试点纳税人可以通过电子发票服务平台税务数字账户使用增值税发票综合服务平台具备的发票用途确认、风险提示、信息下载等功能。

试点纳税人取得通过电子发票服务平台开具的带有"增值税专用发票"字样的全电发票、带有"普通发票"字样的全电发票、纸质专票和纸质普票等符合规定的增值税扣税凭证，如需用于申报抵扣增值税进项税额或申请出口退税、代办退税的，应当通过电子发票服务平台税务数字账户或增值税发票综合服务平台确认用途。非试点纳税人继续通过增值税发票综合服务平台使用相关增值税扣税凭证功能，取得通过电子发票服务平台开具的带有"增值税专用发票"字样的全电发票、带有"普通发票"字样的全电发票、纸质专票和纸质普票等符合规定的增值税扣税凭证，用于申报抵扣增值税进项税额或申请出口退税、代办退税的，应通过增值税发票综合服务平台确认用途。

纳税人确认用途有误的，可向主管税务机关申请更正。

（21）试点纳税人如何通过电子发票服务平台税务数字账户进行计算农产品进项税额以及加计扣除农产品进项税额？

试点纳税人购进农产品，取得符合规定的带有"增值税专用发票"字样的全电发票、增值税专用发票、海关缴款书、农产品销售发票等凭证或者开具符合规定的收购发票，可以通过电子发票服务平台税务数字账户进行用途确认，按照相关规定计算当期进项税额。

其中，试点纳税人购进用于生产或者委托加工13%税率货物的农产品，可以由主管税务机关开通加计扣除农产品进项税额确认功能，按照相关规定计算当期进项税额，并将已进行用途确认的凭证明细转入加计扣除农产品进项税额确认待用。纳税人将购进农产品用于生产或者委托加工的当期，可以通过电子发票服务平台税务数字账户选择相应凭证，按规定计算填写本次加计扣除农产品进项税额。

试点纳税人取得符合以上规定的尚未用于加计扣除农产品进项税额的凭证，可以向主管税务机关申请补录。

（22）试点纳税人错误确认发票用途后，税务机关如何帮助纳税人进行修改和更正？

试点纳税人通过电子发票服务平台确认发票用途后，如果出现发票用途确认错误的情形，税务机关可为纳税人提供规范、便捷的更正服务。

纳税人将发票用途误确认为申报抵扣且已申报抵扣后，如果要改为用于申报出口退税或代办退税，纳税人可以向主管税务机关申请更正。主管税务机关在核实确认相关进项税额已转出后，为纳税人调整发票用途。

纳税人将发票用途误确认为用于出口退税、代办退税的，可以向主管税务机关申请更正。如纳税人尚未申报出口退税，经主管税务机关确认后，可将发票信息回退至电子发票服务平台，纳税人可以重新确认发票用途；如果纳税人已申报办理出口退税，可向主管税务机关申请开具出口货物转内销证明。

第五节
内蒙古自治区全电发票试点制度

一、进一步开展全面数字化的电子发票试点

2022年4月19日，《国家税务总局内蒙古自治区税务局关于进一步开展全面数字化的电子发票试点工作的公告》（国家税务总局内蒙古自治区税务局公告2022年第3号）提出，为落实中办、国办印发的《关于进一步深化税收征管改革的意见》要求，结合前期全面数字化的电子发票（以下简称全电发票）试点情况，提升纳税人全电发票使用体验，税务机关对电子发票服务平台进行升级。经国家税务总局同意，决定进一步开展全电发票试点工作。有关事项如下：

（1）自2022年4月25日起，在内蒙古地区的部分纳税人中进一步开展全电发票试点，使用电子发票服务平台的纳税人为试点纳税人，具体范围由国家税务总局内蒙古自治区税务局确定。其中，试点纳税人分为通过电子发票服务平台开具发票的纳税人和通过电子发票服务平台使用税务数字账户的纳税人，试点纳税人区分发票开具情形和税务数字账户使用情形分别适用该公告相应条款。通过电子发票服务平台开具发票的受票方范围为内蒙古自治区税务局管辖范围内的纳税人。按照有关规定不使用网络办税或不具备网络条件的纳税人暂不纳入试点范围。电子发票服务平台通过以下地址登录：https://etax.neimenggu.chinatax.gov.cn。

（2）全电发票的法律效力、基本用途等与现有纸质发票相同。其中，带有"增值税专用发票"字样的全电发票，其法律效力、基本用途与现有增值税专用发票相同；带有"普通发票"字样的全电发票，其法律效力、基本用途与现有普通发票相同。

（3）内蒙古自治区全电发票由国家税务总局内蒙古自治区税务局监制。全电发票无联次，基本内容包括：动态二维码、发票号码、开票日期、购买方信息、销售方信息、项目名称、规格型号、单位、数量、单价、金额、税率/征收率、税额、合计、价税合计（大写、小写）、备注、开票人。其中，试点纳税人从事特定行业、发生特殊商品服务及特定应用场景业务（包括：稀土、卷烟、建筑服务、旅客运输服务、货物运输服务、不动产销售、不动产经营租赁服务、农产品收购、光伏收购、代收车船税、自产农产品销售、差额征税等）的，电子发票服务平台提供了上述对应特定业务的全电发票样式，试点纳税人应按照发票开具有关规定使用特定业务全电发票。

（4）内蒙古自治区全电发票的发票号码为20位，其中：第1～2位代表公历年度后两位，第3～4位代表内蒙古自治区行政区划代码，第5位代表全电发票开具渠道等信息，第6～20位代表顺序编码等信息。

（5）新设立登记且未使用增值税发票管理系统开具发票的试点纳税人应通过电子发票服务平台开具全电发票以及增值税纸质专用发票（以下简称纸质专票）和增值税纸质普通发票（折叠票，以下简称纸质普票）。通过电子发票服务平台开具的纸质专票和纸质普票，其法律效力、基本用途和基本使用规定与现有纸质专票、纸质普票相同。其中，发票密码区不再展示发票密文，改为展示电子发票服务平台赋予的20位发票号码及全国增值税发票查验平台网址。

（6）试点纳税人通过实名验证后，无需使用税控专用设备即可通过电子发票服务平台开具发票，无需进行发票验旧操作。其中，全电发票无需进行发票票种核定和发票领用。

（7）税务机关对试点纳税人开票实行开具金额总额度管理。开具金额总额度，是指一个自然月内，试点纳税人发票开具总金额（不含增值税）的上限额度。

第一，试点纳税人通过电子发票服务平台开具的全电发票、纸质专票和纸质普票以及通过增值税发票管理系统开具的纸质专票、纸质普票、增值税普通发票（卷票）、增值税电子专用发票（以下简称电子专票）和增值税电子普通发票，共用同一个开具金额总额度。

第二，税务机关依据试点纳税人的税收风险程度、纳税信用级别、实际经营情况等因素，确定初始开具金额总额度，并进行定期调整、临时调整或人工调整。定期调整是指电子发票服务平台每月自动对试点纳税人开具金额总额度进行调整。临时调整是指税收风险程度较低的试点纳税人当月开具发票金额首次达到开具金额总额度一定比例时，电子发票服务平台自动为其临时增加一次开具金额总额度。人工调整是指试点纳税人因实际经营情况发生变化申请调整开具金额总额度，主管税务机关依法依规审核未发现异常的，为纳税人调整开具金额总额度。

第三，试点纳税人在增值税申报期内，完成增值税申报前，在电子发票服务平台中可以按照上月剩余可用额度且不超过当月开具金额总额度的范围内开具发票。试点纳税人按规定完成增值税申报且比对通过后，在电子发票服务平台中可以按照当月剩余可用额度开具发票。

（8）试点纳税人的电子发票服务平台税务数字账户自动归集发票数据，供试点纳税人进行发票的查询、查验、下载、打印和用途确认，并提供税收政策查询、开具金额总额度调整申请、发票风险提示等功能。

（9）试点纳税人可以通过电子发票服务平台税务数字账户自动交付全电发票，也可通过电子邮件、二维码等方式自行交付全电发票。

（10）自2022年4月25日起，试点纳税人应通过电子发票服务平台税务数字账户使用发票用途确认、风险提示、信息下载等功能，不再通过增值税发票综合服务平台使用上述功能。非试点纳税人继续通过增值税发票综合服务平台使用相关发票功能。试点纳税人取得带有"增值税专用发票"字样的全电发票、纸质专票、电子专票、机动车销售统一发票、收费公路通行费增值税电子普通发票等凭证，如需用于申报抵扣增值税进项税额、申报抵扣消费税或申请出口退税、代办退税的，应当通过电子发票服务平台税务数字账户确认用途。试点纳税人确认用途有误的，可向主管税务机关申请更正。

（11）试点纳税人可以通过电子发票服务平台税务数字账户对符合规定的农产品增值税扣税凭证进行用途确认，计算用于抵扣的进项税额。其中，试点纳税人购进用于生产或者委托加工13%税率货物的农产品，可以由主管税务机关开通加计扣除农产品进项税额确认功能，在生产领用当期计算加计扣除农产品进项税额。

（12）试点纳税人可通过电子发票服务平台税务数字账户标记发票入账标识。纳税人以全电发票报销入账归档的，按照财政和档案部门的相关规定执行。

（13）试点纳税人发生开票有误、销货退回、服务中止、销售折让等情形，需要通过电子发票服务平台开具红字全电发票或红字纸质发票的，按以下规定执行：

一是受票方已进行用途确认或入账确认的，开票方或受票方可以填开并上传《红字发票信息确认单》（以下简称《确认单》），经对方确认后，开票方全额或部分开具红字全电发票或红字纸质发票。受票方已将发票用于增值税申报抵扣的，应暂依《确认单》所列增值税税额从当期进项税额中转出，待取得开票方开具的红字发票后，与《确认单》一并作为记账凭证。

二是受票方未做用途确认及入账确认的，开票方填开《确认单》后全额开具红字全电发票或红字纸质发票，无需受票方确认。原蓝字发票为纸质发票的，开票方应收回原纸质发票并注明"作废"字样或取得受票方有效证明。

（14）纳税人发生《国家税务总局关于红字增值税发票开具有关问题的公告》（国家税务总局公告2016年第47号）第一条以及《国家税务总局关于在新办纳税人中实行增值税专用发票电子化有关事项的公告》（国家税务总局公告2020年第22号）第七条规定情形的，购买方为试点纳税人时，购买方可通过电子发票服务平台填开并上传《开具红字增值税专用发票信息表》（以下简称《信息表》）。

（15）单位和个人可以通过电子发票服务平台或全国增值税发票查验平台（https://inv-veri.chinatax.gov.cn）查验全电发票信息。

（16）电子发票服务平台暂不支持开具机动车（含二手车）、通行费等特定业务全电发票，开具上述发票功能的上线时间另行公告。相关发票功能上线前，试点纳税人可以通过增值税发票管理系统开具机动车增值税专用发票、机动车销售统一发票、二手车销售统一发票、增值税普通发票（卷票）、电子专票和增值税电子普通发票（含收费公路通行费增值税电子普通发票）。

（17）试点纳税人是辅导期一般纳税人的，在一个月内申请人工调整开具金额总额度的，应比照《国家税务总局关于印发〈增值税一般纳税人纳税辅导期管理办法〉的通知》（国税发〔2010〕40号）第九条的规定执行。其中，增值税专用发票销售额包括带有"增值税专用发票"字样的全电发票、纸质专票和电子专票销售额。

（18）纳税人应当按照规定依法、诚信、如实使用全电发票，不得虚开、虚抵、骗税，并接受税务机关依法检查。税务机关依法加强税收监管和风险防范，严厉打击涉税违法犯罪行为。

二、进一步开展全面数字化的电子发票试点解读

为落实中办、国办印发的《关于进一步深化税收征管改革的意见》要求，结合前期全面数字化的电子发票（以下简称全电发票）试点情况，提升纳税人全电发票使用体验，税务机关对电子发票服务平台进行升级。经国家税务总局同意，决定进一步开展全电发票试点工作。为此，国家税务总局内蒙古自治区税务局发布了《国家税务总局内蒙古自治区税务局关于进一步开展全面数字化的电子发票试点工作的公告》（以下称《公告》）。现解读如下：

（1）进一步开展全面数字化的电子发票试点的背景是什么？

2021年12月1日起，国家税务总局在内蒙古部分地区开展了全面数字化的电子发票试点工作，系统运行平稳。全电发票具有无需领用、开具便捷、信息集成、节约成本等特点，受到越来越多纳税人的关注。

为推进全面数字化的电子发票试点工作，国家税务总局决定自2022年4月25日起，在内蒙古地区上线升级版电子发票服务平台，并在部分纳税人中进一步开展全电发票试点。使用电子发票服务平台的纳税人为试点纳税人。其中，试点纳税人分为通过电子发票服务平台开具发票的纳税人和通过电子发票服务平台使用税务数字账户的纳税人，试点纳税人区分发票开具情形和税务数字账户使用情形分别适用《公告》及解读相应内容。

试点纳税人通过电子发票服务平台开具全电发票、增值税纸质专用发票（以下简称纸质专票）和增值税纸质普通发票（折叠票，以下简称纸质普票）的受票方范围为内蒙古自治区税务局管辖范围内的纳税人。

按照有关规定不使用网络办税或不具备网络条件的纳税人暂不纳入试点范围。

（2）全电发票具备哪些优点？

第一，领票流程更简化。开业开票"无缝衔接"。全电发票实现"去介质"，纳税人不再需要预先领取专用税控设备；通过"赋码制"取消特定发票号段申领，发票信息生成后，系统自动分配唯一的发票号码；通过"授信制"自动为纳税人赋予开具金额总额度，实现开票"零前置"。基于此，新办纳税人可实现"开业即可开票"。

第二，开票用票更便捷。一是发票开具渠道更多元。纳税人不仅可以通过电脑网页端开具全电发票，电子发票服务平台全部功能上线后，还可以通过客户端、移动端手机App随时、随地开具全电发票。二是发票服务"一站式"更便捷。纳税人登录电子发票服务平台后，可进行发票开具、交付、查验以及用途勾选等系列操作，享受"一站式"服务，不再像以前需登录多个平台才能完成相关操作。三是发票数据应用更广泛。通过"一户式""一人式"发票数据归集，加强各税费数据联动，为实现"一表集成"式税费申报预填服务奠定数据基础。四是发票使用满足个性业务需求。全电发票破除特定版式要求，增加了XML的数据电文格式便利交付，同时保留PDF、OFD等格式，降低发票使用成本，提升纳税人用票的便利度和获得感。全电发票样式根据不同业务进行差异化展示，为纳税人提供更优质的个性化服务。五是纳税服务渠道更畅通。电子发票服务平台提供征纳互动相关功能，如增加智能咨询，纳税人在开票、受票等过程中，平台自动接收纳税人业务处理过程中存在的问题并进行智能答疑；增

设异议提交功能，纳税人对开具金额总额度有异议时，可以通过平台向税务机关提出。

第三，入账归档一体化。通过制发电子发票数据规范、出台电子发票国家标准，实现全电发票全流程数字化流转，进一步推进企业和行政事业单位会计核算、财务管理信息化。

（3）电子发票服务平台升级包括哪些内容？

为落实税收征管数字化升级和智能化改造的要求，国家税务总局在总结全电发票前期试点经验基础上，按照推行计划和步骤，对电子发票服务平台进行了全面升级，主要内容包括：一是完善优化开票业务功能，增加纸质专票和纸质普票开具、特定业务发票开具、纳税人个性化发票附加内容填写等功能；

二是完善优化用票业务功能，健全税务数字账户功能，完善发票查询统计、查验功能，实现发票流转状态实时记录和发票查验、发票风险信息提醒等服务，优化增值税用途确认功能，增加加计扣除农产品进项税额确认等功能。

（4）全电发票的票面信息包括哪些？

全电发票的票面信息包括基本内容和特定内容。

为了符合纳税人开具发票的习惯，全电发票的基本内容在现行增值税发票基础上进行了优化，主要包括：动态二维码、发票号码、开票日期、购买方信息、销售方信息、项目名称、规格型号、单位、数量、单价、金额、税率/征收率、税额、合计、价税合计（大写、小写）、备注、开票人。

为了满足从事特定行业、经营特殊商品服务及特定应用场景业务（以下简称特定业务）的纳税人开具发票的个性化需求，税务机关根据现行发票开具的有关规定和特定业务的开票场景，在全电发票中设计了相应的特定内容。特定业务包括但不限于稀土、卷烟、建筑服务、旅客运输服务、货物运输服务、不动产销售、不动产经营租赁服务、农产品收购、光伏收购、代收车船税、自产农产品销售、差额征税等。试点纳税人在开具全电发票时，可以按照实际业务开展情况，选择特定业务，将按规定应填写在发票备注等栏次的信息，填写在特定内容栏次，进一步规范发票票面内容，便利纳税人使用。特定业务的全电发票票面按照特定内容展示相应信息，同时票面左上角展示该业务类型的字样。

（5）试点纳税人可以通过电子发票服务平台开具哪些类型的发票？

电子发票服务平台支持开具全电发票、纸质专票和纸质普票。

试点纳税人通过实名验证后，无需使用税控专用设备即可通过电子发票服务平台开具全电发票、纸质专票和纸质普票，无需进行发票验旧操作。其中，全电发票无需进行发票票种核定和发票领用。

试点纳税人中，2022年4月25日后新设立登记且未使用增值税发票管理系统开具纸质专票和纸质普票的，如需开具纸质专票和纸质普票，应通过电子发票服务平台开具，纸质专票和纸质普票的票种核定、发票领用、发票作废、发票缴销、发票退回、发票遗失损毁等事项仍然按照原规定和流程办理；试点纳税人中，2022年4月25日前设立登记或已使用增值税发票管理系统开具纸质专票和纸质普票的，如需开具纸质专票和纸质普票，可以通过增值税发票管理系统开具。

试点纳税人可以通过增值税发票管理系统开具机动车增值税专用发票、机动车销售统一发票、二手车销售统一发票、增值税普通发票（卷票，以下简称卷式发票）、增值税电子专用发票（以下简称电子专票）、增值税电子普通发票（以下简称电子普票）和收费公路通行费增值税电子普通发票。

（6）如何理解《公告》中的开具金额总额度和剩余可用额度？

为降低试点纳税人使用成本，便利全电发票推广，尊重纳税人现行开票用票习惯，做好发票风险防控，税务机关对试点纳税人开票实行统一开具金额总额度管理。

开具金额总额度，也称总授信额度，是指一个自然月内试点纳税人发票开具总金额（不含增值税）的上限额度，包括试点纳税人可通过电子发票服务平台开具的全电发票、纸质专票和纸质普票的上限总金额以及可通过增值税发票管理系统开具的纸质专票、纸质普票、卷式发票、电子专票和电子普票的上限总金额。

剩余可用额度，也称可用授信额度，是指在一个自然月内试点纳税人开具金额总额度扣除已使用额度。其中，已使用额度包括试点纳税人通过电子发票服务平台开具的发票金额，以及通过增值税发票管理系统开具的纸质专票、纸质普票、卷式发票、电子专票和电子普票的领用份数与单份发票最高开票限额之积（存在多种不同版式的发票应分别计算并求和，下同）。

例 4-29 试点纳税人 A 公司，使用电子发票服务平台开具全电发票，同时使用增值税发票管理系统开具纸质专票和纸质普票，2022 年 7 月开具金额总额度为 750 万元。

2022 年 7 月 1 日至 20 日，A 公司领用 10 万元版增值税专用发票 40 份（应从开具金额总额度中扣除 400 万元），通过增值税发票管理系统开具了 36 份纸质专票，合计金额 350 万元（不再重复从开具金额总额度中扣除），通过电子发票服务平台开具全电发票金额 300 万元（应从开具金额总额度中扣除 300 万元），则 7 月 20 日后剩余可用额度为 50 万元（750 − 40×10 − 300）。

（7）试点纳税人开具金额总额度如何调整？

调整开具金额总额度有三种方式，包括定期调整、临时调整和人工调整。

第一，定期调整。定期调整是指电子发票服务平台每月自动对试点纳税人开具金额总额度进行调整。

例 4-30 2022 年 7 月初成立的 B 公司，初始开具金额总额度为 750 万元。2022 年 9 月，根据 B 公司实际经营情况以及 7 月、8 月开具金额总额度的使用情况，9 月初电子发票服务平台将其开具金额总额度调整至 850 万元。

第二，临时调整。临时调整是指税收风险程度较低的试点纳税人当月开具发票金额首次达到开具金额总额度一定比例时，电子发票服务平台自动为其临时增加一次开具金额总额度。

例 4-31 2022 年 7 月初成立的 C 公司，初始开具金额总额度为 750 万元。

情形一：2022年7月中旬，C公司销售额增加，至7月20日，实际已使用额度达到600万元（达到当前开具金额总额度的一定比例），电子发票服务平台自动风险扫描无问题后，为C公司临时增加开具金额总额度至900万元。

情形二：2022年7月中旬，C公司销售额增加，至7月20日，实际已使用额度达到580万元，未触发系统临时调整。7月21日，C公司因经营需要，需开具1份金额为200万元的全电发票，在填写发票信息时，因累计金额达到780万元（达到当前开具金额总额度的一定比例），电子发票服务平台自动风险扫描无问题后，为C公司临时增加开具金额总额度至900万元。

第三，人工调整。人工调整是指试点纳税人因实际经营情况发生变化申请调整开具金额总额度，主管税务机关依法依规审核未发现异常的，为纳税人调整开具金额总额度。

例4-32 纳税人D公司2022年7月初开具金额总额度为750万元，销售额增加，电子发票服务平台为D公司临时增加开具金额总额度至900万元，但仍无法满足D公司本月开票需求。D公司根据实际经营情况，向主管税务机关申请调增开具金额总额度至1 200万元，主管税务机关依法依规审核未发现异常后，相应调增D公司开具金额总额度。

（8）试点纳税人在增值税申报期内如何使用开具金额总额度？

试点纳税人在增值税申报期内，完成增值税申报前，在电子发票服务平台中可以按照上月剩余可用额度且不超过当月开具金额总额度的范围内开具发票。试点纳税人按规定完成增值税申报且比对通过后，在电子发票服务平台中可以按照当月剩余可用额度开具发票。

第一，按月进行增值税申报的试点纳税人在每月月初到完成上个所属期（即上个月）申报前开具金额总额度的可使用额度为上月剩余可用额度，且不超过本月开具金额总额度；完成上个所属期（即上个月）申报且比对通过后可使用额度为当月剩余可用额度。

第二，按季进行增值税申报的试点纳税人在每季季初到完成上个所属期（即上个季度）申报前开具金额总额度的可使用额度为上月剩余可用额度，且不超过本月开具金额总额度；完成上个所属期（即上个季度）申报且比对通过后可使用额度为当月剩余可用额度。

例4-33 试点纳税人E公司是按月申报的一般纳税人，2022年7月开具金额总额度为750万元，截至7月31日实际已使用额度400万元，剩余可用额度为350万元。

情形一：8月1日，电子发票服务平台自动计算其8月开具金额总额度为750万元。如果E公司在8月11日9时完成7月所属期增值税申报并比对通过，则8月11日9时前（即未完成7月所属期增值税申报前），E公司的可使用额度为350万元（7月剩余可用额度 350 万元＜8 月月初开具金额总额度 750 万元）。

8 月 1 日至 11 日 9 时，如果 E 公司实际已使用额度为 20 万元，则 8 月 11 日 9 时（即完成申报）后的剩余可用额度为 730 万元（750－20）。

情形二：8 月 1 日，依据纳税人风险程度、纳税信用级别、实际经营情况等因素，电子发票服务平台自动计算并将 8 月开具金额总额度调整为 250 万元。如果 E 公司在 8 月 11 日 9 时完成 7 月所属期增值税申报并比对通过，则 8 月 11 日 9 时前（即未完成 7 月所属期增值税申报前）E 公司的可使用额度为 250 万元（7 月剩余可用额度 350 万元＞8 月月初开具金额总额度 250 万元）。

8 月 1 日至 11 日 9 时，如果 E 公司实际已使用额度为 20 万元，则 8 月 11 日 9 时（即完成申报）后的剩余可用额度为 230 万元（250－20）。

例 4-34 试点纳税人 F 公司是按季申报的小规模纳税人，2022 年 5 月开具金额总额度为 10 万元，截至 5 月 31 日实际已使用额度为 5 万元，剩余可用额度为 5 万元。

6 月 1 日，电子发票服务平台自动计算并将 6 月开具金额总额度重新调整为 10 万元。因 F 公司是按季申报的纳税人，6 月无需完成 5 月所属期增值税申报，则 6 月 1 日后可使用额度为 10 万元（即 6 月初的开具金额总额度）。6 月 1 日至 31 日，F 公司实际已使用额度为 8 万元，剩余可用额度为 2 万元。

7 月 1 日，电子发票服务平台自动计算并将 7 月开具金额总额度重新调整为 10 万元。如果 F 公司于 7 月 6 日 9 时完成 2022 年第二季度所属期增值税申报并比对通过，则 7 月 6 日 9 时前（即未完成第二季度所属期增值税申报前）可使用额度仍为 2 万元（6 月剩余可用额度 2 万元＜7 月月初开具金额总额度 10 万元）。

7 月 1 日至 6 日 9 时，如果 F 公司实际已使用额度为 2 万元，则 7 月 6 日 9 时（即完成申报）后的剩余可用额度为 8 万元（10－2）。

（9）试点纳税人领用纸质专票和纸质普票时，如何确定单份最高开票限额和领用份数？

试点纳税人办理发票票种核定和发票领用时，纸质专票和纸质普票的最高开票限额和每月最高领用数量仍按照现行有关规定办理。其中，试点纳税人领用通过增值税发票管理系统开具的纸质专票、纸质普票的份数与单份发票最高开票限额之积应小于或等于当月剩余可用额度。

（10）试点纳税人开具纸质专票和纸质普票如何使用剩余可用额度？

试点纳税人通过电子发票服务平台开具纸质专票和纸质普票时，单份发票开具金额不得超过单份最高开票限额且不得超过当月剩余可用额度，并根据实际开票金额扣除当月剩余可用额度。

试点纳税人通过增值税发票管理系统开具纸质专票、纸质普票、卷式发票、电子专票和电子普票的，在领用发票时按领用份数与单份发票最高开票限额之积扣除当月剩余可用额度，开具时不再扣除当月剩余可用额度。

（11）试点纳税人使用电子发票服务平台开具的纸质专票和纸质普票与增值税发票管理系统开具纸质专票和纸质普票有何区别？

试点纳税人使用电子发票服务平台开具的纸质专票和纸质普票，其法律效力、基本用途和基本使用规定与现有纸质专票、纸质普票相同。电子发票服务平台开具的纸质专票、纸质普票与现行纸质专票、纸质普票相比，区别在于电子发票服务平台开具纸质专票、纸质普票后，发票数据通过加密通道传输、税务机关签名防篡改等方式进行安全防护，纸质专票、纸质普票密码区不再展示发票密文，密码区将展示电子发票服务平台赋予的20位发票号码以及全国增值税发票查验平台网址。

（12）税务数字账户为试点纳税人提供哪些服务？

税务机关通过电子发票服务平台税务数字账户为试点纳税人提供发票归集、用途确认、查询、下载、打印等服务。纳税人开具和取得各类发票时，系统自动归集发票数据，推送至对应纳税人的税务数字账户，从根本上解决纳税人纸质发票管理中出现的丢失、破损及电子发票难以归集等问题；并支持纳税人对各类发票进行用途确认、查询，同时满足纳税人对已入账发票进行标识、税务事项通知书查询、税收政策查询、发票开具金额总额度调整申请、发票风险提示、原税率发票开具申请、操作海关缴款书业务等需求，为纳税人提供高效便捷的发票服务。

（13）如何使用发票入账标识功能？

电子发票服务平台为试点纳税人提供发票入账标识服务，试点纳税人使用该功能时，系统将同步为发票赋予入账状态字样，供财务人员及时查验，避免重复报销入账。

（14）纳税人开具和取得全电发票报销入账归档的，需要注意哪些事项？

纳税人开具和取得全电发票报销入账归档的，应按照《财政部 国家档案局关于规范电子会计凭证报销入账归档的通知》（财会〔2020〕6号，以下称《通知》）和《会计档案管理办法》（财政部、国家档案局令第79号）的相关规定执行。

第一，纳税人可以根据《通知》第三条、第五条的规定，仅使用全电发票电子件进行报销入账归档的，可不再另以纸质形式保存。

第二，纳税人如果需要以全电发票的纸质打印件作为报销入账归档依据的，应当根据《通知》第四条的规定，同时保存全电发票电子件。

（15）试点纳税人怎样开具红字发票？

试点纳税人发生开票有误、销货退回、服务中止、销售折让等情形，需要通过电子发票服务平台开具红字全电发票或红字纸质发票的，按以下规定执行：

一是受票方已进行用途确认或入账确认的，受票方为试点纳税人，开票方或受票方均可在电子发票服务平台填开并上传《红字发票信息确认单》（以下简称《确认单》），经对方在电子发票服务平台确认后，开票方全额或部分开具红字全电发票或红字纸质发票；受票方为非试点纳税人，由开票方在电子发票服务平台填开并上传《确认单》，经受票方在增值税发票综合服务平台确认后，开票方全额或部分开具红字全电发票或红字纸质发票。其中，《确认单》需要与对应的蓝字发票信息相符。

受票方已将发票用于增值税申报抵扣的，应当暂依《确认单》所列增值税税额从当期进项税额中转出，待取得开票方开具的红字发票后，与《确认单》一并作为记账凭证。

第四章 华北地区全电发票试点制度

例 4-35 2022年10月，L公司（试点纳税人）销售一批服装给M公司（试点纳税人），已开具带有"增值税专用发票"字样的全电发票，M公司已确认用途。2022年11月，该批服装发生销货退回。

情形一：M公司财务人员通过电子发票服务平台填开并上传《确认单》，选择原因和对应的蓝字发票信息，录入金额和税额。L公司财务人员通过电子发票服务平台完成确认后，L公司财务人员据此开具红字全电发票。

情形二：L公司财务人员通过电子发票服务平台填开并上传《确认单》，选择原因和对应的蓝字发票信息，录入金额和税额。M公司财务人员通过电子发票服务平台完成确认后，L公司财务人员据此开具红字全电发票。

例 4-36 2022年11月，N公司（试点纳税人）销售一批玩具给P公司（非试点纳税人），已开具带有"增值税专用发票"字样的全电发票，P公司已确认用途。2022年12月，该批玩具发生销货退回。

N公司财务人员通过电子发票服务平台填开并上传《确认单》，选择原因和对应的蓝字发票信息，录入金额和税额。P公司财务人员通过增值税发票综合服务平台完成确认后，N公司财务人员据此开具红字全电发票。

二是受票方未做用途确认及入账确认的，开票方在电子发票服务平台填开《确认单》后全额开具红字全电发票或红字纸质发票，无需受票方确认。原蓝字发票为纸质发票的，开票方应收回原纸质发票并注明"作废"字样或取得受票方有效证明。其中，《确认单》需要与对应的蓝字发票信息相符。

例 4-37 2022年9月10日，从事食品生产的G公司（试点纳税人）发现有一张在2022年8月30日开给从事食品零售的H公司（试点纳税人）的纸质专票内容有误，通过电子发票服务平台查询到该张发票未被H公司进行确认用途，也未入账。G公司财务人员联系H公司将该发票相关联次取回后，通过电子发票服务平台填开并上传《确认单》，无需H公司确认，系统自动校验通过后，直接全额开具对应的红字全电发票。

例 4-38 2022年7月，从事机械加工的I公司（试点纳税人）为J公司（非试点纳税人）提供加工劳务。I公司在2022年7月18日已为J公司开具了带有"增值税专用发票"字样的全电发票。7月20日因客观原因劳务终止，J公司对该发票未确认用途也未入账，I公司需全额开具红字全电发票。

I公司财务人员通过电子发票服务平台填开并上传《确认单》，无需J公司确认，系统自动校验通过后，I公司财务人员依据核实无误的确认单信息，全额开具红字全电发票。

三是试点纳税人通过电子发票服务平台开具的全电发票或纸质发票已用于申请出口退税、代办退税的，暂不允许开具红字发票。

317

（16）非试点纳税人开具红字纸质发票流程有何变化？

电子发票服务平台升级后，为试点纳税人提供了填开并上传《开具红字增值税专用发票信息表》（以下简称《信息表》）功能。

纳税人发生《国家税务总局关于红字增值税发票开具有关问题的公告》（国家税务总局公告 2016 年第 47 号）第一条以及《国家税务总局关于在新办纳税人中实行增值税专用发票电子化有关事项的公告》（国家税务总局公告 2020 年第 22 号）第七条规定情形的，购买方为试点纳税人时，购买方可通过电子发票服务平台填开并上传《信息表》。

例 4-39 2022 年 5 月，Q 公司（非试点纳税人）销售一批服装给 R 公司（试点纳税人），通过增值税发票管理系统已开具增值税专用发票，R 公司已确认用途。2022 年 6 月，该批服装发生销货退回。

R 公司财务人员通过电子发票服务平台填开并上传《信息表》，Q 公司财务人员据此开具红字专用发票。

（17）试点纳税人通过电子发票服务平台开具红字发票有哪些注意事项？

第一，试点纳税人需要开具红字发票的，可以在所对应的蓝字发票金额范围内开具红字发票。

第二，试点纳税人开具蓝字全电发票当月开具红字全电发票，电子发票服务平台同步增加其当月剩余可用额度；跨月开具红字全电发票的，电子发票服务平台不增加其当月剩余可用额度。

第三，试点纳税人开具蓝字纸质发票当月开具红字纸质发票，或者作废已开具的蓝字纸质发票，电子发票服务平台同步增加其当月剩余可用额度；跨月开具红字纸质发票的，电子发票服务平台不增加其当月剩余可用额度。

例 4-40 试点纳税人 S 公司，2022 年 10 月的开具金额总额度为 750 万元。2022 年 10 月 1 日至 5 日 S 公司开票累计金额 100 万元，10 月 6 日开具红字全电发票金额 10 万元（对应 2022 年 8 月 25 日开具的蓝字全电发票，金额 10 万元），10 月 7 日开具红字全电发票 50 万元（对应 2022 年 10 月 3 日开具的蓝字全电发票，金额 50 万元），则 10 月 8 日剩余可用额度为 700 万元（750－100＋50）。由于跨月开具红字全电发票不增加当月剩余可用额度，10 月 6 日开具红字全电发票金额 10 万元不列入当月剩余可用额度计算。

（18）《公告》实施后，试点纳税人能开具机动车（含二手车）、通行费等特定业务发票吗？

电子发票服务平台暂不支持开具机动车（含二手车）、通行费等特定业务全电发票，开具上述发票功能的上线时间另行公告。功能上线前，试点纳税人可通过增值税发票管理系统开具上述发票。

相关发票功能上线前，试点纳税人可以通过增值税发票管理系统开具机动车增值税专用发票、机动车销售统一发票、二手车销售统一发票、卷式发票、收费公路通行费增值税电子普通发票、电子专票和电子普票。

（19）通过什么渠道可以进行全电发票信息的查验？

通过电子发票服务平台或者全国增值税发票查验平台都可以对全电发票的信息进行查验。

（20）纳税人通过电子发票服务平台开具或取得发票后，如何填写增值税及附加税费申报表？

第一，一般纳税人通过电子发票服务平台开具带有"增值税专用发票"或"普通发票"字样的全电发票、纸质专票、纸质普票，其金额及税额应分别填入《增值税及附加税费申报表附列资料（一）》（本期销售情况明细）"开具增值税专用发票"或"开具其他发票"相关栏次。

一般纳税人取得通过电子发票服务平台开具的全电发票、纸质专票、纸质普票，勾选用于进项抵扣时，其份数、金额及税额填列在《增值税及附加税费申报表附列资料（二）》（本期进项税额明细）相关栏次。

一般纳税人取得通过电子发票服务平台开具的带有"增值税专用发票"字样的全电发票、纸质专票，已用于增值税申报抵扣的，对应的《确认单》所列增值税税额填列在《增值税及附加税费申报表附列资料（二）》（本期进项税额明细）第20栏"红字专用发票信息表注明的进项税额"。

一般纳税人取得通过电子发票服务平台开具的带有"增值税普通发票"字样的全电发票、纸质普票，已用于增值税申报抵扣或加计扣除农产品进项税额的，对应的《确认单》所列增值税税额填列在《增值税及附加税费申报表附列资料（二）》（本期进项税额明细）第23b栏"其他应作进项税额转出的情形"。

第二，小规模纳税人通过电子发票服务平台开具的带有"增值税专用发票"或"普通发票"字样的全电发票、纸质专票、纸质普票，其金额及税额应填入《增值税及附加税费申报表（小规模纳税人适用）》"增值税专用发票不含税销售额"或"其他增值税发票不含税销售额"相关栏次。其中，适用增值税免税政策的，按规定填入"免税销售额"相关栏次。

（21）纳税人需要确认发票用途，通过什么渠道进行确认？

自2022年4月25日起，试点纳税人应通过电子发票服务平台税务数字账户使用发票用途确认、风险提示、信息下载等功能，不再通过增值税发票综合服务平台使用上述功能。非试点纳税人继续登录增值税发票综合服务平台使用相关发票功能。纳税人在同一个平台即可进行全部增值税扣税凭证的用途确认。

税务数字账户对用途确认功能进行了优化，增加国内旅客运输凭证用途确认、加计扣除农产品进项税额确认功能。

试点纳税人取得带有"增值税专用发票"字样的全电发票、纸质专票、电子专票、机动车销售统一发票、收费公路通行费增值税电子普通发票等凭证，如需用于申报抵扣增值税进项税额、申报抵扣消费税或申请出口退税、代办退税的，应当通过电子发票服务平台税务数字账户确认用途。试点纳税人确认用途有误的，可向主管税务机关申请更正。

（22）试点纳税人如何通过电子发票服务平台税务数字账户进行计算农产品进项税额以及加计扣除农产品进项税额？

试点纳税人购进农产品，取得符合规定的带有"增值税专用发票"字样的全电发票、增值税专用发票、海关缴款书、农产品销售发票等凭证或者开具符合规定的收购发票，应当通过电子发票服务平台税务数字账户进行用途确认，按照相关规定计算当期进项税额。

其中，试点纳税人购进用于生产或者委托加工13%税率货物的农产品，可以由主管税务机关开通加计扣除农产品进项税额确认功能，通过电子发票服务平台税务数字账户进行用途确认，按照相关规定计算当期进项税额，并将已进行用途确认的凭证明细转入加计扣除农产品进项税额确认待用。试点纳税人将购进农产品用于生产或者委托加工的当期，可以通过电子发票服务平台税务数字账户选择相应凭证，按规定计算填写本次加计扣除农产品进项税额。

对于符合以上规定的试点纳税人取得的尚未用于加计扣除农产品进项税额的凭证，试点纳税人可以向主管税务机关申请补录。

（23）试点纳税人错误确认发票用途后，税务机关如何帮助纳税人进行修改和更正？

试点纳税人通过电子发票服务平台确认发票用途后，如果出现发票用途确认错误的情形，税务机关可为纳税人提供规范、便捷的更正服务。

纳税人将发票用途误确认为申报抵扣且已申报抵扣后，如果要改为用于申报出口退税或代办退税，纳税人可以向主管税务机关申请更正。主管税务机关在核实确认相关进项税额已转出后，为纳税人调整发票用途。

纳税人将发票用途误确认为用于出口退税、代办退税的，可以向主管税务机关申请更正。如纳税人尚未申报出口退税，经主管税务机关确认后，可将发票信息回退至电子发票服务平台，纳税人可以重新确认发票用途；如果纳税人已申报办理出口退税，可向主管税务机关申请开具出口货物转内销证明。

（24）辅导期一般纳税人申请人工调整开具金额总额度或领用增值税专用发票时，是否需要预缴增值税？

试点纳税人是辅导期一般纳税人的，当月首次申请人工调整开具金额总额度或者当月第二次领用增值税专用发票（包括纸质专票和电子专票，下同）时，应当按照当月已开具带有"增值税专用发票"字样的全电发票和已领用并开具的增值税专用发票销售额的3%预缴增值税；多次申请人工调整开具金额总额度或者多次领用增值税专用发票时，应当自本月上次申请人工调整开具金额总额度或者上次领用增值税专用发票起，按照已开具带有"增值税专用发票"字样的全电发票和已领用并开具的增值税专用发票销售额的3%预缴增值税。

例 4-41 2022年10月新设立登记的试点纳税人T公司为辅导期一般纳税人，2022年11月初开具金额总额度为750万元。

情形一：T公司仅通过电子发票服务平台开具全电发票。

2022年11月1～20日，T公司开具带有"增值税专用发票"字样的全电发票金额300万元。

因开具金额总额度不能满足其经营需要，T公司于2022年11月21日向主管税务机关申请人工调整开具金额总额度至900万元。在申请人工调整前，T公司应根据2022年11月1～20日开具的带有"增值税专用发票"字样的全电发票销售额，按照3%预缴增值税9万元（300×3%）。

情形二：T公司通过电子发票服务平台同时开具全电发票、纸质专票和纸质普票。

2022年11月1～20日，T公司开具带有"增值税专用发票"字样的全电发票金额300万元；一次性领用单份最高开票限额10万元纸质专票25份，其间开具17份，合计金额160万元。

因开具金额总额度不能满足其经营需要，T公司于2022年11月21日向主管税务机关申请人工调整开具金额总额度至900万元。在申请人工调整前，T公司应根据2022年11月1～20日期间开具的带有"增值税专用发票"字样的全电发票和已领用并开具增值税专用发票的销售额，按照3%预缴增值税13.8万元（300×3%＋160×3%）。

2022年11月21～25日，T公司开具带有"增值税专用发票"字样的全电发票金额50万元，开具8份纸质专票（本月领用且未开具），金额70万元。

2022年11月26日T公司再次领用纸质专票前，应当根据2022年11月21～25日期间开具的带有"增值税专用发票"字样的全电发票和已领用并开具增值税专用发票的销售额，按照3%预缴增值税3.6万元（50×3%＋70×3%）。

情形三：T公司通过电子发票服务平台开具全电发票，同时使用增值税发票管理系统开具纸质专票、纸质普票和电子专票。

2022年11月1～20日，T公司开具带有"增值税专用发票"字样的全电发票销售额200万元，一次性领用单份最高开票限额10万元纸质专票15份和电子专票10份（此时从开具金额总额度中扣除250万元，不参与预缴增值税税额计算），其间开具纸质专票15份、电子专票10份，合计金额240万元（不再从开具金额总额度重复扣除，参与预缴增值税税额计算）。

2022年11月21日，T公司再次领用单份最高开票限额10万元25份纸质专票前，根据11月1～20日期间已开具带有"增值税专用发票"字样的全电发票和已领用并开具增值税专用发票的销售额，按照3%预缴增值税13.2万元（200×3%＋240×3%）。

2022年11月21～25日，T公司开具带有"增值税专用发票"字样的全电发票金额30万元，并开具纸质专票10份，金额80万元。

因开具金额总额度不能满足其经营需要，T公司于2022年11月26日向主管税务机关申请人工调整开具金额总额度至900万元。在申请人工调整前，T公司应当根据2022年11月21～25日期间开具的带有"增值税专用发票"字样的全电发票和已领用并开具增值税专用发票合计销售额，按3%预缴增值税3.3万元（30×3%＋80×3%）。

三、扩大全面数字化的电子发票受票方范围

2022年6月20日，《国家税务总局内蒙古自治区税务局关于扩大全面数字化的电子发票受票方范围的公告》（国家税务总局内蒙古自治区税务局公告2022年第5号）规定，为落实中办、国办印发的《关于进一步深化税收征管改革的意见》要求，继续加大全面数字化的电子发票（以下简称全电发票）推广使用力度。经国家税务总局同意，决定进一步扩大内蒙古自治区试点纳税人通过电子发票服务平台开具发票的受票方范围。

（1）内蒙古自治区试点纳税人通过电子发票服务平台开具发票的受票方范围在《国家税务总局内蒙古自治区税务局关于进一步开展全面数字化的电子发票试点工作的公告》（国家税务总局内蒙古自治区税务局公告2022年3号）第一条规定的受票方范围基础上分批扩至全国。具体受票扩围时间以各省级税务机关试点公告为准。内蒙古自治区纳税人作为受票方同步接收由上海市和广东省（不含深圳市）的试点纳税人通过电子发票服务平台开具的发票。

（2）对于开票有误、销货退回、服务中止、销售折让等情形，需要试点纳税人通过电子发票服务平台开具红字发票的，若受票方暂未使用电子发票服务平台税务数字账户的，增值税发票综合服务平台为其新增了《红字发票信息确认单》的发起功能。

（3）全电发票试点的其他事项仍按照《国家税务总局内蒙古自治区税务局关于进一步开展全面数字化的电子发票试点工作的公告》（国家税务总局内蒙古自治区税务局公告2022年第3号）的规定执行。

四、扩大全面数字化的电子发票受票方范围解读

为落实中办、国办印发的《关于进一步深化税收征管改革的意见》要求，继续加大全面数字化的电子发票（以下简称全电发票）推广使用力度。经国家税务总局同意，决定扩大全电发票受票方范围。为此，国家税务总局内蒙古自治区税务局发布了《国家税务总局内蒙古自治区税务局关于扩大全面数字化的电子发票受票方范围的公告》（以下称《公告》）。现解读如下：

（1）扩大全电发票受票方范围的背景是什么？

为贯彻落实中办、国办关于稳步实施发票电子化改革的部署安排，前期国家税务总局在内蒙古自治区、上海市、广东省3个地区开展了全电发票试点工作。为进一步推进全电发票试点工作，国家税务总局本着稳妥有序的原则，现决定分批逐步扩大受票方范围。

（2）《公告》发布后，试点纳税人怎样开具红字发票？

对于开票有误、销货退回、服务中止、销售折让等情形，需要试点纳税人通过电子发票服务平台开具红字发票的，按以下规定执行：

一是受票方未做用途确认及入账确认的，开票方在电子发票服务平台填开《红字发票信息确认单》（以下简称《确认单》）后全额开具红字全电发票或红字纸质发票，无需受票方确认。原蓝字发票为纸质发票的，开票方应收回原纸质发票并注明"作废"字样或取得受票方有效证明。其中，《确认单》需要与对应的蓝字发票信息相符。

二是受票方已进行用途确认或入账确认的，受票方为试点纳税人，开票方或受票方均可在电子发票服务平台填开并上传《确认单》，经对方在电子发票服务平台确认后，开票方全额或部分开具红字全电发票或红字纸质发票；受票方为非试点纳税人，由开票方在电子发票服务平台或由受票方在增值税发票综合服务平台填开并上传《确认单》，经对方确认后，开票方全额或部分开具红字全电发票或红字纸质发票。其中，《确认单》需要与对应的蓝字发票信息相符。

受票方已将发票用于增值税申报抵扣的，应当暂依《确认单》所列增值税税额从当期进项税额中转出，待取得开票方开具的红字发票后，与《确认单》一并作为记账凭证。

例 4-42 2022 年 6 月，L 公司（试点纳税人）销售一批服装给 M 公司（试点纳税人），已开具带有"增值税专用发票"字样的全电发票，M 公司已确认用途。2022 年 7 月，该批服装发生销货退回。

情形一：M 公司财务人员通过电子发票服务平台填开并上传《确认单》，选择原因和对应的蓝字发票信息，录入金额和税额。L 公司财务人员通过电子发票服务平台完成确认后，L 公司财务人员据此开具红字全电发票。

情形二：L 公司财务人员通过电子发票服务平台填开并上传《确认单》，选择原因和对应的蓝字发票信息，录入金额和税额。M 公司财务人员通过电子发票服务平台完成确认后，L 公司财务人员据此开具红字全电发票。

例 4-43 2022 年 6 月，N 公司（试点纳税人）销售一批玩具给 P 公司（非试点纳税人），已开具带有"增值税专用发票"字样的全电发票，P 公司已确认用途。2022 年 7 月，该批玩具发生销货退回。

情形一：N 公司财务人员通过电子发票服务平台填开并上传《确认单》，选择原因和对应的蓝字发票信息，录入金额和税额。P 公司财务人员通过增值税发票综合服务平台完成确认后，N 公司财务人员据此开具红字全电发票。

情形二：P 公司财务人员通过增值税发票综合服务平台填开并上传《确认单》，选择原因和对应的蓝字发票信息，录入金额和税额。N 公司财务人员通过电子发票服务平台完成确认后，据此开具红字全电发票。

三是试点纳税人通过电子发票服务平台开具的全电发票或纸质发票已用于申请出口退税、代办退税的，暂不允许开具红字发票。

（3）《公告》调整的主要内容是什么？

根据《公告》规定，自 2022 年 6 月 21 日起，内蒙古自治区试点纳税人通过电子发票服务平台开具的发票的受票方范围分批逐步推广至全国。

五、进一步开展全面数字化的电子发票受票试点

2022 年 11 月 4 日，《国家税务总局内蒙古自治区税务局关于进一步开展全面数字

化的电子发票受票试点工作的公告》（国家税务总局内蒙古自治区税务局公告 2022 年第 8 号）提出，为落实中办、国办印发的《关于进一步深化税收征管改革的意见》要求，继续加大全面数字化的电子发票（以下简称全电发票）推广使用力度。经国家税务总局同意，决定进一步扩大内蒙古自治区纳税人可接收通过电子发票服务平台开具发票的开票方范围。有关事项如下：

（1）自 2022 年 11 月 7 日起，内蒙古自治区纳税人可接收四川省的试点纳税人通过电子发票服务平台开具的发票，包括带有"增值税专用发票"字样的全电发票、带有"普通发票"字样的全电发票、增值税纸质专用发票和增值税纸质普通发票（折叠票）。

（2）根据推广进度和试点工作安排，通过电子发票服务平台开具发票的试点地区范围将分批扩至全国，具体扩围时间以开票试点省级税务机关公告为准。内蒙古自治区纳税人可同步接收新增开票试点省开具的发票。

（3）全电发票试点的其他事项仍按照《国家税务总局内蒙古自治区税务局关于扩大全面数字化的电子发票受票方范围的公告》（国家税务总局内蒙古自治区税务局公告 2022 年第 5 号）的规定执行。

六、全面数字化的电子发票开票试点全面扩围

2023 年 3 月 1 日，《国家税务总局内蒙古自治区税务局关于全面数字化的电子发票开票试点全面扩围工作安排的通告》规定，为落实中办、国办印发的《关于进一步深化税收征管改革的意见》要求，继续加大全面数字化的电子发票（以下简称数电票）推广使用力度，根据《国家税务总局内蒙古自治区税务局关于进一步开展全面数字化的电子发票试点工作的公告》（国家税务总局内蒙古自治区税务局公告 2022 年第 3 号）及《国家税务总局内蒙古自治区税务局关于扩大全面数字化的电子发票受票方范围的公告》（国家税务总局内蒙古自治区税务局公告 2022 年第 5 号），在前期试点工作的基础上，现将内蒙古自治区数电票试点全面扩围工作安排通告如下：

（1）自 2023 年 3 月 1 日起，内蒙古自治区新设立登记的纳税人纳入数电票开票试点范围。

（2）内蒙古自治区纳税人自纳入数电票开票试点之日起，不再领用增值税电子专用发票及增值税电子普通发票。

（3）纳税人确有特殊情形，无法纳入数电票试点，按现行发票管理规定向主管税务机关申请使用其他发票。

第五章

华中地区全电发票试点制度

第一节
河南省全电发票试点制度

一、开展全面数字化的电子发票试点

2023年3月20日，《国家税务总局河南省税务局关于开展全面数字化的电子发票试点工作的公告》（国家税务总局河南省税务局公告2023年第1号）规定，为落实中办、国办印发的《关于进一步深化税收征管改革的意见》要求，加大推广使用全面数字化的电子发票（以下简称数电票）力度，经国家税务总局同意，河南省税务局决定在河南省开展数电票试点工作。

（1）自2023年3月22日起，在河南省的部分纳税人中开展数电票试点，使用电子发票服务平台的纳税人为试点纳税人，具体范围由国家税务总局河南省税务局确定。

河南省纳税人通过电子发票服务平台开具发票的受票方范围为全国。也可作为受票方接收由广东省、上海市、内蒙古自治区、四川省、厦门市、天津市、青岛市、重庆市、大连市、陕西省等地区的试点纳税人通过电子发票服务平台开具的发票。根据推广进度和试点工作安排，通过电子发票服务平台开具发票的试点地区范围将分批扩至全国，具体扩围时间以开票试点省（区、市）级税务机关公告为准。河南省纳税人可接收新增开票试点省开具的发票。

按照有关规定不使用网络办税或不具备网络条件的纳税人暂不纳入试点范围。此外，存在以下情形之一的纳税人暂不纳入试点：①存在严重涉税违法失信行为；②存

在国家税务总局规定的增值税发票风险；③经税收大数据分析发现重大涉税风险。

电子发票服务平台通过以下地址登录：https://etax.henan.chinatax.gov.cn/web/dzswj/ythclient/mh.html。

（2）数电票的法律效力、基本用途等与现有纸质发票相同。其中，带有"增值税专用发票"字样的数电票，其法律效力、基本用途与现有增值税专用发票相同；带有"普通发票"字样的数电票，其法律效力、基本用途与现有普通发票相同。

（3）河南省数电票由国家税务总局河南省税务局监制。数电票无联次，基本内容包括：发票号码、开票日期、购买方信息、销售方信息、项目名称、规格型号、单位、数量、单价、金额、税率/征收率、税额、合计、价税合计（大写、小写）、备注、开票人等。

其中，试点纳税人从事特定行业、发生特定应税行为及特定应用场景业务（包括：稀土、建筑服务、旅客运输服务、货物运输服务、不动产销售、不动产经营租赁服务、农产品收购、光伏收购、代收车船税、自产农产品销售、差额征税、民航、铁路等）的，电子发票服务平台提供了上述对应特定业务的数电票样式，试点纳税人应按照发票开具有关规定使用特定业务数电票。

（4）河南省数电票的发票号码为20位，其中：第1～2位代表公历年度后两位，第3～4位代表河南省行政区划代码，第5位代表数电票开具渠道等信息，第6～20位代表顺序编码等信息。

（5）电子发票服务平台支持开具增值税纸质专用发票（以下简称纸质专票）和增值税纸质普通发票（折叠票，以下简称纸质普票）。

通过电子发票服务平台开具的纸质专票和纸质普票，其法律效力、基本用途与现有纸质专票、纸质普票相同。其中，发票密码区不再展示发票密文，改为展示电子发票服务平台赋予的20位发票号码及全国增值税发票查验平台网址。

（6）试点纳税人通过实名认证后，无需使用税控专用设备即可通过电子发票服务平台开具发票，无需进行发票验旧操作。其中，数电票无需进行发票票种核定和发票领用。

（7）税务机关对试点纳税人开票实行开具金额总额度管理。开具金额总额度，是指一个自然月内，试点纳税人发票开具总金额（不含增值税）的上限额度。

第一，试点纳税人通过电子发票服务平台开具的数电票、纸质专票和纸质普票以及通过增值税发票管理系统开具的纸质专票、纸质普票、增值税普通发票（卷票）、增值税电子专用发票（以下简称电子专票）和增值税电子普通发票，共用同一个开具金额总额度。

第二，税务机关依据试点纳税人的税收风险程度、纳税信用级别、实际经营情况等因素，确定初始开具金额总额度，并进行定期调整、临时调整或人工调整。

定期调整是指电子发票服务平台每月自动对试点纳税人开具金额总额度进行调整。

临时调整是指税收风险程度较低的试点纳税人当月开具发票金额首次达到开具金额总额度一定比例时，电子发票服务平台自动为其临时增加一次开具金额总额度。

人工调整是指试点纳税人因实际经营情况发生变化申请调整开具金额总额度，主管税务机关依法依规审核未发现异常的，为纳税人调整开具金额总额度。

第三，试点纳税人在增值税申报期内，完成增值税申报前，在电子发票服务平台中可以在上月剩余可用额度且不超过当月开具金额总额度的范围内开具发票。试点纳税人按规定完成增值税申报且比对通过后，在电子发票服务平台中可以按照当月剩余可用额度开具发票。

（8）电子发票服务平台税务数字账户自动归集发票数据，供试点纳税人进行发票的查询、查验、下载、打印和用途确认，并提供税收政策查询、开具金额总额度调整申请、发票风险提示等功能。

（9）试点纳税人可以通过电子发票服务平台税务数字账户自动交付数电票，也可通过电子邮件、二维码等方式自行交付数电票。

（10）自2023年3月22日起，试点纳税人可通过电子发票服务平台税务数字账户使用发票用途确认、风险提示、信息下载等功能，不再通过增值税发票综合服务平台使用上述功能。

试点纳税人取得带有"增值税专用发票"字样的数电票、带有"普通发票"字样的数电票、纸质专票和纸质普票等符合规定的增值税扣税凭证，如需用于申报抵扣增值税进项税额或申请出口退税、代办退税的，应当通过电子发票服务平台税务数字账户确认用途。非试点纳税人继续通过增值税发票综合服务平台使用相关增值税扣税凭证功能。纳税人确认用途有误的，可向主管税务机关申请更正。

（11）试点纳税人可以通过电子发票服务平台税务数字账户对符合规定的农产品增值税扣税凭证进行用途确认，计算用于抵扣的进项税额。其中，试点纳税人购进用于生产或者委托加工13%税率货物的农产品，可以由主管税务机关开通加计扣除农产品进项税额确认功能，在生产领用当期计算加计扣除农产品进项税额。

（12）试点纳税人可通过电子发票服务平台税务数字账户标记发票入账标识。纳税人以数电票报销入账归档的，按照财政和档案部门的相关规定执行。

（13）试点纳税人发生开票有误、销货退回、服务中止、销售折让等情形，需要通过电子发票服务平台开具红字数电票或红字纸质发票的，按以下规定执行：

一是受票方未做用途确认及入账确认的，开票方填开《红字发票信息确认单》（以下简称《确认单》）后全额开具红字数电票或红字纸质发票，无需受票方确认。

二是受票方已进行用途确认或入账确认的，开票方或受票方可以填开《确认单》，经对方确认后，开票方依据《确认单》开具红字发票。

受票方已将发票用于增值税申报抵扣的，应当暂依《确认单》所列增值税税额从当期进项税额中转出，待取得开票方开具的红字发票后，与《确认单》一并作为记账凭证。

（14）纳税人发生《国家税务总局关于红字增值税发票开具有关问题的公告》（国家税务总局公告2016年第47号）第一条以及《国家税务总局关于在新办纳税人中实行增值税专用发票电子化有关事项的公告》（国家税务总局公告2020年第22号）第

七条规定情形的,购买方为试点纳税人时,购买方可通过电子发票服务平台填开并上传《开具红字增值税专用发票信息表》(以下简称《信息表》)。

(15)单位和个人可以通过全国增值税发票查验平台(https://inv-veri.chinatax.gov.cn)查验数电票信息。同时,试点纳税人还可以通过电子发票服务平台查验数电票信息。

(16)电子发票服务平台暂不支持开具机动车(含二手车)、通行费等特定业务数电票,开具上述发票功能的上线时间另行公告。

相关发票功能上线前,纳税人可以通过增值税发票管理系统开具电子专票、增值税电子普通发票(含收费公路通行费增值税电子普通发票)、增值税普通发票(卷票)和二手车销售统一发票以及通过增值税发票管理系统开票软件中机动车发票开具模块开具增值税专用发票和机动车销售统一发票(包括纸质发票、电子发票)。

(17)纳税人应当按照规定依法、诚信、如实使用数电票,并接受税务机关依法检查。税务机关依法加强税收监管和风险防范,严厉打击虚开、虚抵、偷逃骗税等涉税违法犯罪行为。

二、开展全面数字化的电子发票试点解读

为落实中办、国办印发的《关于进一步深化税收征管改革的意见》要求,全面推进税收征管数字化升级和智能化改造,降低征纳成本,国家税务总局河南省税务局发布了《国家税务总局河南省税务局关于开展全面数字化的电子发票试点工作的公告》(以下简称《公告》)。

(1)推行全面数字化的电子发票的背景是什么?

为贯彻落实中办、国办关于稳步实施发票电子化改革的部署安排,2021年12月1日起,国家税务总局在内蒙古自治区、上海市和广东省、四川省、厦门市、天津市、青岛市、重庆市、大连市、陕西省等地区开始推行数电票。同时,本着稳妥有序的原则,采用先在部分地区推行数电票试点,此后逐步扩大地区和纳税人范围的工作策略。数电票推行后,系统运行平稳,因具有无需领用、开具便捷、信息集成、节约成本等优点,受到越来越多纳税人的欢迎。

自2023年3月22日起,在河南省的部分纳税人中开展数电票试点,试点纳税人具体范围由国家税务总局河南省税务局确定。

按照国家税务总局的推广进度安排,数电票受票范围已推广至全国,河南省试点纳税人通过电子发票服务平台开具的数电票,各省的受票方均可接收。

(2)推行数电票具有哪些优点?

第一,领票流程更简化。开业开票"无缝衔接"。数电票实现"去介质",纳税人不再需要预先领取专用税控设备;通过"赋码制"取消特定发票号段申领,发票信息生成后,系统自动分配唯一的发票号码;通过"授信制"自动为纳税人赋予开具金额总额度,实现开票"零前置"。基于此,新办纳税人可实现"开业即可开票"。

第二，开票用票更便捷。一是发票服务"一站式"更便捷。纳税人登录电子发票服务平台后，可进行发票开具、交付、查验以及用途勾选等系列操作，享受"一站式"服务，不再像以前需登录多个平台才能完成相关操作。二是发票数据应用更广泛。通过"一户式""一人式"发票数据归集，加强各税费数据联动，为实现"一表集成"式税费申报预填服务奠定数据基础。三是发票使用满足个性业务需求。数电票破除特定版式要求，增加了 XML 的数据电文格式便利交付，同时保留 PDF、OFD 等格式，降低发票使用成本，提升纳税人用票的便利度和获得感。数电票样式根据不同业务进行差异化展示，为纳税人提供更优质的个性化服务。四是纳税服务渠道更畅通。电子发票服务平台提供征纳互动相关功能，如增加智能咨询，纳税人在开票、受票等过程中，平台自动接收纳税人业务处理过程中存在的问题并进行智能答疑；增设异议提交功能，纳税人对开具金额总额度有异议时，可以通过平台向税务机关提出。

第三，入账归档一体化。通过制发电子发票数据规范、出台电子发票国家标准，实现数电票全流程数字化流转，进一步推进企业和行政事业单位会计核算、财务管理信息化。

（3）数电票的票面信息包括哪些？

数电票的票面信息包括基本内容和特定内容。

为了符合纳税人开具发票的习惯，数电票的基本内容在现行增值税发票基础上进行了优化，主要包括：发票号码、开票日期、购买方信息、销售方信息、项目名称、规格型号、单位、数量、单价、金额、税率/征收率、税额、合计、价税合计（大写、小写）、备注、开票人等。

为了满足从事特定行业、发生特定应税行为及特定应用场景业务（以下简称特定业务）的试点纳税人开具发票的个性化需求，税务机关根据现行发票开具的有关规定和特定业务的开票场景，在数电票中设计了相应的特定内容。特定业务包括但不限于稀土、建筑服务、旅客运输服务、货物运输服务、不动产销售、不动产经营租赁服务、农产品收购、光伏收购、代收车船税、自产农产品销售、差额征税、民航、铁路等。试点纳税人在开具数电票时，可以按照实际业务开展情况，选择特定业务，将按规定应填写在发票备注等栏次的信息，填写在特定内容栏次，进一步规范发票票面内容，便利纳税人使用。特定业务的数电票票面按照特定内容展示相应信息，同时票面左上角展示该业务类型的字样。

（4）试点纳税人可以通过电子发票服务平台开具哪些类型的发票？

电子发票服务平台支持开具数电票、纸质专票和纸质普票。

试点纳税人通过实名验证后，无需使用税控专用设备即可通过电子发票服务平台开具数电票、纸质专票和纸质普票，无需进行发票验旧操作。其中，数电票无需进行发票票种核定和发票领用。

试点纳税人可以选择电子发票服务平台或者增值税发票管理系统其中之一开具纸质专票或纸质普票。其中，试点纳税人选择通过电子发票服务平台开具纸质专票或纸质普票，其票种核定、发票领用、发票作废、发票缴销、发票退回、发票遗失损毁等事项仍然按照原规定和流程办理。

（5）如何理解《公告》中的开具金额总额度和剩余可用额度？

为降低纳税人使用成本，便利数电票推广，尊重纳税人现行开票用票习惯，做好发票风险防控，税务机关对试点纳税人开票实行开具金额总额度管理。

开具金额总额度，也称总授信额度，是指一个自然月内试点纳税人发票开具总金额（不含增值税）的上限额度，包括试点纳税人可通过电子发票服务平台开具的数电票、纸质专票和纸质普票的上限总金额以及可通过增值税发票管理系统开具的纸质专票、纸质普票、增值税普通发票（卷式，以下简称卷式发票）、增值税电子专用发票（以下简称电子专票）和增值税电子普通发票（以下简称电子普票）的上限总金额。

剩余可用额度，也称可用授信额度，是指在一个自然月内试点纳税人开具金额总额度扣除已使用额度。其中，已使用额度包括试点纳税人通过电子发票服务平台开具的发票金额，以及通过增值税发票管理系统开具的纸质专票、纸质普票、卷式发票、电子专票和电子普票的领用份数与单份发票最高开票限额之积（存在多种不同版式的发票应分别计算并求和，下同）。

例 5-1 试点纳税人 A 公司，通过电子发票服务平台开具数电票，同时通过增值税发票管理系统开具纸质专票和纸质普票，2023 年 7 月开具金额总额度为 750 万元。

2023 年 7 月 1 日至 20 日，A 公司领用 10 万元版增值税专用发票 40 份（应从开具金额总额度中扣除 400 万元），通过增值税发票管理系统开具了 36 份纸质专票，合计金额 350 万元（不再重复从开具金额总额度中扣除），通过电子发票服务平台开具数电票金额 300 万元（应从开具金额总额度中扣除 300 万元），则 7 月 20 日后剩余可用额度为 50 万元（750 − 40×10 − 300）。

（6）试点纳税人开具金额总额度如何调整？

调整开具金额总额度有三种方式，包括定期调整、临时调整和人工调整。

第一，定期调整。定期调整是指电子发票服务平台每月自动对试点纳税人开具金额总额度进行调整。

例 5-2 2023 年 7 月初成立的 B 公司，初始开具金额总额度为 750 万元。2023 年 9 月，根据 B 公司实际经营情况以及 7 月、8 月开具金额总额度的使用情况，9 月月初电子发票服务平台将其开具金额总额度调整至 850 万元。

第二，临时调整。临时调整是指税收风险程度较低的试点纳税人当月开具发票金额首次达到开具金额总额度一定比例时，电子发票服务平台自动为其临时调增一次开具金额总额度。

例 5-3 2023 年 7 月初成立的 C 公司，初始开具金额总额度为 750 万元。

情形一：2023 年 7 月中旬，C 公司销售额增加，至 7 月 20 日，实际已使用额度达到 600 万元（达到当前开具金额总额度的一定比例），电子发票服务平台自动风险扫描无问题后，为 C 公司临时增加开具金额总额度至 900 万元。

情形二：2023 年 7 月中旬，C 公司销售额增加，至 7 月 20 日，实际已使用额度达到 580 万元，未触发系统临时调整。7 月 21 日，C 公司因经营需要，需开具 1 份金额为 200 万元的数电票，在填写发票信息时，因累计金额达到 780 万元（达到当前开具金额总额度的一定比例），电子发票服务平台自动风险扫描无问题后，为 C 公司临时增加开具金额总额度至 900 万元。

第三，人工调整。人工调整是指纳税人因实际经营情况发生变化申请调整开具金额总额度，主管税务机关依法依规审核未发现异常的，为纳税人调整开具金额总额度。

例 5-4 D 公司 2023 年 7 月初开具金额总额度为 750 万元，销售额增加，电子发票服务平台为 D 公司临时调增开具金额总额度至 900 万元，但仍无法满足 D 公司本月开票需求。D 公司根据实际经营情况，向主管税务机关申请调增开具金额总额度至 1 200 万元，主管税务机关依法依规审核未发现异常后，相应调增 D 公司开具金额总额度。

（7）试点纳税人在增值税申报期内如何使用开具金额总额度？

试点纳税人在增值税申报期内，完成增值税申报前，在电子发票服务平台中可以按照上月剩余可用额度且不超过当月开具金额总额度的范围内开具发票。试点纳税人按规定完成增值税申报且比对通过后，在电子发票服务平台中可以按照当月剩余可用额度开具发票。

第一，按月进行增值税申报的试点纳税人在每月月初到完成上个所属期（即上个月）申报前开具金额总额度的可使用额度为上月剩余可用额度，且不超过本月开具金额总额度；完成上个所属期（即上个月）申报且比对通过后可使用额度为当月剩余可用额度。

第二，按季进行增值税申报的试点纳税人在每季季初到完成上个所属期（即上个季度）申报前开具金额总额度的可使用额度为上月剩余可用额度，且不超过本月开具金额总额度；完成上个所属期（即上个季度）申报且比对通过后可使用额度为当月剩余可用额度。

例 5-5 试点纳税人 E 公司是按月申报的一般纳税人，2023 年 7 月开具金额总额度为 750 万元，截至 7 月 31 日实际已使用额度 400 万元，剩余可用额度为 350 万元。

情形一：8 月 1 日，电子发票服务平台自动计算其 8 月开具金额总额度为 750 万元。如果 E 公司在 8 月 11 日 9 时完成 7 月所属期增值税申报并比对通过，则 8 月 11 日 9 时前（即未完成 7 月所属期增值税申报前），E 公司的可使用额度为 350 万元（7 月剩余可用额度 350 万元＜8 月月初开具金额总额度 750 万元）。

8 月 1 日至 11 日 9 时，如果 E 公司实际已使用额度为 20 万元，则 8 月 11 日 9 时（即完成申报）后的剩余可用额度为 730 万元（750－20）。

情形二：8 月 1 日，依据纳税人风险程度、纳税信用级别、实际经营情况等因素，电子发票服务平台自动计算并将 8 月开具金额总额度调整为 250 万元。如果 E 公司在 8 月 11 日 9 时完成 7 月所属期增值税申报并比对通过，则 8 月 11 日 9 时前（即未完成 7 月所属期增值税申报前）E 公司的可使用额度为 250 万元（7 月剩余可用额度 350 万元＞8 月月初开具金额总额度 250 万元）。

8 月 1 日至 11 日 9 时，如果 E 公司实际已使用额度为 20 万元，则 8 月 11 日 9 时（即完成申报）后的剩余可用额度为 230 万元（250－20）。

例 5-6 试点纳税人 F 公司是按季申报的小规模纳税人，2023 年 8 月开具金额总额度为 10 万元，截至 8 月 31 日实际已使用额度为 5 万元，剩余可用额度为 5 万元。

9 月 1 日，电子发票服务平台自动计算并将 9 月开具金额总额度重新调整为 10 万元。因 F 公司是按季申报的纳税人，9 月无需完成 8 月所属期增值税申报，则 9 月 1 日后可使用额度为 10 万元（即 9 月初的开具金额总额度）。9 月 1 日至 30 日，F 公司实际已使用额度为 8 万元，剩余可用额度为 2 万元。

10 月 1 日，电子发票服务平台自动计算并将 10 月开具金额总额度重新调整为 10 万元。如果 F 公司于 10 月 6 日 9 时完成 2023 年第三季度所属期增值税申报并比对通过，则 10 月 6 日 9 时前（即未完成第四季度所属期增值税申报前）可使用额度仍为 2 万元（9 月剩余可用额度 2 万元＜10 月月初开具金额总额度 10 万元）。

10 月 1 日至 6 日 9 时，如果 F 公司实际已使用额度为 2 万元，则 10 月 6 日 9 时（即完成申报）后的剩余可用额度为 8 万元（10－2）。

（8）试点纳税人领用通过增值税发票管理系统开具的发票，如何确定单份最高开票限额和领用份数？

试点纳税人办理发票票种核定和发票领用时，通过增值税发票管理系统开具的发票最高开票限额和每月最高领用数量仍按照现行有关规定办理。其中，试点纳税人通过增值税发票管理系统开具的发票领用份数与单份发票最高开票限额之积应小于或等于当月剩余可用额度。

（9）试点纳税人开具纸质专票和纸质普票如何使用剩余可用额度？

试点纳税人通过电子发票服务平台开具纸质专票和纸质普票时，单份发票开具金额不得超过单份最高开票限额且不得超过当月剩余可用额度，并根据实际开票金额扣除当月剩余可用额度。

试点纳税人通过增值税发票管理系统开具的纸质专票、纸质普票、卷式发票、电子专票和电子普票的，在领用发票时按领用份数与单份发票最高开票限额之积扣除当月剩余可用额度，开具时不再扣除当月剩余可用额度。

（10）试点纳税人通过电子发票服务平台开具的纸质专票和纸质普票与增值税发票管理系统开具纸质专票和纸质普票有何区别？

试点纳税人通过电子发票服务平台开具的纸质专票和纸质普票，其法律效力、基本用途与现有纸质专票、纸质普票相同。电子发票服务平台开具的纸质专票、纸质普票与现行纸质专票、纸质普票相比，区别在于电子发票服务平台开具纸质专票、纸质普票后，纸质专票、纸质普票密码区不再展示发票密文，密码区将展示电子发票服务平台赋予的20位发票号码以及全国增值税发票查验平台网址。

（11）通过电子发票服务平台税务数字账户，试点纳税人能够获得哪些优质便捷的服务？

为全面推进税收征管数字化升级，降低制度性交易成本，电子发票服务平台税务数字账户集成发票信息、优化发票应用、完善风险提醒，进一步深化发票数据应用成果。通过税务数字账户，纳税人能够获得以下优质便捷的服务：

一是"一户式"发票数据归集服务。电子发票服务平台税务数字账户自动归集开具发票信息，推送至对应受票方纳税人的税务数字账户，实现开票即交付，从根本上解决纳税人纸质发票易丢失破损及电子发票难归集等问题，降低纳税人发票管理成本。

二是"一站式"发票应用集成服务。电子发票服务平台税务数字账户创新应用集成服务，通过完善发票的查询、查验、下载、打印和用途确认等功能，增加税务事项通知书查询、税收政策查询、发票开具金额总额度调整申请、原税率发票开具申请等功能，再造红字发票业务流程、海关缴款书业务流程，为纳税人提供"一站式"服务。

三是"集成化"发票数据展示服务。电子发票服务平台税务数字账户为纳税人提供开具金额总额度管理情况展示服务，纳税人可实时掌握总授信额度和可用授信额度变动情况；同时为纳税人提供风险提醒服务，纳税人可以对发票的开具、申报、缴税、用途确认等流转状态以及作废、红冲、异常等管理状态进行查询统计，以便及时开展风险应对处理，从而有效规避因征纳双方和购销双方信息不对称而产生的涉税风险和财务管理风险。

（12）如何使用发票入账标识功能？

电子发票服务平台为试点纳税人提供发票入账标识服务，纳税人使用该功能时，系统将同步为发票赋予入账状态字样，供财务人员及时查验，避免重复报销入账。

（13）纳税人开具和取得数电票报销入账归档的，需要注意哪些事项？

纳税人开具和取得数电票报销入账归档的，应按照《财政部 国家档案局关于规范电子会计凭证报销入账归档的通知》（财会〔2020〕6号，以下称《通知》）和《会计档案管理办法》（财政部、国家档案局令第79号）的相关规定执行。

第一，纳税人可以根据《通知》第三条、第五条的规定，仅使用数电票电子件进行报销入账归档的，可不再另以纸质形式保存。

第二，纳税人如果需要以数电票的纸质打印件作为报销入账归档依据的，应当根据《通知》第四条的规定，同时保存数电票电子件。

（14）试点纳税人怎样开具红字发票？

试点纳税人发生开票有误、销货退回、服务中止、销售折让等情形，需要通过电子发票服务平台开具红字数电票或红字纸质发票的，按以下规定执行：

一是受票方未做用途确认及入账确认的，开票方在电子发票服务平台填开《红字发票信息确认单》（以下简称《确认单》）后全额开具红字数电票或红字纸质发票，无需受票方确认。其中，《确认单》需要与对应的蓝字发票信息相符。

例 5-7 2023 年 6 月 10 日，G 公司（试点纳税人）发现有一张在 2023 年 5 月 31 日开给 H 公司（试点纳税人）的纸质专票内容有误，通过电子发票服务平台查询到 H 公司未对取得的发票进行用途确认与发票入账。G 公司联系 H 公司将该发票相关联次取回后，通过电子发票服务平台填开并上传《确认单》，无需 H 公司确认，系统自动校验通过后可直接全额开具对应的红字数电票。

例 5-8 2023 年 4 月，I 公司（试点纳税人）为 J 公司（非试点纳税人）提供加工劳务。I 公司在 2023 年 4 月 18 日已为 J 公司开具了带有"增值税专用发票"字样的数电票。4 月 20 日因客观原因劳务终止，此前 J 公司未对该发票进行确认用途及发票入账，I 公司需全额开具红字数电票。

I 公司通过电子发票服务平台填开《确认单》，无需 J 公司确认，I 公司依据核实无误的确认单信息，全额开具红字数电票。

二是受票方已进行用途确认或入账确认的，受票方为试点纳税人，开票方或受票方均可在电子发票服务平台填开并上传《确认单》，经对方在电子发票服务平台确认后，开票方全额或部分开具红字数电票或红字纸质发票；受票方为非试点纳税人，由开票方在电子发票服务平台或由受票方在增值税发票综合服务平台填开并上传《确认单》，经对方确认后，开票方全额或部分开具红字数电票或红字纸质发票。其中，《确认单》需要与对应的蓝字发票信息相符。

受票方已将发票用于增值税申报抵扣的，应当暂依《确认单》所列增值税税额从当期进项税额中转出，待取得开票方开具的红字发票后，与《确认单》一并作为记账凭证。

例 5-9 2023 年 10 月，L 公司（试点纳税人）销售一批服装给 M 公司（试点纳税人），已开具带有"增值税专用发票"字样的数电票，M 公司已对取得的发票进行用途确认。2023 年 11 月，该批服装发生销货退回。

情形一：M 公司财务人员通过电子发票服务平台填开《确认单》，选择原因和对应的蓝字发票信息，录入金额和税额。L 公司财务人员通过电子发票服务平台完成确认后，L 公司财务人员据此开具红字数电票。

情形二：L 公司财务人员通过电子发票服务平台填开《确认单》，选择原因和对应的蓝字发票信息，录入金额和税额。M公司财务人员通过电子发票服务平台完成确认后，L公司财务人员据此开具红字数电票。

例 5-10 2023年11月，N公司（试点纳税人）销售一批玩具给P公司（非试点纳税人），已开具带有"增值税专用发票"字样的数电票，P公司已确认用途。2023年12月，该批玩具发生销货退回。

情形一：N公司财务人员通过电子发票服务平台填开《确认单》，选择原因和对应的蓝字发票信息，录入金额和税额。P公司财务人员通过增值税发票综合服务平台完成确认后，N公司财务人员据此开具红字数电票。

情形二：P公司财务人员通过增值税发票综合服务平台发起《确认单》，选择原因和对应的蓝字发票信息，录入金额和税额。N公司财务人员通过电子发票服务平台完成确认后，N公司财务人员据此开具红字数电票。

三是试点纳税人通过电子发票服务平台开具的数电票或纸质发票已用于申请出口退税、代办退税的，暂不允许开具红字发票。

（15）非试点纳税人开具红字发票流程有何变化？

第一，增值税发票综合服务平台为非试点纳税人提供了填开《确认单》和对《确认单》进行确认的功能。

第二，纳税人发生《国家税务总局关于红字增值税发票开具有关问题的公告》（国家税务总局公告2016年第47号）第一条以及《国家税务总局关于在新办纳税人中实行增值税专用发票电子化有关事项的公告》（国家税务总局公告2020年第22号）第七条规定情形的，购买方可通过电子发票服务平台填开《信息表》。

例 5-11 2023年5月，Q公司（非试点纳税人）销售一批服装给R公司（试点纳税人），通过增值税发票管理系统已开具增值税专用发票，R公司已确认用途。2023年6月，该批服装发生销货退回。

R公司通过电子发票服务平台填开《信息表》，Q公司财务人员据此开具红字专用发票。

（16）试点纳税人通过电子发票服务平台开具红字发票有哪些注意事项？

第一，试点纳税人需要开具红字发票的，可以在所对应的蓝字发票金额范围内开具红字发票。

第二，试点纳税人开具蓝字数电票当月开具红字数电票，电子发票服务平台同步增加其当月剩余可用额度；跨月开具红字数电票的，电子发票服务平台不增加其当月剩余可用额度。

第三，试点纳税人开具蓝字纸质发票当月开具红字纸质发票，或者作废已开具的蓝字纸质发票，电子发票服务平台同步增加其当月剩余可用额度；跨月开具红字纸质发票的，电子发票服务平台不增加其当月剩余可用额度。

例 5-12 纳税人 S 公司，2023 年 10 月的开具金额总额度为 750 万元。

2023 年 10 月 1 日至 5 日 S 公司开票累计金额 100 万元，10 月 6 日开具红字数电票金额 10 万元（对应 2023 年 8 月 25 日开具的蓝字数电票，金额 10 万元），10 月 7 日开具红字数电票 50 万元（对应 2023 年 10 月 3 日开具的蓝字数电票，金额 50 万元），则 10 月 8 日剩余可用额度为 700 万元（750－100＋50）。由于跨月开具红字数电票不增加当月剩余可用额度，10 月 6 日开具红字数电票金额 10 万元不列入当月剩余可用额度计算。

（17）《公告》实施后，试点纳税人能开具机动车（含二手车）、通行费等特定业务发票吗？

电子发票服务平台暂不支持开具机动车（含二手车）、通行费等特定业务数电票，开具上述发票功能的上线时间另行公告。功能上线前，试点纳税人可通过增值税发票管理系统开具上述发票。

相关发票功能上线前，试点纳税人可以通过增值税发票管理系统开具电子专票、增值税电子普通发票（含收费公路通行费增值税电子普通发票）、增值税普通发票（卷票）、二手车销售统一发票以及通过增值税发票管理系统开票软件中机动车发票开具模块开具左上角有"机动车"字样的增值税专用发票和机动车销售统一发票（包括纸质发票、电子发票）。

（18）通过什么渠道可以进行数电票信息的查验？

单位和个人可以通过全国增值税发票查验平台对数电票的信息进行查验。同时，电子发票服务平台为试点纳税人提供数电票查验服务。

（19）试点纳税人通过电子发票服务平台开具或勾选确认发票后，如何填写增值税及附加税费申报表？

第一，一般纳税人通过电子发票服务平台开具带有"增值税专用发票"或"普通发票"字样的数电票、纸质专票、纸质普票，其金额及税额应分别填入《增值税及附加税费申报表附列资料（一）》（本期销售情况明细）"开具增值税专用发票"或"开具其他发票"相关栏次。

一般纳税人取得通过电子发票服务平台开具的数电票、纸质专票、纸质普票，勾选用于进项抵扣时，其份数、金额及税额填列在《增值税及附加税费申报表附列资料（二）》（本期进项税额明细）相关栏次。

一般纳税人取得通过电子发票服务平台开具的带有"增值税专用发票"字样的数电票、纸质专票，已用于增值税申报抵扣的，对应的《确认单》所列增值税税额填列在《增值税及附加税费申报表附列资料（二）》（本期进项税额明细）第 20 栏"红字专用发票信息表注明的进项税额"。一般纳税人取得通过电子发票服务平台开具的带有"普通发票"字样的数电票、纸质普票，已用于增值税申报抵扣，对应的《确认单》所列增值税税额填列在《增值税及附加税费申报表附列资料（二）》（本期进项税额明细）第 23b 栏"其他应作进项税额转出的情形"。其中纳税人购进农产品取得数电票、纸质专票、纸质普票，已按计算税额申报抵扣农产品进项税额的或已加计扣除农产品进项税额的,应按《确认单》所列已计算抵扣的税额或加计扣除农产品进项税额填报《增值税及附加税费申报表附列资料(二)》第23b栏"其他应作进项税额转出的情形"。

第二,小规模纳税人通过电子发票服务平台开具的带有"增值税专用发票"或"普通发票"字样的数电票、纸质专票、纸质普票,其金额及税额应填入《增值税及附加税费申报表(小规模纳税人适用)》"增值税专用发票不含税销售额"或"其他增值税发票不含税销售额"相关栏次。其中,适用增值税免税政策的,按规定填入"免税销售额"相关栏次。

(20)纳税人需要确认发票用途,通过什么渠道进行确认?

《公告》发布后,试点纳税人可以通过电子发票服务平台税务数字账户使用增值税发票综合服务平台具备的发票用途确认、风险提示、信息下载等功能。

试点纳税人取得通过电子发票服务平台开具的带有"增值税专用发票"字样的数电票、带有"普通发票"字样的数电票、纸质专票和纸质普票等符合规定的增值税扣税凭证,如需用于申报抵扣增值税进项税额或申请出口退税、代办退税的,应当通过电子发票服务平台税务数字账户或增值税发票综合服务平台确认用途。非试点纳税人继续通过增值税发票综合服务平台使用相关增值税扣税凭证功能,取得通过电子发票服务平台开具的带有"增值税专用发票"字样的数电票、带有"普通发票"字样的数电票、纸质专票和纸质普票等符合规定的增值税扣税凭证,用于申报抵扣增值税进项税额或申请出口退税、代办退税的,应通过增值税发票综合服务平台确认用途。

纳税人确认用途有误的,可向主管税务机关申请更正。

(21)试点纳税人如何通过电子发票服务平台税务数字账户进行计算农产品进项税额以及加计扣除农产品进项税额?

试点纳税人购进农产品,取得符合规定的带有"增值税专用发票"字样的数电票、增值税专用发票、海关缴款书、农产品销售发票等凭证或者开具符合规定的收购发票,可以通过电子发票服务平台税务数字账户进行用途确认,按照相关规定计算当期进项税额。

其中,试点纳税人购进用于生产或者委托加工13%税率货物的农产品,可以由主管税务机关开通加计扣除农产品进项税额确认功能,按照相关规定计算当期进项税额,并将已进行用途确认的凭证明细转入加计扣除农产品进项税额确认待用。纳税人将购进农产品用于生产或者委托加工的当期,可以通过电子发票服务平台税务数字账户选择相应凭证,按规定计算填写本次加计扣除农产品进项税额。

试点纳税人取得符合以上规定的尚未用于加计扣除农产品进项税额的凭证,可以向主管税务机关申请补录。

(22)试点纳税人错误确认发票用途后,税务机关如何帮助纳税人进行修改和更正?

试点纳税人通过电子发票服务平台确认发票用途后,如果出现发票用途确认错误的情形,税务机关可为纳税人提供规范、便捷的更正服务。

纳税人将发票用途误确认为申报抵扣且已申报抵扣后，如果要改为用于申报出口退税或代办退税，纳税人可以向主管税务机关申请更正。主管税务机关在核实确认相关进项税额已转出后，为纳税人调整发票用途。

纳税人将发票用途误确认为用于出口退税、代办退税的，可以向主管税务机关申请更正。如纳税人尚未申报出口退税，经主管税务机关确认后，可将发票信息回退至电子发票服务平台，纳税人可以重新确认发票用途；如果纳税人已申报办理出口退税，可向主管税务机关申请开具出口货物转内销证明。

第二节
湖北省全电发票试点制度

一、开展全面数字化的电子发票受票试点

2022年7月7日，《国家税务总局湖北省税务局关于开展全面数字化的电子发票受票试点工作的公告》（国家税务总局湖北省税务局公告2022年第4号）规定，为落实中办、国办印发的《关于进一步深化税收征管改革的意见》要求，全面推进税收征管数字化升级和智能化改造，降低征纳成本，国家税务总局建设了全国统一的电子发票服务平台，24小时在线免费为纳税人提供全面数字化的电子发票（以下简称全电发票）开具、交付、查验等服务，实现发票全领域、全环节、全要素电子化。经国家税务总局同意，湖北省税务局决定在湖北省开展全电发票受票试点工作。

（1）自2022年7月18日起，湖北省纳税人仅作为受票方接收由内蒙古自治区、上海市和广东省（不含深圳市，下同）的部分纳税人（以下简称试点纳税人）通过电子发票服务平台开具的发票，包括带有"增值税专用发票"字样的全电发票、带有"普通发票"字样的全电发票、增值税纸质专用发票（以下简称纸质专票）和增值税纸质普通发票（折叠票，以下简称纸质普票）。

（2）全电发票的法律效力、基本用途等与现有纸质发票相同。其中，带有"增值税专用发票"字样的全电发票，其法律效力、基本用途等与现有增值税专用发票相同；带有"普通发票"字样的全电发票，其法律效力、基本用途等与现有普通发票相同。

（3）全电发票由各省、自治区、直辖市和计划单列市税务局监制。全电发票无联次，基本内容包括：二维码、发票号码、开票日期、购买方信息、销售方信息、项目名称、规格型号、单位、数量、单价、金额、税率/征收率、税额、合计、价税合计（大写、小写）、备注、开票人。

其中，电子发票服务平台为从事特定行业、发生特殊应税行为及特定应用场景业务（包括：稀土、建筑服务、旅客运输服务、货物运输服务、不动产销售、不动产经营租赁服务、农产品收购、光伏收购、代收车船税、自产农产品销售、差额征税等）的纳税人提供了对应特定业务的全电发票样式。

（4）全电发票的发票号码为20位，其中：第1～2位代表公历年度后两位，第3～4位代表各省、自治区、直辖市和计划单列市行政区划代码，第5位代表全电发票开具渠道等信息，第6～20位代表顺序编码等信息。

（5）通过电子发票服务平台开具的纸质专票和纸质普票，其法律效力、基本用途和基本使用规定与现有纸质专票、纸质普票相同；其发票密码区不再展示发票密文，改为展示电子发票服务平台赋予的20位发票号码及全国增值税发票查验平台网址。

（6）湖北省纳税人使用增值税发票综合服务平台接收试点纳税人通过电子发票服务平台开具的发票。此外，也可取得销售方以电子邮件、二维码等方式交付的全电发票。

湖北省纳税人取得通过电子发票服务平台开具的带有"增值税专用发票"字样的全电发票、带有"普通发票"字样的全电发票、纸质专票和纸质普票等符合规定的增值税扣税凭证，如需用于申报抵扣增值税进项税额或申请出口退税、代办退税的，应按规定通过增值税发票综合服务平台确认用途。

（7）纳税人取得开票方通过电子发票服务平台开具的发票，发生开票有误、销货退回、服务中止、销售折让等情形，需开票方通过电子发票服务平台开具红字全电发票或红字纸质发票，按以下规定执行：

一是受票方未做用途确认及入账确认的，开票方填开《红字发票信息确认单》（以下简称《确认单》）后全额开具红字全电发票或红字纸质发票，无需受票方确认。

二是受票方已进行用途确认或入账确认的，由开票方或受票方填开《确认单》，经对方确认后，开票方依据《确认单》开具红字发票。

受票方已将发票用于增值税申报抵扣的，应暂依《确认单》所列增值税税额从当期进项税额中转出，待取得开票方开具的红字发票后，与《确认单》一并作为记账凭证。

（8）单位和个人可以通过全国增值税发票查验平台（https://inv-veri.chinatax.gov.cn）查验全电发票信息。

（9）纳税人以全电发票报销入账归档的，按照财政和档案部门的相关规定执行。

（10）纳税人应当按照规定依法、诚信、如实使用全电发票，不得虚开、虚抵、骗税，并接受税务机关依法检查。税务机关依法加强税收监管和风险防范，严厉打击涉税违法犯罪行为。

二、开展全面数字化的电子发票受票试点解读

为落实中办、国办印发的《关于进一步深化税收征管改革的意见》要求，全面推进税收征管数字化升级和智能化改造，为此，国家税务总局湖北省税务局发布了《国家税务总局湖北省税务局关于开展全面数字化的电子发票受票试点工作的公告》（以下称《公告》）。

（1）开展全面数字化的电子发票试点的背景是什么？

为落实中办、国办印发的《关于进一步深化税收征管改革的意见》要求，全面推

进税收征管数字化升级和智能化改造，降低征纳成本，国家税务总局建设了全国统一的电子发票服务平台。2021年12月1日起，国家税务总局在广东省（不含深圳市，下同）、内蒙古自治区和上海市（以下简称试点地区）开展了全面数字化的电子发票试点工作，系统运行平稳。

为进一步推进全面数字化的电子发票试点工作，经国家税务总局同意，自2022年7月18日起，湖北省纳税人仅作为受票方，接收由试点地区的部分纳税人通过电子发票服务平台开具的发票。

（2）全电发票的票面信息包括哪些？

全电发票的票面信息包括基本内容和特定内容。

基本内容主要包括二维码、发票号码、开票日期、购买方信息、销售方信息、项目名称、规格型号、单位、数量、单价、金额、税率/征收率、税额、合计、价税合计（大写、小写）、备注、开票人。

全电发票的发票号码为20位，其中：第1～2位代表公历年度后两位；第3～4位代表各省、自治区、直辖市和计划单列市行政区划代码第5位代表全电发票开具渠道等信息；第6～20位代表顺序编码等信息。

为了满足从事特定行业、发生特殊应税行为及特定应用场景业务（以下简称特定业务）的纳税人开具发票的个性化需求，税务机关根据现行发票开具的有关规定和特定业务的场景，在全电发票中设计了相应的特定内容。

特定业务包括但不限于稀土、建筑服务、旅客运输服务、货物运输服务、不动产销售、不动产经营租赁服务、农产品收购、光伏收购、代收车船税、自产农产品销售、差额征税等。

湖北省纳税人在取得全电发票时，按照实际业务开展情况，可向开票人提出特定业务需求，开票人将按规定填写在发票备注等栏次的信息填写在特定内容栏次，进一步规范发票票面内容，便利湖北省纳税人使用。特定业务的全电发票票面按照特定内容展示相应信息，同时票面左上角展示该业务类型的字样。

（3）使用全电发票具备哪些优点？

第一，用票更便捷。发票数据应用更丰富。便于税务机关进行发票数据的规范化管理，为向纳税人提供税费申报预填服务奠定数据基础。

发票使用满足个性业务需求。全电发票破除特定版式要求，增加了XML的数据电文格式便利交付，同时保留PDF、OFD等格式，降低发票使用成本，提升纳税人用票的便利度和获得感。全电发票样式根据不同业务进行差异化展示，为纳税人提供更优质的个性化服务。

第二，入账归档一体化。税务机关将制发电子发票数据规范、出台电子发票国家标准，实现全电发票全流程数字化流转，进一步推进企业和行政事业单位会计核算、财务管理信息化。

（4）湖北省纳税人如何接收通过电子发票服务平台开具的发票？包含哪些类型的发票？

湖北省纳税人可以接收试点地区纳税人通过电子发票服务平台开具的：①带有"增值税专用发票"字样的全电发票；②带有"普通发票"字样的全电发票；③增值税纸质专用发票（以下简称纸质专票）；④增值税纸质普通发票（折叠票，以下简称纸质普票）。

湖北省纳税人可以通过增值税发票综合服务平台接收通过电子发票服务平台开具的上述发票。此外，也可取得销售方以电子邮件、二维码等方式交付的全电发票。

（5）湖北省纳税人接收到通过电子发票服务平台开具的纸质专票和纸质普票与增值税发票管理系统开具的纸质专票和纸质普票有何区别？

湖北省纳税人接收到通过电子发票服务平台开具的纸质专票和纸质普票，其法律效力、基本用途和基本使用规定与现有纸质专票、纸质普票相同。电子发票服务平台开具的纸质专票、纸质普票与现行纸质专票、纸质普票相比，区别在于电子发票服务平台开具纸质专票、纸质普票后，纸质专票、纸质普票密码区不再展示发票密文，密码区将展示电子发票服务平台赋予的20位发票号码以及全国增值税发票查验平台网址。

（6）湖北省纳税人接收到通过电子发票服务平台开具的发票，发生销售退回、开票有误、销售折让等情形，需要由开票方开具红字发票的，应如何操作？

一是受票方未做用途确认及入账确认的，开票方在电子发票服务平台填开《红字发票信息确认单》（以下简称《确认单》）后全额开具红字全电发票或红字纸质发票，无需受票方确认。其中，《确认单》需要与对应的蓝字发票信息相符。

例 5-13 2022年7月，I公司（通过电子发票服务平台开具发票的纳税人）为J公司（湖北省纳税人）提供设计服务。I公司在2022年7月10日已为J公司开具了带有"增值税专用发票"字样的全电发票。7月20日因客观原因服务终止，此前J公司未对该发票进行确认用途及发票入账，I公司需全额开具红字全电发票。

I公司通过电子发票服务平台填开并上传《确认单》，无需J公司确认，系统自动校验通过后，I公司依据核实无误的确认单信息，全额开具红字全电发票。

二是受票方已进行用途确认或入账确认的，由开票方通过电子发票服务平台或受票方通过增值税发票综合服务平台填开《确认单》，经对方确认后，开票方依据《确认单》开具红字发票。

受票方已将发票用于增值税申报抵扣的，应暂依《确认单》所列增值税税额从当期进项税额中转出，待取得开票方开具的红字发票后，与《确认单》一并作为记账凭证。

例 5-14 2022年7月，N公司（通过电子发票服务平台开具发票的纳税人）销售一批玩具给 P 公司（湖北省纳税人），已开具带有"增值税专用发票"字样的全电发票，P 公司已确认用途。2022 年 7 月，发现开票有误。

情形一：N 公司财务人员通过电子发票服务平台填开并上传《确认单》，选择原因和对应的蓝字发票信息，录入金额和税额。P 公司财务人员在 72 小时内通过增值税发票综合服务平台完成确认后，N 公司财务人员据此开具红字全电发票。

情形二：P 公司财务人员通过增值税发票综合服务平台填开并上传《确认单》，选择原因和对应的蓝字发票信息，录入金额和税额。N 公司财务人员在 72 小时内通过电子发票服务平台完成确认后，据此开具红字全电发票。

三是试点纳税人通过电子发票服务平台开具的全电发票或纸质发票已用于申请出口退税、代办退税的，暂不允许开具红字发票。

（7）湖北省纳税人取得哪些类型的发票可进行用途确认？通过什么渠道进行确认？

湖北省纳税人继续登录增值税发票综合服务平台使用相关增值税扣税凭证功能，取得通过电子发票服务平台开具带有"增值税专用发票"字样的全电发票、带有"普通发票"字样的全电发票、纸质专票和纸质普票等增值税扣税凭证，如需用于申报抵扣增值税进项税额或申请出口退税、代办退税的，应按规定通过增值税发票综合服务平台确认用途。

（8）湖北省纳税人通过什么渠道可以进行全电发票信息的查验？

湖北省纳税人可以通过全国增值税发票查验平台（https://inv-veri.chinatax.gov.cn）对全电发票的信息进行查验。

（9）湖北省纳税人取得全电发票报销入账归档的，需要注意哪些事项？

纳税人取得全电发票报销入账归档的，应按照《财政部 国家档案局关于规范电子会计凭证报销入账归档的通知》（财会〔2020〕6 号，以下称《通知》）和《会计档案管理办法》（财政部、国家档案局令第 79 号）的相关规定执行。

三、进一步开展全面数字化的电子发票受票试点

2022 年 10 月 27 日，《国家税务总局湖北省税务局关于进一步开展全面数字化的电子发票受票试点工作的公告》（国家税务总局湖北省税务局公告 2022 年第 9 号）规定，为落实中办、国办印发的《关于进一步深化税收征管改革的意见》要求，继续加大全面数字化的电子发票（以下简称全电发票）推广使用力度。经国家税务总局同意，决定进一步扩大湖北省纳税人可接收通过电子发票服务平台开具发票的开票方范围。

（1）自 2022 年 11 月 7 日起，湖北省纳税人可接收四川省试点纳税人通过电子发票服务平台开具的发票，包括带有"增值税专用发票"字样的全电发票、带有"普通发票"字样的全电发票、增值税纸质专用发票和增值税纸质普通发票（折叠票）。

（2）根据推广进度和试点工作安排，通过电子发票服务平台开具发票的试点地区范围将分批扩至全国，具体扩围时间以开票试点省（区、市）税务机关公告为准。湖北省纳税人可接收新增开票试点省开具的发票。

（3）全电发票试点的其他事项仍按照《国家税务总局湖北省税务局关于开展全面数字化的电子发票受票试点工作的公告》（国家税务总局湖北省税务局公告2022年第4号）的规定执行。

四、进一步开展全面数字化的电子发票受票试点解读

为落实中办、国办印发的《关于进一步深化税收征管改革的意见》要求，全面推进税收征管数字化升级和智能化改造，为此，国家税务总局湖北省税务局发布了《国家税务总局湖北省税务局关于进一步开展全面数字化的电子发票受票试点工作的公告》（以下称《公告》）。

（1）进一步开展全面数字化的电子发票受票试点的背景是什么？

为贯彻落实中办、国办关于稳步实施发票电子化改革的部署安排，前期国家税务总局在内蒙古自治区、上海市、广东省（不含深圳市）3个地区开展了全电发票试点工作，本着稳妥有序的原则，将受票方范围逐步扩大至全国。为进一步推进全面数字化的电子发票（以下简称全电发票）试点工作，经国家税务总局同意，现将四川省纳入全电发票开票试点地区范围，全国其他省市将根据试点工作安排逐步纳入开票试点范围。

（2）湖北省纳税人何时可以开始接收其他省市通过电子发票服务平台开具的发票？

根据全电发票推广工作安排，具体扩围时间以开票试点省级税务机关公告为准。湖北省纳税人可接收新增开票试点省通过电子发票服务平台开具的发票。

第三节
湖南省全电发票试点制度

一、开展全面数字化的电子发票受票试点

2022年7月7日,《国家税务总局湖南省税务局关于开展全面数字化的电子发票受票试点工作的公告》（国家税务总局湖南省税务局公告2022年第3号）规定，为落实中央关于进一步深化税收征管改革要求，全面推进税收征管数字化升级和智能化改造，降低征纳成本，国家税务总局建设了全国统一的电子发票服务平台，24小时在线免费为纳税人提供全面数字化的电子发票（以下简称全电发票）开具、交付、查验等服务，实现发票全领域、全环节、全要素电子化。经国家税务总局同意，国家税务总局湖南省税务局决定在湖南省开展全电发票受票试点工作。

（1）自2022年7月18日起，湖南省纳税人仅作为受票方接收由内蒙古自治区、上海市和广东省（不含深圳市，下同）的部分纳税人（以下简称试点纳税人）通过电子发票服务平台开具的发票，包括带有"增值税专用发票"字样的全电发票、带有"普通发票"字样的全电发票、增值税纸质专用发票（以下简称纸质专票）和增值税纸质普通发票（折叠票，以下简称纸质普票）。

（2）全电发票的法律效力、基本用途等与现有纸质发票相同。其中，带有"增值税专用发票"字样的全电发票，其法律效力、基本用途等与现有增值税专用发票相同；带有"普通发票"字样的全电发票，其法律效力、基本用途等与现有普通发票相同。

（3）全电发票由各省、自治区、直辖市和计划单列市税务局监制。全电发票无联次，基本内容包括：二维码、发票号码、开票日期、购买方信息、销售方信息、项目名称、规格型号、单位、数量、单价、金额、税率/征收率、税额、合计、价税合计（大写、小写）、备注、开票人。

其中，电子发票服务平台为从事特定行业、发生特殊应税行为及特定应用场景业务（包括：稀土、建筑服务、旅客运输服务、货物运输服务、不动产销售、不动产经营租赁服务、农产品收购、光伏收购、代收车船税、自产农产品销售、差额征税等）的纳税人提供了对应特定业务的全电发票样式。

（4）全电发票的发票号码为20位，其中：第1～2位代表公历年度后两位，第

3～4位代表各省、自治区、直辖市和计划单列市行政区划代码，第5位代表全电发票开具渠道等信息，第6～20位代表顺序编码等信息。

（5）通过电子发票服务平台开具的纸质专票和纸质普票，其法律效力、基本用途和基本使用规定与现有纸质专票、纸质普票相同；其发票密码区不再展示发票密文，改为展示电子发票服务平台赋予的20位发票号码及全国增值税发票查验平台网址。

（6）湖南省纳税人使用增值税发票综合服务平台接收试点纳税人通过电子发票服务平台开具的发票。此外，也可取得销售方以电子邮件、二维码等方式交付的全电发票。

湖南省纳税人取得通过电子发票服务平台开具的带有"增值税专用发票"字样的全电发票、带有"普通发票"字样的全电发票、纸质专票和纸质普票等符合规定的增值税扣税凭证，如需用于申报抵扣增值税进项税额或申请出口退税、代办退税的，应按规定通过增值税发票综合服务平台确认用途。

（7）纳税人取得开票方通过电子发票服务平台开具的发票，发生开票有误、销货退回、服务中止、销售折让等情形，需开票方通过电子发票服务平台开具红字全电发票或红字纸质发票，按以下规定执行：

一是受票方未做用途确认及入账确认的，开票方填开《红字发票信息确认单》（以下简称《确认单》）后全额开具红字全电发票或红字纸质发票，无需受票方确认。

二是受票方已进行用途确认或入账确认的，由开票方或受票方填开《确认单》，经对方确认后，开票方依据《确认单》开具红字发票。

受票方已将发票用于增值税申报抵扣的，应暂依《确认单》所列增值税税额从当期进项税额中转出，待取得开票方开具的红字发票后，与《确认单》一并作为记账凭证。

（8）单位和个人可以通过全国增值税发票查验平台（https://inv-veri.chinatax.gov.cn）查验全电发票信息。

（9）纳税人以全电发票报销入账归档的，按照财政和档案部门的相关规定执行。

（10）纳税人应当按照规定依法、诚信、如实使用全电发票，不得虚开、虚抵、骗税，并接受税务机关依法检查。税务机关依法加强税收监管和风险防范，严厉打击涉税违法犯罪行为。

二、进一步开展全面数字化的电子发票受票试点

2022年11月3日，《国家税务总局湖南省税务局关于进一步开展全面数字化的电子发票受票试点工作的公告》（国家税务总局湖南省税务局公告2022年第7号）规定，为落实中办、国办印发的《关于进一步深化税收征管改革的意见》要求，继续加大全面数字化的电子发票（以下简称全电发票）推广使用力度。经国家税务总局同意，决定进一步扩大湖南省纳税人可接收通过电子发票服务平台开具的发票的开票方范围。

（1）自2022年11月7日起，湖南省纳税人可接收四川省试点纳税人通过电子发票服务平台开具的发票，包括带有"增值税专用发票"字样的全电发票、带有"普通

发票"字样的全电发票、增值税纸质专用发票和增值税纸质普通发票（折叠票）。

（2）根据推广进度和试点工作安排，通过电子发票服务平台开具发票的试点地区范围将分批扩至全国，具体扩围时间以开票试点省级税务机关公告为准。湖南省纳税人可接收新增开票试点省开具的发票。

（3）全电发票试点的其他事项仍按照《国家税务总局湖南省税务局关于开展全面数字化的电子发票受票试点工作的公告》（国家税务总局湖南省税务局公告2022年第3号）的规定执行。

三、全面数字化电子发票基础知识

（续）

六、全电发票受票公告及政策解读

1. 全电发票受票试点范围

根据《国家税务总局湖南省税务局关于开展全面数字化的电子发票受票试点工作的公告》，自2022年7月18日起，湖南省纳税人仅作为受票方，接收来自广东（不含深圳）、内蒙古、上海的部分纳税人通过电子发票服务平台开具的发票，包括：通过电子发票服务平台开具的带有"增值税专用发票"字样的全电发票、带有"普通发票"字样的全电发票、增值税纸质专用发票和增值税纸质普通发票。

2. 全电发票的法律效力、基本用途

全电发票的法律效力、基本用途等与现有纸质发票相同。其中，带有"增值税专用发票"字样的全电发票，其法律效力、基本用途与现有增值税专用发票相同；带有"普通发票"字样的全电发票，其法律效力、基本用途与现有普通发票相同。

3. 全电发票的规格样式

全电发票由各试点省、自治区、直辖市和计划单列市税务局监制。全电发票无联次，基本内容包括：动态二维码、发票号码、开票日期、购买方信息、销售方信息、项目名称、规格型号、单位、数量、单价、金额、税率/征收率、税额、合计、价税合计(大写、小写)、备注、开票人。

其中，试点纳税人从事特定行业、发生特殊商品服务及特定应用场景业务(包括：稀土、卷烟、建筑服务、旅客运输服务、货物运输服务、不动产销售、不动产经营租赁服务、农产品收购、光伏收购、代收车船税、自产农产品销售、差额征税等)时，电子发票服务平台提供上述对应特定业务的全电发票样式，纳税人应按照发票开具有关规定使用特定业务全电发票。全电发票样式见附件。

湖南省纳税人在取得全电发票时，按照实际业务开展情况，可向开票人提出特定业务需求，开票人将按规定填写在发票备注栏或特定内容栏次的信息写在特定内容栏次，进一步规范发票票面内容，便利湖南省纳税人使用。特定业务的全电发票票面按照特定内容展示相应信息，同时票面左上角展示该业务类型的字样。

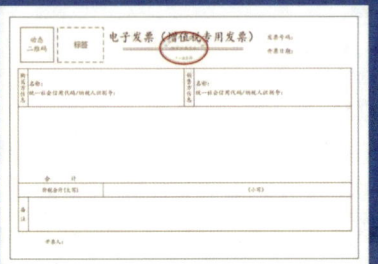

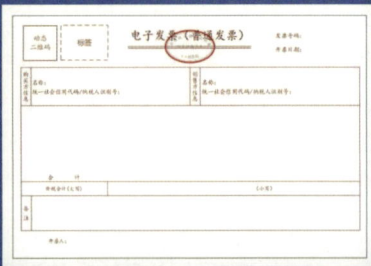

4. 全电发票的发票号码

全电发票的发票号码为20位。

第1至2位，共2位，取开票年份的末2位，如2021年开的发票为21，2022年为22，以此类推。第3至4位，共2位，取代表省级行政区划编码。第5位，共1位，代表电子发票服务平台分配的码段。第5位为0的码段暂不使用，1-6的码段代表电子发票服务平台在线分配的发票号码，7-9的码段为自建平台、离线开票等功能暂保留。第6至20位，共15位，为"000000000000001-999999999999999"的顺序编码。

5. 通过电子发票服务平台开具的纸质发票

通过电子发票服务平台开具的纸质专票和纸质普票，其法律效力、基本用途和基本使用规定与现有纸质专票、纸质普票相同。

电子发票服务平台开具的纸质专票、纸质普票与现行纸质专票、纸质普票相比，区别在于电子发票服务平台开具纸质专票、纸质普票后，发票数据通过加密通道传输，税务机关签名防篡改等方式进行安全防护，纸质专票、纸质普票密码区不再展示发票密文，密码区将展示电子发票服务平台赋予的20位发票号码以及全国增值税发票查验平台网址。

6. 受票纳税人取得发票和确认用途

湖南省纳税人可以使用增值税发票综合服务平台(https://fpdk.hunan.chinatax.gov.cn/)接收通过电子发票服务平台开具的发票。此外，也可取得销售方以电子邮件、二维码等方式交付的全电发票。

7. 发票查验途径

单位和个人可以通过全国增值税发票查验平台(https://inv-veri.chinatax.gov.cn)查验全电发票信息。

8. 全电发票报销入账归档

纳税人以全电发票报销入账归档的，按照财政和档案部门的相关规定执行。纳税人取得全电发票报销入账归档的，应按照《财政部 国家档案局关于规范电子会计凭证报销入账归档的通知》（财会〔2020〕6号），和《会计档案管理办法》（财政部 国家档案局令第79号）的相关规定执行。

9. 法律责任

纳税人应当按照规定依法、诚信、如实使用全电发票，不得虚开、虚抵、骗税，并接受税务机关依法检查。税务机关依法加强税收监管和风险防范，严厉打击涉税违法犯罪行为。

第六章

西南地区全电发票试点制度

第一节

云南省全电发票试点制度

一、开展全面数字化的电子发票受票试点

2023年3月28日，《国家税务总局云南省税务局关于开展全面数字化的电子发票试点工作的公告》（国家税务总局云南省税务局公告2023年第2号）规定，为落实中办、国办印发的《关于进一步深化税收征管改革的意见》要求，加大推广使用全面数字化的电子发票（以下简称数电票）力度，经国家税务总局同意，云南省税务局决定在云南省开展数电票试点工作。有关事项如下：

（1）自2023年3月30日起，在云南省的部分纳税人中开展数电票试点，使用电子发票服务平台的纳税人为试点纳税人，具体范围由国家税务总局云南省税务局确定。

云南省纳税人通过电子发票服务平台开具发票的受票方范围为全国。也可作为受票方接收由广东省、上海市、内蒙古自治区、四川省、厦门市、天津市、青岛市、重庆市、大连市、陕西省等地区的试点纳税人通过电子发票服务平台开具的发票。根据推广进度和试点工作安排，通过电子发票服务平台开具发票的试点地区范围将分批扩至全国，具体扩围时间以开票试点省（区、市）级税务机关公告为准。云南省纳税人可接收新增开票试点省开具的发票。

按照有关规定不使用网络办税或不具备网络条件的纳税人暂不纳入试点范围。此外，存在以下情形之一的纳税人暂不纳入试点：①存在严重涉税违法失信行为；②存在国家税务总局规定的增值税发票风险；③经税收大数据分析发现重大涉税风险。

电子发票服务平台通过以下地址登录：https://etax.yunnan.chinatax.gov.cn/。

（2）数电票的法律效力、基本用途等与现有纸质发票相同。其中，带有"增值税专用发票"字样的数电票，其法律效力、基本用途与现有增值税专用发票相同；带有"普通发票"字样的数电票，其法律效力、基本用途与现有普通发票相同。

（3）云南省数电票由国家税务总局云南省税务局监制。数电票无联次，基本内容包括：发票号码、开票日期、购买方信息、销售方信息、项目名称、规格型号、单位、数量、单价、金额、税率/征收率、税额、合计、价税合计（大写、小写）、备注、开票人等。

其中，试点纳税人从事特定行业、发生特定应税行为及特定应用场景业务（包括：稀土、建筑服务、旅客运输服务、货物运输服务、不动产销售、不动产经营租赁服务、农产品收购、光伏收购、代收车船税、自产农产品销售、差额征税、民航、铁路等）的，电子发票服务平台提供了上述对应特定业务的数电票样式，试点纳税人应按照发票开具有关规定使用特定业务数电票。数电票样式参见图2-30至图2-44。

（4）云南省数电票的发票号码为20位，其中：第1～2位代表公历年度后两位，第3～4位代表云南省行政区划代码，第5位代表数电票开具渠道等信息，第6～20位代表顺序编码等信息。

（5）电子发票服务平台支持开具增值税纸质专用发票（以下简称纸质专票）和增值税纸质普通发票（折叠票，以下简称纸质普票）。

通过电子发票服务平台开具的纸质专票和纸质普票，其法律效力、基本用途与现有纸质专票、纸质普票相同。其中，发票密码区不再展示发票密文，改为展示电子发票服务平台赋予的20位发票号码及全国增值税发票查验平台网址。

（6）试点纳税人通过实名认证后，无需使用税控专用设备即可通过电子发票服务平台开具发票，无需进行发票验旧操作。其中，数电票无需进行发票票种核定和发票领用。

（7）税务机关对试点纳税人开票实行开具金额总额度管理。开具金额总额度，是指一个自然月内，试点纳税人发票开具总金额（不含增值税）的上限额度。

第一，试点纳税人通过电子发票服务平台开具的数电票、纸质专票和纸质普票以及通过增值税发票管理系统开具的纸质专票、纸质普票、增值税普通发票（卷票）、增值税电子专用发票（以下简称电子专票）和增值税电子普通发票，共用同一个开具金额总额度。

第二，税务机关依据试点纳税人的税收风险程度、纳税信用级别、实际经营情况等因素，确定初始开具金额总额度，并进行定期调整、临时调整或人工调整。

定期调整是指电子发票服务平台每月自动对试点纳税人开具金额总额度进行调整。

临时调整是指税收风险程度较低的试点纳税人当月开具发票金额首次达到开具金额总额度一定比例时，电子发票服务平台自动为其临时增加一次开具金额总额度。

人工调整是指试点纳税人因实际经营情况发生变化申请调整开具金额总额度，主管税务机关依法依规审核未发现异常的，为纳税人调整开具金额总额度。

第三，试点纳税人在增值税申报期内，完成增值税申报前，在电子发票服务平台中可以在上月剩余可用额度且不超过当月开具金额总额度的范围内开具发票。试点纳税人按规定完成增值税申报且比对通过后，在电子发票服务平台中可以按照当月剩余可用额度开具发票。

（8）电子发票服务平台税务数字账户自动归集发票数据，供试点纳税人进行发票的查询、查验、下载、打印和用途确认，并提供税收政策查询、开具金额总额度调整申请、发票风险提示等功能。

（9）试点纳税人可以通过电子发票服务平台税务数字账户自动交付数电票，也可通过电子邮件、二维码等方式自行交付数电票。

（10）自2023年3月30日起，试点纳税人可通过电子发票服务平台税务数字账户使用发票用途确认、风险提示、信息下载等功能，不再通过增值税发票综合服务平台使用上述功能。

试点纳税人取得带有"增值税专用发票"字样的数电票、带有"普通发票"字样的数电票、纸质专票和纸质普票等符合规定的增值税扣税凭证，如需用于申报抵扣增值税进项税额或申请出口退税、代办退税的，应当通过电子发票服务平台税务数字账户确认用途。非试点纳税人继续通过增值税发票综合服务平台使用相关增值税扣税凭证功能。纳税人确认用途有误的，可向主管税务机关申请更正。

（11）试点纳税人可以通过电子发票服务平台税务数字账户对符合规定的农产品增值税扣税凭证进行用途确认，计算用于抵扣的进项税额。其中，试点纳税人购进用于生产或者委托加工13%税率货物的农产品，可以由主管税务机关开通加计扣除农产品进项税额确认功能，在生产领用当期计算加计扣除农产品进项税额。

（12）试点纳税人可通过电子发票服务平台税务数字账户标记发票入账标识。纳税人以数电票报销入账归档的，按照财政和档案部门的相关规定执行。

（13）试点纳税人发生开票有误、销货退回、服务中止、销售折让等情形，需要通过电子发票服务平台开具红字数电票或红字纸质发票的，按以下规定执行：

一是受票方未做用途确认及入账确认的，开票方填开《红字发票信息确认单》（以下简称《确认单》，见表2-1）后全额开具红字数电票或红字纸质发票，无需受票方确认。

二是受票方已进行用途确认或入账确认的，开票方或受票方可以填开《确认单》，经对方确认后，开票方依据《确认单》开具红字发票。

受票方已将发票用于增值税申报抵扣的，应当暂依《确认单》所列增值税税额从当期进项税额中转出，待取得开票方开具的红字发票后，与《确认单》一并作为记账凭证。

（14）纳税人发生《国家税务总局关于红字增值税发票开具有关问题的公告》（国家税务总局公告2016年第47号）第一条以及《国家税务总局关于在新办纳税人中实行增值税专用发票电子化有关事项的公告》（国家税务总局公告2020年第22号）第七条规定情形的，购买方为试点纳税人时，购买方可通过电子发票服务平台填开并上传《开具红字增值税专用发票信息表》（以下简称《信息表》）。

（15）单位和个人可以通过全国增值税发票查验平台（https://inv-veri.chinatax.gov.cn）查验数电票信息。同时，试点纳税人还可以通过电子发票服务平台查验数电票信息。

（16）电子发票服务平台暂不支持开具机动车（含二手车）、通行费等特定业务数电票，开具上述发票功能的上线时间另行公告。

相关发票功能上线前，纳税人可以通过增值税发票管理系统开具电子专票、增值税电子普通发票（含收费公路通行费增值税电子普通发票）、增值税普通发票（卷票）和二手车销售统一发票以及通过增值税发票管理系统开票软件中机动车发票开具模块开具增值税专用发票和机动车销售统一发票（包括纸质发票、电子发票）。

（17）纳税人应当按照规定依法、诚信、如实使用数电票，并接受税务机关依法检查。税务机关依法加强税收监管和风险防范，严厉打击虚开、虚抵、偷逃骗税等涉税违法犯罪行为。

二、开展全面数字化的电子发票试点解读

为落实中办、国办印发的《关于进一步深化税收征管改革的意见》要求，全面推进税收征管数字化升级和智能化改造，降低征纳成本，国家税务总局云南省税务局发布了《国家税务总局云南省税务局关于开展全面数字化的电子发票试点工作的公告》（以下简称《公告》）。现解读如下：

（1）推行全面数字化的电子发票的背景是什么？

为贯彻落实中办、国办关于稳步实施发票电子化改革的部署安排，2021年12月1日起，国家税务总局在内蒙古自治区、上海市和广东省、四川省、厦门市、天津市、青岛市、重庆市、大连市、陕西省等地区开始推行数电票。同时，本着稳妥有序的原则，采用先在部分地区推行数电票试点，此后逐步扩大地区和纳税人范围的工作策略。数电票推行后，系统运行平稳，因具有无需领用、开具便捷、信息集成、节约成本等优点，受到越来越多纳税人的欢迎。

自2023年3月30日起，在云南省的部分纳税人中开展数电票试点，试点纳税人具体范围由国家税务总局云南省税务局确定。

按照国家税务总局的推广进度安排，数电票受票范围已推广至全国，云南省试点纳税人通过电子发票服务平台开具的数电票，各省的受票方均可接收。

（2）推行数电票具有哪些优点？

第一，领票流程更简化。开业开票"无缝衔接"。数电票实现"去介质"，纳税人不再需要预先领取专用税控设备；通过"赋码制"取消特定发票号段申领，发票信息生成后，系统自动分配唯一的发票号码；通过"授信制"自动为纳税人赋予开具金额总额度，实现开票"零前置"。基于此，新办纳税人可实现"开业即可开票"。

第二，开票用票更便捷。一是发票服务"一站式"更便捷。纳税人登录电子发票服务平台后，可进行发票开具、交付、查验以及用途勾选等系列操作，享受"一站式"服务，不再像以前需登录多个平台才能完成相关操作。二是发票数据应用更广泛。通

过"一户式""一人式"发票数据归集，加强各税费数据联动，为实现"一表集成"式税费申报预填服务奠定数据基础。三是发票使用满足个性业务需求。数电票破除特定版式要求，增加了 XML 的数据电文格式便利交付，同时保留 PDF、OFD 等格式，降低发票使用成本，提升纳税人用票的便利度和获得感。数电票样式根据不同业务进行差异化展示，为纳税人提供更优质的个性化服务。四是纳税服务渠道更畅通。电子发票服务平台提供征纳互动相关功能，如增加智能咨询，纳税人在开票、受票等过程中，平台自动接收纳税人业务处理过程中存在的问题并进行智能答疑；增设异议提交功能，纳税人对开具金额总额度有异议时，可以通过平台向税务机关提出。

第三，入账归档一体化。通过制发电子发票数据规范、出台电子发票国家标准，实现数电票全流程数字化流转，进一步推进企业和行政事业单位会计核算、财务管理信息化。

（3）数电票的票面信息包括哪些？

数电票的票面信息包括基本内容和特定内容。

为了符合纳税人开具发票的习惯，数电票的基本内容在现行增值税发票基础上进行了优化，主要包括：发票号码、开票日期、购买方信息、销售方信息、项目名称、规格型号、单位、数量、单价、金额、税率/征收率、税额、合计、价税合计（大写、小写）、备注、开票人等。

为了满足从事特定行业、发生特定应税行为及特定应用场景业务（以下简称特定业务）的试点纳税人开具发票的个性化需求，税务机关根据现行发票开具的有关规定和特定业务的开票场景，在数电票中设计了相应的特定内容。特定业务包括但不限于稀土、建筑服务、旅客运输服务、货物运输服务、不动产销售、不动产经营租赁服务、农产品收购、光伏收购、代收车船税、自产农产品销售、差额征税、民航、铁路等。试点纳税人在开具数电票时，可以按照实际业务开展情况，选择特定业务，将按规定应填写在发票备注等栏次的信息，填写在特定内容栏次，进一步规范发票票面内容，便利纳税人使用。特定业务的数电票票面按照特定内容展示相应信息，同时票面左上角展示该业务类型的字样。

（4）试点纳税人可以通过电子发票服务平台开具哪些类型的发票？

电子发票服务平台支持开具数电票、纸质专票和纸质普票。

试点纳税人通过实名验证后，无需使用税控专用设备即可通过电子发票服务平台开具数电票、纸质专票和纸质普票，无需进行发票验旧操作。其中，数电票无需进行发票票种核定和发票领用。

试点纳税人可以选择电子发票服务平台或者增值税发票管理系统其中之一开具纸质专票或纸质普票。其中，试点纳税人选择通过电子发票服务平台开具纸质专票或纸质普票，其票种核定、发票领用、发票作废、发票缴销、发票退回、发票遗失损毁等事项仍然按照原规定和流程办理。

（5）如何理解《公告》中的开具金额总额度和剩余可用额度？

为降低纳税人使用成本，便利数电票推广，尊重纳税人现行开票用票习惯，做好发票风险防控，税务机关对试点纳税人开票实行开具金额总额度管理。

开具金额总额度，也称总授信额度，是指一个自然月内，试点纳税人发票开具总金额（不含增值税）的上限额度，包括试点纳税人可通过电子发票服务平台开具的数电票、纸质专票和纸质普票的上限总金额以及可通过增值税发票管理系统开具的纸质专票、纸质普票、增值税普通发票（卷式，以下简称卷式发票）、增值税电子专用发票（以下简称电子专票）和增值税电子普通发票（以下简称电子普票）的上限总金额。

剩余可用额度，也称可用授信额度，是指在一个自然月内，试点纳税人开具金额总额度扣除已使用额度。其中，已使用额度包括试点纳税人通过电子发票服务平台开具的发票金额，以及通过增值税发票管理系统开具的纸质专票、纸质普票、卷式发票、电子专票和电子普票的领用份数与单份发票最高开票限额之积（存在多种不同版式的发票应分别计算并求和，下同）。

例 6-1 试点纳税人 A 公司，通过电子发票服务平台开具数电票，同时通过增值税发票管理系统开具纸质专票和纸质普票，2023 年 7 月开具金额总额度为 750 万元。

2023 年 7 月 1 日至 20 日，A 公司领用 10 万元版增值税专用发票 40 份（应从开具金额总额度中扣除 400 万元），通过增值税发票管理系统开具了 36 份纸质专票，合计金额 350 万元（不再重复从开具金额总额度中扣除），通过电子发票服务平台开具数电票金额 300 万元（应从开具金额总额度中扣除 300 万元），则 7 月 20 日后剩余可用额度为 50 万元（750－40×10－300）。

（6）试点纳税人开具金额总额度如何调整？

调整开具金额总额度有三种方式，包括定期调整、临时调整和人工调整。

第一，定期调整。定期调整是指电子发票服务平台每月自动对试点纳税人开具金额总额度进行调整。

例 6-2 2023 年 7 月初成立的 B 公司，初始开具金额总额度为 750 万元。2023 年 9 月，根据 B 公司实际经营情况以及 7 月、8 月开具金额总额度的使用情况，9 月初电子发票服务平台将其开具金额总额度调整至 850 万元。

第二，临时调整。临时调整是指税收风险程度较低的试点纳税人当月开具发票金额首次达到开具金额总额度一定比例时，电子发票服务平台自动为其临时调增一次开具金额总额度。

例 6-3 2023 年 7 月初成立的 C 公司，初始开具金额总额度为 750 万元。

情形一：2023 年 7 月中旬，C 公司销售额增加，至 7 月 20 日，实际已使用额度达到 600 万元（达到当前开具金额总额度的一定比例），电子发票服务平台自动风险扫描无问题后，为 C 公司临时增加开具金额总额度至 900 万元。

情形二：2023年7月中旬，C公司销售额增加，至7月20日，实际已使用额度达到580万元，未触发系统临时调整。7月21日，C公司因经营需要，需开具1份金额为200万元的数电票，在填写发票信息时，因累计金额达到780万元（达到当前开具金额总额度的一定比例），电子发票服务平台自动风险扫描无问题后，为C公司临时增加开具金额总额度至900万元。

第三，人工调整。人工调整是指纳税人因实际经营情况发生变化申请调整开具金额总额度，主管税务机关依法依规审核未发现异常的，为纳税人调整开具金额总额度。

例6-4 D公司2023年7月月初开具金额总额度为750万元，销售额增加，电子发票服务平台为D公司临时调增开具金额总额度至900万元，但仍无法满足D公司本月开票需求。D公司根据实际经营情况，向主管税务机关申请调增开具金额总额度至1 200万元，主管税务机关依法依规审核未发现异常后，相应调增D公司开具金额总额度。

（7）试点纳税人在增值税申报期内如何使用开具金额总额度？

试点纳税人在增值税申报期内，完成增值税申报前，在电子发票服务平台中可以按照上月剩余可用额度且不超过当月开具金额总额度的范围内开具发票。试点纳税人按规定完成增值税申报且比对通过后，在电子发票服务平台中可以按照当月剩余可用额度开具发票。

第一，按月进行增值税申报的试点纳税人在每月月初到完成上个所属期（即上个月）申报前开具金额总额度的可使用额度为上月剩余可用额度，且不超过本月开具金额总额度；完成上个所属期（即上个月）申报且比对通过后可使用额度为当月剩余可用额度。

第二，按季进行增值税申报的试点纳税人在每季季初到完成上个所属期（即上个季度）申报前开具金额总额度的可使用额度为上月剩余可用额度，且不超过本月开具金额总额度；完成上个所属期（即上个季度）申报且比对通过后可使用额度为当月剩余可用额度。

例6-5 试点纳税人E公司是按月申报的一般纳税人，2023年7月开具金额总额度为750万元，截至7月31日实际已使用额度400万元，剩余可用额度为350万元。

情形一：8月1日，电子发票服务平台自动计算其8月开具金额总额度为750万元。如果E公司在8月11日9时完成7月所属期增值税申报并比对通过，则8月11日9时前（即未完成7月所属期增值税申报前），E公司的可使用额度为350万元（7月剩余可用额度350万元＜8月月初开具金额总额度750万元）。

8月1日至11日9时，如果E公司实际已使用额度为20万元，则8月11日9时（即完成申报）后的剩余可用额度为730万元（750－20）。

情形二：8月1日，依据纳税人风险程度、纳税信用级别、实际经营情况等因素，电子发票服务平台自动计算并将8月开具金额总额度调整为250万元。如果E公司在8月

11日9时完成7月所属期增值税申报并比对通过，则8月11日9时前（即未完成7月所属期增值税申报前）E公司的可使用额度为250万元（7月剩余可用额度350万元＞8月月初开具金额总额度250万元）。

8月1日至11日9时，如果E公司实际已使用额度为20万元，则8月11日9时（即完成申报）后的剩余可用额度为230万元（250－20）。

例6-6 试点纳税人F公司是按季申报的小规模纳税人，2023年8月开具金额总额度为10万元，截至8月31日实际已使用额度为5万元，剩余可用额度为5万元。

9月1日，电子发票服务平台自动计算并将9月开具金额总额度重新调整为10万元。因F公司是按季申报的纳税人，9月无需完成8月所属期增值税申报，则9月1日后可使用额度为10万元（即9月初的开具金额总额度）。9月1日至30日，F公司实际已使用额度为8万元，剩余可用额度为2万元。

10月1日，电子发票服务平台自动计算并将10月开具金额总额度重新调整为10万元。如果F公司于10月6日9时完成2023年第三季度所属期增值税申报并比对通过，则10月6日9时前（即未完成第四季度所属期增值税申报前）可使用额度仍为2万元（9月剩余可用额度2万元＜10月月初开具金额总额度10万元）。

10月1日至6日9时，如果F公司实际已使用额度为2万元，则10月6日9时（即完成申报）后的剩余可用额度为8万元（10－2）。

（8）试点纳税人领用通过增值税发票管理系统开具的发票，如何确定单份最高开票限额和领用份数？

试点纳税人办理发票票种核定和发票领用时，通过增值税发票管理系统开具的发票最高开票限额和每月最高领用数量仍按照现行有关规定办理。其中，试点纳税人通过增值税发票管理系统开具的发票领用份数与单份发票最高开票限额之积应小于或等于当月剩余可用额度。

（9）试点纳税人开具纸质专票和纸质普票如何使用剩余可用额度？

试点纳税人通过电子发票服务平台开具纸质专票和纸质普票时，单份发票开具金额不得超过单份最高开票限额且不得超过当月剩余可用额度，并根据实际开票金额扣除当月剩余可用额度。

试点纳税人通过增值税发票管理系统开具的纸质专票、纸质普票、卷式发票、电子专票和电子普票的，在领用发票时按领用份数与单份发票最高开票限额之积扣除当月剩余可用额度，开具时不再扣除当月剩余可用额度。

（10）试点纳税人通过电子发票服务平台开具的纸质专票和纸质普票与增值税发票管理系统开具纸质专票和纸质普票有何区别？

试点纳税人通过电子发票服务平台开具的纸质专票和纸质普票，其法律效力、基本用途与现有纸质专票、纸质普票相同。电子发票服务平台开具的纸质专票、纸质普票与现行纸质专票、纸质普票相比，区别在于电子发票服务平台开具纸质专票、纸质普票后,纸质专票、纸质普票密码区不再展示发票密文,密码区将展示电子发票服务平台赋予的20位发票号码以及全国增值税发票查验平台网址。

(11) 通过电子发票服务平台税务数字账户,试点纳税人能够获得哪些优质便捷的服务?

为全面推进税收征管数字化升级,降低制度性交易成本,电子发票服务平台税务数字账户集成发票信息、优化发票应用、完善风险提醒,进一步深化发票数据应用成果。通过税务数字账户,纳税人能够获得以下优质便捷的服务:

一是"一户式"发票数据归集服务。电子发票服务平台税务数字账户自动归集开具发票信息,推送至对应受票方纳税人的税务数字账户,实现开票即交付,从根本上解决纳税人纸质发票易丢失破损及电子发票难归集等问题,降低纳税人发票管理成本。

二是"一站式"发票应用集成服务。电子发票服务平台税务数字账户创新应用集成服务,通过完善发票的查询、查验、下载、打印和用途确认等功能,增加税务事项通知书查询、税收政策查询、发票开具金额总额度调整申请、原税率发票开具申请等功能,再造红字发票业务流程、海关缴款书业务流程,为纳税人提供"一站式"服务。

三是"集成化"发票数据展示服务。电子发票服务平台税务数字账户为纳税人提供开具金额总额度管理情况展示服务,纳税人可实时掌握总授信额度和可用授信额度变动情况;同时为纳税人提供风险提醒服务,纳税人可以对发票的开具、申报、缴税、用途确认等流转状态以及作废、红冲、异常等管理状态进行查询统计,以便及时开展风险应对处理,从而有效规避因征纳双方和购销双方信息不对称而产生的涉税风险和财务管理风险。

(12) 如何使用发票入账标识功能?

电子发票服务平台为试点纳税人提供发票入账标识服务,纳税人使用该功能时,系统将同步为发票赋予入账状态字样,供财务人员及时查验,避免重复报销入账。

(13) 纳税人开具和取得数电票报销入账归档的,需要注意哪些事项?

纳税人开具和取得数电票报销入账归档的,应按照《财政部 国家档案局关于规范电子会计凭证报销入账归档的通知》(财会〔2020〕6号,以下称《通知》)和《会计档案管理办法》(财政部、国家档案局令第79号)的相关规定执行。

第一,纳税人可以根据《通知》第三条、第五条的规定,仅使用数电票电子件进行报销入账归档的,可不再另以纸质形式保存。

第二,纳税人如果需要以数电票的纸质打印件作为报销入账归档依据的,应当根据《通知》第四条的规定,同时保存数电票电子件。

(14) 试点纳税人怎样开具红字发票?

试点纳税人发生开票有误、销货退回、服务中止、销售折让等情形,需要通过电子发票服务平台开具红字数电票或红字纸质发票的,按以下规定执行:

一是受票方未做用途确认及入账确认的,开票方在电子发票服务平台填开《红字发票信息确认单》(以下简称《确认单》)后全额开具红字数电票或红字纸质发票,无需受票方确认。其中,《确认单》需要与对应的蓝字发票信息相符。

例 6-7 2023 年 6 月 10 日，G 公司（试点纳税人）发现有一张在 2023 年 5 月 31 日开给 H 公司（试点纳税人）的纸质专票内容有误，通过电子发票服务平台查询到 H 公司未对取得的发票进行用途确认与发票入账。G 公司联系 H 公司将该发票相关联次取回后，通过电子发票服务平台填开并上传《确认单》，无需 H 公司确认，系统自动校验通过后可直接全额开具对应的红字数电票。

例 6-8 2023 年 4 月，I 公司（试点纳税人）为 J 公司（非试点纳税人）提供加工劳务。I 公司在 2023 年 4 月 18 日已为 J 公司开具了带有"增值税专用发票"字样的数电票。4 月 20 日因客观原因劳务终止，此前 J 公司未对该发票进行确认用途及发票入账，I 公司需全额开具红字数电票。

I 公司通过电子发票服务平台填开《确认单》，无需 J 公司确认，I 公司依据核实无误的确认单信息，全额开具红字数电票。

二是受票方已进行用途确认或入账确认的，受票方为试点纳税人，开票方或受票方均可在电子发票服务平台填开并上传《确认单》，经对方在电子发票服务平台确认后，开票方全额或部分开具红字数电票或红字纸质发票；受票方为非试点纳税人，由开票方在电子发票服务平台或由受票方在增值税发票综合服务平台填开并上传《确认单》，经对方确认后，开票方全额或部分开具红字数电票或红字纸质发票。其中，《确认单》需要与对应的蓝字发票信息相符。

受票方已将发票用于增值税申报抵扣的，应当暂依《确认单》所列增值税税额从当期进项税额中转出，待取得开票方开具的红字发票后，与《确认单》一并作为记账凭证。

例 6-9 2023 年 10 月，L 公司（试点纳税人）销售一批服装给 M 公司（试点纳税人），已开具带有"增值税专用发票"字样的数电票，M 公司已对取得的发票进行用途确认。2023 年 11 月，该批服装发生销货退回。

情形一：M 公司财务人员通过电子发票服务平台填开《确认单》，选择原因和对应的蓝字发票信息，录入金额和税额。L 公司财务人员通过电子发票服务平台完成确认后，L 公司财务人员据此开具红字数电票。

情形二：L 公司财务人员通过电子发票服务平台填开《确认单》，选择原因和对应的蓝字发票信息，录入金额和税额。M 公司财务人员通过电子发票服务平台完成确认后，L 公司财务人员据此开具红字数电票。

例 6-10 2023 年 11 月，N 公司（试点纳税人）销售一批玩具给 P 公司（非试点纳税人），已开具带有"增值税专用发票"字样的数电票，P 公司已确认用途。2023 年 12 月，该批玩具发生销货退回。

情形一：N公司财务人员通过电子发票服务平台填开《确认单》，选择原因和对应的蓝字发票信息，录入金额和税额。P公司财务人员通过增值税发票综合服务平台完成确认后，N公司财务人员据此开具红字数电票。

情形二：P公司财务人员通过增值税发票综合服务平台发起《确认单》，选择原因和对应的蓝字发票信息，录入金额和税额。N公司财务人员通过电子发票服务平台完成确认后，N公司财务人员据此开具红字数电票。

三是试点纳税人通过电子发票服务平台开具的数电票或纸质发票已用于申请出口退税、代办退税的，暂不允许开具红字发票。

（15）非试点纳税人开具红字发票流程有何变化？

一是增值税发票综合服务平台为非试点纳税人提供了填开《确认单》和对《确认单》进行确认的功能。

二是纳税人发生《国家税务总局关于红字增值税发票开具有关问题的公告》（国家税务总局公告2016年第47号）第一条以及《国家税务总局关于在新办纳税人中实行增值税专用发票电子化有关事项的公告》（国家税务总局公告2020年第22号）第七条规定情形的，购买方可通过电子发票服务平台填开《信息表》。

例6-11 2023年5月，Q公司（非试点纳税人）销售一批服装给R公司（试点纳税人），通过增值税发票管理系统已开具增值税专用发票，R公司已确认用途。2023年6月，该批服装发生销货退回。

R公司通过电子发票服务平台填开《信息表》，Q公司财务人员据此开具红字专用发票。

（16）试点纳税人通过电子发票服务平台开具红字发票有哪些注意事项？

一是试点纳税人需要开具红字发票的，可以在所对应的蓝字发票金额范围内开具红字发票。

二是试点纳税人开具蓝字数电票当月开具红字数电票，电子发票服务平台同步增加其当月剩余可用额度；跨月开具红字数电票的，电子发票服务平台不增加其当月剩余可用额度。

三是试点纳税人开具蓝字纸质发票当月开具红字纸质发票，或者作废已开具的蓝字纸质发票，电子发票服务平台同步增加其当月剩余可用额度；跨月开具红字纸质发票的，电子发票服务平台不增加其当月剩余可用额度。

例6-12 纳税人S公司，2023年10月的开具金额总额度为750万元。

2023年10月1日至5日S公司开票累计金额100万元，10月6日开具红字数电票金额10万元（对应2023年8月25日开具的蓝字数电票，金额10万元），10月

7日开具红字数电票50万元（对应2023年10月3日开具的蓝字数电票，金额50万元），则10月8日剩余可用额度为700万元（750－100＋50）。由于跨月开具红字数电票不增加当月剩余可用额度，10月6日开具红字数电票金额10万元不列入当月剩余可用额度计算。

（17）《公告》实施后，试点纳税人能开具机动车（含二手车）、通行费等特定业务发票吗？

电子发票服务平台暂不支持开具机动车（含二手车）、通行费等特定业务数电票，开具上述发票功能的上线时间另行公告。功能上线前，试点纳税人可通过增值税发票管理系统开具上述发票。

相关发票功能上线前，试点纳税人可以通过增值税发票管理系统开具电子专票、增值税电子普通发票（含收费公路通行费增值税电子普通发票）、增值税普通发票（卷票）、二手车销售统一发票以及通过增值税发票管理系统开票软件中机动车发票开具模块开具左上角有"机动车"字样的增值税专用发票和机动车销售统一发票（包括纸质发票、电子发票）。

（18）通过什么渠道可以进行数电票信息的查验？

单位和个人可以通过全国增值税发票查验平台对数电票的信息进行查验。同时，电子发票服务平台为试点纳税人提供数电票查验服务。

（19）试点纳税人通过电子发票服务平台开具或勾选确认发票后，如何填写增值税及附加税费申报表？

第一，一般纳税人通过电子发票服务平台开具带有"增值税专用发票"或"普通发票"字样的数电票、纸质专票、纸质普票，其金额及税额应分别填入《增值税及附加税费申报表附列资料（一）》（本期销售情况明细）"开具增值税专用发票"或"开具其他发票"相关栏次。

一般纳税人取得通过电子发票服务平台开具的数电票、纸质专票、纸质普票，勾选用于进项抵扣时，其份数、金额及税额填列在《增值税及附加税费申报表附列资料（二）》（本期进项税额明细）相关栏次。

一般纳税人取得通过电子发票服务平台开具的带有"增值税专用发票"字样的数电票、纸质专票，已用于增值税申报抵扣的，对应的《确认单》所列增值税税额填列在《增值税及附加税费申报表附列资料（二）》（本期进项税额明细）第20栏"红字专用发票信息表注明的进项税额"。一般纳税人取得通过电子发票服务平台开具的带有"普通发票"字样的数电票、纸质普票，已用于增值税申报抵扣，对应的《确认单》所列增值税税额填列在《增值税及附加税费申报表附列资料（二）》（本期进项税额明细）第23b栏"其他应作进项税额转出的情形"。其中纳税人购进农产品取得数电票、纸质专票、纸质普票，已按计算税额申报抵扣农产品进项税额的或已加计扣除农产品进项税额的，应按《确认单》所列已计算抵扣的税额或加计扣除农产品进项税额填报《增值税及附加税费申报表附列资料（二）》第 23b 栏"其他应作进项税额转出的情形"。

第二，小规模纳税人通过电子发票服务平台开具的带有"增值税专用发票"或"普通发票"字样的数电票、纸质专票、纸质普票，其金额及税额应填入《增值税及附加税费申报表（小规模纳税人适用）》"增值税专用发票不含税销售额"或"其他增值税发票不含税销售额"相关栏次。其中，适用增值税免税政策的，按规定填入"免税销售额"相关栏次。

（20）纳税人需要确认发票用途，通过什么渠道进行确认？

《公告》发布后，试点纳税人可以通过电子发票服务平台税务数字账户使用增值税发票综合服务平台具备的发票用途确认、风险提示、信息下载等功能。

试点纳税人取得通过电子发票服务平台开具的带有"增值税专用发票"字样的数电票、带有"普通发票"字样的数电票、纸质专票和纸质普票等符合规定的增值税扣税凭证，如需用于申报抵扣增值税进项税额或申请出口退税、代办退税的，应当通过电子发票服务平台税务数字账户或增值税发票综合服务平台确认用途。非试点纳税人继续通过增值税发票综合服务平台使用相关增值税扣税凭证功能，取得通过电子发票服务平台开具的带有"增值税专用发票"字样的数电票、带有"普通发票"字样的数电票、纸质专票和纸质普票等符合规定的增值税扣税凭证，用于申报抵扣增值税进项税额或申请出口退税、代办退税的，应通过增值税发票综合服务平台确认用途。

纳税人确认用途有误的，可向主管税务机关申请更正。

（21）试点纳税人如何通过电子发票服务平台税务数字账户进行计算农产品进项税额以及加计扣除农产品进项税额？

试点纳税人购进农产品，取得符合规定的带有"增值税专用发票"字样的数电票、增值税专用发票、海关缴款书、农产品销售发票等凭证或者开具符合规定的收购发票，可以通过电子发票服务平台税务数字账户进行用途确认，按照相关规定计算当期进项税额。

其中，试点纳税人购进用于生产或者委托加工 13% 税率货物的农产品，可以由主管税务机关开通加计扣除农产品进项税额确认功能，按照相关规定计算当期进项税额，并将已进行用途确认的凭证明细转入加计扣除农产品进项税额确认待用。纳税人将购进农产品用于生产或者委托加工的当期，可以通过电子发票服务平台税务数字账户选择相应凭证，按规定计算填写本次加计扣除农产品进项税额。

试点纳税人取得符合以上规定的尚未用于加计扣除农产品进项税额的凭证，可以向主管税务机关申请补录。

（22）试点纳税人错误确认发票用途后，税务机关如何帮助纳税人进行修改和更正？

试点纳税人通过电子发票服务平台确认发票用途后，如果出现发票用途确认错误的情形，税务机关可为纳税人提供规范、便捷的更正服务。

纳税人将发票用途误确认为申报抵扣且已申报抵扣后，如果要改为用于申报出口退税或代办退税，纳税人可以向主管税务机关申请更正。主管税务机关在核实确认相关进项税额已转出后，为纳税人调整发票用途。

纳税人将发票用途误确认为用于出口退税、代办退税的，可以向主管税务机关申请更正。如纳税人尚未申报出口退税，经主管税务机关确认后，可将发票信息回退至电子发票服务平台，纳税人可以重新确认发票用途；如果纳税人已申报办理出口退税，可向主管税务机关申请开具出口货物转内销证明。

第二节
贵州省全电发票试点制度

一、开展全面数字化的电子发票试点

2022年8月19日,《国家税务总局贵州省税务局关于开展全面数字化的电子发票受票试点工作的公告》(国家税务总局贵州省税务局公告2022年第8号)规定,为落实中办、国办印发的《关于进一步深化税收征管改革的意见》要求,全面推进税收征管数字化升级和智能化改造,降低征纳成本,国家税务总局建设了全国统一的电子发票服务平台,24小时在线免费为纳税人提供全面数字化的电子发票(以下简称'全电'发票)开具、交付、查验等服务,实现发票全领域、全环节、全要素电子化。经国家税务总局同意,贵州省税务局决定在贵州省开展"全电"发票受票试点工作。

(1)自2022年8月28日起,贵州省纳税人仅作为受票方接收由内蒙古自治区、上海市和广东省(不含深圳市,下同)的部分纳税人(以下简称试点纳税人)通过电子发票服务平台开具的发票,包括带有"增值税专用发票"字样的"全电"发票、带有"普通发票"字样的"全电"发票、增值税纸质专用发票(以下简称纸质专票)和增值税纸质普通发票(折叠票,以下简称纸质普票)。

(2)"全电"发票的法律效力、基本用途等与现有纸质发票相同。其中,带有"增值税专用发票"字样的"全电"发票,其法律效力、基本用途等与现有增值税专用发票相同;带有"普通发票"字样的"全电"发票,其法律效力、基本用途等与现有普通发票相同。

(3)"全电"发票由各省、自治区、直辖市和计划单列市税务局监制。"全电"发票无联次,基本内容包括:二维码、发票号码、开票日期、购买方信息、销售方信息、项目名称、规格型号、单位、数量、单价、金额、税率/征收率、税额、合计、价税合计(大写、小写)、备注、开票人。

其中,电子发票服务平台为从事特定行业、发生特殊应税行为及特定应用场景业务(包括:稀土、建筑服务、旅客运输服务、货物运输服务、不动产销售、不动产经营租赁服务、农产品收购、光伏收购、代收车船税、自产农产品销售、差额征税等）的纳税人提供了对应特定业务的"全电"发票样式。

（4）"全电"发票的发票号码为20位，其中：第1～2位代表公历年度后两位，第3～4位代表各省、自治区、直辖市和计划单列市行政区划代码，第5位代表"全电"发票开具渠道等信息，第6～20位代表顺序编码等信息。

（5）通过电子发票服务平台开具的纸质专票和纸质普票，其法律效力、基本用途和基本使用规定与现有纸质专票、纸质普票相同；其发票密码区不再展示发票密文，改为展示电子发票服务平台赋予的20位发票号码及全国增值税发票查验平台网址。

（6）贵州省纳税人使用增值税发票综合服务平台接收试点纳税人通过电子发票服务平台开具的发票。此外，也可取得销售方以电子邮件、二维码等方式交付的"全电"发票。

贵州省纳税人取得通过电子发票服务平台开具的带有"增值税专用发票"字样的"全电"发票、带有"普通发票"字样的"全电"发票、纸质专票和纸质普票等符合规定的增值税扣税凭证，如需用于申报抵扣增值税进项税额或申请出口退税、代办退税的，应按规定通过增值税发票综合服务平台确认用途。

（7）纳税人取得开票方通过电子发票服务平台开具的发票，发生开票有误、销货退回、服务中止、销售折让等情形，需开票方通过电子发票服务平台开具红字"全电"发票或红字纸质发票，按以下规定执行：

一是受票方未做用途确认及入账确认的，开票方填开《红字发票信息确认单》（以下简称《确认单》）后全额开具红字"全电"发票或红字纸质发票，无需受票方确认。

二是受票方已进行用途确认或入账确认的，由开票方或受票方填开《确认单》，经对方确认后，开票方依据《确认单》开具红字发票。

受票方已将发票用于增值税申报抵扣的，应暂依《确认单》所列增值税税额从当期进项税额中转出，待取得开票方开具的红字发票后，与《确认单》一并作为记账凭证。

（8）单位和个人可以通过全国增值税发票查验平台（https://inv-veri.chinatax.gov.cn）查验"全电"发票信息。

（9）纳税人以"全电"发票报销入账归档的，按照财政和档案部门的相关规定执行。

（10）纳税人应当按照规定依法、诚信、如实使用"全电"发票，不得虚开、虚抵、骗税，并接受税务机关依法检查。税务机关依法加强税收监管和风险防范，严厉打击涉税违法犯罪行为。

二、开展全面数字化的电子发票受票试点解读

为落实中办、国办印发的《关于进一步深化税收征管改革的意见》要求，全面

推进税收征管数字化升级和智能化改造,国家税务总局贵州省税务局发布了《国家税务总局贵州省税务局关于开展全面数字化的电子发票受票试点工作的公告》(以下简称《公告》)。

(1)开展全面数字化的电子发票试点的背景是什么?

为落实中办、国办印发的《关于进一步深化税收征管改革的意见》要求,全面推进税收征管数字化升级和智能化改造,降低征纳成本,国家税务总局建设了全国统一的电子发票服务平台。2021年12月1日起,国家税务总局在广东省(不含深圳市,下同)、内蒙古自治区和上海市(以下简称试点地区)开展了全面数字化的电子发票试点工作,系统运行平稳。

为进一步推进全面数字化的电子发票(以下简称'全电'发票)试点工作,经国家税务总局同意,自2022年8月28日起,贵州省纳税人仅作为受票方,接收由试点地区的部分纳税人通过电子发票服务平台开具的发票。

(2)"全电"发票的票面信息包括哪些?

"全电"发票的票面信息包括基本内容和特定内容。

基本内容主要包括二维码、发票号码、开票日期、购买方信息、销售方信息、项目名称、规格型号、单位、数量、单价、金额、税率/征收率、税额、合计、价税合计(大写、小写)、备注、开票人。"全电"发票的发票号码为20位,其中:第1~2位代表公历年度后两位,第3~4位代表各省、自治区、直辖市和计划单列市行政区划代码,第5位代表"全电"发票开具渠道等信息,第6~20位代表顺序编码等信息。

为了满足从事特定行业、发生特殊应税行为及特定应用场景业务(以下简称特定业务)的纳税人开具发票的个性化需求,税务机关根据现行发票开具的有关规定和特定业务的场景,在"全电"发票中设计了相应的特定内容。特定业务包括但不限于:稀土、建筑服务、旅客运输服务、货物运输服务、不动产销售、不动产经营租赁服务、农产品收购、光伏收购、代收车船税、自产农产品销售、差额征税等。贵州省纳税人在取得"全电"发票时,按照实际业务开展情况,可向开票人提出特定业务需求,开票人将按规定填写在发票备注等栏次的信息填写在特定内容栏次,进一步规范发票票面内容,便利贵州省纳税人使用。特定业务的"全电"发票票面按照特定内容展示相应信息,同时票面左上角展示该业务类型的字样。

(3)使用"全电"发票具备哪些优点?

第一,用票更便捷。发票数据应用更丰富。便于税务机关进行发票数据的规范化管理,为向纳税人提供税费申报预填服务奠定数据基础。

发票使用满足个性业务需求。"全电"发票破除特定版式要求,增加了XML的数据电文格式便利交付,同时保留PDF、OFD等格式,降低发票使用成本,提升纳税人用票的便利度和获得感。"全电"发票样式根据不同业务进行差异化展示,为纳税人提供更优质的个性化服务。

第二,入账归档一体化。税务机关将制定电子发票数据规范、出台电子发票国家标准,实现"全电"发票全流程数字化流转,进一步推进企业和行政事业单位会计核算、财务管理信息化。

(4)贵州省纳税人如何接收通过电子发票服务平台开具的发票?包含哪些类型的发票?

贵州省纳税人可以接收试点地区纳税人通过电子发票服务平台开具的带有"增值税专用发票"字样的"全电"发票、带有"普通发票"字样的"全电"发票、增值税纸质专用发票(以下简称纸质专票)和增值税纸质普通发票(折叠票,以下简称纸质普票)。

贵州省纳税人可以通过增值税发票综合服务平台接收通过电子发票服务平台开具的上述发票。此外,也可取得销售方以电子邮件、二维码等方式交付的"全电"发票。

(5)贵州省纳税人接收到通过电子发票服务平台开具的纸质专票和纸质普票与增值税发票管理系统开具的纸质专票和纸质普票有何区别?

贵州省纳税人接收到通过电子发票服务平台开具的纸质专票和纸质普票,其法律效力、基本用途和基本使用规定与现有纸质专票、纸质普票相同。电子发票服务平台开具的纸质专票、纸质普票与现行纸质专票、纸质普票相比,区别在于电子发票服务平台开具纸质专票、纸质普票后,纸质专票、纸质普票密码区不再展示发票密文,密码区将展示电子发票服务平台赋予的 20 位发票号码以及全国增值税发票查验平台网址。

(6)贵州省纳税人接收到通过电子发票服务平台开具的发票,发生销售退回、开票有误、销售折让等情形,需要由开票方开具红字发票的,应如何操作?

一是受票方未做用途确认及入账确认的,开票方在电子发票服务平台填开《红字发票信息确认单》(以下简称《确认单》)后全额开具红字"全电"发票或红字纸质发票,无需受票方确认。其中,《确认单》需要与对应的蓝字发票信息相符。

例 6-13 2022 年 6 月,I 公司(通过电子发票服务平台开具发票的纳税人)为 J 公司(贵州省纳税人)提供设计服务。I 公司在 2022 年 6 月 22 日已为 J 公司开具了带有"增值税专用发票"字样的"全电"发票。6 月 27 日因客观原因服务终止,此前 J 公司未对该发票进行确认用途及发票入账,I 公司需全额开具红字"全电"发票。

I 公司通过电子发票服务平台填开并上传《确认单》,无需 J 公司确认,系统自动校验通过后,I 公司依据核实无误的确认单信息,全额开具红字"全电"发票。

二是受票方已进行用途确认或入账确认的,由开票方通过电子发票服务平台或受票方通过增值税发票综合服务平台填开《确认单》,经对方确认后,开票方依据《确认单》开具红字发票。

受票方已将发票用于增值税申报抵扣的,应暂依《确认单》所列增值税税额从当期进项税额中转出,待取得开票方开具的红字发票后,与《确认单》一并作为记账凭证。

例 6-14 2022 年 6 月，N 公司（通过电子发票服务平台开具发票的纳税人）销售一批玩具给 P 公司（贵州省纳税人），已开具带有"增值税专用发票"字样的"全电"发票，P 公司已确认用途。2022 年 7 月，发现开票有误。

情形一：N 公司财务人员通过电子发票服务平台填开并上传《确认单》，选择原因和对应的蓝字发票信息，录入金额和税额。P 公司财务人员在 72 小时内通过增值税发票综合服务平台完成确认后，N 公司财务人员据此开具红字"全电"发票。

情形二：P 公司财务人员通过增值税发票综合服务平台填开并上传《确认单》，选择原因和对应的蓝字发票信息，录入金额和税额。N 公司财务人员在 72 小时内通过电子发票服务平台完成确认后，据此开具红字"全电"发票。

三是试点纳税人通过电子发票服务平台开具的"全电"发票或纸质发票已用于申请出口退税、代办退税的，暂不允许开具红字发票。

（7）贵州省纳税人取得哪些类型的发票可进行用途确认？通过什么渠道进行确认？

贵州省纳税人继续登录增值税发票综合服务平台使用相关增值税扣税凭证功能，取得通过电子发票服务平台开具带有"增值税专用发票"字样的"全电"发票、带有"普通发票"字样的"全电"发票、纸质专票和纸质普票等增值税扣税凭证，如需用于申报抵扣增值税进项税额或申请出口退税、代办退税的，应按规定通过增值税发票综合服务平台确认用途。

（8）贵州省纳税人通过什么渠道可以进行"全电"发票信息的查验？

贵州省纳税人可以通过全国增值税发票查验平台（https://inv-veri.chinatax.gov.cn）对"全电"发票的信息进行查验。

（9）贵州省纳税人取得"全电"发票报销入账归档的，需要注意哪些事项？

纳税人取得"全电"发票报销入账归档的，应按照《财政部 国家档案局关于规范电子会计凭证报销入账归档的通知》（财会〔2020〕6 号，以下简称通知）和《会计档案管理办法》（财政部国家档案局令第 79 号）的相关规定执行。

三、进一步开展全面数字化的电子发票受票试点

2022 年 10 月 26 日，《国家税务总局贵州省税务局关于进一步开展全面数字化的电子发票受票试点工作的公告》（国家税务总局贵州省税务局公告 2022 年第 9 号）规定，为落实中办、国办印发的《关于进一步深化税收征管改革的意见》要求，继续加大全面数字化的电子发票（以下简称全电发票）推广使用力度。经国家税务总局同意，贵州省税务局决定进一步扩大贵州省纳税人可接收通过电子发票服务平台开具的发票的开票方范围。

（1）自 2022 年 11 月 7 日起，贵州省纳税人可接收四川省试点纳税人通过电子发票服务平台开具的发票，包括带有"增值税专用发票"字样的全电发票、带有"普

通发票"字样的全电发票、增值税纸质专用发票和增值税纸质普通发票（折叠票）。

（2）根据推广进度和试点工作安排，通过电子发票服务平台开具发票的试点地区范围将分批扩至全国，具体扩围时间以开票试点省（区、市）级税务机关公告为准。贵州省纳税人可接收新增开票试点省开具的发票。

（3）全电发票试点的其他事项仍按照《国家税务总局贵州省税务局关于开展全面数字化的电子发票受票试点工作的公告》（国家税务总局贵州省税务局公告2022年第8号）的规定执行。

第三节
四川省全电发票试点制度

一、开展全面数字化的电子发票试点

2022年10月26日，《国家税务总局四川省税务局关于开展全面数字化的电子发票试点工作的公告》（国家税务总局四川省税务局公告2022年第6号）规定，为落实中办、国办印发的《关于进一步深化税收征管改革的意见》要求，加大推广使用全面数字化的电子发票（以下简称全电发票）力度，经国家税务总局同意，四川省税务局决定在四川省开展全电发票试点工作。

（1）自2022年10月28日起，在四川省的部分纳税人中试点使用全电发票。试点纳税人范围为：2022年10月28日前设立登记的已使用增值税发票管理系统开具增值税专用发票及增值税普通发票的纳税人；2022年10月28日起新设立登记的需使用增值税专用发票和增值税普通发票的纳税人。

按照有关规定不使用网络办税或不具备网络条件的纳税人暂不纳入试点范围。

具体试点纳税人由国家税务总局四川省税务局确定。

（2）试点纳税人使用电子发票服务平台开具和接收全电发票。

试点纳税人进行实名认证后，通过四川省电子税务局（https://etax.sichuan.chinatax.gov.cn）进入电子发票服务平台。

（3）全电发票的法律效力、基本用途等与现有纸质发票相同。其中，带有"增值税专用发票"字样的全电发票，其法律效力、基本用途等与现有增值税专用发票相同；带有"普通发票"字样的全电发票，其法律效力、基本用途等与现有普通发票相同。

（4）四川省全电发票由国家税务总局四川省税务局监制。全电发票无联次，基本内容包括：发票号码、开票日期、动态二维码、购买方信息、销售方信息、项目名称、规格型号、单位、数量、单价、金额、税率/征收率、税额、合计、价税合计（大写、小写）、备注、开票人等。

四川省全电发票的发票号码为20位，其中：第1～2位代表公历年度后两位，第3～4位代表四川省行政区划代码，第5位代表全电发票开具渠道等信息，第6～20位代表顺序编码等信息。

试点纳税人从事特定行业、发生特定应税行为及特定应用场景业务（包括稀土、建筑服务、旅客运输服务、货物运输服务、不动产销售、不动产经营租赁服务、农产品收购、光伏收购、代收车船税、自产农产品销售、差额征税等）的，应按照发票开具有关规定使用特定业务全电发票。

（5）纸质增值税专用发票（以下简称纸质专票）和纸质增值税普通发票（折叠票，以下简称纸质普票）可通过电子发票服务平台开具，其法律效力、基本用途和基本使用规定与现有纸质专票、纸质普票相同。发票密码区不再展示发票密文，改为展示电子发票服务平台赋予的20位发票号码及全国增值税发票查验平台网址。

（6）试点纳税人通过电子发票服务平台开具全电发票，无需进行发票票种核定和发票领用，无需使用税控专用设备，开具后无需进行验旧；通过电子发票服务平台开具纸质专票和纸质普票，仍需进行发票票种核定和发票领用，开具后无需进行验旧。

（7）税务机关对试点纳税人开票实行开具金额总额度管理。开具金额总额度，是指一个自然月内，试点纳税人发票开具总金额（不含增值税）的上限额度。

第一，试点纳税人通过电子发票服务平台开具的全电发票、纸质专票和纸质普票以及通过增值税发票管理系统开具的纸质专票、纸质普票、增值税普通发票（卷式，以下简称卷式发票）、增值税电子专用发票（以下简称电子专票）和增值税电子普通发票，共用同一个开具金额总额度。

第二，税务机关依据试点纳税人的税收风险程度、纳税信用级别、实际经营情况等因素，确定初始开具金额总额度，并进行定期调整、临时调整或人工调整。

定期调整是指电子发票服务平台每月自动对试点纳税人开具金额总额度进行调整。

临时调整是指税收风险程度较低的试点纳税人当月开具发票金额首次达到开具金额总额度一定比例时，电子发票服务平台自动为其临时增加一次开具金额总额度。

人工调整是指试点纳税人因实际经营情况发生变化申请调整开具金额总额度，主管税务机关依法依规审核未发现异常的，为纳税人调整开具金额总额度。

第三，试点纳税人在增值税申报期内，完成增值税申报前，在电子发票服务平台中可以在上月剩余可用额度且不超过当月开具金额总额度的范围内开具发票。试点纳税人按规定完成增值税申报且比对通过后，在电子发票服务平台中可以按照当月剩余可用额度开具发票。

（8）电子发票服务平台税务数字账户自动归集发票数据，供试点纳税人进行发票查询、查验、下载、打印和用途确认，并提供税收政策查询、开具金额总额度调整申请、发票风险提示等功能。

（9）试点纳税人可以通过电子发票服务平台税务数字账户自动交付全电发票，也可通过电子邮件、二维码等方式自行交付全电发票。

（10）自2022年10月28日起，我省纳税人应通过电子发票服务平台税务数字账户使用发票用途确认、风险提示、信息下载等功能，不再通过增值税发票综合服务平台使用上述功能。

试点纳税人取得带有"增值税专用发票"字样的全电发票、带有"普通发票"字样的全电发票、纸质专票和纸质普票等符合规定的增值税扣税凭证，如需用于申报抵扣增值税进项税额或申请出口退税、代办退税的，应当通过电子发票服务平台税务数字账户确认用途。试点纳税人确认用途有误的，可向主管税务机关申请更正。

（11）试点纳税人可以通过电子发票服务平台税务数字账户对符合规定的农产品增值税扣税凭证进行用途确认，计算用于抵扣的进项税额。其中，试点纳税人购进用于生产或者委托加工 13% 税率货物的农产品，可以由主管税务机关开通加计扣除农产品进项税额确认功能，在生产领用当期计算加计扣除农产品进项税额。

（12）试点纳税人可通过电子发票服务平台税务数字账户标记发票入账标识。纳税人以全电发票报销入账归档的，按照财政和档案部门的相关规定执行。

（13）试点纳税人发生开票有误、销货退回、服务中止、销售折让等情形，需要通过电子发票服务平台开具红字全电发票或红字纸质发票的，按以下规定执行：

一是受票方未做用途确认及入账确认的，开票方填开《红字发票信息确认单》（以下简称《确认单》）后全额开具红字全电发票或红字纸质发票，无需受票方确认。

二是受票方已进行用途确认或入账确认的，开票方或受票方可以填开《确认单》，经对方确认后，开票方依据《确认单》开具红字发票。

受票方已将发票用于增值税申报抵扣的，应当暂依《确认单》所列增值税税额从当期进项税额中转出，待取得开票方开具的红字发票后，与《确认单》一并作为记账凭证。

（14）纳税人发生《国家税务总局关于红字增值税发票开具有关问题的公告》（国家税务总局公告 2016 年第 47 号）第一条以及《国家税务总局关于在新办纳税人中实行增值税专用发票电子化有关事项的公告》（国家税务总局公告 2020 年第 22 号）第七条规定情形的，购买方为试点纳税人时，购买方可通过电子发票服务平台填开并上传《开具红字增值税专用发票信息表》（以下简称《信息表》）。

（15）单位和个人可以通过全国增值税发票查验平台（https://inv-veri.chinatax.gov.cn）查验全电发票信息。同时，试点纳税人还可以通过电子发票服务平台税务数字账户查验全电发票信息。

（16）电子发票服务平台暂不支持开具机动车、二手车、通行费等特定业务全电发票，开具上述发票功能的上线时间另行公告。

相关发票功能上线前，纳税人可以通过增值税发票管理系统开具电子专票、增值税电子普通发票（含收费公路通行费增值税电子普通发票）、卷式发票和二手车销售统一发票，通过增值税发票管理系统开票软件中机动车发票开具模块开具增值税专用发票和机动车销售统一发票。

（17）纳税人应当按照规定依法、诚信、如实使用全电发票，并接受税务机关依法检查。税务机关依法加强税收监管和风险防范，严厉打击虚开、虚抵、偷逃骗税等涉税违法犯罪行为。

（18）根据国家税务总局全电发票推广工作安排，通过电子发票服务平台开具发票的试点地区将分批扩至全国，四川省纳税人可接收试点地区纳税人开具的发票。具体扩围时间以试点地区省级税务机关公告为准。

二、开展全面数字化的电子发票试点解读

为落实中办、国办印发的《关于进一步深化税收征管改革的意见》要求，推进税收征管数字化升级和智能化改造，降低征纳成本，国家税务总局四川省税务局发布了《国家税务总局四川省税务局关于开展全面数字化的电子发票试点工作的公告》（以下简称《公告》）。

（1）推行全面数字化的电子发票的背景是什么？

2021年12月1日起，国家税务总局在内蒙古自治区、上海市和广东省（不含深圳市，下同）3个地区开始推行全面数字化的电子发票（以下简称全电发票）。全电发票推行后，系统运行平稳，因具有无需领用、开具便捷、信息集成、节约成本等优点，受到越来越多纳税人的欢迎。

为贯彻落实中办、国办关于稳步实施发票电子化改革的部署安排，国家税务总局本着稳妥有序的原则，决定采用先在部分地区推行全电发票试点，此后逐步扩大地区和纳税人范围的工作策略。按照国家税务总局的推广进度安排，全电发票受票已推广至全国，我省试点纳税人通过电子发票服务平台开具的全电发票，各省的受票方均可接收。

（2）推行全电发票具有哪些优点？

第一，领票流程更简化。开业开票"无缝衔接"。全电发票实现"去介质"，纳税人不再需要预先领取专用税控设备；通过"赋码制"取消特定发票号段申领，发票信息生成后，系统自动分配唯一的发票号码；通过"授信制"自动为纳税人赋予开具金额总额度，实现开票"零前置"。基于此，新办纳税人可实现"开业即可开票"。

第二，开票用票更便捷。一是发票服务"一站式"更便捷。纳税人登录电子发票服务平台后，可进行发票开具、交付、查验以及用途勾选等系列操作，享受"一站式"服务，不再像以前需登录多个平台才能完成相关操作。二是发票数据应用更广泛。通过"一户式""一人式"发票数据归集，加强各税费数据联动，为实现"一表集成"式税费申报预填服务奠定数据基础。三是发票使用满足个性业务需求。全电发票破除特定版式要求，增加了XML的数据电文格式便利交付，同时保留PDF、OFD等格式，降低发票使用成本，提升纳税人用票的便利度和获得感。全电发票样式根据不同业务进行差异化展示，为纳税人提供更优质的个性化服务。四是纳税服务渠道更畅通。电子发票服务平台提供征纳互动相关功能，如增加智能咨询，纳税人在开票、受票等过程中，平台自动接收纳税人业务处理过程中存在的问题并进行智能答疑；增设异议提交功能，纳税人对开具金额总额度有异议时，可以通过平台向税务机关提出。

第三，入账归档一体化。通过制发电子发票数据规范、出台电子发票国家标准，实现全电发票全流程数字化流转，进一步推进企业和行政事业单位会计核算、财务管理信息化。

（3）试点纳税人范围有哪些？

试点纳税人范围为：2022年10月28日前设立登记的已使用增值税发票管理系统开具增值税专用发票及增值税普通发票的纳税人；2022年10月28日起新设立登记的需使用增值税专用发票和增值税普通发票的纳税人。纳税人在用的企业冠名机打平推式发票、通用定额发票、增值税普通发票（卷票）等仍按原有方式管理，通过原有渠道开具。

按照有关规定不使用网络办税或不具备网络条件的纳税人暂不纳入试点范围。

具体试点纳税人由国家税务总局四川省税务局确定。

（4）设立登记具体是指？

设立登记是指在税务机关办理一照一码户登记信息确认、两证整合个体工商户登记信息确认。

（5）如何进入电子发票服务平台？

纳税人通过四川省电子税务局进入电子发票服务平台，登录电子税务局后，依次点击"我要办税""开票业务""税务数字账户"即可使用电子发票服务平台。

（6）全电发票的票面信息包括哪些？

全电发票的票面信息包括基本内容和特定内容。

为了符合纳税人开具发票的习惯，全电发票的基本内容在现行增值税发票基础上进行了优化，主要包括：发票号码、开票日期、动态二维码、购买方信息、销售方信息、项目名称、规格型号、单位、数量、单价、金额、税率/征收率、税额、合计、价税合计（大写、小写）、备注、开票人等。

为了满足从事特定行业、发生特定应税行为及特定应用场景业务（以下简称特定业务）的试点纳税人开具发票的个性化需求，税务机关根据现行发票开具的有关规定和特定业务的开票场景，在全电发票中设计了相应的特定内容。特定业务包括但不限于稀土、建筑服务、旅客运输服务、货物运输服务、不动产销售、不动产经营租赁服务、农产品收购、光伏收购、代收车船税、自产农产品销售、差额征税等。试点纳税人在开具全电发票时，可以按照实际业务开展情况，选择特定业务，将按规定应填写在发票备注等栏次的信息，填写在特定内容栏次，进一步规范发票票面内容，便利纳税人使用。特定业务的全电发票票面按照特定内容展示相应信息，同时票面左上角展示该业务类型的字样。

（7）试点纳税人可以通过电子发票服务平台开具哪些类型的发票？

电子发票服务平台支持开具全电发票、纸质增值税专用发票（以下简称纸质专票）和纸质增值税普通发票（折叠票，以下简称纸质普票）。

试点纳税人通过电子发票服务平台开具全电发票，无需进行发票票种核定和发票领用，无需使用税控专用设备，开具后无需进行验旧；通过电子发票服务平台开具纸质专票和纸质普票，仍需进行发票票种核定和发票领用，开具后无需进行验旧。

（8）如何理解《公告》中的开具金额总额度和剩余可用额度？

为降低纳税人使用成本，便利全电发票推广，尊重纳税人现行开票用票习惯，做好发票风险防控,税务机关对试点纳税人开票实行开具金额总额度管理。

开具金额总额度,也称总授信额度,是指一个自然月内试点纳税人发票开具总金额(不含增值税)的上限额度,包括试点纳税人可通过电子发票服务平台开具的全电发票、纸质专票和纸质普票的上限总金额以及可通过增值税发票管理系统开具的纸质专票、纸质普票、增值税普通发票(卷式,以下简称卷式发票)、增值税电子专用发票(以下简称电子专票)和增值税电子普通发票(以下简称电子普票)的上限总金额。

剩余可用额度,也称可用授信额度,是指在一个自然月内试点纳税人开具金额总额度扣除已使用额度。其中,已使用额度包括试点纳税人通过电子发票服务平台开具的发票金额,以及通过增值税发票管理系统开具的纸质专票、纸质普票、卷式发票、电子专票和电子普票的领用份数与单份发票最高开票限额之积(存在多种不同版式的发票应分别计算并求和,下同)。

例 6-15 试点纳税人 A 公司,通过电子发票服务平台开具全电发票,同时通过增值税发票管理系统开具纸质专票和纸质普票,2022 年 11 月开具金额总额度为 750 万元。

2022 年 11 月 1 日至 20 日,A 公司领用 10 万元版增值税专用发票 40 份(应从开具金额总额度中扣除 400 万元),通过增值税发票管理系统开具了 36 份纸质专票,合计金额 350 万元(不再重复从开具金额总额度中扣除),通过电子发票服务平台开具全电发票金额 300 万元(应从开具金额总额度中扣除 300 万元),则 11 月 20 日后剩余可用额度为 50 万元(750 − 40×10 − 300)。

(9)试点纳税人开具金额总额度如何调整?

调整开具金额总额度有三种方式,包括定期调整、临时调整和人工调整。

第一,定期调整。定期调整是指电子发票服务平台每月自动对纳税人开具金额总额度进行调整。

例 6-16 2022 年 11 月初成立的 B 公司,初始开具金额总额度为 750 万元。2023 年 1 月,根据 B 公司实际经营情况以及 2022 年 11 月、12 月开具金额总额度的使用情况,2023 年 1 月初电子发票服务平台将其开具金额总额度调整至 850 万元。

第二,临时调整。临时调整是指税收风险程度较低的纳税人当月开具发票金额首次达到开具金额总额度一定比例时,电子发票服务平台自动为其临时调增一次开具金额总额度。

例 6-17 2022 年 11 月初成立的 C 公司,初始开具金额总额度为 750 万元。

情形一:2022 年 11 月中旬,C 公司销售额增加,至 11 月 20 日,实际已使用额度达到 600 万元(达到当前开具金额总额度的一定比例),电子发票服务平台自动风险扫描无问题后，为 C 公司临时增加开具金额总额度至 900 万元。

情形二：2022 年 11 月中旬，C 公司销售额增加，至 11 月 20 日，实际已使用额度达到 580 万元，未触发系统临时调整。11 月 21 日，C 公司因经营需要，需开具 1 份金额为 200 万元的全电发票，在填写发票信息时，因累计金额达到 780 万元（达到当前开具金额总额度的一定比例），电子发票服务平台自动风险扫描无问题后，为 C 公司临时增加开具金额总额度至 900 万元。

第三，人工调整。人工调整是指纳税人因实际经营情况发生变化申请调整开具金额总额度，主管税务机关依法依规审核未发现异常的，为纳税人调整开具金额总额度。

例 6-18　D 公司 2022 年 11 月初开具金额总额度为 750 万元，销售额增加，电子发票服务平台为 D 公司临时调增开具金额总额度至 900 万元，但仍无法满足 D 公司本月开票需求。D 公司根据实际经营情况，向主管税务机关申请调增开具金额总额度至 1200 万元，主管税务机关依法依规审核未发现异常后，相应调增 D 公司开具金额总额度。

（10）试点纳税人在增值税申报期内如何使用开具金额总额度？

试点纳税人在增值税申报期内，完成增值税申报前，在电子发票服务平台中可以按照上月剩余可用额度且不超过当月开具金额总额度的范围内开具发票。试点纳税人按规定完成增值税申报且比对通过后，在电子发票服务平台中可以按照当月剩余可用额度开具发票。

第一，按月进行增值税申报的试点纳税人在每月月初到完成上个所属期（即上个月）申报前开具金额总额度的可使用额度为上月剩余可用额度，且不超过本月开具金额总额度；完成上个所属期（即上个月）申报且比对通过后可使用额度为当月剩余可用额度。

第二，按季进行增值税申报的试点纳税人在每季季初到完成上个所属期（即上个季度）申报前开具金额总额度的可使用额度为上月剩余可用额度，且不超过本月开具金额总额度；完成上个所属期（即上个季度）申报且比对通过后可使用额度为当月剩余可用额度。

例 6-19　试点纳税人 E 公司是按月申报的一般纳税人，2022 年 11 月开具金额总额度为 750 万元，截至 11 月 30 日实际已使用额度 400 万元，剩余可用额度为 350 万元。

情形一：12 月 1 日，电子发票服务平台自动计算其 12 月开具金额总额度为 750 万元。如果 E 公司在 12 月 11 日 9 时完成 11 月所属期增值税申报并比对通过，则 12 月 11 日 9 时前（即未完成 11 月所属期增值税申报前），E 公司的可使用额度为 350 万元（11 月剩余可用额度 350 万元＜12 月月初开具金额总额度 750 万元）。

12 月 1 日至 11 日 9 时，如果 E 公司实际已使用额度为 20 万元，则 12 月 11 日 9 时（即完成申报）后的剩余可用额度为 730 万元（750－20）。

情形二：12月1日，依据纳税人风险程度、纳税信用级别、实际经营情况等因素，电子发票服务平台自动计算并将12月开具金额总额度调整为250万元。如果E公司在12月11日9时完成11月所属期增值税申报并比对通过，则12月11日9时前（即未完成11月所属期增值税申报前）E公司的可使用额度为250万元（11月剩余可用额度350万元＞12月月初开具金额总额度250万元）。

12月1日至11日9时，如果E公司实际已使用额度为20万元，则12月11日9时（即完成申报）后的剩余可用额度为230万元（250－20）。

例6-20 试点纳税人F公司是按季申报的小规模纳税人，2022年11月开具金额总额度为10万元，截至11月30日实际已使用额度为5万元，剩余可用额度为5万元。

12月1日，电子发票服务平台自动计算并将12月开具金额总额度重新调整为10万元。因F公司是按季申报的纳税人，12月无需完成11月所属期增值税申报，则12月1日后可使用额度为10万元（即12月初的开具金额总额度）。12月1日至31日，F公司实际已使用额度为8万元，剩余可用额度为2万元。

2023年1月1日，电子发票服务平台自动计算并将1月开具金额总额度重新调整为10万元。如果F公司于1月6日9时完成2022年第四季度所属期增值税申报并比对通过，则1月6日9时前（即未完成第四季度所属期增值税申报前）可使用额度仍为2万元（2022年12月剩余可用额度2万元＜2023年1月初开具金额总额度10万元）。

1月1日至6日9时，如果F公司实际已使用额度为2万元，则1月6日9时（即完成申报）后的剩余可用额度为8万元（10－2）。

（11）试点纳税人结存的电子专票、电子普票和纸质专票、纸质普票应该如何处理？

试点纳税人结存的电子专票、电子普票可继续使用，使用完后自然过渡到使用电子发票服务平台开具全电发票，税务机关将不再配发电子专票、电子普票。试点纳税人结存的纸质专票、纸质普票、卷式发票可继续使用，使用完后，继续领用的纸质专票、纸质普票，可通过电子发票服务平台开具，卷式发票继续通过增值税发票管理系统开具。

（12）试点纳税人开具纸质专票和纸质普票如何使用剩余可用额度？

试点纳税人通过电子发票服务平台开具纸质专票和纸质普票时，单份发票开具金额不得超过单份最高开票限额且不得超过当月剩余可用额度，并根据实际开票金额扣除当月剩余可用额度。

试点纳税人通过增值税发票管理系统开具的纸质专票、纸质普票、卷式发票、电子专票和电子普票的，在领用发票时按领用份数与单份发票最高开票限额之积扣除当月剩余可用额度，开具时不再扣除当月剩余可用额度。

（13）试点纳税人通过电子发票服务平台开具的纸质专票和纸质普票与增值税发票管理系统开具纸质专票和纸质普票有何区别？

试点纳税人通过电子发票服务平台开具的纸质专票和纸质普票，其法律效力、基本用途和基本使用规定与现有纸质专票、纸质普票相同。电子发票服务平台开具的纸质专票、纸质普票与现行纸质专票、纸质普票相比，区别在于电子发票服务平台开具的纸质专票、纸质普票密码区不再展示发票密文，密码区将展示电子发票服务平台赋予的20位发票号码以及全国增值税发票查验平台网址。

（14）通过电子发票服务平台税务数字账户，试点纳税人能够获得哪些优质便捷的服务？

为全面推进税收征管数字化升级，降低制度性交易成本，电子发票服务平台税务数字账户集成发票信息、优化发票应用、完善风险提醒，进一步深化发票数据应用成果。通过税务数字账户，纳税人能够获得以下优质便捷的服务：

一是"一户式"发票数据归集服务。电子发票服务平台税务数字账户自动归集开具发票信息，推送至对应受票方纳税人的税务数字账户，实现开票即交付，从根本上解决纳税人纸质发票易丢失破损及电子发票难归集等问题，降低纳税人发票管理成本。

二是"一站式"发票应用集成服务。电子发票服务平台税务数字账户创新应用集成服务，通过完善发票的查询、查验、下载、打印和用途确认等功能，增加税务事项通知书查询、税收政策查询、发票开具金额总额度调整申请、原税率发票开具申请等功能，再造红字发票业务流程、海关缴款书业务流程，为纳税人提供"一站式"服务。

三是"集成化"发票数据展示服务。电子发票服务平台税务数字账户为纳税人提供开具金额总额度管理情况展示服务，纳税人可实时掌握总授信额度和可用授信额度变动情况；同时为纳税人提供风险提醒服务，纳税人可以对发票的开具、申报、缴税、用途确认等流转状态以及作废、红冲、异常等管理状态进行查询统计，以便及时开展风险应对处理，从而有效规避因征纳双方和购销双方信息不对称而产生的涉税风险和财务管理风险。

（15）如何使用发票入账标识功能？

电子发票服务平台为试点纳税人提供发票入账标识服务，纳税人使用该功能时，系统将同步为发票赋予入账状态字样，供财务人员及时查验，避免重复报销入账。

（16）纳税人开具和取得全电发票报销入账归档的，需要注意哪些事项？

纳税人开具和取得全电发票报销入账归档的，应按照《财政部 国家档案局关于规范电子会计凭证报销入账归档的通知》（财会〔2020〕6号，以下称《通知》）和《会计档案管理办法》（财政部、国家档案局令第79号）的相关规定执行。

第一，纳税人可以根据《通知》第三条、第五条的规定，仅使用全电发票电子件进行报销入账归档的，可不再另以纸质形式保存。

第二，纳税人如果需要以全电发票的纸质打印件作为报销入账归档依据的，应当根据《通知》第四条的规定，同时保存全电发票电子件。

（17）试点纳税人怎样开具红字发票？

试点纳税人发生开票有误、销货退回、服务中止、销售折让等情形，需要通过电子发票服务平台开具红字全电发票或红字纸质发票的，按以下规定执行：

一是受票方未做用途确认及入账确认的，开票方在电子发票服务平台填开《红字发票信息确认单》(以下简称《确认单》)后全额开具红字全电发票或红字纸质发票,无需受票方确认。其中,《确认单》需要与对应的蓝字发票信息相符。

例 6-21 2022 年 12 月 10 日,G 公司(试点纳税人)发现有一张在 2022 年 11 月 30 日开给 H 公司(试点纳税人)的纸质专票内容有误,通过电子发票服务平台查询到 H 公司未对取得的发票进行用途确认与发票入账。G 公司联系 H 公司将该发票相关联次取回后,通过电子发票服务平台填开并上传《确认单》,无需 H 公司确认,系统自动校验通过后可直接全额开具对应的红字全电发票。

例 6-22 2022 年 11 月,I 公司(试点纳税人)为 J 公司(非试点纳税人)提供加工劳务。I 公司在 2022 年 11 月 18 日已为 J 公司开具了带有"增值税专用发票"字样的全电发票。11 月 20 日因客观原因劳务终止,此前 J 公司未对该发票进行确认用途及发票入账,I 公司需全额开具红字全电发票。

I 公司通过电子发票服务平台填开《确认单》,无需 J 公司确认,I 公司依据核实无误的确认单信息,全额开具红字全电发票。

二是受票方已进行用途确认或入账确认的,受票方为试点纳税人,开票方或受票方均可在电子发票服务平台填开并上传《确认单》,经对方在电子发票服务平台确认后,开票方全额或部分开具红字全电发票或红字纸质发票;受票方为非试点纳税人,由开票方在电子发票服务平台或由受票方在增值税发票综合服务平台填开并上传《确认单》,经对方确认后,开票方全额或部分开具红字全电发票或红字纸质发票。其中,《确认单》需要与对应的蓝字发票信息相符。

受票方已将发票用于增值税申报抵扣的,应当暂依《确认单》所列增值税税额从当期进项税额中转出,待取得开票方开具的红字发票后,与《确认单》一并作为记账凭证。

例 6-23 2022 年 11 月,L 公司(试点纳税人)销售一批服装给 M 公司(试点纳税人),已开具带有"增值税专用发票"字样的全电发票,M 公司已对取得的发票进行用途确认。2022 年 12 月,该批服装发生销货退回。

情形一:M 公司财务人员通过电子发票服务平台填开《确认单》,选择原因和对应的蓝字发票信息,录入金额和税额。L 公司财务人员通过电子发票服务平台完成确认后,L 公司财务人员据此开具红字全电发票。

情形二:L 公司财务人员通过电子发票服务平台填开《确认单》,选择原因和对应的蓝字发票信息,录入金额和税额。M 公司财务人员通过电子发票服务平台完成确认后,L 公司财务人员据此开具红字全电发票。

例 6-24 2022 年 11 月,N 公司(试点纳税人)销售一批玩具给 P 公司(非试点纳税人),已开具带有"增值税专用发票"字样的全电发票,P 公司已确认用途。2022 年

12月，该批玩具发生销货退回。

情形一：N公司财务人员通过电子发票服务平台填开《确认单》，选择原因和对应的蓝字发票信息，录入金额和税额。P公司财务人员通过增值税发票综合服务平台完成确认后，N公司财务人员据此开具红字全电发票。

情形二：P公司财务人员通过增值税发票综合服务平台发起《确认单》，选择原因和对应的蓝字发票信息，录入金额和税额。N公司财务人员通过电子发票服务平台完成确认后，N公司财务人员据此开具红字全电发票。

三是试点纳税人通过电子发票服务平台开具的全电发票或纸质发票已用于申请出口退税、代办退税的，暂不允许开具红字发票。

（18）非试点纳税人开具红字发票流程有何变化？

（1）增值税发票综合服务平台为非试点纳税人提供了填开《确认单》和对《确认单》进行确认的功能。

（2）纳税人发生《国家税务总局关于红字增值税发票开具有关问题的公告》（国家税务总局公告2016年第47号）第一条以及《国家税务总局关于在新办纳税人中实行增值税专用发票电子化有关事项的公告》（国家税务总局公告2020年第22号）第七条规定情形的，购买方可通过电子发票服务平台填开《信息表》。

例6-25　2022年10月，Q公司（非试点纳税人）销售一批服装给R公司（试点纳税人），通过增值税发票管理系统已开具增值税专用发票，R公司已确认用途。2022年11月，该批服装发生销货退回。

R公司通过电子发票服务平台填开《信息表》，Q公司财务人员据此开具红字专用发票。

（19）试点纳税人通过电子发票服务平台开具红字发票有哪些注意事项？

第一，试点纳税人需要开具红字发票的，可以在所对应的蓝字发票金额范围内开具红字发票。

第二，试点纳税人开具蓝字全电发票当月开具红字全电发票，电子发票服务平台同步增加其当月剩余可用额度；跨月开具红字全电发票的，电子发票服务平台不增加其当月剩余可用额度。

第三，试点纳税人开具蓝字纸质发票当月开具红字纸质发票，或者作废已开具的蓝字纸质发票，电子发票服务平台同步增加其当月剩余可用额度；跨月开具红字纸质发票的，电子发票服务平台不增加其当月剩余可用额度。

例6-26　纳税人S公司，2023年1月的开具金额总额度为750万元。

2023年1月1日至5日S公司开票累计金额100万元，1月6日开具红字全电发票金额10万元（对应2022年11月25日开具的蓝字全电发票，金额10万元），1月

7日开具红字全电发票50万元（对应2023年1月3日开具的蓝字全电发票，金额50万元），则1月8日剩余可用额度为700万元（750－100＋50）。由于跨月开具红字全电发票不增加当月剩余可用额度，1月6日开具红字全电发票金额10万元不列入当月剩余可用额度计算。

（20）《公告》实施后，试点纳税人能开具机动车、二手车、通行费等特定业务发票吗？

电子发票服务平台暂不支持开具机动车、二手车、通行费等特定业务全电发票，开具上述发票的相关功能的上线时间另行明确。

相关发票功能上线前，纳税人可以通过增值税发票管理系统开具电子专票、增值税电子普通发票（含收费公路通行费增值税电子普通发票）、卷式发票和二手车销售统一发票，通过增值税发票管理系统开票软件中机动车发票开具模块开具增值税专用发票和机动车销售统一发票。

（21）全电发票信息可通过什么渠道查验？

单位和个人可以通过全国增值税发票查验平台对全电发票的信息进行查验。同时，电子发票服务平台税务数字账户为试点纳税人提供全电发票查验服务。

（22）试点纳税人通过电子发票服务平台开具或勾选确认发票后，如何填写增值税及附加税费申报表？

第一，一般纳税人通过电子发票服务平台开具带有"增值税专用发票"或"普通发票"字样的全电发票、纸质专票、纸质普票，其金额及税额应分别填入《增值税及附加税费申报表附列资料（一）》（本期销售情况明细）"开具增值税专用发票"或"开具其他发票"相关栏次。

一般纳税人取得通过电子发票服务平台开具的全电发票、纸质专票、纸质普票，勾选用于进项抵扣时，其份数、金额及税额填列在《增值税及附加税费申报表附列资料（二）》（本期进项税额明细）相关栏次。

一般纳税人取得通过电子发票服务平台开具的带有"增值税专用发票"字样的全电发票、纸质专票，已用于增值税申报抵扣的，对应的《确认单》所列增值税税额填列在《增值税及附加税费申报表附列资料（二）》（本期进项税额明细）第20栏"红字专用发票信息表注明的进项税额"。一般纳税人取得通过电子发票服务平台开具的带有"普通发票"字样的全电发票、纸质普票，已用于增值税申报抵扣，对应的《确认单》所列增值税税额填列在《增值税及附加税费申报表附列资料（二）》（本期进项税额明细）第23b栏"其他应作进项税额转出的情形"。其中纳税人购进农产品取得全电发票、纸质专票、纸质普票，已按计算税额申报抵扣农产品进项税额的或已加计扣除农产品进项税额的，应按《确认单》所列已计算抵扣的税额或加计扣除农产品进项税额填报《增值税及附加税费申报表附列资料（二）》第23b栏"其他应作进项税额转出的情形"。

第二，小规模纳税人通过电子发票服务平台开具的带有"增值税专用发票"或"普通发票"字样的全电发票、纸质专票、纸质普票,其金额及税额应填入《增值税及附加税费申报表(小规模纳税人适用)》"增值税专用发票不含税销售额"或"其他增值税发票不含税销售额"相关栏次。其中,适用增值税免税政策的,按规定填入"免税销售额"相关栏次。

(23)纳税人需要确认发票用途,通过什么渠道进行确认?

《公告》发布后,试点纳税人可以通过电子发票服务平台税务数字账户使用发票用途确认、风险提示、信息下载等功能。

试点纳税人取得通过电子发票服务平台开具的带有"增值税专用发票"字样的全电发票、带有"普通发票"字样的全电发票、纸质专票和纸质普票等符合规定的增值税扣税凭证,如需用于申报抵扣增值税进项税额或申请出口退税、代办退税的,应当通过电子发票服务平台税务数字账户确认用途。非试点纳税人继续通过增值税发票综合服务平台使用相关增值税扣税凭证功能,取得通过电子发票服务平台开具的带有"增值税专用发票"字样的全电发票、带有"普通发票"字样的全电发票、纸质专票和纸质普票等符合规定的增值税扣税凭证,用于申报抵扣增值税进项税额或申请出口退税、代办退税的,应通过增值税发票综合服务平台确认用途。

纳税人确认用途有误的,可向主管税务机关申请更正。

(24)试点纳税人如何通过电子发票服务平台税务数字账户计算农产品进项税额以及加计扣除农产品进项税额?

试点纳税人购进农产品,取得符合规定的带有"增值税专用发票"字样的全电发票、增值税专用发票、海关缴款书、农产品销售发票等凭证或者开具符合规定的收购发票,可以通过电子发票服务平台税务数字账户进行用途确认,按照相关规定计算当期进项税额。

其中,试点纳税人购进用于生产或者委托加工13%税率货物的农产品,可以由主管税务机关开通加计扣除农产品进项税额确认功能,按照相关规定计算当期进项税额,并将已进行用途确认的凭证明细转入加计扣除农产品进项税额确认待用。纳税人将购进农产品用于生产或者委托加工的当期,可以通过电子发票服务平台税务数字账户选择相应凭证,按规定计算填写本次加计扣除农产品进项税额。

(25)试点纳税人错误确认发票用途后,税务机关如何帮助纳税人更正?

试点纳税人通过电子发票服务平台确认发票用途后,如果出现发票用途确认错误的情形,税务机关可为纳税人提供更正服务。

纳税人将发票用途误确认为申报抵扣且已申报抵扣后,如需更正为用于申报出口退税或代办退税,可以向主管税务机关申请更正。主管税务机关在核实确认相关进项税额已转出后,为纳税人调整发票用途。

纳税人将发票用途误确认为用于出口退税、代办退税的,可以向主管税务机关申请更正。如纳税人尚未申报出口退税,经主管税务机关确认后,可将发票信息回退至电子发票服务平台,纳税人可以重新确认发票用途;如果纳税人已申报办理出口退税,可向主管税务机关申请开具出口货物转内销证明。

第四节
重庆市全电发票试点制度

一、进一步开展全面数字化的电子发票受票试点

2022年11月4日，《国家税务总局重庆市税务局关于进一步开展全面数字化的电子发票受票试点工作的公告》（国家税务总局重庆市税务局公告2022年第7号）规定：为落实中办、国办印发的《关于进一步深化税收征管改革的意见》要求，继续加大全面数字化的电子发票（以下简称全电发票）推广使用力度。经国家税务总局同意，决定进一步扩大重庆市纳税人可接收通过电子发票服务平台开具的发票的开票方范围。

（1）自2022年11月7日起，重庆市纳税人可接收四川省试点纳税人通过电子发票服务平台开具的发票，包括带有"增值税专用发票"字样的全电发票、带有"普通发票"字样的全电发票、增值税纸质专用发票和增值税纸质普通发票（折叠票）。

（2）根据推广进度和试点工作安排，通过电子发票服务平台开具发票的试点地区范围将分批扩至全国，具体扩围时间以开票试点省级税务机关公告为准。重庆市纳税人可同步接收新增开票试点省开具的发票。

（3）全电发票试点的其他事项仍按照《国家税务总局重庆市税务局关于开展全面数字化的电子发票受票试点工作的公告》（国家税务总局重庆市税务局公告2022年第3号）的规定执行。

二、开展全面数字化的电子发票试点

2023年1月20日，《国家税务总局重庆市税务局关于开展全面数字化的电子发票试点工作的公告》（国家税务总局重庆市税务局公告2023年第1号）规定，为落实中办、国办印发的《关于进一步深化税收征管改革的意见》要求，加大推广使用全面数字化的电子发票（以下简称全电发票）力度，经国家税务总局同意，重庆市税务局决定在重庆市开展全电发票试点工作。

（1）自2023年1月28日起，在重庆市的部分纳税人中开展全电发票试点，试点纳税人范围为：2023年1月28日起新设立登记需申请使用发票和已登记首次申请使用

发票的纳税人（除从事机动车、二手车、成品油被汇总纳税的分支机构，以及军工等需离线开票的特定纳税人以外），纳入全电发票推广上线范围；2023年1月28日前设立登记的已使用增值税发票管理系统开具增值税专用发票及增值税普通发票的纳税人和使用网络发票系统开具发票的纳税人，分批纳入全电发票推广范围。

按照有关规定不使用网络办税或不具备网络条件的纳税人暂不纳入试点范围。此外，存在以下情形之一的纳税人暂不纳入试点：①存在严重涉税违法失信行为；②存在国家税务总局规定的增值税发票风险；③经税收大数据分析发现重大涉税风险。

试点纳税人通过电子发票服务平台开具和接收电子发票，电子发票服务平台通过以下地址登录：https://etax.chongqing.chinatax.gov.cn

重庆市纳税人通过电子发票服务平台开具发票的受票方范围为全国。

重庆市纳税人可作为受票方接收由广东省（不含深圳市）、上海市、内蒙古自治区、四川省、厦门市、天津市、青岛市、重庆市、陕西省的试点纳税人通过电子发票服务平台开具的发票。根据国家税务总局全电发票推广工作安排，将会新增通过电子发票服务平台开具发票的试点省市，本市纳税人可同步接收新增开票试点省市纳税人通过电子发票服务平台开具的发票。

（2）全电发票的法律效力、基本用途等与现有纸质发票相同。其中，带有"增值税专用发票"字样的全电发票，其法律效力、基本用途与现有增值税专用发票相同；带有"普通发票"字样的全电发票，其法律效力、基本用途与现有普通发票相同。

（3）重庆市全电发票由国家税务总局重庆市税务局监制。全电发票无联次，基本内容包括：发票号码、开票日期、购买方信息、销售方信息、项目名称、规格型号、单位、数量、单价、金额、税率/征收率、税额、合计、价税合计（大写、小写）、备注、开票人等。

其中，试点纳税人从事特定行业、发生特定应税行为及特定应用场景业务（包括：稀土、建筑服务、旅客运输服务、货物运输服务、不动产销售、不动产经营租赁服务、农产品收购、光伏收购、代收车船税、自产农产品销售、差额征税等）的，电子发票服务平台提供了上述对应特定业务的全电发票样式，试点纳税人应按照发票开具有关规定使用特定业务全电发票。

（4）重庆市全电发票的发票号码为20位，其中：第1～2位代表公历年度后两位，第3～4位代表重庆市行政区划代码，第5位代表全电发票开具渠道等信息，第6～20位代表顺序编码等信息。

（5）电子发票服务平台支持开具增值税纸质专用发票（以下简称纸质专票）和增值税纸质普通发票（折叠票，以下简称纸质普票）。通过电子发票服务平台开具的纸质专票和纸质普票，其法律效力、基本用途和基本使用规定与现有纸质专票、纸质普票相同。其中，发票密码区不再展示发票密文，改为展示电子发票服务平台赋予的20位发票号码及全国增值税发票查验平台网址。

（6）试点纳税人通过实名认证后，无需使用税控专用设备即可通过电子发票服务平台开具发票，无需进行发票领用和发票验旧操作。

（7）税务机关对试点纳税人开票实行开具金额总额度管理。开具金额总额度，是指一个自然月内，试点纳税人发票开具总金额（不含增值税）的上限额度。

第一，试点纳税人通过电子发票服务平台开具的全电发票、纸质专票和纸质普票以及通过增值税发票管理系统开具的纸质专票、纸质普票、增值税普通发票（卷票）、增值税电子专用发票（以下简称电子专票）和增值税电子普通发票，共用同一个开具金额总额度。

第二，税务机关依据试点纳税人的税收风险程度、纳税信用级别、实际经营情况等因素，确定初始开具金额总额度，并进行定期调整、临时调整或人工调整。定期调整是指电子发票服务平台每月自动对试点纳税人开具金额总额度进行调整。临时调整是指税收风险程度较低的试点纳税人当月开具发票金额首次达到开具金额总额度一定比例时，电子发票服务平台自动为其临时增加一次开具金额总额度。人工调整是指试点纳税人因实际经营情况发生变化申请调整开具金额总额度，主管税务机关依法依规审核未发现异常的，为纳税人调整开具金额总额度。

第三，试点纳税人在增值税申报期内，完成增值税申报前，在电子发票服务平台中可以在上月剩余可用额度且不超过当月开具金额总额度的范围内开具发票。试点纳税人按规定完成增值税申报且比对通过后，在电子发票服务平台中可以按照当月剩余可用额度开具发票。

（8）电子发票服务平台税务数字账户自动归集发票数据，供试点纳税人进行发票的查询、查验、下载、打印和用途确认，并提供税收政策查询、开具金额总额度调整申请、发票风险提示等功能。

（9）试点纳税人可以通过电子发票服务平台税务数字账户自动交付全电发票，也可通过电子邮件、二维码等方式自行交付全电发票。

（10）试点纳税人（除部分特殊类型）可通过电子发票服务平台税务数字账户使用发票用途确认、风险提示、信息下载等功能，不再通过增值税发票综合服务平台使用上述功能。试点纳税人取得带有"增值税专用发票"字样的全电发票、带有"普通发票"字样的全电发票、纸质专票和纸质普票等符合规定的增值税扣税凭证，如需用于申报抵扣增值税进项税额或申请出口退税、代办退税的，应当通过电子发票服务平台税务数字账户确认用途。非试点纳税人继续通过增值税发票综合服务平台使用相关增值税扣税凭证功能。纳税人确认用途有误的，可向主管税务机关申请更正。

（11）试点纳税人可以通过电子发票服务平台税务数字账户对符合规定的农产品增值税扣税凭证进行用途确认，计算用于抵扣的进项税额。其中，试点纳税人购进用于生产或者委托加工13%税率货物的农产品，可以由主管税务机关开通加计扣除农产品进项税额确认功能，在生产领用当期计算加计扣除农产品进项税额。

（12）试点纳税人可通过电子发票服务平台税务数字账户标记发票入账标识。纳税人以全电发票报销入账归档的，按照财政和档案部门的相关规定执行。

（13）试点纳税人发生开票有误、销货退回、服务中止、销售折让等情形，需要通过电子发票服务平台开具红字全电发票或红字纸质发票的，按以下规定执行：

一是受票方未做用途确认及入账确认的,开票方填开《红字发票信息确认单》(以下简称《确认单》)后全额开具红字全电发票或红字纸质发票,无需受票方确认。

二是受票方已进行用途确认或入账确认的,开票方或受票方可以填开《确认单》,经对方确认后,开票方依据《确认单》开具红字发票。受票方已将发票用于增值税申报抵扣的,应当暂依《确认单》所列增值税税额从当期进项税额中转出,待取得开票方开具的红字发票后,与《确认单》一并作为记账凭证。

(14)纳税人发生《国家税务总局关于红字增值税发票开具有关问题的公告》(国家税务总局公告2016年第47号)第一条以及《国家税务总局关于在新办纳税人中实行增值税专用发票电子化有关事项的公告》(国家税务总局公告2020年第22号)第七条规定情形的,购买方为试点纳税人时,购买方可通过电子发票服务平台填开并上传《开具红字增值税专用发票信息表》(以下简称《信息表》)。

(15)单位和个人可以通过全国增值税发票查验平台(https://inv-veri.chinatax.gov.cn)查验全电发票信息。同时,试点纳税人还可以通过电子发票服务平台查验全电发票信息。

(16)电子发票服务平台暂不支持开具机动车(含二手车)、通行费等特定业务全电发票,开具上述发票功能的上线时间另行公告。相关发票功能上线前,纳税人可以通过增值税发票管理系统开具电子专票、增值税电子普通发票(含收费公路通行费增值税电子普通发票)、增值税普通发票(卷票)和二手车销售统一发票以及通过增值税发票管理系统开票软件中机动车发票开具模块开具增值税专用发票和机动车销售统一发票(包括纸质发票、电子发票)。

(17)纳税人应当按照规定依法、诚信、如实使用全电发票,并接受税务机关依法检查。税务机关依法加强税收监管和风险防范,严厉打击虚开、虚抵、偷逃骗税等涉税违法犯罪行为。

(18)该公告自2023年1月28日起施行,《国家税务总局重庆市税务局关于开展全面数字化的电子发票受票试点工作的公告》(国家税务总局重庆市税务局公告2022年第3号)同时废止。此前未处理的事项,按照该公告规定执行。

三、开展全面数字化的电子发票试点解读

为落实中办、国办印发的《关于进一步深化税收征管改革的意见》要求,全面推进税收征管数字化升级和智能化改造,降低征纳成本,国家税务总局重庆市税务局发布了《国家税务总局重庆市税务局关于开展全面数字化的电子发票试点工作的公告》(以下简称《公告》)。

(1)推行全面数字化的电子发票的背景是什么?

2021年12月1日起,国家税务总局在内蒙古自治区、上海市和广东省(不含深圳市,下同)、四川省、厦门市、天津市、青岛市、重庆市、陕西省等地区开始推行全电发票。全电发票推行后,系统运行平稳,因具有无需领用、开具便捷、信息集成、

节约成本等优点,受到越来越多纳税人的欢迎。

为贯彻落实中办、国办关于稳步实施发票电子化改革的部署安排,国家税务总局本着稳妥有序的原则,决定采用先在部分地区推行全电发票试点,此后逐步扩大地区和纳税人范围的工作策略。

自2023年1月28日起,在重庆市的部分纳税人中开展全电发票试点,试点纳税人具体范围由国家税务总局重庆市税务局确定。

按照国家税务总局的推广进度安排,全电发票受票范围已推广至全国,重庆市试点纳税人通过电子发票服务平台开具的全电发票,各省的受票方均可接收。

(2)推行全电发票具有哪些优点?

第一,领票流程更简化。开业开票"无缝衔接"。全电发票实现"去介质",纳税人不再需要预先领取专用税控设备;通过"赋码制"取消特定发票号段申领,发票信息生成后,系统自动分配唯一的发票号码;通过"授信制"自动为纳税人赋予开具金额总额度,实现开票"零前置"。基于此,新办纳税人可实现"开业即可开票"。

第二,开票用票更便捷。一是发票服务"一站式"更便捷。纳税人登录电子发票服务平台后,可进行发票开具、交付、查验以及用途勾选等系列操作,享受"一站式"服务,不再像以前需登录多个平台才能完成相关操作。二是发票数据应用更广泛。通过"一户式""一人式"发票数据归集,加强各税费数据联动,为实现"一表集成"式税费申报预填服务奠定数据基础。三是发票使用满足个性业务需求。全电发票破除特定版式要求,增加了XML的数据电文格式便利交付,同时保留PDF、OFD等格式,降低发票使用成本,提升纳税人用票的便利度和获得感。全电发票样式根据不同业务进行差异化展示,为纳税人提供更优质的个性化服务。四是纳税服务渠道更畅通。电子发票服务平台提供征纳互动相关功能,如增加智能咨询,纳税人在开票、受票等过程中,平台自动接收纳税人业务处理过程中存在的问题并进行智能答疑;增设异议提交功能,纳税人对开具金额总额度有异议时,可以通过平台向税务机关提出。

第三,入账归档一体化。通过制发电子发票数据规范、出台电子发票国家标准,实现全电发票全流程数字化流转,进一步推进企业和行政事业单位会计核算、财务管理信息化。

(3)全电发票的票面信息包括哪些?

全电发票的票面信息包括基本内容和特定内容。

为了符合纳税人开具发票的习惯,全电发票的基本内容在现行增值税发票基础上进行了优化,主要包括:发票号码、开票日期、购买方信息、销售方信息、项目名称、规格型号、单位、数量、单价、金额、税率/征收率、税额、合计、价税合计(大写、小写)、备注、开票人等。

为了满足从事特定行业、发生特定应税行为及特定应用场景业务(以下简称特定业务)的试点纳税人开具发票的个性化需求,税务机关根据现行发票开具的有关规定和特定业务的开票场景,在全电发票中设计了相应的特定内容。特定业务包括但不限于稀土、建筑服务、旅客运输服务、货物运输服务、不动产销售、不动产经营租赁服务、农产品收购、光伏收购、代收车船税、自产农产品销售、差额征税等。试点纳税人在开具全电发票时，可以按照实际业务开展情况，选择特定业务，将按规定应填写在发票备注等栏次的信息，填写在特定内容栏次，进一步规范发票票面内容，便利纳税人使用。特定业务的全电发票票面按照特定内容展示相应信息，同时票面左上角展示该业务类型的字样。

（4）试点纳税人可以通过电子发票服务平台开具哪些类型的发票？

电子发票服务平台支持开具全电发票、纸质专票和纸质普票。

试点纳税人通过实名验证后，无需使用税控专用设备即可通过电子发票服务平台开具全电发票、纸质专票和纸质普票，无需进行发票验旧操作。其中，全电发票无需进行发票票种核定和发票领用。

试点纳税人可以选择电子发票服务平台或者增值税发票管理系统其中之一开具纸质专票或纸质普票。其中，试点纳税人选择通过电子发票服务平台开具纸质专票或纸质普票，其票种核定、发票领用、发票作废、发票缴销、发票退回、发票遗失损毁等事项仍然按照原规定和流程办理。

（5）如何理解《公告》中的开具金额总额度和剩余可用额度？

为降低纳税人使用成本，便利全电发票推广，尊重纳税人现行开票用票习惯，做好发票风险防控，税务机关对试点纳税人开票实行开具金额总额度管理。

开具金额总额度，也称总授信额度，是指一个自然月内试点纳税人发票开具总金额（不含增值税）的上限额度，包括试点纳税人可通过电子发票服务平台开具的全电发票、纸质专票和纸质普票的上限总金额以及可通过增值税发票管理系统开具的纸质专票、纸质普票、增值税普通发票（卷式，以下简称卷式发票）、增值税电子专用发票（以下简称电子专票）和增值税电子普通发票（以下简称电子普票）的上限总金额。

剩余可用额度，也称可用授信额度，是指在一个自然月内试点纳税人开具金额总额度扣除已使用额度。其中，已使用额度包括试点纳税人通过电子发票服务平台开具的发票金额，以及通过增值税发票管理系统开具的纸质专票、纸质普票、卷式发票、电子专票和电子普票的领用份数与单份发票最高开票限额之积（存在多种不同版式的发票应分别计算并求和，下同）。

例 6-27 试点纳税人 A 公司，通过电子发票服务平台开具全电发票，同时通过增值税发票管理系统开具纸质专票和纸质普票，2022 年 11 月开具金额总额度为 750 万元。

2022 年 11 月 1 日至 20 日，A 公司领用 10 万元版增值税专用发票 40 份（应从开具金额总额度中扣除 400 万元），通过增值税发票管理系统开具了 36 份纸质专票，合计金额 350 万元（不再重复从开具金额总额度中扣除），通过电子发票服务平台开具全电发票金额 300 万元（应从开具金额总额度中扣除 300 万元），则 11 月 20 日后剩余可用额度为 50 万元（750 − 40×10 − 300）。

（6）试点纳税人开具金额总额度如何调整？

调整开具金额总额度有三种方式，包括定期调整、临时调整和人工调整。

第一，定期调整。定期调整是指电子发票服务平台每月自动对纳税人开具金额总额度进行调整。

例 6-28 2022 年 11 月初成立的 B 公司，初始开具金额总额度为 750 万元。2023 年 1 月，根据 B 公司实际经营情况以及 2022 年 11 月、12 月开具金额总额度的使用情况，2023 年 1 月初电子发票服务平台将其开具金额总额度调整至 850 万元。

第二，临时调整。临时调整是指税收风险程度较低的纳税人当月开具发票金额首次达到开具金额总额度一定比例时，电子发票服务平台自动为其临时调增一次开具金额总额度。

例 6-29 2022 年 11 月初成立的 C 公司，初始开具金额总额度为 750 万元。

情形一：2022 年 11 月中旬，C 公司销售额增加，至 11 月 20 日，实际已使用额度达到 600 万元（达到当前开具金额总额度的一定比例），电子发票服务平台自动风险扫描无问题后，为 C 公司临时增加开具金额总额度至 900 万元。

情形二：2022 年 11 月中旬，C 公司销售额增加，至 11 月 20 日，实际已使用额度达到 580 万元，未触发系统临时调整。11 月 21 日，C 公司因经营需要，需开具 1 份金额为 200 万元的全电发票，在填写发票信息时，因累计金额达到 780 万元（达到当前开具金额总额度的一定比例），电子发票服务平台自动风险扫描无问题后，为 C 公司临时增加开具金额总额度至 900 万元。

第三，人工调整。人工调整是指纳税人因实际经营情况发生变化申请调整开具金额总额度，主管税务机关依法依规审核未发现异常的，为纳税人调整开具金额总额度。

例 6-30 D 公司 2022 年 11 月初开具金额总额度为 750 万元，销售额增加，电子发票服务平台为 D 公司临时调增开具金额总额度至 900 万元，但仍无法满足 D 公司本月开票需求。D 公司根据实际经营情况，向主管税务机关申请调增开具金额总额度至 1 200 万元，主管税务机关依法依规审核未发现异常后，相应调增 D 公司开具金额总额度。

（7）试点纳税人在增值税申报期内如何使用开具金额总额度？

试点纳税人在增值税申报期内，完成增值税申报前，在电子发票服务平台中可以按照上月剩余可用额度且不超过当月开具金额总额度的范围内开具发票。试点纳税人按规定完成增值税申报且比对通过后，在电子发票服务平台中可以按照当月剩余可用额度开具发票。

第一，按月进行增值税申报的试点纳税人在每月月初到完成上个所属期（即上个月）申报前开具金额总额度的可使用额度为上月剩余可用额度，且不超过本月开具金额总额度；完成上个所属期（即上个月）申报且比对通过后可使用额度为当月剩余可用额度。

第二，按季进行增值税申报的试点纳税人在每季季初到完成上个所属期（即上个季度）申报前开具金额总额度的可使用额度为上月剩余可用额度，且不超过本月开具金额总额度；完成上个所属期（即上个季度）申报且比对通过后可使用额度为当月剩余可用额度。

例 6-31 试点纳税人 E 公司是按月申报的一般纳税人，2022 年 11 月开具金额总额度为 750 万元，截至 11 月 30 日实际已使用额度 400 万元，剩余可用额度为 350 万元。

情形一：12 月 1 日，电子发票服务平台自动计算其 12 月开具金额总额度为 750 万元。如果 E 公司在 12 月 11 日 9 时完成 11 月所属期增值税申报并比对通过，则 12 月 11 日 9 时前（即未完成 11 月所属期增值税申报前），E 公司的可使用额度为 350 万元（11 月剩余可用额度 350 万元＜12 月月初开具金额总额度 750 万元）。

12 月 1 日至 11 日 9 时，如果 E 公司实际已使用额度为 20 万元，则 12 月 11 日 9 时（即完成申报）后的剩余可用额度为 730 万元（750－20）。

情形二：12 月 1 日，依据纳税人风险程度、纳税信用级别、实际经营情况等因素，电子发票服务平台自动计算并将 12 月开具金额总额度调整为 250 万元。如果 E 公司在 12 月 11 日 9 时完成 11 月所属期增值税申报并比对通过，则 12 月 11 日 9 时前（即未完成 11 月所属期增值税申报前）E 公司的可使用额度为 250 万元（11 月剩余可用额度 350 万元＞12 月月初开具金额总额度 250 万元）。

12 月 1 日至 11 日 9 时，如果 E 公司实际已使用额度为 20 万元，则 12 月 11 日 9 时（即完成申报）后的剩余可用额度为 230 万元（250－20）。

例 6-32 试点纳税人 F 公司是按季申报的小规模纳税人，2022 年 11 月开具金额总额度为 10 万元，截至 11 月 30 日实际已使用额度为 5 万元，剩余可用额度为 5 万元。

12 月 1 日，电子发票服务平台自动计算并将 12 月开具金额总额度重新调整为 10 万元。因 F 公司是按季申报的纳税人，12 月无需完成 11 月所属期增值税申报，则 12 月 1 日后可使用额度为 10 万元（即 12 月初的开具金额总额度）。12 月 1 日至 31 日，F 公司实际已使用额度为 8 万元，剩余可用额度为 2 万元。

2023 年 1 月 1 日，电子发票服务平台自动计算并将 1 月开具金额总额度重新调整为 10 万元。如果 F 公司于 1 月 6 日 9 时完成 2022 年第四季度所属期增值税申报并比对通过，则 1 月 6 日 9 时前（即未完成第四季度所属期增值税申报前）可使用额度仍为 2 万元（2022 年 12 月剩余可用额度 2 万元＜2023 年 1 月初开具金额总额度 10 万元）。

1 月 1 日至 6 日 9 时，如果 F 公司实际已使用额度为 2 万元，则 1 月 6 日 9 时（即完成申报）后的剩余可用额度为 8 万元（10－2）。

（8）试点纳税人领用通过增值税发票管理系统开具的发票，如何确定单份最高开票限额和领用份数？

试点纳税人办理发票票种核定和发票领用时，通过增值税发票管理系统开具的发票最高开票限额和每月最高领用数量仍按照现行有关规定办理。其中，试点纳税人通过增值税发票管理系统开具的发票领用份数与单份发票最高开票限额之积应小于或等于当月剩余可用额度。

（9）试点纳税人开具纸质专票和纸质普票如何使用剩余可用额度？

试点纳税人通过电子发票服务平台开具纸质专票和纸质普票时，单份发票开具金额不得超过单份最高开票限额且不得超过当月剩余可用额度，并根据实际开票金额扣除当月剩余可用额度。

试点纳税人通过增值税发票管理系统开具的纸质专票、纸质普票、卷式发票、电子专票和电子普票的，在领用发票时按领用份数与单份发票最高开票限额之积扣除当月剩余可用额度，开具时不再扣除当月剩余可用额度。

（10）试点纳税人通过电子发票服务平台开具的纸质专票和纸质普票与增值税发票管理系统开具纸质专票和纸质普票有何区别？

试点纳税人通过电子发票服务平台开具的纸质专票和纸质普票，其法律效力、基本用途和基本使用规定与现有纸质专票、纸质普票相同。电子发票服务平台开具的纸质专票、纸质普票与现行纸质专票、纸质普票相比，区别在于电子发票服务平台开具纸质专票、纸质普票后，纸质专票、纸质普票密码区不再展示发票密文，密码区将展示电子发票服务平台赋予的20位发票号码以及全国增值税发票查验平台网址。

（11）通过电子发票服务平台税务数字账户，试点纳税人能够获得哪些优质便捷的服务？

为全面推进税收征管数字化升级，降低制度性交易成本，电子发票服务平台税务数字账户集成发票信息、优化发票应用、完善风险提醒，进一步深化发票数据应用成果。通过税务数字账户，纳税人能够获得以下优质便捷的服务：

一是"一户式"发票数据归集服务。电子发票服务平台税务数字账户自动归集开具发票信息，推送至对应受票方纳税人的税务数字账户，实现开票即交付，从根本上解决纳税人纸质发票易丢失破损及电子发票难归集等问题，降低纳税人发票管理成本。

二是"一站式"发票应用集成服务。电子发票服务平台税务数字账户创新应用集成服务，通过完善发票的查询、查验、下载、打印和用途确认等功能，增加税务事项通知书查询、税收政策查询、发票开具金额总额度调整申请、原税率发票开具申请等功能，再造红字发票业务流程、海关缴款书业务流程，为纳税人提供"一站式"服务。

三是"集成化"发票数据展示服务。电子发票服务平台税务数字账户为纳税人提供开具金额总额度管理情况展示服务，纳税人可实时掌握总授信额度和可用授信额度变动情况；同时为纳税人提供风险提醒服务，纳税人可以对发票的开具、申报、缴税、用途确认等流转状态以及作废、红冲、异常等管理状态进行查询统计，以便及时开展风险应对处理，从而有效规避因征纳双方和购销双方信息不对称而产生的涉税风险和财务管理风险。

（12）如何使用发票入账标识功能？

电子发票服务平台为试点纳税人提供发票入账标识服务，纳税人使用该功能时，系统将同步为发票赋予入账状态字样，供财务人员及时查验，避免重复报销入账。

（13）纳税人开具和取得全电发票报销入账归档的，需要注意哪些事项？

纳税人开具和取得全电发票报销入账归档的，应按照《财政部 国家档案局关于规范电子会计凭证报销入账归档的通知》（财会〔2020〕6号，以下称《通知》）和《会计档案管理办法》（财政部、国家档案局令第79号）的相关规定执行。

第一，纳税人可以根据《通知》第三条、第五条的规定，仅使用全电发票电子件进行报销入账归档的，可不再另以纸质形式保存。

第二，纳税人如果需要以全电发票的纸质打印件作为报销入账归档依据的，应当根据《通知》第四条的规定，同时保存全电发票电子件。

（14）试点纳税人怎样开具红字发票？

试点纳税人发生开票有误、销货退回、服务中止、销售折让等情形，需要通过电子发票服务平台开具红字全电发票或红字纸质发票的，按以下规定执行：

一是受票方未做用途确认及入账确认的，开票方在电子发票服务平台填开《红字发票信息确认单》（以下简称《确认单》）后全额开具红字全电发票或红字纸质发票，无需受票方确认。其中，《确认单》需要与对应的蓝字发票信息相符。

例 6-33 2022年12月10日，G公司（试点纳税人）发现有一张在2022年11月30日开给H公司（试点纳税人）的纸质专票内容有误，通过电子发票服务平台查询到H公司未对取得的发票进行用途确认与发票入账。G公司联系H公司将该发票相关联次取回后，通过电子发票服务平台填开并上传《确认单》，无需H公司确认，系统自动校验通过后可直接全额开具对应的红字全电发票。

例 6-34 2022年11月，I公司（试点纳税人）为J公司（非试点纳税人）提供加工劳务。I公司在2022年11月18日已为J公司开具了带有"增值税专用发票"字样的全电发票。11月20日因客观原因劳务终止，此前J公司未对该发票进行确认用途及发票入账，I公司需全额开具红字全电发票。

I公司通过电子发票服务平台填开《确认单》，无需J公司确认，I公司依据核实无误的确认单信息，全额开具红字全电发票。

二是受票方已进行用途确认或入账确认的，受票方为试点纳税人，开票方或受票方均可在电子发票服务平台填开并上传《确认单》，经对方在电子发票服务平台确认后，开票方全额或部分开具红字全电发票或红字纸质发票；受票方为非试点纳税人，由开票方在电子发票服务平台或由受票方在增值税发票综合服务平台填开并上传《确认单》，经对方确认后，开票方全额或部分开具红字全电发票或红字纸质发票。其中，

《确认单》需要与对应的蓝字发票信息相符。

受票方已将发票用于增值税申报抵扣的,应当暂依《确认单》所列增值税税额从当期进项税额中转出,待取得开票方开具的红字发票后,与《确认单》一并作为记账凭证。

例 6-35 2022 年 11 月,L 公司(试点纳税人)销售一批服装给 M 公司(试点纳税人),已开具带有"增值税专用发票"字样的全电发票,M 公司已对取得的发票进行用途确认。2022 年 12 月,该批服装发生销货退回。

情形一:M 公司财务人员通过电子发票服务平台填开《确认单》,选择原因和对应的蓝字发票信息,录入金额和税额。L 公司财务人员通过电子发票服务平台完成确认后,L 公司财务人员据此开具红字全电发票。

情形二:L 公司财务人员通过电子发票服务平台填开《确认单》,选择原因和对应的蓝字发票信息,录入金额和税额。M 公司财务人员通过电子发票服务平台完成确认后,L 公司财务人员据此开具红字全电发票。

例 6-36 2022 年 11 月,N 公司(试点纳税人)销售一批玩具给 P 公司(非试点纳税人),已开具带有"增值税专用发票"字样的全电发票,P 公司已确认用途。2022 年 12 月,该批玩具发生销货退回。

情形一:N 公司财务人员通过电子发票服务平台填开《确认单》,选择原因和对应的蓝字发票信息,录入金额和税额。P 公司财务人员通过增值税发票综合服务平台完成确认后,N 公司财务人员据此开具红字全电发票。

情形二:P 公司财务人员通过增值税发票综合服务平台发起《确认单》,选择原因和对应的蓝字发票信息,录入金额和税额。N 公司财务人员通过电子发票服务平台完成确认后,N 公司财务人员据此开具红字全电发票。

三是试点纳税人通过电子发票服务平台开具的全电发票或纸质发票已用于申请出口退税、代办退税的,暂不允许开具红字发票。

(15)非试点纳税人开具红字发票流程有何变化?

第一,增值税发票综合服务平台为非试点纳税人提供了填开《确认单》和对《确认单》进行确认的功能。

第二,纳税人发生《国家税务总局关于红字增值税发票开具有关问题的公告》(国家税务总局公告 2016 年第 47 号)第一条以及《国家税务总局关于在新办纳税人中实行增值税专用发票电子化有关事项的公告》(国家税务总局公告 2020 年第 22 号)第七条规定情形的,购买方可通过电子发票服务平台填开《信息表》。

例 6-37 2022 年 10 月,Q 公司(非试点纳税人)销售一批服装给 R 公司(试点纳税人),通过增值税发票管理系统已开具增值税专用发票,R 公司已确认用途。2022 年 11 月,该批服装发生销货退回。

R 公司通过电子发票服务平台填开《信息表》，Q 公司财务人员据此开具红字专用发票。

（16）试点纳税人通过电子发票服务平台开具红字发票有哪些注意事项？

第一，试点纳税人需要开具红字发票的，可以在所对应的蓝字发票金额范围内开具红字发票。

第二，试点纳税人开具蓝字全电发票当月开具红字全电发票，电子发票服务平台同步增加其当月剩余可用额度；跨月开具红字全电发票的，电子发票服务平台不增加其当月剩余可用额度。

第三，试点纳税人开具蓝字纸质发票当月开具红字纸质发票，或者作废已开具的蓝字纸质发票，电子发票服务平台同步增加其当月剩余可用额度；跨月开具红字纸质发票的，电子发票服务平台不增加其当月剩余可用额度。

例 6-38 纳税人 S 公司，2023 年 1 月的开具金额总额度为 750 万元。

2023 年 1 月 1 日至 5 日 S 公司开票累计金额 100 万元，1 月 6 日开具红字全电发票金额 10 万元（对应 2022 年 11 月 25 日开具的蓝字全电发票，金额 10 万元），1 月 7 日开具红字全电发票 50 万元（对应 2023 年 1 月 3 日开具的蓝字全电发票，金额 50 万元），则 1 月 8 日剩余可用额度为 700 万元（750－100＋50）。由于跨月开具红字全电发票不增加当月剩余可用额度，1 月 6 日开具红字全电发票金额 10 万元不列入当月剩余可用额度计算。

（17）《公告》实施后，试点纳税人能开具机动车（含二手车）、通行费等特定业务发票吗？

电子发票服务平台暂不支持开具机动车（含二手车）、通行费等特定业务全电发票，开具上述发票功能的上线时间另行公告。功能上线前，试点纳税人可通过增值税发票管理系统开具上述发票。

相关发票功能上线前，试点纳税人可以通过增值税发票管理系统开具电子专票、增值税电子普通发票（含收费公路通行费增值税电子普通发票）、增值税普通发票（卷票）、二手车销售统一发票以及通过增值税发票管理系统开票软件中机动车发票开具模块开具左上角有"机动车"字样的增值税专用发票和机动车销售统一发票（包括纸质发票、电子发票）。

（18）通过什么渠道可以进行全电发票信息的查验？

单位和个人可以通过全国增值税发票查验平台对全电发票的信息进行查验。同时，电子发票服务平台为试点纳税人提供全电发票查验服务。

（19）试点纳税人通过电子发票服务平台开具或勾选确认发票后，如何填写增值税及附加税费申报表？

第一，一般纳税人通过电子发票服务平台开具带有"增值税专用发票"或"普通发票"字样的全电发票、纸质专票、纸质普票，其金额及税额应分别填入《增值税及附加税费申报表附列资料（一）》（本期销售情况明细）"开具增值税专用发票"或"开具其他发票"相关栏次。

一般纳税人取得通过电子发票服务平台开具的全电发票、纸质专票、纸质普票，勾选用于进项抵扣时，其份数、金额及税额填列在《增值税及附加税费申报表附列资料（二）》（本期进项税额明细）相关栏次。

一般纳税人取得通过电子发票服务平台开具的带有"增值税专用发票"字样的全电发票、纸质专票，已用于增值税申报抵扣的，对应的《确认单》所列增值税税额填列在《增值税及附加税费申报表附列资料（二）》（本期进项税额明细）第20栏"红字专用发票信息表注明的进项税额"。一般纳税人取得通过电子发票服务平台开具的带有"普通发票"字样的全电发票、纸质普票，已用于增值税申报抵扣，对应的《确认单》所列增值税税额填列在《增值税及附加税费申报表附列资料（二）》（本期进项税额明细）第23b栏"其他应作进项税额转出的情形"。其中纳税人购进农产品取得全电发票、纸质专票、纸质普票，已按计算税额申报抵扣农产品进项税额的或已加计扣除农产品进项税额的，应按《确认单》所列已计算抵扣的税额或加计扣除农产品进项税额填报《增值税及附加税费申报表附列资料（二）》第23b栏"其他应作进项税额转出的情形"。

第二，小规模纳税人通过电子发票服务平台开具的带有"增值税专用发票"或"普通发票"字样的全电发票、纸质专票、纸质普票，其金额及税额应填入《增值税及附加税费申报表（小规模纳税人适用）》"增值税专用发票不含税销售额"或"其他增值税发票不含税销售额"相关栏次。其中，适用增值税免税政策的，按规定填入"免税销售额"相关栏次。

（20）纳税人需要确认发票用途，通过什么渠道进行确认？

《公告》发布后，试点纳税人可以通过电子发票服务平台税务数字账户使用增值税发票综合服务平台具备的发票用途确认、风险提示、信息下载等功能。

试点纳税人取得通过电子发票服务平台开具的带有"增值税专用发票"字样的全电发票、带有"普通发票"字样的全电发票、纸质专票和纸质普票等符合规定的增值税扣税凭证，如需用于申报抵扣增值税进项税额或申请出口退税、代办退税的，应当通过电子发票服务平台税务数字账户或增值税发票综合服务平台确认用途。非试点纳税人继续通过增值税发票综合服务平台使用相关增值税扣税凭证功能，取得通过电子发票服务平台开具的带有"增值税专用发票"字样的全电发票、带有"普通发票"字样的全电发票、纸质专票和纸质普票等符合规定的增值税扣税凭证，用于申报抵扣增值税进项税额或申请出口退税、代办退税的，应通过增值税发票综合服务平台确认用途。

纳税人确认用途有误的，可向主管税务机关申请更正。

（21）试点纳税人如何通过电子发票服务平台税务数字账户进行计算农产品进项税额以及加计扣除农产品进项税额？

试点纳税人购进农产品，取得符合规定的带有"增值税专用发票"字样的全电发票、增值税专用发票、海关缴款书、农产品销售发票等凭证或者开具符合规定的收购发票，可以通过电子发票服务平台税务数字账户进行用途确认，按照相关规定计算当期进项税额。

其中，试点纳税人购进用于生产或者委托加工13%税率货物的农产品，可以由主管税务机关开通加计扣除农产品进项税额确认功能，按照相关规定计算当期进项税额，并将已进行用途确认的凭证明细转入加计扣除农产品进项税额确认待用。纳税人将购进农产品用于生产或者委托加工的当期，可以通过电子发票服务平台税务数字账户选择相应凭证，按规定计算填写本次加计扣除农产品进项税额。

试点纳税人取得符合以上规定的尚未用于加计扣除农产品进项税额的凭证，可以向主管税务机关申请补录。

（22）试点纳税人错误确认发票用途后，税务机关如何帮助纳税人进行修改和更正？

试点纳税人通过电子发票服务平台确认发票用途后，如果出现发票用途确认错误的情形，税务机关可为纳税人提供规范、便捷的更正服务。

纳税人将发票用途误确认为申报抵扣且已申报抵扣后，如果要改为用于申报出口退税或代办退税，纳税人可以向主管税务机关申请更正。主管税务机关在核实确认相关进项税额已转出后，为纳税人调整发票用途。

纳税人将发票用途误确认为用于出口退税、代办退税的，可以向主管税务机关申请更正。如纳税人尚未申报出口退税，经主管税务机关确认后，可将发票信息回退至电子发票服务平台，纳税人可以重新确认发票用途；如果纳税人已申报办理出口退税，可向主管税务机关申请开具出口货物转内销证明。

第五节
西藏自治区全电发票试点制度

一、开展全面数字化的电子发票受票试点

2022年8月19日,《国家税务总局西藏自治区税务局关于开展全面数字化的电子发票受票试点工作的公告》(国家税务总局西藏自治区税务局公告2022年第7号)规定:为落实中办、国办印发的《关于进一步深化税收征管改革的意见》要求,全面推进税收征管数字化升级和智能化改造,降低征纳成本,国家税务总局建设了全国统一的电子发票服务平台,24小时在线免费为纳税人提供全面数字化的电子发票(以下简称全电发票)开具、交付、查验等服务,实现发票全领域、全环节、全要素电子化。经国家税务总局同意,西藏自治区税务局决定在西藏自治区开展全电发票受票试点工作。

(1)自2022年8月28日起,西藏自治区纳税人仅作为受票方接收由内蒙古自治区、上海市和广东省(不含深圳市,下同)的部分纳税人(以下简称试点纳税人)通过电子发票服务平台开具的发票,包括带有"增值税专用发票"字样的全电发票、带有"普通发票"字样的全电发票、增值税纸质专用发票(以下简称纸质专票)和增值税纸质普通发票(折叠票,以下简称纸质普票)。

(2)"全电"发票的法律效力、基本用途等与现有纸质发票相同。其中,带有"增值税专用发票"字样的全电发票,其法律效力、基本用途等与现有增值税专用发票相同;带有"普通发票"字样的全电发票,其法律效力、基本用途等与现有普通发票相同。

(3)"全电"发票由各省、自治区、直辖市和计划单列市税务局监制。全电发票无联次,基本内容包括:二维码、发票号码、开票日期、购买方信息、销售方信息、项目名称、规格型号、单位、数量、单价、金额、税率/征收率、税额、合计、价税合计(大写、小写)、备注、开票人。

其中,电子发票服务平台为从事特定行业、发生特殊应税行为及特定应用场景业务(包括:稀土、建筑服务、旅客运输服务、货物运输服务、不动产销售、不动产经营租赁服务、农产品收购、光伏收购、代收车船税、自产农产品销售、差额征税等)的纳税人提供了对应特定业务的全电发票样式。

(4)"全电"发票的发票号码为20位,其中:第1~2位代表公历年度后两位,

第 3～4 位代表各省、自治区、直辖市和计划单列市行政区划代码，第 5 位代表全电发票开具渠道等信息，第 6～20 位代表顺序编码等信息。

（5）通过电子发票服务平台开具的纸质专票和纸质普票，其法律效力、基本用途和基本使用规定与现有纸质专票、纸质普票相同；其发票密码区不再展示发票密文，改为展示电子发票服务平台赋予的 20 位发票号码及全国增值税发票查验平台网址。

（6）西藏自治区纳税人使用增值税发票综合服务平台接收试点纳税人通过电子发票服务平台开具的发票。此外，也可取得销售方以电子邮件、二维码等方式交付的全电发票。

西藏自治区纳税人取得通过电子发票服务平台开具的带有"增值税专用发票"字样的全电发票、带有"普通发票"字样的全电发票、纸质专票和纸质普票等符合规定的增值税扣税凭证，如需用于申报抵扣增值税进项税额或申请出口退税、代办退税的，应按规定通过增值税发票综合服务平台确认用途。

（7）纳税人取得开票方通过电子发票服务平台开具的发票，发生开票有误、销货退回、服务中止、销售折让等情形，需开票方通过电子发票服务平台开具红字全电发票或红字纸质发票，按以下规定执行：

一是受票方未做用途确认及入账确认的，开票方填开《红字发票信息确认单》（以下简称《确认单》）后全额开具红字全电发票或红字纸质发票，无需受票方确认。

二是受票方已进行用途确认或入账确认的，由开票方或受票方填开《确认单》，经对方确认后，开票方依据《确认单》开具红字发票。受票方已将发票用于增值税申报抵扣的，应暂依《确认单》所列增值税税额从当期进项税额中转出，待取得开票方开具的红字发票后，与《确认单》一并作为记账凭证。

（8）单位和个人可以通过全国增值税发票查验平台（https://inv-veri.chinatax.gov.cn）查验全电发票信息。

（9）纳税人以全电发票报销入账归档的，按照财政和档案部门的相关规定执行。

（10）纳税人应当按照规定依法、诚信、如实使用全电发票，不得虚开、虚抵、骗税，并接受税务机关依法检查。税务机关依法加强税收监管和风险防范，严厉打击涉税违法犯罪行为。

二、开展全面数字化的电子发票受票试点解读

《国家税务总局西藏自治区税务局关于开展全面数字化的电子发票受票试点工作的公告》（国家税务总局西藏自治区税务局公告 2022 年第 7 号，以下称《公告》）解读如下。

1. 制定背景

为落实中办、国办印发的《关于进一步深化税收征管改革的意见》要求，全面推进税收征管数字化升级和智能化改造，降低征纳成本，国家税务总局建设了全国统一的电子发票服务平台。2021 年 12 月 1 日起，国家税务总局在广东省（不含深圳市，下同）、内蒙古自治区和上海市（以下简称试点地区）开展了全面数字化的电子发票

试点工作，系统运行平稳。

为进一步推进全面数字化的电子发票试点工作，经国家税务总局同意，自 2022 年 8 月 28 日起，西藏自治区纳税人仅作为受票方，接收由试点地区的部分纳税人通过电子发票服务平台开具的发票。

2. 主要内容

（1）全电发票的票面信息包括哪些？

全电发票的票面信息包括基本内容和特定内容。

基本内容主要包括：二维码、发票号码、开票日期、购买方信息、销售方信息、项目名称、规格型号、单位、数量、单价、金额、税率/征收率、税额、合计、价税合计（大写、小写）、备注、开票人。全电发票的发票号码为20位，其中：第1～2位代表公历年度后两位，第3～4位代表各省、自治区、直辖市和计划单列市行政区划代码，第5位代表全电发票开具渠道等信息，第6～20位代表顺序编码等信息。

为了满足从事特定行业、发生特殊应税行为及特定应用场景业务（以下简称特定业务）的纳税人开具发票的个性化需求，税务机关根据现行发票开具的有关规定和特定业务的场景，在全电发票中设计了相应的特定内容。特定业务包括但不限于：稀土、建筑服务、旅客运输服务、货物运输服务、不动产销售、不动产经营租赁服务、农产品收购、光伏收购、代收车船税、自产农产品销售、差额征税等。西藏自治区纳税人在取得全电发票时，按照实际业务开展情况，可向开票人提出特定业务需求，开票人将按规定填写在发票备注等栏次的信息填写在特定内容栏次，进一步规范发票票面内容，便利西藏自治区纳税人使用。特定业务的全电发票票面按照特定内容展示相应信息，同时票面左上角展示该业务类型的字样。

（2）使用全电发票具备哪些优点？

第一，用票更便捷。

发票数据应用更丰富。便于税务机关进行发票数据的规范化管理，为向纳税人提供税费申报预填服务奠定数据基础。

发票使用满足个性化业务需求。全电发票破除特定版式要求，增加了 XML 的数据电文格式便利交付，同时保留 PDF、OFD 等格式，降低发票使用成本，提升纳税人用票的便利度和获得感。全电发票样式根据不同业务进行差异化展示，为纳税人提供更优质的个性化服务。

第二，入账归档一体化。

税务机关将制发电子发票数据规范、出台电子发票国家标准，实现全电发票全流程数字化流转，进一步推进企业和行政事业单位会计核算、财务管理信息化。

（3）西藏自治区纳税人如何接收通过电子发票服务平台开具的发票？包含哪些类型的发票？

西藏自治区纳税人可以接收试点地区纳税人通过电子发票服务平台开具的带有"增值税专用发票"字样的全电发票、带有"普通发票"字样的全电发票、增值税纸质专用发票（以下简称纸质专票）和增值税纸质普通发票（折叠票，以下简称纸质普票）。

西藏自治区纳税人可以通过增值税发票综合服务平台接收通过电子发票服务平台开具的上述发票。此外，也可取得销售方以电子邮件、二维码等方式交付的全电发票。

（4）西藏自治区纳税人接收到通过电子发票服务平台开具的纸质专票和纸质普票与增值税发票管理系统开具的纸质专票和纸质普票有何区别？

西藏自治区纳税人接收到通过电子发票服务平台开具的纸质专票和纸质普票，其法律效力、基本用途和基本使用规定与现有纸质专票、纸质普票相同。电子发票服务平台开具的纸质专票、纸质普票与现行纸质专票、纸质普票相比，区别在于电子发票服务平台开具纸质专票、纸质普票后，纸质专票、纸质普票密码区不再展示发票密文，密码区将展示电子发票服务平台赋予的20位发票号码以及全国增值税发票查验平台网址。

（5）西藏自治区纳税人接收到通过电子发票服务平台开具的发票，发生销售退回、开票有误、销售折让等情形，需要由开票方开具红字发票的，应如何操作？

第一，受票方未做用途确认及入账确认的，开票方在电子发票服务平台填开《红字发票信息确认单》（以下简称《确认单》）后全额开具红字全电发票或红字纸质发票，无需受票方确认。其中，《确认单》需要与对应的蓝字发票信息相符。

例6-39 2022年8月，I公司（通过电子发票服务平台开具发票的纳税人）为J公司（西藏自治区纳税人）提供设计服务。I公司在2022年8月28日已为J公司开具了带有"增值税专用发票"字样的全电发票。8月31日因客观原因服务终止，此前J公司未对该发票进行确认用途及发票入账，I公司需全额开具红字全电发票。

I公司通过电子发票服务平台填开并上传《确认单》，无需J公司确认，系统自动校验通过后，I公司依据核实无误的确认单信息，全额开具红字全电发票。

第二，受票方已进行用途确认或入账确认的，由开票方通过电子发票服务平台或受票方通过增值税发票综合服务平台填开《确认单》，经对方确认后，开票方依据《确认单》开具红字发票。

受票方已将发票用于增值税申报抵扣的，应暂依《确认单》所列增值税税额从当期进项税额中转出，待取得开票方开具的红字发票后，与《确认单》一并作为记账凭证。

例6-40 2022年8月，N公司（通过电子发票服务平台开具发票的纳税人）销售一批玩具给P公司（西藏自治区纳税人），已开具带有"增值税专用发票"字样的全电发票，P公司已确认用途。2022年9月，发现开票有误。

情形一：N公司财务人员通过电子发票服务平台填开并上传《确认单》，选择原因和对应的蓝字发票信息，录入金额和税额。P公司财务人员在72小时内通过增值税发票综合服务平台完成确认后，N公司财务人员据此开具红字全电发票。

情形二：P公司财务人员通过增值税发票综合服务平台填开并上传《确认单》，选择原因和对应的蓝字发票信息，录入金额和税额。N公司财务人员在72小时内通过电子发票服务平台完成确认后，据此开具红字全电发票。

第三，试点纳税人通过电子发票服务平台开具的全电发票或纸质发票已用于申请出口退税、代办退税的，暂不允许开具红字发票。

（6）西藏自治区纳税人取得哪些类型的发票可进行用途确认？通过什么渠道进行确认？

西藏自治区纳税人继续登录增值税发票综合服务平台使用相关增值税扣税凭证功能，取得通过电子发票服务平台开具带有"增值税专用发票"字样的全电发票、带有"普通发票"字样的全电发票、纸质专票和纸质普票等增值税扣税凭证，如需用于申报抵扣增值税进项税额或申请出口退税、代办退税的，应按规定通过增值税发票综合服务平台确认用途。

（7）西藏自治区纳税人通过什么渠道可以进行全电发票信息的查验？

西藏自治区纳税人可以通过全国增值税发票查验平台（https://inv-veri.chinatax.gov.cn）对全电发票的信息进行查验。

（8）西藏自治区纳税人取得全电发票报销入账归档的，需要注意哪些事项？

纳税人取得全电发票报销入账归档的，应按照《财政部　国家档案局关于规范电子会计凭证报销入账归档的通知》（财会〔2020〕6号）和《会计档案管理办法》（财政部、国家档案局令第79号）的相关规定执行。

3. 施行日期

《公告》自2022年8月28日起施行。

4. 有关事项

西藏自治区税务局将依据法律、法规、规章的变化情况适时调整《公告》规定事项，并以公告形式发布。

三、进一步开展全面数字化的电子发票受票试点

2022年11月6日，《国家税务总局西藏自治区税务局关于进一步开展全面数字化的电子发票受票试点工作的公告》（国家税务总局西藏自治区税务局公告2022年第9号）规定，为落实中共中央办公厅、国务院办公厅印发的《关于进一步深化税收征管改革的意见》，继续加大全面数字化的电子发票（以下简称全电发票）推广使用力度。经国家税务总局同意，决定进一步扩大西藏自治区纳税人可接收通过电子发票服务平台开具的发票开票方范围。

（1）自2022年11月7日起，西藏自治区纳税人可接收四川省试点纳税人通过电子发票服务平台开具的发票，包括带有"增值税专用发票"字样的全电发票、带有"普通发票"字样的全电发票、增值税纸质专用发票和增值税纸质普通发票（折叠票）。

（2）根据推广进度和试点工作安排，通过电子发票服务平台开具发票的试点地区范围将分批扩至全国，具体扩围时间以开票试点省级税务机关公告为准。西藏自治区

纳税人可同步接收新增开票试点省开具的发票。

（3）全电发票试点的其他事项仍按照《国家税务总局西藏自治区税务局关于开展全面数字化的电子发票受票试点工作的公告》（国家税务总局西藏自治区税务局公告2022年第7号）的规定执行。

四、进一步开展全面数字化的电子发票受票试点解读

《国家税务总局西藏自治区税务局关于开展全面数字化的电子发票受票试点工作的公告》（国家税务总局西藏自治区税务局公告2022年第9号，以下简称《公告》）解读如下。

1. 制定背景

为落实中办、国办印发的《关于进一步深化税收征管改革的意见》要求，全面推进税收征管数字化升级和智能化改造，国家税务总局西藏自治区税务局发布了《国家税务总局西藏自治区税务局关于进一步开展全面数字化的电子发票受票试点工作的公告》。

2. 主要内容

（1）进一步开展全面数字化的电子发票受票试点的背景是什么？

为贯彻落实中办、国办关于稳步实施发票电子化改革的部署安排，前期国家税务总局在内蒙古自治区、上海市、广东省（不含深圳市）3个地区开展了全电发票试点工作，并本着稳妥有序的原则，将受票方范围逐步扩大至全国。为进一步推进全面数字化的电子发票（以下简称全电发票）试点工作，经国家税务总局同意，现将四川省纳入全电发票开票试点地区范围，全国其他省市将根据试点工作安排逐步纳入开票试点范围。

（2）西藏自治区纳税人何时可以开始接收其他省市通过电子发票服务平台开具的发票？

根据全电发票推广工作安排，具体扩围时间以开票试点省级税务机关公告为准。西藏自治区纳税人可接收新增开票试点省通过电子发票服务平台开具的发票。

3. 施行日期

《公告》自2022年11月7日起施行。

4. 有关事项

西藏自治区税务局将依据法律、法规、规章的变化情况适时调整《公告》规定事项，并以公告形式发布。

第七章

西北地区全电发票试点制度

第一节
陕西省全电发票试点制度

一、开展全面数字化的电子发票受票试点

2022年7月8日,《国家税务总局陕西省税务局关于开展全面数字化的电子发票受票试点工作的公告》(国家税务总局陕西省税务局公告2022年第1号)规定,为了落实中办、国办印发的《关于进一步深化税收征管改革的意见》要求,全面推进税收征管数字化升级和智能化改造,降低征纳成本,国家税务总局建设了全国统一的电子发票服务平台,24小时在线免费为纳税人提供全面数字化的电子发票(以下简称全电发票)开具、交付、查验等服务,实现发票全领域、全环节、全要素电子化。经国家税务总局同意,陕西省税务局决定在陕西省开展全电发票受票试点工作。

(1)自2022年7月18日起,陕西省纳税人仅作为受票方接收由内蒙古自治区、上海市和广东省(不含深圳市,下同)的部分纳税人(以下简称试点纳税人)通过电子发票服务平台开具的发票,包括带有"增值税专用发票"字样的全电发票、带有"普通发票"字样的全电发票、增值税纸质专用发票(以下简称纸质专票)和增值税纸质普通发票(折叠票,以下简称纸质普票)。

(2)全电发票的法律效力、基本用途等与现有纸质发票相同。其中,带有"增值税专用发票"字样的全电发票,其法律效力、基本用途等与现有增值税专用发票相同;带有"普通发票"字样的全电发票,其法律效力、基本用途等与现有普通发票相同。

（3）全电发票由各省、自治区、直辖市和计划单列市税务局监制。全电发票无联次，基本内容包括：二维码、发票号码、开票日期、购买方信息、销售方信息、项目名称、规格型号、单位、数量、单价、金额、税率/征收率、税额、合计、价税合计（大写、小写）、备注、开票人。其中，电子发票服务平台为从事特定行业、发生特殊应税行为及特定应用场景业务（包括：稀土、建筑服务、旅客运输服务、货物运输服务、不动产销售、不动产经营租赁服务、农产品收购、光伏收购、代收车船税、自产农产品销售、差额征税等）的纳税人提供了对应特定业务的全电发票样式。

（4）全电发票的发票号码为20位，其中：第1~2位代表公历年度后两位，第3~4位代表各省、自治区、直辖市和计划单列市行政区划代码，第5位代表全电发票开具渠道等信息，第6~20位代表顺序编码等信息。

（5）通过电子发票服务平台开具的纸质专票和纸质普票，其法律效力、基本用途和基本使用规定与现有纸质专票、纸质普票相同；其发票密码区不再展示发票密文，改为展示电子发票服务平台赋予的20位发票号码及全国增值税发票查验平台网址。

（6）陕西省纳税人使用增值税发票综合服务平台（陕西）接收试点纳税人通过电子发票服务平台开具的发票。此外，也可取得销售方以电子邮件、二维码等方式交付的全电发票。陕西省纳税人取得通过电子发票服务平台开具的带有"增值税专用发票"字样的全电发票、带有"普通发票"字样的全电发票、纸质专票和纸质普票等符合规定的增值税扣税凭证，如需用于申报抵扣增值税进项税额或申请出口退税、代办退税的，应按规定通过增值税发票综合服务平台（陕西）确认用途。

（7）纳税人取得开票方通过电子发票服务平台开具的发票，发生开票有误、销货退回、服务中止、销售折让等情形，需开票方通过电子发票服务平台开具红字全电发票或红字纸质发票，按以下规定执行：

一是受票方未做用途确认及入账确认的，开票方填开《红字发票信息确认单》（以下简称《确认单》）后全额开具红字全电发票或红字纸质发票，无需受票方确认。

二是受票方已进行用途确认或入账确认的，由开票方或受票方填开《确认单》，经对方确认后，开票方依据《确认单》开具红字发票。受票方已将发票用于增值税申报抵扣的，应暂依《确认单》所列增值税税额从当期进项税额中转出，待取得开票方开具的红字发票后，与《确认单》一并作为记账凭证。

（8）单位和个人可以通过全国增值税发票查验平台（https://inv-veri.chinatax.gov.cn）查验全电发票信息。

（9）纳税人以全电发票报销入账归档的，按照财政和档案部门的相关规定执行。

（10）纳税人应当按照规定依法、诚信、如实使用全电发票，不得虚开、虚抵、骗税，并接受税务机关依法检查。税务机关依法加强税收监管和风险防范，严厉打击涉税违法犯罪行为。

二、进一步开展全面数字化的电子发票受票试点

2022年11月6日，《国家税务总局陕西省税务局关于进一步开展全面数字化的电子

发票受票试点工作的公告》（国家税务总局陕西省税务局公告 2022 年第 3 号）规定，为落实中办、国办印发的《关于进一步深化税收征管改革的意见》要求，继续加大全面数字化的电子发票（以下简称全电发票）推广使用力度。经国家税务总局同意，陕西省税务局决定进一步扩大陕西省纳税人可接收通过电子发票服务平台开具的发票的开票方范围。

（1）自 2022 年 11 月 7 日起，陕西省纳税人可接收四川省试点纳税人通过电子发票服务平台开具的发票，包括带有"增值税专用发票"字样的全电发票、带有"普通发票"字样的全电发票、增值税纸质专用发票和增值税纸质普通发票（折叠票）。

（2）根据推广进度和试点工作安排，通过电子发票服务平台开具发票的试点地区范围将分批扩至全国，具体扩围时间以开票试点省级税务机关公告为准。陕西省纳税人可接收新增开票试点省开具的发票。

（3）全电发票试点的其他事项仍按照《国家税务总局陕西省税务局关于开展全面数字化的电子发票受票试点工作的公告》（国家税务总局陕西省税务局公告 2022 年第 1 号）的规定执行。

三、增值税发票管理系统停机升级及电子税务局税务数字账户和征纳互动功能上线

2022 年 12 月 26 日，《国家税务总局陕西省税务局关于增值税发票管理系统停机升级及电子税务局税务数字账户和征纳互动功能上线的通告》规定，按照国家税务总局统一部署，国家税务总局陕西省税务局于 2022 年 12 月 27 日 20 时至 12 月 29 日 0 时期间对增值税发票管理系统进行停机升级，12 月 30 日 0 时在电子税务局上线税务数字账户和征纳互动功能。

（1）自 2022 年 12 月 30 日 0 时起，纳税人通过电子税务局使用税务数字账户功能，可自动归集发票数据，进行发票的勾选、用途确认、查询、查验、下载和打印，查看税收政策和发票风险提示，不再使用增值税发票综合服务平台。

（2）纳税人可通过税务数字账户标记发票入账标识。纳税人以电子发票报销入账归档的，按照财政和档案部门的相关规定执行。

（3）纳税人在使用税务数字账户进行发票用途勾选、查询统计等业务操作时，对于操作方式、操作流程等存在疑问，可以通过点击页面右下角的征纳互动图标唤起征纳互动服务，通过文字、图片、屏幕共享等方式获取办税帮助。

（4）纳税人在使用税务数字账户和征纳互动功能时如果遇到问题，可咨询主管税务机关或拨打 12366 纳税服务热线进行咨询或反馈意见建议。同时警惕各种来源不明的虚假信息，以免造成不必要的损失。

四、开展全面数字化的电子发票试点

2023 年 1 月 20 日，《国家税务总局陕西省税务局关于开展全面数字化的电子发票

试点工作的公告》（国家税务总局陕西省税务局公告2023年第1号）规定，为了落实中办、国办印发的《关于进一步深化税收征管改革的意见》要求，加大推广使用全面数字化的电子发票（以下简称全电发票）力度，经国家税务总局同意，陕西省税务局决定在陕西省开展全电发票试点工作。

（1）自2023年1月28日起，在陕西省开展全电发票试点，试点范围由国家税务总局陕西省税务局确定，并根据试点工作安排逐步推广到全省。通过电子发票服务平台开具、使用全电发票的纳税人为试点纳税人。陕西省纳税人也可作为受票方接收由广东省（不含深圳市）、上海市、内蒙古自治区、四川省、厦门市、天津市、青岛市、重庆市、大连市的试点纳税人通过电子发票服务平台开具的发票。通过电子发票服务平台开具发票的受票方范围为全国。按照有关规定不使用网络办税或不具备网络条件的纳税人暂不纳入试点范围。

此外，存在以下情形之一的纳税人暂不纳入试点：①存在严重涉税违法失信行为；②存在国家税务总局规定的增值税发票风险；③经税收大数据分析发现重大涉税风险。

电子发票服务平台通过以下地址登录：https://etax.shaanxi.chinatax.gov.cn。

（2）全电发票的法律效力、基本用途等与现有纸质发票相同。其中，带有"增值税专用发票"字样的全电发票，其法律效力、基本用途与现有增值税专用发票相同；带有"普通发票"字样的全电发票，其法律效力、基本用途与现有普通发票相同。

（3）陕西省全电发票由国家税务总局陕西省税务局监制。全电发票无联次，基本内容包括：发票号码、开票日期、购买方信息、销售方信息、项目名称、规格型号、单位、数量、单价、金额、税率/征收率、税额、合计、价税合计（大写、小写）、备注、开票人等。其中，试点纳税人从事特定行业、发生特定应税行为及特定应用场景业务（包括：稀土、建筑服务、旅客运输服务、货物运输服务、不动产销售、不动产经营租赁服务、农产品收购、光伏收购、代收车船税、自产农产品销售、差额征税等）的，电子发票服务平台提供了上述对应特定业务的全电发票样式，试点纳税人应按照发票开具有关规定使用特定业务全电发票。

（4）陕西省全电发票的发票号码为20位，其中：第1～2位代表公历年度后两位，第3～4位代表陕西省行政区划代码，第5位代表全电发票开具渠道等信息，第6～20位代表顺序编码等信息。

（5）电子发票服务平台支持开具增值税纸质专用发票（以下简称纸质专票）和增值税纸质普通发票（折叠票，以下简称纸质普票）。通过电子发票服务平台开具的纸质专票和纸质普票，其法律效力、基本用途和基本使用规定与现有纸质专票、纸质普票相同。其中，发票密码区不再展示发票密文，改为展示电子发票服务平台赋予的20位发票号码及全国增值税发票查验平台网址。

（6）试点纳税人通过实名认证后，无需使用税控专用设备即可通过电子发票服务平台开具发票，无需进行发票验旧操作。其中，全电发票无需进行发票票种核定和发票领用。

（7）税务机关对试点纳税人开票实行开具金额总额度管理。开具金额总额度，是指一个自然月内,试点纳税人发票开具总金额(不含增值税)的上限额度。①试点纳税人通过电子发票服务平台开具的全电发票、纸质专票和纸质普票以及通过增值税发票管理系统开具的纸质专票、纸质普票、增值税普通发票(卷票)、增值税电子专用发票(以下简称电子专票)和增值税电子普通发票,共用同一个开具金额总额度。②税务机关依据试点纳税人的税收风险程度、纳税信用级别、实际经营情况等因素,确定初始开具金额总额度,并进行定期调整、临时调整或人工调整。定期调整是指电子发票服务平台每月自动对试点纳税人开具金额总额度进行调整。临时调整是指税收风险程度较低的试点纳税人当月开具发票金额首次达到开具金额总额度一定比例时,电子发票服务平台自动为其临时增加一次开具金额总额度。人工调整是指试点纳税人因实际经营情况发生变化申请调整开具金额总额度,主管税务机关依法依规审核未发现异常的,为纳税人调整开具金额总额度。③试点纳税人在增值税申报期内,完成增值税申报前,在电子发票服务平台中可以在上月剩余可用额度且不超过当月开具金额总额度的范围内开具发票。试点纳税人按规定完成增值税申报且比对通过后,在电子发票服务平台中可以按照当月剩余可用额度开具发票。

(8)电子发票服务平台税务数字账户自动归集发票数据,供试点纳税人进行发票的查询、查验、下载、打印和用途确认,并提供税收政策查询、开具金额总额度调整申请、发票风险提示等功能。

(9)试点纳税人可以通过电子发票服务平台税务数字账户自动交付全电发票,也可通过电子邮件、二维码等方式自行交付全电发票。

(10)试点纳税人可通过电子发票服务平台税务数字账户使用发票用途确认、风险提示、信息下载等功能,不再通过增值税发票综合服务平台使用上述功能。试点纳税人取得带有"增值税专用发票"字样的全电发票、带有"普通发票"字样的全电发票、纸质专票和纸质普票等符合规定的增值税扣税凭证,如需用于申报抵扣增值税进项税额或申请出口退税、代办退税的,应当通过电子发票服务平台税务数字账户确认用途。非试点纳税人继续通过增值税发票综合服务平台使用相关增值税扣税凭证功能。纳税人确认用途有误的,可向主管税务机关申请更正。

(11)试点纳税人可以通过电子发票服务平台税务数字账户对符合规定的农产品增值税扣税凭证进行用途确认,计算用于抵扣的进项税额。其中,试点纳税人购进用于生产或者委托加工13%税率货物的农产品,可以由主管税务机关开通加计扣除农产品进项税额确认功能,在生产领用当期计算加计扣除农产品进项税额。

(12)试点纳税人可通过电子发票服务平台税务数字账户标记发票入账标识。纳税人以全电发票报销入账归档的,按照财政和档案部门的相关规定执行。

(13)试点纳税人发生开票有误、销货退回、服务中止、销售折让等情形,需要通过电子发票服务平台开具红字全电发票或红字纸质发票的,按以下规定执行:

一是受票方未做用途确认及入账确认的,开票方填开《红字发票信息确认单》(以下简称《确认单》)后全额开具红字全电发票或红字纸质发票,无需受票方确认。

二是受票方已进行用途确认或入账确认的,开票方或受票方可以填开《确认单》,

经对方确认后,开票方依据《确认单》开具红字发票。受票方已将发票用于增值税申报抵扣的,应当暂依《确认单》所列增值税税额从当期进项税额中转出,待取得开票方开具的红字发票后,与《确认单》一并作为记账凭证。

(14)纳税人发生《国家税务总局关于红字增值税发票开具有关问题的公告》(国家税务总局公告 2016 年第 47 号)第一条以及《国家税务总局关于在新办纳税人中实行增值税专用发票电子化有关事项的公告》(国家税务总局公告 2020 年第 22 号)第七条规定情形的,购买方为试点纳税人时,购买方可通过电子发票服务平台填开并上传《开具红字增值税专用发票信息表》。

(15)单位和个人可以通过全国增值税发票查验平台(https：//inv-veri.chinatax.gov.cn)查验全电发票信息。同时,试点纳税人还可以通过电子发票服务平台查验全电发票信息。

(16)电子发票服务平台暂不支持开具机动车(含二手车)、通行费等特定业务全电发票,开具上述发票功能的上线时间另行公告。相关发票功能上线前,纳税人可以通过增值税发票管理系统开具电子专票、增值税电子普通发票(含收费公路通行费增值税电子普通发票)、增值税普通发票(卷票)和二手车销售统一发票以及通过增值税发票管理系统开票软件中机动车发票开具模块开具增值税专用发票和机动车销售统一发票(包括纸质发票、电子发票)。

(17)纳税人应当按照规定依法、诚信、如实使用全电发票,并接受税务机关依法检查。税务机关依法加强税收监管和风险防范,严厉打击虚开、虚抵、偷逃骗税等涉税违法犯罪行为。

五、关于开展全面数字化的电子发票试点的解读

为了落实中办、国办印发的《关于进一步深化税收征管改革的意见》要求,全面推进税收征管数字化升级和智能化改造,降低征纳成本,国家税务总局陕西省税务局发布了《国家税务总局陕西省税务局关于开展全面数字化的电子发票试点工作的公告》(以下简称《公告》)。现解读如下:

(1)推行全面数字化的电子发票的背景是什么?

2021 年 12 月 1 日起,国家税务总局在内蒙古自治区、上海市和广东省(不含深圳市)、四川省、厦门市、天津市、青岛市、重庆市、大连市等地区开始推行全电发票。全电发票推行后,系统运行平稳,因具有无需领用、开具便捷、信息集成、节约成本等优点,受到越来越多纳税人的欢迎。

为了贯彻落实中办、国办关于稳步实施发票电子化改革的部署安排,国家税务总局本着稳妥有序的原则,决定采用先在部分地区推行全电发票试点,此后逐步扩大地区和纳税人范围的工作策略。

自 2023 年 1 月 28 日起,在陕西省开展全电发票试点,试点范围由国家税务总局陕西省税务局确定。

按照国家税务总局的推广进度安排，全电发票受票范围已推广至全国，陕西省试点纳税人通过电子发票服务平台开具的全电发票，各省的受票方均可接收。

（2）推行全电发票具有哪些优点？

第一，领票流程更简化。开业开票"无缝衔接"。全电发票实现"去介质"，纳税人不再需要预先领取专用税控设备；通过"赋码制"取消特定发票号段申领，发票信息生成后，系统自动分配唯一的发票号码；通过"授信制"自动为纳税人赋予开具金额总额度，实现开票"零前置"。基于此，新办纳税人可实现"开业即可开票"。

第二，开票用票更便捷。一是发票服务"一站式"更便捷。纳税人登录电子发票服务平台后，可进行发票开具、交付、查验以及用途勾选等系列操作，享受"一站式"服务，不再像以前需登录多个平台才能完成相关操作。二是发票数据应用更广泛。通过"一户式""一人式"发票数据归集，加强各税费数据联动，为实现"一表集成"式税费申报预填服务奠定数据基础。三是发票使用满足个性业务需求。全电发票破除特定版式要求，增加了 XML 的数据电文格式便利交付，同时保留 PDF、OFD 等格式，降低发票使用成本，提升纳税人用票的便利度和获得感。全电发票样式根据不同业务进行差异化展示，为纳税人提供更优质的个性化服务。四是纳税服务渠道更畅通。电子发票服务平台提供征纳互动相关功能，如增加智能咨询，纳税人在开票、受票等过程中，平台自动接收纳税人业务处理过程中存在的问题并进行智能答疑；增设异议提交功能，纳税人对开具金额总额度有异议时，可以通过平台向税务机关提出。

第三，入账归档一体化。通过制发电子发票数据规范、出台电子发票国家标准，实现全电发票全流程数字化流转，进一步推进企业和行政事业单位会计核算、财务管理信息化。

（3）全电发票的票面信息包括哪些？

全电发票的票面信息包括基本内容和特定内容。

为了符合纳税人开具发票的习惯，全电发票的基本内容在现行增值税发票基础上进行了优化，主要包括：发票号码、开票日期、购买方信息、销售方信息、项目名称、规格型号、单位、数量、单价、金额、税率/征收率、税额、合计、价税合计（大写、小写）、备注、开票人等。

为了满足从事特定行业、发生特定应税行为及特定应用场景业务（以下简称特定业务）的试点纳税人开具发票的个性化需求，税务机关根据现行发票开具的有关规定和特定业务的开票场景，在全电发票中设计了相应的特定内容。特定业务包括但不限于稀土、建筑服务、旅客运输服务、货物运输服务、不动产销售、不动产经营租赁服务、农产品收购、光伏收购、代收车船税、自产农产品销售、差额征税等。试点纳税人在开具全电发票时，可以按照实际业务开展情况，选择特定业务，将按规定应填写在发票备注等栏次的信息，填写在特定内容栏次，进一步规范发票票面内容，便利纳税人使用。特定业务的全电发票票面按照特定内容展示相应信息，同时票面左上角展示该业务类型的字样。

（4）试点纳税人可以通过电子发票服务平台开具哪些类型的发票？

电子发票服务平台支持开具全电发票、纸质专票和纸质普票。

试点纳税人通过实名认证后，无需使用税控专用设备即可通过电子发票服务平台开具全电发票、纸质专票和纸质普票，无需进行发票验旧操作。其中，全电发票无需进行发票票种核定和发票领用。

试点纳税人可以选择电子发票服务平台或者增值税发票管理系统其中之一开具纸质专票或纸质普票。其中，试点纳税人选择通过电子发票服务平台开具纸质专票或纸质普票，其票种核定、发票领用、发票作废、发票缴销、发票退回、发票遗失损毁等事项仍然按照原规定和流程办理。

（5）如何理解《公告》中的开具金额总额度和剩余可用额度？

为了降低纳税人使用成本，便利全电发票推广，尊重纳税人现行开票用票习惯，做好发票风险防控，税务机关对试点纳税人开票实行开具金额总额度管理。

开具金额总额度，也称总授信额度，是指一个自然月内试点纳税人发票开具总金额（不含增值税）的上限额度，包括试点纳税人可通过电子发票服务平台开具的全电发票、纸质专票和纸质普票的上限总金额以及可通过增值税发票管理系统开具的纸质专票、纸质普票、增值税普通发票（卷式，以下简称卷式发票）、增值税电子专用发票（以下简称电子专票）和增值税电子普通发票（以下简称电子普票）的上限总金额。

剩余可用额度，也称可用授信额度，是指在一个自然月内试点纳税人开具金额总额度扣除已使用额度。其中，已使用额度包括试点纳税人通过电子发票服务平台开具的发票金额，以及通过增值税发票管理系统开具的纸质专票、纸质普票、卷式发票、电子专票和电子普票的领用份数与单份发票最高开票限额之积（存在多种不同版式的发票应分别计算并求和，下同）。

例 7-1 试点纳税人 A 公司，通过电子发票服务平台开具全电发票，同时通过增值税发票管理系统开具纸质专票和纸质普票，2022 年 11 月开具金额总额度为 750 万元。

2022 年 11 月 1 日至 20 日，A 公司领用 10 万元版增值税专用发票 40 份（应从开具金额总额度中扣除 400 万元），通过增值税发票管理系统开具了 36 份纸质专票，合计金额 350 万元（不再重复从开具金额总额度中扣除），通过电子发票服务平台开具全电发票金额 300 万元（应从开具金额总额度中扣除 300 万元），则 11 月 20 日后剩余可用额度为 50 万元（750 − 40×10 − 300）。

（6）试点纳税人开具金额总额度如何调整？

调整开具金额总额度有三种方式，包括定期调整、临时调整和人工调整。

第一，定期调整。定期调整是指电子发票服务平台每月自动对试点纳税人开具金额总额度进行调整。

例 7-2 2022 年 11 月初成立的 B 公司，初始开具金额总额度为 750 万元。2023 年 1 月，根据 B 公司实际经营情况以及 2022 年 11 月、12 月开具金额总额度的使用情况，

2023年1月初电子发票服务平台将其开具金额总额度调整至850万元。

第二，临时调整。临时调整是指税收风险程度较低的试点纳税人当月开具发票金额首次达到开具金额总额度一定比例时，电子发票服务平台自动为其临时增加一次开具金额总额度。

例7-3 2022年11月初成立的C公司，初始开具金额总额度为750万元。

情形一：2022年11月中旬，C公司销售额增加，至11月20日，实际已使用额度达到600万元（达到当前开具金额总额度的一定比例），电子发票服务平台自动风险扫描无问题后，为C公司临时增加开具金额总额度至900万元。

情形二：2022年11月中旬，C公司销售额增加，至11月20日，实际已使用额度达到580万元，未触发系统临时调整。11月21日，C公司因经营需要，需开具1份金额为200万元的全电发票，在填写发票信息时，因累计金额达到780万元（达到当前开具金额总额度的一定比例），电子发票服务平台自动风险扫描无问题后，为C公司临时增加开具金额总额度至900万元。

第三，人工调整。人工调整是指试点纳税人因实际经营情况发生变化申请调整开具金额总额度，主管税务机关依法依规审核未发现异常的，为纳税人调整开具金额总额度。

例7-4 D公司2022年11月初开具金额总额度为750万元，销售额增加，电子发票服务平台为D公司临时调增开具金额总额度至900万元，但仍无法满足D公司本月开票需求。D公司根据实际经营情况，向主管税务机关申请调增开具金额总额度至1 200万元，主管税务机关依法依规审核未发现异常后，相应调增D公司开具金额总额度。

（7）试点纳税人在增值税申报期内如何使用开具金额总额度？

试点纳税人在增值税申报期内，完成增值税申报前，在电子发票服务平台中可以按照上月剩余可用额度且不超过当月开具金额总额度的范围内开具发票。试点纳税人按规定完成增值税申报且比对通过后，在电子发票服务平台中可以按照当月剩余可用额度开具发票。

一是按月进行增值税申报的试点纳税人在每月月初到完成上个所属期（即上个月）申报前开具金额总额度的可使用额度为上月剩余可用额度，且不超过本月开具金额总额度；完成上个所属期（即上个月）申报且比对通过后可使用额度为当月剩余可用额度。

二是按季进行增值税申报的试点纳税人在每季季初到完成上个所属期（即上个季度）申报前开具金额总额度的可使用额度为上月剩余可用额度，且不超过本月开具金额总额度;完成上个所属期(即上个季度)申报且比对通过后可使用额度为当月剩余可用额度。

例 7-5 试点纳税人 E 公司是按月申报的一般纳税人,2022 年 11 月开具金额总额度为 750 万元,截至 11 月 30 日实际已使用额度 400 万元,剩余可用额度为 350 万元。

情形一:12 月 1 日,电子发票服务平台自动计算其 12 月开具金额总额度为 750 万元。如果 E 公司在 12 月 11 日 9 时完成 11 月所属期增值税申报并比对通过,则 12 月 11 日 9 时前(即未完成 11 月所属期增值税申报前),E 公司的可使用额度为 350 万元(11 月剩余可用额度 350 万元＜12 月月初开具金额总额度 750 万元)。

12 月 1 日至 11 日 9 时,如果 E 公司实际已使用额度为 20 万元,则 12 月 11 日 9 时(即完成申报)后的剩余可用额度为 730 万元(750－20)。

情形二:12 月 1 日,依据纳税人风险程度、纳税信用级别、实际经营情况等因素,电子发票服务平台自动计算并将 12 月开具金额总额度调整为 250 万元。如果 E 公司在 12 月 11 日 9 时完成 11 月所属期增值税申报并比对通过,则 12 月 11 日 9 时前(即未完成 11 月所属期增值税申报前)E 公司的可使用额度为 250 万元(11 月剩余可用额度 350 万元＞12 月月初开具金额总额度 250 万元)。

12 月 1 日至 11 日 9 时,如果 E 公司实际已使用额度为 20 万元,则 12 月 11 日 9 时(即完成申报)后的剩余可用额度为 230 万元(250－20)。

例 7-6 试点纳税人 F 公司是按季申报的小规模纳税人,2022 年 11 月开具金额总额度为 10 万元,截至 11 月 30 日实际已使用额度为 5 万元,剩余可用额度为 5 万元。

12 月 1 日,电子发票服务平台自动计算并将 12 月开具金额总额度重新调整为 10 万元。因 F 公司是按季申报的纳税人,12 月无需完成 11 月所属期增值税申报,则 12 月 1 日后可使用额度为 10 万元(即 12 月初的开具金额总额度)。12 月 1 日至 31 日,F 公司实际已使用额度为 8 万元,剩余可用额度为 2 万元。

2023 年 1 月 1 日,电子发票服务平台自动计算并将 1 月开具金额总额度重新调整为 10 万元。如果 F 公司于 1 月 6 日 9 时完成 2022 年第四季度所属期增值税申报并比对通过,则 1 月 6 日 9 时前(即未完成第四季度所属期增值税申报前)可使用额度仍为 2 万元(2022 年 12 月剩余可用额度 2 万元＜2023 年 1 月初开具金额总额度 10 万元)。

1 月 1 日至 6 日 9 时,如果 F 公司实际已使用额度为 2 万元,则 1 月 6 日 9 时(即完成申报)后的剩余可用额度为 8 万元(10－2)。

(8)试点纳税人领用通过增值税发票管理系统开具的发票,如何确定单份最高开票限额和领用份数?

试点纳税人办理发票票种核定和发票领用时,通过增值税发票管理系统开具的发票最高开票限额和每月最高领用数量仍按照现行有关规定办理。其中,试点纳税人通过增值税发票管理系统开具的发票领用份数与单份发票最高开票限额之积应小于或等于当月剩余可用额度。

（9）试点纳税人开具纸质专票和纸质普票如何使用剩余可用额度？

试点纳税人通过电子发票服务平台开具纸质专票和纸质普票时，单份发票开具金额不得超过单份最高开票限额且不得超过当月剩余可用额度，并根据实际开票金额扣除当月剩余可用额度。

试点纳税人通过增值税发票管理系统开具的纸质专票、纸质普票、卷式发票、电子专票和电子普票的，在领用发票时按领用份数与单份发票最高开票限额之积扣除当月剩余可用额度，开具时不再扣除当月剩余可用额度。

（10）试点纳税人通过电子发票服务平台开具的纸质专票和纸质普票与增值税发票管理系统开具的纸质专票和纸质普票有何区别？

试点纳税人通过电子发票服务平台开具的纸质专票和纸质普票，其法律效力、基本用途和基本使用规定与现有纸质专票、纸质普票相同。电子发票服务平台开具的纸质专票、纸质普票与现行纸质专票、纸质普票相比，区别在于电子发票服务平台开具纸质专票、纸质普票后，纸质专票、纸质普票密码区不再展示发票密文，密码区将展示电子发票服务平台赋予的20位发票号码以及全国增值税发票查验平台网址。

（11）通过电子发票服务平台税务数字账户，试点纳税人能够获得哪些优质便捷的服务？

为了全面推进税收征管数字化升级，降低制度性交易成本，电子发票服务平台税务数字账户集成发票信息、优化发票应用、完善风险提醒，进一步深化发票数据应用成果。通过税务数字账户，纳税人能够获得以下优质便捷的服务：

一是"一户式"发票数据归集服务。电子发票服务平台税务数字账户自动归集开具发票信息，推送至对应受票方纳税人的税务数字账户，实现开票即交付，从根本上解决纳税人纸质发票易丢失破损及电子发票难归集等问题，降低纳税人发票管理成本。

二是"一站式"发票应用集成服务。电子发票服务平台税务数字账户创新应用集成服务，通过完善发票的查询、查验、下载、打印和用途确认等功能，增加税务事项通知书查询、税收政策查询、发票开具金额总额度调整申请、原税率发票开具申请等功能，再造红字发票业务流程、海关缴款书业务流程，为纳税人提供"一站式"服务。

三是"集成化"发票数据展示服务。电子发票服务平台税务数字账户为纳税人提供开具金额总额度管理情况展示服务，纳税人可实时掌握总授信额度和可用授信额度变动情况；同时为纳税人提供风险提醒服务，纳税人可以对发票的开具、申报、缴税、用途确认等流转状态以及作废、红冲、异常等管理状态进行查询统计，以便及时开展风险应对处理，从而有效规避因征纳双方和购销双方信息不对称而产生的涉税风险和财务管理风险。

（12）如何使用发票入账标识功能？

电子发票服务平台为试点纳税人提供发票入账标识服务，纳税人使用该功能时，系统将同步为发票赋予入账状态字样，供财务人员及时查验，避免重复报销入账。

（13）纳税人开具和取得全电发票报销入账归档的，需要注意哪些事项？

纳税人开具和取得全电发票报销入账归档的，应按照《财政部 国家档案局关于规范电子会计凭证报销入账归档的通知》（财会〔2020〕6号，以下称《通知》）和《会计档案管理办法》（财政部、国家档案局令第79号）的相关规定执行。

第一，纳税人可以根据《通知》第三条、第五条的规定，仅使用全电发票电子件进行报销入账归档的，可不再另以纸质形式保存。

第二，纳税人如果需要以全电发票的纸质打印件作为报销入账归档依据的，应当根据《通知》第四条的规定，同时保存全电发票电子件。

（14）试点纳税人怎样开具红字发票？

试点纳税人发生开票有误、销货退回、服务中止、销售折让等情形，需要通过电子发票服务平台开具红字全电发票或红字纸质发票的，按以下规定执行：

一是受票方未做用途确认及入账确认的，开票方在电子发票服务平台填开《红字发票信息确认单》（以下简称《确认单》）后全额开具红字全电发票或红字纸质发票，无需受票方确认。其中，《确认单》需要与对应的蓝字发票信息相符。

例 7-7 2022年12月10日，G公司（试点纳税人）发现有一张在2022年11月30日开给H公司（试点纳税人）的纸质专票内容有误，通过电子发票服务平台查询到H公司未对取得的发票进行用途确认与发票入账。G公司联系H公司将该发票相关联次取回后，通过电子发票服务平台填开并上传《确认单》，无需H公司确认，系统自动校验通过后可直接全额开具对应的红字全电发票。

例 7-8 2022年11月，I公司（试点纳税人）为J公司（非试点纳税人）提供加工劳务。I公司在2022年11月18日已为J公司开具了带有"增值税专用发票"字样的全电发票。11月20日因客观原因劳务终止，此前J公司未对该发票进行确认用途及发票入账，I公司需全额开具红字全电发票。

I公司通过电子发票服务平台填开《确认单》，无需J公司确认，I公司依据核实无误的《确认单》信息，全额开具红字全电发票。

二是受票方已进行用途确认或入账确认的，受票方为试点纳税人，开票方或受票方均可在电子发票服务平台填开并上传《确认单》，经对方在电子发票服务平台确认后，开票方全额或部分开具红字全电发票或红字纸质发票；受票方为非试点纳税人，由开票方在电子发票服务平台或由受票方在增值税发票综合服务平台填开并上传《确认单》，经对方确认后，开票方全额或部分开具红字全电发票或红字纸质发票。其中，《确认单》需要与对应的蓝字发票信息相符。

受票方已将发票用于增值税申报抵扣的，应当暂依《确认单》所列增值税税额从当期进项税额中转出，待取得开票方开具的红字发票后，与《确认单》一并作为记账凭证。

例 7-9 2022年11月，L公司（试点纳税人）销售一批服装给M公司（试点纳税人），已开具带有"增值税专用发票"字样的全电发票，M公司已对取得的发票进行用途确认。2022 年 12 月，该批服装发生销货退回。

情形一：M 公司财务人员通过电子发票服务平台填开《确认单》，选择原因和对应的蓝字发票信息，录入金额和税额。L 公司财务人员通过电子发票服务平台完成确认后，L 公司财务人员据此开具红字全电发票。

情形二：L 公司财务人员通过电子发票服务平台填开《确认单》，选择原因和对应的蓝字发票信息，录入金额和税额。M 公司财务人员通过电子发票服务平台完成确认后，L 公司财务人员据此开具红字全电发票。

例 7-10 2022 年 11 月，N 公司（试点纳税人）销售一批玩具给 P 公司（非试点纳税人），已开具带有"增值税专用发票"字样的全电发票，P 公司已确认用途。2022 年 12 月，该批玩具发生销货退回。

情形一：N 公司财务人员通过电子发票服务平台填开《确认单》，选择原因和对应的蓝字发票信息，录入金额和税额。P 公司财务人员通过增值税发票综合服务平台完成确认后，N 公司财务人员据此开具红字全电发票。

情形二：P 公司财务人员通过增值税发票综合服务平台发起《确认单》，选择原因和对应的蓝字发票信息，录入金额和税额。N 公司财务人员通过电子发票服务平台完成确认后，N 公司财务人员据此开具红字全电发票。

三是试点纳税人通过电子发票服务平台开具的全电发票或纸质发票已用于申请出口退税、代办退税的，暂不允许开具红字发票。

（15）非试点纳税人开具红字发票流程有何变化？

一是增值税发票综合服务平台为非试点纳税人提供了填开《确认单》和对《确认单》进行确认的功能。

二是纳税人发生《国家税务总局关于红字增值税发票开具有关问题的公告》（国家税务总局公告 2016 年第 47 号）第一条以及《国家税务总局关于在新办纳税人中实行增值税专用发票电子化有关事项的公告》（国家税务总局公告 2020 年第 22 号）第七条规定情形的，购买方可通过电子发票服务平台填开《开具红字增值税专用发票信息表》（以下简称《信息表》）。

例 7-11 2022 年 10 月，Q 公司（非试点纳税人）销售一批服装给 R 公司（试点纳税人），通过增值税发票管理系统已开具增值税专用发票，R 公司已确认用途。2022 年 11 月，该批服装发生销货退回。

R 公司通过电子发票服务平台填开《信息表》，Q 公司财务人员据此开具红字专用发票。

（16）试点纳税人通过电子发票服务平台开具红字发票有哪些注意事项？

一是试点纳税人需要开具红字发票的，可以在所对应的蓝字发票金额范围内开具红字发票。

二是试点纳税人开具蓝字全电发票当月开具红字全电发票，电子发票服务平台同步增加其当月剩余可用额度；跨月开具红字全电发票的，电子发票服务平台不增加其当月剩余可用额度。

三是试点纳税人开具蓝字纸质发票当月开具红字纸质发票，或者作废已开具的蓝字纸质发票，电子发票服务平台同步增加其当月剩余可用额度；跨月开具红字纸质发票的，电子发票服务平台不增加其当月剩余可用额度。

例 7-12 试点纳税人 S 公司，2023 年 1 月的开具金额总额度为 750 万元。
2023 年 1 月 1 日至 5 日 S 公司开票累计金额 100 万元，1 月 6 日开具红字全电发票金额 10 万元（对应 2022 年 11 月 25 日开具的蓝字全电发票，金额 10 万元），1 月 7 日开具红字全电发票 50 万元（对应 2023 年 1 月 3 日开具的蓝字全电发票，金额 50 万元），则 1 月 8 日剩余可用额度为 700 万元（750 − 100 + 50）。由于跨月开具红字全电发票不增加当月剩余可用额度，1 月 6 日开具红字全电发票金额 10 万元不列入当月剩余可用额度计算。

（17）《公告》实施后，试点纳税人能开具机动车（含二手车）、通行费等特定业务发票吗？

电子发票服务平台暂不支持开具机动车（含二手车）、通行费等特定业务全电发票，开具上述发票功能的上线时间另行公告。功能上线前，试点纳税人可通过增值税发票管理系统开具上述发票。

相关发票功能上线前，试点纳税人可以通过增值税发票管理系统开具电子专票、增值税电子普通发票（含收费公路通行费增值税电子普通发票）、增值税普通发票（卷票）、二手车销售统一发票以及通过增值税发票管理系统开票软件中机动车发票开具模块开具左上角有"机动车"字样的增值税专用发票和机动车销售统一发票（包括纸质发票、电子发票）。

（18）通过什么渠道可以进行全电发票信息的查验？

单位和个人可以通过全国增值税发票查验平台对全电发票的信息进行查验。同时，电子发票服务平台为试点纳税人提供全电发票查验服务。

（19）试点纳税人通过电子发票服务平台开具或勾选确认发票后，如何填写增值税及附加税费申报表？

一是一般纳税人通过电子发票服务平台开具带有"增值税专用发票"或"普通发票"字样的全电发票、纸质专票、纸质普票，其金额及税额应分别填入《增值税及附加税费申报表附列资料（一）》（本期销售情况明细）"开具增值税专用发票"或"开具其他发票"相关栏次。

一般纳税人取得通过电子发票服务平台开具的全电发票、纸质专票、纸质普票，勾选用于进项抵扣时，其份数、金额及税额填列在《增值税及附加税费申报表附列资料（二）》（本期进项税额明细）相关栏次。

一般纳税人取得通过电子发票服务平台开具的带有"增值税专用发票"字样的全电发票、纸质专票，已用于增值税申报抵扣的，对应的《确认单》所列增值税税额填列在《增值税及附加税费申报表附列资料（二）》（本期进项税额明细）第20栏"红字专用发票信息表注明的进项税额"。一般纳税人取得通过电子发票服务平台开具的带有"普通发票"字样的全电发票、纸质普票，已用于增值税申报抵扣，对应的《确认单》所列增值税税额填列在《增值税及附加税费申报表附列资料（二）》（本期进项税额明细）第23b栏"其他应作进项税额转出的情形"。其中纳税人购进农产品取得全电发票、纸质专票、纸质普票，已按计算税额申报抵扣农产品进项税额的或已加计扣除农产品进项税额的，应按《确认单》所列已计算抵扣的税额或加计扣除农产品进项税额填报《增值税及附加税费申报表附列资料（二）》第23b栏"其他应作进项税额转出的情形"。

二是小规模纳税人通过电子发票服务平台开具的带有"增值税专用发票"或"普通发票"字样的全电发票、纸质专票、纸质普票，其金额及税额应填入《增值税及附加税费申报表（小规模纳税人适用）》"增值税专用发票不含税销售额"或"其他增值税发票不含税销售额"相关栏次。其中，适用增值税免税政策的，按规定填入"免税销售额"相关栏次。

（20）纳税人需要确认发票用途，通过什么渠道进行确认？

《公告》发布后，试点纳税人可以通过电子发票服务平台税务数字账户使用增值税发票综合服务平台具备的发票用途确认、风险提示、信息下载等功能。

试点纳税人取得通过电子发票服务平台开具的带有"增值税专用发票"字样的全电发票、带有"普通发票"字样的全电发票、纸质专票和纸质普票等符合规定的增值税扣税凭证，如需用于申报抵扣增值税进项税额或申请出口退税、代办退税的，应当通过电子发票服务平台税务数字账户或增值税发票综合服务平台确认用途。非试点纳税人继续通过增值税发票综合服务平台使用相关增值税扣税凭证功能，取得通过电子发票服务平台开具的带有"增值税专用发票"字样的全电发票、带有"普通发票"字样的全电发票、纸质专票和纸质普票等符合规定的增值税扣税凭证，用于申报抵扣增值税进项税额或申请出口退税、代办退税的，应通过增值税发票综合服务平台确认用途。

纳税人确认用途有误的，可向主管税务机关申请更正。

（21）试点纳税人如何通过电子发票服务平台税务数字账户进行计算农产品进项税额以及加计扣除农产品进项税额？

试点纳税人购进农产品，取得符合规定的带有"增值税专用发票"字样的全电发票、增值税专用发票、海关缴款书、农产品销售发票等凭证或者开具符合规定的收购发票，可以通过电子发票服务平台税务数字账户进行用途确认，按照相关规定计算当期进项税额。

其中，试点纳税人购进用于生产或者委托加工13%税率货物的农产品，可以由主管税务机关开通加计扣除农产品进项税额确认功能，按照相关规定计算当期进项税额，并将已进行用途确认的凭证明细转入加计扣除农产品进项税额确认待用。纳税人将购进农产品用于生产或者委托加工的当期，可以通过电子发票服务平台税务数字账户选择相应凭证，按规定计算填写本次加计扣除农产品进项税额。

试点纳税人取得符合以上规定的尚未用于加计扣除农产品进项税额的凭证，可以向主管税务机关申请补录。

（22）试点纳税人错误确认发票用途后，税务机关如何帮助纳税人进行修改和更正？

试点纳税人通过电子发票服务平台确认发票用途后，如果出现发票用途确认错误的情形，税务机关可为纳税人提供规范、便捷的更正服务。

纳税人将发票用途误确认为申报抵扣且已申报抵扣后，如果要改为用于申报出口退税或代办退税，纳税人可以向主管税务机关申请更正。主管税务机关在核实确认相关进项税额已转出后，为纳税人调整发票用途。

纳税人将发票用途误确认为用于出口退税、代办退税的，可以向主管税务机关申请更正。如纳税人尚未申报出口退税，经主管税务机关确认后，可将发票信息回退至电子发票服务平台，纳税人可以重新确认发票用途；如果纳税人已申报办理出口退税，可向主管税务机关申请开具出口货物转内销证明。

第二节
甘肃省全电发票试点制度

一、开展全面数字化的电子发票受票试点

2023年4月25日,《国家税务总局甘肃省税务局关于开展全面数字化的电子发票试点工作的公告》（国家税务总局甘肃省税务局公告2023年第2号）规定，为落实中办、国办印发的《关于进一步深化税收征管改革的意见》要求，加大推广使用全面数字化的电子发票（以下简称数电票）力度，经国家税务总局同意，甘肃省税务局决定在甘肃省开展数电票试点工作。有关事项如下：

（1）自2023年4月27日起，在甘肃省的部分纳税人中开展数电票试点，使用电子发票服务平台的纳税人为试点纳税人，具体范围由国家税务总局甘肃省税务局确定。

甘肃省纳税人通过电子发票服务平台开具发票的受票方范围为全国，并作为受票方接收全国其他数电票试点省（区、市）纳税人开具的数电票，具体以各试点省（区、市）税务机关公告为准。

按照有关规定不使用网络办税或不具备网络条件的纳税人暂不纳入试点范围。此外，存在以下情形之一的纳税人暂不纳入试点：①存在严重涉税违法失信行为；②存在国家税务总局规定的增值税发票风险；③经税收大数据分析发现重大涉税风险。

电子发票服务平台通过以下地址登录：https://etax.gansu.chinatax.gov.cn。

（2）数电票的法律效力、基本用途等与现有纸质发票相同。其中，带有"增值税专用发票"字样的数电票，其法律效力、基本用途与现有增值税专用发票相同；带有"普通发票"字样的数电票，其法律效力、基本用途与现有普通发票相同。

（3）甘肃省数电票由国家税务总局甘肃省税务局监制。数电票无联次，基本内容包括：发票号码、开票日期、购买方信息、销售方信息、项目名称、规格型号、单位、数量、单价、金额、税率/征收率、税额、合计、价税合计（大写、小写）、备注、开票人等。

其中，试点纳税人从事特定行业、发生特定应税行为及特定应用场景业务（包括：稀土、建筑服务、旅客运输服务、货物运输服务、不动产销售、不动产经营租赁服务、农产品收购、光伏收购、代收车船税、自产农产品销售、差额征税、成品油、民航、

铁路等）的，电子发票服务平台提供了上述对应特定业务的数电票样式，试点纳税人应按照发票开具有关规定使用特定业务数电票。数电票样式参见图2-33至图2-44。

（4）甘肃省数电票的发票号码为20位，其中：第1～2位代表公历年度后两位，第3～4位代表甘肃省行政区划代码，第5位代表数电票开具渠道等信息，第6～20位代表顺序编码等信息。

（5）电子发票服务平台支持开具增值税纸质专用发票（以下简称纸质专票）和增值税纸质普通发票（折叠票，以下简称纸质普票）。

通过电子发票服务平台开具的纸质专票和纸质普票，其法律效力、基本用途与现有纸质专票、纸质普票相同。其中，发票密码区不再展示发票密文，改为展示电子发票服务平台赋予的20位发票号码及全国增值税发票查验平台网址。

（6）试点纳税人通过实名认证后，无需使用税控专用设备即可通过电子发票服务平台开具发票，无需进行发票验旧操作。其中，数电票无需进行发票票种核定和发票领用。

（7）税务机关对试点纳税人开票实行开具金额总额度管理。开具金额总额度，是指一个自然月内，试点纳税人发票开具总金额（不含增值税）的上限额度。

第一，试点纳税人通过电子发票服务平台开具的数电票、纸质专票和纸质普票以及通过增值税发票管理系统开具的纸质专票、纸质普票、增值税普通发票（卷票）、增值税电子专用发票（以下简称电子专票）和增值税电子普通发票，共用同一个开具金额总额度。

第二，税务机关依据试点纳税人的税收风险程度、纳税信用级别、实际经营情况等因素，确定初始开具金额总额度，并进行定期调整、临时调整或人工调整。

定期调整是指电子发票服务平台每月自动对试点纳税人开具金额总额度进行调整。

临时调整是指税收风险程度较低的试点纳税人当月开具发票金额首次达到开具金额总额度一定比例时，电子发票服务平台自动为其临时增加一次开具金额总额度。

人工调整是指试点纳税人因实际经营情况发生变化申请调整开具金额总额度，主管税务机关依法依规审核未发现异常的，为纳税人调整开具金额总额度。

第三，试点纳税人在增值税申报期内，完成增值税申报前，在电子发票服务平台中可以在上月剩余可用额度且不超过当月开具金额总额度的范围内开具发票。试点纳税人按规定完成增值税申报且比对通过后，在电子发票服务平台中可以按照当月剩余可用额度开具发票。

（8）电子发票服务平台税务数字账户自动归集发票数据，供试点纳税人进行发票的查询、查验、下载、打印和用途确认，并提供税收政策查询、开具金额总额度调整申请、发票风险提示等功能。

（9）试点纳税人通过电子发票服务平台税务数字账户自动交付数电票，也可通过电子邮件、二维码等方式自行交付数电票。

（10）自2023年4月27日起，试点纳税人可通过电子发票服务平台税务数字账户使用发票用途确认、风险提示、信息下载等功能，不再通过增值税发票综合服务平台使用上述功能。

试点纳税人取得带有"增值税专用发票"字样的数电票、带有"普通发票"字样的数电票、纸质专票和纸质普票等符合规定的增值税扣税凭证，如需用于申报抵扣增值税进项税额或申请出口退税、代办退税的，应当通过电子发票服务平台税务数字账户确认用途。非试点纳税人继续通过增值税发票综合服务平台使用相关增值税扣税凭证功能。纳税人确认用途有误的，可向主管税务机关申请更正。

（11）试点纳税人可以通过电子发票服务平台税务数字账户对符合规定的农产品增值税扣税凭证进行用途确认，计算用于抵扣的进项税额。其中，试点纳税人购进用于生产或者委托加工13%税率货物的农产品，可以由主管税务机关开通加计扣除农产品进项税额确认功能，在生产领用当期计算加计扣除农产品进项税额。

（12）试点纳税人可通过电子发票服务平台税务数字账户标记发票入账标识。纳税人以数电票报销入账归档的，按照财政和档案部门的相关规定执行。

（13）试点纳税人发生开票有误、销货退回、服务中止、销售折让等情形，需要通过电子发票服务平台开具红字数电票或红字纸质发票的，按以下规定执行：

一是受票方未做用途确认及入账确认的，开票方填开《红字发票信息确认单》（以下简称《确认单》，见表2-1）后全额开具红字数电票或红字纸质发票，无需受票方确认。

二是受票方已进行用途确认或入账确认的，开票方或受票方可以填开《确认单》，经对方确认后，开票方依据《确认单》开具红字发票。

受票方已将发票用于增值税申报抵扣的，应当暂依《确认单》所列增值税税额从当期进项税额中转出，待取得开票方开具的红字发票后，与《确认单》一并作为记账凭证。

（14）纳税人发生《国家税务总局关于红字增值税发票开具有关问题的公告》（国家税务总局公告2016年第47号）第一条以及《国家税务总局关于在新办纳税人中实行增值税专用发票电子化有关事项的公告》（国家税务总局公告2020年第22号）第七条规定情形的，购买方为试点纳税人时，购买方可通过电子发票服务平台填开并上传《开具红字增值税专用发票信息表》（以下简称《信息表》）。

（15）单位和个人可以通过全国增值税发票查验平台（https://inv-veri.chinatax.gov.cn）查验数电票信息。同时，试点纳税人还可以通过电子发票服务平台查验数电票信息。

（16）电子发票服务平台暂不支持开具机动车（含二手车）、通行费等特定业务数电票，开具上述发票功能的上线时间另行公告。

相关发票功能上线前，纳税人可以通过增值税发票管理系统开具电子专票、增值税电子普通发票（含收费公路通行费增值税电子普通发票）、增值税普通发票（卷票）和二手车销售统一发票以及通过增值税发票管理系统开票软件中机动车发票开具模块开具增值税专用发票和机动车销售统一发票（包括纸质发票、电子发票）。

（17）纳税人应当依法依规、诚信如实使用数电票，并接受税务机关依法检查。税务机关依法加强税收监管和风险防范，严厉打击虚开、虚抵、偷逃骗税等涉税违法犯罪行为。

二、全面数字化的电子发票常见问题解答

(1) 什么是全面数字化的电子发票?

答:全面数字化的电子发票(以下称全电发票)是与纸质发票具有同等法律效力的全新发票,不以纸质形式存在、不用介质支撑、无须申请领用、发票验旧及申请增版增量。纸质发票的票面信息全面数字化,将多个票种集成归并为电子发票单一票种,全电发票实行全国统一赋码、自动流转交付。

(2) 全电发票的票面信息包括哪些?

答:全电发票的票面信息包括基本内容和特定内容。

为了符合纳税人开具发票的习惯,全电发票的基本内容在现行增值税发票基础上进行了优化,主要包括:动态二维码、发票号码、开票日期、购买方信息、销售方信息、项目名称、规格型号、单位、数量、单价、金额、税率/征收率、税额、合计、价税合计(大写、小写)、备注、开票人。

为了满足从事特定行业、经营特殊商品服务及特定应用场景业务(以下简称特定业务)的纳税人开具发票的个性化需求,税务机关根据现行发票开具的有关规定和特定业务的开票场景,在全电发票中设计了相应的特定内容。特定业务包括但不限于稀土、卷烟、建筑服务、旅客运输服务、货物运输服务、不动产销售、不动产经营租赁、农产品收购、光伏收购、代收车船税、自产农产品销售、差额征税等。试点纳税人在开具全电发票时,可以按照实际业务开展情况,选择特定业务,将按规定应填写在发票备注等栏次的信息,填写在特定内容栏次,进一步规范发票票面内容,便于纳税人使用。特定业务的全电发票票面按照特定内容展示相应信息,同时票面左上角展示该业务类型的字样。

(3) 全电发票与现有的发票样式有什么区别?

答:全电发票样式与现有发票样式区别在于:一是全电发票票样将原有发票代码+发票号码变为 20 位发票号码;取消了校验码、收款人、复核人、销售方(章);取消了发票密码区。二是全电发票特定业务会影响发票展示内容,不同的特定业务展示的发票票面内容不同。三是全电发票将原备注栏中手工填列、无法采集的内容,设置为固定可采集、可使用的数据项,并展示于票面上。

(4) 全电发票和使用税控设备开具的电子发票主要区别是什么?

答:一是管理方式不同。对于全电发票,纳税人开业后,无需使用税控专用设备,无需办理发票票种核定,无需领用全电发票,系统自动赋予开具额度,并根据纳税人行为,动态调整开具金额总额度,实现开业即可开票。对于使用税控设备开具的电子发票(以下简称纸电发票),纳税人开业后,需先申领税控专用设备并进行票种核定,发票数量和票面限额管理同纸质发票一样,纳税人需要依申请才能对发票增版增量,是纸质发票管理模式下的电子化。

二是发票交付手段不同。全电发票开具后,发票数据文件自动发送至开票方和受票方的税务数字账户,便利交付入账,减少人工收发。同时,依托电子发票服务平台

税务数字账户，纳税人可对各类发票数据进行自动归集，发票数据使用更高效便捷。而"纸电"发票开具后，需要通过发票版式文件进行交付，即：开票方将发票版式文件通过邮件、短信等方式交付给受票方；受票方人工下载后，仍需对发票的版式文件进行归集、整理、入账等操作。

（5）使用全电发票有什么优点？

答：第一，领票流程更简化。开业开票"无缝衔接"。全电发票实现"去介质"，纳税人不再需要预先领取税控专用设备；通过"赋码制"取消特定发票号段申领，发票信息生成后，系统自动分配唯一的发票号码；通过"授信制"自动为纳税人赋予开具金额总额度，实现开票"零前置"。基于此，新办纳税人可实现"开业即可开票"。

第二，开票用票更便捷。一是发票开具渠道更多元。电子发票服务平台全部功能上线后，纳税人不仅可以通过电脑网页端开具全电发票，还可以通过客户端、移动端手机App随时随地开具全电发票。二是"一站式"服务更便捷。纳税人登录电子发票服务平台后，可进行发票开具、交付、查验以及勾选等系列操作，享受"一站式"服务，无需再登录多个平台完成相关操作。三是发票数据应用更广泛。通过"一户式""一人式"发票数据归集，加强各税费数据联动，为实现"一表集成"式税费申报预填服务奠定数据基础。四是满足个性业务需求。全电发票破除特定格式要求，增加了XML的数据电文格式便利交付，同时保留PDF、OFD等格式，降低发票使用成本，提升纳税人用票的便利度和获得感。全电发票样式根据不同业务进行差异化展示，为纳税人提供更优质的个性化服务。五是纳税服务渠道更畅通。甘肃省各级税务机关通过陇税雷锋为纳税人提供宣传、辅导和咨询服务，纳税人在开票、受票等过程中有疑问或异议时，可以通过陇税雷锋向税务机关提出。

第三，入账归档一体化。通过制发电子发票数据规范、出台电子发票国家标准，实现全电发票全流程数字化流转，进一步推进企业和行政事业单位会计核算、财务管理信息化。

（6）使用全电发票如何保障纳税人的发票数据安全和隐私？

答：全电发票使用了最新加密技术，加强了纳税人最关心的发票安全性、隐私性保障能力。

从安全性来说，电子发票服务平台将利用数字信封技术来最大限度地保障交易安全性，通过对发票数据传输通道进行加密，保证数据流转的安全性，防止数据被窃取、篡改、冒充。

从隐私性来说，全电发票保持了纸质发票的基本属性和主要特征，在为用户提供不同于纸质发票交付和入账等体验的同时，通过隐私保护技术确保用户数据安全，避免信息泄露。

（7）纳税人可以通过哪些渠道了解全电发票有关事项？

答：纳税人可以通过电子税务局、办税服务厅、12366纳税服务热线、税务门户网站、官方微信等渠道了解全电发票的有关事项。

（8）目前，我国全面数字化的电子发票试点工作的推行进度如何？

答：按照总局发票电子化改革（金税四期）建设工作部署：2021年12月1日起，在广东（不含深圳，下同）、内蒙古、上海3地试点地区部分纳税人中开展全电发票试点，试点使用的依托电子税务局搭建的平台称为电子发票服务平台（以下简称电票平台）1.0版，实现了56项功能，成功开出第一张"全电"发票。试点纳税人通过电子发票服务平台开具发票的受票方范围为本省税务局管辖范围内的纳税人。随后，2022年4月1日起，在广东地区的部分纳税人中进一步开展全电发票试点，电票平台1.5版成功在广东省上线切换，实现了142项功能，试点纳税人通过电子发票服务平台开具发票的受票方范围为本省税务局管辖范围内的纳税人。2022年4月25日，在内蒙古自治区的部分纳税人中进一步开展全电发票试点，电票平台1.5版成功在内蒙古上线切换，试点纳税人通过电子发票服务平台开具发票的受票方范围为本自治区税务局管辖范围内的纳税人。2022年5月10日起，四川省纳税人仅作为受票方，通过增值税发票综合服务平台接收由内蒙古自治区和广东省的部分纳税人通过电子发票服务平台开具的发票。2022年5月23日起，上海市切换电票平台1.5版，并可向四川省、广东省和内蒙古自治区纳税人通过电子发票服务平台开具发票。自2022年6月1日起，国家税务总局决定，内蒙古自治区、上海市和广东省试点纳税人通过电子发票服务平台开具发票的受票方范围逐步扩至全国。内蒙古自治区、上海市和广东省3个地区以外的纳税人暂仅作为受票方，分步接收试点纳税人通过电子发票服务平台开具的全电发票、增值税纸质专用发票（以下简称纸质专票）和增值税纸质普通发票（折叠票，以下简称纸质普票）。

（9）我是甘肃省纳税人，2022年8月28日收到了一张内蒙古的全电发票，名称格式与传统发票完全不同。请问是否符合规定？

答：符合规定。自2022年6月1日起，国家税务总局决定，内蒙古自治区、上海市和广东省试点纳税人通过电子发票服务平台开具发票的受票方范围逐步扩至全国。内蒙古自治区、上海市和广东省3个地区以外的纳税人暂仅作为受票方，分步接收试点纳税人通过电子发票服务平台开具的全电发票、增值税纸质专用发票（以下简称纸质专票）和增值税纸质普通发票（折叠票，以下简称纸质普票）。

（10）除试点纳税人外，其他地区纳税人何时可以开具全电发票？

答：国家税务总局将结合试点情况，逐步扩大全电发票推行范围。

（11）试点纳税人如何建立、变更、解除与办税人员的关联关系？

答：试点纳税人可通过电子税务局或办税服务厅建立、变更、解除与办税人员的关联关系。

试点纳税人通过电子税务局新增办税人员或对已有办税人员进行变更的，应对办税人员进行岗位权限授权或调整。系统将自动通过电子税务局及移动端向该办税人员推送待确认的授权信息。办税人员在完成个人身份信息采集核验，以及对推送的授权信息进行确认后，关联关系即建立，系统自动记录关联关系。纳税人通过电子税务局解除办税人员关联关系的，无需办税人员确认。

试点纳税人在办税服务厅申请新增或变更办税人员信息时，税务机关在核心征管系统完成办税人员信息录入或变更，通过实名办税系统验证办税人员实名信息后，由办税人员登录电子税务局确认相关信息。信息确认后，系统自动记录关联关系。纳税人在办税服务厅解除办税人员关联关系的，无需办税人员确认。

涉税专业服务机构建立、变更、解除本机构办税人员关联关系的，适用以上方式。

（12）办税人员如何解除与试点纳税人的关联关系？

答：办税人员因离职、退休等原因需解除税务网络可信身份关联关系时，办税人员可通过线上自行解除或通过办税服务场所申请解除。

（13）试点纳税人如何建立与涉税专业服务机构（人员）关联关系？

答：试点纳税人与涉税专业服务机构（人员）委托代理关系的建立支持以下两种方式：

一是涉税专业服务机构（人员）可通过线上或线下渠道向税务机关提交其与纳税人签订的委托办税协议信息，纳税人在电子税务局确认后，涉税专业服务机构（人员）获得相应办税权限，系统自动记录关联关系。

二是试点纳税人可通过线上或线下渠道向税务机关提交其与涉税专业服务机构（人员）签订的委托办税协议信息，涉税专业服务机构（人员）在电子税务局确认后获得相应办税权限，系统自动记录关联关系。

涉税专业服务机构（人员）以"一人多户"的方式为纳税人代办涉税事宜的，应于办理前向税务机关报送基本信息及委托办税协议信息。

（14）试点纳税人完成注销后，企业授权人、被授权人的身份认证信息及操作权限是否需要在电子发票服务平台中手动撤销？

答：不需要。平台设置自动标记失效状态功能。企业完成注销后，电子发票服务平台自动同步企业状态信息，自动标记企业授权人、被授权人的身份认证信息及操作权限为失效状态。

（15）2022年7月18日注册了一家公司，目前是小规模纳税人，使用纸质发票，能否申请由税务机关为我代开全电发票？

答：不可以。目前，税务机关暂不为纳税人代开全电发票。

（16）如何对蓝字全电发票开具红字发票？

答：受票方未进行用途确认时，由开票方通过电子发票服务平台发起《红字信息确认单》后全额开具红字全电发票，无需受票方确认；

受票方已进行用途确认时，可由购销双方任意一方在电子发票服务平台（当受票方为非试点纳税人时，在增值税发票综合服务平台发起和确认）发起《红字信息确认单》，经对方确认后全额或部分开具红字全电发票。受票方已将发票用于增值税申报抵扣的，应当暂依《确认单》所列增值税税额从当期进项税额中转出，待取得开票方开具的红字发票后，与《确认单》一并作为记账凭证。

（17）试点纳税人取得全面数字化的电子发票后，若开票方发起红字发票开具流程后，受票方是否还可以对该发票进行发票用途确认？

答：全电发票未确认用途及未入账的，开票方发起红冲流程后，对应的全电发票将被锁定，不允许受票方再进行发票用途确认操作。

全电发票未确认用途已入账的，若开票方部分开具红字发票后，允许受票方对该全电发票未冲红的部分进行抵扣勾选；若开票方全额开具红字发票，则不允许继续抵扣勾选。

（18）试点纳税人发起红字发票开具流程后，对方的确认是否有时限要求？

答：有。发起冲红流程后，开票方或受票方需在72小时内进行确认，未在规定时间内确认的，该流程自动作废，需开具红字发票的，应重新发起流程。

（19）试点纳税人通过电子发票服务平台开具发票，在开具红字发票时，能够作废红字发票开具流程吗？

答：具体规则如下：①销方发起无需确认的红字确认单，未开红字发票前，允许销方撤回；②红字确认信息发起方在提交红字确认单后，对方尚未确认前，不允许修改，发起方可撤销红字确认单；③购销双方任意一方发起且对方已确认的红字确认单，发起方不允许撤销红字确认单，确认方可在确认后且未开具红字发票前撤销确认单；④已开具红字发票的红字确认单不允许撤销。⑤发起红字确认单后、开具红字发票前，原蓝字发票被认定异常凭证的，系统自动作废红冲流程。

（20）全面数字化的电子发票的查验渠道有哪些？

答：单位和个人可以通过全国增值税发票查验平台（https://inv-veri.chinatax.gov.cn）查验。

（21）如何登录全国统一的发票查验平台？

答：社会公众通过输入网址（https://inv-veri.chinatax.gov.cn/），进入全国统一的发票查验平台。

（22）全国增值税发票查验平台如何查验全面数字化的电子发票？

答：纳税人可通过全国增值税发票查验平台，对全电发票进行查验。全国增值税查验平台仅支持单张发票查验模式，包括手工查验及扫描查验等方式。

（23）2022年8月28日，甘肃省纳税人接收到带有"增值税专用发票"字样的全电发票及其他符合规定的全电发票等凭证用于申报抵扣增值税进项税额、申请出口退税或代办退税的，应该怎么进行用途确认？

答：仍然通过增值税发票综合服务平台进行用途确认。

（24）纳税人开具或取得全面数字化的电子发票后，如何填写增值税申报表？

答：一般纳税人勾选用于本期抵扣的带有"增值税专用发票"字样的全电发票的份数、金额及税额，填列在《增值税及附加税费申报表附列资料（二）》（本期进项税额明细）第2栏"其中：本期认证相符且本期申报抵扣"或第3栏"前期认证相符且本期申报抵扣"。

一般纳税人已将全电发票用于增值税申报抵扣的，对应的《红字发票信息确认单》所列增值税税额填列在《增值税及附加税费申报表附列资料（二）》（本期进项税额明细）第 20 栏"红字专用发票信息表注明的进项税额"。

（25）我公司是非试点纳税人，今天收到一张全电发票，自行打印后，纸质打印件上没有加盖销售方的发票专用章，是否可以作为税收凭证？

答：可以。全电发票其法律效力、基本用途等与纸质发票一致。纳税人以电子发票的纸质打印件作为税收凭证的，无需要求销售方在纸质打印件上加盖发票专用章，但必须同时保存打印该纸质件的全电发票电子文件。

第三节
宁夏回族自治区全电发票试点制度

一、开展全面数字化的电子发票受票试点

2022年8月18日,《国家税务总局宁夏回族自治区税务局关于开展全面数字化的电子发票受票试点工作的公告》(国家税务总局宁夏回族自治区税务局公告2022年第2号)规定:为落实中办、国办印发的《关于进一步深化税收征管改革的意见》要求,全面推进税收征管数字化升级和智能化改造,降低征纳成本,国家税务总局建设了全国统一的电子发票服务平台,24小时在线免费为纳税人提供全面数字化的电子发票(以下简称'全电'发票)开具、交付、查验等服务,实现发票全领域、全环节、全要素电子化。经国家税务总局同意,宁夏回族自治区税务局决定在宁夏回族自治区开展"全电"发票受票试点工作。

(1)自2022年8月28日起,宁夏回族自治区纳税人仅作为受票方接收由内蒙古自治区、上海市和广东省(不含深圳市,下同)的部分纳税人(以下简称试点纳税人)通过电子发票服务平台开具的发票,包括带有"增值税专用发票"字样的"全电"发票、带有"普通发票"字样的"全电"发票、增值税纸质专用发票(以下简称纸质专票)和增值税纸质普通发票(折叠票,以下简称纸质普票)。

(2)"全电"发票的法律效力、基本用途等与现有纸质发票相同。其中,带有"增值税专用发票"字样的"全电"发票,其法律效力、基本用途等与现有增值税专用发票相同;带有"普通发票"字样的"全电"发票,其法律效力、基本用途等与现有普通发票相同。

(3)"全电"发票由各省、自治区、直辖市和计划单列市税务局监制。"全电"发票无联次,基本内容包括:二维码、发票号码、开票日期、购买方信息、销售方信息、项目名称、规格型号、单位、数量、单价、金额、税率/征收率、税额、合计、价税合计(大写、小写)、备注、开票人。

其中,电子发票服务平台为从事特定行业、发生特殊应税行为及特定应用场景业务(包括:稀土、建筑服务、旅客运输服务、货物运输服务、不动产销售、不动产经营租赁服务、农产品收购、光伏收购、代收车船税、自产农产品销售、差额征税等)的纳税人提供了对应特定业务的"全电"发票样式。

（4）"全电"发票的发票号码为20位，其中：第1～2位代表公历年度后两位，第3～4位代表各省、自治区、直辖市和计划单列市行政区划代码，第5位代表"全电"发票开具渠道等信息，第6～20位代表顺序编码等信息。

（5）通过电子发票服务平台开具的纸质专票和纸质普票，其法律效力、基本用途和基本使用规定与现有纸质专票、纸质普票相同；其发票密码区不再展示发票密文，改为展示电子发票服务平台赋予的20位发票号码及全国增值税发票查验平台网址。

（6）宁夏回族自治区纳税人使用增值税发票综合服务平台接收试点纳税人通过电子发票服务平台开具的发票。此外，也可取得销售方以电子邮件、二维码等方式交付的"全电"发票。

宁夏回族自治区纳税人取得通过电子发票服务平台开具的带有"增值税专用发票"字样的"全电"发票、带有"普通发票"字样的"全电"发票、纸质专票和纸质普票等符合规定的增值税扣税凭证，如需用于申报抵扣增值税进项税额或申请出口退税、代办退税的，应按规定通过增值税发票综合服务平台确认用途。

（7）纳税人取得开票方通过电子发票服务平台开具的发票，发生开票有误、销货退回、服务中止、销售折让等情形，需开票方通过电子发票服务平台开具红字"全电"发票或红字纸质发票，按以下规定执行：

一是受票方未做用途确认及入账确认的，开票方填开《红字发票信息确认单》（以下简称《确认单》）后全额开具红字"全电"发票或红字纸质发票，无需受票方确认。

二是受票方已进行用途确认或入账确认的，由开票方或受票方填开《确认单》，经对方确认后，开票方依据《确认单》开具红字发票。

受票方已将发票用于增值税申报抵扣的，应暂依《确认单》所列增值税税额从当期进项税额中转出，待取得开票方开具的红字发票后，与《确认单》一并作为记账凭证。

（8）单位和个人可以通过全国增值税发票查验平台（https://inv — veri.chinatax.gov.cn）查验"全电"发票信息。

（9）纳税人以"全电"发票报销入账归档的，按照财政和档案部门的相关规定执行。

（10）纳税人应当按照规定依法、诚信、如实使用"全电"发票，不得虚开、虚抵、骗税，并接受税务机关依法检查。税务机关依法加强税收监管和风险防范，严厉打击涉税违法犯罪行为。

二、进一步开展全面数字化的电子发票受票试点

2022年11月4日，《国家税务总局宁夏回族自治区税务局关于进一步开展全面数字化的电子发票受票试点工作的公告》规定：为落实中办、国办印发的《关于进一步深化税收征管改革的意见》要求，继续加大全面数字化的电子发票（以下简称全电发票）推广使用力度。经国家税务总局同意，宁夏回族自治区税务局决定进一步扩大宁夏回族自治区纳税人可接收通过电子发票服务平台开具的发票的开票方范围。

（1）自2022年11月7日起，宁夏回族自治区纳税人可接收四川省试点纳税人通

过电子发票服务平台开具的发票,包括带有"增值税专用发票"字样的全电发票、带有"普通发票"字样的全电发票、增值税纸质专用发票和增值税纸质普通发票(折叠票)。

(2)根据推广进度和试点工作安排,通过电子发票服务平台开具发票的试点地区范围将分批扩至全国,具体扩围时间以开票试点省(区、市)级税务机关公告为准。宁夏回族自治区纳税人可接收新增开票试点省开具的发票。

(3)全电发票试点的其他事项仍按照《国家税务总局宁夏回族自治区税务局关于开展全面数字化的电子发票受票试点工作的公告》(国家税务总局宁夏回族自治区税务局公告2022年第2号)的规定执行。

三、全面数字化的电子发票常见问题解答

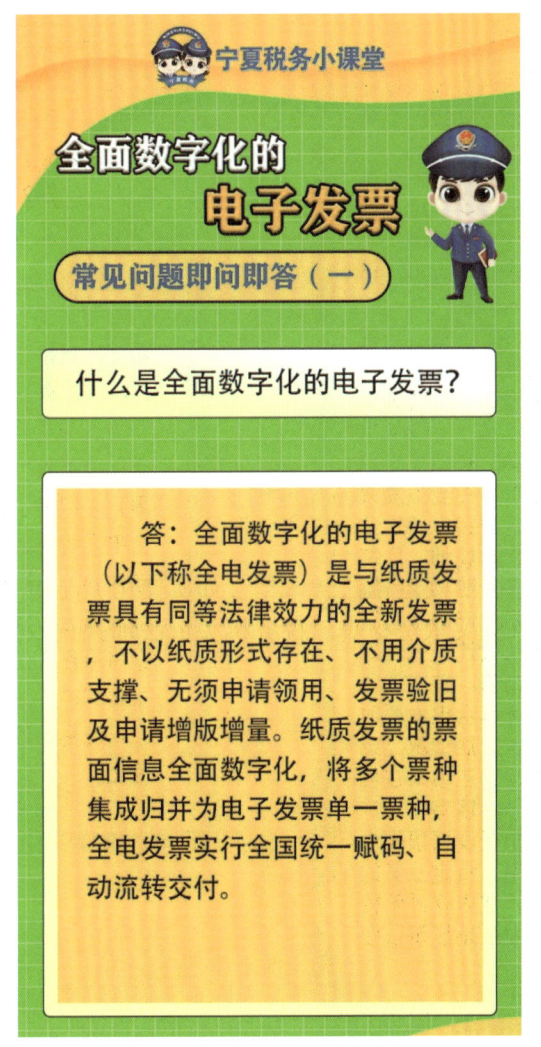

（续）

宁夏税务小课堂

全面数字化的电子发票

常见问题即问即答（二）

全电发票的票面信息包括哪些？

答：全电发票的票面信息包括基本内容和特定内容。

为了符合纳税人开具发票的习惯，全电发票的基本内容在现行增值税发票基础上进行了优化，主要包括：动态二维码、发票号码、开票日期、购买方信息、销售方信息、项目名称、规格型号、单位、数量、单价、金额、税率/征收率、税额、合计、价税合计（大写、小写）、备注、开票人。

为了满足从事特定行业、经营特殊商品服务及特定应用场景业务（以下简称"特定业务"）的纳税人开具发票的个性化需求，税务机关根据现行发票开具的有关规定和特定业务的开票场景，在全电发票中设计了相应的特定内容。特定业务包括但不限于稀土、卷烟、建筑服务、旅客运输服务、货物运输服务、不动产销售、不动产经营租赁、农产品收购、光伏收购、代收车船税、自产农产品销售、差额征税等。试点纳税人在开具全电发票时，可以按照实际业务开展情况，选择特定业务，将按规定应填写在发票备注等栏次的信息，填写在特定内容栏次，进一步规范发票票面内容，便于纳税人使用。特定业务的全电发票票面按特定内容展示相应信息，同时票面左上角展示该业务类型的字样。

宁夏税务小课堂

全面数字化的电子发票

常见问题即问即答（三）

全电发票与现有的发票样式有什么区别？

答：全电发票样式与现有发票样式区别在于：一是全电发票票样将原有发票代码+发票号码变为20位发票号码；取消了校验码、收款人、复核人、销售方（章）；取消了发票密码区。二是全电发票特定业务会影响发票展示内容，不同的特定业务展示的发票票面内容不同。三是全电发票将原备注栏中手工填列、无法采集的内容，设置为固定可采集、可使用的数据项，并展示于票面上。

（续）

全电发票和使用税控设备开具的电子发票主要区别是什么？

答：一是管理方式不同。对于全电发票，纳税人开业后，无需使用税控专用设备，无需办理发票票种核定，无需领用全电发票，系统自动赋予开具额度，并根据纳税人行为，动态调整开具金额总额度，实现开业即可开票。对于使用税控设备开具的电子发票（以下简称"纸电发票"），纳税人开业后，需先申领税控专用设备并进行票种核定，发票数量和票面限额管理同纸质发票一样，纳税人需要依申请才能对发票增版增量，是纸质发票管理模式下的电子化。

二是发票交付手段不同。全电发票开具后，发票数据文件自动发送至开票方和受票方的税务数字账户，便利交付入账，减少人工收发。同时，依托电子发票服务平台税务数字账户，纳税人可对各类发票数据进行自动归集，发票数据使用更高效便捷。而"纸电"发票开具后，需要通过发票版式文件进行交付。即开票方将发票版式文件通过邮件、短信等方式交付给受票方；受票方人工下载后，仍需对发票的版式文件进行归集、整理、入账等操作。

四、全电发票受票辅导指南

第七章 西北地区全电发票试点制度

（续）

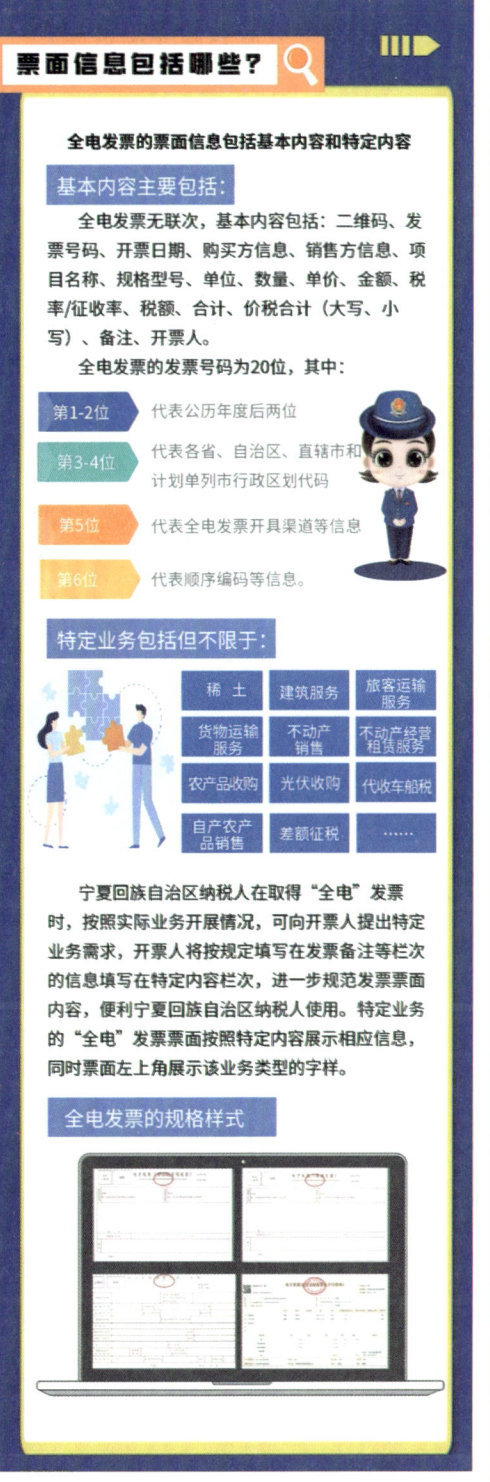

（续）

全电发票具备哪些优点？

（一）用票更便捷

发票数据应用更丰富。便于税务机关进行发票数据的规范化管理，为向纳税人提供税费申报预填服务奠定数据基础。

发票使用满足个性业务需求。"全电"发票破除特定版式要求，增加了XML的数据电文格式便利交付，同时保留PDF、OFD等格式，降低发票使用成本，提升纳税人用票的便利度和获得感。"全电"发票样式根据不同业务进行差异化展示，为纳税人提供更优质的个性化服务。

（二）入账归档一体化

税务机关将制发电子发票数据规范、出台电子发票国家标准，实现"全电"发票全流程数字化流转，进一步推进企业和行政事业单位会计核算、财务管理信息化。

如何接收电子发票服务平台开具的发票

宁夏回族自治区纳税人可以接收试点地区纳税人通过电子发票服务平台开具的带有"增值税专用发票"字样的"全电"发票、带有"普通发票"字样的"全电"发票、增值税纸质专用发票（以下简称"纸质专票"）和增值税纸质普通发票（折叠票，以下简称"纸质普票"）。

宁夏回族自治区纳税人可以通过增值税发票综合服务平台接收通过电子发票服务平台开具的上述发票。此外，也可取得销售方以电子邮件、二维码等方式交付的"全电"发票。

增值税发票综合服务平台

报销入账的相关规定

纳税人以全电发票报销入账归档的，按照财政和档案部门的相关规定执行。

解读：

纳税人取得全电发票报销入账归档的，应按照《财政部 国家档案局关于规范电子会计凭证报销入账归档的通知》（财会〔2020〕6号）和《会计档案管理办法》（财政部、国家档案局令第79号）的相关规定执行。

第七章 西北地区全电发票试点制度

（续）

（续）

需要由开票方开具红字发票的，应如何操作？

（一）受票方未做用途确认及入账确认的，开票方在电子发票服务平台填开《红字发票信息确认单》（以下简称《确认单》）后全额开具红字"全电"发票或红字纸质发票，无需受票方确认。其中，《确认单》需要与对应的蓝字发票信息相符。

例：I公司（通过电子发票服务平台开具发票的纳税人）为J公司（宁夏回族自治区纳税人）提供设计服务。I公司在2022年当月x日已为J公司开具了带有"增值税专用发票"字样的"全电"发票。当月x日因客观原因服务终止，此前J公司未对该发票进行确认用途及发票入账，I公司需全额开具红字"全电"发票。

I公司通过电子发票服务平台填开并上传《确认单》，无需J公司确认，系统自动校验通过后，I公司依据核实无误的确认单信息，全额开具红字"全电"发票。

（二）受票方已进行用途确认或入账确认的，由开票方通过电子发票服务平台或受票方通过增值税发票综合服务平台填开《确认单》，经对方确认后，开票方依据《确认单》开具红字发票。

例：2022年x月，N公司（通过电子发票服务平台开具发票的纳税人）销售一批玩具给P公司（宁夏回族自治区纳税人），已开具带有"增值税专用发票"字样的"全电"发票，P公司已确认用途。2022年次月，发现开票有误。

情形一：N公司财务人员通过电子发票服务平台填开并上传《确认单》，选择原因和对应的蓝字发票信息，录入金额和税额。P公司财务人员在72小时内通过增值税发票综合服务平台完成确认后，N公司财务人员据此开具红字"全电"发票。

情形二：P公司财务人员通过增值税发票综合服务平台填开并上传《确认单》，选择原因和对应的蓝字发票信息，录入金额和税额。N公司财务人员在72小时内通过电子发票服务平台完成确认后，据此开具红字"全电"发票。

（三）试点纳税人通过电子发票服务平台开具的"全电"发票或纸质发票已用于申请出口退税、代办退税的，暂不允许开具红字发票。

法律责任

纳税人应当按照规定**依法、诚信、如实使用全电发票**，不得虚开、虚抵、骗税，并接受税务机关依法检查。税务机关依法加强税收监管和风险防范，严厉打击涉税违法犯罪行为。

第四节
新疆维吾尔自治区全电发票试点制度

一、开展全面数字化的电子发票受票试点

2022年8月19日,《国家税务总局新疆维吾尔自治区税务局关于开展全面数字化的电子发票受票试点工作的公告》(国家税务总局新疆维吾尔自治区税务局公告2022年第4号)提出:为落实中办、国办印发的《关于进一步深化税收征管改革的意见》要求,全面推进税收征管数字化升级和智能化改造,降低征纳成本,国家税务总局建设了全国统一的电子发票服务平台,24小时在线免费为纳税人提供全面数字化的电子发票(以下简称"全电"发票)开具、交付、查验等服务,实现发票全领域、全环节、全要素电子化。经国家税务总局同意,新疆维吾尔自治区税务局决定在新疆维吾尔自治区开展"全电"发票受票试点工作。

(1)自2022年8月28日起,新疆维吾尔自治区纳税人仅作为受票方接收由内蒙古自治区、上海市和广东省(不含深圳市,下同)的部分纳税人(以下简称试点纳税人)通过电子发票服务平台开具的发票,包括带有"增值税专用发票"字样的"全电"发票、带有"普通发票"字样的"全电"发票、增值税纸质专用发票(以下简称纸质专票)和增值税纸质普通发票(折叠票,以下简称纸质普票)。

(2)"全电"发票的法律效力、基本用途等与现有纸质发票相同。其中,带有"增值税专用发票"字样的"全电"发票,其法律效力、基本用途等与现有增值税专用发票相同;带有"普通发票"字样的"全电"发票,其法律效力、基本用途等与现有普通发票相同。

(3)"全电"发票由各省、自治区、直辖市和计划单列市税务局监制。"全电"发票无联次,基本内容包括:二维码、发票号码、开票日期、购买方信息、销售方信息、项目名称、规格型号、单位、数量、单价、金额、税率/征收率、税额、合计、价税合计(大写、小写)、备注、开票人。其中,电子发票服务平台为从事特定行业、发生特殊应税行为及特定应用场景业务(包括:稀土、建筑服务、旅客运输服务、货物运输服务、不动产销售、不动产经营租赁服务、农产品收购、光伏收购、代收车船税、自产农产品销售、差额征税等)的纳税人提供了对应特定业务的"全电"发票样式。

（4）"全电"发票的发票号码为20位，其中：第1～2位代表公历年度后两位，第3～4位代表各省、自治区、直辖市和计划单列市行政区划代码，第5位代表"全电"发票开具渠道等信息，第6～20位代表顺序编码等信息。

（5）通过电子发票服务平台开具的纸质专票和纸质普票，其法律效力、基本用途和基本使用规定与现有纸质专票、纸质普票相同；其发票密码区不再展示发票密文，改为展示电子发票服务平台赋予的20位发票号码及全国增值税发票查验平台网址。

（6）新疆维吾尔自治区纳税人使用增值税发票综合服务平台接收试点纳税人通过电子发票服务平台开具的发票。此外，也可取得销售方以电子邮件、二维码等方式交付的"全电"发票。新疆维吾尔自治区纳税人取得通过电子发票服务平台开具的带有"增值税专用发票"字样的"全电"发票、带有"普通发票"字样的"全电"发票、纸质专票和纸质普票等符合规定的增值税扣税凭证，如需用于申报抵扣增值税进项税额或申请出口退税、代办退税的，应按规定通过增值税发票综合服务平台确认用途。

（7）纳税人取得开票方通过电子发票服务平台开具的发票，发生开票有误、销货退回、服务中止、销售折让等情形，需开票方通过电子发票服务平台开具红字"全电"发票或红字纸质发票，按以下规定执行：

一是受票方未做用途确认及入账确认的，开票方填开《红字发票信息确认单》（以下简称《确认单》）后全额开具红字"全电"发票或红字纸质发票，无需受票方确认。

二是受票方已进行用途确认或入账确认的，由开票方或受票方填开《确认单》，经对方确认后，开票方依据《确认单》开具红字发票。受票方已将发票用于增值税申报抵扣的，应暂依《确认单》所列增值税税额从当期进项税额中转出，待取得开票方开具的红字发票后，与《确认单》一并作为记账凭证。

（8）单位和个人可以通过全国增值税发票查验平台（https：//inv-veri.chinatax.gov.cn）查验"全电"发票信息。

（9）纳税人以"全电"发票报销入账归档的，按照财政和档案部门的相关规定执行。

（10）纳税人应当按照规定依法、诚信、如实使用"全电"发票，不得虚开、虚抵、骗税，并接受税务机关依法检查。税务机关依法加强税收监管和风险防范，严厉打击涉税违法犯罪行为。

二、进一步开展全面数字化的电子发票受票试点

2022年11月4日，《国家税务总局新疆维吾尔自治区税务局关于进一步开展全面数字化的电子发票受票试点工作的公告》（国家税务总局新疆维吾尔自治区税务局公告2022年第5号）提出：为落实中办、国办印发的《关于进一步深化税收征管改革的意见》要求，继续加大全面数字化的电子发票（以下简称全电发票）推广使用力度。经国家税务总局同意，新疆维吾尔自治区税务局决定进一步扩大新疆维吾尔自治区纳税人可接收通过电子发票服务平台开具发票的开票方范围。

（1）自2022年11月7日起，新疆维吾尔自治区纳税人可接收四川省试点纳税人通过电子发票服务平台开具的发票，包括带有"增值税专用发票"字样的全电发票、带有"普通发票"字样的全电发票、增值税纸质专用发票和增值税纸质普通发票（折叠票）。

（2）根据推广进度和试点工作安排，通过电子发票服务平台开具发票的试点地区范围将分批扩至全国，具体扩围时间以开票试点省（区、市）级税务机关公告为准。新疆维吾尔自治区纳税人可接收新增开票试点省开具的发票。

（3）全电发票试点的其他事项仍按照《国家税务总局新疆维吾尔自治区税务局关于开展全面数字化的电子发票受票试点工作的公告》（国家税务总局新疆维吾尔自治区税务局公告2022年第4号）的规定执行。

三、进一步开展全面数字化的电子发票受票试点解读

为落实中办、国办印发的《关于进一步深化税收征管改革的意见》要求，全面推进税收征管数字化升级和智能化改造，为此，国家税务总局新疆维吾尔自治区税务局发布了《国家税务总局新疆维吾尔自治区税务局关于进一步开展全面数字化的电子发票受票试点工作的公告》（以下称《公告》）。

（1）进一步开展全面数字化的电子发票受票试点的背景是什么？

为贯彻落实中办、国办关于稳步实施发票电子化改革的部署安排，前期国家税务总局在内蒙古自治区、上海市、广东省（不含深圳市）3个地区开展了全电发票试点工作，并本着稳妥有序的原则，将受票方范围逐步扩大至全国。为进一步推进全面数字化的电子发票（以下简称全电发票）试点工作，经国家税务总局同意，现将四川省纳入全电发票开票试点地区范围，全国其他省市将根据试点工作安排逐步纳入开票试点范围。

（2）新疆维吾尔自治区纳税人何时可以开始接收其他省市通过电子发票服务平台开具的发票？

根据全电发票推广工作安排，具体扩围时间以开票试点省级税务机关公告为准。新疆维吾尔自治区纳税人可以接收新增开票试点省通过电子发票服务平台开具的发票。

四、全面数字化的电子发票常见问题解答

（1）什么是全面数字化的电子发票？

答：全面数字化的电子发票（全电发票）是与纸质发票具有同等法律效力的全新发票，不以纸质形式存在、不用介质支撑、不需申请领用。纸质发票的票面信息全面数字化，多个票种集成归并为电子发票单一票种，设立税务数字账户，实现全国统一赋码、智能赋予发票开具金额总额度、自动流转交付。

（2）推行全面数字化的电子发票的背景是什么？

答：为贯彻落实中办、国办印发的《关于进一步深化税收征管改革的意见》要求，按照国家税务总局对发票电子化改革（金税四期）的部署，2021年12月1日起，内蒙古自治区、上海市和广东省（不含深圳市，下同）三个地区开展推行全面数字化的电子发票（以下简称全电发票）试点工作。全电发票因具有无需领用、开具便捷、信息集成、节约成本等优点，受到越来越多纳税人的欢迎。国家税务总局将本着稳妥有序的原则，逐步扩大试点地区和纳税人范围。

（3）全电发票与现行发票法律效力、基本用途是否相同？

答：全电发票的法律效力、基本用途等与现行发票相同。其中，带有"增值税专用发票"字样的全电发票，其法律效力、基本用途等与现行增值税专用发票相同；带有"普通发票"字样的全电发票，其法律效力、基本用途等与现行增值税普通发票相同。

（4）全电发票票样与现行发票票样有何区别？

答：相对于现行发票，全电发票票面的基本内容在现行发票基础上进行了优化，将销售方信息栏从发票的左上角调整至右上角，取消了发票密码区、发票代码、校验码、收款人、复核人、销售方（章）。

同时，纳税人开具货物运输服务、建筑服务等特定业务发票的，其票面按照特定内容展示相应信息，票面左上角展示该业务类型的字样，便利纳税人使用。

（5）新疆纳税人如何接收全电发票？

答：新疆纳税人可以使用增值税发票综合服务平台接收全电发票。此外，也可取得销售方以电子邮件、二维码等方式交付的全电发票。

（6）新疆纳税人取得通过电子发票服务平台开具的发票，如何进行查验？

答：纳税人可通过全国增值税发票查验平台，对全电发票进行查验。全国统一的发票查验平台包括网页端和小程序，可通过输入网址（https://inv-veri.chinatax.gov.cn/），进入发票查验平台网页端。全国增值税查验平台仅支持单张发票查验模式，包括手工查验及扫描查验等方式。

（7）新疆纳税人取得通过电子发票服务平台开具的发票，如需用于申报抵扣增值税进项税额或申请出口退税、代办退税的，如何办理？

答：新疆纳税人取得通过电子发票服务平台开具的发票后，如需用于申报抵扣增值税进项税额或申请出口退税、代办退税，继续通过增值税发票综合服务平台使用相关发票功能。纳税人确认用途有误的，可向主管税务机关申请更正。

（8）新疆纳税人取得通过电子发票服务平台开具的发票，发生开票有误、销货退回、服务中止、销售折让等情形，开具红字纸质发票流程有何变化？

答：一是受票方未做用途确认及入账确认的，开票方填开《红字发票信息确认单》（以下简称《确认单》）后全额开具红字全电发票或红字纸质发票，无需受票方确认。原蓝字发票为纸质发票的，开票方应收回原纸质发票并注明"作废"字样或取得受票方有效证明。

二是受票方已进行用途确认或入账确认的，增值税发票综合服务平台为受票方纳税人提供了填开、确认《确认单》的功能，开票方或受票方可以填开《确认单》，经对方确认后，开票方全额或部分开具红字全电发票或红字纸质发票。

受票方已将发票用于增值税申报抵扣的，应暂依《确认单》所列增值税税额从当期进项税额中转出，待取得开票方开具的红字发票后，与《确认单》一并作为记账凭证。

（9）纳税人取得全电发票报销入账归档的，需要注意哪些事项？

答：纳税人取得全电发票报销入账归档的，应按照《财政部 国家档案局关于规范电子会计凭证报销入账归档的通知》（财会〔2020〕6号）和《会计档案管理办法》（财政部、国家档案局令第79号）的相关规定执行。

（10）纳税人可以通过哪些渠道了解全电发票有关事项？

答：纳税人可以通过新疆电子税务局、办税服务厅、12366纳税服务热线、税务门户网站、官方微信等渠道了解全电发票的有关事项。

（11）试点纳税人如何建立、变更、解除与办税人员的关联关系？

答：试点纳税人可通过电子税务局或办税服务厅建立、变更、解除与办税人员的关联关系。

试点纳税人通过电子税务局新增办税人员或对已有办税人员进行变更的，应对办税人员进行岗位权限授权或调整。系统将自动通过电子税务局及移动端向该办税人员推送待确认的授权信息。办税人员在完成个人身份信息采集核验，以及对推送的授权信息进行确认后，关联关系即建立，系统自动记录关联关系。纳税人通过电子税务局解除办税人员关联关系的，无需办税人员确认。

试点纳税人在办税服务厅申请新增或变更办税人员信息时，税务机关在核心征管系统完成办税人员信息录入或变更，通过实名办税系统验证办税人员实名信息后，由办税人员登录电子税务局确认相关信息。信息确认后，系统自动记录关联关系。纳税人在办税服务厅解除办税人员关联关系的，无需办税人员确认。

涉税专业服务机构建立、变更、解除本机构办税人员关联关系的，适用以上方式。

第五节
青海省全电发票试点制度

一、开展全面数字化的电子发票受票试点

2022年8月19日,《国家税务总局青海省税务局关于开展全面数字化的电子发票受票试点工作的公告》(国家税务总局青海省税务局公告2022年第4号)规定,为落实中办、国办印发的《关于进一步深化税收征管改革的意见》要求,全面推进税收征管数字化升级和智能化改造,降低征纳成本,国家税务总局建设了全国统一的电子发票服务平台,24小时在线免费为纳税人提供全面数字化的电子发票(以下简称全电发票)开具、交付、查验等服务,实现发票全领域、全环节、全要素电子化。经国家税务总局同意,青海省税务局决定在青海省开展全电发票受票试点工作。

(1)自2022年8月28日起,青海省纳税人仅作为受票方接收由内蒙古自治区、上海市和广东省(不含深圳市,下同)的部分纳税人(以下简称试点纳税人)通过电子发票服务平台开具的发票,包括带有"增值税专用发票"字样的全电发票、带有"普通发票"字样的全电发票、增值税纸质专用发票(以下简称纸质专票)和增值税纸质普通发票(折叠票,以下简称纸质普票)。

(2)全电发票的法律效力、基本用途等与现有纸质发票相同。其中,带有"增值税专用发票"字样的全电发票,其法律效力、基本用途等与现有增值税专用发票相同;带有"普通发票"字样的全电发票,其法律效力、基本用途等与现有普通发票相同。

(3)全电发票由各省、自治区、直辖市和计划单列市税务局监制。全电发票无联次,基本内容包括:二维码、发票号码、开票日期、购买方信息、销售方信息、项目名称、规格型号、单位、数量、单价、金额、税率/征收率、税额、合计、价税合计(大写、小写)、备注、开票人。

其中,电子发票服务平台为从事特定行业、发生特殊应税行为及特定应用场景业务(包括:稀土、建筑服务、旅客运输服务、货物运输服务、不动产销售、不动产经营租赁服务、农产品收购、光伏收购、代收车船税、自产农产品销售、差额征税等)的纳税人提供了对应特定业务的全电发票样式。

(4)全电发票的发票号码为20位,其中:第1~2位代表公历年度后两位,第3~4位代表各省、自治区、直辖市和计划单列市行政区划代码,第5位代表全电发票

开具渠道等信息，第 6～20 位代表顺序编码等信息。

（5）通过电子发票服务平台开具的纸质专票和纸质普票，其法律效力、基本用途和基本使用规定与现有纸质专票、纸质普票相同；其发票密码区不再展示发票密文，改为展示电子发票服务平台赋予的 20 位发票号码及全国增值税发票查验平台网址。

（6）青海省纳税人使用增值税发票综合服务平台接收试点纳税人通过电子发票服务平台开具的发票。此外，也可取得销售方以电子邮件、二维码等方式交付的全电发票。

青海省纳税人取得通过电子发票服务平台开具的带有"增值税专用发票"字样的全电发票、带有"普通发票"字样的全电发票、纸质专票和纸质普票等符合规定的增值税扣税凭证，如需用于申报抵扣增值税进项税额或申请出口退税、代办退税的，应按规定通过增值税发票综合服务平台确认用途。

（7）纳税人取得开票方通过电子发票服务平台开具的发票，发生开票有误、销货退回、服务中止、销售折让等情形，需开票方通过电子发票服务平台开具红字全电发票或红字纸质发票，按以下规定执行：

一是受票方未做用途确认及入账确认的，开票方填开《红字发票信息确认单》（以下简称《确认单》）后全额开具红字全电发票或红字纸质发票，无需受票方确认。

二是受票方已进行用途确认或入账确认的，由开票方或受票方填开《确认单》，经对方确认后，开票方依据《确认单》开具红字发票。

受票方已将发票用于增值税申报抵扣的，应暂依《确认单》所列增值税税额从当期进项税额中转出，待取得开票方开具的红字发票后，与《确认单》一并作为记账凭证。

（8）单位和个人可以通过全国增值税发票查验平台（https://inv-veri.chinatax.gov.cn）查验全电发票信息。

（9）纳税人以全电发票报销入账归档的，按照财政和档案部门的相关规定执行。

（10）纳税人应当按照规定依法、诚信、如实使用全电发票，不得虚开、虚抵、骗税，并接受税务机关依法检查。税务机关依法加强税收监管和风险防范，严厉打击涉税违法犯罪行为。

二、进一步开展全面数字化的电子发票受票试点

2022 年 11 月 2 日，《国家税务总局青海省税务局关于进一步开展全面数字化的电子发票受票试点工作的公告》（国家税务总局青海省税务局公告 2022 年第 6 号）规定，为落实中办、国办印发的《关于进一步深化税收征管改革的意见》要求，继续加大全面数字化的电子发票（以下简称全电发票）推广使用力度。经国家税务总局同意，青海省税务局决定进一步扩大青海省纳税人可接收通过电子发票服务平台开具的发票的开票方范围。

（1）自 2022 年 11 月 7 日起，青海省纳税人可接收四川省试点纳税人通过电子发票服务平台开具的发票，包括带有"增值税专用发票"字样的全电发票、带有"普通发票"字样的全电发票、增值税纸质专用发票和增值税纸质普通发票（折叠票）。

（2）根据推广进度和试点工作安排，通过电子发票服务平台开具发票的试点地区范围将分批扩至全国，具体扩围时间以开票试点省（区、市）级税务机关公告为准。

青海省纳税人可接收新增开票试点省开具的发票。

（3）全电发票试点的其他事项仍按照《国家税务总局青海省税务局关于开展全面数字化的电子发票受票试点工作的公告》（国家税务总局青海省税务局公告2022年第4号）规定执行。

三、全电发票受票辅导指引

为落实中办、国办印发的《关于进一步深化税收征管改革的意见》要求，全面推进税收征管数字化升级和智能化改造，降低征纳成本，国家税务总局建设了全国统一的电子发票服务平台，24小时在线免费为纳税人提供全面数字化的电子发票（以下简称"全电发票"）开具、交付、查验等服务，实现发票全领域、全环节、全要素电子化。经国家税务总局同意，决定在青海省开展全电发票受票试点工作。

全电发票概念

全电发票无需申领专用税控设备和进行票种核定、信息系统自动赋予开具额度，并根据纳税人行为动态调整发票额度，按照全新管理流程，实现开业即可开票。全电发票开具后，发票数据文件自动发送至开票方和受票方的税务数字账户，便利交付入账，减少人工收发。同时，依托税务数字账户，纳税人可对全量发票数据进行自动归集，发票数据使用更高效便捷。

全电发票的法律效力、基本用途等与现有纸质发票相同。

带有"增值税专用发票"字样的全电发票，其法律效力、基本用途等与现有增值税专用发票相同。

带有"普通发票"字样的全电发票，其法律效力、基本用途等与现有普通发票相同。

● 推行全电发票的意义

使用全电发票无需领用UKEY、无需做票种核定、无需领用发票，在通过可信身份体系认证的情况下可以实现不受地域、平台、时间限制即时开票，提升开票便捷度；电子发票以要素化数据电文承载交易信息，具备条件的纳税人可以电子化入账，有利于会计核算的全程无纸化，大幅降低纳税人用票成本。同时，推行全电发票节约大量纸质发票印制成本，减少了票种核定、票量审批等人工干预环节，大幅提升了发票管理效率。

● 全电发票的基本特征

去介质

纳税人不再需要预先领取专用税控设备，通过网络可信身份等新技术手段，摆脱专用算法和特定硬件束缚，实现"认人不认盘"。

去版式

全电发票可选择以数据电文XML形式交付，破除PDF、OFD等特定版式要求，票样根据不同业务进行差异化展示，降低发票使用成本，为纳税人提供更优质的个性化服务。

标签化

通过标签实现了对电子发票功能、状态、用途的具体分类。标签的好处在于：一是改变当前发票票种的繁杂状况；二是实时归集发票流转状态。

第七章 西北地区全电发票试点制度

（续）

要素化

发票要素是发票记载的具体内容，是构成电子发票信息的基本数据项。全电发票涵盖基本要素、特定要素、附加要素3个要素，采用人工填写、自动预填、自动录入、选择填写。

授信制

依托动态"信用+风险"的体系，结合纳税人生产经营、开票和申报行为，自动为纳税人赋予可开具发票总金额的信用额度并动态调整，实现"以系统授信为主，人工调整为辅"的授信制管理。

赋码制
通过信息系统在发票开具时自动赋予每张发票唯一编码的赋码机制。

受票试点范围
自2022年8月28日起，青海省纳税人仅作为受票方接收由内蒙古自治区、上海市和广东省（不含深圳市，下同）的部分纳税人（以下简称"试点纳税人"）通过电子发票服务平台开具的发票。

带有"增值税专用发票"字样的全电发票	带有"普通发票"字样的全电发票	增值税纸质专用发票	增值税纸质普通发票
☑	☑	☑	☑

全电发票票面信息

基本内容

二维码　发票号码　开票日期　购买方信息

销售方信息　项目名称　规格型号　单位

数量　单价　金额　税率/征收率

税额　合计　价税合计

备注　开票人

全电发票的发票号码为20位

第1-2位 ➡ 代表公历年度后两位

第3-4位 ➡ 代表各省、自治区、直辖市和计划单列市行政区划代码

第5位 ➡ 代表全电发票开具渠道等信息

第6-20位 ➡ 代表顺序编码等信息

特定业务
包括但不限于：稀土、建筑服务、旅客运输服务、货物运输服务、不动产销售、不动产经营租赁服务、农产品收购、光伏收购、代收车船税、自产农产品销售、差额征税等。

第八章

东北地区全电发票试点制度

第一节
辽宁省全电发票试点制度

一、开展全面数字化的电子发票受票试点

2023年4月25日,《国家税务总局辽宁省税务局关于开展全面数字化的电子发票受票试点工作的公告》(国家税务总局辽宁省税务局公告2022年第2号)规定,为落实中办、国办印发的《关于进一步深化税收征管改革的意见》要求,加大推广使用全面数字化的电子发票(以下简称数电票)力度,经国家税务总局同意,辽宁省税务局决定在辽宁省(不含大连,下同)开展数电票试点工作。现将有关事项公告如下:

(1)自2023年4月27日起,在辽宁省的部分纳税人中开展数电票试点,使用电子发票服务平台的纳税人为试点纳税人,具体范围由国家税务总局辽宁省税务局确定。

辽宁省纳税人通过电子发票服务平台开具发票的受票方范围为全国,并作为受票方接收全国其他数电票试点省(区、市)纳税人开具的数电票,具体以各试点省(区、市)税务机关公告为准。

按照有关规定不使用网络办税或不具备网络条件的纳税人暂不纳入试点范围。此

外,存在以下情形之一的纳税人暂不纳入试点:①存在严重涉税违法失信行为;②存在国家税务总局规定的增值税发票风险;③经税收大数据分析发现重大涉税风险。

电子发票服务平台通过以下地址登录:https://etax.liaoning.chinatax.gov.cn/。

(2)数电票的法律效力、基本用途等与现有纸质发票相同。其中,带有"增值税专用发票"字样的数电票,其法律效力、基本用途与现有增值税专用发票相同;带有"普通发票"字样的数电票,其法律效力、基本用途与现有普通发票相同。

(3)辽宁省数电票由国家税务总局辽宁省税务局监制。数电票无联次,基本内容包括:发票号码、开票日期、购买方信息、销售方信息、项目名称、规格型号、单位、数量、单价、金额、税率/征收率、税额、合计、价税合计(大写、小写)、备注、开票人等。

其中,试点纳税人从事特定行业、发生特定应税行为及特定应用场景业务(包括:稀土、建筑服务、旅客运输服务、货物运输服务、不动产销售、不动产经营租赁服务、农产品收购、光伏收购、代收车船税、自产农产品销售、差额征税、成品油、民航、铁路等)的,电子发票服务平台提供了上述对应特定业务的数电票样式,试点纳税人应按照发票开具有关规定使用特定业务数电票。数电票样式参见图2-30至图2-44。

(4)辽宁省数电票的发票号码为20位,其中:第1~2位代表公历年度后两位,第3~4位代表辽宁省行政区划代码,第5位代表数电票开具渠道等信息,第6~20位代表顺序编码等信息。

(5)电子发票服务平台支持开具增值税纸质专用发票(以下简称纸质专票)和增值税纸质普通发票(折叠票,以下简称纸质普票)。

通过电子发票服务平台开具的纸质专票和纸质普票,其法律效力、基本用途与现有纸质专票、纸质普票相同。其中,发票密码区不再展示发票密文,改为展示电子发票服务平台赋予的20位发票号码及全国增值税发票查验平台网址。

(6)试点纳税人通过实名认证后,无需使用税控专用设备即可通过电子发票服务平台开具发票,无需进行发票验旧操作。其中,数电票无需进行发票票种核定和发票领用。

(7)税务机关对试点纳税人开票实行开具金额总额度管理。开具金额总额度,是指一个自然月内,试点纳税人发票开具总金额(不含增值税)的上限额度。

第一,试点纳税人通过电子发票服务平台开具的数电票、纸质专票和纸质普票以及通过增值税发票管理系统开具的纸质专票、纸质普票、增值税普通发票(卷票)、增值税电子专用发票(以下简称电子专票)和增值税电子普通发票,共用同一个开具金额总额度。

第二,税务机关依据试点纳税人的税收风险程度、纳税信用级别、实际经营情况等因素,确定初始开具金额总额度,并进行定期调整、临时调整或人工调整。

定期调整是指电子发票服务平台每月自动对试点纳税人开具金额总额度进行调整。

临时调整是指税收风险程度较低的试点纳税人当月开具发票金额首次达到开具金额总额度一定比例时,电子发票服务平台自动为其临时增加一次开具金额总额度。

人工调整是指试点纳税人因实际经营情况发生变化申请调整开具金额总额度，主管税务机关依法依规审核未发现异常的，为纳税人调整开具金额总额度。

第三，试点纳税人在增值税申报期内，完成增值税申报前，在电子发票服务平台中可以在上月剩余可用额度且不超过当月开具金额总额度的范围内开具发票。试点纳税人按规定完成增值税申报且比对通过后，在电子发票服务平台中可以按照当月剩余可用额度开具发票。

（8）电子发票服务平台税务数字账户自动归集发票数据，供试点纳税人进行发票的查询、查验、下载、打印和用途确认，并提供税收政策查询、开具金额总额度调整申请、发票风险提示等功能。

（9）试点纳税人通过电子发票服务平台税务数字账户自动交付数电票，也可通过电子邮件、二维码等方式自行交付数电票。

（10）自2023年4月27日起，试点纳税人可通过电子发票服务平台税务数字账户使用发票用途确认、风险提示、信息下载等功能，不再通过增值税发票综合服务平台使用上述功能。

试点纳税人取得带有"增值税专用发票"字样的数电票、带有"普通发票"字样的数电票、纸质专票和纸质普票等符合规定的增值税扣税凭证，如需用于申报抵扣增值税进项税额或申请出口退税、代办退税的，应当通过电子发票服务平台税务数字账户确认用途。非试点纳税人继续通过增值税发票综合服务平台使用相关增值税扣税凭证功能。纳税人确认用途有误的，可向主管税务机关申请更正。

（11）试点纳税人可以通过电子发票服务平台税务数字账户对符合规定的农产品增值税扣税凭证进行用途确认，计算用于抵扣的进项税额。其中，试点纳税人购进用于生产或者委托加工13%税率货物的农产品，可以由主管税务机关开通加计扣除农产品进项税额确认功能，在生产领用当期计算加计扣除农产品进项税额。

（12）试点纳税人可通过电子发票服务平台税务数字账户标记发票入账标识。纳税人以数电票报销入账归档的，按照财政和档案部门的相关规定执行。

（13）试点纳税人发生开票有误、销货退回、服务中止、销售折让等情形，需要通过电子发票服务平台开具红字数电票或红字纸质发票的，按以下规定执行：

一是受票方未做用途确认及入账确认的，开票方填开《红字发票信息确认单》（以下简称《确认单》，见表2-1）后全额开具红字数电票或红字纸质发票，无需受票方确认。

二是受票方已进行用途确认或入账确认的，开票方或受票方可以填开《确认单》，经对方确认后，开票方依据《确认单》开具红字发票。

受票方已将发票用于增值税申报抵扣的，应当暂依《确认单》所列增值税税额从当期进项税额中转出，待取得开票方开具的红字发票后，与《确认单》一并作为记账凭证。

（14）纳税人发生《国家税务总局关于红字增值税发票开具有关问题的公告》（国家税务总局公告2016年第47号）第一条以及《国家税务总局关于在新办纳税人中实行增值税专用发票电子化有关事项的公告》（国家税务总局公告2020年第22号）第

七条规定情形的，购买方为试点纳税人时，购买方可通过电子发票服务平台填开并上传《开具红字增值税专用发票信息表》（以下简称《信息表》）。

（15）单位和个人可以通过全国增值税发票查验平台（https://inv-veri.chinatax.gov.cn）查验数电票信息。同时，试点纳税人还可以通过电子发票服务平台查验数电票信息。

（16）电子发票服务平台暂不支持开具机动车（含二手车）、通行费等特定业务数电票，开具上述发票功能的上线时间另行公告。

相关发票功能上线前，纳税人可以通过增值税发票管理系统开具电子专票、增值税电子普通发票（含收费公路通行费增值税电子普通发票）、增值税普通发票（卷票）和二手车销售统一发票以及通过增值税发票管理系统开票软件中机动车发票开具模块开具增值税专用发票和机动车销售统一发票（包括纸质发票、电子发票）。

（17）纳税人应当依法依规、诚信如实使用数电票，并接受税务机关依法检查。税务机关依法加强税收监管和风险防范，严厉打击虚开、虚抵、偷逃骗税等涉税违法犯罪行为。

二、开展全面数字化的电子发票受票试点问答

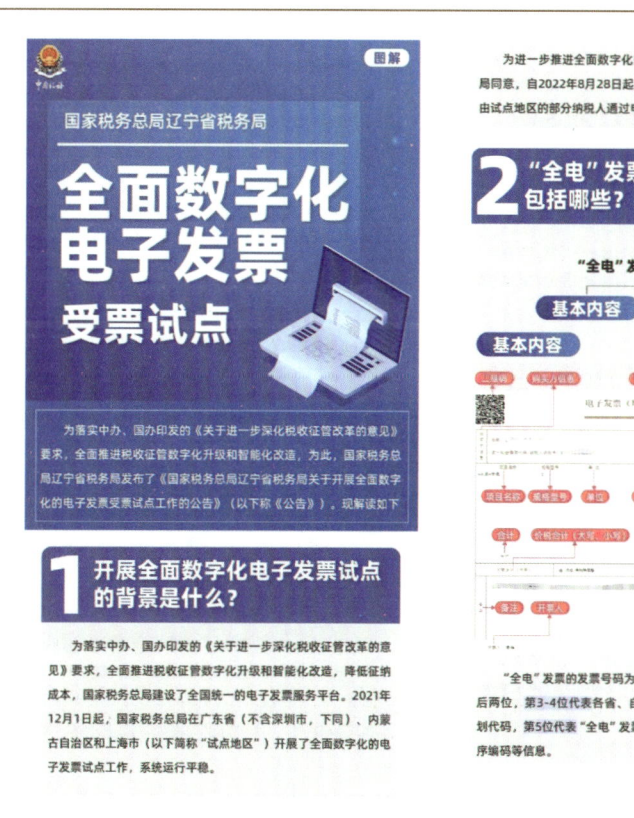

（续）

特定内容

为了满足从事特定行业、发生特殊应税行为及特定应用场景业务（以下简称"特定业务"）的纳税人开具发票的个性化需求，税务机关根据现行发票开具的有关规定和特定业务的场景，在"全电"发票中设计了相应的特定内容。

特定业务包括但不限于：

稀土　建筑服务　旅客运输服务　货物运输服务　不动产销售
不动产经营租赁服务　农产品收购　光伏收购　代收车船税
自产农产品销售　差额征税

辽宁省纳税人在取得"全电"发票时，按照实际业务开展情况，可向开票人提出特定业务需求，开票人将按规定填写在发票备注等栏次的信息填写在特定内容栏次，进一步规范发票票面内容，便利辽宁省纳税人使用。特定业务的"全电"发票票面按照特定内容展示相应信息，同时票面左上角展示该业务类型的字样。

3 使用"全电"发票具备哪些优点？

（一）用票更便捷

发票数据应用更丰富。便于税务机关进行发票数据的规范化管理，为向纳税人提供税费申报预填服务奠定数据基础。

发票使用满足个性业务需求。"全电"发票破除特定版式要求，增加了XML的数据电文格式便利交付，同时保留PDF、OFD等格式，降低发票使用成本，提升纳税人用票的便利度和获得感。"全电"发票样式根据不同业务进行差异化展示，为纳税人提供更优质的个性化服务。

（二）入账归档一体化

税务机关将制发电子发票数据规范、出台电子发票国家标准，实现"全电"发票全流程数字化流转，进一步推进企业和行政事业单位会计核算、财务管理信息化。

4 辽宁省纳税人如何接收通过电子发票服务平台开具的发票？包含哪些类型的发票？

辽宁省纳税人可以接收试点地区纳税人通过电子发票服务平台开具的带有"增值税专用发票"字样的"全电"发票、带有"普通发票"字样的"全电"发票、增值税纸质专用发票（以下简称"纸质专票"）和增值税纸质普通发票（折叠票，以下简称"纸质普票"）。

辽宁省纳税人可以通过增值税发票综合服务平台接收通过电子发票服务平台开具的上述发票。此外，也可取得销售方以电子邮件、二维码等方式交付的"全电"发票。

5 辽宁省纳税人接收到通过电子发票服务平台开具的纸质专票和纸质普票与增值税发票管理系统开具的纸质专票和纸质普票的区别

辽宁省纳税人接收到通过电子发票服务平台开具的纸质专票和纸质普票，其法律效力、基本用途和基本使用规定与现有纸质专票、纸质普票相同。

电子发票服务平台开具的纸质专票、纸质普票与现行纸质专票、纸质普票相比，区别在于电子发票服务平台开具纸质专票、纸质普票后，纸质专票、纸质普票密码区不再显示密文，密码区将展示电子发票服务平台赋予的20位发票号码以及全国增值税发票查验平台网址。

6 辽宁省纳税人接收到通过电子发票服务平台开具的发票，发生销售退回、开票有误、销售折让等情形，需要由开票方开具红字发票的，应如何操作？

（一）受票方未做用途确认及入账确认的，开票方在电子发票服务平台填开《红字发票信息确认单》（以下简称《确认单》，见附件2）后全额开具红字"全电"发票或红字纸质发票，无需受票方确认。其中，《确认单》需要与对应的蓝字发票信息相符。

例1：2022年9月，A公司（通过电子发票服务平台开具发票的纳税人）为B公司（辽宁省纳税人）提供设计服务。A公司在2022年9月x日已为B公司开具了带有"增值税专用发票"字样的"全电"发票。9月x日因客观原因终止，此前B公司未对该发票进行确认用途及发票入账，A公司需全额开具红字"全电"发票。

A公司通过电子发票服务平台填并上传《确认单》，无需B公司确认，系统自动校验通过后，A公司依据核实无误的确认单信息，全额开具红字"全电"发票。

（二）受票方已进行用途确认或入账确认的，由开票方通过电子发票服务平台或受票方通过增值税发票综合服务平台填开《确认单》，经对方确认后，开票方依据《确认单》开具红字发票。

受票方已将费用于增值税申报抵扣的，应暂依《确认单》所列增值税税额从当期进项税额中转出，待取得开票方开具的红字发票后，与《确认单》一并作为记账凭证。

例2：2022年9月，N公司（通过电子发票服务平台开具发票的纳税人）销售一批玩具给P公司（辽宁省纳税人），已开具带有"增值税专用发票"字样的"全电"发票，P公司已确认用途。2022年10月，发现开票有误。

情形一：N公司财务人员通过电子发票服务平台填开并上传《确认单》，选择原因和对应的蓝字发票信息，录入金额和税额。P公司财务人员在72小时内通过增值税发票综合服务平台完成确认后，N公司财务人员据此开具红字"全电"发票。

（续）

情形二：P公司财务人员通过增值税发票综合服务平台填开并上传《确认单》，选择原因和对应的蓝字发票信息，录入金额和税额。N公司财务人员在72小时内通过电子发票服务平台完成确认后，据此开具红字"全电"发票。

（三）试点纳税人通过电子发票服务平台开具的"全电"发票或纸质发票已用于申请出口退税、代办退税的，暂不允许开具红字发票。

7 辽宁省纳税人取得哪些类型的发票可进行用途确认？通过什么渠道进行确认？

辽宁省纳税人继续登录增值税发票综合服务平台使用相关增值税扣税凭证功能，取得通过电子发票服务平台开具带有"增值税专用发票"字样的"全电"发票、带有"普通发票"字样的"全电"发票、纸质专票和纸质普票等增值税扣税凭证，如需用于申报抵扣增值税进项税额或申请出口退税、代办退税的，应按规定通过增值税发票综合服务平台确认用途。

8 辽宁省纳税人通过什么渠道可以进行"全电"发票信息的查验？

辽宁省纳税人可以通过全国增值税发票查验平台
https://inv-veri.chinatax.gov.cn
对"全电"发票的信息进行查验。

9 辽宁省纳税人取得"全电"发票报销入账归档的，需要注意哪些事项？

纳税人取得"全电"发票报销入账归档的，应按照《财政部 国家档案局关于规范电子会计凭证报销入账归档的通知》（财会〔2020〕6号，以下称《通知》）和《会计档案管理办法》（财政部、国家档案局令第79号）的相关规定执行。

第二节
吉林省全电发票试点制度

一、开展全面数字化的电子发票受票试点

2023年3月20日,《国家税务总局吉林省税务局关于开展全面数字化的电子发票试点工作的公告》(国家税务总局吉林省税务局公告2023年第1号)规定,为落实中办、国办印发的《关于进一步深化税收征管改革的意见》要求,加大推广使用全面数字化的电子发票(以下简称数电票)力度,吉林省税务局经国家税务总局同意,吉林省税务局决定在吉林省开展数电票试点工作。有关事项如下:

(1)自2023年3月22日起,在吉林省的部分纳税人中开展数电票试点,使用电子发票服务平台的纳税人为试点纳税人,具体范围由国家税务总局吉林省税务局确定。

吉林省纳税人通过电子发票服务平台开具发票的受票方范围为全国。也可作为受票方接收由广东省、上海市、内蒙古自治区、四川省、厦门市、天津市、青岛市、重庆市、大连市、陕西省等地区的试点纳税人通过电子发票服务平台开具的发票。根据推广进度和试点工作安排,通过电子发票服务平台开具发票的试点地区范围将分批扩至全国,具体扩围时间以开票试点省(区、市)级税务机关公告为准。吉林省纳税人可接收新增开票试点省开具的发票。

按照有关规定,不使用网络办税或不具备网络条件的纳税人暂不纳入试点范围。此外,存在以下情形之一的纳税人暂不纳入试点:①存在严重涉税违法失信行为;②存在国家税务总局规定的增值税发票风险;③经税收大数据分析发现重大涉税风险。

电子发票服务平台通过以下地址登录:https://etax.jilin.chinatax.gov.cn:10812/。

(2)数电票的法律效力、基本用途等与现有纸质发票相同。

其中,带有"增值税专用发票"字样的数电票,其法律效力、基本用途与现有增值税专用发票相同;带有"普通发票"字样的数电票,其法律效力、基本用途与现有普通发票相同。

(3)吉林省数电票由国家税务总局吉林省税务局监制。数电票无联次,基本内容包括:发票号码、开票日期、购买方信息、销售方信息、项目名称、规格型号、单位、数量、单价、金额、税率/征收率、税额、合计、价税合计(大写、小写)、备注、开票人等。

其中，试点纳税人从事特定行业、发生特定应税行为及特定应用场景业务（包括：稀土、建筑服务、旅客运输服务、货物运输服务、不动产销售、不动产经营租赁服务、农产品收购、光伏收购、代收车船税、自产农产品销售、差额征税、民航、铁路等）的，电子发票服务平台提供了上述对应特定业务的数电票样式，试点纳税人应按照发票开具有关规定使用特定业务数电票。数电票样式参见图2-33至图2-43。

（4）吉林省数电票的发票号码为20位，其中：第1～2位代表公历年度后两位，第3～4位代表吉林省行政区划代码，第5位代表数电票开具渠道等信息，第6～20位代表顺序编码等信息。

（5）电子发票服务平台支持开具增值税纸质专用发票（以下简称纸质专票）和增值税纸质普通发票（折叠票，以下简称纸质普票）。

通过电子发票服务平台开具的纸质专票和纸质普票，其法律效力、基本用途与现有纸质专票、纸质普票相同。其中，发票密码区不再展示发票密文，改为展示电子发票服务平台赋予的20位发票号码及全国增值税发票查验平台网址。

（6）试点纳税人通过实名认证后，无需使用税控专用设备即可通过电子发票服务平台开具发票，无需进行发票验旧操作。其中，数电票无需进行发票票种核定和发票领用。

（7）税务机关对试点纳税人开票实行开具金额总额度管理。

开具金额总额度，是指一个自然月内，试点纳税人发票开具总金额（不含增值税）的上限额度。

第一，试点纳税人通过电子发票服务平台开具的数电票、纸质专票和纸质普票以及通过增值税发票管理系统开具的纸质专票、纸质普票、增值税普通发票（卷票）、增值税电子专用发票（以下简称电子专票）和增值税电子普通发票，共用同一个开具金额总额度。

第二，税务机关依据试点纳税人的税收风险程度、纳税信用级别、实际经营情况等因素，确定初始开具金额总额度，并进行定期调整、临时调整或人工调整。

定期调整是指电子发票服务平台每月自动对试点纳税人开具金额总额度进行调整。

临时调整是指税收风险程度较低的试点纳税人当月开具发票金额首次达到开具金额总额度一定比例时，电子发票服务平台自动为其临时增加一次开具金额总额度。

人工调整是指试点纳税人因实际经营情况发生变化申请调整开具金额总额度，主管税务机关依法依规审核未发现异常的，为纳税人调整开具金额总额度。

第三，试点纳税人在增值税申报期内，完成增值税申报前，在电子发票服务平台中可以在上月剩余可用额度且不超过当月开具金额总额度的范围内开具发票。试点纳税人按规定完成增值税申报且比对通过后，在电子发票服务平台中可以按照当月剩余可用额度开具发票。

（8）电子发票服务平台税务数字账户自动归集发票数据，供试点纳税人进行发票的查询、查验、下载、打印和用途确认，并提供税收政策查询、开具金额总额度调整申请、发票风险提示等功能。

（9）试点纳税人可以通过电子发票服务平台税务数字账户自动交付数电票，也可

通过电子邮件、二维码等方式自行交付数电票。

（10）自2023年3月22日起，试点纳税人可通过电子发票服务平台税务数字账户使用发票用途确认、风险提示、信息下载等功能，不再通过增值税发票综合服务平台使用上述功能。

试点纳税人取得带有"增值税专用发票"字样的数电票、带有"普通发票"字样的数电票、纸质专票和纸质普票等符合规定的增值税扣税凭证，如需用于申报抵扣增值税进项税额或申请出口退税、代办退税的，应当通过电子发票服务平台税务数字账户确认用途。非试点纳税人继续通过增值税发票综合服务平台使用相关增值税扣税凭证功能。纳税人确认用途有误的，可向主管税务机关申请更正。

（11）试点纳税人可以通过电子发票服务平台税务数字账户对符合规定的农产品增值税扣税凭证进行用途确认，计算用于抵扣的进项税额。其中，试点纳税人购进用于生产或者委托加工13%税率货物的农产品，可以由主管税务机关开通加计扣除农产品进项税额确认功能，在生产领用当期计算加计扣除农产品进项税额。

（12）试点纳税人可通过电子发票服务平台税务数字账户标记发票入账标识。纳税人以数电票报销入账归档的，按照财政和档案部门的相关规定执行。

（13）试点纳税人发生开票有误、销货退回、服务中止、销售折让等情形，需要通过电子发票服务平台开具红字数电票或红字纸质发票的，按以下规定执行：

一是受票方未做用途确认及入账确认的，开票方填开《红字发票信息确认单》（以下简称《确认单》，见本公告附件2）后全额开具红字数电票或红字纸质发票，无需受票方确认。

二是受票方已进行用途确认或入账确认的，开票方或受票方可以填开《确认单》，经对方确认后，开票方依据《确认单》开具红字发票。

受票方已将发票用于增值税申报抵扣的，应当暂依《确认单》所列增值税税额从当期进项税额中转出，待取得开票方开具的红字发票后，与《确认单》一并作为记账凭证。

（14）纳税人发生《国家税务总局关于红字增值税发票开具有关问题的公告》（国家税务总局公告2016年第47号）第一条以及《国家税务总局关于在新办纳税人中实行增值税专用发票电子化有关事项的公告》（国家税务总局公告2020年第22号）第七条规定情形的，购买方为试点纳税人时，购买方可通过电子发票服务平台填开并上传《开具红字增值税专用发票信息表》（以下简称《信息表》）。

（15）单位和个人可以通过全国增值税发票查验平台（https://inv-veri.chinatax.gov.cn）查验数电票信息。同时，试点纳税人还可以通过电子发票服务平台查验数电票信息。

（16）电子发票服务平台暂不支持开具机动车（含二手车）、通行费等特定业务数电票，开具上述发票功能的上线时间另行公告。

相关发票功能上线前，纳税人可以通过增值税发票管理系统开具电子专票、增值税电子普通发票（含收费公路通行费增值税电子普通发票）、增值税普通发票（卷票）和二手车销售统一发票以及通过增值税发票管理系统开票软件中机动车发票开具模块开具增值税专用发票和机动车销售统一发票（包括纸质发票、电子发票）。

（17）纳税人应当按照规定依法、诚信、如实使用数电票，并接受税务机关依法检查。税务机关依法加强税收监管和风险防范，严厉打击虚开、虚抵、偷逃骗税等涉税违法犯罪行为。

二、开展全面数字化的电子发票受票试点解读

为落实中办、国办印发的《关于进一步深化税收征管改革的意见》要求，全面推进税收征管数字化升级和智能化改造，降低征纳成本，国家税务总局吉林省税务局发布了《国家税务总局吉林省税务局关于开展全面数字化的电子发票试点工作的公告》（以下简称《公告》）。

（1）推行全面数字化的电子发票的背景是什么？

为贯彻落实中办、国办关于稳步实施发票电子化改革的部署安排，2021年12月1日起，国家税务总局在内蒙古自治区、上海市和广东省、四川省、厦门市、天津市、青岛市、重庆市、大连市、陕西省等地区开始推行数电票。同时，本着稳妥有序的原则，采用先在部分地区推行数电票试点，此后逐步扩大地区和纳税人范围的工作策略。数电票推行后，系统运行平稳，因具有无需领用、开具便捷、信息集成、节约成本等优点，受到越来越多纳税人的欢迎。

自2023年3月22日起，在吉林省的部分纳税人中开展数电票试点，试点纳税人具体范围由国家税务总局吉林省税务局确定。

按照国家税务总局的推广进度安排，数电票受票范围已推广至全国，吉林省试点纳税人通过电子发票服务平台开具的数电票，各省的受票方均可接收。

（2）推行数电票具有哪些优点？

第一，领票流程更简化。

开业开票"无缝衔接"。数电票实现"去介质"，纳税人不再需要预先领取专用税控设备；通过"赋码制"取消特定发票号段申领，发票信息生成后，系统自动分配唯一的发票号码；通过"授信制"自动为纳税人赋予开具金额总额度，实现开票"零前置"。基于此，新办纳税人可实现"开业即可开票"。

第二，开票用票更便捷。一是发票服务"一站式"更便捷。纳税人登录电子发票服务平台后，可进行发票开具、交付、查验以及用途勾选等系列操作，享受"一站式"服务，不再像以前需登录多个平台才能完成相关操作。二是发票数据应用更广泛。通过"一户式""一人式"发票数据归集，加强各税费数据联动，为实现"一表集成"式税费申报预填服务奠定数据基础。三是发票使用满足个性业务需求。数电票破除特定版式要求，增加了XML的数据电文格式便利交付，同时保留PDF、OFD等格式，降低发票使用成本，提升纳税人用票的便利度和获得感。数电票样式根据不同业务进行差异化展示，为纳税人提供更优质的个性化服务。四是纳税服务渠道更畅通。电子发票服务平台提供征纳互动相关功能，如增加智能咨询，纳税人在开票、受票等过程中，平台自动接收纳税人业务处理过程中存在的问题并进行智能答疑；增设异议提交功能，纳税人对开具金额总额度有异议时，可以通过平台向税务机关提出。

第三，入账归档一体化。通过制发电子发票数据规范、出台电子发票国家标准，实现数电票全流程数字化流转，进一步推进企业和行政事业单位会计核算、财务管理信息化。

（3）数电票的票面信息包括哪些？

数电票的票面信息包括基本内容和特定内容。

为了符合纳税人开具发票的习惯，数电票的基本内容在现行增值税发票基础上进行了优化，主要包括：发票号码、开票日期、购买方信息、销售方信息、项目名称、规格型号、单位、数量、单价、金额、税率/征收率、税额、合计、价税合计（大写、小写）、备注、开票人等。

为了满足从事特定行业、发生特定应税行为及特定应用场景业务（以下简称特定业务）的试点纳税人开具发票的个性化需求，税务机关根据现行发票开具的有关规定和特定业务的开票场景，在数电票中设计了相应的特定内容。特定业务包括但不限于稀土、建筑服务、旅客运输服务、货物运输服务、不动产销售、不动产经营租赁服务、农产品收购、光伏收购、代收车船税、自产农产品销售、差额征税、民航、铁路等。试点纳税人在开具数电票时，可以按照实际业务开展情况，选择特定业务，将按规定应填写在发票备注等栏次的信息，填写在特定内容栏次，进一步规范发票票面内容，便利纳税人使用。特定业务的数电票票面按照特定内容展示相应信息，同时票面左上角展示该业务类型的字样。

（4）试点纳税人可以通过电子发票服务平台开具哪些类型的发票？

电子发票服务平台支持开具数电票、纸质专票和纸质普票。

试点纳税人通过实名验证后，无需使用税控专用设备即可通过电子发票服务平台开具数电票、纸质专票和纸质普票，无需进行发票验旧操作。其中，数电票无需进行发票票种核定和发票领用。

试点纳税人可以选择电子发票服务平台或者增值税发票管理系统其中之一开具纸质专票或纸质普票。其中，试点纳税人选择通过电子发票服务平台开具纸质专票或纸质普票，其票种核定、发票领用、发票作废、发票缴销、发票退回、发票遗失损毁等事项仍然按照原规定和流程办理。

（5）如何理解《公告》中的开具金额总额度和剩余可用额度？

为降低纳税人使用成本，便利数电票推广，尊重纳税人现行开票用票习惯，做好发票风险防控，税务机关对试点纳税人开票实行开具金额总额度管理。

开具金额总额度，也称总授信额度，是指一个自然月内，试点纳税人发票开具总金额（不含增值税）的上限额度，包括试点纳税人可通过电子发票服务平台开具的数电票、纸质专票和纸质普票的上限总金额以及可通过增值税发票管理系统开具的纸质专票、纸质普票、增值税普通发票（卷式，以下简称卷式发票）、增值税电子专用发票（以下简称电子专票）和增值税电子普通发票（以下简称电子普票）的上限总金额。

剩余可用额度，也称可用授信额度，是指在一个自然月内，试点纳税人开具金额总额度扣除已使用额度。其中，已使用额度包括试点纳税人通过电子发票服务平台开具的发票金额，以及通过增值税发票管理系统开具的纸质专票、纸质普票、卷式发票、电子专票和电子普票的领用份数与单份发票最高开票限额之积（存在多种不同版式的发票应分别计算并求和，下同）。

例 8-1 试点纳税人 A 公司，通过电子发票服务平台开具数电票，同时通过增值税发票管理系统开具纸质专票和纸质普票，2023 年 7 月开具金额总额度为 750 万元。

2023 年 7 月 1 日至 20 日，A 公司领用十万元版增值税专用发票 40 份（应从开具金额总额度中扣除 400 万元），通过增值税发票管理系统开具了 36 份纸质专票，合计金额 350 万元（不再重复从开具金额总额度中扣除），通过电子发票服务平台开具数电票金额 300 万元（应从开具金额总额度中扣除 300 万元），则 7 月 20 日后剩余可用额度为 50 万元（750 — 40×10 — 300）。

（6）试点纳税人开具金额总额度如何调整？

调整开具金额总额度有三种方式，包括定期调整、临时调整和人工调整。

第一，定期调整。定期调整是指电子发票服务平台每月自动对试点纳税人开具金额总额度进行调整。

例 8-2 2023 年 7 月初成立的 B 公司，初始开具金额总额度为 750 万元。2023 年 9 月，根据 B 公司实际经营情况以及 7 月、8 月开具金额总额度的使用情况，9 月月初电子发票服务平台将其开具金额总额度调整至 850 万元。

第二，临时调整。临时调整是指税收风险程度较低的试点纳税人当月开具发票金额首次达到开具金额总额度一定比例时，电子发票服务平台自动为其临时调增一次开具金额总额度。

例 8-3 2023 年 7 月初成立的 C 公司，初始开具金额总额度为 750 万元。

情形一：2023 年 7 月中旬，C 公司销售额增加，至 7 月 20 日，实际已使用额度达到 600 万元（达到当前开具金额总额度的一定比例），电子发票服务平台自动风险扫描无问题后，为 C 公司临时增加开具金额总额度至 900 万元。

情形二：2023 年 7 月中旬，C 公司销售额增加，至 7 月 20 日，实际已使用额度达到 580 万元，未触发系统临时调整。7 月 21 日，C 公司因经营需要，需开具 1 份金额为 200 万元的数电票，在填写发票信息时，因累计金额达到 780 万元（达到当前开具金额总额度的一定比例），电子发票服务平台自动风险扫描无问题后，为 C 公司临时增加开具金额总额度至 900 万元。

第三，人工调整。人工调整是指纳税人因实际经营情况发生变化申请调整开具金额总额度，主管税务机关依法依规审核未发现异常的，为纳税人调整开具金额总额度。

例 8-4 D 公司 2023 年 7 月月初开具金额总额度为 750 万元，销售额增加，电子发票服务平台为 D 公司临时调增开具金额总额度至 900 万元，但仍无法满足 D 公司本月开票需求。D 公司根据实际经营情况，向主管税务机关申请调增开具金额总额度至 1 200 万元，主管税务机关依法依规审核未发现异常后，相应调增 D 公司开具金额总额度。

（7）试点纳税人在增值税申报期内如何使用开具金额总额度？

试点纳税人在增值税申报期内，完成增值税申报前，在电子发票服务平台中可以按照上月剩余可用额度且不超过当月开具金额总额度的范围内开具发票。试点纳税人按规定完成增值税申报且比对通过后，在电子发票服务平台中可以按照当月剩余可用额度开具发票。

一是按月进行增值税申报的试点纳税人在每月月初到完成上个所属期（即上个月）申报前开具金额总额度的可使用额度为上月剩余可用额度，且不超过本月开具金额总额度；完成上个所属期（即上个月）申报且比对通过后可使用额度为当月剩余可用额度。

二是按季进行增值税申报的试点纳税人在每季季初到完成上个所属期（即上个季度）申报前开具金额总额度的可使用额度为上月剩余可用额度，且不超过本月开具金额总额度；完成上个所属期（即上个季度）申报且比对通过后可使用额度为当月剩余可用额度。

例 8-5 试点纳税人 E 公司是按月申报的一般纳税人，2023 年 7 月开具金额总额度为 750 万元，截止到 7 月 31 日实际已使用额度 400 万元，剩余可用额度为 350 万元。

情形一：8 月 1 日，电子发票服务平台自动计算其 8 月开具金额总额度为 750 万元。如果 E 公司在 8 月 11 日 9 时完成 7 月所属期增值税申报并比对通过，则 8 月 11 日 9 时前（即未完成 7 月所属期增值税申报前），E 公司的可使用额度为 350 万元（7 月剩余可用额度 350 万元＜8 月月初开具金额总额度 750 万元）。

8 月 1 日至 11 日 9 时，如果 E 公司实际已使用额度为 20 万元，则 8 月 11 日 9 时（即完成申报）后的剩余可用额度为 730 万元（750－20）。

情形二：8 月 1 日，依据纳税人风险程度、纳税信用级别、实际经营情况等因素，电子发票服务平台自动计算并将 8 月开具金额总额度调整为 250 万元。如果 E 公司在 8 月 11 日 9 时完成 7 月所属期增值税申报并比对通过，则 8 月 11 日 9 时前（即未完成 7 月所属期增值税申报前）E 公司的可使用额度为 250 万元（7 月剩余可用额度 350 万元＞8 月月初开具金额总额度 250 万元）。

8 月 1 日至 11 日 9 时，如果 E 公司实际已使用额度为 20 万元，则 8 月 11 日 9 时（即完成申报）后的剩余可用额度为 230 万元（250－20）。

例 8-6 试点纳税人 F 公司是按季申报的小规模纳税人，2023 年 8 月开具金额总额度为 10 万元，截止到 8 月 31 日实际已使用额度为 5 万元，剩余可用额度为 5 万元。

9 月 1 日，电子发票服务平台自动计算并将 9 月开具金额总额度重新调整为 10 万元。因 F 公司是按季申报的纳税人，9 月无需完成 8 月所属期增值税申报，则 9 月 1 日后可使用额度为 10 万元（即 9 月初的开具金额总额度）。9 月 1 日至 30 日，F 公司实际已使用额度为 8 万元，剩余可用额度为 2 万元。

10 月 1 日，电子发票服务平台自动计算并将 10 月开具金额总额度重新调整为 10 万元。如果 F 公司于 10 月 6 日 9 时完成 2023 年第三季度所属期增值税申报并比对通过，则 10 月 6 日 9 时前（即未完成第四季度所属期增值税申报前）可使用额度仍为 2 万元（9 月剩余可用额度 2 万元＜10 月月初开具金额总额度 10 万元）。

10 月 1 日至 6 日 9 时，如果 F 公司实际已使用额度为 2 万元，则 10 月 6 日 9 时（即完成申报）后的剩余可用额度为 8 万元（10－2）。

（8）试点纳税人领用通过增值税发票管理系统开具的发票，如何确定单份最高开票限额和领用份数？

试点纳税人办理发票票种核定和发票领用时，通过增值税发票管理系统开具的发票最高开票限额和每月最高领用数量仍按照现行有关规定办理。其中，试点纳税人通过增值税发票管理系统开具的发票领用份数与单份发票最高开票限额之积应小于或等于当月剩余可用额度。

（9）试点纳税人开具纸质专票和纸质普票如何使用剩余可用额度？

试点纳税人通过电子发票服务平台开具纸质专票和纸质普票时，单份发票开具金额不得超过单份最高开票限额且不得超过当月剩余可用额度，并根据实际开票金额扣除当月剩余可用额度。

试点纳税人通过增值税发票管理系统开具的纸质专票、纸质普票、卷式发票、电子专票和电子普票的，在领用发票时按领用份数与单份发票最高开票限额之积扣当月剩余可用额度，开具时不再扣除当月剩余可用额度。

（10）试点纳税人通过电子发票服务平台开具的纸质专票和纸质普票与增值税发票管理系统开具纸质专票和纸质普票有何区别？

试点纳税人通过电子发票服务平台开具的纸质专票和纸质普票，其法律效力、基本用途与现有纸质专票、纸质普票相同。电子发票服务平台开具的纸质专票、纸质普票与现行纸质专票、纸质普票相比，区别在于电子发票服务平台开具纸质专票、纸质普票后，纸质专票、纸质普票密码区不再展示发票密文，密码区将展示电子发票服务平台赋予的 20 位发票号码以及全国增值税发票查验平台网址。

（11）通过电子发票服务平台税务数字账户，试点纳税人能够获得哪些优质便捷的服务？

为全面推进税收征管数字化升级，降低制度性交易成本，电子发票服务平台税务数字账户集成发票信息、优化发票应用、完善风险提醒，进一步深化发票数据应用成果。通过税务数字账户，纳税人能够获得以下优质便捷的服务：

一是"一户式"发票数据归集服务。电子发票服务平台税务数字账户自动归集开具发票信息，推送至对应受票方纳税人的税务数字账户，实现开票即交付，从根本上解决纳税人纸质发票易丢失破损及电子发票难归集等问题，降低纳税人发票管理成本。

二是"一站式"发票应用集成服务。电子发票服务平台税务数字账户创新应用集成服务，通过完善发票的查询、查验、下载、打印和用途确认等功能，增加税务事项通知书查询、税收政策查询、发票开具金额总额度调整申请、原税率发票开具申请等功能，再造红字发票业务流程、海关缴款书业务流程，为纳税人提供"一站式"服务。

三是"集成化"发票数据展示服务。电子发票服务平台税务数字账户为纳税人提供开具金额总额度管理情况展示服务，纳税人可实时掌握总授信额度和可用授信额度变动情况；同时为纳税人提供风险提醒服务，纳税人可以对发票的开具、申报、缴税、用途确认等流转状态以及作废、红冲、异常等管理状态进行查询统计，以便及时开展风险应对处理，从而有效规避因征纳双方和购销双方信息不对称而产生的涉税风险和财务管理风险。

（12）如何使用发票入账标识功能？

电子发票服务平台为试点纳税人提供发票入账标识服务，纳税人使用该功能时，系统将同步为发票赋予入账状态字样，供财务人员及时查验，避免重复报销入账。

（13）纳税人开具和取得数电票报销入账归档的，需要注意哪些事项？

纳税人开具和取得数电票报销入账归档的，应按照《财政部 国家档案局关于规范电子会计凭证报销入账归档的通知》（财会〔2020〕6号，以下称《通知》）和《会计档案管理办法》（财政部、国家档案局令第79号）的相关规定执行。

第一，纳税人可以根据《通知》第三条、第五条的规定，仅使用数电票电子件进行报销入账归档的，可不再另以纸质形式保存。

第二，纳税人如果需要以数电票的纸质打印件作为报销入账归档依据的，应当根据《通知》第四条的规定，同时保存数电票电子件。

（14）试点纳税人怎样开具红字发票？

试点纳税人发生开票有误、销货退回、服务中止、销售折让等情形，需要通过电子发票服务平台开具红字数电票或红字纸质发票的，按以下规定执行：

一是受票方未做用途确认及入账确认的，开票方在电子发票服务平台填开《红字发票信息确认单》（以下简称《确认单》）后全额开具红字数电票或红字纸质发票，无需受票方确认。其中，《确认单》需要与对应的蓝字发票信息相符。

例 8-7 2023年6月10日，G公司（试点纳税人）发现有一张在2023年5月31日开给H公司（试点纳税人）的纸质专票内容有误，通过电子发票服务平台查询到H公司未对取得的发票进行用途确认与发票入账。G公司联系H公司将该发票相关联次取回后，通过电子发票服务平台填开并上传《确认单》，无需H公司确认，系统自动校验通过后可直接全额开具对应的红字数电票。

例 8-8　2023 年 4 月，I 公司（试点纳税人）为 J 公司（非试点纳税人）提供加工劳务。I 公司在 2023 年 4 月 18 日已为 J 公司开具了带有"增值税专用发票"字样的数电票。4 月 20 日因客观原因劳务终止，此前 J 公司未对该发票进行确认用途及发票入账，I 公司需全额开具红字数电票。

I 公司通过电子发票服务平台填开《确认单》，无需 J 公司确认，I 公司依据核实无误的确认单信息，全额开具红字数电票。

二是受票方已进行用途确认或入账确认的，受票方为试点纳税人，开票方或受票方均可在电子发票服务平台填开并上传《确认单》，经对方在电子发票服务平台确认后，开票方全额或部分开具红字数电票或红字纸质发票；受票方为非试点纳税人，由开票方在电子发票服务平台或由受票方在增值税发票综合服务平台填开并上传《确认单》，经对方确认后，开票方全额或部分开具红字数电票或红字纸质发票。其中，《确认单》需要与对应的蓝字发票信息相符。

受票方已将发票用于增值税申报抵扣的，应当暂依《确认单》所列增值税税额从当期进项税额中转出，待取得开票方开具的红字发票后，与《确认单》一并作为记账凭证。

例 8-9　2023 年 10 月，L 公司（试点纳税人）销售一批服装给 M 公司（试点纳税人），已开具带有"增值税专用发票"字样的数电票，M 公司已对取得的发票进行用途确认。2023 年 11 月，该批服装发生销货退回。

情形一：M 公司财务人员通过电子发票服务平台填开《确认单》，选择原因和对应的蓝字发票信息，录入金额和税额。L 公司财务人员通过电子发票服务平台完成确认后，L 公司财务人员据此开具红字数电票。

情形二：L 公司财务人员通过电子发票服务平台填开《确认单》，选择原因和对应的蓝字发票信息，录入金额和税额。M 公司财务人员通过电子发票服务平台完成确认后，L 公司财务人员据此开具红字数电票。

例 8-10　2023 年 11 月，N 公司（试点纳税人）销售一批玩具给 P 公司（非试点纳税人），已开具带有"增值税专用发票"字样的数电票，P 公司已确认用途。2023 年 12 月，该批玩具发生销货退回。

情形一：N 公司财务人员通过电子发票服务平台填开《确认单》，选择原因和对应的蓝字发票信息，录入金额和税额。P 公司财务人员通过增值税发票综合服务平台完成确认后，N 公司财务人员据此开具红字数电票。

情形二：P 公司财务人员通过增值税发票综合服务平台发起《确认单》，选择原因和对应的蓝字发票信息，录入金额和税额。N 公司财务人员通过电子发票服务平台完成确认后，N 公司财务人员据此开具红字数电票。

三是试点纳税人通过电子发票服务平台开具的数电票或纸质发票已用于申请出口退税、代办退税的，暂不允许开具红字发票。

（15）非试点纳税人开具红字发票流程有何变化？

一是增值税发票综合服务平台为非试点纳税人提供了填开《确认单》和对《确认单》进行确认的功能。

二是纳税人发生《国家税务总局关于红字增值税发票开具有关问题的公告》（国家税务总局公告2016年第47号）第一条以及《国家税务总局关于在新办纳税人中实行增值税专用发票电子化有关事项的公告》（国家税务总局公告2020年第22号）第七条规定情形的，购买方可通过电子发票服务平台填开《信息表》。

例 8-11 2023年5月，Q公司（非试点纳税人）销售一批服装给R公司（试点纳税人），通过增值税发票管理系统已开具增值税专用发票，R公司已确认用途。2023年6月，该批服装发生销货退回。

R公司通过电子发票服务平台填开《信息表》，Q公司财务人员据此开具红字专用发票。

（16）试点纳税人通过电子发票服务平台开具红字发票有哪些注意事项？

一是试点纳税人需要开具红字发票的，可以在所对应的蓝字发票金额范围内开具红字发票。

二是试点纳税人开具蓝字数电票当月开具红字数电票，电子发票服务平台同步增加其当月剩余可用额度；跨月开具红字数电票的，电子发票服务平台不增加其当月剩余可用额度。

三是试点纳税人开具蓝字纸质发票当月开具红字纸质发票，或者作废已开具的蓝字纸质发票，电子发票服务平台同步增加其当月剩余可用额度；跨月开具红字纸质发票的，电子发票服务平台不增加其当月剩余可用额度。

例 8-12 纳税人S公司，2023年10月的开具金额总额度为750万元。2023年10月1日至5日S公司开票累计金额100万元，10月6日开具红字数电票金额10万元（对应2023年8月25日开具的蓝字数电票，金额10万元），10月7日开具红字数电票50万元（对应2023年10月3日开具的蓝字数电票，金额50万元），则10月8日剩余可用额度为700万元（750－100＋50）。由于跨月开具红字数电票不增加当月剩余可用额度，10月6日开具红字数电票金额10万元不列入当月剩余可用额度计算。

（17）《公告》实施后，试点纳税人能开具机动车（含二手车）、通行费等特定业务发票吗？

电子发票服务平台暂不支持开具机动车（含二手车）、通行费等特定业务数电票，开具上述发票功能的上线时间另行公告。功能上线前，试点纳税人可通过增值税发票管理系统开具上述发票。

相关发票功能上线前，试点纳税人可以通过增值税发票管理系统开具电子专票、增值税电子普通发票（含收费公路通行费增值税电子普通发票）、增值税普通发票（卷票）、二手车销售统一发票以及通过增值税发票管理系统开票软件中机动车发票开具模块开具左上角有"机动车"字样的增值税专用发票和机动车销售统一发票（包括纸质发票、电子发票）。

（18）通过什么渠道可以进行数电票信息的查验？

单位和个人可以通过全国增值税发票查验平台对数电票的信息进行查验。同时，电子发票服务平台为试点纳税人提供数电票查验服务。

（19）试点纳税人通过电子发票服务平台开具或勾选确认发票后，如何填写增值税及附加税费申报表？

第一，一般纳税人通过电子发票服务平台开具带有"增值税专用发票"或"普通发票"字样的数电票、纸质专票、纸质普票，其金额及税额应分别填入《增值税及附加税费申报表附列资料（一）》（本期销售情况明细）"开具增值税专用发票"或"开具其他发票"相关栏次。

一般纳税人取得通过电子发票服务平台开具的数电票、纸质专票、纸质普票，勾选用于进项抵扣时，其份数、金额及税额填列在《增值税及附加税费申报表附列资料（二）》（本期进项税额明细）相关栏次。

一般纳税人取得通过电子发票服务平台开具的带有"增值税专用发票"字样的数电票、纸质专票，已用于增值税申报抵扣的，对应的《确认单》所列增值税税额填列在《增值税及附加税费申报表附列资料（二）》（本期进项税额明细）第20栏"红字专用发票信息表注明的进项税额"。一般纳税人取得通过电子发票服务平台开具的带有"普通发票"字样的数电票、纸质普票，已用于增值税申报抵扣，对应的《确认单》所列增值税税额填列在《增值税及附加税费申报表附列资料（二）》（本期进项税额明细）第23b栏"其他应作进项税额转出的情形"。其中纳税人购进农产品取得数电票、纸质专票、纸质普票，已按计算税额申报抵扣农产品进项税额的或已加计扣除农产品进项税额的，应按《确认单》所列已计算抵扣的税额或加计扣除农产品进项税额填报《增值税及附加税费申报表附列资料（二）》第23b栏"其他应作进项税额转出的情形"。

第二，小规模纳税人通过电子发票服务平台开具的带有"增值税专用发票"或"普通发票"字样的数电票、纸质专票、纸质普票，其金额及税额应填入《增值税及附加税费申报表（小规模纳税人适用）》"增值税专用发票不含税销售额"或"其他增值税发票不含税销售额"相关栏次。其中，适用增值税免税政策的，按规定填入"免税销售额"相关栏次。

（20）纳税人需要确认发票用途，通过什么渠道进行确认？

《公告》发布后，试点纳税人可以通过电子发票服务平台税务数字账户使用增值税发票综合服务平台具备的发票用途确认、风险提示、信息下载等功能。

试点纳税人取得通过电子发票服务平台开具的带有"增值税专用发票"字样的数

电票、带有"普通发票"字样的数电票、纸质专票和纸质普票等符合规定的增值税扣税凭证，如需用于申报抵扣增值税进项税额或申请出口退税、代办退税的，应当通过电子发票服务平台税务数字账户或增值税发票综合服务平台确认用途。非试点纳税人继续通过增值税发票综合服务平台使用相关增值税扣税凭证功能，取得通过电子发票服务平台开具的带有"增值税专用发票"字样的数电票、带有"普通发票"字样的数电票、纸质专票和纸质普票等符合规定的增值税扣税凭证，用于申报抵扣增值税进项税额或申请出口退税、代办退税的，应通过增值税发票综合服务平台确认用途。

纳税人确认用途有误的，可向主管税务机关申请更正。

（21）试点纳税人如何通过电子发票服务平台税务数字账户进行计算农产品进项税额以及加计扣除农产品进项税额？

试点纳税人购进农产品，取得符合规定的带有"增值税专用发票"字样的数电票、增值税专用发票、海关缴款书、农产品销售发票等凭证或者开具符合规定的收购发票，可以通过电子发票服务平台税务数字账户进行用途确认，按照相关规定计算当期进项税额。

其中，试点纳税人购进用于生产或者委托加工13%税率货物的农产品，可以由主管税务机关开通加计扣除农产品进项税额确认功能，按照相关规定计算当期进项税额，并将已进行用途确认的凭证明细转入加计扣除农产品进项税额确认待用。纳税人将购进农产品用于生产或者委托加工的当期，可以通过电子发票服务平台税务数字账户选择相应凭证，按规定计算填写本次加计扣除农产品进项税额。

试点纳税人取得符合以上规定的尚未用于加计扣除农产品进项税额的凭证，可以向主管税务机关申请补录。

（22）试点纳税人错误确认发票用途后，税务机关如何帮助纳税人进行修改和更正？

试点纳税人通过电子发票服务平台确认发票用途后，如果出现发票用途确认错误的情形，税务机关可为纳税人提供规范、便捷的更正服务。

纳税人将发票用途误确认为申报抵扣且已申报抵扣后，如果要改为用于申报出口退税或代办退税，纳税人可以向主管税务机关申请更正。主管税务机关在核实确认相关进项税额已转出后，为纳税人调整发票用途。

纳税人将发票用途误确认为用于出口退税、代办退税的，可以向主管税务机关申请更正。如纳税人尚未申报出口退税，经主管税务机关确认后，可将发票信息回退至电子发票服务平台，纳税人可以重新确认发票用途；如果纳税人已申报办理出口退税，可向主管税务机关申请开具出口货物转内销证明。

第三节
黑龙江省全电发票试点制度

一、开展全面数字化的电子发票受票试点

2022年8月19日,《国家税务总局黑龙江省税务局关于开展全面数字化的电子发票受票试点工作的公告》(国家税务总局黑龙江省税务局公告2022年第3号)规定,为落实中办、国办印发的《关于进一步深化税收征管改革的意见》要求,全面推进税收征管数字化升级和智能化改造,降低征纳成本,国家税务总局建设了全国统一的电子发票服务平台,24小时在线免费为纳税人提供全面数字化的电子发票(以下简称全电发票)开具、交付、查验等服务,实现发票全领域、全环节、全要素电子化。经国家税务总局同意,黑龙江省税务局决定在黑龙江省开展全电发票受票试点工作。

(1)自2022年8月28日起,黑龙江省纳税人仅作为受票方接收由内蒙古自治区、上海市和广东省(不含深圳市,下同)的部分纳税人(以下简称试点纳税人)通过电子发票服务平台开具的发票,包括带有"增值税专用发票"字样的全电发票、带有"普通发票"字样的全电发票、增值税纸质专用发票(以下简称纸质专票)和增值税纸质普通发票(折叠票,以下简称纸质普票)。

(2)全电发票的法律效力、基本用途等与现有纸质发票相同。其中,带有"增值税专用发票"字样的全电发票,其法律效力、基本用途等与现有增值税专用发票相同;带有"普通发票"字样的全电发票,其法律效力、基本用途等与现有普通发票相同。

(3)全电发票由各省、自治区、直辖市和计划单列市税务局监制。全电发票无联次,基本内容包括:二维码、发票号码、开票日期、购买方信息、销售方信息、项目名称、规格型号、单位、数量、单价、金额、税率/征收率、税额、合计、价税合计(大写、小写)、备注、开票人。其中,电子发票服务平台为从事特定行业、发生特殊应税行为及特定应用场景业务(包括:稀土、建筑服务、旅客运输服务、货物运输服务、不动产销售、不动产经营租赁服务、农产品收购、光伏收购、代收车船税、自产农产品销售、差额征税等)的纳税人提供了对应特定业务的全电发票样式。

(4)全电发票的发票号码为20位,其中:第1~2位代表公历年度后两位,第3~4位代表各省、自治区、直辖市和计划单列市行政区划代码,第5位代表全电发票

开具渠道等信息，第 6～20 位代表顺序编码等信息。

（5）通过电子发票服务平台开具的纸质专票和纸质普票，其法律效力、基本用途和基本使用规定与现有纸质专票、纸质普票相同；其发票密码区不再展示发票密文，改为展示电子发票服务平台赋予的 20 位发票号码及全国增值税发票查验平台网址。

（6）黑龙江省纳税人使用增值税发票综合服务平台接收试点纳税人通过电子发票服务平台开具的发票。此外，也可取得销售方以电子邮件、二维码等方式交付的全电发票。黑龙江省纳税人取得通过电子发票服务平台开具的带有"增值税专用发票"字样的全电发票、带有"普通发票"字样的全电发票、纸质专票和纸质普票等符合规定的增值税扣税凭证，如需用于申报抵扣增值税进项税额或申请出口退税、代办退税的，应按规定通过增值税发票综合服务平台确认用途。

（7）纳税人取得开票方通过电子发票服务平台开具的发票，发生开票有误、销货退回、服务中止、销售折让等情形，需开票方通过电子发票服务平台开具红字全电发票或红字纸质发票，按以下规定执行：

一是受票方未做用途确认及入账确认的，开票方填开《红字发票信息确认单》（以下简称《确认单》）后全额开具红字全电发票或红字纸质发票，无需受票方确认。

二是受票方已进行用途确认或入账确认的，由开票方或受票方填开《确认单》，经对方确认后，开票方依据《确认单》开具红字发票。受票方已将发票用于增值税申报抵扣的，应暂依《确认单》所列增值税税额从当期进项税额中转出，待取得开票方开具的红字发票后，与《确认单》一并作为记账凭证。

（8）单位和个人可以通过全国增值税发票查验平台（https://inv-veri.chinatax.gov.cn）查验全电发票信息。

（9）纳税人以全电发票报销入账归档的，按照财政和档案部门的相关规定执行。

（10）纳税人应当按照规定依法、诚信、如实使用全电发票，不得虚开、虚抵、骗税，并接受税务机关依法检查。税务机关依法加强税收监管和风险防范，严厉打击涉税违法犯罪行为。

二、开展全面数字化的电子发票受票试点解读

为落实中办、国办印发的《关于进一步深化税收征管改革的意见》要求，全面推进税收征管数字化升级和智能化改造，为此，国家税务总局黑龙江省税务局发布了《国家税务总局黑龙江省税务局关于开展全面数字化的电子发票受票试点工作的公告》（以下称《公告》）。现解读如下。

（1）开展全面数字化的电子发票试点的背景是什么？

为落实中办、国办印发的《关于进一步深化税收征管改革的意见》要求，全面推进税收征管数字化升级和智能化改造，降低征纳成本，国家税务总局建设了全国统一

的电子发票服务平台。2021年12月1日起，国家税务总局在广东省（不含深圳市，下同）、内蒙古自治区和上海市（以下简称试点地区）开展了全面数字化的电子发票试点工作，系统运行平稳。

为进一步推进全面数字化的电子发票试点工作，经国家税务总局同意，自2022年8月28日起，黑龙江省纳税人仅作为受票方，接收由试点地区的部分纳税人通过电子发票服务平台开具的发票。

（2）全电发票的票面信息包括哪些？

全电发票的票面信息包括基本内容和特定内容。

基本内容主要包括：二维码、发票号码、开票日期、购买方信息、销售方信息、项目名称、规格型号、单位、数量、单价、金额、税率/征收率、税额、合计、价税合计（大写、小写）、备注、开票人。全电发票的发票号码为20位，其中：第1～2位代表公历年度后两位，第3～4位代表各省、自治区、直辖市和计划单列市行政区划代码，第5位代表全电发票开具渠道等信息，第6～20位代表顺序编码等信息。

为了满足从事特定行业、发生特殊应税行为及特定应用场景业务（以下简称特定业务）的纳税人开具发票的个性化需求，税务机关根据现行发票开具的有关规定和特定业务的场景，在全电发票中设计了相应的特定内容。特定业务包括但不限于：稀土、建筑服务、旅客运输服务、货物运输服务、不动产销售、不动产经营租赁服务、农产品收购、光伏收购、代收车船税、自产农产品销售、差额征税等。黑龙江省纳税人在取得全电发票时，按照实际业务开展情况，可向开票人提出特定业务需求，开票人将按规定填写在发票备注等栏次的信息填写在特定内容栏次，进一步规范发票票面内容，便利黑龙江省纳税人使用。特定业务的全电发票票面按照特定内容展示相应信息，同时票面左上角展示该业务类型的字样。

（3）使用全电发票具备哪些优点？

第一，用票更便捷。发票数据应用更丰富。便于税务机关进行发票数据的规范化管理，为向纳税人提供税费申报预填服务奠定数据基础。

发票使用满足个性业务需求。全电发票破除特定版式要求，增加了XML的数据电文格式便利交付，同时保留PDF、OFD等格式，降低发票使用成本，提升纳税人用票的便利度和获得感。全电发票样式根据不同业务进行差异化展示，为纳税人提供更优质的个性化服务。

第二，入账归档一体化。税务机关将制发电子发票数据规范、出台电子发票国家标准，实现全电发票全流程数字化流转，进一步推进企业和行政事业单位会计核算、财务管理信息化。

（4）黑龙江省纳税人如何接收通过电子发票服务平台开具的发票？包含哪些类型的发票？

黑龙江省纳税人可以接收试点地区纳税人通过电子发票服务平台开具的带有"增

值税专用发票"字样的全电发票、带有"普通发票"字样的全电发票、增值税纸质专用发票（以下简称纸质专票）和增值税纸质普通发票（折叠票，以下简称纸质普票）。

黑龙江省纳税人可以通过增值税发票综合服务平台接收通过电子发票服务平台开具的上述发票。此外，也可取得销售方以电子邮件、二维码等方式交付的全电发票。

（5）黑龙江省纳税人接收到通过电子发票服务平台开具的纸质专票和纸质普票与增值税发票管理系统开具的纸质专票和纸质普票有何区别？

黑龙江省纳税人接收到通过电子发票服务平台开具的纸质专票和纸质普票，其法律效力、基本用途和基本使用规定与现有纸质专票、纸质普票相同。电子发票服务平台开具的纸质专票、纸质普票与现行纸质专票、纸质普票相比，区别在于电子发票服务平台开具纸质专票、纸质普票后，纸质专票、纸质普票密码区不再展示发票密文，密码区将展示电子发票服务平台赋予的20位发票号码以及全国增值税发票查验平台网址。

（6）黑龙江省纳税人接收到通过电子发票服务平台开具的发票，发生销售退回、开票有误、销售折让等情形，需要由开票方开具红字发票的，应如何操作？

一是受票方未做用途确认及入账确认的，开票方在电子发票服务平台填开《红字发票信息确认单》（以下简称《确认单》，见表2-1）后全额开具红字全电发票或红字纸质发票，无需受票方确认。其中，《确认单》需要与对应的蓝字发票信息相符。

例 8-13 2022年6月，I公司（通过电子发票服务平台开具发票的纳税人）为J公司（黑龙江省纳税人）提供设计服务。I公司在2022年6月×日已为J公司开具了带有"增值税专用发票"字样的全电发票。6月×日因客观原因服务终止，此前J公司未对该发票进行确认用途及发票入账，I公司需全额开具红字全电发票。

I公司通过电子发票服务平台填开并上传《确认单》，无需J公司确认，系统自动校验通过后，I公司依据核实无误的确认单信息，全额开具红字全电发票。

二是受票方已进行用途确认或入账确认的，由开票方通过电子发票服务平台或受票方通过增值税发票综合服务平台填开《确认单》，经对方确认后，开票方依据《确认单》开具红字发票。

受票方已将发票用于增值税申报抵扣的，应暂依《确认单》所列增值税税额从当期进项税额中转出，待取得开票方开具的红字发票后，与《确认单》一并作为记账凭证。

例 8-14 2022年6月，N公司（通过电子发票服务平台开具发票的纳税人）销售一批玩具给P公司（黑龙江省纳税人），已开具带有"增值税专用发票"字样的全电发票，P公司已确认用途。2022年7月，发现开票有误。

情形一：N公司财务人员通过电子发票服务平台填开并上传《确认单》，选择原因和对应的蓝字发票信息，录入金额和税额。P公司财务人员在72小时内通过增值税发票综合服务平台完成确认后，N公司财务人员据此开具红字全电发票。

情形二：P公司财务人员通过增值税发票综合服务平台填开并上传《确认单》，选择原因和对应的蓝字发票信息，录入金额和税额。N公司财务人员在72小时内通过电子发票服务平台完成确认后，据此开具红字全电发票。

三是试点纳税人通过电子发票服务平台开具的全电发票或纸质发票已用于申请出口退税、代办退税的，暂不允许开具红字发票。

（7）黑龙江省纳税人取得哪些类型的发票可进行用途确认？通过什么渠道进行确认？

黑龙江省纳税人继续登录增值税发票综合服务平台使用相关增值税扣税凭证功能，取得通过电子发票服务平台开具带有"增值税专用发票"字样的全电发票、带有"普通发票"字样的全电发票、纸质专票和纸质普票等增值税扣税凭证，如需用于申报抵扣增值税进项税额或申请出口退税、代办退税的，应按规定通过增值税发票综合服务平台确认用途。

（8）黑龙江省纳税人通过什么渠道可以进行全电发票信息的查验？

黑龙江省纳税人可以通过全国增值税发票查验平台（https://inv-veri.chinatax.gov.cn）对全电发票的信息进行查验。

（9）黑龙江省纳税人取得全电发票报销入账归档的，需要注意哪些事项？

纳税人取得全电发票报销入账归档的，应按照《财政部 国家档案局关于规范电子会计凭证报销入账归档的通知》（财会〔2020〕6号，以下称《通知》）和《会计档案管理办法》（财政部、国家档案局令第79号）的相关规定执行。

三、进一步开展全面数字化的电子发票受票试点

2022年11月6日，《国家税务总局黑龙江省税务局关于进一步开展全面数字化的电子发票受票试点工作的公告》（国家税务总局黑龙江省税务局公告2022年第5号）规定，为落实中共中央办公厅、国务院办公厅印发《关于进一步深化税收征管改革的意见》要求，继续加大全面数字化的电子发票（以下简称全电发票）推广使用力度。经国家税务总局同意，决定进一步扩大黑龙江省纳税人可接收通过电子发票服务平台开具的发票的开票方范围。

（1）自2022年11月7日起，黑龙江省纳税人可接收四川省试点纳税人通过电子发票服务平台开具的发票，包括带有"增值税专用发票"字样的全电发票、带有"普通发票"字样的全电发票、增值税纸质专用发票和增值税纸质普通发票（折叠票）。

（2）根据推广进度和试点工作安排，通过电子发票服务平台开具发票的试点地区范围将分批扩至全国，具体扩围时间以开票试点省（区、市）级税务机关公告为准。

黑龙江省纳税人可接收新增开票试点省开具的发票。

（3）全电发票试点的其他事项仍按照《国家税务总局黑龙江省税务局关于开展全面数字化的电子发票受票试点工作的公告》（国家税务总局黑龙江省税务局公告2022年第3号）的规定执行。

四、进一步开展全面数字化的电子发票受票试点解读

为落实中办、国办印发的《关于进一步深化税收征管改革的意见》要求，全面推进税收征管数字化升级和智能化改造，为此，国家税务总局黑龙江省税务局发布了《国家税务总局黑龙江省税务局关于进一步开展全面数字化的电子发票受票试点工作的公告》（以下简称《公告》）。

（1）进一步开展全面数字化的电子发票受票试点的背景是什么？

为贯彻落实中办、国办关于稳步实施发票电子化改革的部署安排，前期国家税务总局在内蒙古自治区、上海市、广东省（不含深圳市）3个地区开展了全电发票试点工作，并本着稳妥有序的原则，将受票方范围逐步扩大至全国。为进一步推进全面数字化的电子发票（以下简称全电发票）试点工作，经国家税务总局同意，现将四川省纳入全电发票开票试点地区范围，全国其他省市将根据试点工作安排逐步纳入开票试点范围。

（2）黑龙江省纳税人何时可以开始接收其他省市通过电子发票服务平台开具的发票？

根据全电发票推广工作安排，具体扩围时间以开票试点省级税务机关公告为准。黑龙江省纳税人可接收新增开票试点省通过电子发票服务平台开具的发票。

第四节
大连市全电发票试点制度

一、开展全面数字化的电子发票试点

2023年1月20日,《国家税务总局大连市税务局关于开展全面数字化的电子发票试点工作的公告》(国家税务总局大连市税务局公告2023年第1号)规定,为落实中办、国办印发的《关于进一步深化税收征管改革的意见》要求,加大推广使用全面数字化的电子发票(以下简称全电发票)力度,经国家税务总局同意,大连市税务局决定在大连市开展全电发票试点工作。

(1)自2023年1月28日起,在大连市的部分纳税人中开展全电发票试点,使用电子发票服务平台的纳税人为试点纳税人,具体范围由国家税务总局大连市税务局确定,试点纳税人范围根据试点进度逐步推广到全市。

大连市纳税人也可作为受票方接收由广东省(不含深圳市)、上海市、内蒙古自治区、四川省、厦门市、天津市、青岛市、重庆市、陕西省的试点纳税人通过电子发票服务平台开具的发票。

通过电子发票服务平台开具发票的受票方范围为全国。

按照有关规定不使用网络办税或不具备网络条件的纳税人暂不纳入试点范围。此外,存在以下情形之一的纳税人暂不纳入试点:①存在严重涉税违法失信行为;②存在国家税务总局规定的增值税发票风险;③经税收大数据分析发现重大涉税风险。

电子发票服务平台通过以下地址登录:https://etax.dalian.chinatax.gov.cn/。

(2)全电发票的法律效力、基本用途等与现有纸质发票相同。其中,带有"增值税专用发票"字样的全电发票,其法律效力、基本用途与现有增值税专用发票相同;带有"普通发票"字样的全电发票,其法律效力、基本用途与现有普通发票相同。

(3)大连市全电发票由国家税务总局大连市税务局监制。全电发票无联次,基本内容包括:发票号码、开票日期、购买方信息、销售方信息、项目名称、规格型号、单位、数量、单价、金额、税率/征收率、税额、合计、价税合计(大写、小写)、备注、开票人等。

其中,试点纳税人从事特定行业、发生特定应税行为及特定应用场景业务(包括:

稀土、建筑服务、旅客运输服务、货物运输服务、不动产销售、不动产经营租赁服务、农产品收购、光伏收购、代收车船税、自产农产品销售、差额征税等）的，电子发票服务平台提供了上述对应特定业务的全电发票样式，试点纳税人应按照发票开具有关规定使用特定业务全电发票。

（4）大连市全电发票的发票号码为20位，其中：第1～2位代表公历年度后两位，第3～4位代表大连市行政区划代码，第5位代表全电发票开具渠道等信息，第6～20位代表顺序编码等信息。

（5）电子发票服务平台支持开具增值税纸质专用发票（以下简称纸质专票）和增值税纸质普通发票（折叠票，以下简称纸质普票）。通过电子发票服务平台开具的纸质专票和纸质普票，其法律效力、基本用途和基本使用规定与现有纸质专票、纸质普票相同。其中，发票密码区不再展示发票密文，改为展示电子发票服务平台赋予的20位发票号码及全国增值税发票查验平台网址。

（6）试点纳税人通过实名认证后，无需使用税控专用设备即可通过电子发票服务平台开具发票，无需进行发票验旧操作。其中，全电发票无需进行发票票种核定和发票领用。

（7）税务机关对试点纳税人开票实行开具金额总额度管理。开具金额总额度，是指一个自然月内，试点纳税人发票开具总金额（不含增值税）的上限额度。

一是试点纳税人通过电子发票服务平台开具的全电发票、纸质专票和纸质普票以及通过增值税发票管理系统开具的纸质专票、纸质普票、增值税普通发票（卷票）、增值税电子专用发票（以下简称电子专票）和增值税电子普通发票，共用同一个开具金额总额度。

二是税务机关依据试点纳税人的税收风险程度、纳税信用级别、实际经营情况等因素，确定初始开具金额总额度，并进行定期调整、临时调整或人工调整。定期调整是指电子发票服务平台每月自动对试点纳税人开具金额总额度进行调整。临时调整是指税收风险程度较低的试点纳税人当月开具发票金额首次达到开具金额总额度一定比例时，电子发票服务平台自动为其临时增加一次开具金额总额度。人工调整是指试点纳税人因实际经营情况发生变化申请调整开具金额总额度，主管税务机关依法依规审核未发现异常的，为纳税人调整开具金额总额度。

三是试点纳税人在增值税申报期内，完成增值税申报前，在电子发票服务平台中可以在上月剩余可用额度且不超过当月开具金额总额度的范围内开具发票。试点纳税人按规定完成增值税申报且比对通过后，在电子发票服务平台中可以按照当月剩余可用额度开具发票。

（8）电子发票服务平台税务数字账户自动归集发票数据，供试点纳税人进行发票的查询、查验、下载、打印和用途确认，并提供税收政策查询、开具金额总额度调整申请、发票风险提示等功能。

（9）试点纳税人可以通过电子发票服务平台税务数字账户自动交付全电发票，也可通过电子邮件、二维码等方式自行交付全电发票。

（10）试点纳税人可通过电子发票服务平台税务数字账户使用发票用途确认、风险提示、信息下载等功能，不再通过增值税发票综合服务平台使用上述功能。试点纳税人取得带有"增值税专用发票"字样的全电发票、带有"普通发票"字样的全电发票、纸质专票和纸质普票等符合规定的增值税扣税凭证，如需用于申报抵扣增值税进项税额或申请出口退税、代办退税的，应当通过电子发票服务平台税务数字账户确认用途。非试点纳税人继续通过增值税发票综合服务平台使用相关增值税扣税凭证功能。纳税人确认用途有误的，可向主管税务机关申请更正。

（11）试点纳税人可以通过电子发票服务平台税务数字账户对符合规定的农产品增值税扣税凭证进行用途确认，计算用于抵扣的进项税额。其中，试点纳税人购进用于生产或者委托加工13%税率货物的农产品，可以由主管税务机关开通加计扣除农产品进项税额确认功能，在生产领用当期计算加计扣除农产品进项税额。

（12）试点纳税人可通过电子发票服务平台税务数字账户标记发票入账标识。纳税人以全电发票报销入账归档的，按照财政和档案部门的相关规定执行。

（13）试点纳税人发生开票有误、销货退回、服务中止、销售折让等情形，需要通过电子发票服务平台开具红字全电发票或红字纸质发票的，按以下规定执行：

一是受票方未做用途确认及入账确认的，开票方填开《红字发票信息确认单》（以下简称《确认单》）后全额开具红字全电发票或红字纸质发票，无需受票方确认。

二是受票方已进行用途确认或入账确认的，开票方或受票方可以填开《确认单》，经对方确认后，开票方依据《确认单》开具红字发票。受票方已将发票用于增值税申报抵扣的，应当暂依《确认单》所列增值税税额从当期进项税额中转出，待取得开票方开具的红字发票后，与《确认单》一并作为记账凭证。

（14）纳税人发生《国家税务总局关于红字增值税发票开具有关问题的公告》（国家税务总局公告2016年第47号）第一条以及《国家税务总局关于在新办纳税人中实行增值税专用发票电子化有关事项的公告》（国家税务总局公告2020年第22号）第七条规定情形的，购买方为试点纳税人时，购买方可通过电子发票服务平台填开并上传《开具红字增值税专用发票信息表》（以下简称《信息表》）。

（15）单位和个人可以通过全国增值税发票查验平台（https://inv-veri.chinatax.gov.cn）查验全电发票信息。同时，试点纳税人还可以通过电子发票服务平台查验全电发票信息。

（16）电子发票服务平台暂不支持开具机动车（含二手车）、通行费等特定业务全电发票，开具上述发票功能的上线时间另行公告。相关发票功能上线前，纳税人可以通过增值税发票管理系统开具电子专票、增值税电子普通发票（含收费公路通行费增值税电子普通发票）、增值税普通发票（卷票）和二手车销售统一发票以及通过增值税发票管理系统开票软件中机动车发票开具模块开具增值税专用发票和机动车销售统一发票（包括纸质发票、电子发票）。

（17）纳税人应当按照规定依法、诚信、如实使用全电发票，并接受税务机关依法检查。税务机关依法加强税收监管和风险防范，严厉打击虚开、虚抵、偷逃骗税等涉税违法犯罪行为。

（18）该公告自 2023 年 1 月 28 日起施行，《国家税务总局大连市税务局关于开展全面数字化的电子发票受票试点工作的公告》（国家税务总局大连市税务局公告 2022 年第 5 号）和《国家税务总局大连市税务局关于进一步开展全面数字化的电子发票受票试点工作的公告》（国家税务总局大连市税务局公告 2022 年第 7 号）同时废止。此前未处理的事项，按照该公告规定执行。

二、开展全面数字化的电子发票试点解读

为落实中办、国办印发的《关于进一步深化税收征管改革的意见》要求，全面推进税收征管数字化升级和智能化改造，降低征纳成本，国家税务总局大连市税务局发布了《国家税务总局大连市税务局关于开展全面数字化的电子发票试点工作的公告》（以下简称《公告》）。现解读如下：

（1）推行全面数字化的电子发票的背景是什么？

2021 年 12 月 1 日起，国家税务总局在内蒙古自治区、上海市和广东省（不含深圳市，下同）、四川省、厦门市、天津市、青岛市、重庆市、陕西省等地区开始推行全电发票。全电发票推行后，系统运行平稳，因具有无需领用、开具便捷、信息集成、节约成本等优点，受到越来越多纳税人的欢迎。

为贯彻落实中办、国办关于稳步实施发票电子化改革的部署安排，国家税务总局本着稳妥有序的原则，决定采用先在部分地区推行全电发票试点，此后逐步扩大地区和纳税人范围的工作策略。

自 2023 年 1 月 28 日起，在大连市的部分纳税人中开展全电发票试点，试点纳税人具体范围由国家税务总局大连市税务局确定。

按照国家税务总局的推广进度安排，全电发票受票范围已推广至全国，大连市试点纳税人通过电子发票服务平台开具的全电发票，各省的受票方均可接收。

（2）推行全电发票具有哪些优点？

第一，领票流程更简化。开业开票"无缝衔接"。全电发票实现"去介质"，纳税人不再需要预先领取专用税控设备；通过"赋码制"取消特定发票号段申领，发票信息生成后，系统自动分配唯一的发票号码；通过"授信制"自动为纳税人赋予开具金额总额度，实现开票"零前置"。基于此，新办纳税人可实现"开业即可开票"。

第二，开票用票更便捷。一是发票服务"一站式"更便捷。纳税人登录电子发票服务平台后，可进行发票开具、交付、查验以及用途勾选等系列操作，享受"一站式"服务，不再像以前需登录多个平台才能完成相关操作。二是发票数据应用更广泛。通过"一户式""一人式"发票数据归集，加强各税费数据联动，为实现"一表集成"式税费申报预填服务奠定数据基础。三是发票使用满足个性业务需求。全电发票破除特定版式要求，增加了 XML 的数据电文格式便利交付，同时保留 PDF、OFD 等格式，降低发票使用成本，提升纳税人用票的便利度和获得感。全电发票样式根据不同业务

进行差异化展示,为纳税人提供更优质的个性化服务。四是纳税服务渠道更畅通。电子发票服务平台提供征纳互动相关功能,如增加智能咨询,纳税人在开票、受票等过程中,平台自动接收纳税人业务处理过程中存在的问题并进行智能答疑。

第三,入账归档一体化。通过制发电子发票数据规范、出台电子发票国家标准,实现全电发票全流程数字化流转,进一步推进企业和行政事业单位会计核算、财务管理信息化。

(3)全电发票的票面信息包括哪些?

全电发票的票面信息包括基本内容和特定内容。

为了符合纳税人开具发票的习惯,全电发票的基本内容在现行增值税发票基础上进行了优化,主要包括:发票号码、开票日期、购买方信息、销售方信息、项目名称、规格型号、单位、数量、单价、金额、税率/征收率、税额、合计、价税合计(大写、小写)、备注、开票人等。

为了满足从事特定行业、发生特定应税行为及特定应用场景业务(以下简称特定业务)的试点纳税人开具发票的个性化需求,税务机关根据现行发票开具的有关规定和特定业务的开票场景,在全电发票中设计了相应的特定内容。特定业务包括但不限于稀土、建筑服务、旅客运输服务、货物运输服务、不动产销售、不动产经营租赁服务、农产品收购、光伏收购、代收车船税、自产农产品销售、差额征税等。试点纳税人在开具全电发票时,可以按照实际业务开展情况,选择特定业务,将按规定应填写在发票备注等栏次的信息,填写在特定内容栏次,进一步规范发票票面内容,便利纳税人使用。特定业务的全电发票票面按照特定内容展示相应信息,同时票面左上角展示该业务类型的字样。

(4)试点纳税人可以通过电子发票服务平台开具哪些类型的发票?

电子发票服务平台支持开具全电发票、纸质专票和纸质普票。

试点纳税人通过实名验证后,无需使用税控专用设备即可通过电子发票服务平台开具全电发票、纸质专票和纸质普票,无需进行发票验旧操作。其中,全电发票无需进行发票票种核定和发票领用。

试点纳税人可以选择电子发票服务平台或者增值税发票管理系统其中之一开具纸质专票或纸质普票。其中,试点纳税人选择通过电子发票服务平台开具纸质专票或纸质普票,其票种核定、发票领用、发票作废、发票缴销、发票退回、发票遗失损毁等事项仍然按照原规定和流程办理。

(5)如何理解《公告》中的开具金额总额度和剩余可用额度?

为降低纳税人使用成本,便利全电发票推广,尊重纳税人现行开票用票习惯,做好发票风险防控,税务机关对试点纳税人开票实行开具金额总额度管理。

开具金额总额度,也称总授信额度,是指一个自然月内试点纳税人发票开具总金额(不含增值税)的上限额度,包括试点纳税人可通过电子发票服务平台开具的全电发票、纸质专票和纸质普票的上限总金额以及可通过增值税发票管理系统开具的纸质专票、纸质普票、增值税普通发票(卷式,以下简称卷式发票)、增值税电子专用发票（以下简称电子专票）和增值税电子普通发票（以下简称电子普票）的上限总金额。

剩余可用额度，也称可用授信额度，是指在一个自然月内试点纳税人开具金额总额度扣除已使用额度。其中，已使用额度包括试点纳税人通过电子发票服务平台开具的发票金额，以及通过增值税发票管理系统开具的纸质专票、纸质普票、卷式发票、电子专票和电子普票的领用份数与单份发票最高开票限额之积（存在多种不同版式的发票应分别计算并求和，下同）。

例 8-15 试点纳税人 A 公司，通过电子发票服务平台开具全电发票，同时通过增值税发票管理系统开具纸质专票和纸质普票，2023 年 2 月开具金额总额度为 750 万元。

2023 年 2 月 1 日至 20 日，A 公司领用 10 万元版增值税专用发票 40 份（应从开具金额总额度中扣除 400 万元），通过增值税发票管理系统开具了 36 份纸质专票，合计金额 350 万元（不再重复从开具金额总额度中扣除），通过电子发票服务平台开具全电发票金额 300 万元（应从开具金额总额度中扣除 300 万元），则 2 月 20 日后剩余可用额度为 50 万元（750－40×10－300）。

（6）试点纳税人开具金额总额度如何调整？

调整开具金额总额度有三种方式，包括定期调整、临时调整和人工调整。

第一，定期调整。定期调整是指电子发票服务平台每月自动对纳税人开具金额总额度进行调整。

例 8-16 2023 年 2 月初成立的 B 公司，初始开具金额总额度为 750 万元。2023 年 4 月，根据 B 公司实际经营情况以及 2023 年 2 月、3 月开具金额总额度的使用情况，2023 年 4 月初电子发票服务平台将其开具金额总额度调整至 850 万元。

第二，临时调整。临时调整是指税收风险程度较低的纳税人当月开具发票金额首次达到开具金额总额度一定比例时，电子发票服务平台自动为其临时调增一次开具金额总额度。

例 8-17 2023 年 2 月初成立的 C 公司，初始开具金额总额度为 750 万元。

情形一：2023 年 2 月中旬，C 公司销售额增加，至 2 月 20 日，实际已使用额度达到 600 万元（达到当前开具金额总额度的一定比例），电子发票服务平台自动风险扫描无问题后，为 C 公司临时增加开具金额总额度至 900 万元。

情形二：2023 年 2 月中旬，C 公司销售额增加，至 2 月 20 日，实际已使用额度达到 580 万元，未触发系统临时调整。2 月 21 日，C 公司因经营需要，需开具 1 份金额为 200 万元的全电发票，在填写发票信息时，因累计金额达到 780 万元（达到当前开具金额总额度的一定比例），电子发票服务平台自动风险扫描无问题后，为 C 公司临时增加开具金额总额度至 900 万元。

第三，人工调整。人工调整是指纳税人因实际经营情况发生变化申请调整开具金额总额度，主管税务机关依法依规审核未发现异常的，为纳税人调整开具金额总额度。

例 8-18 D公司2023年2月初开具金额总额度为750万元，销售额增加，电子发票服务平台为D公司临时调增开具金额总额度至900万元，但仍无法满足D公司本月开票需求。D公司根据实际经营情况，向主管税务机关申请调增开具金额总额度至1 200万元，主管税务机关依法依规审核未发现异常后，相应调增D公司开具金额总额度。

（7）试点纳税人在增值税申报期内如何使用开具金额总额度？

试点纳税人在增值税申报期内，完成增值税申报前，在电子发票服务平台中可以按照上月剩余可用额度且不超过当月开具金额总额度的范围内开具发票。试点纳税人按规定完成增值税申报且比对通过后，在电子发票服务平台中可以按照当月剩余可用额度开具发票。

一是按月进行增值税申报的试点纳税人在每月月初到完成上个所属期（即上个月）申报前开具金额总额度的可使用额度为上月剩余可用额度，且不超过本月开具金额总额度；完成上个所属期（即上个月）申报且比对通过后可使用额度为当月剩余可用额度。

二是按季进行增值税申报的试点纳税人在每季季初到完成上个所属期（即上个季度）申报前开具金额总额度的可使用额度为上月剩余可用额度，且不超过本月开具金额总额度；完成上个所属期（即上个季度）申报且比对通过后可使用额度为当月剩余可用额度。

例 8-19 试点纳税人E公司是按月申报的一般纳税人，2023年1月开具金额总额度为750万元，截至1月31日实际已使用额度400万元，剩余可用额度为350万元。

情形一：2月1日，电子发票服务平台自动计算其2月开具金额总额度为750万元。如果E公司在2月11日9时完成1月所属期增值税申报并比对通过，则2月11日9时前（即未完成1月所属期增值税申报前），E公司的可使用额度为350万元（1月剩余可用额度350万元＜2月月初开具金额总额度750万元）。

2月1日至11日9时，如果E公司实际已使用额度为20万元，则2月11日9时（即完成申报）后的剩余可用额度为730万元（750－20）。

情形二：2月1日，依据纳税人风险程度、纳税信用级别、实际经营情况等因素，电子发票服务平台自动计算并将2月开具金额总额度调整为50万元。如果E公司在2月11日9时完成1月所属期增值税申报并比对通过，则2月11日9时前（即未完成1月所属期增值税申报前）E公司的可使用额度为50万元（1月剩余可用额度350万元＞2月月初开具金额总额度50万元）。

2月1日至11日9时，如果E公司实际已使用额度为20万元，则2月11日9时（即完成申报）后的剩余可用额度为30万元（50－20）。

例 8-20 试点纳税人 F 公司是按季申报的小规模纳税人，2023 年 2 月开具金额总额度为 10 万元，截至 2 月 28 日实际已使用额度为 5 万元，剩余可用额度为 5 万元。

3 月 1 日，电子发票服务平台自动计算并将 3 月开具金额总额度重新调整为 10 万元。因 F 公司是按季申报的纳税人，3 月无需完成 2 月所属期增值税申报，则 3 月 1 日后可使用额度为 10 万元（即 3 月初的开具金额总额度）。3 月 1 日至 31 日，F 公司实际已使用额度为 8 万元，剩余可用额度为 2 万元。

4 月 1 日，电子发票服务平台自动计算并将 4 月开具金额总额度重新调整为 10 万元。如果 F 公司于 4 月 6 日 9 时完成 2023 年第一季度所属期增值税申报并比对通过，则 4 月 6 日 9 时前（即未完成第一季度所属期增值税申报前）可使用额度仍为 2 万元（2023 年 3 月剩余可用额度 2 万元＜2023 年 4 月初开具金额总额度 10 万元）。

4 月 1 日至 6 日 9 时，如果 F 公司实际已使用额度为 2 万元，则 4 月 6 日 9 时（即完成申报）后的剩余可用额度为 8 万元（10－2）。

（8）试点纳税人领用通过增值税发票管理系统开具的发票，如何确定单份最高开票限额和领用份数？

试点纳税人办理发票票种核定和发票领用时，通过增值税发票管理系统开具的发票最高开票限额和每月最高领用数量仍按照现行有关规定办理。其中，试点纳税人通过增值税发票管理系统开具的发票领用份数与单份发票最高开票限额之积应小于或等于当月剩余可用额度。

（9）试点纳税人开具纸质专票和纸质普票如何使用剩余可用额度？

试点纳税人通过电子发票服务平台开具纸质专票和纸质普票时，单份发票开具金额不得超过单份最高开票限额且不得超过当月剩余可用额度，并根据实际开票金额扣除当月剩余可用额度。

试点纳税人通过增值税发票管理系统开具的纸质专票、纸质普票、卷式发票、电子专票和电子普票的，在领用发票时按领用份数与单份发票最高开票限额之积扣除当月剩余可用额度，开具时不再扣除当月剩余可用额度。

（10）试点纳税人通过电子发票服务平台开具的纸质专票和纸质普票与增值税发票管理系统开具纸质专票和纸质普票有何区别？

试点纳税人通过电子发票服务平台开具的纸质专票和纸质普票，其法律效力、基本用途和基本使用规定与现有纸质专票、纸质普票相同。电子发票服务平台开具的纸质专票、纸质普票与现行纸质专票、纸质普票相比，区别在于电子发票服务平台开具纸质专票、纸质普票后，纸质专票、纸质普票密码区不再展示发票密文，密码区将展示电子发票服务平台赋予的 20 位发票号码以及全国增值税发票查验平台网址。

（11）通过电子发票服务平台税务数字账户，试点纳税人能够获得哪些优质便捷的服务？

为全面推进税收征管数字化升级，降低制度性交易成本，电子发票服务平台税务数字账户集成发票信息、优化发票应用、完善风险提醒，进一步深化发票数据应用成果。通过税务数字账户，纳税人能够获得以下优质便捷的服务：

一是"一户式"发票数据归集服务。电子发票服务平台税务数字账户自动归集开具发票信息，推送至对应受票方纳税人的税务数字账户，实现开票即交付，从根本上解决纳税人纸质发票易丢失破损及电子发票难归集等问题，降低纳税人发票管理成本。

二是"一站式"发票应用集成服务。电子发票服务平台税务数字账户创新应用集成服务，通过完善发票的查询、查验、下载、打印和用途确认等功能，增加税务事项通知书查询、税收政策查询、发票开具金额总额度调整申请、原税率发票开具申请等功能，再造红字发票业务流程、海关缴款书业务流程，为纳税人提供"一站式"服务。

三是"集成化"发票数据展示服务。电子发票服务平台税务数字账户为纳税人提供开具金额总额度管理情况展示服务，纳税人可实时掌握总授信额度和可用授信额度变动情况；同时为纳税人提供风险提醒服务，纳税人可以对发票的开具、申报、缴税、用途确认等流转状态以及作废、红冲、异常等管理状态进行查询统计，以便及时开展风险应对处理，从而有效规避因征纳双方和购销双方信息不对称而产生的涉税风险和财务管理风险。

（12）如何使用发票入账标识功能？

电子发票服务平台为试点纳税人提供发票入账标识服务，纳税人使用该功能时，系统将同步为发票赋予入账状态字样，供财务人员及时查验，避免重复报销入账。

（13）纳税人开具和取得全电发票报销入账归档的，需要注意哪些事项？

纳税人开具和取得全电发票报销入账归档的，应按照《财政部 国家档案局关于规范电子会计凭证报销入账归档的通知》（财会〔2020〕6号，以下称《通知》）和《会计档案管理办法》（财政部 国家档案局令第79号）的相关规定执行。

第一，纳税人可以根据《通知》第三条、第五条的规定，仅使用全电发票电子件进行报销入账归档的，可不再另以纸质形式保存。

第二，纳税人如果需要以全电发票的纸质打印件作为报销入账归档依据的，应当根据《通知》第四条的规定，同时保存全电发票电子件。

（14）试点纳税人怎样开具红字发票？

试点纳税人发生开票有误、销货退回、服务中止、销售折让等情形，需要通过电子发票服务平台开具红字全电发票或红字纸质发票的，按以下规定执行：

一是受票方未做用途确认及入账确认的，开票方在电子发票服务平台填开《红字发票信息确认单》（以下简称《确认单》）后全额开具红字全电发票或红字纸质发票，无需受票方确认。其中，《确认单》需要与对应的蓝字发票信息相符。

例8-21 2023年2月10日，G公司（试点纳税人）发现有一张在2023年1月

30 日开给 H 公司（试点纳税人）的纸质专票内容有误，通过电子发票服务平台查询到 H 公司未对取得的发票进行用途确认与发票入账。G 公司联系 H 公司将该发票相关联次取回后，通过电子发票服务平台填开并上传《确认单》，无需 H 公司确认，系统自动校验通过后可直接全额开具对应的红字全电发票。

例 8-22　2023 年 2 月，I 公司（试点纳税人）为 J 公司（非试点纳税人）提供加工劳务。I 公司在 2023 年 2 月 18 日已为 J 公司开具了带有"增值税专用发票"字样的全电发票。2 月 20 日因客观原因劳务终止，此前 J 公司未对该发票进行确认用途及发票入账，I 公司需全额开具红字全电发票。

I 公司通过电子发票服务平台填开《确认单》，无需 J 公司确认，I 公司依据核实无误的确认单信息，全额开具红字全电发票。

二是受票方已进行用途确认或入账确认的，受票方为试点纳税人，开票方或受票方均可在电子发票服务平台填开并上传《确认单》，经对方在电子发票服务平台确认后，开票方全额或部分开具红字全电发票或红字纸质发票；受票方为非试点纳税人，由开票方在电子发票服务平台或由受票方在增值税发票综合服务平台填开并上传《确认单》，经对方确认后，开票方全额或部分开具红字全电发票或红字纸质发票。其中，《确认单》需要与对应的蓝字发票信息相符。

受票方已将发票用于增值税申报抵扣的，应当暂依《确认单》所列增值税税额从当期进项税额中转出，待取得开票方开具的红字发票后，与《确认单》一并作为记账凭证。

例 8-23　2023 年 1 月，L 公司（试点纳税人）销售一批服装给 M 公司（试点纳税人），已开具带有"增值税专用发票"字样的全电发票，M 公司已对取得的发票进行用途确认。2023 年 2 月，该批服装发生销货退回。

情形一：M 公司财务人员通过电子发票服务平台填开《确认单》，选择原因和对应的蓝字发票信息，录入金额和税额。L 公司财务人员通过电子发票服务平台完成确认后，L 公司财务人员据此开具红字全电发票。

情形二：L 公司财务人员通过电子发票服务平台填开《确认单》，选择原因和对应的蓝字发票信息，录入金额和税额。M 公司财务人员通过电子发票服务平台完成确认后，L 公司财务人员据此开具红字全电发票。

例 8-24　2023 年 1 月，N 公司（试点纳税人）销售一批玩具给 P 公司（非试点纳税人），已开具带有"增值税专用发票"字样的全电发票，P 公司已确认用途。2023 年 2 月，该批玩具发生销货退回。

情形一：N 公司财务人员通过电子发票服务平台填开《确认单》，选择原因和对应的蓝字发票信息，录入金额和税额。P 公司财务人员通过增值税发票综合服务平台完成确认后，N 公司财务人员据此开具红字全电发票。

情形二：P 公司财务人员通过增值税发票综合服务平台发起《确认单》，选择原因和对应的蓝字发票信息，录入金额和税额。N 公司财务人员通过电子发票服务平台完成确认后，N 公司财务人员据此开具红字全电发票。

三是试点纳税人通过电子发票服务平台开具的全电发票或纸质发票已用于申请出口退税、代办退税的，暂不允许开具红字发票。

（15）非试点纳税人开具红字发票流程有何变化？

一是增值税发票综合服务平台为非试点纳税人提供了填开《确认单》和对《确认单》进行确认的功能。

二是纳税人发生《国家税务总局关于红字增值税发票开具有关问题的公告》（国家税务总局公告 2016 年第 47 号）第一条以及《国家税务总局关于在新办纳税人中实行增值税专用发票电子化有关事项的公告》（国家税务总局公告 2020 年第 22 号）第七条规定情形的，购买方可通过电子发票服务平台填开《信息表》。

例 8-25 2022 年 12 月，Q 公司（非试点纳税人）销售一批服装给 R 公司（试点纳税人），通过增值税发票管理系统已开具增值税专用发票，R 公司已确认用途。2023 年 1 月，该批服装发生销货退回。

R 公司通过电子发票服务平台填开《信息表》，Q 公司财务人员据此开具红字专用发票。

（16）试点纳税人通过电子发票服务平台开具红字发票有哪些注意事项？

一是试点纳税人需要开具红字发票的，可以在所对应的蓝字发票金额范围内开具红字发票。

二是试点纳税人开具蓝字全电发票当月开具红字全电发票，电子发票服务平台同步增加其当月剩余可用额度；跨月开具红字全电发票的，电子发票服务平台不增加其当月剩余可用额度。

三是试点纳税人开具蓝字纸质发票当月开具红字纸质发票，或者作废已开具的蓝字纸质发票，电子发票服务平台同步增加其当月剩余可用额度；跨月开具红字纸质发票的，电子发票服务平台不增加其当月剩余可用额度。

例 8-26 纳税人 S 公司，2023 年 2 月的开具金额总额度为 750 万元。

2023 年 2 月 1 日至 5 日 S 公司开票累计金额 100 万元，2 月 6 日开具红字全电发票金额 10 万元（对应 2023 年 1 月 25 日开具的蓝字全电发票，金额 10 万元），2 月 7 日开具红字全电发票 50 万元（对应 2023 年 2 月 3 日开具的蓝字全电发票，金额 50 万元），则 2 月 8 日剩余可用额度为 700 万元（750－100＋50）。由于跨月开具红字全电发票不增加当月剩余可用额度，2 月 6 日开具红字全电发票金额 10 万元不列入当月剩余可用额度计算。

（17）《公告》实施后，试点纳税人能开具机动车（含二手车）、通行费等特定业务发票吗？

电子发票服务平台暂不支持开具机动车（含二手车）、通行费等特定业务全电发票，开具上述发票功能的上线时间另行公告。功能上线前，试点纳税人可通过增值税发票管理系统开具上述发票。

相关发票功能上线前，试点纳税人可以通过增值税发票管理系统开具电子专票、增值税电子普通发票（含收费公路通行费增值税电子普通发票）、增值税普通发票（卷票）、二手车销售统一发票以及通过增值税发票管理系统开票软件中机动车发票开具模块开具左上角有"机动车"字样的增值税专用发票和机动车销售统一发票（包括纸质发票、电子发票）。

（18）通过什么渠道可以进行全电发票信息的查验？

单位和个人可以通过全国增值税发票查验平台对全电发票的信息进行查验。同时，电子发票服务平台为试点纳税人提供全电发票查验服务。

（19）试点纳税人通过电子发票服务平台开具或勾选确认发票后，如何填写增值税及附加税费申报表？

一是一般纳税人通过电子发票服务平台开具带有"增值税专用发票"或"普通发票"字样的全电发票、纸质专票、纸质普票，其金额及税额应分别填入《增值税及附加税费申报表附列资料（一）》（本期销售情况明细）"开具增值税专用发票"或"开具其他发票"相关栏次。

一般纳税人取得通过电子发票服务平台开具的全电发票、纸质专票、纸质普票，勾选用于进项抵扣时，其份数、金额及税额填列在《增值税及附加税费申报表附列资料（二）》（本期进项税额明细）相关栏次。

一般纳税人取得通过电子发票服务平台开具的带有"增值税专用发票"字样的全电发票、纸质专票，已用于增值税申报抵扣的，对应的《确认单》所列增值税税额填列在《增值税及附加税费申报表附列资料（二）》（本期进项税额明细）第20栏"红字专用发票信息表注明的进项税额"。一般纳税人取得通过电子发票服务平台开具的带有"普通发票"字样的全电发票、纸质普票，已用于增值税申报抵扣，对应的《确认单》所列增值税税额填列在《增值税及附加税费申报表附列资料（二）》（本期进项税额明细）第23b栏"其他应作进项税额转出的情形"。其中纳税人购进农产品取得全电发票、纸质专票、纸质普票，已按计算税额申报抵扣农产品进项税额的或已加计扣除农产品进项税额的，应按《确认单》所列已计算抵扣的税额或加计扣除农产品进项税额填报《增值税及附加税费申报表附列资料（二）》第23b栏"其他应作进项税额转出的情形"。

二是小规模纳税人通过电子发票服务平台开具的带有"增值税专用发票"或"普通发票"字样的全电发票、纸质专票、纸质普票，其金额及税额应填入《增值税及附加税费申报表（小规模纳税人适用）》"增值税专用发票不含税销售额"或"其他增值税发票不含税销售额"相关栏次。其中，适用增值税免税政策的，按规定填入"免税销售额"相关栏次。

（20）纳税人需要确认发票用途，通过什么渠道进行确认？

《公告》发布后，试点纳税人可以通过电子发票服务平台税务数字账户使用增值税发票综合服务平台具备的发票用途确认、风险提示、信息下载等功能。

试点纳税人取得通过电子发票服务平台开具的带有"增值税专用发票"字样的全电发票、带有"普通发票"字样的全电发票、纸质专票和纸质普票等符合规定的增值税扣税凭证，如需用于申报抵扣增值税进项税额或申请出口退税、代办退税的，应当通过电子发票服务平台税务数字账户或增值税发票综合服务平台确认用途。非试点纳税人继续通过增值税发票综合服务平台使用相关增值税扣税凭证功能，取得通过电子发票服务平台开具的带有"增值税专用发票"字样的全电发票、带有"普通发票"字样的全电发票、纸质专票和纸质普票等符合规定的增值税扣税凭证，用于申报抵扣增值税进项税额或申请出口退税、代办退税的，应通过增值税发票综合服务平台确认用途。

纳税人确认用途有误的，可向主管税务机关申请更正。

（21）试点纳税人如何通过电子发票服务平台税务数字账户进行计算农产品进项税额以及加计扣除农产品进项税额？

试点纳税人购进农产品，取得符合规定的带有"增值税专用发票"字样的全电发票、增值税专用发票、海关缴款书、农产品销售发票等凭证或者开具符合规定的收购发票，可以通过电子发票服务平台税务数字账户进行用途确认，按照相关规定计算当期进项税额。

其中，试点纳税人购进用于生产或者委托加工13%税率货物的农产品，可以由主管税务机关开通加计扣除农产品进项税额确认功能，按照相关规定计算当期进项税额，并将已进行用途确认的凭证明细转入加计扣除农产品进项税额确认待用。纳税人将购进农产品用于生产或者委托加工的当期，可以通过电子发票服务平台税务数字账户选择相应凭证，按规定计算填写本次加计扣除农产品进项税额。

试点纳税人取得符合以上规定的尚未用于加计扣除农产品进项税额的凭证，可以向主管税务机关申请补录。

（22）试点纳税人错误确认发票用途后，税务机关如何帮助纳税人进行修改和更正？

试点纳税人通过电子发票服务平台确认发票用途后，如果出现发票用途确认错误的情形，税务机关可为纳税人提供规范、便捷的更正服务。

纳税人将发票用途误确认为申报抵扣且已申报抵扣后，如果要改为用于申报出口退税或代办退税，纳税人可以向主管税务机关申请更正。主管税务机关在核实确认相关进项税额已转出后，为纳税人调整发票用途。

纳税人将发票用途误确认为用于出口退税、代办退税的，可以向主管税务机关申请更正。如纳税人尚未申报出口退税，经主管税务机关确认后，可将发票信息回退至电子发票服务平台，纳税人可以重新确认发票用途；如果纳税人已申报办理出口退税，可向主管税务机关申请开具出口货物转内销证明。

三、全面数字化的电子发票问答

六问六答 助您了解 数字化电子发票

一、数字化电子发票谁能开？

2023年1月28日起，大连市试点上线数字化电子发票。纳入大连市数字化电子发票试点范围的纳税人，主要包括如下范围：
- ☑（一）新设立的纳税人。
- ☑（二）存量纳税人将按照税务机关的推广计划，分批纳入试点范围。

二、数字化电子发票怎么开？

试点纳税人可以通过电子税务局【首页】—【我要办税】—【开票业务】路径进入电子发票服务平台，既可以由开票方开票，也可以由受票方扫描二维码补充开票信息后再由开票方开票。开具数字化电子发票无需使用其他特定开票软件或安装插件，也无需领用税控专用设备或税务UKEY。

- ☑（三）纳税人进入开票界面后，需要首先选择发票票种等信息。
- ☑（四）纳税人开票完成后，系统将自动赋予20位的发票号码。
- ☑（五）纳税人通过使用【税务数字账户】，可以进行发票勾选确认、发票查询统计、发票查验、申请调整授信额度、查询涉税信息、采集海关缴款书等操作。

三、数字化电子发票的开具额度是多少？

- ☑ 系统将根据试点纳税人动态"信用+风险"数据，结合前期已核定的税控发票数量和金额，自动生成纳税人对应的授信类别和授信额度。
- ☑ 纳税人可在授信额度内，通过电子发票服务平台开具数字化电子发票。开具发票后，可用授信额度会相应调减。其中，纳税人如选择电子发票服务平台开具纸质发票，则受最高开票限额和每月最高领用数量的限制。

（续）

四、如何调整授信额度？

☑ （一）对税收风险程度较低的试点纳税人开具发票金额首次达到授信额度一定比例且不存在系统临时调整、人工调整、上月/上季度增值税未申报时，电子发票服务平台当月将自动为其增加一次临时授信额度。临时授信额度的增加比例为授信额度的20%或50%。

☑ （二）如试点纳税人发现授信额度仍不满足实际经营需要，或税务机关在日常管理过程中认为有必要调整纳税人授信额度，可以进行授信额度调整。其中，纳税人可以通过登录电子税务局【首页】—【我要办税】—【税务数字账户】—【授信额度调整申请】功能，申请调整授信额度。

五、税控纸票如何切换至数字化电子发票纸票？

☑ 试点纳税人从税控系统开具纸票切换至电子发票服务平台开具纸票时，需确保无结存税控纸质发票。对于未使用的空白纸质发票，可进行空白发票作废、发起发票缴销申请、发起发票退回申请等操作；对于已开具的纸质发票，应于电子税务局做发票验旧处理。

☑ 在完成上述操作后，试点纳税人通过电子税务局【发票票种核定】模块提交修改使用增值税纸质发票为使用电票平台纸票的申请，申请通过后即可通过【发票领用】模块申领数电纸质发票。

六、数字化电子发票如何交付？

☑ 数字化电子发票可以实现实时便利交付。当开票方成功开具发票后，电子发票文件及数据自动交付至受票方税务数字账户或综合服务平台。

☑ 如受票方需要纸质形式发票或选择其他渠道获取发票，开票方可以通过电子发票服务平台税务数字账户查询发票后自行选择邮箱交付、二维码交付、发票下载（PDF格式、OFD格式、XML格式）和发票打印等方式交付数字化电子发票。

四、开展全面数字化的电子发票操作指引

（一）抵扣勾选

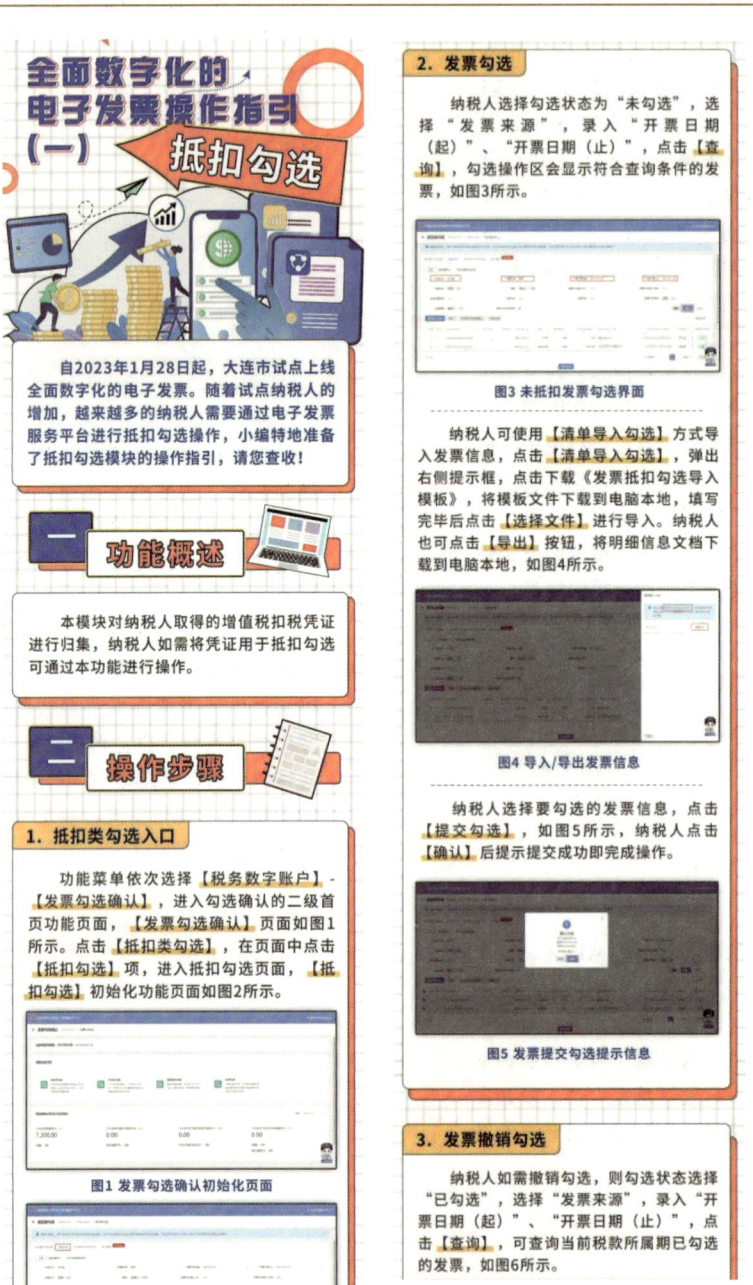

（续）

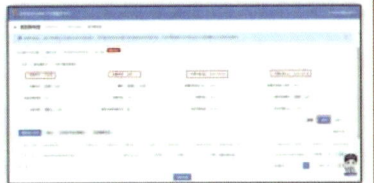

图6 已勾选发票信息

纳税人选择需要撤销勾选的发票信息，点击【撤销勾选】，弹出确认撤销对话框，点击【确认】，完成撤销勾选操作，如图7所示。

图7 发票撤销勾选提示信息

4. 海关缴款书勾选

纳税人点击【海关缴款书】栏次，选择勾选状态"未勾选"，根据需要输入或选择相关查询条件，然后点击【查询】，则在勾选操作区显示符合查询条件的缴款书，如图8所示。

图8 未抵扣海关缴款书勾选页面

需注意：纳税人取得的双抬头海关缴款书与无法清分下发及清分结果有异议的单抬头海关缴款书需在【税务数字账户】-【海关缴款书采集】页面进行信息采集后，再进行勾选操作。

5. 海关缴款书撤销勾选

纳税人选择勾选状态为"已勾选"，录入"填发日期（起）"、"填发日期（止）"等必录信息，点击【查询】，可查询当前税款所属期已勾选的海关缴款书。纳税人选择要撤销的海关缴款书信息，点击【撤销勾选】，提示提交成功即完成操作，如图9所示。（处理完成该海关缴款书，该海关缴款书则转变为未勾选状态）。

图9 海关缴款书撤销勾选页面

6. 代扣代缴完税凭证勾选

纳税人点击【代扣代缴完税凭证】栏次，选择勾选状态为"未勾选"，根据需要输入或选择相关查询条件，然后点击【查询】，则在勾选操作区显示符合查询条件的代扣代缴完税凭证信息，如图10所示。

图10 未抵扣代扣代缴完税凭证勾选页面

需注意：代扣代缴完税凭证指从境外单位或者个人购进服务、无形资产或者不动产，自税务机关或者扣缴义务人取得的解缴税款的完税凭证上注明的增值税额。

7. 代扣代缴完税凭证撤销勾选

纳税人如需撤销勾选，可将勾选状态选择为"已勾选"，录入"填发日期（起）"、"填发日期（止）"等必录信息，点击【查询】，可查询当前税款所属期已勾选的代扣代缴完税凭证。选择要撤销的代扣代缴完税凭证信息，点击【撤销勾选】按钮，提示提交成功即完成操作，如图11所示。（处理完成该代扣代缴完税凭证，该代扣代缴完税凭证则转变为未勾选状态）。

图11 代扣代缴完税凭证撤销勾选页面

（二）统计确认

自2023年1月28日起，大连市受票试点纳税人需在电子发票服务平台进行全面数字化的电子发票的统计确认操作。结合12366、征纳互动与办税服务厅中纳税人反馈的勾选类操作问题，小编特地准备了统计确认模块的操作指引，请您查收！

纳税人在做完发票抵扣勾选、农产品加计扣除勾选后，进入发票统计确认页面，进行发票勾选汇总操作，汇总信息包括抵扣勾选信息、农产品加计扣除勾选等等。

不抵扣发票、海关缴款书及代扣代缴完税凭证不列入统计范围，不列入统计确认范围。作进项转出处理的异常凭证，在解除异常凭证后勾选的，作单独统计。

1. 统计确认入口

功能菜单依次选择【税务数字账户】-【发票勾选确认】-【抵扣类勾选】-【统计确认】，【统计确认】页面如图1所示。

功能菜单依次选择【税务数字账户】-【发票勾选确认】-【抵扣类勾选】-【统计确认】，【统计确认】页面如图1所示。

图1 统计确认功能页面

2. 申请统计

如果当前税款属期还未生成勾选结果的统计报表，纳税人可点击【申请统计】按钮进行统计。

申请统计提交后系统将对纳税人勾选结果进行实时统计，如图2所示。

图2 统计页面

纳税人核对统计数据无误后，需对统计表进行确认，点击【统计确认】按钮，出现弹窗提示，如图3所示。

纳税人点击【继续】后，弹窗消失，显示确认成功，下方按钮变为【撤销确认】，如图4所示。

图3 提示页面

（续）

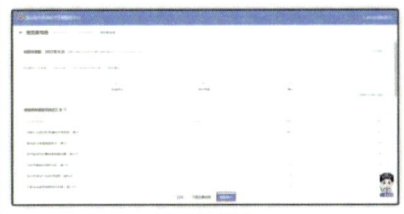

图4 统计结果

纳税人如需查看发票清单，可点击【下载发票明细】按钮，将用途确认信息下载至电脑本地，如图5所示。

图5 下载发票明细

3. 撤销统计

纳税人对勾选发票信息进行统计确认后，系统将锁定当期勾选操作，如需继续勾选，需进行【撤销确认】与【撤销统计】，【撤销统计】成功后系统将自动解锁当期勾选操作。

纳税人点击【撤销确认】，出现弹窗提示，如图6所示。纳税人点击【确定】后，即可撤销确认结果。

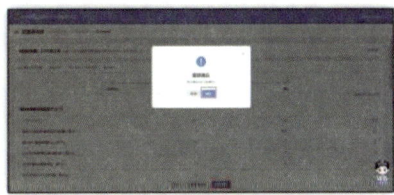

图6 撤销确认

纳税人撤销确认成功后，需点击【撤销统计】，出现弹窗提示，点击【确认】，完成【撤销统计】操作，如图7所示。

纳税人可返回【抵扣勾选】页面重新进行勾选操作。

图7 撤销统计

需注意：纳税人每日有10次撤销统计机会，请谨慎操作。

以上就是为您准备的统计确认操作指引，如有疑问可以点击电子发票服务平台右侧的征纳互动图标，智能咨询为您提供服务，您还可以咨询主管税务机关，或拨打12366纳税缴费服务热线，了解更多内容。

（三）待处理农产品发票

全面数字化的电子发票上线后，大连市试点纳税人取得的税控系统开具的自产农产品增值税普通发票和从小规模纳税人处取得的按照简易计税方法依照3%征收率缴纳增值税的农产品增值税专用发票需进行预处理后，再进行勾选确认操作。小编为大家整理了待处理农产品发票模块的操作指引，请大家查收！

一．功能概述

纳税人可通过【待处理农产品发票】模块对【自产农产品销售发票】与【从小规模处购进的3%农产品专票】中取得的农产品发票进行处理，处理后即可进行勾选操作。

二．操作步骤

1、自产农产品销售发票入口

功能菜单依次选择【税务数字账户】-【发票勾选确认】-【抵扣类勾选】-【待处理农产品发票】-【自产农产品销售发票】，进入页面，如图1所示。

图1 自产农产品发票界面

2、自产农产品销售发票处理

录入"开票日期（起）"、"开票日期（止）"、"是否处理"三个必录查询条件后，点击【查询】，根据实际情况进行选择"类型"，如图2所示。点击【提交】按钮，完成处理操作。

图2 自产农产品处理页面

3、从小规模处购进的3%农产品专票入口

功能菜单依次选择【税务数字账户】-【发票勾选确认】-【抵扣类勾选】-【待处理农产品发票】-【从小规模处购进的3%农产品专票】，会提示何种情况下可以使用该功能，如图3所示。

图3 从小规模处购进的3%农产品专票温馨提示界面

4、从小规模处购进的3%农产品专票处理

关闭温馨提示界面，录入"开票日期（起）"、"开票日期（止）"、"是否处理"三个必录查询条件后，点击【查询】按钮，根据实际情况进行选择"类型"，如图4所示。

图4 从小规模处购进的3%农产品专票查询结果展示

（续）

纳税人点击【提交】，完成处理操作，如图5所示。

图5 从小规模处购进的
3%农产品专票提交成功页面

以上就是为您准备的待处理农产品模块的操作指引，如有疑问可以点击电子发票服务平台右侧的征纳互动图标，智能咨询为您提供服务，您还可以咨询主管税务机关，或拨打12366纳税缴费服务热线，了解更多内容。

（四）农产品加计扣除勾选

全面数字化的电子发票操作指引（四）
农产品加计扣除勾选

自2023年1月28日起，农产品深加工企业需在电子发票服务平台进行农产品加计扣除勾选操作。结合12366、征纳互动与办税服务厅中纳税人反馈的农产品加计扣除勾选问题，小编特地准备了农产品加计扣除勾选模块的操作指引，请您查收！

01 功能概述

当农产品类的发票完成抵扣勾选后，纳税人根据需要进行农产品加计扣除勾选，选择农产品发票是否用于增值税加计扣除。

需注意：只有农产品深加工企业才能使用此功能。

02 操作步骤

① 农产品加计扣除勾选入口

功能菜单依次选择【税务数字账户】-【发票勾选确认】-【抵扣类勾选】-【农产品加计扣除勾选】，纳税人选择勾选状态为"未勾选"，选择"发票来源"，录入"开票日期（起）"、"开票日期（止）"等必录条件，点击【查询】，则在勾选操作区显示符合查询条件的发票。如图1所示。

图1 农产品加计扣除勾选发票页面

② 填写加计扣除信息

纳税人选择【是否用于增值税加计扣除】，可选择"用于加计"或"全部项目不加计"，并填写【本次加计扣除税额】，如图2所示。

图2 填写加计扣除税额页面

③ 提交农产品加计扣除勾选

纳税人填写完毕后,点击【提交勾选】按钮,根据提示信息核对数据,如图3所示,确认数据无误后,点击【确认】按钮,提示"提交成功"完成勾选操作。

图3 提交农产品加计扣除勾选页面

④ 撤销农产品加计扣除勾选

纳税人选择勾选状态为"已勾选",选择"发票来源",录入"开票日期(起)"、"开票日期(止)"等必录条件,点击【查询】,则在勾选操作区显示符合查询条件的发票,选择需要撤销的发票信息,如图4所示。

图4 撤销农产品加计扣除勾选页面

⑤ 确认撤销

纳税人点击【撤销勾选】,出现弹窗提示,点击【确认】,完成撤销勾选操作,如图5所示。

图5 确认撤销勾选页面

⑥ 提交海关缴款书勾选

纳税人点击【海关缴款书】栏次,勾选状态选择"未勾选",根据需要输入或选择相关查询条件,然后点击【查询】按钮,则在勾选操作区显示符合查询条件的海关缴款书信息,如图6所示。

纳税人选择需要勾选的发票信息,选择【是否用于增值税加计扣除】,点击【提交勾选】按钮,完成勾选操作。

图6 提交海关缴款书勾选页面

以上就是为您准备的农产品加计扣除勾选模块的操作指引,如有疑问可以点击电子发票服务平台右侧的征纳互动图标,智能咨询为您提供服务,您还可以咨询主管税务机关,或拨打12366纳税缴费服务热线,了解更多内容。

（五）立即开票

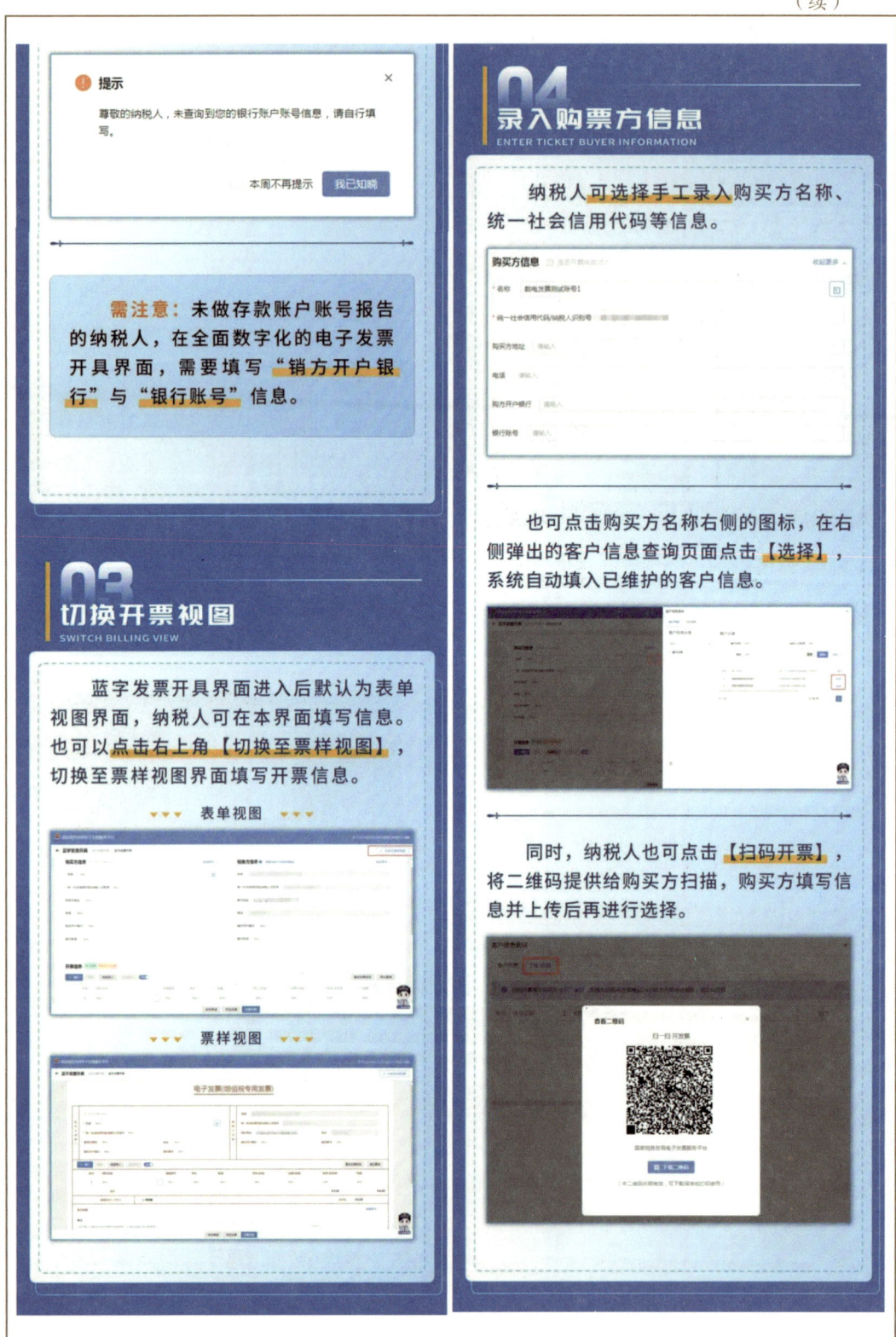

（续）

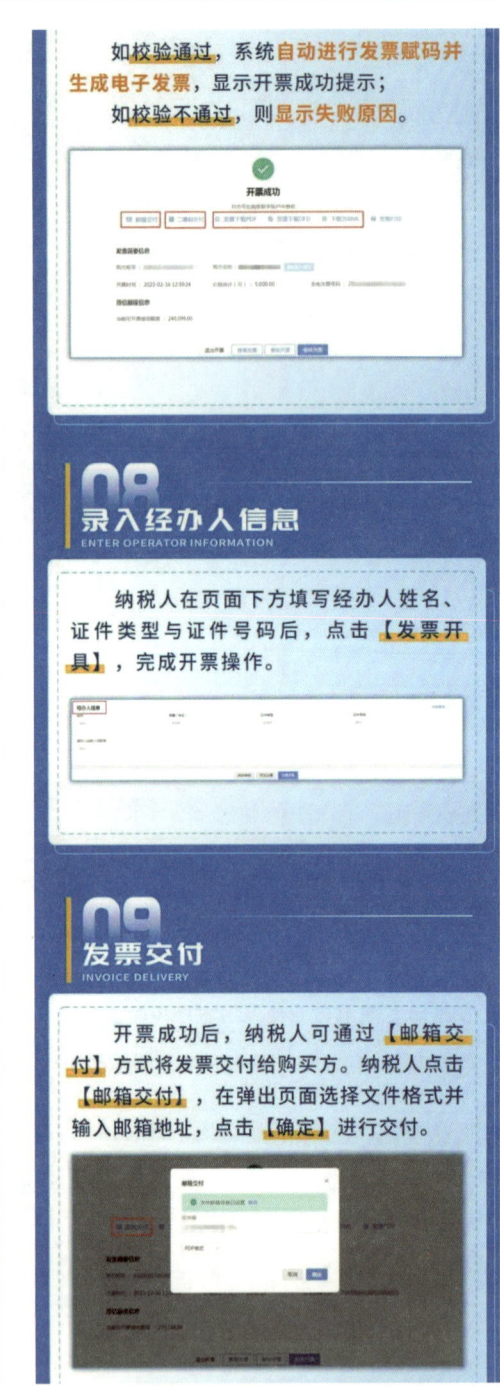

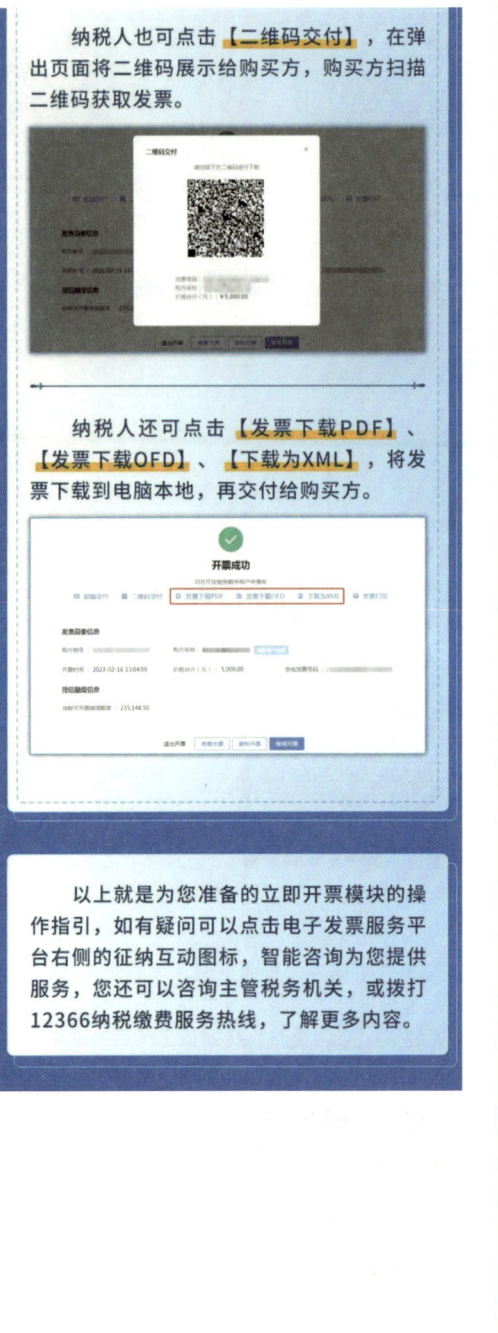

第八章 东北地区全电发票试点制度

（六）纸质发票开具

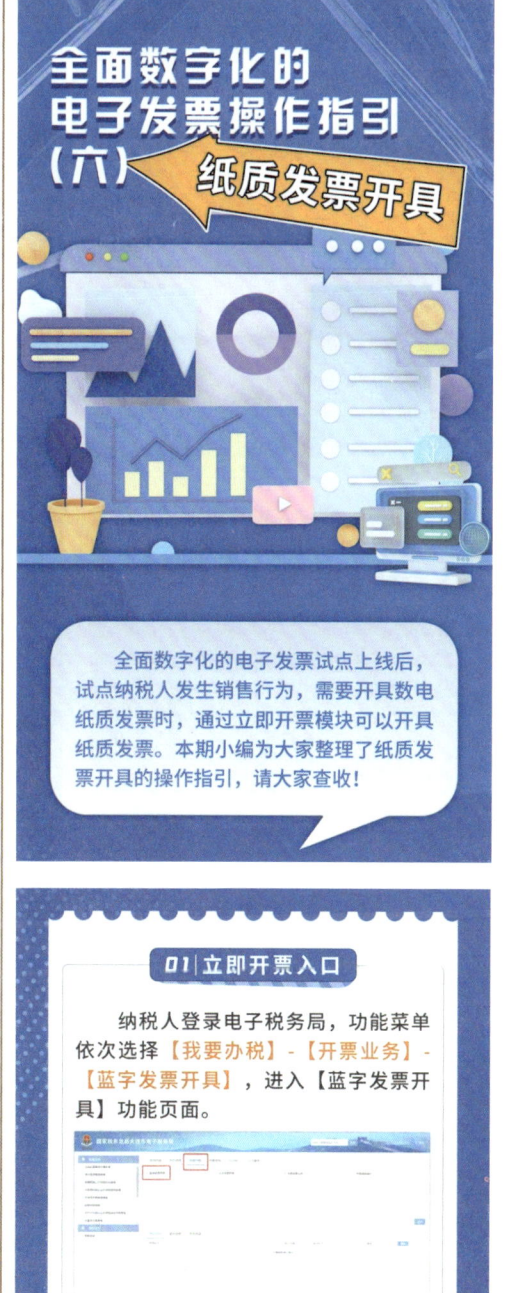

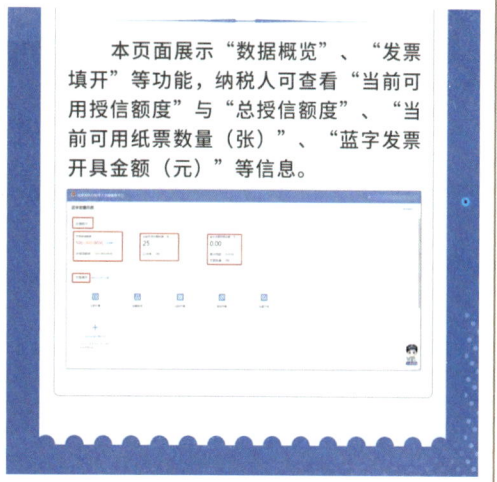

本页面展示"数据概览"、"发票填开"等功能，纳税人可查看"当前可用授信额度"与"总授信额度"、"当前可用纸票数量（张）"、"蓝字发票开具金额（元）"等信息。

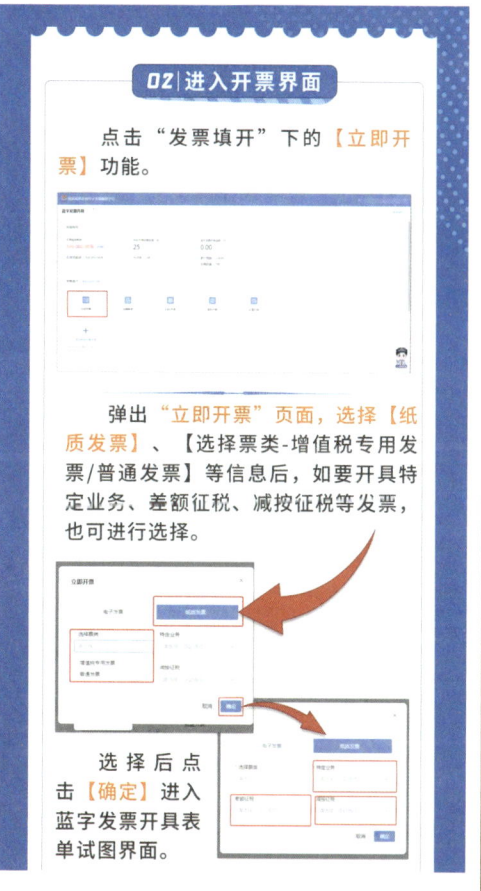

02 | 进入开票界面

点击"发票填开"下的【立即开票】功能。

弹出"立即开票"页面，选择【纸质发票】、【选择票类-增值税专用发票/普通发票】等信息后，如要开具特定业务、差额征税、减按征税等发票，也可进行选择。

选择后点击【确定】进入蓝字发票开具表单试图界面。

497

（续）

系统会弹出：尊敬的纳税人，未查询到您的银行账户账号信息，请自行填写。纳税人点击【我已知晓】后，可关闭温馨提示，进入开票界面。

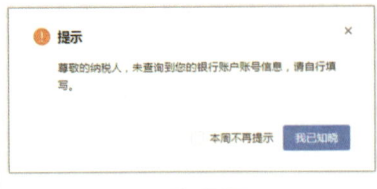

需注意：未做存款账户账号报告的纳税人，在全面数字化的电子发票开具界面，需要填写"销方开户银行"与"银行账号"信息。

03｜切换开票视图

蓝字发票开具界面进入后默认为表单视图界面，纳税人可在本界面填写信息，在界面的左下方，【开票信息】右面可以看出本次开具的是【纸质发票】，在界面的右下角，有本企业库存的剩余纸质发票的数量，以及本次开具纸质发票的发票代码、发票号码。

也可以点击右上角【切换至票样视图】，切换至票样视图界面填写开票信息。

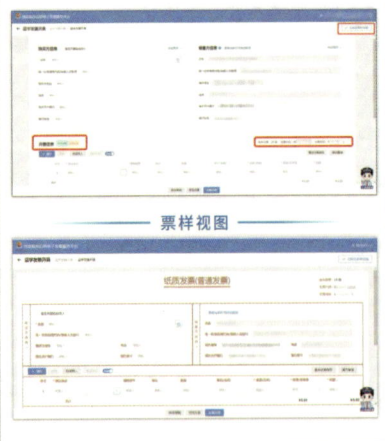

票样视图

04｜录入购方信息

在界面里，销售方信息系统自动带出，购买方信息可手工填写，也可点名称右边按钮选择已维护的客户信息。

同时，纳税人也可点击【扫码开票】，将二维码提供给购买方扫描，购买方填写信息并上传后再进行选择。

05｜录入项目信息

纳税人填写发票信息中的项目信息时，可选择手工填写，系统将通过智能匹配提供相似选项。

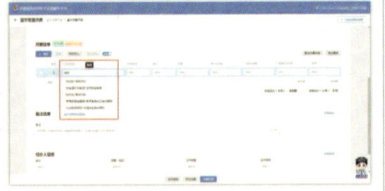

第八章 东北地区全电发票试点制度

（续）

纳税人还可点击【明细导入】，在右侧弹出的明细导入页面下载《发票开具-项目信息批量导入模板》至电脑本地，填写完毕后点击【选择文件】将模板上传后完成项目信息填写。

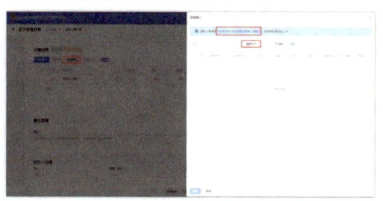

06 | 录入备注信息

纳税人如需填写备注，可选择手动输入备注信息。

以上就是为您准备的纸质发票开具的操作指引，如有疑问可以点击电子发票服务平台右侧的征纳互动图标，智能咨询为您提供服务，您还可以咨询主管税务机关，或拨打12366纳税缴费服务热线，了解更多内容。

07 | 开具纸质发票

点击【发票开具】即可完成纸质发票的开具，点击【打印发票】即可打印出开具的纸质发票。

（七）红字发票信息确认单录入与处理

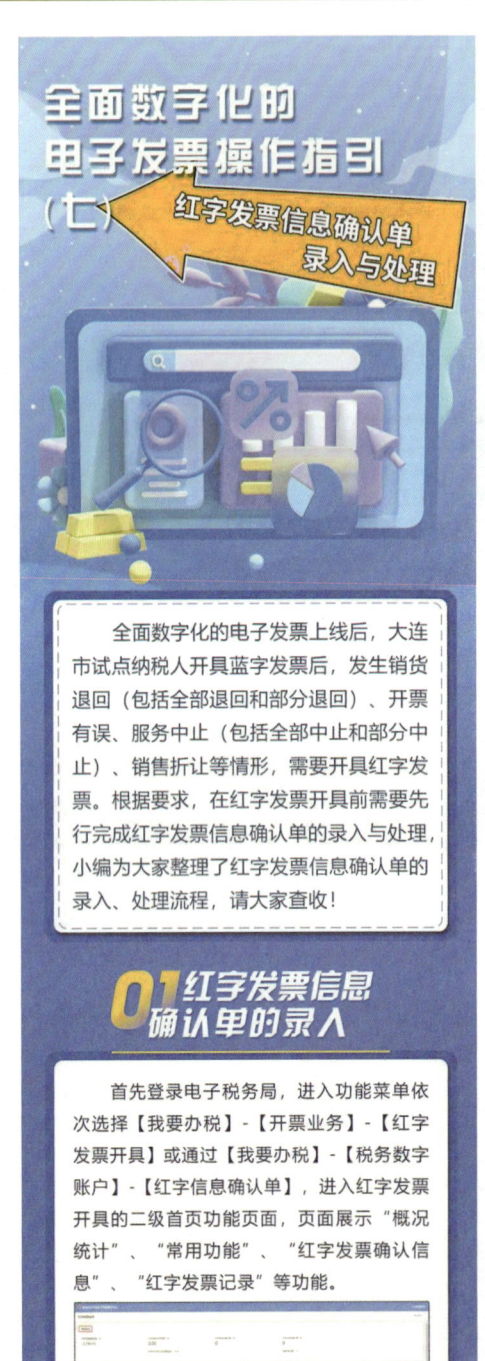

全面数字化的电子发票上线后，大连市试点纳税人开具蓝字发票后，发生销货退回（包括全部退回和部分退回）、开票有误、服务中止（包括全部中止和部分中止）、销售折让等情形，需要开具红字发票。根据要求，在红字发票开具前需要先行完成红字发票信息确认单的录入与处理，小编为大家整理了红字发票信息确认单的录入、处理流程，请大家查收！

01 红字发票信息确认单的录入

首先登录电子税务局，进入功能菜单依次选择【我要办税】-【开票业务】-【红字发票开具】或通过【我要办税】-【税务数字账户】-【红字信息确认单】，进入红字发票开具的二级首页功能页面，页面展示"概况统计"、"常用功能"、"红字发票确认信息"、"红字发票记录"等功能。

点击【红字发票确认信息录入】，进入红字发票确认信息录入界面。

在【选择票据】页面，录入查询条件：购/销方选择、对方纳税人识别号、纳税人名称、开票日期起、开票日期止、全电发票号码、发票代码、发票号码。点击【查询】按钮，查询需要红冲的蓝字发票信息。查询结果处可以看到数字化电子发票号码、价税合计金额、购买方、开票日期等信息，点击【预览票据】可以查看票面信息。在查询结果中点击【选择】后进入【信息确认】页面。

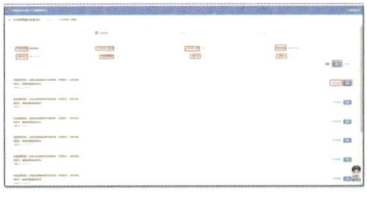

在页面左下角选择【开具红字发票原因】，点击【提交】按钮即可完成确认信息录入，生成红字发票信息确认单。如果选择票据时操作错误，也可点击右上角的【返回重选】，进行重选选择。

点击提交后，页面显示【提交成功】。红字发票信息确认单已发送给对方，请耐心等待对方确认。若录入的是销售方单方发起无需对方确认的红字发票信息确认单，页面展示为"本次红字发票信息确认单无需对方确认可直接开具发票"。

第八章 东北地区全电发票试点制度

（续）

注意事项：

开票方开具全面数字化的电子发票后，受票方未做用途确认及入账确认的，开票方在电子发票服务平台填开《红字发票信息确认单》后全额开具红字发票，无需受票方确认。

受票方已进行用途确认或入账确认的，开票方或受票方均可填开并上传《红字发票信息确认单》，经对方确认后，开票方可全额或部分开具红字发票。

02 红字发票信息确认单的处理

首先登录电子税务局，进入功能菜单依次选择【我要办税】-【开票业务】-【红字发票开具】；或通过【我要办税】-【税务数字账户】-【红字信息确认单】，点击【红字发票确认信息处理】模块。

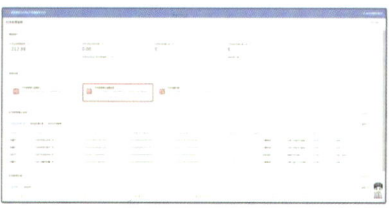

进入【红字发票确认信息处理】模块，录入查询条件：购/销方身份选择、确认单状态、对方纳税人名称、开票日期起、开票日期止、开票状态、录入方身份，点击【查询】按钮，检索需要处理的红字发票信息确认单。若点击【撤销】也可对可撤销的红字发票信息确认单进行撤销。

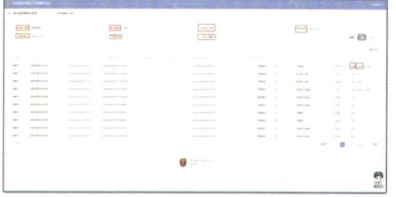

点击【查看】按钮即可进入对应《红字发票信息确认单》的确认界面后，纳税人可对确认单发起方发出的《红字发票信息确认单》进行确认或者拒绝。若点击【拒绝】按钮，该确认单变为"作废"状态，此时对方纳税人如仍需开具红字发票，应重新发起红字发票信息确认单。

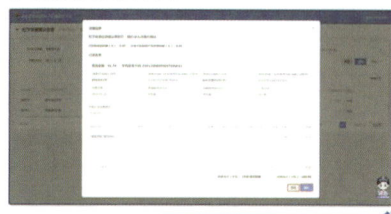

点击【确认】按钮，提示"您确认要通过该项么"，点击【确认】，提示确认成功，该确认单变为"已确认"状态。

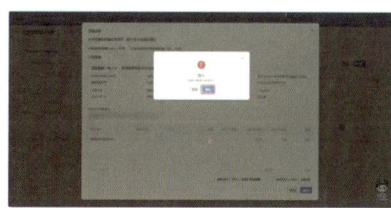

注意事项：

开票方或受票方需在红字发票信息确认单发起后的72小时内进行确认，未在规定时间内确认的，该流程自动作废，需重新发起流程。

以上就是为您演示的红字发票信息确认单的录入、处理流程，如有疑问可以点击电子发票服务平台右侧的征纳互动图标，智能咨询为您提供服务，您还可以咨询主管税务机关，或拨打12366纳税缴费服务热线，了解更多内容。

（八）红字发票开具

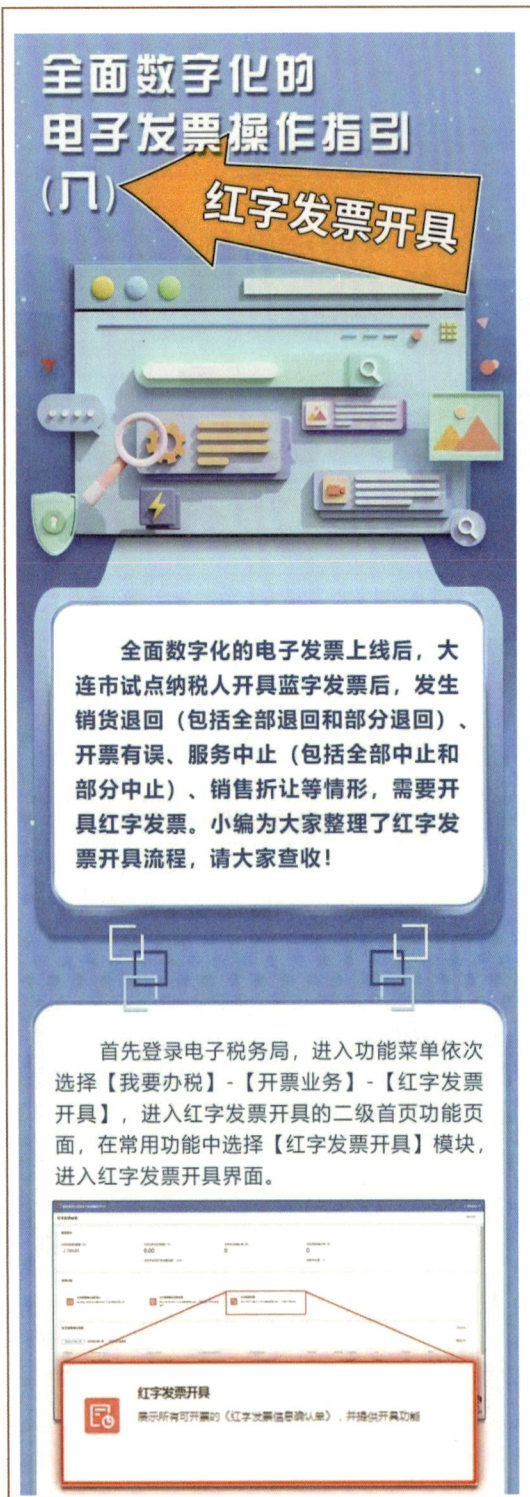

在【红字发票确认信息】页面，可展示所有可开票的红字发票信息确认单。录入查询条件：确认单状态、纳税人名称、开票日期起、开票日期止、录入方身份。点击【查询】按钮，查询可红冲的确认单信息。查询结果处可以看到购买方信息、蓝字数化电子发票号码、红字通知单编号、金额、税额、冲红原因、确认单状态等信息，点击【查看】可以查看确认单详细内容，点击【撤销】也可对可撤销的红字发票信息确认单进行撤销，点击【去开票】，即可进入对应的红字发票开具页面。

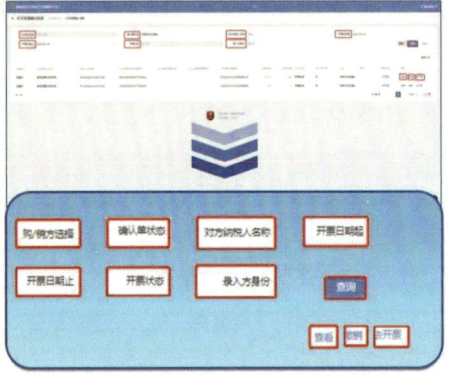

也可以在红字发票开具的二级首页功能页面，在红字发票确认信息中找到当前可开具红字发票的红字发票信息确认单，界面展示【去开票】按钮，点击【去开票】，进入对应的红字发票开具页面。

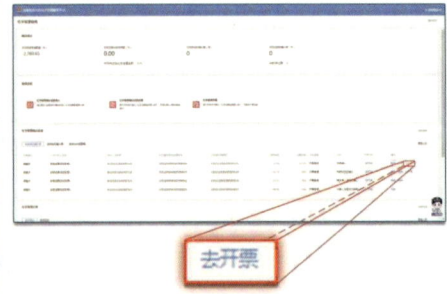

第八章 东北地区全电发票试点制度

（续）

进入红字发票开具界面，此时可以看到对应蓝字发票信息。纳税人可点击左上角【电子发票】、【纸质发票】，进行红字发票的票种选择。也可以点击右上角【切换至票面模式】，查看红字发票的票面内容。

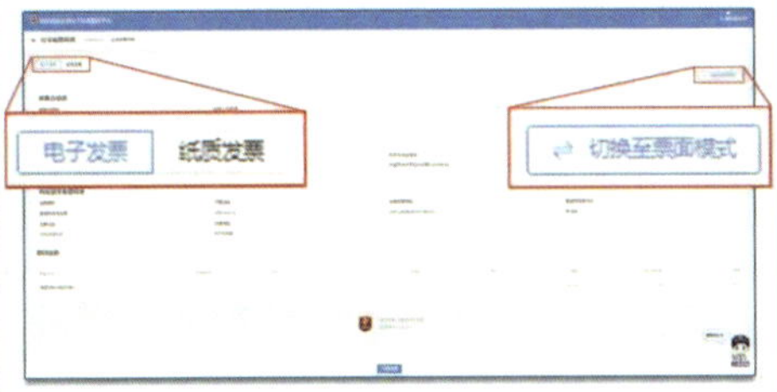

点击【开具发票】按钮，系统提示红字发票开具成功，即完成红字发票的开具。

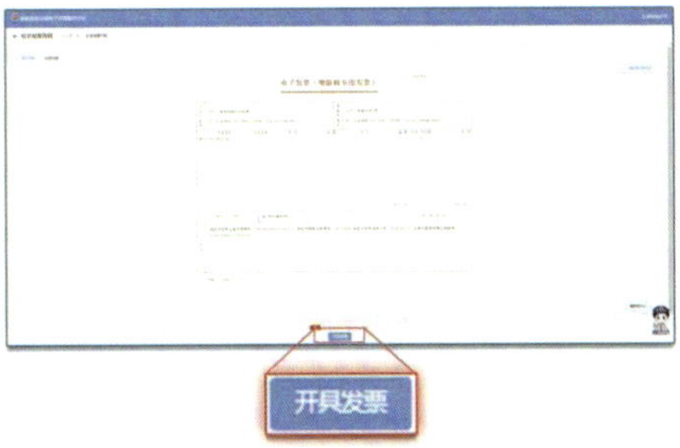

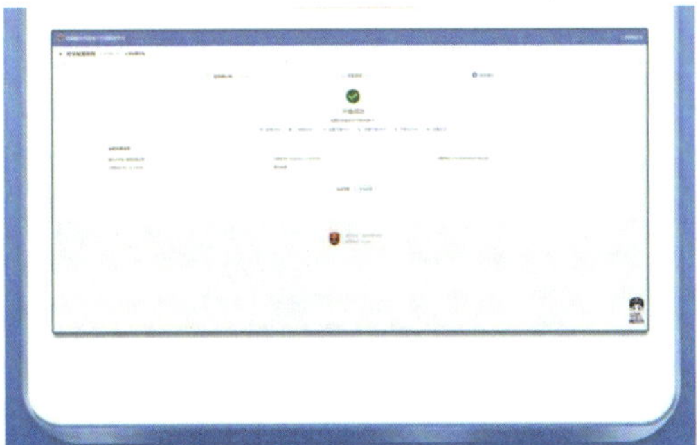

以上就是为您演示的红字发票开具操作流程，如有疑问可以点击电子发票服务平台右侧的征纳互动图标，智能咨询为您提供服务，您还可以咨询主管税务机关，或拨打12366纳税缴费服务热线，了解更多内容。

（九）开票信息维护

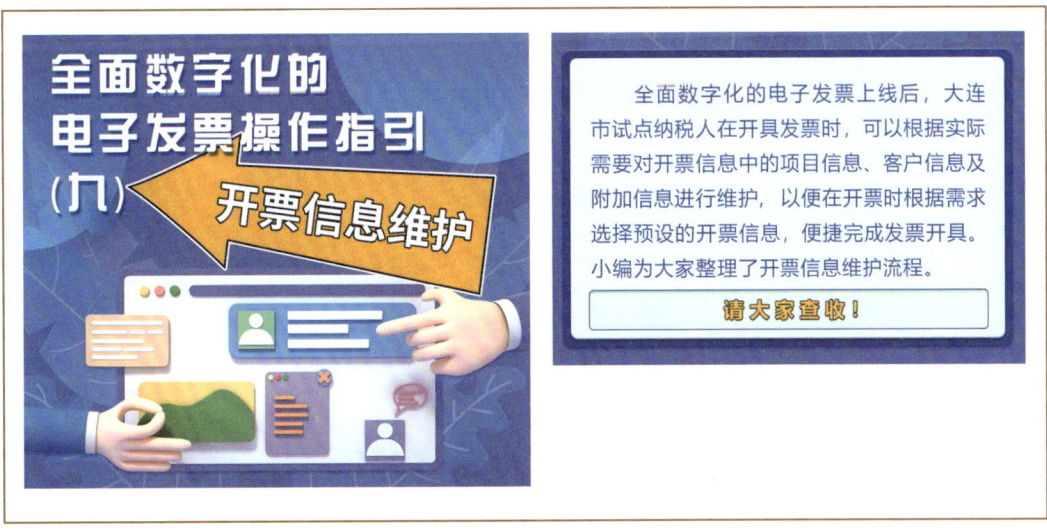

全面数字化的电子发票上线后，大连市试点纳税人在开具发票时，可以根据实际需要对开票信息中的项目信息、客户信息及附加信息进行维护，以便在开票时根据需求选择预设的开票信息，便捷完成发票开具。小编为大家整理了开票信息维护流程。

请大家查收！

(续)

首先登录电子税务局，进入功能菜单依次选择【我要办税】-【开票业务】-【开票信息维护】，进入开票信息维护的二级首页功能页面，页面展示"项目信息维护"、"客户信息维护"、"附加信息维护"等功能。

根据实际需要对项目信息、客户信息、附加信息等内容进行维护，也可以直接进入【蓝字发票开具】开票。

一、项目信息维护

点击【项目信息维护】，进入项目信息维护录入界面。

在主页面左侧"项目信息分类"中选择一个节点，点击"+"-"新增"。

此时弹出新增项目分类页面，填写完毕后，点击"保存"，保存信息并返回主页面。

在左侧选中一个项目信息分类后，在主页面右侧点击"添加"，进入添加项目信息页面。

填写"项目名称"后，可以在右侧树形菜单栏中根据商品类型选择对应的商品和税收分类编码进行赋码或在搜索栏中输入关键词快速查找。选中后，信息将自动填充到项目信息的"商品和税收分类编码"以及"商品和税收分类简称"中，完成赋码。

优惠政策及简易计税可根据当前政策制度对项目信息进行设置，若优惠政策选择"是"，则必须选择一个"优惠政策类型"。

项目信息填写完毕后，点击"保存"并返回主页面。

504

第八章 东北地区全电发票试点制度

（续）

填写"项目名称"后，可以在右侧树形菜单栏中根据商品类型选择对应的商品和税收分类编码进行赋码或在搜索栏中输入关键词快速查找。选中后，信息将自动填充到项目信息的"商品和税收分类编码"以及"商品和税收分类简称"中，完成赋码。

优惠政策及简易计税可根据当前政策制度对项目信息进行设置，若优惠政策选择"是"，则必须选择一个"优惠政策类型"。

项目信息填写完毕后，点击"保存"并返回主页面。

在主页面右侧点击"修改"，进入修改项目信息页面，项目信息修改完成后，点击"保存"并返回主页面。

在主页面右侧点击"批量导入"，进入批量导入页面。也可点击"税控批量导入"，进入批量导入页面。

首先在【批量导入】界面中点击下载《项目信息-批量导入模板》，模板中项目名称、是否含税为必填选项，项目分类、商品和服务税收分类编码、规格型号、单位、单价、简码等为非必填选项，企业可根据实际情况进行填写，填写完成后保存。点击"选择文件"将模板上传，系统解析后将数据显示在列表内，可自行调整列表的内容。点击"保存全部"或"保存导入内容"，导入项目信息；点击"取消"，取消导入操作。

回到批量导入界面，若模板内没有填写商品和服务税收分类编码，您可以通过【导入表内未填商品编码】页上传保存的模板，点击【智能赋码】。检查无误后点击【保存】，即可完成批量导入操作。

二、客户信息维护

点击【客户信息维护】，新增客户分类，录入分类名称后点击保存。

505

（续）

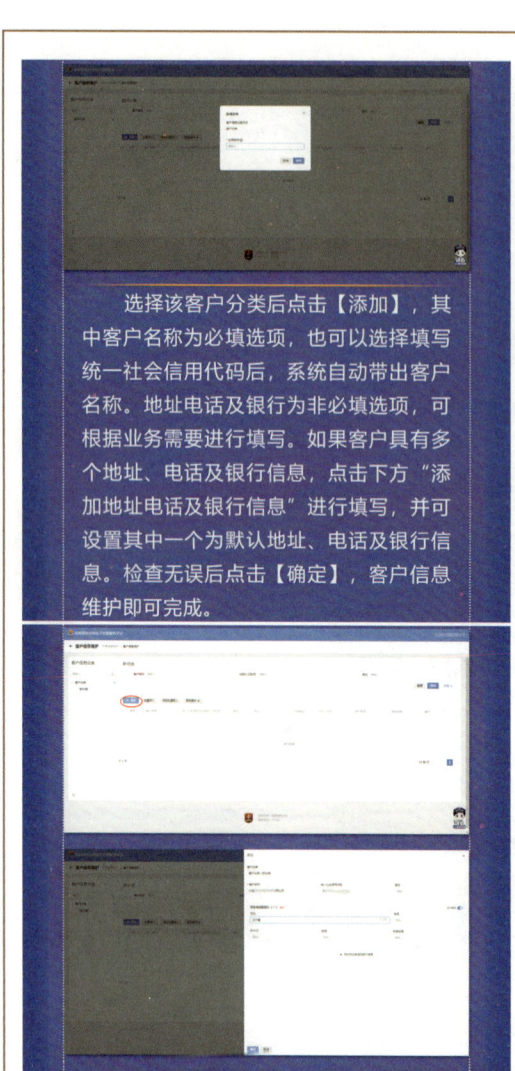

选择该客户分类后点击【添加】，其中客户名称为必填选项，也可以选择填写统一社会信用代码后，系统自动带出客户名称。地址电话及银行为非必填选项，可根据业务需要进行填写。如果客户具有多个地址、电话及银行信息，点击下方"添加地址电话及银行信息"进行填写，并可设置其中一个为默认地址、电话及银行信息。检查无误后点击【确定】，客户信息维护即可完成。

当客户信息填错或发生变化需要修改时，可以在主页面右侧点击"修改"，进入修改客户信息页面。

纳税人也可选择【批量导入】功能，下载《客户信息-批量导入模板》，其中客户名称为必填选项，填写完成后进行保存。点击【选择文件】将模板导入到系统当中，系统提示导入完成，检查无误后点击保存，批量导入成功。

三、附加信息维护

点击【附加信息维护】，选择"附加信息项目"页签，点击"添加"。

弹出新增附加要素页面。填写完毕后，点击"保存"并返回主页面。

在"附加信息项目"页签中，勾选所需的附加要素，可点击"批量删除"或操作栏的"删除"进行删除操作。点击删除后，会弹出确认删除的提示框，点击"确认删除"则进行删除。

第八章 东北地区全电发票试点制度

（续）

这里要注意啦，只有未被场景模板关联的附件要素才允许删除哦。

选择"场景模板"页签，进入附加信息的场景模板维护页面。

在场景模板维护页面点击"新增模板"，弹出新增场景模板页面，填写场景模板名称、关联附加信息，操作完毕后，点击"保存"并返回主页面。

需要修改场景模板信息时，在场景模板维护页面点击操作栏的"修改"，根据实际需要修改信息后，点击"保存"并返回主页面。

需要删除场景模板信息时，可在场景模板维护页面，勾选所需的场景模板，点击"批量删除"或操作栏的"删除"进行删除操作，点击删除后，弹出确认删除的提示框，点击"确认删除"则进行删除。

以上就是为您演示的开票信息维护操作流程，如有疑问可以点击电子发票服务平台右侧的征纳互动图标，智能咨询为您提供服务，您还可以咨询主管税务机关，或拨打12366纳税缴费服务热线，了解更多内容。

507

（十）纸质发票作废

（续）

注意事项

1. 已开具的蓝字全电纸质发票，若被部分冲红或完全冲红，不允许作废。
2. 已开具的蓝字全电纸质发票的开具日期非当月，不允许作废。
3. 对于填开作废的发票，必须填写"作废原因"。
4. 发票作废后，作废的发票金额同步调整到纳税人当期可用授信额度。
5. 纳税人在作废空白发票时，作废的空白纸质发票份数如果大于号码段计算出的发票份数，则作废不成功。
6. 开票员身份无空白发票作废功能。

第九章

发票管理典型案例

第一节

补开电子发票与纸质发票效力相同案

根据成都市金牛区人民法院〔2019〕川0106行初8号行政判决书，原告成都微创医院成都市青羊区第五人民医院（以下简称微创医院）诉被告国家税务总局成都市金牛区税务局（以下简称金牛区税务局）未履行行政监督职责一案，成都市金牛区人民法院依法受理。依据《中华人民共和国行政诉讼法》第二十九条之规定，追加四川省科欣医药贸易有限公司（以下简称科欣公司）作为第三人参加诉讼。并于2019年2月27日公开开庭进行了审理。

2018年8月1日，金牛区税务局就微创医院于2018年7月27日投诉科欣公司从2011年至2016年的400万元药品未开具发票的问题作出如下答复：经调查，科欣公司与微创医院自2011年开始有业务往来，并且部分发票未及时提供，经与企业沟通，上述业务均以未开票收入的情况进行申报纳税，企业表示将会补开上述业务中的经营发票，但因时间久远，需要时间梳理相关资料。

原告微创医院诉称，微创医院在药品买卖中向科欣公司支付了600多万元人民币的货款，仅收到90多万元的药品专用增值税发票。其从2017年7月起，多次进行举报，并且递交了举报材料，也没有得到书面答复，问题未得到解决。故诉至法院，请求判令：①金牛区税务局行政作为，责成科欣公司向微创医院开具药品普通增值税发票；②判令金牛区税务局承担本案的诉讼费。

被告金牛区税务局辩称，微创医院在网络理政平台的举报投诉已经得到了回复。微创医院诉称"其从2017年7月起通过税务举报电话以及递交举报材料的方式投诉举报,问题未得到解决"的陈述内容没有任何证据证实。微创医院 2018 年 7 月 27 日通过网络理政平台发起的投诉,其已经按照处理流程进行了调查处理,并与科欣公司进行了情况核查,于 2018 年 8 月 1 日通过系统上报审核,系统工作人员于 2018 年 8 月 7 日进行了回复。其在网络理政平台上的操作流程、时限均符合上级部门的相关要求。微创医院的起诉请求无事实基础和法律依据。虽然微创医院提供的证据材料并不能明确其与科欣公司之间的交易详情,但其还是秉着尊重事实、化解矛盾的原则,对网络理政平台上反映的情况展开了深入的调查。自 2018 年 7 月 27 日至 2018 年 9 月 21 日,科欣公司以电子发票的形式向微创医院开具了 1 100 余份发票。截至 2018 年 9 月 21 日,科欣公司与微创医院涉及 9 581 100.11 元的药品销售行为,已全部开具了纸质发票和电子发票。因此,责成科欣公司向其开具药品专用增值税发票已无事实基础。同时,根据《国家税务总局关于进一步做好增值税电子普通发票推行工作的指导意见》(税总发〔2017〕31 号文)"增值税电子普通发票的开票方和受票方需要纸质发票的,可以自行打印增值税电子普通发票的版式文件,其法律效力、基本用途、基本使用规定等与税务机关监制的增值税普通发票相同"的规定,科欣公司向其开具增值税电子发票的行为是符合税法相关规定的,微创医院的诉讼请求并无法律依据。请人民法院依法驳回微创医院的诉讼请求。

经审理查明,微创医院与科欣公司存在买卖合同关系,微创医院自 2011 年开始长期在科欣公司处购买药品。2018 年 4 月 17 日,四川省成都市中级人民法院作出〔2018〕川 01 民终 4127 号民事判决书,判决微创医院应向科欣公司支付货款 3 165 086 元以及违约金。2018 年 7 月 27 日,微创医院通过成都市人民政府网络理政平台进行举报,反映科欣公司从 2011—2016 年的 400 万元药品发票未开具的问题,要求进行处理。金牛区税务局于当日签收了投诉举报工单,随后向科欣公司作了调查处理,认定科欣公司尚有部分药品未开具发票,科欣公司承诺将会补开经营发票,但因时间久远,需要时间梳理相关资料。2018 年 8 月 1 日,金牛区税务局向微创医院作出答复,当月 3 日,金牛区税务局向网络理政平台提交了办理结果。答复之后,科欣公司陆续向微创医院开具发票。截至 2018 年 9 月 21 日,科欣公司已向微创医院出具纸质或者电子发票,累计金额 9 581 100.11 元。

以上事实,有理政平台记录、发票明细、民事判决书、协议、庭审笔录等在案为证。

成都市金牛区人民法院认为,根据《中华人民共和国发票管理办法》第四条第一款、第六条,《中华人民共和国税收征收管理法》第二十一条第一款、第二款的规定,金牛区税务局负有管理本行政区域内发票工作的职权。《中华人民共和国发票管理办法》第十九条规定,销售商品、提供服务以及从事其他经营活动的单位和个人,对外发生经营业务收取款项,收款方应当向付款方开具发票;特殊情况下,由付款方向收款方开具发票。根据庭审查明的事实,微创医院向金牛区税务局投诉的内容为科欣医院存在未开具发票的行为,金牛区税务局就此投诉内容展开调查,并督促科欣医院开具发票的行为符合法律规定。并且微创医院和科欣公司本身存在药品货款纠纷,科欣公司于 2018 年 8 月后也陆续在向微创医院开具发票。微创医院主张票物不相符、开具发票的主体不正确、发票上未列明纳税人识别号等问题,均不属于其投诉的内容,也未涵盖于被诉行政行为范围之内,亦不属于本案审查的范畴。故本院认定金牛区税务局对于微创医院的投诉所作出的处理已经履行了行政监督的法定职责,并无不当。

2019年4月1日,成都市金牛区人民法院依据《中华人民共和国行政诉讼法》第六十九条的规定,判决驳回原告成都微创医院成都市青羊区第五人民医院的诉讼请求。案件受理费50元,由原告成都微创医院成都市青羊区第五人民医院承担。

第二节
电子发票开具涉税举报案

根据广州铁路运输中级法院〔2019〕粤 71 行终 3256 号行政判决书，上诉人朱某秋因与被上诉人国家税务总局广州市天河区税务局（以下简称天河区税务局）、国家税务总局广州市税务局（以下简称广州市税务局）行政处理及行政复议决定一案，不服广州铁路运输法院〔2019〕粤 7101 行初 441 号行政判决，向广州铁路运输中级法院提起上诉。

原审法院经审理查明，2017 年 12 月 31 日，朱某秋以挂号信的方式向原广州市国家税务局递交《申请书》，请求：1. 要求电信广州分公司开具从 2010 年 4 月 10 日至 2017 年 12 月 31 日每月全部扣款（消费）发票或清单；2. 要求原广州市国家税务局依法维护其合法权益。2018 年 2 月 14 日，朱某秋到原广州市国家税务局，要求对其检举事项出具书面受理回执，并补充：1. 要求依法对电信广州分公司进行行政处罚并将行政处罚的决定书和相关证据材料邮寄给检举人；2. 要求对涉嫌以原广州市国家税务局名义强迫检举人接受违法交易的电话进行调查并进行书面回复。原广州市国家税务局收到朱某秋的检举后，向朱某秋出具穗国税稽举回〔2018〕081 号《检举税收违法行为受理回执》，并将案件交原广州市天河区国家税务局办理。原广州市天河区国家税务局经调查，于 2018 年 3 月 13 日向朱某秋出具穗天国税检告〔2018〕003 号《检举税收违法行为查办结果简要告知书》，告知查办结果：根据《关于广东省营业税改征增值税试点有关发票事项的公告（广东省国家税务局公告 2012 年 9 号）的规定，广东省国家税务局通用定额发票是有效的发票种类。电信广州分公司已按涉案充值金额提供了相应广东省国家税务局通用定额发票，相关收入已于当期申报纳税，暂未发现该公司在本案存在税收违法行为。朱某秋对上述告知书不服，向原广州市国家税务局提出复议申请。原广州市国家税务局受理朱某秋的复议申请后，经复议审查，于 2018 年 7 月 3 日作出穗国税复决字〔2018〕10 号《税务行政复议决定书》，认为原广州市天河区国家税务局在告知查办结果时存在表述不准确问题，遂决定撤销原广州市天河区国家税务局作出的穗天国税检告〔2018〕003 号《检举税收违法行为查办结果简要告知书》，责令原广州市天河区国家税务局自收到该复议决定书之日起六十日内，重新作出具体行政行为。

2018 年 7 月 5 日，国家税务总局广州市税务局挂牌成立，承继原广州市国家税务局和原广州市地方税务局的税费征管等工作职责和权利义务。

2018年7月20日，国家税务总局广州市天河区税务局挂牌成立，承继原广州市天河区国家税务局和原广州市天河区地方税务局的税费征管等工作职责和权利义务。

2018年8月21日，天河区税务局向广州市税务局提交延期申请，因案情较为复杂，申请延长办理期限30日。广州市税务局于2018年8月31日审批通过该延期申请。2018年8月29日，天河区税务局向电信广州分公司发出《税务事项通知书》，要求被检举人提供涉案手机号码2010年4月4日至2017年12月31日期间的相关涉税资料。2018年8月31日，天河区税务局向朱某秋发出穗天税事告〔2018〕001号《税务事项告知书》，告知申请人该局将在2018年10月1日前重新作出具体行政处理。经调查，天河区税务局于2018年9月19日作出穗天税检告〔2018〕008号《检举税收违法行为查办结果简要告知书》，向朱某秋告知其检举的电信广州分公司涉嫌税收违法行为的查办结果。朱某秋对上述告知书不服，向广州市税务局申请行政复议。广州市税务局于2018年10月9日收到朱某秋的行政复议申请后，于同年10月15日向朱某秋出具《受理复议通知书》，并于同日向天河区税务局发出《行政复议答复通知书》，要求天河区税务局自收到通知之日起10日内，提交书面答复及当初作出具体行政行为的证据、依据和其他有关材料。其后，天河区税务局在期限内向广州市税务局提交了答复意见及证据材料。2018年12月4日，广州市税务局根据《中华人民共和国行政复议法》第三十一条第一款、《税务行政复议规则》第八十三条第一款的规定，决定延长复议审查期限，并依法通知朱某秋和天河区税务局。经复议审查，广州市税务局于2018年12月21日作出穗税复决字〔2018〕21号《行政复议决定书》，决定维持天河区税务局作出的穗天税检告〔2018〕008号《检举税收违法行为查办结果简要告知书》，驳回朱某秋的复议请求。朱某秋收到该《行政复议决定书》后仍不服，诉至原审法院。

原审法院认为，本案属于税收检举行政答复及行政复议纠纷。《税收违法行为检举管理办法》第九条规定："举报中心受理检举事项的范围是：涉嫌偷税，逃避追缴欠税，骗税，虚开、伪造、非法提供、非法取得发票，以及其他税收违法行为。"第十条第四款规定："举报中心受理实名检举，应当应检举人的要求向检举人出具书面回执。"第十四条规定："举报中心将检举事项登记以后，应当按照以下方式分类处理：（一）检举内容详细、税收违法行为线索清楚、案情重大、涉及范围广的，作为重大检举案件，经本级税务机关稽查局或者本级税务机关负责人批准，由本级税务机关稽查局直接查处或者转下级税务机关稽查局查处并督办，必要时可以向上级税务机关稽查局申请督办。上级税务机关批示督办并指定查办单位的案件，原则上不得再下转处理。（二）检举内容提供了一定线索，有可能存在税收违法行为的，作为一般案件，经本级税务机关稽查局负责人批准，由本级税务机关稽查局直接查处或者转下级税务机关稽查局查处。（三）检举事项不完整或者内容不清、线索不明的，经本级税务机关稽查局负责人批准，可以暂存待查，待检举人将情况补充完整以后，再进行处理。（四）不属于稽查局职责范围的检举事项，经本级税务机关稽查局负责人批准，移交有处理权的单位或者部门。"第十六条规定："检举事项的处理，应当在接到检举以后的 15 个工作日内办理，特殊情况除外；情况紧急的应当立即办理。"第二十条规定："对实名检举案件，举报中心收到承办部门回复的查办结果以后，可以应检举人的要求将与检举线索有关的查办结果简要告知检举人；检举案件查结以前，不得向检举人透露案件查处情况。向检举人告知查办结果时，不得告知其检举线索以外的税收违法行为的查处情况，不得提供税务处理（处罚）决定书及有关案情资料。"本案中，天河区税务局在受理朱某秋的检举事项后，依法对电信广州分公司是否按规定开具发票并申报纳税进行调查，查实电信广州分公司不存在违反规定开具发票及申报纳税的行为，并向朱某秋进行了书面答复，告知其检举事项的处理结果。天河区税务局已履行了税收违法行为监管职责。朱某秋主张的要求电信广州分公司开具消费扣款清单的请求，属于与电信广州分公司之间的消费纠纷，可另寻其他途径解决。朱某秋请求撤销天河区税务局作出的穗天税检告〔2018〕008 号《检举税收违法行为查办结果简要告知书》，于法无据，原审法院不予支持。广州市税务局作为复议机关，经复议审查后，在法定期限内作出穗税复决字〔2018〕21 号《行政复议决定书》，决定维持天河区税务局作出的穗天税检告〔2018〕008 号《检举税收违法行为查办结果简要告知书》，处理适当，程序合法。朱某秋请求撤销该行政复议决定书的理由不成立，原审法院亦不予支持。

综上，原审法院依照《中华人民共和国行政诉讼法》第六十九条、第七十九的规定，判决驳回朱某秋的诉讼请求。

上诉人朱某秋不服原审判决，向广州铁路运输中级法院提起上诉称：一、原审判决认定事实不清。（一）朱某秋明确要求电信广州分公司提供涉案手机号码移动通信服务的消费普通发票，但天河区税务局却责令电信广州分公司自查涉案手机号码 2010 年 4 月至 2017 年 7 月的充值金额（存款性质）及是否按规定开具（存款）发票并完成申报纳税，明显与朱某秋的上述要求不符，违反《中华人民共和国消费者权益保护法》第三条、第二十二条规定。（二）电信广州分公司于 2018 年 9 月 12 日开具的涉案手机号码 2017 年 8 月至 2018 年 7 月的电子发票与天河区税务局责令其自查的内容无关，与朱某秋的要求也无关，而且天河区税务局未提交电信广州分公司已经依法完成申报纳税的相关证据材料。（三）天河区税务局要求朱某秋配合电信广州分公司核查其存款的充值数据，而不是责令电信广州分公司限期为朱某秋提供上述发票，从电信广州分公司 2018 年 9 月 14 日的情况说明可知，电信广州分公司以核查充值数据为由拒不向朱某秋开具上述发票，但天河区税务局未依法对电信广州分公司进行行政处罚。（四）广州市税务局没有依法查明事实，作出的被诉行政复议决定违反法律规定。二、原审法院未参照罗某荣诉吉安市物价局物价行政处理案，以朱某秋要求电信广州分公司开具消费扣款清单而非发票为由驳回朱某秋诉讼请求错误。综上，请求二审法院判令：1. 撤销原审判决；2. 支持朱某秋的原审诉讼请求；3. 本案的一、二审诉讼费用由天河区税务局、广州市税务局负担。

被上诉人天河区税务局二审答辩称：一、天河区税务局已对朱某秋的检举事项依法履行了充分的调查处理职责。针对朱某秋要求电信广州分公司开具自2010年4月以来发票的检举投诉事宜，经天河区税务局责令自查，电信广州分公司根据朱某秋2017年8月至2018年7月的充值金额数据，于2018年9月12日向朱某秋开具对应金额发票。至于朱某秋投诉的2010年4月至2017年7月期间的发票开具事宜，鉴于朱某秋一直未向天河区税务局提供其在上述时间段内的充值数据资料，而电信广州分公司告知朱某秋因时间跨度长，需要等待其从广东省电信数据库中恢复与采集朱某秋的充值数据，天河区税务局正在等待电信广州分公司的数据恢复结果。以上表明，朱某秋所投诉的事项尚在调查处理过程中，而天河区税务局也已将相关调查进展结果书面告知朱某秋，因此不存在朱某秋所称的未履行法定职责的情形。二、电信广州分公司为朱某秋提供的通用定额发票合法，并未违反《中华人民共和国发票管理办法》规定的开具发票义务。根据现行的发票管理政策规定，电信广州分公司在举报案件处理过程中拟提供给朱某秋的广东省国家税务局通用定额发票属于合法有效的发票种类，该种发票的提供并未侵犯朱某秋依法取得发票的权利，朱某秋拒绝接受上述发票的理由没有法律依据，因此朱某秋坚持认为电信广州分公司为其提供的发票不合法，并要求为其另行开具所谓消费发票的主张，只是其个人对现行发票管理制度的主观错误理解。三、朱某秋认为天河区税务局应对电信广州分公司作出行政处罚没有法律依据。朱某秋坚持认为，其在2010年4月10日与电信广州分公司签订通信服务合同后，每月要求电信广州分公司向其开具消费发票，但电信广州分公司以各种理由拒绝提供。经天河区税务局事后调查核实，朱某秋提供的手机号码是预付费移动号码，鉴于电信广州分公司已对外设立公开的发票取得渠道，客户完全可以通过充值平台获取定额发票，而朱某秋也承认其可以从公开渠道取得上述发票，根据天河区税务局现已掌握的调查情况，尚未发现电信广州分公司存在拒不提供发票的行为。况且，朱某秋的投诉事项目前正在调查处理过程中，相关案件事实尚未最终查清，因此朱某秋认为天河区税务局应对电信广州分公司进行行政处罚的主张不能成立。综上，天河区税务局对朱某秋作出被诉告知书，认定事实清楚，适用法律正确，程序合法，原审判决合法有据，请求二审法院依法予以维持。

被上诉人广州市税务局二审未提交书面答辩意见。

经审查，原审判决查明的事实清楚并有相应证据予以证实，广州铁路运输中级法院予以确认。

广州铁路运输中级法院认为，《税收违法行为检举管理办法》第十四条第（二）项规定，检举内容提供了一定线索，有可能存在税收违法行为的，作为一般案件，经本级税务机关稽查局负责人批准，由本级税务机关稽查局直接查处或者转下级税务机关稽查局查处；第（三）项规定，检举事项不完整或者内容不清、线索不明的，经本级税务机关稽查局负责人批准，可以暂存待查，待检举人将情况补充完整以后，再进行处理。第二十条规定，对实名检举案件，举报中心收到承办部门回复的查办结果以后，可以应检举人的要求将与检举线索有关的查办结果简要告知检举人；检举案件查结以前，不得向检举人透露案件查处情况。向检举人告知查办结果时，不得告知其检举线索以外的税收违法行为的查处情况，不得提供税务处理（处罚）决定书及有关案情资料。

本案中，朱某秋向原广州市国家税务局检举电信广州分公司存在税收违法行为，原广州市国家税务局受理后，依法转原广州市天河区国家税务局查处。经调查取证，天河区税务局核实如下情况：朱某秋要求电信广州分公司开具涉案手机号码自2010年4月至2017年12月的消费发票，电信广州分公司自查后，仅能查询到涉案手机号码最近一年即2017年8月至2018年7月的充值金额数据，至于涉案手机号码自2010年4月至2017年7月的充值金额数据，因时间跨度过长，需待广东省电信数据库恢复后方可采集，而朱某秋也未能提供有效书面证据证实其在该时间段内的充值金额，故电信广州分公司向朱某秋邮寄送达了涉案手机号码2017年8月至2018年7月充值金额的电子发票打印件，并将相关情况以书面形式向原广州市国家税务局进行了详细说明。据此，因朱某秋检举事项内容不清、线索不明，天河区税务局有权决定暂存待查，待朱某秋将情况补充完整以后再进行处理。天河区税务局作出被诉告知书，载明"中国电信股份有限公司广州分公司2010年4月至2017年7月的数据仍在进一步核查中，若你有相关的新线索，及时向我局提供，以便展开进一步跟踪处置"，符合上述规定，应视为已经就朱某秋的检举事项履行了法定查处职责。朱某秋虽主张电信广州分公司存在税收违法行为，并要求原广州市国家税务局予以行政处罚，但天河区税务局经调查，发现目前的证据不足以证明电信广州分公司存在违反规定开具发票及申报纳税的行为，故未对电信广州分公司进行行政处罚，仅将查办结果简要告知朱某秋，处理得当，朱某秋要求原广州市国家税务局对电信广州分公司进行行政处罚并提供处罚决定书和相关证据材料于法无据。广州市税务局在法定期限内作出被诉行政复议决定，维持天河区税务局作出的上述告知书，程序合法，内容适当。因此，原审法院不予支持朱某秋要求撤销穗天税检告〔2018〕008号《检举税收违法行为查办结果简要告知书》及穗税复决字〔2018〕21号《行政复议决定书》的请求并无不当，广州铁路运输中级法院予以维持。

关于朱某秋主张本案应参照罗某荣诉吉安市物价局物价行政处理案的问题。在罗某荣诉吉安市物价局物价行政处理案中，吉安市物价局仅在涉案答复中将有关文件内容进行了罗列，未载明对举报事项的处理结果，而在本案中，天河区税务局作出的被诉告知书明确载明了对检举事项的查办结果，两案案情不同，不具有可比性。朱某秋的此项上诉理由不成立，广州铁路运输中级法院不予采纳。

综上所述，上诉人朱某秋的上诉请求缺乏事实根据和法律依据，广州铁路运输中级法院不予支持。原审判决认定事实清楚，适用法律正确，程序合法，广州铁路运输中级法院予以维持。2019年10月28日，广州铁路运输中级法院依照《中华人民共和国行政诉讼法》第八十九条第一款第（一）项之规定，判决驳回上诉，维持原判。二审案件受理费50元，由上诉人朱某秋负担。

第三节
合同约定替开发票条款无效案

根据江苏省高级人民法院发布的审判监督十大典型案例、江苏省靖江市人民法院（2020）苏1282民再13号民事判决书，原审原告江苏广宇幕墙工程有限公司（以下简称广宇幕墙公司）与原审被告王某忠为建设工程合同纠纷一案，靖江市人民法院（2016）苏1282民初4820号民事判决书已经发生法律效力。经靖江市人民法院审判委员会讨论决定，于2020年4月14日作出（2020）苏1282民监8号民事裁定，再审本案。

广宇幕墙公司称：请求判令原审被告向原审原告提供金额为15 636 306.66元的材料费增值税专票，原审被告如不能提供，需支付原审原告增值税金额1 489 825.91元。事实与理由：原审原、被告于2011年6月10日签订的《建设工程承包协议书》第三部分第14.1款约定"乙方领取工程款时，应提供承包总价70%的材料票"；于2012年9月2日签订的《钢结构工程制作安装协议书》第十五条第2款约定"付款时请提供相应款项的材料发票，最终发票总额不得低于总工程款的60%"。原审判决书判令王某忠于判决生效后三十天内给付原告金额为15 636 306.66元的材料费发票。因此，王某忠应按照判决确定的金额提供由建筑材料销售商开具的材料费增值税专票，如果不能提供，应承担票面金额的增值税税金。

王某忠辩称：1.广宇幕墙公司所述其于2011年6月10日、2012年9月2日分别与我签订合同是事实，但这两份合同由法院判决确认为无效合同，故合同中相应的条款应属于无效，本案原告要求我提供材料票的条款应为无效条款。国宇高科的工程造价系司法鉴定确定，且法院判决给我的工程款只是成本价，已经扣除税金、利润、管理费，因此我没有义务提供材料费发票。2.两份合同均约定包工包料，实际上所有的材料均是以江苏广宇建设集团有限公司（广宇集团公司）项目部的名义采购，由我代理采购，大部分的材料款是由广宇幕墙公司支付，支付的流程是材料商催款时，我先出具收条给广宇幕墙公司，广宇幕墙公司再将钱汇给材料商，最后广宇幕墙公司根据收条与我结算。材料商是直接开具发票给广宇幕墙公司，广宇幕墙公司在支付货款时应当要求材料商开具发票，而不是由我提供发票。3.如果材料是以我个人名义采购，材料商只能开票给我，而不应开票给广宇幕墙公司。4.对原审判决查明的事实和证据没有异议。因此，请求法院驳回原审原告的诉讼请求。

针对王某忠的辩称，广宇幕墙公司补充陈述，本案所涉两份合同虽被认定无效，但关于提供材料费发票的条款属于结算和支付条款，依然有效。两项工程承包方式为包工包料，购买材料和支付材料款系王某忠的义务，我司支付材料款系帮他代付。关于两份合同中提供材料费发票条款，因为王某忠无法以他个人名义向我司出具材料费增值税专票，所以王某忠采购材料时，由材料商开具增值税专票，抬头为广宇幕墙公司，然后由王某忠按照合同约定金额的材料费增值税专票提供给我司。另，对原审判决查明的事实与证据无异议。

靖江市人民法院原审中，广宇幕墙公司向本院起诉请求：1. 判令王某忠向广宇幕墙公司提供金额为 16 812 240.89 元的材料费发票；2. 判令王某忠支付广宇幕墙公司税差 649 111.53 元（该项请求计算方式为：20 417 486.99 × 6.49% − 675 983.38）。

本案原审认定案件事实：2011 年 6 月 10 日，广宇幕墙公司与王某忠签订建设工程承包协议书 1 份，约定广宇幕墙公司将国宇高科 1、2、3 号厂房土建工程发包给王某忠施工，合同价款 14 580 000 元，同时约定王某忠领取工程款时应提供承包总价 70% 的材料费发票。2012 年 9 月 2 日，双方当事人签订钢结构工程制作安装协议书 1 份，约定广宇幕墙公司将三鹏公司冲压生产车间土建工程发包给王某忠施工，合同价款为 4 200 000 元，同时约定王某忠在广宇幕墙公司付款时应提供相应款项的材料费发票，金额不得低于总工程款的 60%。

另查，2013 年 12 月 27 日，王某忠就 2011 年 6 月 10 日的合同向靖江市人民法院提起诉讼，要求广宇幕墙公司及江苏广宇建设集团有限公司、国宇高科连带支付其工程款 4 757 817 元，后广宇幕墙公司提起反诉，要求王某忠返还广宇幕墙公司支付的工程款 4 654 000 元。2015 年 8 月 26 日，靖江市人民法院作出〔2014〕泰靖园民初字第 41 号民事判决书，认定江苏广宇建设集团有限公司、广宇幕墙公司违法分包、转包工程，王某忠没有建筑资质承接工程施工，均违反了法律强制性规定，王某忠与江苏广宇建设集团有限公司及广宇幕墙公司之间的分包、转包合同为无效合同，广宇幕墙公司及江苏广宇建设集团有限公司按王某忠施工过程中实际支出为限对王某忠予以作价补偿，认定广宇幕墙公司实际应付给王某忠工程款 18 737 580.94 元，并判决广宇幕墙公司及江苏广宇建设集团有限公司支付王某忠工程款 3 077 911.32 元、晒图费 2 265 元，合计 3 080 176.32 元，国宇高科在欠付工程款范围内承担连带清偿责任；驳回王某忠的其他诉讼请求和广宇幕墙公司的反诉请求。2015 年 4 月 30 日，广宇幕墙公司就 2012 年 9 月 2 日的合同向靖江市人民法院提起诉讼，要求王某忠返还工程款 878 006.4 元。2016 年 2 月 3 日，靖江市人民法院作出〔2015〕泰靖民初字第 856 号民事判决书，认定广宇幕墙公司与王某忠均不具备建筑施工资质，双方于 2012 年 9 月 2 日签订的钢结构工程制作安装协议书应属无效，但王某忠施工的三鹏公司冲压车间土建工程已竣工验收合格并交付使用，双方应当参照合同约定支付工程价款，并判决王某忠返还广宇幕墙公司工程款 679 441.6 元。

靖江市人民法院原审认为，广宇幕墙公司与王某忠的建设工程承包协议书和钢结构工程制作安装协议书因违反法律、行政法规的强制性规定，属于无效合同，但从合同的内容看，约定王某忠提供材料费发票在该合同关于工程价款支付和结算条款中，属于双方对工程款支付方式的约定，系双方当事人的真实意思表示，合同因违反法律、行政法规的强制性规定而无效并不必然否定工程款结算及支付方式条款，王某忠应当参照合同的约定在收取工程款的同时提供相应的材料费发票。广宇幕墙公司要求王某忠提供材料费发票的诉讼请求，符合法律规定，法院予以支持。关于王某忠应提供材料费发票的金额，国宇高科工程应按实际应付工程款 13 116 306.66 元（18 737 580.94×70%）、三鹏公司工程按 2 520 000 元（4 200 000×60%）计算，总计金额为 15 636 306.66 元。我国法律规定，向人民法院请求保护民事权利的诉讼时效期间为二年，法律另有规定的除外。诉讼时效期间从知道或者应当知道权利被侵害时起计算。本案双方当事人就工程款的结算和支付产生争议并提起诉讼，靖江市人民法院分别于 2015 年 8 月 26 日、2016 年 2 月 3 日作出判决，确认了工程款的具体数额，此时广宇幕墙公司应当知道王某忠应提供材料费发票的具体金额，故广宇幕墙公司要求王某忠提供材料费发票的诉讼时效期间最早应于 2015 年 8 月 26 日起计算，现广宇幕墙公司于 2016 年 7 月 13 日提起诉讼并未超过两年的诉讼时效期间。双方就工程款结算的两个诉讼是请求对方给付所欠工程款项或返还多支付的工程款，与本案广宇幕墙公司要求王某忠履行合同约定的提供材料费发票的义务，不是同一个诉讼请求，不构成重复诉讼。关于国宇高科土建工程款的结算和支付，因合同无效而判决广宇幕墙公司按王某忠施工过程中实际支出为限对王某忠予以作价补偿，确定的总价中已扣除了税金、利润、管理费等税费，故广宇幕墙公司支付给王某忠的款项就是王某忠施工中实际支出的成本价，广宇幕墙公司至今未提供证据证明其已按 6.49% 税率实际缴纳了相关税款，故广宇幕墙公司要求王某忠支付税差 649 111.53 元的诉讼请求，法院不予支持。综上，依照《中华人民共和国民法通则》第一百三十五条、第一百三十七条，《中华人民共和国合同法》第五十二条第五项，《最高人民法院关于审理建设工程合同纠纷案件适用法律问题的解释》第二条之规定，判决王某忠于判决生效后三十日内给付江苏广宇幕墙工程有限公司金额为 15 636 306.66 元的材料费发票。驳回江苏广宇幕墙工程有限公司的其他诉讼请求。本案受理费 10 331 元、财产保全费 3 766 元，合计 14 097 元，由江苏广宇幕墙工程有限公司负担 1 410 元、王某忠负担 12 687 元（王某忠负担部分广宇幕墙公司已缴纳，王某忠于履行判决义务时一并给付广宇幕墙公司）。

靖江市人民法院再审认定案件事实如下：

1. 本案所涉两份合同中，双方当事人约定由王某忠提供材料费发票，对提供由谁开具的发票并未明确。再审过程中，双方陈述一致，即王某忠系个人，没有开具材料费发票的资格，合同中约定的材料费发票，系本案所涉工程购买建筑材料时由材料销售商开具的正式发票，出具的对象系广宇幕墙公司。法院对此予以采信。

2. 根据双方陈述，材料具体由王某忠负责采购，材料款由广宇幕墙公司直接支付给材料销售商，支付的流程是材料商向王某忠催款，王某忠向广宇幕墙公司出具收条，广宇幕墙公司再根据收条的金额将对应的款项付给材料销售商，最终根据收条与王某忠结算。广宇幕墙公司称其支付的材料款系帮王某忠代付，王某忠则否认代付的说法。

对此，法院评判如下：（1）根据双方所签订的两份合同，均明文约定承包方式为包工包料，即购买工程所需材料系王某忠之合同义务。（2）〔2014〕泰靖园民初字第41号民事判决书对国宇高科工程，〔2015〕泰靖民初字第856号民事判决书对三鹏公司工程的工程款总价认定均包括材料款，且无证据证明在合同签订后双方对承包方式作出变更。（3）广宇幕墙公司保留王某忠出具之收条，作为与王某忠的工程款结算依据。综上，法院对广宇幕墙公司所持之"代付"说法予以采信，即王某忠系所争议的材料款的实际的购买者和付款方。

3. 再审过程中，广宇幕墙公司将原审中要求王某忠支付税差649 111.53元的诉讼请求变更为支付增值税金额1 489 825.91元。据广宇幕墙公司在原审中的陈述，主张依据系其向国宇高科开具发票时税率为6.49%，而〔2014〕泰靖园民初字第41号民事判决书扣除之税金675 983.38元只是按照3.445%计算，因此产生税差。再审中关于支付增值税金的请求，是在王某忠提供材料费增值税专票不能的情况下，广宇幕墙提出的替代履行方案，主张的依据是合同约定的工程款是含税价，不提供增值税专票就应退还税金。两者性质与依据均不相同，且后者主张之金额远超出前者。因此，广宇幕墙公司关于支付增值税金的请求超出原审诉讼请求，法院依法不予审理。

靖江市人民法院再审认为，广宇幕墙公司基于合同约定，要求王某忠提供由建筑材料销售商开具的抬头为广宇幕墙公司的建筑材料增值税专票给自己。首先，本案所涉两份合同，因系违法转包、分包，已被生效法律文书认定为无效合同。其次，据广宇幕墙公司陈述，其并未向销售商购买建筑材料，实际购买者和付款人均是王某忠，根据我国发票管理的相关规定，销售商的开票对象应是王某忠，而非广宇幕墙公司。第三，广宇幕墙公司因明知王某忠无开票资格，与王某忠约定由第三方向广宇幕墙公司开具材料费发票，以此方式来履行合同约定提供材料发票的条款，实际上是让他人为自己开具与实际经营业务情况不符的发票，违反了《中华人民共和国发票管理办法》的强制性规定。第四，发票应当如实开具，即便要求王某忠提供或开具材料费发票，开票金额应当按照案涉工程实际使用材料确定，事前直接通过合同约定，也与相关法律法规相违背。综上，广宇幕墙公司的诉讼请求没有法律依据，法院依法予以驳回。

2020年11月9日，本案经靖江市人民法院审判委员会讨论决定，依据《中华人民共和国合同法》第五十二条第（五）项、《中华人民共和国民事诉讼法》第二百零七条第一款、《最高人民法院关于适用〈中华人民共和国民事诉讼法〉的解释》第四百零七条第二款之规定，判决如撤销靖江市人民法院〔2016〕苏1282民初4820号民事判决书。驳回原审原告江苏广宇幕墙工程有限公司要求原审被告王某忠提供15 636 306.66元的材料费增值税专票的诉讼请求。本案受理费10 331元、财产保全费3 766元，合计14 097元，由江苏广宇幕墙工程有限公司负担。

第四节
申请公开发票开具信息案

根据江苏省高级人民法院〔2020〕苏行终875号行政判决书，上诉人李某柏因诉国家税务总局江苏省税务局（以下简称省税务局）政府信息公开及国家税务总局（以下简称税务总局）行政复议一案，不服江苏省南京市中级人民法院〔2019〕苏01行初657号行政判决，向江苏省高级人民法院提起上诉。

原审法院认定，2019年8月24日，李某柏通过邮寄方式向省税务局提交《政府信息公开申请表》，申请公开江苏三法律师事务所王某平律师在2015年1月至2019年8月24日期间共向税务机关开票的情况（包括付款凭证、合同）。省税务局2019年8月26日收到后，于2019年9月18日作出苏税信息公开〔2019〕26号《国家税务总局江苏省税务局依申请公开政府信息告知书》（以下简称《告知书》），答复李某柏："相关信息不属于我局公开范围，根据《中华人民共和国政府信息公开条例》（以下简称政府信息公开条例）第三十六条第（五）项规定，请向国家税务总局南京市玄武区税务局（以下简称玄武税务局）申请和了解。联系地址：南京市玄武区珠江路306号，联系电话：025—832×××5"，并于当日向李某柏邮寄送达。2019年10月6日，李某柏通过邮寄方式向税务总局提交《行政复议申请书》。税务总局2019年10月9日收到后，于2019年10月12日向省税务局发送《行政复议答复通知书》，于2019年11月13日作出税复决字〔2019〕14号《行政复议决定书》（以下简称14号《复议决定》），维持省税务局作出的《告知书》，并于2019年11月19日向省税务局和李某柏邮寄送达。李某柏诉至法院，要求撤销14号《复议决定》并判令省税务局和税务总局履行法定职责向其公开所申请的信息。

原审法院认为，政府信息公开条例第十条规定："行政机关制作的政府信息，由制作该政府信息的行政机关负责公开。行政机关从公民、法人和其他组织获取的政府信息，由保存该政府信息的行政机关负责公开；行政机关获取的其他行政机关的政府信息，由制作或者最初获取该政府信息的行政机关负责公开。"第三十六条第（五）项规定："所申请公开信息不属于本行政机关负责公开的，告知申请人并说明理由；能够确定负责公开该政府信息的行政机关的，告知申请人该行政机关的名称、联系方式。"本案中，李某柏向省税务局申请公开江苏三法律师事务所王某平律师在2015年1月至2019年8月24日期间共向税务机关开票的情况（包括付款凭证、合同），因江苏三法律师事务所的主管税务机关为玄武税务局，其开具发票信息应当由玄武税务局决定是否公开，故省税务局根据政府信息公开条例第三十六条第（五）项作出《告知书》，告知李某柏向玄武税务局申请公开相关信息及该局的地址和联系方式，已经履行了政府信息公开的法定职责，所作出的《告知书》内容适当、适用法律依据正确，程序亦符合政府信息公开条例第三十三条规定。《中华人民共和国行政复议法》（以下简称行政复议法）第二十三条规定："行政复议机关负责法制工作的机构应当自行政复议申请受理之日起7日内，将行政复议申请书副本或者行政复议申请笔录复印件发送被申请人。"第三十一条规定："行政复议机关应当自受理申请之日起60日内作出行政复议决定。"本案中，税务总局2019年10月9日收到李某柏的行政复议申请后，于2019年10月12日向省税务局发送《行政复议答复通知书》，于2019年11月13日作出14号《复议决定》，并于2019年11月19日向李某柏邮寄送达，已经履行了行政复议法定职责，所作出的14号《复议决定》认定事实清楚、适用法律正确、程序合法。据此，原审法院依照《中华人民共和国行政诉讼法》第六十九条的规定，判决驳回李某柏的诉讼请求。

上诉人李某柏上诉称，因玄武税务局未向上诉人公开涉案信息，上诉人才向省税务局提出政府信息公开申请，两被上诉人均是玄武税务局的上级主管部门，对上诉人的申请应予转办或直接办理，但两被上诉人未采取任何措施解决上诉人的诉求，仍告知上诉人向玄武税务局申请公开，导致上诉人至今未获得所申请公开的信息。据此，两被上诉人作出的行政行为均认定事实不清、程序违法、适用法律错误。请求法院撤销原审判决，改判支持上诉人的诉讼请求。

被上诉人省税务局答辩称，根据《中华人民共和国发票管理办法》（以下简称发票管理办法）第二十三条、政府信息公开条例第十条的规定，江苏三法律师事务所的主管税务机关为玄武税务局，该所王某平律师业务开票情况等相关信息由玄武税务局保存，上诉人应当向该局申请公开涉案信息。省税务局在法定期限内作出答复，告知上诉人向玄武税务局申请并告知联系方式，已按法定程序履行了政府信息公开职责。请求法院驳回上诉，维持原判。

被上诉人税务总局答辩称，税务总局收到上诉人复议申请后，在法定期限内作出14号《复议决定》并向上诉人送达，程序合法；江苏三法律师事务所的主管税务机关为玄武税务局，其开具发票信息应当由玄武税务局决定是否公开，省税务局向上诉人作出的《告知书》内容适当、适用法律正确，税务总局作出复议决定维持省税务局作出的《告知书》正确。请求法院驳回上诉人的诉讼请求。

江苏省高级人民法院经审理查明的事实与原审判决认定的事实一致，依法予以确认。

江苏省高级人民法院认为，发票管理办法第二十三条第一款规定，安装税控装置的单位和个人，应当按照规定使用税控装置开具发票，并按期向主管税务机关报送开具发票的数据；第二款规定，使用非税控电子器具开具发票的，应当将非税控电子器具使用的软件程序说明资料报主管税务机关备案，并按照规定保存、报送开具发票的数据。本案中，因江苏三法律师事务所的主管税务机关为玄武税务局，根据上述法律规定，上诉人向省税务局所申请公开的涉案信息即江苏三法律师事务所王某平律师在2015年1月至2019年8月24日期间共向税务机关开票的情况（包括付款凭证、合同），应当向玄武税务局申请公开。故省税务局收到上诉人的信息公开申请后，在法定期限内作出《告知书》，答复上诉人相关信息不属于其公开范围，告知上诉人向玄武税务局申请公开相关信息，并提供了该局的地址和联系方式，已经履行了政府信息公开职责，符合政府信息公开条例第三十六条第（五）项"所申请公开信息不属于本行政机关负责公开的，告知申请人并说明理由；能够确定负责公开该政府信息的行政机关的，告知申请人该行政机关的名称、联系方式"的规定。税务总局受理上诉人的行政复议申请后，经审查在法定期限内作出《复议决定书》，维持江苏省税务局作出的《告知书》并无不当，程序合法。据此，原审法院判决驳回上诉人的诉讼请求，亦无不当。

综上，上诉人李某柏的上诉理由不能成立，2020年11月25日，江苏省高级人民法院依照《中华人民共和国行政诉讼法》第八十九条第一款第（一）项的规定，判决驳回上诉，维持原判。二审案件受理费人民币50元，由上诉人李某柏负担。

第五节
虚开发票未构成犯罪被行政处罚案

根据北京市第二中级人民法院〔2021〕京02行终397号行政判决书，上诉人北京恩百泽商贸有限公司（以下简称恩百泽公司）因诉国家税务总局北京市税务局第一稽查局（以下简称北京税务第一稽查局）、国家税务总局北京市税务局（以下简称北京税务局）罚款、责令改正及行政复议决定一案，不服北京市西城区人民法院（以下简称一审法院）所作〔2020〕京0102行初62号行政判决，向北京市第二中级人民法院提出上诉。

2017年10月20日，原北京市石景山区国家税务局稽查局（以下简称原石景山国税稽查局）作出石国税稽罚〔2017〕9号《税务行政处罚决定书》（以下简称被诉处罚决定），其中认定恩百泽公司存在的违法事实为：（一）未按规定保管账簿、记账凭证的行为。经查，恩百泽公司2012年明细账、记账凭证等资料搬家时丢失，根据《中华人民共和国税收征收管理法》（以下简称税收征管法）第二十四条、第六十条第一款第二项和《中华人民共和国税收征收管理法实施细则》（以下简称税收征管法实施细则）第二十九条第二款等相关文件之规定，恩百泽公司的上述行为属于未按规定保管账簿、记账凭证的行为。（二）虚开增值税专用发票的行为。恩百泽公司2012年11月28日为某商贸（北京）有限公司（以下简称某公司）开具52份增值税专用发票，发票代码：1100112140、发票号码：09700854至09700875、09701381至09701410，金额合计3 892 926.63元，税额合计661 797.47元，价税合计4 554 724.10元。经金税协查，西城国税稽查局调查取证，某公司2012年11月第50号1/1记账凭证记载，2012年11月30日收到由恩百泽公司2012年11月28日开具52份增值税专用发票，发票代码：1100112140、发票号码：09700854至09700875、09701381至09701410，发票的票面货物名称全部为螺纹钢。某公司2012年12月第16号1/1记账凭证记载，2012年12月25日以银行转账（建行北京财满支行，账号×××）方式，分两笔支付恩百泽公司货款4 554 724.10元。经金税协查，西城国税稽查局调取到某公司与恩百泽公司之间相关业务的"采购合同"1份，"采购合同"的总合同金额4 554 724.10元。某公司会计核算中记账凭证没有出、入库单据，也没有相关运费的核算记载。经金税协查，西城国税稽查局对某公司取得恩百泽公司开具增值税专用发票涉及的有关货物情况进行调查取证，检查发现某公司2012年12月第20号1/1记账凭证记载，某公司

2012年12月25日支付4 554 724.10元货款的当日,恩百泽公司仍然通过某公司的银行账户(建行北京财满支行,账号×××)分两笔将上述4 554 724.10元货款全部转回给某公司。调查证实恩百泽公司开具上述52份增值税专用发票后,将货款资金全部回流给了支付方某公司。通过调查询问证实,某公司的人员与恩百泽公司没有办理过钢材货物的交收,即某公司与恩百泽公司没有进行过实际钢材贸易。根据《中华人民共和国发票管理办法》(国务院令第587号,以下简称发票管理办法)第二十二条、第三十七条、《国家税务总局关于纳税人虚开增值税专用发票征补税款问题的公告》(国家税务总局公告2012年第33号,以下简称33号公告)等相关文件之规定,恩百泽公司的上述行为属于虚开增值税专用发票的行为。根据税收征管法第二十四条、第六十条第一款第二项、税收征管法实施细则第二十九条第二款、33号公告、发票管理办法第二十二条第二款第一项、第三十七条的规定,(一)对恩百泽公司为他人开具与实际经营业务情况不符的发票行为应定性为虚开,对该公司虚开行为处以200 000元处罚。(二)对恩百泽公司未按照规定保管账簿或者保管记账凭证和有关资料的行为,责令限期改正,并处以罚款2 000元。

恩百泽公司不服被诉处罚决定,向原北京市国家税务局(以下简称原北京国税局)申请行政复议。北京税务局于2020年1月9日作出京税复决字〔2020〕1号《行政复议决定书》(以下简称被诉复议决定),决定维持被诉处罚决定。

恩百泽公司向一审法院诉称,一、被诉处罚决定认定事实错误。恩百泽公司2012年明细账、记账凭证丢失并非故意行为,不应属于税收征管法第六十条第一款第二项规定的行为。二、被诉处罚决定定性恩百泽公司构成虚开增值税专用发票行为缺乏事实依据。1.恩百泽公司系为配合某公司向中国某公司贸易融资而与其签订采购合同并开具增值税专用发票,主观上没有偷逃税款的目的。2.涉案交易恩百泽公司皆依法开具发票并足额缴纳税款,客观上没有造成国家税款损失。三、被诉处罚决定违反了《中华人民共和国行政处罚法》(以下简称行政处罚法)第三十八条和《关于加强行政执法与刑事司法衔接工作的意见》第一条第三款的规定。鉴于被诉处罚决定作出时,恩百泽公司所涉虚开增值税发票案已进入检察院审查起诉阶段,此时作出行政处罚,明显违反了上述规定。故诉请法院:1.判决撤销被诉复议决定和被诉处罚决定;2.本案诉讼费由北京税务第一稽查局和北京税务局承担。

北京税务第一稽查局一审辩称,一、被诉处罚决定认定事实清楚,证据确实充分,适用法律正确,程序合法。2017年8月16日,原石景山国税稽查局(后因税务机构改革,工作职责由北京税务第一稽查局承继)向恩百泽公司送达税务检查通知书,决定对其2012年1月1日至2012年12月31日期间的涉税情况进行检查。经检查发现:1.恩百泽公司存在未按规定保管账簿、记账凭证的行为。2.恩百泽公司存在虚开增值税专用发票行为。针对上述发现的税收违法行为,原石景山国税稽查局按照法定程序作出被诉处罚决定。二、恩百泽公司的诉讼请求及理由没有事实与法律依据,不能成立。1.关于恩百泽公司所称2012年明细账、记账凭证丢失并非故意行为,不应属于税收征管法第六十条第一款第二项的行为问题。根据税收征管法第二十四条第一款及税收征管法实施细则第二十九条第二款的规定，恩百泽公司的账簿、记账凭证等涉税资料应当保存10年。行政处罚法及税收征管法并未规定税务机关在实施行政处罚时需以行政相对人存在主观故意为前提。因此，无论恩百泽公司丢失2012年明细账、记账凭证是否是故意行为，原石景山国税稽查局都有权对其进行处罚。2. 关于恩百泽公司所称被诉处罚决定认定其构成虚开增值税专用发票行为缺乏事实依据的问题。税务机关判定纳税人是否存在虚开发票的行为，主要是调查纳税人是否存在真实交易及有交易情况下是否按照交易内容开具发票。本案中，恩百泽公司除了与某公司签订采购合同外，双方并未实际交付货物和实际支付合同款项，恩百泽公司是在没有真实交易的情况下为某公司开具的增值税专用发票。恩百泽公司的行为虽然未构成刑法上的虚开增值税专用发票罪，但因此种行为严重扰乱了增值税专用发票的正常管理秩序，因而已构成违反发票管理规定的虚开发票的行政违法行为。3. 关于恩百泽公司所称被诉处罚决定违反行政处罚法第三十八条、《关于加强行政执法与刑事司法衔接工作的意见》第一条第三款规定的问题。根据上述规定，行政机关有权根据情况对行政相对人的违法行为实施行政处罚；同时，如果行政相对人的行为涉嫌构成犯罪，行政机关有权移送司法机关处理，此规定并不意味着行政机关对移送司法机关处理的案件就一定不能实施行政处罚。对司法机关未就同一主体立案处理的案件，行政机关在移送前有权实施行政处罚。本案中，原石景山国税稽查局在对恩百泽公司实施税务行政处罚前，并未向司法机关移送。而且，在处罚前，公安机关起诉意见书提请追究的是刘某洋个人的刑事责任。稽查局处罚的主体与公安机关立案侦查的对象不是同一主体，被诉处罚决定并未违反上述规定。综上所述，被诉处罚决定事实清楚、证据充分、适用法律正确、程序合法，应予维持。恩百泽公司所诉没有事实和法律依据，请法院依法驳回恩百泽公司的诉讼请求。

北京税务局一审辩称，一、北京税务局已依法受理恩百泽公司要求撤销被诉处罚决定的行政复议申请并作出行政复议决定，履行了行政复议的法定职责。二、被诉复议决定认定事实清楚，证据充分，适用法律正确，恩百泽公司的诉求没有依据不能成立。综上所述，请求法院依法驳回恩百泽公司的诉讼请求。

一审法院经审理查明，2017年8月8日，原石景山国税稽查局决定对恩百泽公司2012年1月1日至2012年12月31日涉嫌税收违法行为立案调查。原石景山国税稽查局于2017年8月14日作出税务检查通知书，并于2017年8月16日向恩百泽公司送达。原石景山国税稽查局于2017年9月6日作出责令限期改正通知书，并于2017年9月7日向恩百泽公司送达。2017年9月11日，原石景山国税稽查局向恩百泽公司作出并送达税务行政处罚事项告知书。2017年9月13日，恩百泽公司提出听证申请。2017年9月18日，原石景山国税稽查局向恩百泽公司作出并送达税务行政处罚听证通知书。2017年9月27日，原石景山国税稽查局按照听证程序举行听证会。经原北京市石景山区国家税务局重大税务案件审理委员会审理，原石景山国税稽查局于2017年10月20日作出被诉处罚决定。原石景山国税稽查局向恩百泽公司送达被诉处罚决定。2017年10月23日，原石景山国税稽查局以恩百泽公司涉嫌触犯《中华人民共和国刑法》第二百零三条为由，将恩百泽公司案件移送北京市公安局丰台分局。

恩百泽公司不服被诉处罚决定，向原北京国税局提起行政复议申请。2017年11月9日，原北京国税局受理恩百泽公司提起的行政复议申请。2017年11月16日，原北京国税局向恩百泽公司作出受理行政复议申请通知书。2017年11月20日，原北京国税局向原石景山国税稽查局送达行政复议答复通知书。2017年11月27日，原北京国税局收到原石景山国税稽查局提交的行政复议答复意见书及相关材料。2018年1月5日，原北京国税局向恩百泽公司作出行政复议中止审理通知书。原北京国税局向恩百泽公司送达上述通知书。2020年1月8日，北京税务局向恩百泽公司作出行政复议恢复审理通知书。北京税务局向恩百泽公司送达上述通知书。2020年1月9日，北京税务局作出被诉复议决定。恩百泽公司不服，向法院提起行政诉讼。

另，对于被诉处罚决定及被诉复议决定认定的事实，法院亦予确认。

另查，2017年2月26日，北京市公安局丰台分局作出的丰公诉字〔2017〕438号起诉意见书载明，犯罪嫌疑人分别为赵某、刘某洋、李某某，拟将犯罪嫌疑人赵某、李某某、刘某洋涉嫌虚开增值税专用发票罪的案件移送北京市丰台区人民检察院审查起诉，依法追究犯罪嫌疑人赵某、刘某洋、李某某的刑事责任。

2017年12月31日，北京市西城区人民检察院作出京西检公诉刑诉〔2018〕76号起诉书，指控某公司、恩百泽公司、北京某商贸有限公司（以下简称某1公司）、赵某、刘某洋（于2016年9月20日被北京市公安局丰台分局刑事拘留）犯虚开增值税专用发票罪。

2018年6月15日，北京税务局挂牌成立，承继了原北京国税局的工作职责。自2018年8月17日起，原石景山国税稽查局的工作职责由北京税务第一稽查局承继。

2019年7月9日，法院〔2019〕京02刑终113号《刑事判决书》（以下简称113号刑事判决书）载明："经审理查明……某公司找到刘某洋任法定代表人的某1公司和恩百泽公司，由某1公司于2012年8月至2013年3月，给某公司开具增值税专用（进项）发票103份，税额合计16 150 052.28元，价税合计111 150 360.6元；恩百泽公司于2012年11月，给某公司开具增值税专用（进项）发票52份，税额合计661 797.47元，价税合计4 554 724.1元。某公司将上述某1公司和恩百泽公司开具的进项发票全部认证抵扣。在此过程中，某公司以支付货款名义转给某1公司90 241 794.78元，经恩百泽公司后转回某公司85 491 794.78元；2012年12月25日，某公司支付恩百泽公司4 554 724.1元，当日全部转回某公司。某1公司、恩百泽公司在给某公司虚开增值税专用（进项）发票交易过程中，获取非法利益共计475万元……针对上诉人、上诉单位的上诉理由及相应辩护人的辩护意见，和北京市人民检察院第二分院的出庭意见，法院综合评判如下：1.各上诉单位、各上诉人的行为不构成虚开增值税专用发票罪。增值税是以商品或应税劳务在流转过程中产生的增值额为计税依据而征收的一种流转税，增值税的征收以有实际商品流转或应税劳务发生且有增值为事实基础，同样开具增值税专用发票也应以实际发生商品流转或应税劳务为事实基础，在没有真实贸易的情况下开具增值税专用发票，就是一种虚假开具的行为，本质上属于虚开增值税专用发票行为，此种行为严重扰乱了增值税专用发票的正常管理秩序，已构成行政违法。但作为刑事犯罪的虚开增值税专用发票罪，不仅要从形式上把握是否存在虚假开具增值税专用发票的行为，还要从实质上把握行为人虚开增值税专用发票的主观心态以及客观后果……本案中，从某公司找某1公司、恩百泽公司虚开增值税专用发票的起因看，是因为之前某公司、山东分公司与中国某公司之间的贸易融资，某公司给中国某公司虚开了大量的增值税专用（进项）发票，某公司因此留下了相应的增值税专用（销项）发票，为避免因此缴纳相应的增值税，某公司找到某1公司、恩百泽公司获取了虚开的增值税专用（进项）发票，从事情的前因看，某公司找某1公司、恩百泽公司虚开增值税专用发票主观上并非出于骗取国家税款的目的。上述虚开的增值税专用（进项）发票虽已全部认证抵扣，但考虑到之前某公司因给中国某公司开具增值税专用发票而留下的大量销项发票，该部分发票因为没有实际发生商品流转，没有产生真实的商品增值，也就没有缴纳增值税的事实基础，不缴纳该部分税款也不会给国家造成实际的税款损失，现有证据不能排除某公司获取的虚开增值税专用（进项）发票就是抵扣了上述虚开的增值税专用（销项）发票的可能，也不足以证实所抵扣的增值税专用（销项）发票中包含有因存在真实交易而应当缴纳增值税的情况，故而，认定某公司将虚开的增值税专用（进项）发票进行认证抵扣造成国家税款损失的证据不足。综上，某公司及其实际控制人赵某因主观上不具有骗取国家税款的目的，客观上认定造成国家税款损失的证据不足，因此，某公司、赵某的行为不构成虚开增值税专用发票罪。与之对应，负责开具相应增值税专用发票的某1公司、恩百泽公司及其法定代表人刘某洋基于同样的原因也不构成虚开增值税专用发票罪……2.某公司、赵某的行为构成非法购买增值税专用发票罪，某1公司、恩百泽公司、刘某洋的行为构成非法出售增值税专用发票罪……"。

一审法院认为，本案争议的焦点有以下几点：一、恩百泽公司2012年明细账、记账凭证等资料搬家时丢失，是否属于税收征管法第二十四条规定的未按规定保管账簿、记账凭证；二、原石景山国税稽查局作出被诉处罚决定是否违反《关于加强行政执法与刑事司法衔接工作的意见》；三、按照虚开增值税专用发票对某1公司进行处罚是否合法。

一、关于恩百泽公司2012年明细账、记账凭证等资料搬家时丢失，是否属于税收征管法第二十四条规定的未按规定保管账簿、记账凭证的问题。税收征管法第二十四条规定，从事生产、经营的纳税人、扣缴义务人必须按照国务院财政、税务主管部门规定的保管期限保管账簿、记账凭证、完税凭证及其他有关资料。账簿、记账凭证、完税凭证及其他有关资料不得伪造、变造或者擅自损毁。税收征管法实施细则第二十九条规定，账簿、记账凭证、报表、完税凭证、发票、出口凭证以及其他有关涉税资料应当合法、真实、完整。账簿、记账凭证、报表、完税凭证、发票、出口凭证以及其他有关涉税资料应当保存10年；但是，法律、行政法规另有规定的除外。税收征管法第六十条第一款第二项规定，未按照规定设置、保管账簿或者保管记账凭证和有关资料的，由税务机关责令限期改正，可以处二千元以下的罚款；情节严重的，处二千元以上一万元以下的罚款。法院认为，恩百泽公司搬家时导致相关材料丢失，客观上造成该公司存在未按规定保管账簿、记账凭证的情形，原石景山国税稽查局对恩百泽公司按照税收征管法第六十条第一款第二项的规定，对其作出责令限期改正并处 2 000 元罚款，并无不当。

二、关于原石景山国税稽查局作出被诉处罚决定是否违反《关于加强行政执法与刑事司法衔接工作的意见》的问题。《关于加强行政执法与刑事司法衔接工作的意见》一、严格履行法定职责（三）规定，行政执法机关向公安机关移送涉嫌犯罪案件，应当移交案件的全部材料，同时将案件移送书及有关材料目录抄送人民检察院。行政执法机关在移送案件时已经作出行政处罚决定的，应当将行政处罚决定书一并抄送公安机关、人民检察院；未作出行政处罚决定的，原则上应当在公安机关决定不予立案或者撤销案件、人民检察院作出不起诉决定、人民法院作出无罪判决或者免予刑事处罚后，再决定是否给予行政处罚。法院认为，原石景山国税稽查局对恩百泽公司立案调查作出被诉处罚决定时，公安机关尚未对恩百泽公司立案侦查。原石景山国税稽查局于 2017 年 10 月 20 日作出被诉处罚决定，于 2017 年 10 月 23 日将恩百泽公司案件移送北京市公安局丰台分局，并不违反上述规定。

三、关于是否应当按照虚开增值税专用发票对恩百泽公司进行处罚的问题。本案中，恩百泽公司为某公司开具 52 份增值税专用发票，金额合计 3 892 926.63 元，税额合计 661 797.47 元，价税合计 4 554 724.10 元，之后将货款资金全部回流给了支付方某公司。某公司与恩百泽公司没有进行过实际钢材贸易。法院 113 号刑事判决书虽然认定恩百泽公司的上述行为不属于刑事犯罪的虚开增值税专用发票罪，但仍认可其本质上属于虚开增值税专用发票行为，此种行为严重扰乱了增值税专用发票的正常管理秩序，已构成行政违法。法院认为，原石景山国税稽查局对恩百泽公司的上述行为按照虚开增值税专用发票进行处罚，并无不当。

原石景山国税稽查局立案后，查明相关事实，依法向恩百泽公司送达行政处罚事先告知书，组织听证，并按照《重大税务案件审理办法》的规定，将恩百泽公司案件提请审理委员会审理后作出被诉处罚决定。被诉处罚决定事实认定清楚，程序合法，适用法律正确，处罚适当，予以支持。

原北京国税局按照《中华人民共和国行政复议法》（以下简称行政复议法）和《中华人民共和国行政复议法实施条例》（以下简称行政复议法实施条例）的相关规定，依法受理了恩百泽公司的行政复议申请，并向原石景山国税稽查局送达行政复议申请书副本及行政复议答复通知书。审查期间，原北京国税局认为存在行政复议法实施条例第四十一条第一款第八项和《税务行政复议规则》第七十九条第一款第九项规定的情形，决定中止案件审理，在中止原因消除后及时恢复了案件审理，并将上述中止及恢复审理情况向恩百泽公司进行了告知。经过审查，北京税务局作出被诉复议决定。法院认为，被诉复议决定认定事实清楚，适用法律正确，程序并无不当，予以支持。综上所述，恩百泽公司请求撤销被诉处罚决定及被诉复议决定的诉讼请求不能成立，不予支持。故一审法院依照《中华人民共和国行政诉讼法》第六十九条、第七十九条之规定，判决驳回恩百泽公司的诉讼请求。

恩百泽公司不服一审判决，上诉请求撤销一审判决，依法改判撤销北京税务局所作被诉复议决定和原石景山国税稽查局所作被诉处罚决定；两审诉讼费由北京税务第一稽查局、北京税务局承担。主要理由：1.一审判决认定基本事实错误，适用法律错误，程序严重违法。一审判决认定原石景山国税稽查局作出被诉处罚决定时公安机关尚未对恩百泽公司立案侦查错误，在案证据证明被诉处罚决定是在公安机关立案后作出。2.一审判决适用法律错误。原石景山国税稽查局在明知公安机关已经对恩百泽公司立案侦查并对法定代表人采取强制措施的前提下，仍然对恩百泽公司作出被诉处罚决定，明显违反了《关于加强行政执法与刑事司法衔接工作的意见》第一条第三款的规定，一审判决适用法律错误。3.处罚机关在调查过程中，调查取证程序违法。根据《看守所条例》《看守所条例实施办法》的规定，原石景山国税稽查局在调查过程中到看守所对刘某洋、赵某进行询问，违反规定。4.复议机关中止复议行为违法。复议机关根据行政复议法实施条例第四十一条第一款第八项、《税务行政复议规则》第七十九条第一款第九项的规定中止复议，法律依据错误。5.最高人民法院对本案类似情况的处理有明确规定，根据〔2008〕行他字第1号的明确规定，处罚机关对恩百泽公司的处罚明显违反规定，应予以撤销。

北京税务第一稽查局同意一审判决，请求予以维持。

北京税务局同意一审判决，请求予以维持。

在一审诉讼期间，北京税务第一稽查局提交并在庭审中出示了税务稽查立案审批表、税务检查通知书、责令限期改正通知书、税务稽查工作底稿（二）、税务行政处罚事项告知书、行政处罚听证申请书、税务行政处罚听证通知书、听证笔录、税收违法案件集体审理纪要、重大税务案件审理提请书、重大税务案件审理委员会审理意见书、被诉处罚决定、涉嫌犯罪案件移送书、起诉意见书、国家税务总局北京市税务局关于国家税务总局北京市税务局稽查局等5个税务稽查机构工作职责的公告、询问（调查）笔录、询问／讯问笔录、采购合同、记账凭证、北京增值税专用发票、增值税专用发票认证发票查询、中国建设银行网上银行电子回单、协助查询财产通知书、银行账户明细、稽查局税收违法案件协查回复、司法会计鉴定意见书、送达回证等证据，用以证明北京税务第一稽查局所作被诉处罚决定的合法性。

在一审诉讼期间，北京税务局提交并在庭审中出示了行政复议申请书及相关材料、行政复议申请回执、受理行政复议申请通知书、行政复议答复通知书、行政复议答复书、证据清单、法律依据清单、行政复议中止审理通知书、行政复议恢复审理通知书、被诉复议决定、113号刑事判决书、起诉意见书、邮寄凭证、送达回证等证据，用以证明北京税务局所作被诉复议决定的合法性。

在一审诉讼期间，恩百泽公司提交并在庭审中出示了换押证、起诉书、行政复议中止审理通知书、113号刑事判决书等证据，用以证明被诉处罚决定、被诉复议决定应被撤销。

经庭审质证，一审法院对上述证据作如下确认：北京税务第一稽查局提交的被诉处罚决定、北京税务局提交的被诉复议决定系本案被诉行政行为载体，不宜作为证据使用，不予采纳。北京税务第一稽查局、北京税务局提交的其他证据、恩百泽公司提交的证据符合《最高人民法院关于行政诉讼证据若干问题的规定》对证据的要求，能够证明案件相关事实，予以确认。

一审法院已将当事人提交的上述证据随案移送本院。经审查，一审法院对上述证据材料的认证意见符合《最高人民法院关于行政诉讼证据若干问题的规定》，认证意见正确，予以确认。

北京市第二中级人民法院经审理查明的事实与一审判决认定的事实一致，法院予以确认。

北京市第二中级人民法院认为，根据税收征管法第十四条及税收征管法实施细则第九条关于涉税案件查处机关及其职责的规定，北京税务第一稽查局具有依法查处涉税案件并作出相应处理的法定职责。依照行政复议法关于行政复议机关及其职责的规定，北京税务局具有受理恩百泽公司所提行政复议申请，并根据具体情况作出行政复议决定的法定职责。

根据税收征管法第二十四条第一款、第六十条第一款第二项的规定，从事生产、经营的纳税人、扣缴义务人必须按照国务院财政、税务主管部门规定的保管期限保管账簿、记账凭证、完税凭证及其他有关资料。纳税人未按照规定设置、保管账簿或者保管记账凭证和有关资料的，由税务机关责令限期改正，可以处二千元以下的罚款；情节严重的，处二千元以上一万元以下的罚款。税收征管法实施细则第二十九条第二款规定，账簿、记账凭证、报表、完税凭证、发票、出口凭证以及其他有关涉税资料应当保存10年；但是，法律、行政法规另有规定的除外。本案中，根据在案证据证明的事实，恩百泽公司未按照规定保管账簿、记账凭证的行为违反了上述涉税资料保管规定，税务机关依法责令恩百泽公司限期改正，并处以罚款，并无不当。

根据发票管理办法第二十二条第二款第一项的规定，任何单位和个人不得为他人、为自己开具与实际经营业务情况不符的发票。第三十七条规定，违反本办法第二十二条第二款的规定虚开发票的，由税务机关没收违法所得；虚开金额在1万元以下的，可以并处5万元以下的罚款；虚开金额超过1万元的，并处5万元以上50万元以下的罚款；构成犯罪的，依法追究刑事责任。33号公告规定，纳税人虚开增值税专用发票，未就其虚开金额申报并缴纳增值税的，应按照其虚开金额补缴增值税；已就其虚开金额申报并缴纳增值税的，不再按照其虚开金额补缴增值税。税务机关对纳税人虚开增值税专用发票的行为，应按税收征管法及发票管理办法的有关规定给予处罚。纳税人取得虚开的增值税专用发票，不得作为增值税合法有效的扣税凭证抵扣其进项税额。本案中，恩百泽公司在没有实际发生商品流转的情况下，向某公司开具增值税专用发票，收取的相关款项通过关联公司予以转回，根据上述规定，恩百泽公司的行为属于虚开增值税专用发票的行为，税务机关依据事实及规定予以处罚，亦无不当。

税务机关在作出被诉处罚决定前按照《税务稽查工作规程》《重大税务案件审理办法》等有关规定，履行了立案、调查、告知、听证、送达等程序。故北京税务第一稽查局对恩百泽公司作出的被诉处罚决定认定事实清楚，适用法律法规正确，程序合法。

根据行政复议法、行政复议法实施条例、《税务行政复议规则》等关于行政复议的受理、审查、程序、时限等相关规定，北京税务局在收到恩百泽公司所提行政复议申请后，履行了受理、调查、中止、恢复、送达等程序，经审查作出被诉复议决定，符合规定。

对于恩百泽公司所提关于被诉处罚决定在公安机关立案后作出、行政复议中止违法等主张，一审法院未予支持，并已有详细论述，北京市第二中级人民法院予以认可。

综上，一审法院判决驳回恩百泽公司的诉讼请求正确，法院予以维持。恩百泽公司的上诉请求无事实及法律依据，法院不予支持。2021年4月9日，北京市第二中级人民法院依照《中华人民共和国行政诉讼法》第八十九条第一款第一项的规定，判决驳回上诉，维持一审判决。一、二审案件受理费各50元，均由北京恩百泽商贸有限公司负担（已缴纳）。

第六节
未开具发票事实不清被撤销案

根据广东省深圳市中级人民法院〔2019〕粤03行终1511号行政判决书,上诉人国家税务总局深圳市龙华区税务局因与被上诉人李某行政处理决定纠纷一案,不服广东省深圳市盐田区人民法院〔2019〕粤0308行初665号行政判决,向深圳市中级人民法院提起上诉。

经审理,原审判决查明的事实无误,深圳市中级人民法院予以确认。

深圳市中级人民法院认为,根据一审法院的调查和李某的明确表示,本案被诉行政行为是上诉人于2019年1月23日向被上诉人作出的《检举税收违法行为查办结果简要告知书》,人民法院依法对该行为的合法性进行审查。根据《中华人民共和国发票管理办法》第二十条规定:"所有单位和从事生产、经营活动的个人在购买商品、接受服务以及从事其他经营活动支付款项,应当向收款方取得发票。取得发票时,不得要求变更品名和金额。"该法第二十二条规定:"开具发票应当按照规定的时限、顺序、栏目,全部联次一次性如实开具,并加盖发票专用章。任何单位和个人不得有下列虚开发票行为:(一)为他人、为自己开具与实际经营业务情况不符的发票;(二)让他人为自己开具与实际经营业务情况不符的发票;(三)介绍他人开具与实际经营业务情况不符的发票。"又根据当时有效的《税收违法行为检举管理办法》第九条规定:"举报中心受理检举事项的范围是:涉嫌偷税,逃避追缴欠税,骗税,虚开、伪造、非法提供、非法取得发票,以及其他税收违法行为。"该办法第二十条第一款规定:"对实名检举案件,举报中心收到承办部门回复的查办结果以后,可以应检举人的要求将与检举线索有关的查办结果简要告知检举人;检举案件查结以前,不得向检举人透露案件查处情况。"本案中,被上诉人实名举报深圳市喜顺汽车服务有限公司未按规定向其开具发票,上诉人经调查核实,向被上诉人作出已责令被举报人开具发票的告知,被上诉人对此不服,提出复议申请,认为开具发票的品名填写错误。经复议,复议机关认为上诉人未查明真实交易情况,查处及答复存在事实不清、证据不足,故而撤销了上述告知,要求上诉人重新作出处理,上诉人于2019年1月作出本案所诉查办结果告知,告知:1、被检举人已向你开具发票两张;2、已对被检举人处以罚款,被检举人已缴纳。根据上诉人提交的涉案处罚决定,该决定针对深圳市喜顺汽车服务有限公司应开具而未开具发票的违法行为作出处罚。根据《中华人民共和国发票管理办法》第二十条、第二十二条规定，本案中，深圳市喜顺汽车服务有限公司是否存在为他人开具与实际经营业务情况不符的发票，是否开具的发票品名不对应，事实仍不清楚，证据亦不充分。在事实未查明的基础上，上诉人即作出被诉查办结果告知，事实不清，依法应予撤销。上诉人的上诉主张不能成立，对其上诉请求，本院不予支持。原审判决认定事实清楚，适用法律、法规正确，依法应予维持。

2021年3月30日，深圳市中级人民法院依照《中华人民共和国行政诉讼法》第八十九条第一款第（一）项之规定，判决驳回上诉，维持原判。本案二审案件受理费人民币50元，由上诉人国家税务总局深圳市龙华区税务局负担。

第七节
虚开法律责任主体认定案

根据广东省深圳市中级人民法院〔2020〕粤03行终1520号行政判决书,上诉人深圳市美力冠服饰有限公司因诉被上诉人国家税务总局深圳市税务局稽查局行政处罚决定一案,不服广东省深圳市盐田区人民法院〔2020〕粤0308行初749号行政判决,向深圳市中级人民法院提起上诉。

经审理,原审判决查明的事实无误,深圳市中级人民法院予以确认。

深圳市中级人民法院认为,本案争议的焦点是被上诉人对上诉人作出的行政处罚是否合法。《中华人民共和国发票管理办法》第三十七条规定,违反本办法第二十二条第二款的规定虚开发票的,由税务机关没收违法所得;虚开金额在1万元以下的,可以并处5万元以下的罚款;虚开金额超过1万元的,并处5万元以上50万元以下的罚款;构成犯罪的,依法追究刑事责任。本案中,被上诉人提供的讯问笔录、询问笔录、上诉人账簿和增值税纳税申报表、广东省高级人民法院〔2015〕粤高法刑二终字第68号《刑事判决书》等证据证实,上诉人于2011年5月至2012年4月期间为深圳市某公司虚开增值税专用发票332份,金额30 033 467.83元,税额5 105 689.37元,税价合计35 139 157.20元。被上诉人根据上述规定对上诉人处以罚款50万元的行政处罚,行政处罚过程中依法保障了上诉人陈述和申辩等权利,并举行了听证程序,行政处罚认定事实清楚,适用法律正确,程序合法,深圳市中级人民法院予以确认。上诉人主张虚开增值税专用发票系王某个人行为,不应处罚上诉人的辩解,缺乏事实和法律依据,深圳市中级人民法院不予采纳。

综上,上诉人的上诉请求不能成立,应予以驳回。原审判决认定事实清楚,适用法律正确,依法应予维持。

2020年12月17日,深圳市中级人民法院根据《中华人民共和国行政诉讼法》第八十九条第一款第(一)项规定,判决驳回上诉,维持原判。二审案件受理费人民币50元,由上诉人深圳市美力冠服饰有限公司承担。

第八节
领购二手车销售统一发票案

根据辽宁省盘锦市中级人民法院〔2020〕辽11行终68号行政判决书，上诉人盘锦盛康网络科技有限公司（以下简称盛康公司）因被上诉人国家税务总局盘锦市兴隆台区税务局（以下简称兴隆台区税务局）不履行法定职责一案，盛康公司不服盘锦市兴隆台区人民法院作出的〔2019〕辽1103行初35号行政判决，向盘锦市中级人民法院提起上诉。

原审法院查明：盛康公司成立于2017年12月11日，法定代表人代某，公司类型为有限责任公司，2017年12月21日盘锦市兴隆台工商行政管理局向其核发了营业执照，登记的经营范围包含二手车经销、二手车鉴定、评估。并注明依法须经批准的项目，经相关部门批准后方可开展经营活动。营业后兴隆台区税务局向盛康公司供应二手车销售统一发票，2018年3月12日兴隆台区税务局向盛康公司作出自2018年3月13日起停止向原告供应发票的决定。原告不服申请复议，2018年6月7日盘锦市国家税务局作出盘国税复决〔2018〕2号税务行政复议决定书，作出维持原具体行政行为，对已售发票退回处理决定。盛康公司于2019年6月11日再次向兴隆台区税务局申请领用二手车销售统一发票500组，兴隆台区税务局口头答复拒绝供应，盛康公司为此提起本次诉讼，诉请如前。

原审法院认为，本案争议的焦点是被告不予为原告销售发票行为适用法律是否正确。依据《中华人民共和国税收征收管理法》第五条、第二十一条、《中华人民共和国发票管理办法》第十五条的规定，税务机关是发票的主管机关，具有对发票管理和监督的职权，其有权根据申请人的经营范围和规模确认领购发票的种类、数量及领购方式。单位和个人领购发票时应当按照税务机关的规定报告发票使用情况，税务机关应当按照规定进行查验。《二手车流通管理办法》（商务部、公安部、工商总局、税务局令2005年第2号）第三十三条规定：建立二手车交易市场经营者和二手车经营主体备案制度。凡经工商行政管理部门依法登记，取得营业执照的二手车交易市场经营者和二手车经营主体，应当自取得营业执照之日起2个月内向省级商务主管部门备案。省级商务主管部门应当将二手车交易市场经营者和二手车经营主体有关备案情况定期报送国务院商务部门；《辽宁省贯彻〈二手车流通管理办法〉实施意见》第三条第（二）项第3目规定，二手车交易市场、经销企业和拍卖企业应统一使用由国税机关印制的《二手车销售统一发票》，用票人在领购时，税务机关应依据用票人的营业执照、市商业主管部门的备案证明及税务登记情况依法进行审核，对符合规定的方可发放《二手车销售统一发票》，对不符合上述手续的不予发放。

本案中，原告未按上述规定向商务部门履行备案登记，不具备领购二手车销售统一发票的条件，被告不予向原告供应二手车销售统一发票的行为符合上述规章及规范文件的规定。原告提出被告适用上述规范性文件的内容与《中华人民共和国发票管理办法》的规定相违背。法院认为，《中华人民共和国发票管理办法》第十五条规定，需要领购发票的单位和个人，应当持税务登记证件、经办人身份证、按照国务院税务主管部门规定样式制作的发票专用章的印模，向主管税务机关办理发票领取手续。该规定是一般性规定，根据《二手车流通管理办法》的规定，原告经营的二手车经营业务具有行业的特殊性，根据《中华人民共和国发票管理办法》第四十四条第一款的规定，国务院税务主管部门可以根据有关行业特殊的经营方式和业务需求，会同国务院有关主管部门制定该行业的发票管理办法。故原告领购二手车销售统一发票除应当符合《中华人民共和国发票管理办法》规定条件外，还应当具备符合《二手车流通管理办法》及相关的规范性文件规定的条件，且以上规定的内容并不冲突。原告提出的辽宁省国家税务局发布的2013年第2号公告中已将《辽宁省二手车交易税收专业化管理办法》中第五条第（六）项中的"相关主管部门同意备案的资质证明"废止，足以证明原告向被告领购发票无需备案。法院认为，《辽宁省二手车交易税收专业化管理办法》第五条是对二手车经营单位向主管税务机关申请办理税务登记时提交资料的具体规定，并非对领购二手车销售统一发票规定的条件，原告以此为由要求被告销售发票的主张于法无据，不予支持。综上，原告的诉讼请求据理不足，不予支持。本案经法院审判委员会讨论决定，依据《中华人民共和国行政诉讼法》第六十九条的规定，判决驳回原告盘锦盛康网络科技有限公司请求被告国家税务总局盘锦市兴隆台区税务局供应二手车销售统一发票的诉讼请求。案件受理费50元，由原告负担。

上诉人盛康公司上诉请求：一、撤销盘锦市兴隆台区人民法院〔2019〕辽1103行初35号行政判决书，依法改判，支持上诉人的诉请。二、涉诉费用由被上诉人承担。事实和理由：一、被告对原告的申领行为拒不供应发票没有法律依据。根据《中华人民共和国税收征收管理法》《中华人民共和国发票管理办法》的规定，依法成立的企业应当申领发票，对企业供应发票这一职能，法律没有设定任何前置条件。《辽宁省二手车交易税专业化管理办法》是被上诉人当庭提出并作为不供应发票的依据。但是，其所依据的"第五条第六项，相关主管部门同意备案的资质证明"之规定，国家税务总局辽宁省税务局已经明确废止，这是国家税务总局辽宁省税务局的主动纠错行为。《辽宁省二手车交易税专业化管理办法》第6条规定"《二手车销售统一发票》由主管国税机关依法按月批量供应并验旧购新。主管国税机关应督促购票二手车经营单位按规定建立健全发票领、用、存管理制度，实行专人管理，完备相关手续。"在此条中没有对供应发票设定任何条件，也就是对取得税务登记的合法市场主体，被上诉人应当无条件供应二手车销售统一发票。二、对规范性文件合法性审查不是行政诉讼的必须程序。一审中上诉人没有提出对规范性文件合法性进行审查，一是为了避免诉累增加诉讼成本，二是因为具体行政行为必须有明确的合法的法律依据及授权。下位法服从上位法、新法优于旧法。三、备案不是行政审批，不能作为前置条件。被上诉人以上诉人未在商务部门备案为由收缴、停止供应发票及拒不供应发票的行为明显违法。恳请二审法院依法支持上诉人的诉请，撤销原审判决，依法改判。

兴隆台区税务局答辩称：1. 被上诉人依法对发票有管理和监督的职权。被上诉人是发票的主管机关，对发票有管理和监督的职权，有权根据申请人的经营范围和规模确认领购发票的种类、数量及领购方式，领购发票时应当按照税务机关的规定报告发票使用情况，税务机关应当按照规定进行查验。2. 上诉人诉求没有法律依据。《辽宁省二手车交易税收专业化管理办法》中第五条第（六）项中的"相关主管部门同意备案的资质证明"已废止，该条款是对二手车经营单位向主管税务机关申请办理税务登记时提交资料的规定，不适用本案。综上所述，原审法院认定的事实清楚，适用法律正确，请求二审法院维持原判。

盘锦市中级人民法院经审理查明的事实与一审判决认定的事实一致，予以确认。

盘锦市中级人民法院认为，上诉人盛康公司经营的二手车业务具有行业的特殊性，依据《中华人民共和国发票管理办法》第四十四条第一款的规定，领购发票除应当符合《中华人民共和国发票管理办法》规定条件外，还应当具备符合《二手车流通管理办法》及相关的规范性文件规定的条件，即向商务部门进行备案。依据《二手车流通管理办法》第三十三条规定：建立二手车交易市场经营者和二手车经营主体备案制度。凡经工商行政管理部门依法登记，取得营业执照的二手车交易市场经营者和二手车经营主体，应当自取得营业执照之日起 2 个月内向省级商务主管部门备案。省级商务主管部门应当将二手车交易市场经营者和二手车经营主体有关备案情况定期报送国务院商务部门；《辽宁省贯彻〈二手车流通管理办法〉实施意见》第三条第（二）项第 3 目规定，二手车交易市场、经销企业和拍卖企业应统一使用由国税机关印制的《二手车销售统一发票》，用票人在领购时，税务机关应依据用票人的营业执照、市商业主管部门的备案证明及税务登记情况依法进行审核，对符合规定的方可发放《二手车销售统一发票》，对不符合上述手续的不予发放。本案中，上诉人盛康公司未按上述规定向商务部门备案登记，不具备领购二手车销售统一发票的条件。鉴于此，上诉人的上诉请求不予支持。

综上所述，原判认定事实清楚，适用法律正确。

2020 年 6 月 28 日，盘锦市中级人民法院依据《中华人民共和国行政诉讼法》第八十九条第一款第（一）项的规定，判决驳回上诉，维持原判。二审案件受理费 50.00 元，由上诉人盘锦盛康网络科技有限公司负担。

第九节
资金占用费开具发票案

根据上海市第一中级人民法院〔2020〕沪01行终135号行政判决书，上诉人上海雷哲实业有限公司（以下简称雷哲公司）因国家税务总局上海市松江区税务局第十二税务所（以下简称松江十二税务所）所作责令限期改正通知一案，不服上海市闵行区人民法院〔2019〕沪0112行初904号行政判决，向上海市第一中级人民法院提起上诉。

原审查明，2008年3月7日，雷哲公司与案外人上海××有限公司（以下简称××公司）签订一份《租赁合同》及其《补充合同》，约定由雷哲公司租赁上海市松江区松汇东路东侧紧贴沪杭线旁12亩左右的场地用于开发建造仓库和相关配套设施；2011年再次签订2份《场地租赁合同》，约定雷哲公司建造上述仓库及配套设施作为经营所用。但雷哲公司在建设房屋过程中存在违规转让在建房屋行为，于2012年被相关部门责令停止施工。雷哲公司与××公司签订的合同全部终止履行。2016年10月17日，雷哲公司与××公司及上海××集团有限公司（以下简称××集团公司）共同签署《权利义务转让协议》，将松汇东路1号地块开发项目中所有属于××公司的权利义务一并转让给××集团公司。截至2016年7月，××集团公司已支付给雷哲公司主体工程费用、附属工程费用、前期项目费用等人民币8 007万余元，但雷哲公司以还有资金占用费等相关费用未结算为由不愿将房屋归还给××集团公司。2017年7月7日，雷哲公司与××集团公司达成《关于松汇东路1号地块开发项目遗留问题的会议纪要》（以下简称《会议纪要》），参照央行贷款基准利率及倍率，明确由××集团公司向雷哲公司支付历年资金占用费32 748 246.27元（含税）。2017年11月22日，雷哲公司与××集团公司在上海市静安区人民法院（以下简称静安法院）的主持下达成（2017）沪0106民初45874号调解书，确认××集团公司支付给雷哲公司的款项3 274万余元的性质为资金占用费，雷哲公司需先行向××集团公司开具增值税专用发票后，××集团公司再付款。2018年12月18日，雷哲公司向××集团公司开具26份价税合计2 574万元的上海市增值税专用发票，随后雷哲公司又将上述发票全部作废。2019年3月15日，松江十二税务所向雷哲公司发出《询问通知书》。同年3月18日，雷哲公司法定代表人陈某接受松江十二税务所询问，确认该公司未重新开具应税发票。同年8月30日，松江十二税务所依据《中华人民共和国发票管理办法》（以下简称《发票管理办法》）第三十五条第（一）项的规定，作出沪税松十二限改〔2019〕004号《责令限期改正通知书》(以下简称被诉通知书),认定雷哲公司发票违法,应开具而未开具发票,依据《中华人民共和国税收征收管理法》(以下简称《税收征收管理法》)和《发票管理办法》的相关规定,责令该公司于2019年9月5日前按规定开具发票,逾期未改正的,将按相关规定予以处理。被诉通知书已送达雷哲公司。

雷哲公司不服,认为本案系该公司与××集团公司解除租赁关系,××集团公司以资金占用补偿款名义补偿雷哲公司因解除合同产生的损失共计3 274万元,虽然双方曾通过调解书约定雷哲公司应对此开具发票,但此后松江区税务机关告知上述行为不得开具发票,而根据《发票管理办法》规定,雷哲公司作为承租方,无论双方是否发生租赁业务,在出租方支付违约金时也均不得开具发票,故松江十二税务所所作被诉通知书错误。雷哲公司遂据此诉至法院,请求判决撤销被诉通知书。

原审认为,依据《税收征收管理法》第二十一条第一款"税务机关是发票的主管机关,负责发票印制、领购、开具、取得、保管、缴销的管理和监督"的规定,松江十二税务所作为雷哲公司发票违法行为地的税务机关,有权对其发票违法行为予以管理和监督。本案的争议焦点是:××集团公司支付给雷哲公司的3 274万余元的款项是违约金还是资金占用费。从静安法院〔2017〕沪0106民初45874号调解书所确认的"××集团公司已支付了主体工程费用、附属工程费用、前期项目费用等8 007万余元,但雷哲公司等以还有资金占用费等相关费用未结算为由不愿将房屋归还给××集团公司"来看,雷哲公司事实上认可未结算的项目是8 007万余元的资金占用费;从《会议纪要》中确认的关于3 274万余元的性质来看,也可以认定该款项为资金占用费,故雷哲公司主张该3 274万余元系违约金的意见不能成立。根据《财政部国家税务总局关于全面推开营业税改征增值税试点的通知》(财税〔2016〕36号)附件一"《营业税改征增值税试点实施办法》"附"销售服务、无形资产、不动产注释":"一、销售服务……(五)金融服务1、贷款服务:……各种占用、拆借资金取得的收入,包括金融商品持有期间(含到期)利息(保本收益、报酬、资金占用费、补偿金等)收入……按照贷款服务缴纳增值税"的规定,雷哲公司收到的款项应当缴纳增值税。基于以上事实,松江十二税务所对雷哲公司作出的被诉通知书适用法律正确。同时,该所在发出《税务检查通知书》后,经过调查询问,作出被诉通知书,并向雷哲公司进行了送达,执法程序合法。综上,被诉通知书认定事实清楚,适用法律正确,程序合法,并不存在法定应予撤销的情形。

原审法院于2019年12月31日依法作出判决:驳回雷哲公司的诉讼请求。

判决后,雷哲公司不服,上诉至上海市第一中级人民法院称,上诉人与案外人××集团公司之间并未发生过借贷关系,也未对借贷问题作过任何书面或口头约定,双方之间也未形成建设工程施工之类的关系。本案的涉案补偿款是基于双方租赁合同解除后,××集团公司对上诉人因此受到的损失进行违约赔偿。对此,有上诉人与××公司签订的《场地租赁合同》的约定为证。原审法院对静安法院调解书内容断章取义,认定上述款项为资金占用费是错误的。本案中,上诉人对上述款项不应开具发票,请求二审法院撤销原判,改判支持上诉人的原审诉讼请求。

被上诉人松江十二税务所辩称,上诉人将本案涉案款项的性质认定为是××集团公司支付的违约金,该主张不能成立。一方面,上诉人与××集团公司等在《会议纪要》中明确该款项是上诉人为地块开发项目垫付资金产生的资金占用费,并约定了上诉人应对此开具发票,此后静安法院的调解书亦确认了上述事实。另一方面,上诉人对于所谓××集团公司违约的主张,无论是在被上诉人调查过程中,还是在本案诉讼过程中,均未提供证据予以证明,相反,根据现有证据反映的事实,是上诉人在此前存在违规转让在建房屋行为,导致其与××公司签订的协议于2012年全部终止履行,此后形成的《会议纪要》及调解书已不是解决租赁纠纷,××集团公司所支付款项也非违约金。被上诉人根据调查情况作出被诉通知书并无不当,请求二审法院驳回上诉,维持原判。

经审理查明,原审认定的事实无误,上海市第一中级人民法院予以确认。

上海市第一中级人民法院认为,被上诉人松江十二税务所作为上诉人雷哲公司注册地的税务机关,有权依照《税收征收管理法》第十四条、第二十一条,以及《发票管理办法》的相关规定,对上诉人本案中涉嫌存在的发票违法问题进行调查,并作出相应的责令限期改正通知书。被上诉人本案中对上诉人开展调查,以及作出被诉通知书的程序亦符合法律的相关规定。

本案的争议焦点主要在于被上诉人作出被诉通知书在认定事实及适用法律方面是否正确。对此,上海市第一中级人民法院认为,根据本案在案证据,上诉人曾基于静安法院的民事调解书获得案外人××集团公司支付的款项,该调解书同时确定上诉人负有开具相应增值税专用发票的义务。而对于该笔款项的性质,上述民事调解书及上诉人与××集团公司等形成的《会议纪要》无论是在文字上还是在对相关方法律关系的表述上,均明确为垫付资金的资金占用费,据此,该款项应作为上诉人的经营业务收入,并属于《财政部 国家税务总局关于全面推开营业税改征增值税试点的通知》(财税〔2016〕36号)规定的应缴纳增值税的应税项目范围,上诉人应当根据《发票管理办法》的规定开具相应的发票。在上诉人未履行上述开票义务的情况下,被上诉人对其作出被诉通知书,责令其限期改正违法行为,认定事实及适用法律并无明显不当。上诉人虽主张其收取的上述款项系××集团公司违约解除双方租赁合同支付的赔偿金,但其一方面并未提供证据证明××集团公司存在违约,以及违约的具体事实,另一方面,《会议纪要》及静安法院民事调解书均载明相关租赁关系于2012年即已终止,上述文件对本案支付款项所要解决问题的表述也与上诉人的主张明显相反,故本院对上诉人的上述主张无法采信,对于上诉人要求撤销本案被诉通知书的请求,上海市第一中级人民法院亦不予支持。

上海市第一中级人民法院指出,被上诉人本案中作出的被诉通知书对于上诉人的违法行为以及责令改正内容的表述均不够明确、具体,虽然上诉人通过参与调查,能够知晓该通知书关于违法行为的具体所指,以及所应改正的内容,该问题尚不至于影响通知书的合法性以及行政管理目的的实现,但在行文的规范性及严谨性方面则存在应予提高的空间,望被上诉人对此予以重视。

综上,上诉人的诉请缺乏事实根据与法律依据,原审判决予以驳回并无不当,应予维持。

2020年4月15日,上海市第一中级人民法院依照《中华人民共和国行政诉讼法》第八十九条第一款第(一)项之规定,判决驳回上诉,维持原判。上诉案件受理费人民币50元,由上诉人上海雷哲实业有限公司负担(已付)。